법률을 story telling한
법률산책

법률을 story telling한

법률산책

우에다 타모츠 · 기쿠모토 하루오 지음
김현숙 옮김

자유토론

옮긴이 김현숙

전북 김제 출생. 일본 게이오(慶應)대학 법학부 졸업.
외국인 회사를 걸쳐 번역소설 「세 자매」로 『조선 문학』에 당선.
덕성여대 교육원 시창작반 이수.
작품으로는
장편 「세 자매」 「나그네 나무」 「연애중독」 「월드 플라워」 「어둠 끝까지」와
단편 「1억 엔을 받으면」 등의 번역소설이 있다.

「趣味の法律」 上田 保 / 菊本治男 共著
Copyright ⓒ 1976 by UEDA TAMOZH / KIKUMOTO HARUO
Korean translation copyright ⓒ 2008 by JAYUJISUNGSA

본서의 한국어판 저작권은 국제저작권법을 통한 저작자와의 독점계약에 의하여 도서출판 〈자유토론〉에 있습니다. 신저작권법에 의하여 보호를 받는 저작물이며, 무단전재와 무단복제를 금합니다.

【서문 1】

640쇄를 거듭한 경이적인 기록

우에다 타모츠上田 保

　어느 날, 출판사를 경영하는 한 친구가 누구나 쉽고 재미있게 볼 수 있는 법률 해설서를 써달라고 요청했다. 나는 평소 해보고 싶었던 작업이기도 하여 기꺼이 이 제의를 받아들였다. 그래서 틀에 구애받지 않고 과감하게 와가和歌[1], 하이쿠俳句[2], 센류川柳[3], 기다유義太夫[4], 나가우타長唄[5], 기요모토淸元[6], 고우타小唄[7] 등 고대시조와 음악가사, 고전문장, 대중가요, 소설 한 대목, 연극대사 등을 마음껏 활용하여 ≪취미의 법률≫을 완성했다. 그런데 웬일로 이 책이 대성공을 거두어 벌써 640쇄를 거듭하는 경이적인 기록을 세웠다.

　나는 여기서 '어느 날'이라고 썼지만 그 어느 날이란 실은 쇼와 4(1929)년이다. 이 책의 초판 판권에는 쇼와 4년 10월 15일로 기록되어 있다. 47년 전, 아득한 옛날 내가 아직 35세의 변호사이던 시절의 일이었다.

---

[1] 와가(和歌) : 일본 고유 형식의 시. 장가(長歌)와 단가(短歌)의 총칭. 특히 단가는 5·7·5·7·7 형식의 5구 31음의 단시
[2] 하이쿠(俳句) : 5·7·5의 3구 17음으로 되어 있는 짧은 형식의 단시. 반드시 계절어가 들어가야 한다.
[3] 센류(川柳) : 에도시대 중기 마에쿠츠케(前句付)에서 독립된 5·7·5의 3구 17음으로 된 짧은 시. 풍자나 익살이 특색
[4] 기다유(義太夫) : 겐로쿠 시대에 다케모토 기다유가 시작한 조루리의 한 파. 대가 굵은 사미센을 사용한다.
[5] 나가우타(長唄) : 에도시대 가부키 반주곡으로 발달한 사미센 음악
[6] 기요모토(淸元) : 에도시대 후기 조루리에서 파생된 사미센 음악의 일종
[7] 고우타(小唄) : 에도시대 말기에 유행한 속요의 총칭. 나가우타와 대조적

그 후 세상은 바뀌고 태평양 전쟁이 끝난 후, 나는 고향인 오오이타大分(규슈 동부의 현) 시의 초대 공선 시장으로 선출되어 전후복구에 전념했다. 식량난에 허덕이던 그 당시, 오오이타와 벳부 사이의 다카사키산高崎山 야생 원숭이들이 소중한 농작물을 훔쳐가 문제가 되었다. 시에서는 야생 원숭이를 퇴치하자는 방침을 내놓았다. 하지만 나는 극구 반대하며 고생 끝에 야생 원숭이를 길들여 오늘날 새로운 관광지로 된 다카사키 원숭이산을 만들었다. 히노 아시헤이火野葦平8) 씨가 이런 내용을 다룬 연재소설 〈다다이마 제로비키ただ今ゼロ匹〉를 아사히신문에 발표하고, 또한 사노 슈지佐野周二 씨와 오오다 마리코岡田茉莉子 씨 주연의 영화로도 상영되어 세상에 널리 알려지게 되었다.

그 후 나는 16년간 근무한 4기 시장을 사임하고 다카사키 원숭이산 아래 해안가에서 수천 마리의 다양한 물고기들이 자유롭게 헤엄치는 원주 61입방미터 도넛 형태의 색다른 수족관인 마린 바레스를 설립, 사장으로 취임한 뒤 올해 81세의 흉한 노인의 모습을 하고 있다.

여기까지 말하면 다카사키산 원숭이와 마린 바레스를 본 분들 중 "앗, 원숭이 시장과 그 수족관의 사장이 ≪취미의 법률≫의 저자였어?" 하는 사소한 기연에 놀라는 분들도 있을 것이고, 또 그 중에는 "뭐야? 반세기도 전에 내가 읽었던 ≪취미의 법률≫ 저자가 아직도 살아 있단 말이야?" 하는 박정한 말을 하는 분들도 있을 것이다. 노인의 방정맞은 억측이라 여기시라. 나로서는 너그러운 용서를 바랄 뿐이다.

그런데 시장 재임시나 수족관 사장으로 활동할 당시에도 2~3개 출판사로부터 여러 번 개정 출판하자는 제의를 받긴 했다. 관련 법률도 많이 개정되고 문장 또한 진부한데 이번 기회에 ≪취미의 법률≫을 현대식으로 고쳐 쓰면 어떤지? 그게 번거롭다면 구술만 해줘도 출판하겠다는 것이었다. 솔깃한 제안이었지만 귀찮다는 이유로 번번이 거절했다. 한편으론 다른 사람이 떠맡기를 원했다.

그러던 중에 성광사省光社 사장님인 가와노 기요가즈河野 淸一 씨가 원작의 특색과

---

8) 1907~1960년. 소설가. 후쿠오카 출생. 중일전쟁에 병사로서 종군 중 〈분뇨담(糞尿譚)〉으로 아쿠타가와상 수상. 그 외 〈꽃과용(花と竜)〉 등이 있다.

구성 및 내용, 즉 ≪취미의 법률≫의 기본적인 부분은 그대로 살려서 현대식으로 개정하는 기획을 감각과 문장력이 뛰어난 젊은 변호사에게 부탁할 계획인데 공동 저자로 출판할 수 있도록 해달라고 간청했다. 여하튼 더 이상 거절할 구실을 찾지 못한 나는 그 젊은 변호사를 만나보고 깜짝 놀랐다. 젊은 변호사는 이미 여러 권의 법률 서적을 집필했을 뿐만 아니라 매주 수요일 오후 9시, 나라 현에서 방영하는 NET 교양 프로그램인 〈모닝 쇼〉에 정규 출현하며 전국적으로 굉장한 인기를 얻고 있는 기쿠모토 하루오菊本治男 씨였다. 말도 잘하고 일솜씨도 아주 뛰어난 변호사였다. 만난 순간 단번에 그를 신뢰해버린 나는 이내 출판을 결심했다.

돌이켜보면 47년 전, 첫 출판 후 한때 인기를 누렸다고는 해도 오랫동안 사람들의 기억에서 멀어진 ≪취미의 법률≫이 성광사의 후의와 기쿠모토 선생의 건필 덕분에 다시 새롭게 탄생하게 된 것이다. 더구나 책 제목도 변함없이 처음 그대로라는 사실이 여태 살아 있는 노쇠한 나에게는 실로 더할 나위 없는 기쁨이었다. 이 모든 것은 내가 오래 산 덕분일 것이다. 장수한다는 것은 이처럼 큰 복이다.

이 자리를 빌려 졸저인 ≪취미의 법률≫을 읽고 많은 격려와 성원을 보내주신 독자 여러분에게 가슴 깊이 감사를 드리며, 새로운 감각으로 다시 태어난 개정판 ≪취미의 법률≫이 법률을 어렵게 느끼는 많은 이들에게 도움이 되기를 바란다.

마지막으로 이 책이 새롭게 태어나기까지 격려와 노력을 아끼지 않은 가와노 기요가즈 성광사 사장님과 변호사 기쿠모토 하루오 선생에게 깊은 감사를 드린다.

【서문 2】

법률에도 뛰어난 맛과 영양이……

기쿠모토 하루오 菊本治男

 '부지런한' 야쿠자, '자비심 많은' 권총강도, '청렴한' 금권정치가, '민주적' 독재자…… 이런 말을 들으면 누구든 귀를 의심하고, 그게 말이 되냐며 농담이 지나치다 싶을 것입니다. 하지만 '무미건조한' 법률이란 말을 들으면 어떤가요? 대개는 고개를 끄덕일 것입니다.
사실 법률은 딱딱하고 어렵고 재미없습니다. 모국어로 쓰여 있는데도 도대체 무슨 말을 하는지 의미조차 알 수 없습니다. 횡설수설이라 자기 생각대로 이해할 때도 있습니다. 앞에서 언급한 '무미건조'와 '법률'은 전혀 어울리지 않는 단어인데도 상당히 깊은 관계가 있습니다. 마치 무미건조라는 말은 법률을 위해 존재하는 것 같습니다. 이를 알아보기 위해 법法이라는 글자를 살펴보겠습니다.
 법률의 '法'자를 보면 '氵'에 '가다, 흐르다'의 뜻인 '去'로 되어 있습니다. 여기서 '氵'은 '물'을 의미합니다. 그래서 '海'라든가 '河' '江' '波' '流' 등 물과 관계있는 글자에는 '氵'이 붙어 있습니다. 그런데 물을 없애버리면 대지는 바짝 메마른 땅만 남게 됩니다.
 이와 같이 '法'이라는 글자에는 '물이 흘러간다'는 의미가 들어 있는데, 법률은 역설적으로 물이 없는 무미건조한 상태를 내포하고 있습니다. 덧붙이자면 건조한 대지에 물을 흘려보내야 새 생명이 태어나듯이 법률이 무미건조하다면 적절한 물을 공급해주어야 하는 것입니다.

하지만 '건조乾燥 = 무미無味'라는 공식은 성립하지 않으므로 속단하지 말았으면 좋겠습니다.

훈제 연어나 전갱이, 조개, 마른 오징어 등의 건어물, 가키모치(얇게 썰어서 말린 찰떡) 등은 건조하기 때문에 더욱 맛이 뛰어납니다. 마른 오징어와 가키모치에서는 씹으면 좀처럼 뱉어버릴 수 없는 서민적인 맛이 배어 나옵니다. 법률도 건조하지만 씹으면 씹을수록 맛이 나는 녀석입니다. 게다가 법률이 지닌 가치로 말할 것 같으면 마른 오징어나 가키모치 따위는 발밑에도 못 미칩니다.

사람에게 심장이나 위가 없어서는 안 될 중요한 장기이듯, 법률도 사회라는 인간 집단에서 절대 빠뜨려서는 안 되는 중요한 것입니다. 건강할 때는 심장이나 위의 존재 따위야 잊고 살지만 몸이 약해지거나 병에 걸리면 결국에는 그 소중함을 알게 됩니다. 법률도 마찬가지입니다.

법률이 존재하기 때문에 많은 사람들이 집단생활을 유지합니다. 인간은 사회적 동물이기에 "법 따위는 나와 상관없어"라며 태평하게 지낼 수는 없습니다.

하지만 아무리 가치 있고 맛있다 해도, 먹어보지도 않고 싫다고 하거나 제대로 먹는 법을 모르면 곤란합니다. 그럼 어떻게 씹으면 맛이 날까요? 이 책은 그 점을 고려해 기술했습니다. 즉 건조한 법률에 수분을 넣어 입맛에 맞도록 적당히 조미료나 향신료를 가미한 것입니다.

이 책을 출간한 이유는 법률 요리도 맛이 뛰어나고 영양이 풍부하다는 것을 독자 여러분이 알아주었으면 하는 바람 때문입니다. 그리고 '법률은 무미건조하고 재미없다'는 오랜 누명을 벗겨주고 싶기 때문입니다.

지나친 장광설은 그만두겠습니다. 오히려 독자에게 폐를 끼치는 일일 테니까요. 그럼 슬슬 본문으로 들어갈 준비를 하겠습니다.

쇼와 51년1976 9월

번역 · 편집자의 말

 이 책은 일본에서 1929년에 발행되어 지금까지 640쇄를 거듭 발행한 '취미의 법률'을 번역한 것이다.
 이처럼 80년이 넘도록 독자들의 사랑을 받고 있음은 시간과 공간을 초월하여 책의 품격과 위상이 어느 정도인지 가늠할 수 있게 한다.
 한 권의 책이 사람의 수명만큼 길게, 남녀노소 관계없이 널리 애독되고 있음은 이미 한 권의 법률 서적을 떠나 바이블 같은 존재가 되었음을 증명해준다.
 따라서 한국 독자들에게도 이 책을 소개하고 싶은 충동과 법률의 대중화에 기여하지 않을까 하는 바람으로 번역하게 되었다.
 다만, 오랜 시간과 서로 다른 국가 간의 환경적, 정서적 차이에서 오는 문화적 거리감은 이 책을 번역 · 편집하는 데 여간 곤혹스러운 일이 아닐 수 없었다.
 예를 들어 법률 용어의 차이라든가 법조항의 상이한 것들이 특히 그랬다. 그러나 한번만 되새겨 보면 금방 수긍이 가는 내용이라 원문에 충실하기로 하고, 문화적, 시간적 차이에서 오는 차이점은 독자들 몫으로 넘기기로 했다.
 그리고 비록 법률 용어나 법조항은 우리와 많은 차이가 있지만 법을 전공하지 않았더라도 이 책을 읽으면 누구나 쉽게 법을 이해할 수 있도록 되어 있어서 우리식으로 고치지 않고 원문 그대로 옮겼다.
 본서는 공론에 흐르지 않고 통속적이거나 어렵지 않으며 전체적으로 해학마저 풍부하여 자기도 모르는 사이에 legal mind를 형성하게 된다. 강의 현장에서 학생들을 지도하는 교수님들에게는 강의의 방향을 암시해 줄 것이며, case 문제에 고심하는 고시생들에게는 문제 해결 비법을 일러줄 것이다.

<목 차>

[서문 1] 640쇄를 거듭한 경이적인 기록/ 우에다 타모츠 ·················· 5
[서문 2] 법률에도 뛰어난 맛과 영양이/ 기쿠모토 하루오 ·················· 8
[편집자의 말] ··· 10

제1장 법률이야기

1. 법률은 남자의 질투심에서 태어났다 ·· 20
2. 힘없는 법률은 김빠진 맥주 ·· 22
3. 국민을 위한 법률 ··· 23
4. 도쿠가와 막부의 만능약 ·· 32
5. 법률과 도덕 ··· 40
6. 법률의 끊임없는 고민 ·· 45
7. 법률의 해석 ··· 48

제2장 민법이야기

제1편 민법 총칙의 여러 가지 문제

1. 권리란 무엇인가? ·· 67
2. 사람의 법률적 견해 ··· 73
3. 무능력자란 무엇인가? ·· 82
4. 법인・사람으로 취급한 권리의 주체 ·· 88

5. 물건이란 도대체 무엇인가? …………………………………… 91
6. 부동산과 동산 ……………………………………………………… 94
7. 법률행위 …………………………………………………………… 95
8. 공공질서와 선량한 풍속 ………………………………………… 107
9. 허위의 법률론 …………………………………………………… 122
10. 착각의 법률론 …………………………………………………… 128
11. 속임수의 법률론 ………………………………………………… 135
12. 위협의 법률론 …………………………………………………… 138
13. 의사표시는 언제 효력이 발생하는가? ………………………… 141
14. 대리의 법률론 …………………………………………………… 145
15. 조건과 기한은 같은 것 ………………………………………… 150
16. 시간은 모든 것을 떠내려 보낸다 ……………………………… 156

제2편 물권의 여러 가지 문제

1. 물권의 이력서 …………………………………………………… 163
2. 점유권이란 무엇인가? …………………………………………… 167
3. 물권의 왕·소유권 ……………………………………………… 169
4. 매장물을 손에 넣는 방법 ………………………………………… 193
5. 지상권과 대차권은 다르다 ……………………………………… 195
6. 영소작권이란 무엇일까? ………………………………………… 196
7. 지역권이라는 권리도 있다 ……………………………………… 197
8. 타인의 물건을 보관할 권리 ……………………………………… 199
9. 타인보다 먼저 내세울 권리 ……………………………………… 201
10. 우리 서민에게 친숙한 질권 …………………………………… 204
11. 현재 인기 있는 저당권 ………………………………………… 206

제3편 채권의 여러 가지 문제

1. 채권의 정체 · 210
2. 금전의 대차에 관한 법률관계 · 214
3. 연대하여 부담하는 채무 · 221
4. 보증이란 · 223
5. 채권을 타인에게 양도할 때 · 227
6. 변제에도 문제는 있다 · 230
7. 변제 이외의 방법으로 채무가 소멸하는 경우 · · · · · · · · · · · · · · · 234
8. 계약의 법률관계 · 240
9. 일반적이고 전형적인 계약 · 257

제4편 친족의 여러 가지 문제

1. 어디까지가 친족일까? · 286
2. 결혼전야·약혼 · 290
3. 혼인(부부)의 법률관계 · 295
4. 내연은 혼인에 준하는 부부관계 · 312
5. 숙명적인 인연·부모와 자식 · 315
6. 법률상의 친자·양자 · 330
7. 친권이란 무엇인가? · 333
8. 후견의 법률 · 339
9. 부모와 자녀의 부양관계 · 341
10. 이혼의 법률관계 · 347
11. 부부의 이별과 자녀의 형편 · 371
12. 돈이여! 안녕 · 374

제5편 상속의 여러 가지 문제

1. 상속은 어떤 원인으로 시작되는가? ················· 377
2. 누가 상속인이 되는가? ···························· 378
3. 상속배당의 차이 ·································· 381
4. 방탕한 아들에게 따끔한 벌침·폐제 ················· 382
5. 당연한 상속권 박탈·상속인 흠격 ··················· 385
6. 무엇이 유산일까? ································· 386
7. 상속인이 취해야 할 태도 ·························· 389
8. 상속인이 아무도 없을 때 ·························· 395
9. 남겨진 사람들에 대한 배려·유언 ··················· 398
10. 유언서 작성방법 ································· 405
11. 유언의 취소는 자유 ······························ 411
12. 유언으로 기대를 배신당한 상속인 ················· 412

제3장 형법이야기

제1편 형법 총론의 여러 가지 문제

1. 형법이란 무엇일까? ······························· 418
2. 범죄란 무엇인가? ································· 425
3. 행위란 무엇인가? ································· 428
4. 범죄는 사전에 견본이 제시되어 있어야만 한다 ······ 431
5. 법률로 보아 위법이 아닌 경우 ····················· 433
6. 고의와 과실 ······································ 443

7. 책임능력·· 451
8. 성공한 범죄와 실패한 범죄··· 453
9. 여러 명이 관계한 범죄·· 458
10. 여러 가지 형벌·· 464

제2편 형법각론의 여러 가지 문제

개인, 사회, 국가에 대한 범죄로 분류··· 485

〈1〉 개인적 법익에 대한 범죄

1. 인류 역사상 가장 오래된 범죄·절도죄······································· 486
2. 동정의 여지가 전혀 없는 강도죄·· 501
3. 휘말리기 쉬운 사기죄··· 508
4. 전과자가 많은 공갈죄··· 517
5. 맡아둔 물건 슬쩍하기·횡령죄·· 519
6. 배임죄·· 524
7. 냄새나는 물건, 장물에 관한 죄·· 526
8. 훼기·은닉의 죄··· 529
9. 어떤 세상에서나 존재하던 살인죄·· 532
10. 자살에 관한 죄·· 539
11. 폭행죄··· 547
12. 상해죄··· 548
13. 무심코 입힌 상해와 죽음·· 552
14. 현재에는 거의 죄를 묻지 않는 낙태죄·· 553
15. 사람을 버리는 범죄·· 555
16. 체포·감금하는 죄··· 560
17. 협박죄··· 563

18. 약취와 유괴 ·· 564
19. 명예를 더럽힌 죄 ·· 571
20. 신용과 업무를 방해한 죄 ··· 576
21. 타인의 주거에 들어간 죄 ··· 578
22. 비밀누설죄 ·· 579

〈2〉 사회적 법익에 대한 범죄

1. 외설죄 ·· 586
2. 강제외설죄 ·· 594
3. 강간죄 ·· 595
4. 강간에 준한 죄 ··· 597
5. 중혼죄 ·· 602
6. 도박과 도미쿠지(富籤;복권)의 죄 ·································· 603
7. 종교에 관한 죄 ··· 626
8. 위조지폐에 관한 죄 ··· 631
9. 문서위조죄 ·· 633
10. 유가증권위조죄 ·· 639
11. 인장・서명에 관한 위조죄 ·· 640
12. 방화의 드라마 ··· 643
13. 일수, 수리에 관한 죄 ··· 651
14. 음료수를 탁하게 한 죄 ·· 653
15. 왕래를 방해한 죄 ·· 654
16. 아편에 관한 죄 ··· 656
17. 데모, 데모참가자, 소요(소란)죄 ··································· 657

〈3〉 국가적 법익에 관한 범죄

1. 직권남용의 죄 ··· 661

2. 회뢰죄·· 666
　　3. 공무집행을 방해하는 죄··· 677
　　4. 강제집행을 피하는 죄·· 678
　　5. 탈옥의 죄··· 680
　　6. 범인을 장닉하거나 증빙을 인멸한 죄································· 681
　　7. 위증죄·· 685
　　8. 무고죄·· 687
　　9. 내란 등에 관한 죄·· 689

〈4〉 범죄가 얼마나 발생했는가?
　　1. 복수의 범죄처럼 보이지만 사실은 하나································ 691
　　2. 한 번의 행위로 여러 개의 범죄가 발생했을 때··················· 696
　　3. 두 개의 행위가 수단과 결과의 관계에 있을 때··················· 697

[에필로그] 어떤 만남··· 700

제1장 법률이야기

1. 법률은 남자의 질투심에서 태어났다

로빈슨 크루소에게는 법률이 필요 없다. 외딴섬에서 혼자 산다면 천상천하 유아독존, 곧 자신이 왕이고 하인이다. 타인과의 관계 때문에 문제가 생길 일도 없고 조율이 필요할 이유도 없다.

마찬가지로 옛날, 모모타로우[9]도 잇슨보우시[10]도 태어나지 않았던 아주 먼 옛날, 사람들은 말꼬리의 털처럼 산과 들에서 제각각 살았다. 그렇기에 집세도 전철 요금도 내지 않았으며 그 시절에는 법률이고 나발이고 없었던 것이다.

그런 자연 그대로의 시대는 필시 오랫동안 지속되었겠지만 언제까지나 계속되었던 것은 아니다. 구약성서 식으로 말하자면, "에덴동산에서 이브가 뱀의 꾐에 넘어가 금단의 열매를 덥석 먹어버렸기 때문이다. 결국엔 낙원 추방. 이브는 그 벌로 아이까지 낳게 되었다. 그로부터 인간은 자신이 저지른 죄로 고통을 받아야만 했다"는 것. 구약성서의 말이 맞는지 아닌지는 확실히 모르겠지만 어쨌든 아이들은 계속 태어났고, 그 패거리들이 여기저기서 한 덩어리로 모여 원시사회를 이루었다.

이렇게 생겨난 원시사회는 애초 힘센 한 사람의 촌장과 그의 여자들, 아이들로 인해 시작되었다는 것일까? 어쨌든 그곳에서는 우선 육체적으로 힘센 자가 마음대로 행세했을 것이다. 자신의 배를 채우고 많은 아내와 아이들을 외부의 습격으로부터 보호하거나 굶주리지 않게 하려면 식량을 확보해야 하는데, 그러기 위해서는 힘이 없어서는 안 되기 때문이다.

인류 최초의 법률은 분명 이런 원시사회의 생활규칙에서 싹텄을 것이다. 그 규칙

---

[9] 강물에 떠내려온 복숭아에서 태어나 노부부의 손에서 성장하여 개와 원숭이, 꿩을 거느리고 도깨비 섬의 도깨비를 퇴치한 뒤 금은보화를 가지고 돌아온 동화 속 주인공

[10] 무로마치 시대의 동화풍의 소설. 신장이 한 치밖에 되지 않는 주인공이 도깨비를 퇴치하고 요술망치 힘으로 멋진 젊은이가 되어 귀족의 딸과 결혼, 대정관의 직위까지 올라갔다는 이야기

을 처음 만들게 된 동기는 아마도 남자의 질투심 때문은 아니었을까? 아이들은 성장하고, 젊고 늠름하게 자란 남자아이는 자기 어머니 이외의 촌장 여자들을 틈틈이 노리며 접근해갔을 것이고, 실제로 접근하지 않았다 해도 그럴 가능성이 항상 도사리고 있기 때문이다. 따라서 촌장은 자신의 지배권을 유지하기 위해 성장한 남자아이를 집단 밖으로 쫓아낼 필요가 있다. 그렇지 않으면 여자뿐만 아니라 지배권까지 빼앗길 테니까.

이런 상황을 근거로 금기가 생겨났다. "추방당한 남자가 가족에게 접근하면 죽여버리겠다." 아마도 현대사회 곳곳에서 볼 수 있는 근친상간은 어쩌면 그 옛날 이런 규칙이 반영되었는지도 모른다.

그외 의식주와 관련해서도 집단 내에서 여러 가지 해서는 안 될 일과 해야만 하는 일이 생겨났다. 예를 들면 "내 허락 없이 식량에 손을 대면 반 죽여놓겠다"는 것. 하지만 이는 힘을 가진 자의 이익이나 욕망을 위한 규칙이다. 이런 성격의 규칙들이 꽤 오랜 세월 쌓여 법률이라는 것이 확립되었다. 훨씬 뒷날의 일이지만.

"짐은 국가다"고 말한 루이 14세 같은 왕이 나타나면 법률은 마치 자동차 핸들처럼 권력자가 원하는 방향으로 움직이게 된다. 따라서 러시아에는 "권력이 있는 곳에 법률도 있다"는 말이 있을 정도다.

19세기 중엽, 미국의 초 베스트셀러인 《톰 아저씨의 오두막》에서 저자인 스토 부인은 흑인의 대사로 이렇게 썼다.

"내 조국이라고요? 나처럼 노예 어머니에게서 태어난 자에게 무슨 조국이 있단 말이죠? 어떤 법률인가요? 그건 우리가 만든 법률이 아니에요. 우리는 그 법률과 아무 상관이 없어요. 그 법률은 단지 우리를 잔혹하게 다루기 위한 것이고, 언제까지나 노예로 묶어두기 위해 존재할 뿐입니다."

이 말의 본질은 노예에게만 한정된 것이 아니다. 지배당하는 자, 즉 서민은 지금까지 노예와 비슷하거나 대동소이하다.

뭐, 그건 그렇다 치고 인간은 점점 증가했다. "낳아라, 늘려라, 땅을 가득 채워라"라고 신이 말했다고 하지만, 신의 명령은 오로지 그것만이 아닐 것이다. 그런데도 인간들은 신의 명령을 지키려 하지도 않는 주제에 그 말만은 어디가 그렇게 마음에 들었는지 바보마냥 충직하게 지켜왔다. 그래서 숫자는 점점 증가하게 되었고, 여기저기 생겨난 많은 원시 가족사회는 강한 집단에 패배하여 흡수되거나 때론 평화적인 동맹으로 더 큰 집단을 이루었다.

인간 집단이란 얼굴 모습이 제각각 다르듯이 성격도 사고방식도 다르다. 치정문제를 일으키는 자가 있는가 하면 싸움이나 사기, 도둑질을 하는 자도 있다. 성실하지만 싸움에는 약한 자도 있다. 다른 부족과 분쟁이 발생했을 때 평소에는 어떻게 해 볼 도리조차 없는 악당이 크게 도움되는 일도 있다. 약삭빠른 녀석이 있는가 하면 사랑에 빠져 애태우는 자도 있다. 이런 세상사는 옛날이나 지금이나 변함이 없을 것이다.

규모가 커진 집단이 제대로 굴러가기 위해서는 지금까지의 의식주로 한정된 단순소박한 규칙만으로는 부족하다. 불공평하지 않도록 적재적소에 분배해야 할 필요성도 점점 더 커졌다. 그리하여 어리석은 머리를 쥐어짜낸 지배자나 그 측근들은 미숙한 생각과 좁은 소견으로 계속해서 규칙만 늘렸다. 처음에는 죄와 벌이라는 규칙뿐이었지만 차츰 손해배상이라든가 분쟁 해결을 위한 규칙까지 만들어갔다. 물론 물물교환 등 일상생활과 관계된 것들도 다양하게 편입시켰을 것이다.

2. 힘없는 법률은 김빠진 맥주

아무리 규칙이 존재해도 그것을 실행하지 않으면 무의미하다. 물론 마음 약한 정직한 사람은 순순히 따르겠지만 힘센 이기주의자는 제멋대로 핑계를 달아 지키려 하지 않는다. 이를 방치한다면 제아무리 규칙이 있어도 없는 것과 마찬가지다.

집단의 지배자에게도 결코 유쾌하지만은 않은 일이다. 어쨌든 자신이 만든 규칙을 지키지 않는다는 것은 위엄과 관계가 있으므로. 선의든 악의든 자신이 만든 이상 규칙을 지키지 않는 자는 완력으로 제압할 수밖에 없다. 후려갈기든, 살해하든, 어떤 형태로든 벌을 줄 필요가 있다. 그것이 권위다.

그런 이유로 법률 혹은 규칙은 항상 힘을 지니고 있다. 아니, 힘이 있지 않으면 안 된다. '크림을 넣지 않은 커피'라는 선전 문구 따위는 아니지만 힘이 없는 법률은 더 이상 법률이 아니다.

법률이 강제력을 가져야 할 이유는 많다. 국가의 명령이기 때문이라고 말하는 사람도 있고, 신과 인간의 계약, 혹은 군주와 국민의 계약이기 때문이라고 생각하는 사람도 있다. 아니, 그렇지 않다고 생각하는 사람도 있다. 그들은 사람과 사람의 대화, 국민 상호간의 계약에 따른 것이라고 설명하면서 국가나 법률을 정당화한다.

그 이유야 어찌됐든 아득한 먼 옛날, 원시의 법이 새싹을 틔운 뒤 차츰 형태를 갖추게 된 것은 대체로 앞서 기술한 것과 같다고 생각한다.

현재 일본의 새 헌법에서는 "일본국의 주인은 천왕이 아니라 우리 국민"이라고 되어 있다. 그렇다면 법률은 우리가 만들고 우리를 위해서 존재한다. 즉 제정부터 말하면 우리 국민의 합의에 따른 결과라고도 할 수 있다. 따라서 법률은 한마디로, "인간의 공동생활 규칙이며 국가의 힘에 의해 강제력을 갖는 것"이라고 말할 수 있다.

뭐, 대략적이긴 하지만 법률의 윤곽은 어렴풋이나마 잡았을 거라고 생각하고 자세한 내용은 그때그때 써나가기로 하자.

3. 국민을 위한 법률

세상과 동떨어진 법률 문구

법률의 대중화를 강력하게 주장해온 지 이미 오래다. 무릇 세상에는 법률만큼 난해한 문장도 없다. 일반 사람들도 이해하기 쉽게 법률용어나 문장을 쓸 수는 없을까?

국민을 위해 법률이 만들어지기 시작한 시기는 메이지시대였지만, 법률 문구는 호랑이처럼 국민 앞에 위엄을 세우기만 한 채 세상과는 동떨어져 있었다.

얼마나 세상과 동떨어졌는가? 참고로 견본을 보여주겠다. '순사巡査'라는 명칭이 처음 불려지던 시대의 법률이다. 상세하게 말하면 이는 메이지 8년 다이죠간太政官[11] 제29호 행정경찰규칙이었다. 그 규칙은 『행정경찰 규칙의 별책대로 정했습니다.

금년 4월 1일부터 시행할 예정입니다. 이에 관해 지금까지의 「도망자를 잡는 단속조」라는 명칭을 없애고 순사로 개정하기로 했습니다』12) 라고 되어 있다.

한자로는 읽는 법이 붙어 있지 않으면 읽기조차 힘들다. 그 중에는 순사에 대해 자질구레하게 규정하는 말이 있는데 그게 또 걸작이다. 한두 개 살펴보자. 『순찰중 살그머니 인가에 다가가는 행위는 물론, 쓸데없이 시가 점포를 살피는 일로 직무를 태만히 해서는 안 된다』13)라든가 『순찰 중 옆에서 조소하는 사람이 있어도 부끄럽게 생각해서는 안 된다. 꾹 참고 그에 상응하는 조치를 취하며 결코 화내는 모습도 보여서는 안 된다』14)가 있다.

고개를 가로젓게 만드는 문장이다. 말하려는 의도는 그럭저럭 알 것 같은데 정확히 이해하기가 힘들다. 지금은 이런 지독한 문장이 없을 거라고 생각할지 모르겠다. 하지만 결코 그렇지만도 않다. 신상身上법률인 민법과 형법 중에도 꽤나 머리를 굴리지 않으면 이해하기 힘든 까다롭고 복잡한 문장이 무척 많다. '결점'이나 '흠'이라고 하면 좋을 것을 굳이 '하자瑕疵'라고 하거나 '건조물을 태우다建造物ヲ燒ク'라고 하면 될 것을 '불을 던져서 건조물을 소각하다火ヲ放ッテ建造物ヲ燒却ス'라고 쓰여있다.

시간 여유가 있거나 마침 육법전서를 갖고 있는 분들은 거기 형법 제185조를 봐주시길 바란다. 그것은 남자들의 약한 부분 중 하나인 도박의 처벌 규정으로서 '偶然ノ輪贏ニ関シ財物ヲ似テ博戲又ハ賭事ヲ為シタル者'라고 되어 있다.

어떤가? 막힘없이 읽을 수 있겠는가? 주저 없이 읽는다면 그 사람은 대단한 지식의 소유자다. 여하튼 나 또한 이런 문장을 만나면 허둥댄다. 그래서 교수에게 물었더니 다음과 같이 가르쳐주었다. '輪贏'은 ゆえい(승패)라고 읽는다. 무슨 말인가 하면 "확실한 예측 또는 자유롭게 지배할 수 없는 상황에서 당사자들이 경쟁하는 승패"라는 말이다. 輪은 패배, 贏은 승리의 의미였던 것 같다. 그렇다면 처음부터 쉽

---

11) 메이지 초기의 최고 행정 관청. 현재의 내각에 해당
12) 『行政警察規則別冊ノ通相定候. 本年四月一日ヨリ施行可致就テハ従前「捕亡吏取締組番人等」ノ名称ヲ廃シ順査ト改称可致此旨相達候事』
13) 〈順査心得事〉중에 『順邏中私ニ人家ニ立寄候儀ハ勿論従ラニ市店ヲ詠メ職務ヲ怠ル間敷事』
14) 『順邏中傍人ノ嘲笑スルコトアリト雖モ必ス恥辱ト思フヘカラス能ク忍耐シテ相当ノ処置ヲナシ決シテ憤怒ノ色ヲ顕ハシ争斗ケ間敷儀致間敷事』

게 '勝負'라고 했으면 좋을 텐데, 허세도 이만저만이 아니다.

하나 더 예를 들어보자. 상속세법 제3조 제1항를 보면 잘못 쓰여진 게 아니라면 이렇게 되어 있다.

"피상속인의 사망에 기인하여 상속인, 그 외의 사람이 생명보험계약의 보험금 또는 손해보험계약의 보험금을 취득한 경우에는 당해보험금 수취인에 대해 당해보험금 중 피상속인이 부담한 보험료의 금액의 당해 계약에 관한 보험료이며 피상속인 사망 시까지 지불한 것, 금액에 대한 비율에 상응하는 부분."

정말 이해하기 힘들게 만들어 놓았다. 이런 문장을 단숨에 읽고 의미를 파악하는 사람이 있다면 아마도 노벨상을 받을 것이다. 상속세법으로 말하자면 국민 누구와도 관계가 있는 법률이다. 그런데도 이렇게 난해하면 세금을 내야 하는 국민이 피곤하다.

도대체 무슨 말을 하는지 종잡을 수 없는 법률을 만들라고 국민이 세금을 내가며 대의사(중의원의 속칭) 따위를 먹여 살리는 것은 아니다.

게이샤란 무엇인가?

이야기가 약간 옆길로 샜지만 말이 나온 김에 한마디 더 하자. 예전에 "게이샤란 무엇인가?"라는 정의를 내리기 위해 대심원에서 했던 말이 학문상으로 문제가 된 일이 있었다. 대심원이란 말은 현재는 없다. 지금의 최고재판소의 전신이다. 그곳에서는 입에 거품을 물고 갑론을박, 맹렬한 공박과 논란이 오고갔다.

근엄한 대심원의 노老판사들은 그 옛날 홍등가에서 술을 따르던 젊고 아리따운 게이샤에 대한 추억을 마치 묵은 상처라도 건드린 듯 씁쓸한 기분으로 떠올릴 수밖에 없었다. 다시 말하면 그것은 재채기라도 나올 것 같은 일종의 코미디였다. 결국 그 갸륵한 대심원의 노판사들은 젊은 게이샤를 정의하기를, "게이샤란 연석에서 접대를 하고 노래와 춤으로 흥을 북돋우는 일을 업으로 하는 사람을 말한다"라며 무슨 사정이라도 있는 듯 그럴듯한 말을 갖다붙였다.

하지만 예전부터 '고독한 병마'와 '매실의 독[15]'을 앓고 있던 사람들은 그 정의를 들으면 씁쓸한 미소를 지을 것이다. 왜냐하면 게이샤는 서서 춤을 추거나 앉아서 사미센만 연주하는 것이 아니라는 사실을 근엄한 판사님들도 몸으로 알기 때문이다. 따라서 그들은 분명 그 정의에 "동침이 빠져 있어"라고 한마디 할 것이다.

"'게이샤란 무엇인가?'라는 건 도대체 뭐야! 그런 명백한 사실을 왜 어렵게 전달하는 거지? 그래서 난 법률가가 싫어. 딸이 열 명 있어도 법률가와는 절대 결혼 안 시킨다"고 속단하지는 않았으면 좋겠다. 법률가라는 사람들도 본의 아니게 번거롭고 귀찮은 이론에 얽매여 살아가고 있을 뿐이니까. 법률가 특유의 편견이나 신경질적인 감정으로 지독한 문구를 늘어놓은 것은 결코 아니다.

난해한 문장을 남용하는 녀석이 머리를 흔들면 달그락거린다

이해하기 어려운 문구를 사용하는 점으로 말하면, 법률가는 그래도 아직은 죄가 가볍다. 철학에 이르면 그 정도가 심하기 짝이 없다. 특히 좌익 과격파에 입당한 지 얼마 안 된 신진작가나 평론가들은 서투른 실력의 소프라노처럼 열변을 토하는 일이 다반사다.

페니실린으로도 쿠사츠草津 온천물로도 치유되지 않는 만성 불독이라는 악성 병명이 있다. "세상사 학자 불독, 식자 불독"이라는 말이 일반적이듯, '츠'라고 말하면 '카'라 하고, '칭'이라 하면 '돈'이라 대답할 정도로 그 병에 걸린 사람들은 아무리 빤한 일이라도 복잡하고 까다롭게 비틀고 엄청 늘려서 마치 신발이름, 전매특허, 국내 첫 개봉영화라도 되듯 사전에도 없는 문구를 마구 휘둘러댄다. 자칭 덴구[16]라 일컬으며 거들먹거리는 그들은 아직 불당의 복도에도 가보지 못했기 때문에 떠들썩하게 소란을 피우는 것이다. 반면 메이지 초기, 누구든 쉽게 이해할 수 있게 언문일치체의 평범한 문장을 쓴 후쿠자와 론키치福澤論吉[17]라는 훌륭한 분도 있다.

요즘은 난해하다고 비판받는 법률마저 "공원의 수목을 꺾지 말 것"라고 쓰지 않

---

15) 매실의 씨앗에는 청산가리를 방출하는 아식타린이라는 유독성 시안과 효소가 들어 있어 한꺼번에 많이 섭취하면 설사를 일으킨다.
16) 얼굴이 붉고 코가 크며 신통력으로 하늘을 자유롭게 날아다니고 깊은 산속에 산다는 상상 속의 괴물
17) 1835~1901년. 오사카 태생. 한학, 난학(네덜란드 학문)을 수학했다.

는다. "공원의 나무를 꺾지 말아주세요"라든가 "우리 스스로 열차를 깨끗이 할까요?" 등 말투나 어투가 무척 서민적이고 소탈해졌다.

태어나서 죽을 때까지 신세져야 하는 법률, 민법에는 그 역사의 흔적이 확실히 남아 있다. 민법은 메이지 31년에 제정된 법률이지만 그 중 부부, 부모자녀에 관한 '친족'과 '상속'편은 전후 대폭 개정되었다. 따라서 민법에는 문장에 대한 진화의 흔적이 또렷하게 보인다. '총칙' '물권' '채권'편은 탁음 없는 가타카나로 "개인의 고유 권리는 출생부터 시작된다 私權ノ享有ハ出生ニ始マル"라고 쓰여 있다.

하지만 '친족' '상속'편은 "상속은 사망에 의해 개시한다 相續は死亡によって開始する"라고 히라가나로 쓰여 있고 문체도 깔끔하다.

이렇게까지 신경을 써주고 있는데도 "법률 문장은 아직도 어렵다"고 말하는 이유가 뭘까?

법률 문구는 왜 어려워지기만 할까?

법률 문구가 어려워지는 이유 하나는 위엄을 드러내려는 의도 때문이다. 위엄을 나타내기 위해서는 법률 문장에 탁음을 사용하지 않는 것이 습관이다.

태평양전쟁 전이나 전쟁 중의 급진파라면 잘 알 것이다. 교육 칙령인 '一旦緩急ァレハ(위급한 상황이면)'의 'ハ'에는 탁음이 없었다. 그러니까 그 무렵 만들어진 모든 법률에는 탁음이 전혀 사용되지 않았다. 예를 들면 민법 총칙편 제4조에는 '未成年者ガ法律行爲ヲ爲スニハ其法定代理人ノ同意ヲ得ルコトヲ要ス(미성년자가 법률행위를 할 경우에는 법정대리인의 동의를 얻어야 한다)'라고 쓰여 있다.

이처럼 탁음이 없기 때문에 가끔 오류를 범하는 일도 있다. 옛 사람들도 '世の中は清すむと濁にごるで大違い刷毛はけに毛があり禿はげに毛がなし(청명과 혼탁이 크게 다르듯, 탁음이 없는 はけ는 털이 있는 솔이라는 단어이고, 탁음이 있는 はげ는 털이 없는 대머리라는 말이다)'라고 말할 만큼 탁음이 있고 없음으로 인해 의미가 달라진다. 내놓지 않아도 되는 돈을 당황하여 내놓는다거나 하지 않아도 될 인사를 해서 조소를 당하기도 한다.

옛날 다케다 가츠요리 武田勝頼[18]는 오다와라성 小田原城[19]을 공격할 때 장군 마츠다 오와리모리 松田尾張守에게 "まつかれて、たけたくひなきあしたかな(松枯れて竹たぐひなきあ

したかな: 말라비틀어진 소나무, 대나무 태워 없애는 내일이겠군)"라는 격에 맞지도 않는 시건 방진 시의 첫 구절을 보냈다. 이것은 松まつ를 장군 松田まつだ로 竹たけ를 자신인 武田たけだ로 비유해서 만든 시였다. 하지만 성에서 돌아온 답시에는, "まつかれて、たけだ、くびなき、あしたかな(松枯れて武田首なきあしたかな: 빌어먹을 다케다 목 없애는 내일이겠군)"라고 쓰여 있었다.

물론 이 한시를 보내기 전에는 마츠다가 승리했지만 실제 전투에서는 다케다가 이겼다. 분명 기분 좋게 마츠다의 목을 쳤을 것이다.

알다시피 예전 법률에는 탁음이 없을 뿐만 아니라 구두점마저도 없었다. 탁음과 구두점 한 개 찍는 것이 국가의 예산을 뒤흔들 만큼 큰 문제도 아닌데 무엇 때문에 점 하나 찍는 일을 그토록 아꼈던 것일까? 그 당시 입헌자의 생각이 이해되지 않는다. 그런데 전후에 개정된 법률에는 과연 탁음과 구두점이 확실하게 찍혀 있다. 이것도 법률의 진화 현상일까?

구두점에는 이런 이야기가 있다.

겐로쿠 천황[20]시대의 치카마츠 몬자에몽近松門左衛門[21]이 어느 날 툇마루 끝 따스한 양지에 꾸부정하게 앉아 밤새도록 쓴 조루리[22]에 구두점을 찍고 있었다. 그곳에 바둑의 라이벌인 염주집 주인이 놀러 왔다. 그 염주집 주인은 바둑 실력은 뛰어나도 문학이나 조루리에는 완전히 문외한이었기 때문에 몬자에몽이 구두점을 찍는 것을

---

18) 1546~1582년. 전국시대의 무장. 아버지의 뒤를 이어 오다 노부나가와 대립, 나가시노 전투에서 대패하여 오다 노부나가의 공격을 받고 덴목쿠산에서 자살했다.
19) 오다와라 시에 있는 성. 가마쿠라 초기에 축성. 전국시대 호조소운이 입성한 뒤 호조가의 본성이 되어 관동지방의 중심이 되었다. 1590년 도요토미 히데요시가 공격, 에도시대에는 막부의 중요 거점이 되었다.
20) 에도 중기, 히가시야마(東山) 천황의 연호. 1688~1704년
21) 1653~1724년. 에도 중기의 가부키 조루리의 작가
22) 곡조를 붙인 뒤 악기에 맞춰 낭창하는 이야기나 읽을거리의 하나. 무로마치 시대부터 비파 반주에 맞춰 쥘부채로 손바닥이나 바닥을 두들기며 우시와카마루(미나모토노요시츠네의 아명, 헤이안 말기 가마쿠라 초기의 장군)와 조루리히메(불교에서 조루리세계-약사여래의 정토-를 통솔하는 약사여래가 점지해준 공주) 등의 사랑이야기를 노래했지만 차츰 사미센 반주를 사용하게 되면서 제재, 음곡을 다양하게 전개, 에도 초기에는 인형과 접목시켜 조루리 인형극을 성립했다.

보고 쓸데없는 짓을 하고 있다고 비웃으며 돌아갔다.

그로부터 수일 후 몬자에몽은 다음과 같은 편지를 염주집 주인에게 보냈다.

"ふたえにまわしてくびにかける珠数をおこしらへ下され度候(두 겹으로 돌려서 목에 걸 수 있는 염주를 준비해줘)."

절친한 몬자에몽의 주문이었다. 염주집 주인은 사심 없이 목에 두 겹으로 돌릴 수 있는 기다란 염주를 만들어 몬자에몽 집으로 가져왔다. 그런데 어떻게 된 일인지 몬자에몽이 이상한 표정을 지었다.

"그렇게 기다란 염주를 주문한 적 없어. 뭔가 잘못 안 것 아냐?"

"하지만 편지에 똑똑히 써 보냈잖아? '二重にまわして首にかける珠数(두 겹으로 돌려서 목에 걸 수 있는 염주)'라고."

염주집 주인은 얼굴이 새빨개져서 반박했다.

그러자 몬자에몽이 웃으며, "두 겹으로 돌려서 손목에 걸 수 있는 염주를 부탁한 거야. 구두점 하나가 얼마나 중요한지 이로써 당신은 알았을 거야"라고 깨우쳐주었다는 이야기다.

민법, 형법, 상법을 비롯해 구두점 빠진 탁음 없는 법률이 지금도 무더기로 많기 때문에 실수가 없다고는 말할 수 없다. 민법의 곳곳에 "權利ヲ取得ス(권리를 취득하다)"라는 문장이 등장하지만 그 문장도 읽는 방법에 따라 "權利ヲ取り得ズ(권리를 취득하지 못하다)"라고 반대로 읽는 사람이 없을 거라고 과연 누가 장담할 수 있겠는가?

대대로 변호사 집안인 선배에게 들은 이야기다. 이전의 화려했던 군국주의 시대에는 야스쿠니靖國 신사의 특별대제라는 축일이 있었다고 한다. 따라서 도쿄 재판소도 이틀 동안 쉬었다. 관계자들은 뜻밖의 연휴라 모두 기뻐했다. 하지만 당시의 취지를 게재한 재판소의 마지막 문장을 보면, '訴訟書類ハ受付ス'로 되어 있다. 이것은 "受付スル(접수합니다)"라고도, "受付ズ(접수하지 않겠습니다)"라고도 해석할 수 있다. 변호사 등 관계자들은 어찌해야 할지 몰라 갈팡질팡한 것 같다. 재판소의 의도는 "휴일이지만 소송서류만은 접수하겠습니다"라는 것이었지만, 사람들은 "접수하지 않겠습니다"로도 읽어버렸던 것이다.

이런 착오가 생긴 것도 탁음을 아끼는 관례 때문이다. 관례도 전통도 이상한 것은 고쳐야 한다. 하지만 그런 이상한 관례나 전통이 지금도 여전히 우리 주변에 존재한다.

옛 와카和歌 중에 "霞ぞ野辺の匂ひなりけり(안개 들판의 향기였다)"라고 탁음 없이 쓰여 있는 것을 어떤 사람이 "かすみそのへの匂いなりけ …… 滓味噌かすみその屁への匂いなりけり(된장찌꺼기 구린내였다)"라고 읽어버렸다는 이야기가 있다. 그만큼 일본어에는 의미가 불분명한 것이 많다.

일본어는 오랜 옛날부터 유키츠키하나雪月花[23]처럼 계절, 사랑 등의 감정묘사에는 매우 뛰어나다.

"ほととぎす東曇時のほうは乱声に湖水は白き波立つらしいも(해질녘 어지럽게 울어대는 두견새 소리에 호수는 하얗게 물결치는구나)" — 요사노 아사코[24]

이렇듯 음악처럼 청각에 호소하는 시적 아름다움이 뛰어나지만, 의미가 혼란스러

---

[23] 雪과 月과 花. 자연미의 대표어로서 겨울의 눈, 가을의 달, 봄의 꽃으로 4계절 각각의 풍아한 경치를 나타낸 계절어
[24] 1872~1942년. 오사카 중부 사카이 출생. 신시사(新詩社)를 대표하는 가인으로서 잡지 ≪명성(明星)≫에서 활약, 메이지 낭만주의에 신시대를 열었다.

울 수 있다. 이 점을 주의하지 않으면 안 된다. 따라서 정확해야 하는 논리적인 법률에서 의도하지 않은 언어를 쓰거나 말이 장황해져 버리는 경우가 있다.

우리 약아빠지고 욕심 많은 인간들은 외람되게 광활한 대지에도 경계선을 긋고 구획을 만들었다. 도쿄와 가나가와神奈川 현으로 구분을 지었다. 그 경계에 말뚝을 박고 인간들은 서로 안심하고 있다. 그런데 법률가는 그것만으로 안심할 수가 없다. 그 말뚝의 어디까지가 진짜 경계일까? 이런 것까지 생각해야만 한다. 그 말뚝의 바로 아래서 다이아몬드라도 나온다면 한 치의 경계를 두고 다툼이 일어나기 때문이다.

이렇게 애초에 구별이 없던 대자연에 구획을 긋듯이 상황에 따라 제정된 대다수의 법률은 콧속의 코딱지처럼 자질구레한 것까지 말할 필요가 있다. 따라서 법률의 평이화, 대중화를 부르짖어도 어느 정도 한계가 있음을 알아주길 바란다.

"담배는 삼가주세요"로 좋은 것일까?

하나 더! 법률의 평이화에 브레이크를 건 것이 있다. 예를 들면 지하철 내의 금연. 예전에는 "煙草ノム可カラス(담배를 피울 수 없다)"라고 건방지게 쓰여 있던 것이 최근에는 "煙草はご遠慮下さい(담배는 삼가주세요)"라고 고친 문구에 정중하게 영문까지 달아놓았다.

여기서 잠깐, 법률의 타고난 본질을 말하고 싶다. 앞에서 말했듯이 법률은 "해야만 한다"든가, "해서는 안 된다"는 명령이 아니다. 하지만 "법률을 따를지 어떨지는 각자 자유의사에 맡기겠다"는 다정하고 예의바른 말과는 구별해야 한다. 따라서 "삼가주세요"라는 말이 부탁이라고 한다면 그것은 법률이 아니다. 부탁이라면 응하지 않는다고 해서 벌을 줄 수 없기 때문이다. 법률이라면 작위作爲・부작위不作爲의 명령에 반발하는 사람이 있으면 강제로 따르게 하거나 형벌을 내릴 수 있다.

"담배는 삼가주세요"라는 의미가 "담배를 피울 수 없다"라면 법률이지만 "담배는 삼가주실래요"라는 의미라면 법률이 아니다. 따라서 "삼가주실래요"라는 문구는 의미가 명료하지 않아서 제멋대로 해석해 공공연히 담배를 피우는 사람이 있다.

"역시 이건 법률이야"라고 인식할 수 있도록 확실히 할 필요가 있다.

4. 도쿠가와 막부의 만능약

법률에는 불문율不文律이라는 것이 있다. 원시법이 만들어진 시대에는 문자가 없었기 때문에 불문율일 수밖에 없었다.

≪고사기古事記25)≫나 ≪일본서기日本書紀26)≫에 따르면, 일본에 문자가 전해진 것이 오진천황應神天皇 시대였기 때문에 왕인王仁이란 학자가 논어와 천자문을 가져오기 전까지는 오랫동안 불문율 시대였다. '귀도鬼道(요술)'를 부리는 샤머니즘으로 유명한 여왕 히미코가 지배하던 야마타이국邪馬台國27)의 법률도 불문율 형태였다.

그런데 그 시대로 돌아가 보면 외국의 법률은 정말 대단하다. 함무라비 법전은 지금으로부터 4천 년 전에 이미 문자로 기록되었다. 모세의 법률보다 6~7백 년이나 앞서 만들어졌고 돌기둥에 새겨져 있다. 이 얼마나 깊은 문화와 역사란 말인가!

일본의 최초 성문법은 성덕태자聖德太子(아스카시대: 574~622년)의 17개조 헌법이다. 그로부터 다이호령大寶令28)이 만들어졌고, 아시카가막부足利幕府(무로마치 시대)는 어진 정치다 뭐다 하면서 "금전과 곡물의 부채 기록은 무조건 장부에서 삭제한다"는 법률을 선포했다.

도쿠가와德川家康 시대의 ≪어정서백개조御定書百箇條29)≫는 지금의 민법, 상법, 형법, 민사소송법, 형사소송법, 재판소구성법, 감옥법 등을 뒤섞어 5개 항목으로 된 매우

---

25) 나라시대의 역사서. 일본 최초의 역사서로서 천황의 지배를 정당화하기위한 책. 전3권. 덴무 천황(天武天皇)의 칙령으로 히에다노아레(稗田阿礼)가 반복해서 읽은 제왕이나 선대 이야기를 겐메이 천황(元明天皇)의 명령으로 오노야스마로(太安万侶)가 문장으로 기록. 상권은 신화, 중권은 진무 천황(神武天皇)에서 오진 천황(応神天皇)까지, 하권은 닌도쿠 천황(仁德天皇)에서 스이코 천황(推古天皇)까지 수록. 신화, 전설, 가요 등이 포함되어 있다.
26) 나라시대의 역사서. 최초의 칙명서. 전30권. 720년에 완성. 제왕의 업적이나 옛날 이야기 외에 사원, 제가를 기록. 중국과 한국의 역사서를 폭넓게 이용. 신화에서 지토 천황(持統天皇)까지 사실의 발생, 발전을 연도에 따라 한문으로 기술했다.
27) ≪삼국지의 위지왜인전(魏志倭人伝)≫에 기재된 3세기 무렵, 일본에 존재했던 나라. 여왕 히미코(卑弥呼)가 통치
28) 몬무 천황(文武天皇)의 연호. 701~704년
29) 에도막부의 법전.

유치한 법률이었다. 하지만 당시의 만능약이었던 유일한 이 법률은 우리 선조인 서민들에게는 알려지지 않았다. "정치가는 인민을 시정에 순종하게 하면 좋지만 그 도리를 인민에게 이해시킬 필요는 없다"는 것으로 아는 사람은 부교奉行30)의 높으신 분들뿐이었다.

생각해보면 이런 어리석은 사람은 아무리 옛날이라 해도 그렇게 흔하지는 않았을 것이다. "사람들에게 법률을 알리고 이해시킨 뒤 위반했을 때 벌하는 것은 당연하다"는 정도는 아무리 어릴 적부터 머리를 조아려 사죄했던 옛 사람이라도 한둘은 알고 있었을 것이다. 얘기는 들었다 해도 본 적 없는 희귀한 꽃과 마찬가지로 어떤 말을 해도 그들에게 권리 따위는 없었을 테지만. 여하튼 "막부의 장군은 물론 2~3만 석의 영주들이 오래 신어 닳아빠진 조리로 머리를 쓰다듬어주면 간질이 낫는다"고 철석같이 믿었던 시대였다. 사정이야 어쨌든 사람들이 이상하다는 사실을 깨닫고 그런 말을 입 밖으로 꺼내면, "주인을 거스르는 괘씸한 녀석. 주먹으로 후려갈길 게야. 썩 물러나라"고 엄포를 놓는 형편이었으니, 뭐든 눈으로 보지 않으면 모르는 시대라 무리도 아니었다.

그러므로 기둥에 새겨진 세계에서 가장 오래되었다는 성문법인 함무라비 법전은 정말 훌륭하다. 기둥의 둘레는 약 1미터 90센티, 높이 2미터 20센티, 즉 사람들이 서서 읽기 편하게 만들어져 있으며 그것은 '잘 알아둬'라는 의미였다.

왜 법률을 숨기고 싶어한 것일까?

그런데 도쿠가와 시대의 정치가는 모처럼 만든 법률을 왜 일반 민중에게 보이는 것을 꺼린 것일까? 그 이유는 민중이 알 난처한 일이 생기기 때문이었다.

예를 들면 유흥으로 돈을 낭비했기 때문에 농민과 상인들에게 세금을 거둬들이기 위한 연공年貢31) 등을 명령했다. 하지만 농민과 상인 무리들이 법률을 방패삼아 평

---

30) 무가시대의 직명. 각자의 직무에 따라 정무를 담당하고 집행. 가마쿠라막부가 막부의 직제로서 각종 부교를 두었던 일을 시작으로 전국시대의 장군들도 각종 부교를, 히데요시는 5개의 부교를, 에도막부는 수십 개의 부교를 설치했다.
31) 논, 밭, 가옥에 부과된 조세

계를 대지 않는다고 단언할 수는 없었다. 어쨌든 ≪세이키 모노가타리西城物語≫라는 책에는 "기름과 백성은 쥐어짜면 짤수록 나오는 법"이라는 지독한 말이 쓰여 있고, ≪신세이담新政談≫이라는 책에도 "백성이란 단지 연공금을 징수하기 위해 존재하는 자들이라는 점을 명심해야 한다"고 쓰여 있는 시대였다.

그것은 "백성이야말로 혹독하게 세금을 거둬들여야만 하는 자들일 뿐이다. 민중에게 법률을 알려서 비난받을 얼간이 짓을 무엇 때문에 하는가!"라고 지껄이는 정치가들의 꼴같잖은 말이다.

"네가 야채가게 주인 규베냐?"

"그렇습니다."

"딸이 굉장히 요염하더군."

"황송합니다."

"고관님 젊은 아드님이 의외로 집념이 강하거든. 그러니까 오늘 당장 자네 딸을 첩으로 바치기로 했네. 이의는 없겠지? 틀림없이 명령했다."

이렇게 되면 일가는 즉시 고통으로 쓰라린 눈물을 흘리게 된다. 성질 급한 딸의 정혼자는 강물에 뛰어들며 소란을 일으킬 것이다.

이때 고우치야마소슌河内山宗俊32)이 언제라도 뛰어나와 "악에 강함은 선에 근거를 두고 있네. 세상의 이치대로 부모는 한탄하며 가엾은 딸의 목숨을 구하기 위해 마음속 교묘한 책략을 야채가게 담벼락 좁은 골목에 숨기고 있구나"라며 목숨 걸고 도와주러 오면 좋겠지만 이 세상에 살아남지 않으면 안 되는 존재다. 고우치야마河内山는 연극에 등장하는 도깨비나 구스노키 마사츠라楠正行처럼 몇 번이고 다시 태어날 수 없기 때문이다. 하지만 고우치야마 대신에 법률이 있다면 문제는 해결된다.

"귀댁 어르신께 드릴 말씀이 있습니다. 그런 법이 어디 있습니까?"

---

32) 쇼와 11(1936)년에 만들어진 영화. 3개의 현존 작품 중 가장 인기가 없다. 쇼와 11년 고우치야마(河内山)가 슬럼프에 빠져 있던 시기라 작품의 질도 가장 난잡하다. 보존상태도 엉망이며 화질이나 음질도 결코 좋다고는 말할 수 없다. 하지만 화질, 음질이 나쁜 일본영화의 걸작은 얼마든지 있다. 인기가 없는 이유는 아마도 〈고우치야마슌(河内山宗俊)〉이 보통의 시대극이기 때문일 것이다.

"뭐야? 법이라니? 음! 시정잡배 주제에 고관대작에게 무례하구나. 그 버릇을 고쳐 놓겠다."

"조사도 해보지 않고, 재판의 판결 선고도 없이 마음대로 처벌할 수는 없습니다. 그보다 먼저 법률이 허락하지 않습니다."

이렇게 되면 백년 넘게 누려온 권력이 단번에 무너진다. 만사가 이런 식이라면 고관대작은 견딜 수 없을 것이다. 더 이상 거드름을 피울 수도, 제멋대로 할 수도 없다. 따라서 백성들에게 법률을 보여서는 안 된다. 절대 비밀로 해야만 하는 것이다. 백성들 또한 옷자락에 금가루가 붙어 있다는 아사쿠사淺草의 관음상처럼 법률을 소문으로만 알 뿐 본 사람은 거의 없다. 여하튼 옛 법률은 이처럼 지배자를 위한 것이었다.

법률의 도라노마키

≪어정서백개조御定書百箇條≫ 권말에 "부교인奉行(관리)은 직무 중에 천황이나 군주의 귀에 들어가는 다른 일을 해서는 안 된다. 관보寬保[33]임술 4월 마츠다 이라사 곤쇼겐松平左近將監[34]"라고 정중하게 필자의 이름, 간지, 연월일까지 일부러 넣었다.

마치 인술의 비전서秘傳書나 육도삼략六韜三略의 도라노마키虎の卷[35]같이 남들에게 보여주지 않은 귀한 예술품 취급하듯 소중하게 다루고 있다. "결코 의심하지 말지어다"고 쓰여 있지 않은 것이 오히려 신기할 정도다. 재판관도 무척 편해서 어떤 재판을 해도 "그건 법률과는 달라. 그런 법률은 없어. 게다가 법률 해석도 틀렸어"라고 말하면 되기 때문에 귀찮은 불평을 들을 염려가 털끝만큼도 없다. 따라서 자식 없는 상팔자인 무사가 법률을 알기는커녕 자기 이름조차 제대로 쓸 줄도 모르는 주제에 위세 높은 관리가 되어 "무례하구나! 네가 저지른 죄를 낱낱이 자백하지 못할까!" 하며 거들먹거린다.

---

33) 에도 중기. 사쿠라마치 천황(桜町天皇) 시대의 연호. 1741~1744년
34) 대재부의 제3등관
35) 중국 주나라 시대의 병법서. 병법의 비전서

자백白狀이란 전신주처럼 길고 곧게 뻗어 있기 때문에 백일하에 드러나는 형상이라고 믿는 패거리들도 자랑스러운 친구인 그 관리가 임무를 잘 수행해서 물가가 안정되었다고 생각한다.

정작 고통스러운 이들은 민중이었다. 어떤 재판을 받아도 벌을 면할 수는 없었다. "우는 아이와 지토地頭36)에게는 못 당한다"는 말처럼 이의를 제기할 수도 없었기 때문에 로난누시牢名主37)와 남경벌레에게 괴롭힘을 당할 수밖에 없었다.

이처럼 법률이 있어도 일반 민중에게 알리지는 않고 억지로 따르게 하려고 무리한 방법을 쓰는 것을 학자들은 "의지하게 해야 한다. 하지만 알려서는 안 된다"는 방식이라고 말한다. 전제군주제에서도 없었던 세상에 둘도 없이 나쁜 제도이다.

민중이야말로 참으로 만만한 상대다. 권리와 이름은 손톱에 낀 티끌 정도로 해두고 그 대신 의무만을 강요한다. 그리고 무슨 말인가 할라치면 그 즉시 대수롭지 않게 목을 잘라버렸기 때문에 민중은 억울해도 참고 살 수밖에 없었다.

여장부 목재소 주인 오코마

"세상의 딸들이여! 이 사람お駒:おこま을 징계하시오. 부모가 경계하는 음란한 놀이를 절대로 가까이 하지 마시오. 사랑하는 남편과 훌륭한 부모님을 비탄에 빠지게 하고, 부모님에게 다정하게 말을 나누었던 남편 옆에 있지 못하게 했으며 끝내는 이런 비열한 짓을 저질렀습니다. 이 세상은 바야흐로 츠루기노야마劍の山38)입니다."

'스즈카모리鈴ヶ森39)'의 목재소 주인 오코마는 남편을 살해한 대죄인이 되어 스즈카모리 처형장에서 형장의 이슬로 사라지기 직전, 용감하게도 세상 여자들에게 자신의 경험이 담긴 충고를 던졌다.

사람은 좌절이 극에 달하면 눈물도 나오지 않는 것이 보통이다. 극한 상황에서 충고까지 한 오코마 부인은 진정 여장부였다고 생각한다. 그 오코마를 사형 집행하던

---

36) 일본 중세의 장원제에서 조세징수, 군역, 범죄자 처벌 등을 담당하던 관리
37) 에도시대, 수인 중에서 선택되어 우두머리로서 감방 안을 단속하던 사람
38) 지옥에 있는 칼끝을 위로 향하게 검을 심은 산
39) 도쿄 시나가와(品川) 구의 옛 지명. 1651년에 에도막부가 처형장을 설립했다.

집행관 츠츠미야 도우지는 오코마를 향하여 "전후사정이 있었다고는 이해할 수 있지만 남편을 살해한 죄는 뉘우치지 않는구나. 무거운 형벌을 받아야 하지만, 자비를 베풀어 사형을 분부하시는 일에 감사하라"라고 형을 작량감경酌量減輕[40]한 것은 은혜를 입은 거라고 말한다.

이 말을 현대적으로 해석하면 납득이 안 간다. 자비로 사형에 처한다는 말은 도대체 무슨 뜻인가? 만약 자비가 없었다면 어떻게 된다는 것인가? 사형 위에는 무슨 형이 있을까? 이런 의문이 든다.

여기서 도라노마키의 〈어정서백개조〉를 조심스레 펼쳐서 오코마의 경우를 살펴보자.

"살인과 동등한 과실은 사형에 처한다"의 내용 중 "죄인을 묶어서 거리에 내어놓고 많은 사람에게 보여 창피를 주던 형벌 사라시さらし 2일, 참수형 이상의 죄인을 처형 전에 조리 돌리는 형벌 히키마와시引き回し 1일, 주인 살해범을 톱으로 자르는 형벌 노코기리비키鋸挽, 죄인을 나무 기둥에 묶어놓고 찔러 죽이는 형벌 하리츠케はりつけ 등으로 사형을 집행한다"라는 것이 있다. 이것이 가장 무거운 형벌임을 알 수 있다.

톱으로 쓱쓱 자른다는 것은 생각만 해도 숨이 막힐 만큼 끔찍한 형벌이다. 평범한 사형과 조리 돌린 뒤 나무에 묶어놓고 톱으로 자르는 사형은 같은 사형이라도 엄청난 차이가 있다. 따라서 오코마로서는 은혜를 베풀었다는 말에 항의도 못하고 감사하는 마음으로 엎드려 공손히 받아들여야 할 것이다.

그럼 ≪어정서백개조≫중 색다른 곳을 2~3개 더 찾아보자.

사랑 때문에 화형당한 오시치

"갓난아이를 몰래 옆 마을에 버리면 당사자는 도코로바라이所払(거주지에서 추방하는 형벌), 집주인 과료過料, 5인조五人組[41] 과료, 관리는 에도바라이江戸払[42]에 처한다. 단

---

[40] 형법 제66조. 재판관의 재량에 의해 형량을 감량하는 것. ① 범인의 태도와 여러 가지를 판단해서 가장 형량이 가벼운 형벌을 선택한다. ② 1의 형을 더욱 가중감경한다. ③ 2의형이 가혹한 경우에 작량감경한다.

[41] 에도막부가 마을에 5개의 집을 1조로 하여 화재, 도난 등 서로 연대 책임을 지도록 만든

지 죄상을 조사한 뒤 5인조와 집주인은 전혀 몰랐다는 사실이 밝혀지면 처벌을 면한다."

갓난아이를 버리는 행위는 오늘날의 법률에서도 허락되지 않는다. 본인이 추방당하든, 이레즈미入墨43)를 당하든, 스스로 저지른 죄이므로 벌을 받는 것은 당연하다. 하지만 그 때문에 집주인과 5인조, 관리까지 공동으로 벌을 받는다는 것은 도저히 납득이 가지 않는다.

옛 사람들은 부탁을 받으면 에치고越後(지금의 니가타 현)에서 방아를 찧기 위해 일부러 찾아올 정도로 의리가 강했다. 그러니 집주인, 5인조, 관리 사이 또한 교제라고 한다면 체념할 수밖에 없었을 것이다.

"매춘한 여자는 과료過料와 백일 동안의 데쵸手錠(손목에 수갑을 채움), 동시에 격일봉인隔日封印(악인이라고 세상에 널리 알리는 것) 한다."

백일 동안 손목에 수갑이 채워지면 머리를 긁는 일도 엉덩이를 만지는 일도 할 수 없기 때문에 고통스럽겠지만 격일봉인은 더더욱 견디기 힘들었을 것이다.

"간통한 아내는 시자이死罪44), 간통한 상대 남자도 시자이, 밀부살해 아내생존은 시자이, 단지 밀부가 도망치면 아내에 대한 처벌은 남편 마음에 달렸다."

간부姦夫와 간부姦婦를 둘로 포개어놓고 싹둑 잘라 네 토막을 내는 형벌을 남편에게 인정하던 때였다. 그래서 남편의 마음에 따라 아내의 처벌 여부가 결정되는 것이다.

"이별장離別狀을 받지 않고 다른 사람과 결혼한 여자는 머리를 깎은 뒤 부모에게 돌려보낸다. 단지 합의가 있으면 과료에 처한다."

이렇게 되면 소위 삼행반三行半45)의 이연장離緣狀46)을 여자로서는 무시할 수 없었

이웃 보호조직
42) 시내의 거주를 허락하지 않고 도성에서 사방 십리 밖으로 추방하는 형벌
43) 중국 고대의 5형 중 하나. 얼굴과 팔을 바늘로 찔러 먹물로 죄를 기록하는 형벌. 일본에서는 에도시대에 형벌로 행해졌다.
44) 참수형에 처한 뒤 시체는 몇 도막으로 잘려 효수되고 재산도 몰수되었다.
45) 남편이 아내에게 보내는 3행 반으로 쓴 이연장의 속칭
46) 남편이 아내와 인연을 끊을 때 그 취지를 기록해서 건네는 서찰. 아내는 이연장을 받으면 재혼할 수 있었다.

을 것이다. 당시 이혼의 권리는 남편에게 있었기 때문에 이기적인 남자는 언제든지 마음대로 아내를 쫓아낼 수 있었다. 하지만 이별장을 쓰지 않고 아내를 쫓아낸 뒤 재혼하면 남편도 추방형에 처해졌다.

여기서 '머리를 깎아 비구니로 한다'는 형벌은 굉장한 생각이었던 것 같다. 단발이 유행하지 않았던 옛날에는 머리카락이 다시 자랄 때까지 기다려야 했을 것이다.

"증오를 품고 있는 자가 불을 지르겠다고 쓴 종이를 보내거나, 무기명으로 그런 내용이 담긴 문서를 길에 버리면 시자이에 처한다."

이것은 현대 형법에서는 협박죄로 2년 이하의 징역 또는 2만 엔 이하의 벌금으로 끝나는 경범죄이지만, 한해 풍작으로 값이 떨어진 수박처럼 목숨을 가볍게 여긴 옛날에는 시자이였다.

"방화는 가자이火罪[47], 타인의 요청으로 불을 지른 자는 시자이, 단지 요청만 한 자는 가자이에 처한다."

따라서 야채가게 오시치お七[48]는 이 조항에 따라 절에서 잡일을 하던 사랑하는 소년의 이름을 부르며 화형에 처해져 인간 스테이크가 되었다.

〈어정서백개조〉는 총 103개조였지만 쓸데없는 부록이 3개쯤 있었다. 그 대부분은 죄와 벌에 관한 조항이므로 형법 이야기에 이르렀을 때 비교대조하면서 설명하기로 하자.

왕과 방앗간

여기서 잠깐, 도쿠가와 시대와 같은 무렵의 유럽으로 건너가보자. 같은 시기라 해도 서기 1760년대 사건이다.

---

[47] 죄인을 조리 돌린 뒤 태워 죽이는 형벌. 그리스도 교인과 중죄인에게 행해졌지만 관보 2년(1742) 이후에는 방화범에게도 적용
[48] 1668~1683년. 에도 시내에 있던 야채가게의 딸. 1682년 대화재 때 피난 갔던 절에서 심부름하던 소년과 사랑에 빠져 재회하고 싶은 일념으로 절에 불을 질렀다가 방화범으로 화형당했다. 이하라 사이카쿠(井原西鶴)의 〈호색오인녀(好色五人女)〉에 채택되어 조루리, 가부키 등으로 각색되었다.

프로이센 왕인 프레드릭은 포츠담에 아름다운 궁전을 건립했는데 정면에는 초라한 방앗간 한 채가 있고 그곳에는 낡은 풍차가 졸린 듯 달그락거리며 돌아가고 있었다. 왕은 그 방앗간이 눈엣가시였지만 어쩔 도리가 없었다. 끊임없이 사람을 불러 제거하라고 명령했지만 주인은 이치만 따지는 융통성 없는 벽창호였다. "내가 먼저 여기에 방앗간을 세웠으니 눈에 거슬리면 궁전이 이사하면 되지 않느냐"며 꿈쩍도 하지 않았다. 그 무렵의 일본이라면 목이 잘릴 뿐만 아니라 일가친척까지 하리츠케형을 받아 죽음을 당했을 것이다.

명군이라고 해도 왕은 왕. 예로부터 왕이라 하면 이기주의의 대명사. 더 이상 참을 수 없게 된 왕은 완고한 이 영감을 궁전으로 불러 직접 교섭을 시도했다. 그러나 영감은 태연했다. 자기 일인데도 마치 남의 일인 듯 무덤덤한 표정으로 이렇게 말했다.

"누가 이기는지 재판관님께 판결을 받아보는 것이 어떻겠소?"

왕이 열화같이 화를 낼 거라고 생각했는데 전혀 그렇지 않았다. 그는 둘도 없는 명군이었다. 왕은 뜻밖에 감동하여 물었다.

"영감! 짐이 재판관을 그 정도까지 신용한다고 생각하는가?"

이후 낡은 풍차는 공식적으로 허락받고 장엄한 '상스Sans-Souci[49]'의 아름다운 궁전 앞에서 느긋하면서도 당당하게 돌아갔다. 영감이 그 시대의 일본에서 태어나지 않은 것이 천만다행이다.

5. 법률과 도덕

너희들! 간음하지 말라

법률이 인류 공동생활의 규율이라는 것은 앞에서 말했다. 인간이 살아가는 데 질서를 유지하고 조화를 이루는 것에는 여하튼 법률이라는 녀석이 필요하다. 그렇다고 이 규율이 모두의 법률이냐 하면 결코 그렇지만도 않다. 그런 역할을 하는 것에는

---

[49] 독일 포츠담에 있는 로코코식 궁전. 1745~1747년에 프레드릭 대왕이 건립

법률 이외에 '종교'도 있고 '도덕'도 있으며 '예절'도 있다. 그렇다면 이것들과 법률은 어떻게 다를까?

우선 인간이 원숭이보다 털이 3개 더 많았다는 원시사회에서는 법률도 종교도 도덕도 없었다. 아니, 다같이 뒤섞여 있었다. 하나의 규칙이 법률이며 동시에 종교이고 도덕이었다. 구약성서의 〈출애굽기〉에 "너희들! 간음하지 말라. 너희들! 살인하지 말라. 너희들! 도둑질하지 말라"고 여호와가 모세에게 내린 십계의 가르침은 즉시 종교이고 법률이며 도덕이었던 것이다.

《고사기古事記》의 쥬아이천황仲哀天皇[50]에 대한 기술의 일부분에 "생박生剝[51], 역박逆剝[52], 상통하통혼上通下通婚, 마혼馬婚, 우혼牛婚, 계혼鷄婚을 국가의 액막이로 한다"고 규정한 것은, 즉 종교도 도덕도 법률도 게다가 정치마저 구별이 없었다는 증거다.

---

[50] 《고사기》, 《일본서기》에 기록된 제14대 천황. 규슈 남부에 세력을 떨치며 야마토 조정에 대항하던 종족을 토벌하기 위해 출정했지만 그곳에서 살해되었다고 전해진다.
[51] 살아 있는 말의 가죽을 벗기는 일
[52] 말가죽을 엉덩이부터 벗기는 일

개구리 얼굴에 소변

그러면 지금의 시대는 어떤 형태로 구분될까? 도덕과 예절은 사회생활을 유지하기 위해 꼭 필요한 행위이지만 행하지 않는다 해도 강제성은 없다. 행하고 행하지 않고는 각자 자기 마음이다. 다시 말해 양심에 맡겨야 한다는 것이다.

도덕은 남에게 친절하라고 가르치고 종교는 엄격하게 계율을 강요하지만, 설령 친절하지 않고 계율을 지키지 않았다 해도 그 때문에 강제로 벌금을 내라고 하거나 감옥에 집어넣을 수는 없다.

반면 법률은 "사람을 죽이지 말라"고 했는데 사람을 살해하는 자가 있으면 인정사정없이 강제로 감옥에 처넣을 수가 있다. 그러니까 법률에는 강제성이 있지만, 도덕과 종교에는 없다는 말이다.

그럼 도덕과 종교와 예절에는 제재가 전혀 없을까? 결코 그렇지만도 않다. 생선회에 장식으로 곁들여 나오는 야채처럼 미비한 정도의 제재는 있다. 남자에게 버림받은 여자가 종종 들고 나오는 것이 사회적 제재라는 녀석이다. 예를 들면 어떤 남자가 어떤 행위를 한다. 특별히 형법에 저촉되는 행위가 아니라면 죄에는 해당되지 않는다. 하지만 그 시대의 도덕이나 예절에 어긋나는 행위라면 쓸데없이 간섭하기 좋아하는 사회는 허락하지 않는다. 부도덕하고 비인간적이라며 즉시 비난이 쏟아진다. 그것이 사회적 제재다.

그 정도로 훌륭한 제재가 있으면 법률도 마찬가지라고 생각하는 사람도 있을지 모르겠다. 하지만 결코 그렇지가 않다. 인간은 누구나 자만심과 독성은 지녔겠지만 양심만큼은 누구나 반드시 가지고 있다고 말할 수 없기 때문이다.

따라서 조금이라도 양심이 있는 사람에게는 이 제재가 약간의 효력이 있다. 폐렴에 페니실린 주사 정도의 효과라면 곤란하겠지만. 하물며 태어날 때 어머니 뱃속에 양심을 두고 산파 손에 이끌려 급하게 밖으로 튀어나온 무대포자라면 햇빛에 데워진 미지근한 물 같은 그런 제재 따위에는 눈도 깜짝하지 않는다. 개구리 얼굴에 소변[53], 뻔뻔스럽기 그지없다.

현대사회는 만성 법률과다증

그런데 그것이 법률이 되면 개구리 씨의 표정도 달라져 조금은 당황할 것이다. 명령 또는 금지를 거역하면 싫어도 감옥에 처박혀 보리밥 먹고 촌스런 파란색 옷을 입을 수밖에 없다. 빌린 돈을 뻔뻔스럽게 돌려주지 않으려 한다면 집이나 토지는 물론 냉장고, TV 등 가재도구에 이르기까지 강제로 경매에 부쳐 변상한다.

이렇게 "강제 처분한다"는 강력한 존재가 바로 법률이고 이런 점이 도덕과 종교와 다르다. "도덕은 사회의 선을 이루고 법률은 사회악을 징계한다"고도 할 수 있다. 따라서 법률학자는 "법률은 최소한의 도덕이다"고 말한다.

하지만 인구가 증가하고 사람들의 생활양식이 점점 복잡해지자 법률도 선과 악의 문제만으로는 있을 수 없게 되었다. 요컨대 "사람은 우측으로 보행해야만 한다"는 것은 선악과는 관계가 없다. "자동차는 도로의 우측을 주행하지 않으면 안 된다"는 규칙은 도덕에서 나온 것이 아니다.

이처럼 선악과는 아무런 관계도 없는 법률은 많고 많다. 특히 거래관계, 소송관계, 행정 방면에 관한 법률이라면 선악의 문제가 아니다. 어떻게든 정하지 않으면 뒷일이 곤란해지는 일인 만큼 "사회의 선을 조성하자. 사회악을 제거해버리자"는 것과는 다르다.

근세 이후에는 인륜적으로 무색무미한 이런 종류의 법률이 무더기로 쏟아져 나왔다. 거기에 추가되고 정정을 거치며 취소가 되기도 한다. 그런 이유로 최근 법률가들은 수없이 많은 법률에 어느 정도 식상해하고, 결국 소화할 수 없어 만성 법률카타르[54]라는 가엾은 증상을 보이며 안색이 새파래져 떠는 형편이다.

---

53) 얼굴에 소변을 뿌려도 개구리가 태연하게 있는 것으로, 아무리 지독한 질타를 받아도 표정 하나 변하지 않는 것을 비유
54) 점막의 삼출(滲出)성 염증. 점액 분비가 왕성하여 상피(上皮)의 박리(剝離), 충혈(充血) 등의 증세가 나타난다.

도덕과 법률의 악수

이야기가 생각지도 않은 이상한 방향으로 흘러갔다. 어쨌든 도덕과 법률의 대략적인 구별기준은 그때의 사정에 따른다. 따라서 굳이 구별하는 일은 번거롭지만 그렇다고 전혀 무관하지는 않기 때문에 구별에 오해가 없도록 좀 더 펜을 굴려볼까 한다.

어느 집에 구걸하러 간 거지가 있었다. 갑자기 병에 걸린 거지는 그 집 정원 모퉁이에서 2~3일 동안 고통스럽게 머물렀다. 하지만 집주인은 그 거지가 더럽고 귀찮다며 거들떠보지 않았다. 결국 죽게 된 거지는 목숨만 살려달라고 애절하게 매달렸지만 주인은 법률상 부양해야 할 의무가 없다며 약은 물론 물 한 잔도 주지 않았다. 가엾은 거지는 마츠고노미즈末期の水55)마저 입에 넣지 못하고 죽었다.

과연 집주인의 말대로 걸인이 자신의 양자도 아니고 먹여 살리겠다고 약속한 것도 아니기 때문에 부양의무가 없으니 약도 물도 줄 이유가 없을까? 최소한 파출소에 알리는 것조차 쓸데없는 친절이라는 것일까? 집주인은 "무정하다. 어떻게 인간으로서 그럴 수 있는가"라는 도덕상의 비난만 감수하면 끝나는 것일까?

아니, 그렇지 않다. 도덕과 법률은 이런 점에서 악수를 하고 있는데, 형법 제217조에는 "노인과 아이, 불구, 또는 질병으로 인해 도움이 필요한 사람을 유기遺棄한 자는 1년 이하의 징역에 처한다"고 되어 있다. 이 규정의 의미에 대해서는 뒤의 형법 부분에서 자세하게 설명하겠지만 요컨대 법률상 보호책임이 없는 사람이라도 노인과 아이, 불구, 질병으로 인해 도움이 필요한 사람에게 도덕상, 인정상, 또는 풍습상, 생존에 필요한 보호를 해야 하는 분명한 도리가 있음에도 불구하고 그것을 행하지 않은 사람은 법률상 죄인이다. 이것은 도덕과 법률이 중복되고 서로 맺어져 있다는 사실을 말해준다. 뒤에서 다시 언급하겠지만 법률 세계에서도 신의信義가 중시되는 것은 물론이고 공공질서, 선량한 풍속은 분쟁문제를 해결하는 결정수단이며 심각한 권력남용을 경계하기도 한다. 이것은 모두 법률과 도덕의 제휴 현상이다. 이 점에 대해서는 각자의 항목에서 다시 얘기하기로 하자.

---

55) 임종 때 그 사람의 입에 물려주는 물. 죽음의 물

6. 법률의 끊임없는 고민

존재 이유가 법률의 생명력

필요는 발명의 어머니라고 하는데 법률도 필요에 의해 탄생한다. 예를 들면 상속세법 중 '배우자 상속의 경감輕減'제도를 봐도 그렇다. 쇼와 50(1975)년에 개정된 법률에서는 "배우자가 유산 분할로 취득한 금액이 4천만 엔에 미치지 못할 경우, 그것이 법정상속분(3분의 1)을 넘었다 해도 상속세에는 저촉되지 않는다"는 것도 일본이 안고 있는 현재의 노인문제와 전혀 무관하지 않다. 여하튼 여자는 남자보다 장수한다. 특별히 뻔뻔해서 장수하는 것은 아니지만 4~5년은 오래 산다. 대개의 여성들이 결혼할 때 자신보다 몇 살 연상인 남자를 선택하기 때문에 평균적으로 남편이 먼저 죽는다. 다시 말해 7~10년은 남편 없이 생활하게 된다는 것이다. 하지만 여자들은 경제력을 원한다. 지금까지 남편의 그늘에서 살아온 아내라면 더욱 그렇다.

그런데 그 무렵 "부모를 부양하기는 싫어. 하지만 부모의 유산은 받을 수 있으면 받아야 해" 하는 사람이 적지 않았다. 이렇게 되면 아내들은 내야 하는 세금을 어떻게든 따지지 않으면 안 된다. 게다가 일본 남자들은 부부가 같이 벌어들인 돈으로 구입한 토지나 가옥을 아무 거리낌 없이 자기 혼자 명의로 하는 일이 많다. 이런 경우 그 집과 토지의 몇 분의 일은 실질적으로 아내의 소유다. 그러니 남겨진 아내의 입장에서 보면 자기 것을 취했을 뿐인데 생각지도 못했던 상속세를 내야 한다면 억울할 것이다. 특히 최근에는 맞벌이 부부가 증가하고 있는데 이러한 현실을 무시할 수 없다.

맞벌이가 아니라 해도 아내는 집에서 잠만 자는 것이 아니다. 남편이 출근한 뒤 가사家事, 육아, 세탁은 물론 때론 부업으로 남편의 수입에 협력하기도 한다. 그러므로 부부 사이에 남겨진 재산은 남편 명의라 해도 몇 분의 일은 아내에게 실질적인 소유권이 있다는 의식이 확대되고 있다. 따라서 이런저런 필요에 따라 상속세법 속에 새로운 조문條文이 탄생하는 것이다.

'법률'의 출산 진통

그런데 새로운 법률을 만들 때는 어떻게 해야 할까? 먼저 구상을 하고 여러 각도에서 연구를 한다. 떡장수와 마찬가지로 법률을 만드는 이들도 먼저 구상을 해야 한다. 이것을 법률안法律案이라고 한다. 앙꼬가 맛이 없으면 떡이 맛이 없듯이 법률안이 두찬杜撰[56)]이라면 제대로 된 법률이 만들어질 수가 없다. 물론 법률이므로 떡의 앙꼬처럼 달콤하지만은 않다. 매운 것이 특색이다. 즉 쌉쌀한 앙꼬다.

그런데 이 법률안은 누가 만들었을까? 새 헌법은 특별히 발안권자発案権者를 정하지 않는다. 실제로는 정부가 주역이 되어 만들고 있지만 당연히 중의원과 참의원인 국회의원에게 발안권이 있다. 하지만 이 안案은 시내의 떡집과 달라서 정부의 안案도 중의원의 안案도 특별히 구별하지 않는다.

법률은 참복의 맛

법률안이 만들어지면 국회에 제출된다. 이때부터가 문제의 시작이다. 이미 전후 정황의 모든 것을 알고 있는 국회의원들은 그 나이에 부끄러움도 아랑곳없이 거드름을 피우며 상대를 향해 "바보다. 멍청이다"라며 입에 담기 어려운 말들을 뱉어가며 매도하는 척 조작하는 것이다. 어쨌든 법률안은 양 의원에서 가결했을 때 법률로 되는 것이 원칙이기 때문이다.

떡장수가 떡을 치듯이 억지소리를 하면서 머리를 들이대거나 서로 멱살을 잡고 싸우는 광경은 신문이나 라디오, TV 등에서 소개한대로일 것이다. 이렇게 되면 법률에는 이 책의 서두에 마른 오징어 맛이라고 했지만 참복의 맛도 있다.

양 의원에서 가결한 법률은 주임인 국무대신이 서명하고 이어 내각 총리대신이 서명한다. 이렇게 성립된 법률은 내각을 통해 천황에게 보내지고 천황은 국민에게

---

56) '杜'는 중국 송나라의 두묵(杜默), '撰'은 시문을 만드는 일. 두묵의 시가 정형시 규칙에 거의 맞지 않는다는 고사에서 나온 말로 모든 일을 적당히 처리하여 오류가 많은 것에 비유

공포한다. 공포된 법률은 특별한 결정이 없는 한 공포한 날로부터 만 20일 경과 후 시행된다. 따라서 우리들 서민은 이것을 법률로서 지키지 않으면 안 된다.

여하튼 법률이란 이름으로 '연령계산에 관한 법률'처럼 불과 3행의 짧은 문장이라도, 1044조나 되는 민법이라도 만들려면 이런 절차가 필요하다.

법률과 명령은 어떻게 다를까?

명령이라든가 정령政令이라는 말을 듣거나 본 일이 있을 것이다. 보통 법률이라고 할 때는 헌법, 법률, 명령을 다 묶어 말하지만 엄밀히 따지자면 이것들은 제각각 다르다. 그럼 법률과 명령은 어떻게 다를까?

모두 법칙인 것만은 변함이 없다. 보통 법률이란 말은 두 가지 의미로 사용된다. 하나는 법규의 의미이고, 다른 하나는 법규가 만들어지는 형식의 의미다.

법규의 최상위에 헌법이 있다. 헌법은 가장 뛰어난 힘을 갖는다. 법률은 헌법의 아래로 일반적으로 법령 중에서는 가장 강한 효력을 지닌다. 따라서 법규를 만들 때는 법률이라는 형태가 원칙이다.

법규를 만드는 일은 입법기관인 국회의 권한이다. 하지만 예외로 행정기관에 어느 범위 내에서 법규를 만들 수 있는 권리가 있는데 이 행정기관이 만든 법규가 명령이다. 내각이나 각 대신이 제정하는 명령을 ~령令이라고 하고, 많든 적든 내각에서 독립한 행정기관이 제정하는 것을 ~규칙이라고 한다.

정령政令이란 내각이 제정하는 명령이다. 내각 총리대신이나 각성대신行政大臣은 행정사무에 대한 법률이나 정령을 시행하기 위해 법률과 정령의 특별 위임委任을 기반으로 명령을 발표할 수 있다. 내각 총리대신이 발표하는 것은 총리부령總理府令, 각성대신이 발표하는 것은 성령省令이라고 한다.

회계검사원會計檢査院은 회계검사원법이 정하는 것 이외에 회계검사에 관해 필요한 규칙을 정할 수가 있다. 그것이 회계검사원규칙이다. 종종 눈에 띄는 인사원규칙人事院規則이란 인사원이 국가공무원법 시행에 관한 필요사항을 정한 규칙이다.

이외에 공정거래위원회규칙, 전국선거관리위원회규칙, 국가공안위원회규칙國家公安委員會規則 등 수많은 규칙이 있다.

7. 법률의 해석

그럼 이제부터 ≪취미의 법률≫에서 제공하는 교육용 TV를 봐주시기를!

교재용 TV 방영

제1장 <게는 생물>

때　 : 어느 여름날 오후
장소 : 홋카이도의 오이소 역을 출발한 상경 기차 안
인물 : 아버지(35~36세), 아이(6세 정도), 차장(25~26세)

　뜨겁게 내리쬐던 태양도 모습을 감추고, 하코네箱根와 아마기天城 산등성이로는 안개가 옅게 깔려 있다. 저 멀리 바다 위에는 어선 2~3척이 희미하게 떠 있다.
　일요일, 오이소大磯 해안으로 바캉스라도 가려는 것일까? 젊은이들이 물밀듯 와르르 몰려 들어온다. 열차안은 순식간에 홋카이도의 하루를 뒤돌아보는 것 같은 싱싱한 목소리로 가득하다. 그때 에도 토박이인 듯 위풍당당한 남자가 6세 정도의 아이를 데리고 기차에 올라탄다.
　아이는 게 한 마리를 손에 들고 있다. 무척 신기한 듯 이리 보고 저리 보며 소중하게 다룬다. 그때 게를 본 차장이 "게를 들고 타면 안 됩니다"며 주의를 준다.
　아이는 도움을 요청하듯 안타까운 표정으로 아버지를 바라본다. 그러자 '내게 맡겨. 깨끗이 해결할 테니까'라는 얼굴로 남자는 뚫어지게 차장을 노려본다.
　"차장! 도대체 왜 안 된다는 거지?"
　"살아 있는 생물을 그렇게 보인 채로 승차하면 안 된다는 규칙이 있습니다."
　차장이 규칙을 내세워 반박하자, 남자는 그 말에 갑자기 말문이 막힌다.
　"하지만 게 정도는 괜찮잖아?"
　남자는 기세가 꺾인 듯 혼잣말로 중얼거린다.

"규칙이기 때문에 절대로 안 됩니다. 버려주세요."

차장은 더욱 기세등등하게 규칙을 내세우며 '절대'라는 말에 강한 악센트를 넣어 거만한 어투로 말한다. 아이는 아버지가 불리하다는 걸 느끼고 울 듯한 표정이다.

순간 이 대단한 에도 토박이 남자, 주먹으로 코를 쓱쓱 문지르며 천부적인 고성을 기세 좋게 날린다.

"너 말이야! 코끼리나 곰을 끌고 온 것도 아니고, 게 한 마리 정도로 이러면, 이나 벼룩은 어떻게 할 건데?"

그때 어둠이 밀려오고 2~3척의 어선 불빛이 먼 바다 위에서 깜박이기 시작한다.

-컷-

CM30초

번거롭게 되었군요. 정말 난처하겠어요. 가엾네요. 분명 그 에도 양반, 《취미의 법률》을 읽지 않았군요. 앞으로 어떻게 될지 주위 사람들이 모두 흥미를 갖고 지켜보고 있어요. 아이도 보고 있어요. 아버지 힘내세요. 법률이란 필요한 것이에요. 무시해서는 안 됩니다.

제2장 <어떻게 된 거야?>

때 : 어느 해 12월 중순 무렵
장소 : 가게 앞
인물 : 중년여성 손님, 여종업원(16~17세)

화면은 어둠이 깔리는 겨울풍경. 동짓달 바람은 절박하게 불어치고, 행인들의 발걸음 소리도 몹시 거칠게 들려온다.

'후쿠비키福引[57] 경품 연말 대잔치'라고 쓰인 깃발이 휘몰아치는 차가운 모래바람에 글씨도 못 읽을 정도로 심하게 펄럭인다.

그때 깃발 아래를 힘겹게 지나온 30대 중반 여성이 물건을 사려고 가게 안으로

---

57) 상점의 매출이나 연회 등에서 복권을 추첨하여 당첨자에게 경품을 주는 일

들어온다. 경품 첫날이라 가게 안은 어수선하다. 정면에는 한눈에 들어올 만큼 커다란 글씨로 '천 엔 이상 구매하신 분에게는 파란 후쿠비키 1장 증정', '천 엔 이하 구매하신 분에게는 빨간 후쿠비키 1장 증정'이라고 파란색과 빨간색으로 구분해 쓰여 있다.

중년여성은 천 엔짜리 물건을 구입하고 여종업원은 물건을 포장해 건네주면서 거만한 태도로 빨간 후쿠비키 한 장을 끼어준다.

"어머! 파랑 후쿠비키 아냐?"

기대에 어긋난 듯 중년여성은 실망한 어투로 말한다.

"저, 손님이 쓴 금액은 정확히 천 엔이기 때문에 빨강 권입니다."

여종업원이 정중하게 대답한다.

"저기, 천 엔 이상은 파랑 권이라고 쓰여 있잖아?"

"예. 하지만 천 엔 이하는 빨강 권이라고 쓰여 있습니다."

"천 엔 이상은 파랑 권이라고 분명히 쓰여 있고, 난 정확히 천 엔 냈으니까 당연히 파랑 권을 받아야 한다고 생각해."

중년여성은 파랑 권이라면 좋은 경품이라도 당첨될 거라고 생각한 것일까? 굽히지 않고 파랑 권을 주장한다.

"우리 가게에서는 천 엔이면 빨강 권을 드립니다. 죄송하지만 파랑 권은 드릴 수 없습니다."

여종업원도 지지 않는다.

기껏 후쿠비키 한 장 갖고 답답한 여자아이와 옥신각신한다는 게 우습다고 생각한 것일까? 중년여성은 "이해가 안 되는군" 하고 내뱉으며 그래도 빨강 후쿠비키는 소중하게 들고 가게를 나간다.

"입고 있는 옷은 고급인 주제에 욕심이 많네."

여종업원도 손님의 뒷모습을 향해 작은 소리로 중얼거린다.

그때 멀리서 두부장수의 외침소리가 희미하게 들려온다.

―컷―

CM 60초

그렇군요. 옛날, 중학교 시절에 이상, 이하, 미만, 초과의 구별법을 배웠지요. 하지만 잊고 있었어요. 인간이란 왜 이렇게 빨리 잊을까요? 기모노의 중년여성도 여종업원도 잊었고 나도 잊고 있었어요. 일상생활 속에서 종종 듣는 말인데 말이죠. 앞으로는 잊거나 몰라서 창피를 당하지 않도록 합시다.

제3장 <아버지와 아들>

때   : 화사한 봄날 오후
장소 : 도쿄 교외
인물 : 아버지(44~45세), 아들(10세)

늦게 핀 야에자쿠라[58] 꽃도 떨어지고 주위는 온통 신록으로 뒤덮여 있다. 하늘은 깨끗이 청소한 듯 끝없이 청명하고, 산들바람이 어린 새싹을 간질이듯 간간히 분다.

잔뜩 멋을 부린 40대 중반의 마른 남자가 아들로 보이는 10세 정도의 남자아이와 커다란 셰퍼트를 데리고 제방 아래를 산책하고 있다. 그때 도심과 교외를 연결하는 사철私鐵이 요란한 소리를 내며 통과하자마자 주위는 갑자기 고요해진다.

아이와 개는 어린 생명력의 약동을 억누를 수 없다는 듯 신나게 뛰어다니고, 눈에 비치는 세상은 평화롭기 그지없다.

남자는 제방 끝자락에 세워져 있는 고풍스런 다카후다高札[59]를 바라본다.

〈この土手に登るべからず武蔵野署(이 제방에 올라가지 마십시오. 무사시노 서장)〉

"과연 '이 제방에 올라가지 마십시오'인가? 푸하하하. 이건 하이쿠 문구네. 경찰도 굉장한 풍류객이군그래. 마치 此の処小便無用花の山(이곳은 소변무용의 꽃산)의 대구對句 같잖아."

---

58) 벚꽃 중에서 가장 늦게 개화하며 흰색, 분홍, 연분홍 꽃을 피운다.
59) 에도시대 주로 법도, 금령, 범죄자의 죄상 등을 기록하여 일반인에게 알리기 위해 사람 왕래가 많은 마을 어귀나 광장 등에 높다랗게 세운 널빤지. 메이지 6년(1873)에 폐지

남자는 뭐가 우스운지 웃음을 터뜨리며 중얼거린다. 그리고 제방 위에 있는 아들에게 말한다.

"여기 와서 이것 좀 볼래?"

아이가 제방에서 뛰어 내려온다. 개도 따라온다. 아이는 다카후다를 본다. 법도에 관한 문구라는 것을 아이도 금방 알아챈다. 순간 아이는 무슨 생각을 했는지 불복할 수 없다는 표정으로 갑자기 개와 함께 제방 위로 뛰어 올라가 버린다.

"제방 위에 왜 올라가는데?"

아버지는 평소와는 다른 아들의 태도가 이상해서 묻는다.

"아빠! 난 힘겹게 오르지 않고(登らない) 가볍게 올라왔기(上る) 때문에 괜찮아."

"지금 무슨 말을 하는 거야? 힘겹게 올라가든(登る) 가볍게 올라가든(上る) 다 같은 말이잖아."

아버지가 꾸짖었지만 아이는 자신만만한 태도로 크게 소리친다.

"왜냐하면 아빠! 얼마 전에 사촌형과 이노가시라 공원에 갔을 때 '공원의 나무를 꺾지 마세요'라는 팻말이 세워져 있었는데, 형은 그럼 꺾지 않고 칼로 잘라내면 된다고 했어. 그 형, 법대생이잖아? 형의 말대로라면, 힘겹게 오르지 않고 가볍게 올라왔으니까 괜찮은 거잖아."

아버지는 마음이 복잡해졌다.

'저 녀석, 머리가 이렇게 좋았나? 오, 대단한걸. 근데 말도 안 되는 이유를 갖다 붙이다니, 앞으로 좀 걱정이 되는구나.'

아이와 개는 여전히 제방 위에서 장난치며 즐겁게 논다.

(화면이 바뀌고)

남자는 평평한 돌이 깔린 오솔길로 발걸음을 옮기며 깊은 생각에 빠져 있다.

그는 어릴 적부터 문학을 밥보다 좋아했고, 법률과 미꾸라지를 통째로 넣어 끓인 추어탕은 뱀보다도 싫어했다. 하지만 세상은 점점 각박해지고 거래는 복잡해지면서 법률을 싫어하는 그도 법률을 모르면 통하지 않게 되었다. 억지로 하면 통하기야 하지만 그러면 우선 불편하고 불안했다. 사람들에게 바보취급 당해 손해를 볼지도 모른다는 생각이 들었다. 그래서 며칠 전에는 어느 대학 교수가 쓴 법률서를 서점에서 구입했다. 웬일이냐고 아내가 다 놀랄 정도였다. 그런데 읽으려니까 문학으로 굳어진 그의 머리로는 어려워서 도저히 이해할 수가 없었다.

생각해보면 법률은 법률가에게만 공포된 것은 아닐 것이다. 일반 국민에게, 즉 목수에게도, 페인트공에게도, 화초가게 영감에게도, 뒷골목 두부장수 할멈에게도, 모두 일률적으로 명령한 것이다. 따라서 누구나 알기 쉽게 쓰면 좋을 텐데 무엇 때문에 어렵게 쓰는 것일까? 법률은 그렇다 치고, 적어도 법률 책만은 누구나 알기 쉽고 재미있게 읽을 수 있다면 얼마나 좋을까?

그 뒤부터 남자는 법률과 문학의 조화를 생각하게 되었다.

'법률을 전부 와가나 하이쿠로 고쳐 쓴다면 분명 세상은 부드러워질 거야.'

남자는 마치 대발견이라도 한 듯 혼자 기뻐한다.

조금 전에도 남자는 아들의 괴팍한 법률적 생각에 놀라면서 한편으론 법률의 문학화에 대해 머리를 굴렸다.

끝도 없는 생각에 빠져 걷는데 순간 눈앞에 무언가가 기분 나쁠 정도로 불쑥 솟아 있다. 그곳에는 '어느 쪽이 더 높은가 우리 경쟁할래요?'라는 듯 통행인을 불편하게 만드는 말뚝 두 개가 예의 바르게 나란히 박혀 있다. 그 옆에는 '마차車馬의 통행을 금합니다. 지주地主'라고 쓰여 있다.

"아빠! 마차車馬라고 쓰여 있네?"

"응. 그래."

아버지는 이번에도 아들이 사촌형처럼 말도 안 되는 이유를 갖다붙이는 것은 아닐까 내심 불안하다.

"그럼 개는 괜찮겠지?"

"그럴지도. 마차車馬라고 쓰여 있으니까 개는 괜찮을 것 같구나."

아버지는 애매하게 대답한다.

"그럼 유모차乳母車는?"

"음!"

아버지가 고민하는 동안 아이와 개는 이미 멀리 뛰어가고 있다.

따스한 봄날 오후 햇살은 눈부시다.

–컷–

CM 30초

세상에는 말도 안 되는 이유를 갖다붙이는 사람이 있습니다. 그래도 어느 정도는 조리가 있다는 것이죠. 그래서 더더욱 난처합니다. 그런 것은 옛날에는 삼백대언三百代言[60], 현재에는 사건야事件屋[61]라는 패거리들이 종종 사용하는 말입니다. 괴변이죠. PTA[62]에서도 회사에서도 종종 부딪치는 일이에요. 그럼 전문가 선생님에게 들어볼까요?

목적을 잊은 해석은 난센스

그럼 지금까지 본 장면을 토대로 법률의 해석에 대해 알아보죠.

법률은 어떤 식으로 해석하면 좋을까? 해석 여하에 따라 사형수 신분이 즉각 무

---

[60] 변호사 자격 없이 타인의 소송이나 담판 등을 취급하는 사람
[61] 변호사 자격 없이 타인의 분쟁이나 언쟁에 개입하여 금전적 이익을 올리는 것을 생업으로 하는 사람
[62] 영국의 Parent-Teacher Association의 약자. 각 학교마다 조직된 보호자와 교직원이 운영하는 교육 관련 단체

죄로 풀려나는 일도 있고, 1심에서 무죄 판결을 받고 기뻐했던 사람이 2심에서 즉각 사형수가 되어 형장의 이슬로 사라질 수도 있다. 일자일구一字一句의 해석을 어떻게 하느냐에 따라 소중한 목숨이 왔다갔다하는 경우를 생각하면, 법률 해석이 얼마나 어려운지 고개를 끄덕이게 된다.

  법률의 해석이란 본래의 의미를 확정한다는 뜻이다. 성문법은 문자로 된 법률을 말하며, 일본의 법률은 성문법이다. 법률은 문자로 되어야 한다. 그래야 확실하기 때문이다.

  그런데 문자는 법률을 위해 만들어진 게 아니기 때문에 문자가 갖는 의미는 법률가가 좋아하도록 항상 명확하지만은 않다. 그렇기에 문자가 갖는 의미에 따라 법률의 본래 의미가 달라지는 일도 있다.

  그런 이유로 법률조문은 해석에 따르지만, 세상 상식을 무시한 해석은 있어서는 안 된다. "제방에 힘겹게 올라가면登る 안 된다"는 말은 "가볍게 올라가는上る 일도 물론 안 된다"는 뜻이다. "가지를 꺾어서는 안 된다"는 말은 "잘라서는 더욱 안 된다"는 뜻이다. "말이 다녀서는 안 된다"는 것은 물론 "소도 통과해서는 안 된다"는 말이다. 왜 마차의 통행을 금지한 것일까? 그 규칙을 만든 사람의 생각을 추측해보면, 필시 길은 사도私道이기 때문에 길이 망가지는 것을 두려워했을 것이다. 개와 고양이 정도는 통과해도 괜찮을 거라고 생각했을 것이고, 유모차 정도라면 허락해도 좋다는 의미다. 짐차라면 안 된다는 것이고, 하물며 코끼리나 코뿔소, 하마는 말할 필요도 없다. 그것을 더욱이 문자 그대로 읽어서 마차니까 차라면 어떤 차도 안 된다거나, 코끼리는 말이 아니니까 통과해도 된다는 해석이야말로 괴변인 것이다.

  법률을 해석할 때 문자 본래의 의미를 무시하는 해석은 당연히 허락되지 않지만, 문자를 붙들고 늘어지는 것은 더욱 나쁜 해석이다. 그 법률이 무엇을 위해 만들어졌는지 법률의 목적과 취지를 고려하지 않으면 안 된다. 따라서 목적을 잊은 해석은 무의미하다.

이와 벼룩

해석의 방법론에 대해서는 그 자체만으로 간단하게 해결되는 경우와 그렇지 않은 경우가 있다.

제1장의 게 문제를 생각해보자. 남자가 예를 든 이와 벼룩은 지나치게 극단적인 표현이다. 일부러 이를 들고 가는 바보는 없다. 그렇다면 과연 게는 들고 가도 괜찮은 것일까?

국유철도여객영업규칙國有鐵道鐵道旅客營業規則에는 "소량의 작은 새, 작은 벌레류, 병아리나 어패류로 용기에 넣은 것은 국철의 승낙을 받지 않아도 차내에 들고 승차할 수 있다"는 규정이 있다. 따라서 밖으로 드러내지만 않는다면, 즉 용기에 넣으면 게의 휴대 승차는 가능하다는 말이다.

여기서 '작은 벌레류'라는 애매한 말은 납득이 가지 않으니까 몇 cm까지의 벌레라고 구체적으로 표시하라는 사람도 있을지 모른다. 그래서는 곤란하다. 우리 신체 중에 목이 있는데 목과 등, 목과 머리의 경계를 정확하게 아는 사람은 없을 것이다. 그 경계선을 말하라고 하면 누구라도 당황하지 않을 수 없다. 몇 mm아래부터가 등이라고 말할 수는 없다. 마찬가지로 게나 어린 거북이도 몇 cm까지가 작고 그 이상은 크다는 따위의 구별은 명확하지 않다. 또 소량에 대해서도 게 한 마리는 괜찮으면 두 마리라면 어떨까? 세 마리, 네 마리, 수량을 헤아리만 준다면 어디까지가 소량인지 구별할 수 있을까? 작은 벌레의 무게에 대해서도 마찬가지다. 몇 kg의 무게까지는 괜찮지만 그 이상은 안 된다고 한다면 불과 0.1mg의 차이로 그 경계선을 구별해야 한다. 그 몇 mg의 경계선이 그렇게까지 중요한 것일까? 1mg은 괜찮다고 한다면 2mg은 안 된다고 말할 수 있는가? 역시 어디까지인지 제한이 없게 되는 것이다.

결국 사회통념이라든가, 사회적 타당성이라든가, 상식으로써 결정하지 않으면 끝이 없게 된다.

주먹은 흉기인가?

상식에 관한 문제가 나온 김에 좀 더 하고 싶은 말이 있다. 구형법 舊刑法(현재의 형법 이전의 것)의 절도죄 규정은 지금의 형법과 달라서 쓸데없이 자질구레하고 번거롭게 되어 있다. 같은 도둑이 들어간 경우라도 "출입문 혹은 담벼락을 넘거나 또는 흉기를 휴대하고서 사람이 거주하고 있는 저택으로 들어가 절도를 범하는 자는 경징역63)에 처한다" 등 그 외 여러 가지 다양한 경우를 상세하게 나누어 규정함으로써 오히려 많은 복잡한 문제를 일으키고 있다. 그 중에서 2~3개를 선택해보자.

'출입문이나 담벼락을 넘는다'는 말을 "위로 올라가 넘지 않고 밑으로 기어 들어가면 괜찮다"고 해석하는 사람이 있다. 그것은 말도 안 되는 억지소리다.

게다가 흉기소지절도의 경우에는 먼저 흉기란 무엇인가에 대해 정리해둘 필요가 있다. "흉기란 허리에 차는 큰칼이나 칼집에 넣은 창날로서 사람을 살해하는 도구다"고 해석하는 사람이 있다. 그렇다면 생선회 칼은 흉기가 아닐까? 이런 의문이 든다. 허리에 차는 큰칼을 갖고 들어가면 흉기절도가 되고 생선회 칼을 소지하면 흉기절도가 아니라는 말은 불공평한 해석이다.

생선회 칼로도 충분히 사람을 살해할 수 있다. 이는 나가우타, 요곡 謠曲의 〈아다치가하라노구로즈카 安達ケ原の黒塚64)〉나 연극 〈오마츠리사시치 お祭佐七(가부키)65)〉의 오오가와바다 大川端66) 살인현장을 보아도 알 수 있다.

그렇다면 "흉기란 고의로 사람을 살해하기 위해 만든 물건이 아니라도 사람을 살해할 수 있다면 뭐든지"라는 해석이 나온다. 따라서 허리에 차는 큰칼도, 생선회칼

---

63) 경죄의 최고형으로 징역에 처벌받는 행위. 경징역형의 단기는 3일이고 특히 법률이 규정하지 않는 경우 장기는 3년이다.
64) 지금의 후쿠시마 현의 니혼마츠시(二本松市)에 늙은 마녀가 살았다는 전설
65) 가부키, 교겐(狂言, 歌舞伎)의 수수께끼를 푸는 색실
66) 스미다(隅田) 강의 하류. 하나이 오우메(花井お梅) 사건. 고용인 야스기 미네기치(八杉峯吉)의 간책으로 아버지와 풍파가 끊이지 않자 결국 메이지 20(1887)년 24세 때 스미다 강 하류에서 미네기치(34세)를 참살했다. 동년 11월, 무기징역을 선고받았지만 40세 때 특사로 출옥, 스스로 무대에 서서 자신의 경력을 연기했다.

도 모두 흉기에 속하므로 그 해석은 지극히 공평하다. 그런데 문제가 또 있다.

"단지 사람을 살해할 수 있는 물건이라면 뭐든지 흉기다"라면 수건으로 목을 졸라 사람을 죽일 수 있다. 그럼 수건 한 장이라도 허리에 늘어뜨리고 들어가면 과연 흉기소지절도일까? 한 걸음 더 나아가, 경우에 따라서는 주먹으로도 살인이 가능한데 같은 도둑이 들어가 주먹을 쓰지 않고 나오면 그저 도둑일 뿐일까?

주먹을 내고, 보자기를 내고, 마치 가위 바위 보라도 하는 것처럼 소란 끝에 내는 주먹도 흉기로 취급해야 한다는 비상식적인 격론까지 벌어진다. 비행기도 없고 쌀값도 저렴하고 생활도 안정된 옛날이라면 이런 한심한 격론으로 시간을 허비해도 괜찮을지 모르지만, 인간이 달에까지 착륙하는 오늘날이라면 그런 비상식적인 격론을 벌이고 있을 여유가 없다.

그럼 흉기의 의미에 대한 정의는 뒤의 형법각론에서 자세하게 설명하도록 하자.

도난피해 이치린

법률을 조금이라도 맛본 사람이라면 대개 알고 있을 사건으로 이치린 사건一厘事件이 있다. 사건의 전말은 이렇다. 당시에는 "담배 농작인은 담뱃잎 한 장이라도 자신의 것으로 할 수 없다"는 엄한 규칙이 있었다. 하지만 어느 담배 농작인이 무게 0.7g, 가격 금 1린一厘[67] 정도의 담뱃잎 한 장을 당시의 전매공사에 납입하지 않고 무단으로 피웠다.

이는 범죄일까, 범죄가 아닐까? 이것이 크나큰 화두였다. 결론을 말하자면, 안 된다고 말한 이상, 담뱃잎 한 장은 물론 파편 한 조각이라도 안 되는 것이다. 무게가 1g이든 1관貫[68]이든 문제가 안 된다.

"담뱃잎 한 장이 천냥千兩[69]이나 하는구나/ 주인, 침상에서는 담배를 피우려 하지도

---

67) 이치린(一厘). 현재의 화폐가치로 수 엔
68) 1관은 1000몬메(匁), 즉 3.75kg. 메이지 24(1891)년에서 쇼와 33(1958)년까지 상거래에서 사용되었다.
69) 량(両)은 에도시대 질량의 단위이면서 금화의 통화 단위. 1량의 천배. 상당한 대금 또는 가치가 매우 높은 것

않네"라는 노래처럼 담뱃잎 한 장이 천냥이든 1린이든 그것은 논쟁거리가 못 된다.

따라서 이 사건에 대해서도 의견이 나뉘었다. "안 된다고 한 이상, 설령 귀신이라도, 뱀이라도 단호하게 처벌해야 한다. 눈물을 흘리며 음식을 끊어버린 제갈공명처럼 법은 사람에 의해 휘둘려서는 안 된다. 단연코 처벌해야만 한다"는 것이 극단 강경론자들의 의견이었다.

그들의 의견에도 일리가 있었다. 비록 한 장이 괜찮다면 두 장은 어떻게 될까? 또 세 장은? 그 구별은 어느 시점까지 가능할까? 한 장이 허용되고, 더욱이 마을 사람들이 모두 한 장씩 피워버린다면 과연 어떻게 될까? 다시 말해 마을 사람들이 매일 한 장씩 납입하지 않는다면? 또한 같은 한 장이라도 담뱃잎의 대소에 따라, 상품 하품에 따라 공평, 불공평이 달라지지 않을까? 따라서 안 된다고 말한 이상, 첫 번째 사람이든, 촌장이든, 석가모니든, 그 누구라도 안 되는 것이다.

소극론자들은 이를 반박했다. 과연 말한 그대로지만 그렇게 되면 사회생활 자체를 할 수 없지 않을까? 나쁜 일이라도 어느 정도까지는 용서해야 하는 것이 인간사회다. 예를 들면 "도둑질해서는 안 된다"는 규칙이 있다. 도둑이 되려면 타인의 물건을 훔쳐야 하는데 그 물건의 형태나 대소, 가치를 따지지 않고 타인이 갖고 있는 물건이라면 단지 종이 한 장을 훔쳐도 도둑이다. 그렇다면 다른 사람의 집을 방문했을 때 오래된 신문지 한 조각이 옷에 붙어 있는 것을 알면서도 그대로 돌아온다면 그것도 역시 절도일까? 농가의 벼 수확을 도와주러 갔다가 쌀 한 알을 시험 삼아 먹어보았다. 그것도 곧바로 도둑으로서 벌을 받아야 하는 것일까? 재판관이 "징역으로는 가엾으니까 벌금으로 하고 싶다"고 아무리 생각해도 절도에는 벌금형 규정이 없기 때문에 징역으로밖에 처벌할 수 없다.

그렇다면 사회생활이 법률 때문에 오히려 불안해지는 결과를 낳지 않을까? 법률의 해석은 1cm, 1mm를 다툴 만큼 엄격해야만 하는 것은 결코 아니다. 오히려 사회상식에 비추어 지극히 타당해야 한다. "과연 무리도 아니다"고 세상의 상식 정도로 해석해야 하는 것은 아닐까 하는 것이 소극론자들의 논리였다.

이치린 사건의 결과는 어떤 식으로

이치린 사건은 제1심에서는 무죄였지만 검사측이 항소하여, 제2심에서는 역전, 유죄가 되었다. 따라서 사건은 상고되어 대심원(지금의 최고재판소)으로 옮겨갔지만 그곳에서는 한 번 더 역전해 또다시 무죄가 되었다. 대심원은 다음과 같이 무죄 이유를 설명한다.

"그 형벌법이란 애초에 공동생활의 조건을 규정한 법률이며 국가질서 유지를 목적으로 한다. 따라서 해석도 주로 그 나라의 공동생활상의 관념을 겨냥해야 하며 다만 물리학상의 관념에 의한 것만큼은 할 수 없다.(중략)

대수롭지 않은 불법행위를 불문에 부치는 일은 범죄의 검거에 관한 문제가 아니고 형벌법의 해석에 관한 문제다. 따라서 이런 종류의 위법행위는 비록 형벌법조에 규정하는 물적 조건을 갖추고 있다 해도 죄를 구성하지 않는 것으로 결정해야 한다. 그 행위의 영세성, 더구나 위험성이 없기 때문에 범죄일까 아닐까는 법률상의 문제일 뿐 그 경계선을 물리적으로 규정할 수는 없다. 다시 말해 건전한 공동생활상의 관념을 기준으로 해서 정할 수밖에 없다."

어떤가? 충분히 참고가 되었을 것이다.

천 엔 이상과 천 엔 이하

그럼 여기서 잠깐, 앞에 나왔던 제2장의 중년여성 손님과 여종업원의 문제로 돌아가보자.

법률상 '천 엔 이상'이라고 하면 천 엔은 그 안에 포함된다. 백 명 이상이라고 하면 물론 백 명도 그 안에 포함된다. 공직선거법에 "일본 국민이며 만 20세 이상인 사람은 중의원의원 및 참의원의원 선거권을 가진다"고 되어 있으므로 만 20세인 사람에게는 선거권이 있다. 형법 제207조에 "2인 이상이 폭행을 하거나 사람을 상해한 경우에는"라고 되어 있는데 그 2인 이상 속에는 두 사람의 경우도 포함된다.

그런데 앞에 나왔던 이치린 사건의 절도 형량은 '10년 이하의 징역'이었다. 이처럼 '이하'라고 할 때에도 10년은 포함된다. 즉 10년까지는 징역을 선고할 수 있다는 것이다.

꽤 오래된 일이지만 어느 시골 마을 목욕탕에 "13세 이상 10엔, 10세 이하 7엔"이라고 쓰여 있는 것을 보고 씁쓸한 미소를 금할 수 없었다. 시험 삼아 입구 계산대에 앉아 있는 주인에게 물어보았다.

"13세는 10엔입니다."

마치 진무천황神武天皇[70] 이래 의심할 필요가 전혀 없다는 듯 분명하고 간단명료한 대답이었다. 법률가는 확실한 의뢰를 받았음에도 불구하고 쓸데없이 걱정할 만큼 고생하는 사람으로 태어날 운명이었는지 모른다. 남의 일을 쓸데없이 걱정하는 일은 아마도 법률가로부터 시작되었을 것이다.

옛 법률인 《어정서백개조》의 절도범 처벌 조항 중 "타인의 수중에 있는 물건을 슬쩍 훔치는 자"라는 항목에 다음과 같이 쓰여 있다.

"금화 10냥 이상, 잡다한 일용품은 대금으로 환산하여 10냥 이상, 시자이死罪 형벌", "금화 10냥 이하, 잡다한 일용품은 대금으로 환산하여 10냥 이하, 이레즈미入墨 형벌"

즉 금 10냥 이상은 시자이형벌, 10냥 이하는 이레즈미형벌에 해당되는 것이다. 그렇다면 10냥은 어느 쪽일까가 문제다. 이것은 앞의 후쿠비키나 목욕탕의 경우와는 다르다. 시자이에 처해질까, 이레즈미로 끝날까 하는 생명이 걸린 큰 문제다.

후쿠비키 문제를 해결하려면 어떻게 쓰면 좋을까?

"천 엔 이상 구입하신 분에게 파랑 후쿠비키 1장 증정, 천 엔 미만 구입하신 분에게 빨강 후쿠비키 1장 증정"이라고 쓰면 된다. 그러면 천 엔을 구입한 사람은 파랑 권, 999엔 9센까지 구입한 사람은 빨강 권이라는 것이 분명해진다.

여객영업규칙에서도 "대인: 12세 이상인 사람, 소아小兒: 6세 이상 12세 미만인 사람"이라고 분쟁이 일어나지 않도록 확실하게 정의한다. 동시에 소아의 여객운임을 반액으로 정하고 있다. 덧붙이자면 유아는 1세 이상 6세 미만의 아이로서 보호자가

---

[70] 《고사기》와 《일본서기》에 기록된 제1대 천황.

동반할 때, 즉 부모와 함께 승차할 때는 무료다. 하지만 유아라도 조숙한 경우 혼자서 승차할 수 있다. 그때는 무료가 아니다. 그래서인지 도시에서는 6세 미만의 어린이가 목에 정기권을 걸고 다니는 모습을 종종 볼 수 있다.

육법전서는 그 나라의 작은 모형

느닷없이 육법이라는 말을 들으면 연극광인 노인은 하나미치노시치상花道の七三[71]에서 온몸으로 연기하며 관객을 끌어들이는 배우의 모습을 상상할지도 모른다.

나고야 산자名古屋山三[72] :

"그건 내가 할 말이야. 얼굴의 육법은 아무래도 넓은 대로를 왕래하는 남자의 단젠같지. 구름무늬에 번개모양. 그런데 혹시 소문의 근거는?"

후와 반자에몽不破伴左衛門(나고야 산자의 라이벌) :

"그 이름도 유명한 후지산. 관서 재산가는 지금 요시하라吉原에 있지 않아. 츠쿠파筑波의 번개무늬 단젠은 힘껏 빼내면 캄캄한 어둠 속에서도 반짝반짝 빛나는 칼날같지."

아마도 그 노인은 두 사람이 '사야아테さやあて(가부키 이야기 제163화)'에서 노래하던 유창한 대사를 떠올릴 만큼 열심가熱心家일지도 모른다.

위의 가부키에서 노래한 육법이란 서점에 가면 즉시 고개가 끄덕여지는 법률의 육법이며 법률가에게는 성서聖書와 같은 것이다. 입이 거친 시인 하이네는 로마법대전을 가리켜 "악마의 바이블"이라고 말했다. 하지만 언제부터인가 헌법, 민법, 상법, 형법, 민사소송법, 형사소송법을 육법이라고 말한다. 누가 처음 말했는지는 모르겠지만 메이지 23년에 "일본육법전서日本六法全書"라고 처음 이름 붙여졌다는 것으로 보아 그 명칭은 상당히 역사가 깊고, 꽤 오래전부터 있었던 것 같다. 포고전서布告全書에서 '전서全書'를 빌리고 프랑스의 오법전서五法全書에서 '육법六法'이라는 힌트를

---

71) 가부키 극장의 왼쪽에 상설된 하나미치. 출입문에서 7할, 무대에서 3할인 공간으로 배우들이 연기할 때 가장 중심이 되는 장소. 바닥이 상하로 움직이며 대개는 요괴변화를 하는 역자들이 출입한다.
72) 가부키의 시조로 전설적인 인물

얻은 것 같다.

 여하튼 이 여섯 개의 법률은 현재 셀 수 없을 정도로 수많은 법률 중 가장 일반적이면서 중요도가 높은 것임에는 틀림없다. 그런 의미에서 이것을 "육법六法이라는 말로 법규를 정리한 서책"이라고 말해도 이상하지 않을 것이다.

 어느 나라든 이 육법전서 같은 서책을 보면 그 나라가 어떤 사상에 근거하고 있고 어떤 나라로서 존재하는지, 적어도 존재하려 하는지 정도는 곧바로 알 수 있다.

 따라서 육법전서는 그 나라의 작은 모형 같은 것이다.

제2장 민법이야기

민법民法의 민民은 민중民衆의 민民이고, 법法은 철포鐵砲(てっぽう)의 포와 빈핍貧乏(びんぼう)의 핍을 없애기 위한 법률의 법民法(みんぽう)이다. 요약하면 민중의 법률이다. 따라서 민주국가, 법치국가에서 법률이 민중의 것이어야만 하는 건 극히 당연하다. 그런데도 소위 민법만이 민중의 법률이라고 한다면 다른 차지차가법借地借家法, 상법商法, 형법刑法, 그 외의 많은 법률은 민중의 법률이 아니란 말인가? 도대체 누구를 위한 법률인가? 마소馬牛나 돼지를 위한 법률일까? 아니다. 모두 민중을 위한 법률이다. 혹시 그 옛날 입법자가 문자 선택을 잘못한 건 아닐까.

민법은 메이지 29(1897)년 4월 27일에 탄생했다. 사람이 태어나서 죽을 때까지 살아가는 동안 필요한 기본적인 생활에 대해 규정하고 있다. 말하자면 인간의 '요람에서 무덤까지'의 법률인 것이다.

내용은 5개 부분으로 나누어 있다. 총칙, 물권, 채권, 친족, 상속의 5편이다. 그럼 순서에 따라 먼저 총칙 이야기부터 천천히 하기로 하자.

제1편 민법 총칙의 여러 가지 문제

1. 권리란 무엇인가?

　법률의 잔소리꾼, 권리부터 알아보자.
　법률은 권리와 의무의 조합 같으면서도 대부분은 권리를 표면으로 내세워 규정한 것이다. 민법개권民法開卷 제1조의 3에도 "사권私權의 향유는 출생부터 시작한다"고 되어 있다. 법률에서 권리를 제거하면 그건 뼈 없는 몸이다. 슈크림 빵에서 크림을 빼버린 것과 똑같다. 권리를 모르고 법률을 말하는 사람은 바보나 다름없다. 그럼 왜 현대 법률은 대부분 그처럼 권리를 규정하고 있는 것일까?
　일본으로 말하면, 근대 문화가 개화하기 전인 도쿠가와 법률은 권리를 손톱의 때만큼도 규정하지 않았다.
　"이렇게 하면 안 돼. 그렇게 해서도 절대 안 돼."
　유감스럽게도 온통 안 된다는 말투성이었다. 그게 바로 도쿠가와 권력자들의 정책이었다.
　메이지 시대가 되어 외국의 법률을 연구했는데 일본의 법률과는 전혀 달랐다. 그래서 이번에는 "이렇게 해도 좋아. 그렇게 해도 좋아"라고 민중의 권리를 인정, 자유중시, 적극진취, 독립자존의 기상을 또렷하게 살리도록 해두었다. "그래, 이 법률이 아니면 안 돼"라며 외국의 법률을 통째로 삼켜 만든 것이 현대 일본 법률의 시작이었다. 그러니 법률의 대부분이 권리를 표면으로 내세워 규정한 이유에 고개가 끄덕여지지 않은가?

원숭이가 벼룩을 잡는 것은 권리일까?

　권리의 지위는 법률상 대단히 중요하지만 그 본질을 잡기란 쉽지 않다. 80세 할머니부터 코흘리개 꼬마에 이르기까지 권리, 권리라고 떠들어대는데 그렇다면 그 권리란 도대체 무엇인가?

어느 법률가는 "다 함께 볼 권리가 있는 오늘밤의 저 달"이라고 정의했는데, 우리가 달을 바라보는 것도 권리일까? 달에 뭉게구름이 걸려 있으면 권리침해라고 할 수 있을까? 그렇다면 고양이가 낮잠을 자는 것도, 원숭이가 벼룩을 잡는 것도 권리라고 말하지 않으면 안 된다. 웅변가 나가이 류타로永井柳太郎[73)가 의회에서 정우회 내각정격연설政友會內閣政擊演說을 할 때 "하늘에 빛나는 달에도, 땅에 피는 꽃에도 모두 생존권이 있다"고 발언하자, 하라 재상原敬[74)이 "나가이 군은 그렇게 연설하고 있지만 정부는 그렇지가 않네"라고 빈정거린 일이 있었다. 나가이는 별의 명멸明滅도, 꽃의 개락開落도 모두 권리라고 갈파했던 것이다.

그런데 여기서 말하는 권리란 그런 넓은 의미의 권리가 아니다. 침해당하면 재판소에 소송하여 손해배상을 받고, 그 외에 권리보호를 위해 여러 가지 수속을 취할 수 있는 정도의 권리를 가리키는 것이다.

뭉게구름이 달을 가린다고 해서, 시끄러운 전철소리 때문에 고양이가 낮잠을 잘 수 없다고 해서, 원숭이가 벼룩을 잡기 힘들다고 해서 권리침해라고 하지는 않는다. 요컨대 뭉게구름이나 전철을 상대로 재판소에 소송하여 손해배상을 청구할 수 없다는 건 누구라도 알 것이다. 츠키미소바[75)를 먹어본 적은 있지만 달을 볼 권리가 있다는 말은 여태껏 들어보지 못했다.

원숭이 입장에서 보면 벼룩을 잡는 일도 권리일 것이고, 고양이 입장에서 보면 낮잠을 자는 일도 권리일 것이다. 하지만 그것은 원숭이의 권리이고 고양이의 권리일

---

73) 1881~1944년. 정치가. 이시가와(石川) 태생. 초대의원. 잡지 ≪신일본(新日本)≫ 주필. 헌정회에서 대의사(지금의 중의원)로 재임 중 입헌민정당 통신수상, 철도수상을 역임. 웅변가로 알려져 있다.

74) 하라다카시 수상. 1856~1921년. 정치가. 이와테(岩手) 태생. 외무성 퇴관 후 오사카 마이니치 신문사 사장으로 취임. 입헌정우회창립에 참여, 통신수상, 내무대신을 역임한 뒤 총재 취임. 다이쇼 7(1918)년 평민재상으로서 첫 당정내각을 조직하고 교통정비, 교육의 확장 등 적극 정책을 폈다. 도쿄 역에서 살해되었다.

75) 날계란을 재료로 한 국수요리. 노른자를 달에 비유

뿐 인간의 권리는 아니다. '원숭이 혹성'에서 법률을 제정한다면 "우리 원숭이 민족의 벼룩 잡을 권리를 침해하는 자에 대해서는 쥐에게 하는 것과 똑같이 마음대로 다루어도 좋다"고 제멋대로 법률을 만들면 되는 것이다. 하지만 그건 어디까지나 원숭이의 권리이고, 고양이의 권리이고, 별의 권리이고, 꽃의 권리이지 우리 인간의 권리가 아니라는 사실을 부디 명심했으면 한다.

당월 당일 밤의 저 달

권리라고 말하기 위해서는 적어도 상대가 사람이라는 사실을 우선 머릿속에 떠올려야 한다. 달이나 구름의 문제라 해도 이런 경우라면 어떨까?

"미야 씨![76] 1월 17일을 잘 기억해둬. 오늘 1월 17일 밤의 저 달을 내년에는 어디서 볼 수 있을까? 내후년의 1월 17일 밤에는…… 10년 후의 1월 17일 밤에는…… 평생 동안 나는 1월 17일 밤의 저 달을 잊을 수 없을 거야."

돈도 없고 힘도 없는 호색한 간이치貫一, 당월 당일 밤의 감상에 취해 "내년 당월 당일 밤에는 내 눈물로 저 달을 흐리게 할 거야"라고 마치 천문대 기사나 번개의 신처럼 서글프게 흐느끼며 기상예보를 한다. 간이치 군이 약속한 대로 다음 해 1월 17일 밤, 그의 풍부한 눈물로 달을 흐리게 한다면 과연 권리침해일까? 곰곰이 따져볼 필요가 있다. 손으로 잡을 수 없는 달이나 구름과 달리 상대는 풋내기 고리대금업자인 인간 간이치이기 때문이다.

이미 앞에서 말했듯이 달을 보는 것은 우리의 권리라고 할 수 없다. 설령 월견권 月見權이라는 권리가 있다 해도 간이치는 고리대금업자이지 자연을 주관하는 신이 아니기 때문에 마음대로 달을 흐리게 하거나 비를 내리게 할 수는 없다. 그러니 문제가 되지 않는다. 단지 상대가 인간이라는 점에서 논리적으로 생각해볼 수 있다. 즉 권리는 사람과 사람 사이의 일이라는 사실을 먼저 인지해야 한다는 말이다.

더불어 "태양력으로 보면 내년 당월 당일 밤에는 달이 나올 리 없어. 나오지도 않

---

[76] 오기자와 미야(鴨沢宮)와 하자마 간이치(間貫一): 오자키 고요(尾崎紅葉) 작 소설 ≪금색야차(金色夜叉)≫의 남녀 주인공. '열해의 해안' 장면이 유명하다.

은 달을 어떻게 흐리게 한다는 건가? 그건 불가능해"라고 간이치 군에게 한마디 하고 싶다. 이건 좀 말도 안 되는 이야기다.

거울에 원망은 수없이 있나이다

권리가 사람과 사람 사이의 일이라는 말은 이미 했다. 그런데 권리를 위해서는 법률이 인정한 지위地位라는 것이 있어야 한다. 소유권이 있어서 누구에게나 "이건 내 꺼야"라고 주장할 수 있는 지위에 있다든가, 갑이 을에 대해 대금 채권을 갖고 있어서 채권자라는 지위에 있다든가, 친권이 있는 부모가 자녀에 대해 기대할 수 있는 지위라든가, 남편과 아내라는 지위에 있다든가…… 이런 지위들이 있고 그 지위에는 법률이 보호해줄 근거가 있어야 한다는 것이다.

예를 들면 대금 채권을 갖고 있어 채권자의 지위에 있다고 해도 그 돈이 도박에서 딴 채권이라면 법률이 보호해주지 않는다. 그러므로 그것은 법률이 인정한 지위가 아니다. 그 이유는 뒤의 〈공의 질서公의 秩序〉 부분에서 자세하게 설명하겠지만 어쨌든 권리라고 말하기 위해서는 그 지위를 법률이 보호해주지 않으면 안 된다. 그래야 소송을 할 수 있기 때문이다.

설령 당신이 르누아르 그림에 빠져 있어서 그 그림을 사고 싶은 지위에 있다 해도 법률은 단지 사고 싶다는 지위만으로는 보호해주지 않는다. 매매가 성립되어 매주買主라는 법률이 보호해주는 지위가 되지 않으면 안 된다.

또한 한 여자를 단지 짝사랑하는 것만으로는 설령 5년, 10년을 좋아했어도 법률은 보호해주지 않는다. 그 여자가 다른 남자와 결혼한 것이 괘씸해도 소송을 걸 수는 없다. 세간에서는 짝사랑도 3년이 지나면 어떻게든 하라고 말하겠지만 법률상으로는 몇십 년을 짝사랑해도 마찬가지다.

"어느 해 여름, 우치宇治[77]의 반딧불 놀이에서 애타게 연모하는 사람과 사랑을 속삭이려는 것마저 밤은……."

---

[77] 교토 남부에 있는 시. 우치 강이 흐르고 나라(奈良)와 연결되어 도하강으로써 일찍부터 개방되었다.

이렇게 아무 인연도 관계도 없는 나그네 앞에서 거리낌 없이 남녀의 정사를 노골적으로 떠벌리는 일로 생계를 잇는 〈아사가오의 일기日記〉의 아사가오가 설령 미야기아 소지로와 구마자와 방잔에게 홀딱 반해 수십 년 동안 짝사랑한 기록의 보유자라도.

또한 "거울에 원망은 수없이 있나이다"라며 천년 후 〈쿄카노무스메도조지京鹿子娘道成寺〉78)로 지금까지 전해지고 있는 요염한 여인 기요히메清姬가 아무리 집요하게 미남자 안칭을 쫓아다녔다 해도, 그것은 현대 법률이 보호해주는 지위가 아니다.

아사가오와 기요히메의 사랑은 권리인가?

전설에 따르면 아사가오와 기요히메의 사랑은 단지 짝사랑이기 때문에 법률상으로는 어떤 가치도 이익도 없다. 그토록 끈질기고 집요한 외사랑에 쫓겨 결국 도성사道成寺로 피한 안칭에게 오히려 동정이 갈지도 모른다.

하지만 〈아사가오의 일기〉에는 "눈물범벅인 이야기에도 마음 절절이 응해주던 고마자와, 다정하게 대화를 나누던 아내가……"로 되어 있으며, 기다유義太夫79)가 노래한 기요히메 부분의 '히다카가와日高川80)'에서는 "가슴 절절이 애태운 내 사랑, 마

---

78) 도성사아가씨(가부키극) : 중세 일본의 스님 안칭은 절로 돌아가는 도중, 머물게 된 집에서 그 집 딸인 기요히메를 만나 사랑을 나누게 된다. 그러나 안칭은 말 없이 떠나버리고 안칭에게 배신당한 기요히메는 깊은 슬픔에 젖어 안칭의 뒤를 쫓는다. 기요히메의 마음속에 자리 잡은 슬픔과 애절함은 어느덧 원망으로 바뀌고 강을 건너던 그녀의 몸은 큰 뱀으로 변하게 된다. 한편 안칭은 그녀를 피해 도성사에 숨어들어 범종 속으로 몸을 감춘다. 큰 뱀이 되어 뒤쫓던 기요히메는 도성사의 범종 안에 안칭이 숨어 있는 것을 눈치 채고 입으로 불을 뿜어 범종을 녹여버린다.

그로부터 수백 년 후, 도성사에서 새로운 범종을 만들어 공양하는 날, 기요히메의 원령이 다시 시라뵤우시(중세의 무희)의 모습으로 둔갑하여 도성사를 찾아와 춤 공양을 하고 싶다고 말한다. 그러나 춤을 추면서 옛 원한이 되살아난 시라뵤우시는 또 다시 종을 녹여버리려고 하지만 이를 눈치 챈 스님들이 필사적으로 독경을 외워 그녀를 막는다. 시라뵤우시는 다시 뱀의 모습으로 변하여 독경과 싸우는 과정에서 과거의 끝없는 번뇌와 갈등에서 벗어나 이윽고 해탈하게 된다.

79) 조루리 유파의 하나. 1684~1688년에 다케모토 기다유(竹本義太夫)가 시작, 후에 다케모토와 도요다케 2파로 분리되었다. 샤미센 반주에 절을 붙여 이야기하며 조루리 인형극과 연결되어 발달. 상당히 유행했기 때문에 조루리의 대표가 되었다.

음 든든했는데 완벽하게 속이고 도망간 밉살스러운 남편……"이라고 되어 있다. 그러니까 아사가오와 방장, 안칭과 기요히메는 단지 안타까운 짝사랑만이 아니라 상당히 깊은 관계였는지도 모른다.

결혼은 하지 않았어도 부부약속을 했다면 오늘날의 법률에서는 혼인계약이기 때문에 법률이 보호하는 지위에 있다. 따라서 법률은 기꺼이 보호해주기 위해 적극적으로 개입할 것이다. 아사가오와 기요히메에게 이 사실을 알려줄 친절한 사람은 없을까?

아사가오와 기요히메에게는 비밀이지만 법률이 보호하는 지위에 있어도 싫다는 사람에게는 무리하게 강요하지 않는다. 단지 부당하게 혼인약속을 깬 사람에 대해 손해배상을 청구할 수 있게 해줄 뿐이다. 절박한 아사가오와 기요히메로서는 절대로 승낙할 수 없는 일이겠지만. 왜냐하면 무엇보다도 연애 템포가 빠른 현대 여성처럼 돈에 먼저 시선이 갈 만큼 영리하고 타산적이지 않기 때문이다.

만약 당시에 멋진 재판관이 있어 아사가오와 기요히메를 도와주었다면 천년 후 오늘날, 그녀들은 나가우타나 기다유에 등장해 사람들의 공감을 이끌어내는 일은 없었을 것이다.

이야기가 또 옆길로 샜다. 이제 법률이 보호하지 않는 지위에는 어떤 권리도 없다는 사실은 알았을 것이다. 그 대신 법률이 확실히 인정하는 부부라는 관계에 있는 이상, 남편 또는 아내가 괘씸한 행동을 했을 때는 설령 질투싸움이라도 소송을 걸면 재판소에서 알아서 잘 가려준다. 그것은 법률이 보호하는 혼인이라는 지위에 있기 때문이다.

차금뿐이고 재산이 없는 상속도 권리인가?

권리를 위해서는 또 하나 중요한 요건이 있다. 법률이 보호하는 지위 이외 법률상 보호받는 이익이 없으면 안 된다는 것이다. 이익이 없으면 권리도 없다. 권리權利의 리利는 즉 이익利益의 이리이다. 그렇다고 오해는 하지 마시길. 이익이란 금전적 이익

---

80) 조루리, 가부키에서 도성사(道成寺) 전설을 주제로 한 부분

만을 말하는 것이 아니니까. 정신적 이익도 포함된다.

지금 여기에 세상을 비관해 몸을 던져 죽으려는 사람이 있다고 치자. 그 사람 입장에서 보면 야박한 속세에서는 아무 이익도 없다. 따라서 그 사람은 자신의 생명 따윈 아무 이익도 가치도 없다고 생각했을지 모른다. 그러나 한 사람 한 사람이 모여 만든 국가나 사회의 입장에서 보면 투신자살을 하려는 사람의 생명에도 법률이 보호하는 이익이 있기 때문에 역시 권리도 있다.

이처럼 이익이란 그 사람에게는 아무 이익이 없다 해도 사회적으로 이익이 있을 때는 역시 이익이 있다고 해야 한다. 재산은 한 푼도 없고 빚만 잔뜩 물려받은 상속인이라도 '아버지가 경영하던 기업을 계승한다'는 감정적 이익이나 '집은 선조로부터 물려받는 법'이라는 관습으로 얻는 정신적 이익 등이 있다. 그러므로 이것을 상속권이라고 할 수 있다.

이제 권리의 개념은 대충 잡았을 것이다. 요약하자면 "권리란 사람과 사람 사이의 관계이면서 다른 한편으론 일정의 이익을 얻는 법률상의 지위다"고 말할 수 있다.

2. 사람의 법률적 견해

드리겠습니다 乃而如件

법률상 사람은 두 종류가 있다. 하나는 자연인, 즉 인간으로서의 모습이고, 다른 하나는 법인法人이다.

보통 우리가 말하는 사람이란 대개 인간, 법률적으로 표현하면 자연인을 가리킨다. 법인은 잠시 제쳐두고 우선 자연인부터 알아보자.

인간이란 무엇인가? 새삼 물을 필요도 없다. 친하게 지내는 이웃집에 우글우글 모여 맛있는 음식을 먹고, 돈을 좋아하고 일은 싫어하며, 싸움을 좋아하는 도저히 어찌할 수 없는 물건. 이렇게 정의하면 정말 간단명료하다. 더 이상 논의가 필요 없을 것 같다. 하지만 전혀 그렇지 않다. 법률적으로 따지고 들면 좀처럼 다루기 힘든 물건이다.

무슨 말을 하는 거냐고? 단지 논의를 위한 논의일 뿐 실생활에 전혀 도움도 안 되고, 할 일 없는 한량이 잠꼬대하는 정도로 치부해버리는 사람도 있을 것이다. 그렇다면 이것은 수많은 법률가 제군들의 신용에 관한 중대한 문제다. 먼저 실리부터 따져보고 이론으로 들어가자.

나이 지긋한 분들 중에서 돈을 빌릴 때 누구나 한 번쯤은 차용증서借用證書의 끝에다 마치 주문처럼 다음과 같이 쓴 일이 있었을 것이다.

"みぎどじつのため さつよってくだんのごとし

右為後日一 札仍而如件(위와 같은 내용과 후일을 위해 한통의 증서를 드리겠습니다)"

여기서 '건件'이라는 글자를 보자. 人변에 牛라고 쓰듯이 실제로 인간과 소의 잡종(구단: くだん)이라고 한다.

필자는 행운인지 불행인지 아직 한 번도 본 적이 없다. 과연 옛날에는 이런 잡종件이 있었을까? 작게나마 ≪고사기≫에 마혼, 우혼, 계혼이라는 문구가 있고, 신에게 고하는 장엄한 축문 속에도 "짐승을 범하는 죄"라는 글이 있을 정도니까 혹시 한 마리나 반 마리의 구단(잡종)은 있었을지 모르겠다.

그런데 진짜로 이런 이상한 생물인 잡종 선생이 탄생했다면 과연 그것은 인간일까, 소일까? 이 점이 무척 중요하다. 인간이라고 하면 민법 제1조에 따라 사권私權의 향유는 출생부터 시작되므로 구단 선생도 인간으로서 온갖 권리를 누릴 수 있다. 재산권과 명예권은 물론 결혼도 하고 주주株主도 될 수 있다. 깨끗한 한 표의 선거권까지 당당히 갖게 된다. 반면 소라고 한다면 문제는 간단하다. 살아 있을 땐 젖이 짜이고, 죽어서는 정육점의 붉은 진열대 아래 추태를 드러내는 게 고작이다. 인간이라면 그를 살해한 사람은 살인죄로 처벌받을 것이고, 구단이라고 한다면 범죄라 해도 기껏 훼기죄毁棄罪[81]로서 가벼운 처벌만으로 끝난다. 이것은 굉장히 큰 차이다. 달과 자라처럼 천양지차다.

그러면 외계인은 어떨까? 미시마 유키오三島由紀夫[82]의 소설 〈아름다운 별〉에서는 오

---

[81] 물건의 용도를 파손하는 죄. 문서훼기. 건조물·기물 파손, 신서(信書) 은닉죄 등.

[82] 1925~1970년. 소설가. 극작가. 도쿄 출생. 작품으로 ≪가면의 고백(仮面の告白)≫ ≪금각사(金閣寺)≫ ≪풍요의 바다(豊饒の海)≫ ≪파도소리(潮騒)≫ 등과 희곡집인 ≪근대노우집

오스기라는 이름의 외계인 4인이 사람으로 변신해 사이타마 현 한노 시에서 일가를 이루며 살았다. 4인 모두 제각각 다른 별에서 왔다고 한다. 비행접시를 타고 왔는지 어떤지는 모르겠지만 여하튼 외계인을 죽였다고 하자. 이것은 살인일까? 외계인이라고 하기 때문에 사람일지도 모른다. 사람이라면 살인이다.

하지만 아무리 '人'이라는 글자가 붙어 있어도 곧바로 인간이 되지는 않는다. 사람이라는 생물에 적합하지 않으면 사람 취급을 할 수 없다. 이러면 살인죄가 성립하지 않는다고 봐야 한다. 그렇거나말거나 머나먼 우주 저편에서 찾아온 생물이다. 머리는 우리보다 발달했을까? 개나 고양이 정도로 취급하면 실례일까? 더 이상 무시하는 건 휴머니즘에 어긋난다. 허락할 수 없다.

앞으로 외계인과 교섭하게 될지도 모르는데 인간과 마찬가지로 외계인을 보호할 수 있는 법률을 서둘러 준비해놓지 않으면 안 된다. 분쟁을 가능한 한 최소한으로 하기 위해서는 반드시 필요하다.

"외계인 따위는 있을 리 없잖아"라고 말하는 사람이 있다면 그것은 자기 본위의 작고 보잘것없는 지구 중심적인 사고방식이다.

(近代能樂集))등이 있다.

제2장 민법이야기

밤하늘을 올려다보면 알 수 있다. 수억, 수천억, 수만억…… 우리의 눈길이 닿지 않는 우주에는 수많은 별들이 있다. 지구는 그 중 단 하나에 지나지 않는다. 지구라는 별에 생물이 있다면 머나먼 어느 별에도 생물이 있을지 모른다는 생각은 조금도 이상하지 않다. 그렇게 생각하지 않는 게 오히려 더 이상하다.이처럼 구반이나 외계인은 볼 수 없는 세계의 얘기니까 좀 더 세상에 많이 존재하는 것으로 예를 들어보자.

다른 별 생물은 인간보다 두뇌가 열등하다는 생각 또한 자만이다.

"정말 농담이 아냐. 그런 멋진 생물 따위 있을 리 없잖아."

태내의 아기를 죽이면 살인인가?

한 임산부가 있다. 한창 분만 중이다. 장래, 국가의 기둥이 되는 아기가 엄마의 몸에서 살짝 머리를 내밀고 세상에 나오려고 발버둥친다. 그때 엄마가 아기를 죽였다고 하면 결말은 어찌 될까?

그 아기가 인간이라고 한다면 두말할 필요도 없이 살인죄가 적용된다. 완전히 태어나지 않았기 때문에 아직 인간이 아니라고 한다면 낙태죄에 지나지 않는다. 이 단계에서 아기라는 단어를 사용하는 것은 맞지 않는다. 태어나면 아기가 되는 것이지만. 인간인가 아닌가에 따라 엄청 달라진다. 범종과 초롱 정도의 차이가 아니다.

이럴 때 법률가는 인간을 정확하게 해석해야 하는 처지에 놓인다. 누구나 빤히 아는 인간이라는 말을 놓고 이토록 까다롭게 논의하는 것은 결코 병적이거나 일벌레이기 때문이 아니라 반드시 필요하기 때문이다.

문제 제기는 이 정도로 해두고 구단 선생의 문제부터 해결하자. 법률은 사람에게 권리를 준다고 쓰여 있을 뿐, 인간과 소의 구별까지 규정하지는 않았다. 애초에 인간이 어떤 모습이고, 어떤 기관을 갖고 있고, 어떤 역할을 하는가? 이런 연구는 의학의 몫이다. 소는 어떻다는 것은 동물학 분야. 법률학이 알아야 하는 부분이 아니다. 인간인가, 소인가의 구별은 법률학의 목적에서 어떻게 보는가에 따라 결정되는 문제다. 거의 인간인데 소의 흔적이 좀 남아 있고 사람들이 못 알아볼 정도이며 머리는 바보이고 손톱이 두 개로 나뉘어 있어도 인간으로 봐야 할 것이다. 그 반대라면 소로 취급하는 것이 좋다.

이제 드디어 본론으로 들어가보자. 인간이란 무엇인가? 사람으로 태어나 죽을 때까지를 말한다. 그렇다면 태어난다는 것은 무엇인가?

법률상 태어난다는 것

앞에서 말했듯이 우리는 태어난 순간부터 인간으로서 갖게 되는 권리, 예를 들면 생명권, 신체권, 명예권, 재산권 등 수많은 권리를 손에 넣는다. 그렇다면 태어난다는 것은 무엇일까? 아이가 이런 질문을 하면, 젊은 엄마는 지갑을 잃어버린 것도 모르고 물건을 살 때처럼 당황할 것이다.

출생 문제에 대해서는 옛날부터 수없이 논의되어 왔다.

(1) 진통설 : 진통이 시작되었을 때를 출생이라고 보는 설이다.

(2) 일부노출설 : 엄마의 신체에서 아기 몸의 일부가 보였을 때를 출생으로 본다.

(3) 전부노출설 : 엄마의 신체에서 아기의 몸이 전부 나오지 않으면 아직 출생이라고 볼 수 없다는 설이다.

(4) 독립호흡설 : 태아가 엄마의 신체에서 나온 뒤 스스로 호흡을 시작한 때를 출생이라고 본다. 아기가 처음 호흡을 할 때는 큰 소리로 울기 때문에 그 순간부터 눌러도 눌려서도 안 되는 한 사람의 고귀한 인간이 된다는 설이다.

위의 어느 설이 가장 타당할까? 민법에서는 전부노출설이 통설이다. 생명이 있는 태아로서 모체로부터 전부 나오는 것으로 족하며, 특별히 울음소리가 나야 한다거나 탯줄을 잘라야 하는 일은 필요 요건이 아니다.

하지만 형법상은 다르다. 형법에서는 일부노출설이 통설이다. 같은 문제인데 왜 민법과 형법이 다른 해석을 하는 것일까? 불교의 종파싸움처럼 동료들끼리 쟁탈전이라도 벌이는 것일까? 전혀 그렇지 않다. 같은 보호라고 해도 민법과 형법에서는 보호하는 목적이 다르기 때문에 해석도 달라진다. 목적론적 해석에서 오는 차이다.

여기서 잠깐! 앞의 경우처럼 출산 중에 엄마가 아이를 죽였다면 이미 인간이 된 아이의 생명을 빼앗은 것이기 때문에 살인죄로 처벌을 받아야 한다. 이 점에 대해서는 형법의 살인죄 부분에서 자세히 설명하겠다.

생과 주사위

사람은 어머니의 체내에서 신체를 전부 사바세계에 드러낸 순간부터 권리의 주체가 된다. 따라서 법률에는 "권리를 향유한다"고 규정하고 있다. 그렇다면 의무는 없는 것일까? 의무는 언제부터 짊어지는 것일까? 이런 의문이 생긴다. 의무는 권리의 반대다. 법률은 의무가 아니라 권리의 편에서 바라본다. 따라서 "권리를 향유한다"는 말은 당연히 의무도 포함하고 있다. 좀 더 자세히 설명하면 출생의 순간부터 인간으로서의 권리를 향유하는 동시에 의무의 부담을 지게 된다는 말이다.

부모가 재산가라면 태어나면서부터 이미 수천만, 수억만의 재산 상속인으로서 문자 그대로 굉장한 사권私權을 향유하게 된다. 옛 사람들도 "황실의 황족 사람들은 한가로운가 봐? 벚꽃으로 꾸미고 오늘도 여기서 놀고 있네"라며 비꼬면서도 부러워했다.

이 무슨 운명의 장난인가! 탯줄을 자른 곳이 불행히도 빈곤한 집이었다면 평생 권리다운 권리는 누려보지도 못하고 온갖 의무만 짊어진 채 눈물로 세월을 보내야 할지 모른다. 하물며 인간성이 나쁘고 저질인 부모 밑에서 자란 아이는 불행의 굴레 속에서 일생을 살아가야 할 것이다. 인간은 누구나 '출생'이란 운명의 주사위에 휘둘리는 것이다.

에도 토박이 중의 토박이

'태어남'이 인생의 시초라는 것에는 어떤 반론도 이의도 없을 것이다. 그래서 법률은 여기에 특례를 만들었다. 어느 경우는 아직 뱃속의 태아를 특별우대하여 이미 태어난 아기로 간주해서 법률이 보호한다.

어느 경우냐면 바로 손해배상과 상속의 경우다. 법률은 아직 태어나지도 않은 뱃속의 태아에게 왜 이런 특혜를 주는 것일까? 상속의 경우부터 살펴보자.

한 남자가 있다. 아이는 한 명도 없다. 그런데 아내가 임신 중에 그 남자가 죽었다. 법률대로라면 그의 아내, 부모가 살아 있으면 그의 아버지와 어머니, 부모가 없으면 그의 형제자매가 상속인이 된다. 뱃속의 아이가 완전히 태어났다면 정식 독자나 독녀로서 어머니(그의 아내)와 함께 상속인이 되지만 한발 늦어서 상속을 다른 사람에게 빼앗길 처지다. 이러면 그 아이도 유감스러울 뿐만 아니라 죽은 남자의 영혼도 원통할 것이다. 이런 경우 법률은 특례를 만들어 아직 태어나지는 않았지만 상속 때에는 이미 태어난 것으로 간주하여 보호하고 있다.

옛날부터 에도 토박이는 재미는 없지만 성급한 성격을 자랑스러워했다. "빨리 먹고 빨리 배출하는 것도 재주"라며 묘하게 타인을 깔보는 경향이 있었다. 그러니 뱃속에 있으면서도 권리를 얻은 태아야말로 에도 토박이 중 토박이는 아닐까.

"어때, 에도 토박이? '꽁'이라고 한번 해보시지?"

"무슨 뜻이야?"

"방정맞은 에도 토박이보다 성격이 더 급한 녀석이 있대."

"거참, 그건 또 무슨 말이야?"

"실은 이거야. 옛날이야기 중에 '변소에서 만쥬먹기[83]'라는 게 있어. 이것을 실제로 해본 남자가 있었대. 근데 입에 넣기도 전에 그 만쥬를 떨어뜨려버린 거야. 만쥬를 어디에 떨어뜨렸겠어? 그때 남자는 이렇게 말했대. '우와! 성격이 무척 급한 녀석이군'"

언제부터 사람이 아니게 되는 것일까?

인간의 종기終期[84]는 언제일까? 그것은 사망이다. 인간을 폐업한 때다.

어느 날 이태백은 순식간에 숨이 끊어져 버린 가엾고 허무한 죽음을 보고 이렇게 말했다.

"천지는 만물의 여관. 세월은 영원한 나그네."

이태백처럼 인생을 여행이라고 한다면 죽음은 여행의 끝이다. 출생으로 시작하여

---

83) せっーちんで饅頭 : ① 변소에서 만쥬를 먹다. 남몰래 자기 혼자만 이익을 취하려 함. ② 배가 고플 때는 장소를 가리지 않음 등에 비유
84) 법률행위에서 효력이 소멸하는 기한

사망으로 끝난다. 그것이 인간의 일생이다. 그럼 어떻게 되면 사망일까? 여기에도 설이 나뉜다.

(1) 호흡종지설 : 생존의 종점은 호흡정지다.

(2) 맥박종지설 : 심장고동이 멈출 때가 사망이다.

(3) 호흡·맥박종지설 : 호흡과 맥박이 모두 정지했을 때다.

(4) 생활현상종지설 : 생활현상의 단절을 사람의 종점이라고 본다.

따라서 통설대로 심장이 정지하면 더 이상 인간이 아니다. 무거운 짐을 내려놓듯 필시 후련할 것이다. "인간이 아니다"라는 것은 인간의 호적에서 말살되고, 귀적鬼籍이라는 과거장過去帳[85])에 들어가는 일이다.

여기에도 예외는 있다. 출생에도 예외가 있듯이 죽어도 죽지 못하는 녀석이 있는 것일까? "죽어도 완전히 죽지 못한다"라든가 "7번 환생하다"는 말이 있으므로 그런 예외도 있을 거라고 생각할지 모르겠지만 그게 아니다.

바로 실종선고失踪宣告가 그 예다.

그렇다면 실종선고는 무엇인가? 말하자면 "7년간 생사불명일 때 재판소가 이해관계자의 청구에 따라 실종선고를 내린다. 이 선고를 받은 사람은 죽은 자와 마찬가지로 간주한다"는 것이다. 어딘가에 실제로 살아 있을지 모른다. 하지만 7년간이나 소식이 없을 뿐더러 생사마저 알 수 없는 사람을 언제까지나 기다릴 수만은 없다. 젊은 아내라면 평생 재혼도 못하고 그렇게 살아야 한단 말인가? 남겨진 재산도 남편이 살았는지 죽었는지 알 수 없는 상황에서는 모호하다. 누구든 소유자를 확실히 해두어야 한다. 따라서 법률상 죽은 사람으로 취급할 필요가 있는 것이다.

더구나 전쟁터에 나간 사람이나 침몰한 배에 타고 있던 사람에 대해, 그 외에 죽었다고 확신이 드는 분명한 이유가 있는 경우에는 그 재난이 없어진 후 1년간에 걸쳐 생사가 확실하지 않으면 실종선고를 내릴 수가 있다.

---

[85]) 절에서 신도의 속명. 사망연월일, 연령 등을 기입하는 장부

▶ 현대판 우라시마 타로

실종선고로 이미 죽었다고 간주되어 불교의식에 따라 계명과 공양까지 받고 지금쯤은 지옥의 염라대왕 앞에서 사바세계의 불경기 등을 얘기하고 있을 거라고 생각했던 사람이 우라시마 타로浦島太郎[86])처럼 불쑥 살아 돌아온다면 어떻게 될까?

대개의 사람은 우선 발이 있는가 없는가를 볼 것이다. 유령이 아니라면 발이 있을 테니까. 발이 있어 걷는 이상 살아 있는 건 틀림없다. "죽었다고 생각했어. 역시 부처님 손바닥 일은 알 수가 없어. 행운이야" 정도로는 약하다.

법률은 이런 일도 있을 거라고 앞날의 앞날의 앞날까지 예측하여 "실종선고 후 선의로 한 행위는 효력을 변경하지 않는다"고 규정한다. 따라서 실종선고를 받은 그의 아내를 "너무 젊어서 수절할 수 없을 거야"라며 필요 이상으로 돌봐주고 있으며, 현재 다른 남자의 아내가 된 경우에도 효력을 변경하지 않는다. 그러니까 그녀는 그대로 다른 남자의 아내다. 갈피스[87])처럼 달콤한 첫사랑의 추억이 가득한 그 남자가 돌아와 뛸 듯이 기쁘더라도 그녀는 더 이상 어쩔 수가 없다. 그 남자를 만나려고 하면 아마도 시큼한, 낯간지러운, 부끄러운, 아픈 듯한 기분을 맛볼 것이다.

하지만 실종선고로 상속이라든가 그 외의 사유로 재산을 받았다면 그 재산은 돌려주어야 한다. 그것은 아내라는 위치와는 달라서 간단히 돌려줄 수 있는 대물이기 때문이다. "그렇게 간단하지 않아. 난 전부 써버렸는걸" 하고 말하는 수전노 같은 여자가 있다면 어떻게 될까?

사망했다고 해서 천만 엔의 재산상속을 받았지만 깨끗하게 다 써버려 지금은 10엔밖에 없는 경우, 남아 있는 그 10엔만 돌려주면 된다. 각별히 소란을 피울 일도 아니다. 그래서 이런 말은 좀 그렇지만 "맛있는 건 어두워지기 전에 먹어라"라고 에도 사람들은 말했던 것이다.

---

86) 우라시마 설화의 주인공. 단고국(현재의 교토북부)의 어부 우라시마는 어느 날 목숨을 구해준 자라의 초대로 용궁에 가서 미인 오토히메(乙姬)의 환대를 받는다. 선물로 예쁜 상자를 받아 마을로 돌아왔지만 지상은 이미 300년이나 흘러 있었다. 충격으로 인해 절대 열어서는 안 된다는 상자를 열어버린 순간 하얀 연기와 함께 순식간에 노인이 되었다는 이야기

87) 탈지유를 유산 발효하여 설탕, 향료를 첨가한 뒤 살균한 유산음료의 상표명

3. 무능력자란 무엇인가?

무능력자란 글자 그대로 능력이 없는 자다. 그런데 능력에도 여러 가지가 있다. 말처럼 빨리 달린다든가 물고기보다 더 수영을 잘할 수 있다. 예쁜 목소리로 노래를 부르고, 피아노나 하프를 멋지게 연주할 수 있다. 한 톨의 쌀알에 몇십, 몇백 개의 글자를 새길 수 있다…… 등의 능력도 있지만 여기서 말하는 능력은 아니다.

그러면 어떤 능력일까? 행위능력이라 하여 법률행위가 유효한 능력이다. 사람은 출생하면 당연히 권리를 얻게 되지만 그 권리를 손에 넣기 위해서는 실제로 매매든가 대차貸借라는 법률행위를 하지 않으면 안 된다. 이런 법률행위를 유효하게 해주는 자격이 행위능력이다.

그런데 어떤 입장에서는 본인에게는 아무 도움이 되지 않는 이 행위능력이 타인에 행함으로 임해 피해를 보는 경우도 있다. 그래서 법률은 미성년자, 금치산자, 준금치산자를 무능력자로 정하여 특별우대하고 있다.

미성년자

▶ 만 20세를 세는 방법

아직 성년이 되지 않은 사람이다. 민법 제3조에 "만 20세를 성년으로 한다"고 규정하고 있으므로 만 20세 전은 미성년자다. 아무리 부모보다 능력이 우수하고 지혜가 뛰어나도 만 20세 이전은 완전한 한 사람이 아니다.

그렇다면 만 20세는 어떻게 셀까? 여기서 그 방법을 전수한다. 그것은 이렇다. 민법 제143조에는 "기간을 정하는 주, 월 또는 년으로 했을 때는 달력에 따라 계산한다. 주, 월 또는 년으로 기간을 계산하지 않을 때는 주, 월 또는 년의 마지막 날을 기산일起算日로 하여 그 기산일에 해당하는 날의 전날로 만료한다"고 되어 있다.

여기서 기산일이란 민법 제140조에 "기간을 정하는 일, 주, 월 또는 년으로 할 때에는 기간의 첫날은 계산에 넣지 않는다. 단지 기간이 오전 0시에서 시작되었을 때는 그 범위에 두지 않는다"고 해서 첫날을 계산에 넣지 않는 것이 원칙이다.

즉 쇼와 50(1975)년 5월 5일 오전 5시에 이 세상에 나와 "응애"하고 한마디 했다면 그 태어난 5일은 세지 않고 6일을 제1일로 손가락을 꼽아간다는 말이다. 나머지는 달력에 따르므로 20년이 도달할 때까지는 윤년이 있든 없든 신경 쓰지 않고 1년, 2년이라고 숫자를 세기 때문에 쇼와 70년이 만 20년째다.

또한 최후의 날은 민법 제143조에 "기산일에 해당하는 전날"이라고 되어 있으므로 기산일은 6일 전날, 즉 5일의 오후 12시로 만료된다. 따라서 이 사람은 쇼와 70년 5월 6일 오전 0시부터 대단한 공적도 아닌, 자랑할 만한 일도 아닌, 장한 성년이 되는 것이다.

일본에서는 만 20년을 성년이라고 하지만 세계 각국의 모든 사람들이 다 그렇게 정하지는 않는다. 살바도르에서는 25세, 오스트리아나 헝가리에서는 24세, 네덜란드와 스페인에서는 23세, 아르헨티나에서는 22세, 프랑스·벨기에·독일·이탈리아·영국·덴마크·노르웨이·아메리카에서는 21세, 스위스·중국에서는 20세, 러시아·터키에서는 18세라고 책에 쓰여 있다. 최근에는 어느 나라든지 법률이 자주 바뀌기 때문에 이것도 바뀌었을지 모르겠다. 하지만 24~25세까지 부모의 부양을 받고 있는 무척 태평한 나라도 있다고 한다.

▶ 돈은 되돌려 줄 수 있지만 먹어 버린 과자는?

미성년자와 무능력자는 어떻게 다를까? 미성년자가 법률행위를 하기 위해서는 법정대리인의 동의를 얻어야 한다. 법정대리인이란 미성년자에 대해 친권을 행사하는 부모이고, 부모가 없으면 후견인을 말한다. "후견인이란 무엇인가?"라고 말하면 이야기는 끝이 없다. 신경이 쓰여 어쩔 수 없는 분은 이 책 친족 편을 잠깐 봐주었으면 한다.

미성년자가 법정대리인의 동의를 얻지 않고 법률행위를 했을 때, 법률은 도대체 어떻게 할까? 가라사대 그 행위는 미성년자라 취소할 수 있다.

이것은 무척 중요하다. 왜냐하면 아이가 과자를 사거나 연필을 구입하면 매매가 되기 때문이다. 매매는 법률행위이므로 법정대리인의 동의 없이 구입했을 때 역시 취소할 수 있을까? 이러면 무척 난처해하는 사람이 있다. 아이가 과자를 사서 먹어버리고 매매를 취소하러 오면 과자가게 주인은 받은 돈을 돌려줄 수가 없다. 과자가게 주인이 "먹어버린 과자는 어떡할 거야?"라며 돌려줄 수 없다고 하면, 상대는 "아이에게 상매商賣를 할 수 없는 거 아냐?"라고 반박할 수도 있다.

하지만 쓸데없는 걱정은 안 해도 된다. 입법자, 즉 법률을 만든 사람들이 그냥저냥 대충 법률을 만드는 것이 아니다. 다음과 같은 예외인 편법을 빈틈없이 만들어놓아서 이런 일을 멋지게 조절하고 있다.

▶ 어린 게이샤는 스스로 기모노를 살 수 있을까?

법률에 "법정대리인이 미성년자에게 처분을 허락한 돈은 어떻게 사용해도 상관없다"고 되어 있다. 과자를 사도 좋고, 그림책을 구입해도 좋다.

"이 돈으로 좋아하는 것 다 사야지."

아이가 받은 돈으로 딱지나 공을 마음껏 산다 해도 문제될 것은 없다. 그러므로 과자가게 주인도 문방구 주인도 안심하고 어린이를 상대로 상매를 할 수 있는 것이다.

그 외에 미성년자가 법정대리인에게 영업을 허가받았을 때, 그 영업의 범위 내에서 한 사람의 어른과 마찬가지로 거래할 수 있다. 따라서 부모로부터 문방구 매매를 허락받고 상매를 하는 소년이 있다면, 그 소년은 문방구 매장 범위 내에서는 부모, 즉 친권자인 법정대리인의 동의를 일일이 받지 않고 문구를 팔 수 있다.

이런 판례가 있다. 항교쿠半玉[88]가 법정대리인의 동의를 얻지 않고 고가의 기모노를 살 수 있을까, 없을까?

"미성년자가 법정대리인의 동의를 받아야 하는 의류매입은 특별한 반론이 없는 한 생업인 게이샤 영업상 필요한 것으로 인정한다. 따라서 법정대리인의 동의를 받아야 할 필요는 없다."

미성년자가 법정대리인의 동의를 필요로 하는 경우는 의무행위가 있을 때다. 마음대로 살 수 있는 권리가 있으면 동의는 필요 없다. "고맙습니다" 하면서 그냥 구입해도 괜찮다. 이것이야말로 미성년자를 위한 적절한 조치다.

---

88) 화대가 게이샤의 반액, 또는 아직 성인이 아닌 게이샤

금치산자

금치산자禁治産者란 항상 심신상실心神喪失 상황에 있으며 재판소에서 금치산자 선고를 받은 사람이다. 심신상실이란 세간에서 통용되는 일반적인 말이 아니다. 그러면 도대체 무엇일까? 정신적 장애 때문에 사물에 대한 변별력이 없고 스스로 의사결정을 못하는 사람을 말한다.

요세寄席[89]에 가면 라쿠고落語[90] 연기자가 에도 토박이들의 싸움을 재현한다. 에도 토박이는 바보, 멍청이, 천치, 미치광이, 얼간이, 얼뜨기 등 걸쭉한 욕을 사정없이 쏟아낸다. 실제로 그런다면 심신상실 상태다. 심신상실 상태란 정신적 장애로 시비를 분별하는 능력이 지속적으로 결핍된 상태다.

아무리 그렇더라도 재판소에 신청하여 금치산자 선고를 받지 않으면 금치산자가 아니다. 그러면 재판소에 신청할 수 있는 사람은 누구일까? 본인, 배우자, 4촌 이내의 친족, 후견인, 보좌인保佐人 또는 검찰관이다. 본인이라고 하면 정신이 어긋난 사람, 즉 자신이다. 배우자는 남편 입장에서 보면 아내이고, 아내 입장에서 보면 남편이다. 4촌 이내의 친족은 길어지니까 친족 편에서 자세히 설명하겠다. 후견인도 친족 편에 양보하고 보좌인은 다음의 금치산자 부분에서 설명하기로 하자. 범죄현장도 아닌데 검찰관은 왜 얼굴을 내밀고 쓸데없는 짓을 할까? 이상하게 생각하는 사람도 있을지 모르겠다. 하지만 검찰관이 나오는 장면은 범죄현장만이 아니다. 일반적으로 공익과 관계있는 일로서 공익을 대표하여 직권을 갖고 돌보지 않으면 안 되기 때문에 출연하는 것이다.

금치산자에게는 반드시 후견인이 붙는다. 후견인은 금치산자의 요양과 간호에 임하며 그 고통을 위로하고 질병을 제거해주는 것이 주요 임무다.

금치산자의 행위는 취소할 수 있다. 후견인의 동의를 얻고서 한 행위라도 취소할 수 있다고 해석하는 것이 타당하다.

---

[89] 라쿠고(落語), 강담(講談), 만자이(漫才): 로교쿠(浪曲) 등 대중예능을 연기하는 연예장
[90] 익살을 주로써 하는 이야기 예술

준금치산·낭비자 등

준금치산자란 정신이 건전하지 않거나 또는 신체의 결함 때문에 재판소에서 준금치산자 선고를 받은 사람이다.

어떤 사람이 이 범주에 들어갈까? 심신모약자心神耗弱者를 시작으로 청각장애인, 농아, 시각장애인 및 낭비자라고 민법 제11조에 나열되어 있다.

그럼 심신모약자란 뭔가? 금치산자처럼 완전히 의사능력을 상실하지는 않았으나 보통사람보다는 약간 판단력이 부족한 사람이다.

낭비자란 돈을 무턱대고 쓰는 용감한 방탕아, 한마디로 난봉꾼이다. 난봉꾼은 자식에게만 쓰는 말이 아니다. 끊임없이 바람을 피워대는 대머리 영감님도 물론 포함한다. 속된 말로 "저녁 무렵에 내리는 비는 멈추지 않는다"는 말이 있듯이 오히려 대머리 영감님 쪽이 준금치산자로서 더 적합할지 모르겠다.

준금치산자에게는 보좌인保佐人이 붙는다. 보좌인은 준금치산자를 도와주고 그 능력을 보완해주는 사람이다. 능력을 보완한다는 것은 준금치산자가 하는 특수한 행위에 동의를 해주는 정도의 역할이다.

▶ 보좌인의 동의가 필요한 행위

준금치산자가 어떤 행위를 할 때 감찰관역인 보좌인의 동의가 필요할까? 민법 제11조를 보자.

⑴ 원금을 영수하거나 이용하는 일. 이자는 받아도 되지만 원금을 받는 일은 동의가 필요하다.

⑵ 차재借財 또는 보증을 하는 일.

⑶ 부동산 또는 중요한 동산에 관한 권리의 득실을 목적으로 행위를 하는 일.

⑷ 소송행위를 하는 일.

⑸ 증여贈與, 화해和解 또는 중재계약仲裁契約을 하는 일.

⑹ 상속을 승인하거나 포기하는 일.

⑺ 증여, 혹은 유증遺贈을 거절하고 부담부증여負擔付贈與[91]의 증여 또는 유증을 수락하는 일.

⑻ 신축, 개축, 증축 또는 대수리를 하는 일.

⑼ 제602조에 정해진 시기時期를 초월하는 임대차賃貸借를 하는 일.

위에 열거한 행위를 보좌인의 동의 없이 준금치산자가 했을 때는 나중에 취소가 가능하다. 따라서 준금치산자와 거래할 때는 만사를 제쳐놓고 보좌인의 동의를 받아야 한다.

▶ 전쟁 전, 아내는 바보 취급당했다

현재, 무능력자란 위에서 말한 그대로다. 더 이상은 없다.

그런데 패전으로 민법이 전폭 개정되기 전까지 의외로 아내도 무능력자 속에 포함되었다. 유감스럽게도 법률은 왜 아내를 바보취급 했을까? 조사해보았더니 이유가 있었다. 그것은 여자이기 때문에 바보취급 한 게 아니라 아내이기 때문에 무능력자로 했다고 한다. 다시 말해 "한 나라에 두 명의 군주가 있으면 곤란하듯 한 가정에

---

[91] 제3자에 대해 일정한 급부를 해야 하는 책무를 수증자(受贈者)에게 부담시키는 조건으로 한 재산 증여

두 명의 주인이 있으면 가정은 평안하지 않다"는 말을 근거로 했다고 한다. 따라서 만사에 순종하는 아내로서 남편에게 복종시키고 내조하도록 했던 것이다. 즉 법률의 취지는 "아내는 남편에게 온순하고 상냥해라"라는 암묵적인 명령이었던 것이다.

"고개를 다소곳이 숙이고 순종하는 아내가 좋은 아내다."

이것이 당시 법률이 요구하던 아내상이었다. '에치고지시越後獅子[92]'의 노래에도 "아내를 칭찬하는 건 아니지만 밥을 짓고, 빨래, 부엌일을 열심히 하는 모습은 ……"이라는 내용이 있듯이, 내조에 전념하라는 것이었다. 그런 이유로 법률은 아내의 행위에 대해 일일이 남편의 허가가 필요하게 만들어놓았다.

하지만 그것은 어떠한 변명을 해도 명백한 남존여비 사상이다. 따라서 새 헌법이 제정되면서 남녀평등사상에 따라 아내를 무능력자로 취급하는 제도는 폐지되었다.

4. 법인 · 사람으로 취급한 권리의 주체

법인法人이란 자연인이 아니면서 법적으로 권리능력이 부여된 단체다. 인간이 아니지만 인간과 같은 인격을 지니고 있다. 여기서 말하는 인격은 "저 남자는 인격자야"라는 세간의 인격과는 약간 다르다. 법률상 인간으로 대우한다는 말이다. 그래서 한 사람의 권리능력을 갖는다는 말이다.

법인이란 구체적으로 무엇일까? 회사나 은행, 그 외에 자선병원이나, 양로원, 사립학교 등이다. 또한 ○○연구소라는 간판에 재단법인이나 사단법인이라고 쓰여 있는 것을 종종 볼 수 있는데 이 또한 법인에 들어간다. 이 법인은 인간이 아니면서 인간과 동등한 이름을 갖고 있을 뿐더러 명예권, 재산권을 비롯해 수많은 권리를 가진 대물代物이기 때문에 그리 간단한 문제가 아니다.

법인은 만사에 법률에서 인간과 동등한 대우를 받는다. 하지만 회사가 나쁜 짓을 저질렀다고 해서 회사를 징역에 처할 수는 없다. 아무리 은행에 돈이 넘쳐도 양자로

---

[92] 에치고(지금의 니카타 현) 사자춤. 정초에 어린이들이 사자탈을 쓴 채 굽 높은 나막신을 신고 춤을 추면서 돈을 받는 것

들어갈 수도 없다. 법인은 인간처럼 육체가 없기 때문에 신체관계에서는 인간과 같은 대우를 받을 수 없다. 그 대신 명예권, 특히 재산권에 이르면 자랑거리는 아니지만 삑삑거리는 풍차인간처럼 재산이 아주 많다. 세금 또한 우리 빈민들이 똘똘 뭉쳐도 쫓아갈 수 없을 정도로 많이 낸다.

재산덩어리 인간

재단법인이라는 것이 있다. 특정한 목적을 갖고 제사祭祀, 종교, 자선, 학술, 기예 등에 내놓은 재산으로 만들어진 법인이다. 여기 10억 엔을 출자해서 육영사업을 하고 싶은 부호가 있다고 하자. 그 부호가 5천만 엔으로 설비를 갖추고 나머지 9억 5천만 엔을 기본재산으로 유지하며, 경제적으로 힘든 학생들을 보살피면서 영재를 육성하려고 한다면 재단법인에 가까워지고 있는 것이다.

위의 예로 알 수 있듯이 재단법인은 곧 재산법인이다. 그러기 위해서는 가장 먼저 재산이 없어서는 안 된다. 다음 조건으로 법인은 항상 공익이 목적이어야 한다는 것이다. 따라서 돈벌이를 해서는 안 된다. 법률은 최초로 제공하는 재산을 "기부행위寄附行爲"라고 부른다.

이 기부행위는 마을 내에서 오미코시御輿[93]를 만든다거나 어린이 놀이터를 만든다고 해서 요구하는 기부와는 다르다. 이름만 같을 뿐.

"모양이 비슷한 삿갓/그 삿갓이 닮았다고 세이지로라면/이세伊勢 마츠리는 모두 세이지로淸十郎[94]"

이런 이치와 같을까.

어쨌든 법인을 만들기 위해서는 주무관청主務官廳의 허가가 필요하다. 주무관청이

---

[93] 축제 때 신의 영혼을 태우는 가마
[94] 양조장 아들로서 아무 자유도 없이 자란 미청년. 19세 때 히메지 본성에 봉공되었지만 언제부터인가 성주의 아름다운 딸 오나츠(お夏)와 사랑에 빠져 사랑의 도피행각을 벌이다가 체포되어 25세의 젊은 나이로 처형된다. 슬픔에 빠진 오나츠는 정신이상자가 되어 마을을 헤매고 다닌다. 이 이야기는 이하라 사이카구(井原西鶴)의 소설과 치가마츠 몬자에몽(近松門左衛門)의 희곡으로 널리 알려지게 되었다.

란 예컨대 과학이나 예술을 목적으로 하는 단체라면 문부대신, 건강이나 위생이라면 후생성대신이다. 이름만 공익을 내세우고 실제로는 자신의 배만 채우려 들지 않을까? 과연 기부행위로 모인 돈일까? 의심이 들겠지만, 주무관청은 다방면으로 조사한 뒤 문제가 없다고 인정했을 때 허가를 내주고 있다. 그 대신 한번 설립되면 세금 등에서 특혜를 받을 수 있다.

많은 사람들이 모여 만들어진 한 사람의 인간

공동사업이라는 목적 아래 모인 사람들의 단체를 사단법인이라고 한다. 사단법인은 재단법인과는 다르다. 이 법인은 공동사업이 목적인 만큼 영리營利, 즉 돈벌이를 위해서 또는 공익의 목적을 위해서도 설립할 수 있다. 법률도 빈틈없이 영리사업을 목적으로 하는 사단법인을 상사회사商事會社 속에 굴러다니는 보통의 회사와 동일하게 취급하고 있다. 법인은 인간이 아닌 하나의 인격체로서 모든 일을 사람이 행하지 않으면 안 된다. 법인의 모든 사업을 인수하고 행하는 사람, 즉 법률적으로 말하면 업무집행기관을 이사理事라고 한다. 일하는 이사의 모습을 감독하는 사람, 즉 이사가 쓸데없이 낭비는 하지 않을까? 횡령은 하지 않을까? 법인의 돈으로 게이샤를 빼내어 어딘가에 숨겨두지는 않았을까? 오쿠보 히코자에몬大久保彦左衛門[95]처럼 항상 눈을 빛내며 감독하는 사람이 감사다.

이상의 것들을 우리들 집안으로 비유하자면 평소 일을 하는 아버지가 이사이고, 아버지가 게이샤에게 정신을 빼앗기고 있는지 감독하는 어머니가 감사다. 한 집안의 흥망성쇠에 관한 중대사건이 돌발했다면 천하의 이기적인 이사도 까다로운 감사도 손을 쓸 수가 없다. 평소 그다지 의지하지도 않았던 장남 녀석과 차남, 딸까지 총출동하여 머리를 싸매고 회의를 한다. 법인에서 이것을 총회라고 한다.

좀 더 거드름 피우며 법률적으로 어렵게 말하면 "총회란 사단법인에 있는 총사원

---

[95] 1560~1639년. 에도 초기의 무사. 도쿠가와 이에야스, 히데 다다, 이에 미츠, 3대에 걸쳐 도쿠가와 막부에 종사한 미가와(지금의 아이치 현) 지역의 2천 석 영주. 그의 지략과 기행(奇行)에 관한 흥미 깊은 이야기가 많이 전해지고 있다.

의 총의總意를 나타내야 하는 최고기관最高機關을 말한다"고 되어 있다.

미리 말해두지만 총회는 사단법인에는 있어도 재단법인에는 없다.

5. 물건이란 도대체 무엇인가?

타인의 물건을 훔치면 도둑으로서 벌을 받는다. 반대로 도둑으로서 벌을 받으려면 타인의 물건을 훔치지 않으면 안 된다. 즉 훔치는 것은 타인의 물건, 법률적으로 자세히 말하면 타인이 소지한 재물을 절취竊取하지 않으면 안 된다. 물건이 아니면 훔칠 수가 없다. 따라서 훔치는 것은 물건에 한정되어 있다.

그렇다면 문제가 발생한다. 타인이 전기요금을 지불하는 냉장고 속에 주인 허락도 없이 맥주를 넣어 시원하게 한 사람은 도둑일까? 도둑이라고 한다면 그 사람은 도대체 무엇을 훔친 것일까? 말할 필요도 없이 냉기, 즉 차가운 공기를 훔친 것이다. 그렇다면 그 냉기는 물건일까? 냉기가 물건이고 그것을 훔친 자를 도둑이라고 한다면 옆에서 남의 라디오나 스테레오를 살짝 엿듣는 녀석도 역시 도둑이 아닐까? 또 있다. 음악회에 무단으로 들어가 듣는 사람은?

여기서 잠깐! 이러면 세상은 도둑으로 넘쳐나서 분수도 모르고 건방지게 소리치며 서로를 헐뜯게 될 것이다. 아무리 그렇다고 힘들게 전기요금을 내야 하는 냉장고 안에 허락도 없이 맥주를 넣어 차갑게 하다니! 그건 누가 뭐래도 용서하기 힘들 것이다. 불합리의 극치다. 도둑으로서 처벌하지 않으면 계속 배가 아플 것 같다.

다시 처음으로 돌아가서, 물건이란 도대체 무엇인가? 냉기와 라디오 음파는 물건일까? 물건이라면 훔쳤으니 도둑으로 처벌할 수 있지만, 물건이 아니면 아무리 애석해하고 발을 동동 구른들 더욱 화만 날 뿐이다. 그래서 다른 사람들이 시간낭비라고 한심하게 여기든 말든 "물건이란 도대체 뭐냐?"며 입에 거품을 물고 격론하는 상황에 빠지게 된다.

민법 제85조에는 "물건이란 본법에서는 유체물有體物을 말한다"고 되어 있다.

유체물이란 일정한 공간을 점유하는 물체다. 일정한 공간을 점유한다는 말은 유형의 존재, 즉 크기와 형태가 있는 것을 뜻한다. 명예, 신용, 향기, 음향, 난기, 냉기, 전기, 열, 빛처럼 "우주공간에 일정한 크기와 형태가 없고 손으로 잡을 수도 없는 것은 소위 물건이 아니다"는 결론이 나온다.

그렇다면 "옆집 전선에서 자기 집으로 몰래 전기를 끌어와 사용해도 도둑은 아니다"는 불합리한 상황이 발생한다. 여기서 법률은 "전기는 재물로 간주한다"고 규정하여 "전기를 훔치면 도둑이다"고 일부러 형법 제245조에 정해놓았다.

그럼 왜 전기만 일부러 법률로 정해놓았을까? 거기에는 이유가 있다. 옛 형법은 "타인의 소유물을 절취한 자는 절도죄에 해당한다"고 규정하는데, 유체물이 아닌 전기의 절도는 '유체물' 절취가 아니다는 문제가 발생했다. 대심원은 용감하게 "절도다"고 판결했지만 다수의 학설은 반대한다. 따라서 현행 형법에서는 이 점을 명문화하여 해결한다.

음파, 빛, 열처럼 에너지에 대해서는 아직 특별규정이 없기 때문에 문제는 남아 있다. 하지만 현재의 대다수 설에서는 "유체물이란 물리적으로 관리 가능한 것이면 된다"는 사고방식이 통용된다.

방송된 전파나 자기磁氣는 에너지의 일종이지만 물리적으로 관리할 수 없으므로 물건이 아니다. 하지만 수력, 열기, 냉기는 관리 가능하다. 가스, 압착공기도 그렇다. 그래서 이것들은 물건이다.

독부毒婦 오덴과 문신

물건이 되기 위해서는 객관적인 실제의 자연물이 아니면 안 된다. 살아 있는 사람의 신체는 물리학상으로 보면 물건이겠지만 법률상으로는 물건이 아니다.

살아 있는 신체를 사고파는 것은 법률이 허락하지 않는다. 타인의 아이를 훔쳤다면 그것은 절도가 아니다. 미성년자약취유괴죄未成年者略取誘拐罪이다.

옛날에는 볼모제도가 있었다. 이것은 살아 있는 몸을 담보로 돈을 빌려주는 것이 아니라 전쟁이나 교섭 때 부모, 자식, 형제, 부부라는 끊을 수 없는 가족관계를 이용해 살아 있는 사람의 몸을 잡아두는 것이었다.

어릴 적 스루가에 볼모로 간 도쿠가와 이에야스가 이시갓센石合戰[96]을 보고 재빨리 영재성을 드러냈다는 유명한 이야기가 있다. 물론 이 또한 이에야스를 담보로 하여 돈을 빌린 게 아니다.

'사시나와'라는 노쿄겐能狂言[97])에는 친숙한 타로카자太郞冠者[98])라는 남자가 등장한다. 그 남자, 지금으로 말하면 심신모약자 부류에 들어가는 대물이지만 이렇게 말했다.

"무슨 말이야. 인질이라는 물건이 재산이나 보물이라는 거야? 사냥감에서야 얻는 것이 있어도 인질한테서 뭘 얻는다는 거지? 아무것도 얻을 게 없어. 달콤한 말은 절대 듣지 마."

살아 있는 사람을 전당품이나 담보로 취급할 수 없다는 것은 옛날이나 지금이나 변함이 없다.

하지만 이미 신체에서 분리된 것, 예를 들면 모발이나 치아, 손톱 등은 물건으로 취급해도 상관없다. 인간의 사체는 법률상 물건으로 본다. 하지만 사체가 물건이라고 해서 사체를 매매하거나 전당품 범주에 넣을 수는 없다. 사체 취급이 공서양속公序良俗이나 제례·공양 등의 관습에 어긋나지 않아야 하기 때문이다. 사체 소유권을 포기할 수도 없다.

하지만 학술 연구를 위해 사체를 제공하는 것은 허락해도 좋다고 생각한다. 들은 이야기지만, 도쿄대학 의학부 표본실에는 독부毒婦 다카하시 오덴高橋お傳[99])을 비롯

---

96) 두 개로 나뉘어 서로 돌을 던지는 놀이
97) 부키의 교겐과 분라쿠교겐을 구별하기 위해 에도시대부터 사용되었다.
98) 노에서 하인으로 등장하는 인물
99) 1851~1879년. 군마(群馬) 현에서 태어난 오덴은 옆 마을 츠키요노(月夜野)에 양녀로 들어간다. 14세 때 결혼, 2년 후 이혼, 나미 노스케(波之助)와 재혼했지만 그는 한센(Hansen)병에 걸려 있었다. 남편의 병을 치료하기 위해 다액을 차금, 세상의 가혹한 처사로 고향을 떠난 오덴은 요코하마(橫浜)로 나와 몸을 팔면서 치료비와 생활비를 벌어들였지만 그녀의 헌신에도 불구하고 남편은 사망한다. 오덴은 오가와 시타로(小川市太郞)라는 남자와 동거를 시작, 그 남자를 부양하기 위해 매춘을 하던 중 상인 고토 긴치죠(後藤吉蔵)라는 남자를 여관에서 살해한 뒤 금품을 갈취한다. 당시 교수형을 도입하기 시작한 일본은 수인에게 교수형 혹은 참수형을 선택할 권리를 주었으며 그녀는 교수형을 선택했지만 결국은 참수되었다. 오덴의 유체는 경시청 제5병원에서 해부되었고 그 일부는 현재 도쿄대 법의학부 표본실에 보존되어 있다.

해 굉장한 문신을 한 2~3인의 인간 피부가 깔끔하게 무두질돼 보존되어 있다고 한다. 필시 상주에게서 완전히 소유권을 넘겨받은 사체일 것이다. 천문학자 프랏무리온이 소장하고 있는 진귀한 책 중에는 인간의 피부를 무두질하여 표지로 장정했다는 책이 있다고 한다. 사실은 아름다운 백작부인이 죽으면서 자기 몸을 사랑하는 그에게 맡겼고, 그는 그녀를 사랑한 나머지 자작저서인 ≪하늘과 땅≫이라는 단 한 권의 책을 그녀의 피부로 장정했다고 한다.

말이 나온 김에 하나 더 얘기하겠다. 약 50년 전의 일이다. 문신이 있는 인피人皮를 갖고 있던 당시 제국대학의 모 교수가 자신의 책을 그 인피로 장정하고 싶어서 무두질하는 법을 피부과에 의뢰했다. 그런데 천하의 피부과도 마치 너구리 배처럼 두툼하게 부풀어 있는 그 피부를 보고는 거절했다고 한다.

6. 부동산과 동산

토지는 어디까지가 자신의 소유인가?

민법은 "토지 및 그 정착물을 부동산이라고 한다"고 규정한다. 토지는 지상, 지하, 지표, 이 세 가지를 포함하고 있다.

지하는 세상 사람들이 알고 있듯이 지표 아래다. 지표 아래는 어디까지나 소유자의 것이다. 극단적으로 말하면 지구의 핵에 도달할 때까지가 지하다. 따라서 토지의 소유자는 타인의 권리를 침해하지 않는 한, 지하의 핵까지 안심하고 자유롭게 파 내려갈 수가 있다. 걸쭉하게 흘러나오는 뜨거운 용암만 각오한다면야.

지상은 지하와 달라서 무한대로 펼쳐져 있다. 따라서 지상으로의 소유권도 타인에게 피해만 주지 않는다면 무한대라고 할 수 있다. '드넓은 파란 하늘을 바라보며 내 소유권이 저 먼 곳까지 닿아 있구나!'라고 생각하면 때론 즐겁지 않을까. 때맞춰 만발한 벚꽃을 바라보며 들뜬 기분으로 맥주거품을 훑던 사람 옆을 지나가는 괴팍스런 식물학자라면, "식물의 생식기를 보며 즐거워하는 녀석도 다 있군. 지독한 색골이네" 하며 학구적인 시선으로 말할지 모른다.

어울리지 않는 매화

다음은 '토지의 정착물'이란 무엇인가다. "사회의 관념상, 종속적으로 토지에 부착되어 사용되는 물건이라고 인정되는 독립 물체." 뭐 이렇게 정의해도 되지 않을까.

그러면 토지의 정착물에는 무엇이 있을까? 가장 전형적인 것은 가옥이다. 수목도 자격이 있다. 단지 수목이 부동산 취급을 받을 때는 등록이 필요하다.

하지만 이동이 가능한 임시 가옥이나 전화박스, 지상을 구성하는 돌담, 제방, 웅덩이, 연못이나 늪 같은 것은 정착물이라고 할 수 없다. 물론 말할 것도 없이 건축 현장의 토대나 임시로 심어놓은 수목은 잠시 동안만 토지에 부착되어 있기 때문에 정착물로서 자격이 없다.

그럼 동산이란 무엇인가? 부동산 이외의 것은 모두 동산이다.

이쯤해서 에피소드 하나를 들려주겠다. 어느 햇병아리 법률가가 등산을 했다. 법률가가 등산을 한다고 해서 이상할 것도 신기할 것도 없지만, 그는 산에서 가지가 흔들리는 재미있는 매화나무를 발견하자마자 몰래 파내서 집으로 갖고 돌아왔다. 그리곤 싸구려 화분에 정성껏 심었다.

그는 인스턴트커피를 홀짝이며 매화나무를 요모조모 자세히 뜯어보더니 격에 맞지도 않게 한 구절을 읊조렸다.

"네 덕분에 행복하구나!"

가라사대 그것은 부동산을 동산으로 한 화분 속 매화일 뿐이다.

7. 법률행위

법률행위란 무엇인가?

드디어 난문 중의 난문에 부딪쳤다. 본서는 학술연구를 위한 법률서가 아니니까 사람들이 싫어하는 난문難問, 귀문鬼問은 쓰지 않아도 되지만 누가 뭐라고 해도 법률행위는 사법私法, 즉 민법이나 상법 중에서도 골수이기 때문에 일단은 "이런 것이다"

라는 정도의 윤곽은 잡아두고 싶다.

법률서를 펼쳐보면 "법률행위란 의사표시를 요건으로 한다"는 정의가 시야에 들어올 것이다. 따라서 법률행위를 위해서는 우선 의사표시를 하지 않으면 안 된다. 의사표시란 사법상의 법률적 효과를 발생시키기 위한 의사표현이다. 즉 법률적 효과를 일으키기 위한 행위로 일어나는 일이어야 한다.

예를 들면 매매, 증여를 비롯해 돈을 빌려주고 빌리는 일, 보증하는 일, 사람을 고용하는 일, 목수에게 건축을 의뢰하는 일, 집을 빌려주고 빌리는 일, 운송회사에 짐을 부탁하는 일, 화원에 정원수를 부탁하는 일, 인쇄소에 명함을 주문하는 일, 은행에 돈을 맡기는 일, 보험에 가입하는 일, 땅주인이 매매를 하는 일, 혼인을 하는 일, 양자를 들이는 일, 유언을 하는 일…… 끝도 없다. 결국 법률상 효력이 발생하는 수많은 일상의 행위가 대개는 법률행위라고 생각해도 좋다.

벚꽃놀이 약속은 법률행위인가?

약속 자체는 법률행위이지만 "우리 내일 우에노 공원으로 벚꽃놀이 가자"라는 약속은 법률행위가 아니다. 단지 사교상, 도덕상의 약속에 지나지 않기 때문이다. 벚꽃놀이 가자는 약속을 위반했다고 해서 소송을 걸어 손해배상을 청구할 수는 없다. 적어도 그 약속을 할 때 "이로써 서로의 마음에 법률상의 효력이 발생한다"는 생각은 전혀 하지 않았을 테니까.

이와는 달리 가게에서 구입한 물건은 연필 한 자루라도 법률상의 효력이 발생한다. 여기에는 가게 주인으로부터 "연필의 소유권을 이쪽으로 옮기겠다"는 식의 암묵적인 약속이 오가기 때문이다. 설마 연필 한 자루 때문에 소송을 하는 녀석은 없겠지만, 하려고만 하면 얼마든지 할 수도 있다는 생각은 갖고 있을 것이다.

부모자식 사이의 법률행위

증여도 법률행위다. 증여란 타인에게 공짜로 재산을 주는 행위다. 할아버지가 부호인 사람이 성인이 되어도 할아버지한테 용돈을 받으면 그 용돈도 증여다. 하지만 같은 용돈이라도 부모가 자식에게 주는 것은 법률행위가 아니다. 부모자식 사이에 "법률상 효력이 있다"는 엄청난 생각으로 돈을 주는 부모도 없을 뿐더러 그런 생각으로 받는 자녀도 없기 때문이다. 아버지가 전날 용돈으로 천 엔을 주겠다고 약속해 놓고 결국은 주지 않았다고 해서 소송을 걸겠다는 아이는 없다. 그런 아이가 있다 해도 애초에 법률행위가 아니기 때문에 재판소도 아버지에게 패소 판결을 내리지는 않는다. 적어도 다음날 신문에 희한한 아이가 나타났다며 소란을 떠는 정도가 고작이다.

하지만 부모자식 사이에 아무리 금전적 행위를 해도 법률행위가 아니라고 지레짐작해서는 곤란하다. 부모자식 사이라도 혹은 자녀가 18세의 미성년자라도 특별히 당사자간에 "법률상 효력이 있다"는 생각으로 한 일이라면 그것은 틀림없는 법률행위다. 자신이 죽은 뒤 형제간 재산싸움이 일어날까 두려워 살아 있을 때 자녀들을 위해 약간의 재산이라도 나누어주겠다는 경우가 좋은 예다.

이 법률행위에 자녀를 완전한 한 사람으로 해서는 안 된다는 것은 앞에서 언급한 대로다. 그것은 미성년자, 금치산자. 준금치산자이기 때문이다.

제2장 민법이야기 97

다양한 법률행위

법률행위는 다양하게 분류할 수 있다. 재단법인에서 말한 기부행위처럼 자기 혼자 단독으로 할 수 있는 행위(단독행위)도 있고, 매매처럼 상대와의 사이에 성립하는 행위도 있다(계약). 혹은 사단법인 설립행위처럼 상대를 두지 않고 다수의 사람들이 같은 방향으로 법률행위를 하는 경우(합동행위)도 있다.

또한 방식 면에서도 분류할 수가 있다. 각자 특수한 방식에 따라야 하는 것, 예를 들면 "혼인은 호적관사에 신고하지 않으면 성립하지 않는다", "어음은 말로만 해서는 안 되고 일정요건을 갖춘 서면에 기록해야 한다"는 법률행위(요식행위/要式行爲)도 있으며, 매매처럼 구두약속만으로 완전히 성립되어 특별히 서면으로 하지 않아도 되는 것도 있다(불요식행위/不要式行爲).

그 외에도 분류할 수 있지만 학문상 연구할 때 필요한 것이고 보통은 그다지 필요하지 않기 때문에 넘기자.

단지 주의해야 할 법률행위로는 이런 것이 있다.

(1) 목적이 가능하지 않으면 안 된다.

화성에 다녀온 사람에게는 상금으로 천만 엔을 주겠다고 약속해도 그것은 현재의 인간으로서는 불가능하기 때문에 목적이 가능하지 않다. 따라서 무효다.

(2) 목적이 법률상의 허락을 받아야 한다.

밀수출입이나 매춘계약 등은 법률상 허락하지 않기 때문에 안 된다. 역시 무효다.

이야기가 이론에 치우쳐 지루해져버렸다. 펜을 새롭게 바꿔 다시 시작하자.

한눈에도 과장으로 보이는 남자와 택시

때는 봄이다. 구름 한 점 없는 하늘, 4월 중순의 태양이 부드러운 실크처럼 내리쬐었다. 긴자의 나이트클럽 앞에는 35~36세 가량의 풍채 좋은 남자가 새잎이 돋기 시작한 플라타너스 가로수를 등진 채 누군가를 기다리는 듯 서 있었다. 말쑥한 신사복 차림. 한눈에도 대형회사 과장 정도로 보였다.

그 남자는 때때로 차도를 달리는 눈앞의 자동차에 시선을 던지며 뭔가를 찾는 것 같았다. 그때 맞은편에서 빈 택시 한 대가 질주해왔다. 손님 없나? 보도 위의 사람들을 주의 깊게 살피던 운전자의 눈에 오른손을 높게 들어올리는 남자가 보였다. 운전자는 그의 앞에 끼이익 소리를 내며 택시를 멈추었다. "어서 오세요" 하는 듯 택시 문이 열렸다. 기막힌 타이밍이었다.

하지만 남자로서는 무척 난처한 일이었다. 왜냐하면 남자가 오른손을 들어올린 것은 택시를 잡기 위해서가 아니었기 때문이다. 오른쪽 어깨가 결려서 무의식적으로 한 행동이었다. 그것도 단 한 번밖에 들어올리지 않았다. 하지만 외국은 물론 일본에서도 택시를 세우기 위해서는 큰소리로 부르지 않고 단지 손을 들어올리는 것으로 상행위는 이루어진다. 한바탕 말썽이 일어날 수밖에 없는 상황이었다.

운전자는 "빈 택시를 향해 손을 들어올린 이상 이미 약속은 이루어진 겁니다. 이제 와서 이러쿵저러쿵 불평하지 마십시오. 무슨 일이 있어도 타야 합니다"고 주장하고, 남자는 "택시를 부른 게 아닙니다. 어깨가 결려서 잠깐 손을 들어올렸을 뿐입니다. 그런 낡아 빠진 택시에 타겠다고 약속한 기억이 없는데요. 죽어도 탈 수 없습니다"고 반박했다.

가는 말에 오는 홍두깨, 한눈에도 큰 회사 과장으로 보이는 점잖은 남자도 쉽게 물러나지 않고 대항했다. 이때 뜻밖의 구경거리에 기뻐하는 자들은 긴자 패거리들뿐이다.

자, 그럼 공평한 독자여러분, 과연 누구에게 승리의 판정이 내려질까요?

염불은 정념正念

여기서 문제가 되는 것은 의사표시意思表示란 무엇인가다. 의사표시는 글자 그대로 의사를 표시하는 일이다. 저 아이를 며느리로 하고 싶다, 그녀와 결혼하고 싶다는 생각만으로는 법률상 아무 문제가 되지 않는다.

"네게 홀딱 빠졌어. 이 한마디가 / 어째서 이렇게 말하기 힘들까?"라는 도도이츠 都々逸,100)처럼 생각만 하고 있으면 연애는 성립하지 않는다. "부서지든 깨지든 부딪쳐라"라는 말이 있듯이 사랑도 용감하게 부딪쳐보는 게 최선이다. 즉 의사표시를 해야 한다. 의외로 빨리 사랑이 이루어지기도 한다. 말할 필요도 없이 의사표시는 법률에 있어서 화살이다.

그럼 본론으로 들어가보자. 반한 마음에서 한 발 더 나아가 마침내 결혼하려고 결심했다. 여기서 혼인이라는 법률상의 효과를 원하는 '효과의사效果意思'와 청혼을 하려는 '표시의사表示意思'가 발생하고, 그것에 따라 "나와 결혼해주세요"라고 표시(표시행위)하는 단계에 이른다. 이때 처음으로 청혼이라는 의사표시를 하게 되는 것이다.

이로써 하나의 결론이 나온다. 의사표시가 있었다고 말하기 위해서는 우선 "원한다"라든지 "바란다"라는 의사로 한 것이어야 한다. 즉 효과의사로 한 일이 아니면 안 된다.

〈현정토진실행문류顯淨土眞實行文類〉에 "고로 부처님의 이름을 부르면 모든 중생의 번뇌는 능히 없어지고, 모든 중생의 소망은 능히 이루어진다. 부처님의 이름을 부르는 일은 최고의 정업正業이고, 정업은 즉 염불이다. 염불은 나무아미타불, 나무아미타불은 다시 말해 정념正念이다"라는 글이 있듯이, 염불이란 부처를 염원한다는 말이다. 염원하는 이상 원하는 의사가 없으면 이루어질 수 없다. 간절히 염원하는 의사 없이 라쿠고의 〈고고토엔부츠101)〉나 연극대사처럼 백만 번 말해도 그것은 진정한 염불이 아니다. 따라서 중생의 염원이 들어 있지 않는 염불은 소귀에 경 읽기로 아무 효과가 없다.

"정성 없는 염불은 논에서 꽥꽥거리는 시끄러운 개구리 울음소리와 같다"고 도겐선사102)도 말했듯이 공염불에 지나지 않는다.

---

100) 속요의 하나. 7·7·7·5조. 주로 남녀 간의 애정을 노래함
101) 고고토엔부츠(小言念仏) : 염불하는 도중 소리치거나 소곤거리는 고난도의 연기. 목탁을 치듯 일정의 리듬으로 바닥에 부채를 두드린다.
102) 도겐선사(道元禪師; 1200~1253년) 가마쿠라(鎌倉) 전기. 교토 출신. 일본 조동종(曹洞宗)의 선조. 히에이산에서 수학, 중국 송나라로 건너가 천동여정(天童如淨)의 법을 접한 뒤, 귀국. 건인사(建仁寺)에 머물면서 교토에는 흥성사(興聖寺)를, 에치젠(越前: 후쿠이(福井) 현 북부)에는 영평사(永平寺)를 열었다. 시호는 불성전동국사(仏性伝東国師), 승양대사(承陽大師). 저서로는 《정법안장(正法眼蔵)》《보건좌선의(普勧坐禪儀)》《학도용심집(学道用心集)》 등이 있다.

원하라 그러면 주어질 것이다.

"원하라. 그러면 주어질 것이다."

이 말은 갈피를 잡지 못하는 인생들에게 부르짖은 그리스도의 말이다. 원하는 마음이 있어야 얻을 수 있다는 것은 자연의 이치다. 아이가 엄마에게 조를 때도 과자가 먹고 싶다, 인형이 갖고 싶다는 등 원하는 것을 표시한다.

"아이는 먹고 싶은 것에 가사를 붙여 노래한다."

센류川柳에도 이런 말이 있듯이 엄마는 아이가 원하는 것을 아이에게 안겨주게 마련이다. 배고파서 먹을 것을 원하는 아이에게 장난감을 안겨준다면 아마도 아이가 설사병에 걸렸기 때문일 것이다.

앞의 아이와 엄마의 예는 법률행위가 아니기 때문에 이른바 법률상의 의사표시는 아니다. 하지만 원했기 때문에 주어지는 일은 법률적 논리로 말하면 효과의사와 같은 형태다. 효과의사란 법률상 효과가 발생하는 의사意思다.

다시 원점으로 돌아가, 한눈에 큰 회사 과장으로 보이는 남자와 택시운전수의 문제를 해결해보자. 그 남자에게 손을 들어올리려는 의사가 있어서 올린 것에는 반론의 여지가 없다. 하지만 그에게는 택시를 세우려는 의사는 없었다. 즉 효과의사는 없었던 것이다. 따라서 그를 보고 택시를 세운 택시운전수와는 아무 계약도 성립하지 않는다. 따라서 긴자패거리를 기쁘게 해준 이 사건도 너무 간단하게 끝나버렸다.

게이샤와 양자결연

그 옛날 가난한 부모는 게이샤 오키야置屋[103]에서 전차前借를 하고 변제로써 딸을 게이샤 집에 양녀로 보내는 일이 종종 있었다. 왜 그런 일이 행해졌을까?

게이샤 집에서는 게이샤를 확보하기 위해 쇼와 초기 무렵의 돈으로 2천 엔이나 3천 엔을 미리 빌려주었다. 그리고 고용인으로 썼지만 게이샤 집 주인으로서는 그것

---

[103] 기생이나 창녀를 두고 손님의 청이 있을 때 보내는 집

만으로 용납할 수가 없었다. 수천 엔의 돈을 건넸는데 겨우 2~3개월 일하고 게이샤 몸이 사라져서는 안 되었던 것이다. 게이샤 주인으로서는 계획이 빗나가는 것이었다. 그래서 고심한 끝에 교묘하게 법망을 피할 수 있는 방법을 생각해냈다. 즉 고용한 것은 틀림없지만 표면상 양녀로서 자신의 호적에 올려버리는 것이다. 그러면 단순한 고용인이 아니라 양녀이기 때문에 양부모의 말은 무슨 일이 있어도 듣지 않을 수 없다. 그 무렵 민법 제749조에는 "가족은 호주의 의사를 거슬려서는 그 거처를 정할 수 없다"는 규정이 있었기 때문에 그 규정을 근거로 게이샤를 꼼짝 못하게 구속할 수가 있었다.

사랑의 도피행각으로 사는 곳을 바꾸어도, 홋카이도 끝까지 도망가도 부모자식 간의 인연은 끊을 수 없었다. 따라서 게이샤 주인으로서는 더할 나위 없이 안전하며 확실한 방법이었다. 반면 게이샤에게는 멍청하고 바보스런 일이 아닐 수 없었다.

그렇다면 게이샤의 양자결연계약, 즉 고용인계약을 법률적으로 보면 어떻게 될까? 게이샤와 주인 사이에는 고용한다는 생각은 있었지만 양녀로 들이겠다는 의사는 털끝만큼도 없었다. 양자결연을 실질적으로 할 의사는 없었던 것이다. 양자가 되겠다는 법률상의 효과발생을 희망하는 의사가 없었기 때문에 양자결연계약은 사실상 성립하지 않는다. 따라서 게이샤 쪽에서 재판소에 소송을 제기하자 양자결연은 없다고 판결했다.

아케치 미츠히데明智光秀[104]가 5월의 어느 밤, 어둠 속에서 치마키[105]를 먹으며 "적은 본능사本能寺에 있다"고 외친 것처럼 적본주의敵本主義[106]는 법률상 무효인 것이다.

---

104) 1528~1582년. 전국시대의 무장. 노부나가의 가신으로 오우미 사카모토(近江坂本)의 성주. 다이쇼 10(1582)년 교토 본능사(本能寺)에서 주군 노부나가를 습격하여 자해하게 했지만 얼마 후 히데요시에게 패해 도피 중 농민에게 살해되었다.
105) 조릿대 잎에 싸서 찐 찹쌀떡
106) "적은 본능사(本能寺)에 있다"는 뜻으로 목적이 다른 곳에 있는 것처럼 보인 뒤 갑자기 본래의 목적으로 방향을 돌리는 방법

글로 표현하고 싶다 文はやりたし107)

의사표시는 서면으로 하는 경우도 있고, 말로 하는 경우도 있다. 또한 동작으로 하는 경우도 있고, 부작위不作爲라고 해서 단지 가만히 있는 것만으로 의사표시가 되는 경우도 있다. 예를 들면 "찬성하는 사람은 기립해 주세요"라고 했을 때 기립하지 않고 가만히 앉아 있으면 찬성하지 않는다는 의사표시다.

위의 각 경우는 법률상 엄격한 의사표시는 아니지만 우리가 보통 의사표시를 하는 경우를 모방하여 설명해보자.

어느 외국인이 일본인에게 "미캉みかん(귤), 기모노きもの(옷), 사요나라さよなら(안녕)"라고 말했다. 상대방 일본인은 허둥거리며 텅 빈 머리를 쥐어짰지만 도무지 알 수가 없었다. 누구든 불쑥 이런 난문에 맞닥뜨리면 당연히 갈팡질팡할 것이다. '수수께끼인가? 아니면 만담 문제인가?'라고 생각할 수밖에 없겠지만 외국인의 손짓과 몸짓으로 간신히 그 수수께끼를 풀었다.

그렇다. "귤껍질을 벗기다"는 뜻이었다. 어느 정도 의사표시는 있지만 표시행위가 완전하지 않은 경우다. 앞의 택시운전수와 싸웠던 과장으로 보이는 남자와는 반대의 경우다.

이번에는 반대로 일본인이 미국에 갔다. 달걀이 먹고 싶었지만 달걀이라는 영어 단어가 전혀 생각나지 않았다. 이것은 "껍질을 벗기다"라는 일본어를 몰랐던 외국인보다 더 엉뚱한 얘기다. 여기서 일본인 선생은 이렇게 했다. 먼저 몸을 웅크리고 양손으로 날개를 파닥이는 흉내를 내며 엉덩이를 두들겨 "꼬끼오" 하고는 조심스럽게 엉덩이 아래로 동그라미 모양을 만들어보였다. 다행히 외국에서도 닭은 "꼬끼오" 하고 울기 때문에 외국인은 엉덩이 아래의 둥근 모양을 보고 그가 달걀을 원한다는 것을 간신히 깨달았다고 한다. 이것은 달걀이라는 의사를 표시하기 위해 동작을 복잡하게 한 경우다.

---

107) 글씨를 쓸 줄 몰라서 사랑하는 사람에게 편지를 보낼 수도 없고, 그렇다고 부끄러워 대필도 부탁할 수 없다는 뜻

"힘들었어 하며 건네준 이연장離緣狀."

옛날, 이연장은 소위 '삼행반三行半108)'이라고 해서 서면을 필요로 했기 때문에 서면으로 의사표시를 했다.

"반해버린 두 눈도 입만큼이나 말이 많구나!"

동작으로 한 의사표시다.

"두 번 사고 세 번 판다."

거래소에서는 손을 들어올리는 것만으로 사겠다, 팔겠다는 의사표시를 한다. 사랑하는 연인 사이에서는 눈썹 하나의 움직임에도 깊은 의사표시가 있다. 그래서 "文はやりたし몬와야리타시 백지편지를 글자로 생각하고 읽고 있구나"라고 노래한 문구에 까닭 없이 고개를 끄덕인다. 글 한 줄, 백지 한 장에서도 추측할 수 없는 천만무량의 묘미를 맛보는 것이 사랑하는 연인들만의 특혜일까?

질투는 부작위不作爲로 가능할까?

"구애하려는 저 녀석, 주위를 둘러보고 즉시 옆으로 가서……"

이것은 준비행위이다. 아직 의사표시는 아니다.

"그런 건 몰라요. 학을 접어서……"

이것은 구애에 대한 승낙의사를 표시한 것인지, 거절의사를 표시한 것인지 아직 정확하지 않다.

"시험 삼아 꼬집어보았지만 말이 없네."

이것은 구애에 대한 부작위로 한 의사표시가 아닐까? 경험 있는 분에게 물어보고 싶다.

"구애를 받고 주위를 둘러보는 것은……"

이것은 동작으로 나타낸 승낙의 의사표시라고 보는 것은 편견일까?

"점점 더. 그렇다면 기꺼이……"

이것은 말로 한 승낙의 의사표시라고 보아도 좋지 않을까?

---

108) 미구다리항. 삼행 반으로 쓰는 습관에서 나온 말

"아침에 귀가한 남편을 정성껏 돌보는 아내의 아름다움."

이것은 질투가 아닐 것이다. 요즘 세상에도 이런 아내가 있을까? 부럽다.

"잠들어 있는 저 표정은 분명한 질투."

이것은 이미 질투라는 의사표시를 무작위로 하고 있다.

"아직은 무사하지만 은근히 말하는 것은 질투의 시작."

이미 말로써 날카로운 질투의 칼날을 드러내기 시작했다.

"멱살을 잡히고, 이제는 여자 하기에……"

극단적인 동작에 의한 명백한 의사표시다.

"검붉은 유두를 남편에게 보여 떠나지 못하게……"

흠잡을 데 없는 정숙한 아내가 일종의 동작으로 한 의사표시다.

"점잖은 연회 좌석에서 선하품."

하품은 생리작용으로 자연스럽게 나오는 것이다. 소위 "이미 나온 종기와 부스럼을 싫어하지 마라"에도 나오듯 입으로 하든, 입을 다물고 코를 부풀리든 의사표시라고 하지 않을 수 없다.

월하의 난투극

마지막으로 에피소드 하나 더 얘기하고 의사표시 문제는 끝내겠다.

어떤 남자가 배로 유럽여행을 하고 있었다. 배가 인도양에 도착했을 때 일어난 일이다.

밤새도록 달은 환하게 비치고, 망망대해를 지나가는 바람은 적도 밑이라고는 생각할 수 없을 정도로 시원했다. 깊은 밤, 배 위에는 유카타 한 장를 걸치고 쥘부채를 펼쳐든 남자가 일본에 두고 온 아내와 아이를 생각하며 갑판을 배회하고 있었다. 옆에는 젊은 외국인 남녀가 의자에 앉아 같은 달빛 아래서 사랑을 하고 있었지만 달에 정신을 빼앗긴 이 유카타 선생은 전혀 깨닫지 못했다.

깊어만 가는 고요한 밤에 들리는 건 오로지 엔진 소리와 뱃전에 부딪치는 파도 소리뿐이었다. 점점 더 중천을 환하게 밝히는 달을 바라보며 더욱 흥에 취한 유카타 선생은 갑자기 소매를 걷어올리고 엉터리 가락으로,

"시데 '묘하군, 해상에 떠오른 달이 마치 거센 정력제 같아.'
'이봐, 고기잡이 영감. 서쪽 해안에 밤새도록 배만 묶어두고 무슨 생각 하나?'"
라고 배웠던 요곡謠曲 중에서 〈야시마八島109)〉를 읊으며,
"일엽편주의 조각배. 유일하게 돛만 바람에 나부끼고 있네."
유카타 선생은 쥘부채로 북 대신 엉덩이를 두드리더니 갑자기 '오호옷' 우렁찬 목소리와 함께 엉덩이 북을 힘차게 두들겼다. 그때였다. 갑자기 외국인이 유카타 선생의 옷자락을 움켜쥐었다.
놀란 유카타 선생, 야시마의 가게기요景淸110)에게 뒤통수 잡힌 미오노야처럼 "얏, 얏"하고 기압을 넣으며 엎치락뒤치락, 용호상박, 육탄전…… 교토 항구도 아닌 선상에서 난투극이 벌어졌다.
동행한 숙녀의 울부짖는 고함소리에 잠에서 깬 승객과 선원들이 뛰어 올라와 두 사람을 갈라놓았다.
"무슨 일이에요?"라는 질문에 유카타 선생, 찢어진 옷소매를 걷으며 대답했다.
"내가 달을 보고 있는데 아무 이유도 없이 갑자기 새파랗게 젊은 게토毛唐(외국인을 낮춰 부르는 말)녀석이 달려들었어. 이 자식, 정신이상자가 아니라면 일본인에게 뭔가 편견을 갖고 있는 게 틀림없어. 많은 외국인들이 지켜보는 가운데서 다시 한 번 더 당당하게 승부를 겨루어볼 거야. 자, 덤벼."
그러자 외국인이 "이 일본인 색골 녀석은 무례한 놈이야. 숙녀 앞에서 엉덩이를 내밀고 핥으라는 듯이 두들기고 있었어. 숙녀를 모욕한 거야"라며 이내 한바탕 하겠다는 기세였다.
또다시 당장이라도 태풍이 휘몰아칠 것 같은 급박한 상황이었다. 간신히 사태를 파악한 승객 한 사람이 유카타 선생의 어깨를 두드리며 외국인 청년의 말뜻을 통역해주었다. 유카타 선생도 마침내 이유를 깨닫고 걷어올린 소매를 내렸다.
"허참, 모두 오해였군. 숙녀를 모욕하려는 생각 따위는 눈곱만큼도 없었어. 달이

---

109) 섬이 많은 나라. 즉 일본의 미칭
110) 노, 조루리, 가부키의 〈가게기요 이야기〉의 주인공

너무 밝아서 무심결에 엉덩이를 두들기며 요곡 한 구절을 읊은 것뿐이야. 엉덩이를 두드리는 것은 일본의 풍속이고. 미안해. 그럴 만도 했어. 모두 착각이었네. 이제 더 이상 오해는 하지 마."

애인 앞에서 중세 기사처럼 용감무쌍하게 싸웠던 젊은 외국인은 득의에 찬 표정으로 "일본인들이 달을 감상하는 풍속은 무척 괴팍스럽군요" 하며 석연찮게 악수를 했다.

이 일로 승객들은 무료함을 얼마나 달랬을까? 그만큼 표시행위는 굉장했지만 사람을 모욕한다는 의사는 없었던 경우다.

8. 공공질서와 선량한 풍속

첩, 계약은 효력이 있을까?

여기, 돈 많은 남자가 있다. 지위도 높고 지참금까지 듬뿍 가져온 아내도 있다. 그런데 이토록 풍요로운 삶을 누리는 이 남자는 여자와 관계가 깊어지면 "내 첩이 되는 거야" 하며 사탕처럼 달콤한 약속을 하는 버릇이 있었다. 여자에게 사족을 못 쓰는 남자는 그녀에게 준비금으로 백만 엔을 선뜻 건네주었다.

어찌된 일인지 여자는 시간이 지나도 첩이 되기로 한 약속을 실행하려고 하지 않았다. 가엾은 남자는 참다못해 재판소에 첩계약이행청구 소송을 냈다. 과연 이 소송이 성립할까? 혹은 이미 줘버린 백만 엔의 돈을 돌려받을 수 있을까?

불행인지 다행인지 법률 세계에서는 첩이라는 존재를 인정하지 않는다. 따라서 첩이 30년을 근속했다 해도 정부는 특별히 표창을 하지도 않을 뿐더러 첩을 7명이나 거느리는 정력가가 있다 해도 훈장을 주는 일은 없다.

그런데 어느 날 그 남자는 'XX현 妾めかけ('메카케' 라고 읽으면 첩이란 뜻) 학교'라는 간판을 보았다.

"게이샤 학교는 들어봤지만 첩 학교라니? 있을 수 없는 일이야. 첩이 되는 방법을 가르쳐 사회로 진출시켜? 이건 말도 안 돼."

남자는 그렇잖아도 속상한데 저런 간판까지 보자 화가 치밀었다.

그런데 알고 보니 그것은 'XX현 妾わらわ('와라와'로 읽으면 여자가 자신을 낮춰 부르는 말. 소첩 등) 학교'라는 이야기였다.

마치 '鎌倉ハム切り売り(가마쿠라 햄 잘라 판매)'라고 쓰여 있는 것을 보고 '鎌倉公切り売り(가마쿠라공 서거)'로 잘못 읽고 미나모토 요리도모源賴朝[111]를 위해 눈물을 평평 쏟았다는 사람처럼 덜렁이다.

첩·2호에 대한 판결

예로부터 "부모자식은 1세의 인연, 부부는 2세의 인연, 주종主從은 3세의 인연"이라고 했다. 첩은 부부도 아니고 주종관계도 아니므로 이것을 센류川柳에서는 "첩은

---

[111] 1147~1199년. 가마쿠라 막부의 초대 장군. 요리토모(義朝)의 3남. 헤이지(平治)난 이후 이즈(伊豆)로 흘러들어갔지만 모치히토(以仁) 왕의 헤이씨(平氏) 토벌영지를 받고 거병. 가마쿠라를 근거지로 관동(関東)까지 세력을 확장했다. 그 뒤 헤이씨를 전멸하고 무가정치의 기초를 확립. 1192년 세이이(征夷) 대장군으로 임명되었다.

2세와 3세 사이에 있는 자"라고 했다. 이 '2세 반'인 사람에 대해서 재판소는 이렇게 말하고 있다.

"아내가 있는 남자가 다른 부녀자와 정교를 맺고, 그것을 유지하기 위해 맺은 계약은 공공질서, 선량한 풍속에 위반하는 법률행위이기 때문에 무효다."

첩 계약은 공공질서, 선량한 풍속에 위반하기 때문에 무효라고 말한 이상, 첩이 되기로 약속했지만 그 약속을 이행하지 않는다는 이유로 재판소에 소송을 할 수 없다는 것은 잘 알 것이다. 애석하겠지만 건넨 백만 엔의 돈을 돌려받기 위한 청구도 할 수 없다.

첩 약속은 그렇다 치고 건넨 백만 엔의 돈은 왜 청구할 수 없다는 것일까? 이런 의문을 품을지도 모르겠다. 하지만 법률은 그 돈에 대한 반환청구를 들어주지 않는다. 첩 약속처럼 공공질서나 선량한 풍속을 위반하는 불법적인 원인에 근거를 두고 건넨 돈이기 때문이다. 어때요, 여자에게 약한 남자 선생. 화낼 이유가 없지 않은가요?

공서양속이란 무엇인가?

그렇다면 '공공질서, 선량한 풍속'이란 도대체 무엇인가?

민법 제90조는 '공공질서 또는 선량한 풍속을 위반하는 법률행위는 무효다"고 규정한다. 이 공공질서나 선량한 풍속, 즉 공서양속公序良俗은 법률사상의 근본이 되는 중요한 문제의 하나다. 앞에서 말한 '도덕과 법률의 제휴'의 한 장면이기도 하다.

공공질서란 국가사회의 일반적 이익이며, 선량한 풍속이란 사회의 일반적 도덕관념이라는 의미다. 사회질서를 혼란하게 만드는 행위는 법률이 보호할 수 없다. 또한 사회악을 장려하는 것 같은 일은 법률도 원하지 않기 때문에 사회의 일반 도덕관념에 위반되는 일은 보호할 수 없다는 취지다. 즉 사회적 타당성이 결여된 보호는 할 수 없다는 말이다.

'계약 자유의 원칙'이 있으므로 서로의 계약은 자유다. 하지만 자유라고 해도 애초에 계약이란 사람이 하는 일이고 사회가 있기 때문에 가능하므로 사회라는 인간집단을 무시해서는 안 된다. 따라서 만약 계약이 공서양속에 위반된다면 그 계약은 유효하지 않다는 실로 지당한 규정으로 되어 있다.

이런 중대한 문제를 실제 판례에 따라 설명해보자.

딸을 작부로서 일하게 하는 계약은 유효한가?

종래, 예기가업芸妓(게이샤)家業을 강요하는 계약에 대해 "을이 갑에게 전차前借를 하고, 그 대신 갑의 요구에 따라 갑이 지정한 장소에서 5년간 게이샤 일을 해야 하며, 그 기간 중 휴업, 폐업, 전직, 이주는 어떠한 이유가 있어도 불가능할 뿐더러 일정 기간 중 어떤 사정이 있어도 영업은 반드시 계속해야 한다"는 것은 인간의 자유를 구속하는 공공질서 또는 선량한 풍속에 극히 위반되는 행위이기 때문에 무효다는 것이 대심원 판사님들의 생각이었다.

오랜 기간 동안 차금借金을 담보로 하여 게이샤를 묶어두는 계약은 효력이 없다. 그동안의 사정이야 어찌됐든 폐업도 이주도 할 수 없다는 것은 인간의 자유를 속박하기 때문이다. 그렇다고 모든 게이샤 계약이 무효라는 것은 아니다. 세간의 시선으로 보아 나름대로 타당하다고 생각되는 계약은 물론 유효다.

그렇다면 전차前借는 어떠한가? 채무를 완전히 변제할 때까지 게이샤 일을 시키는 계약은 무효지만 빌린 차금 계약은 유효다.

그런데 최고재판소는 이 두 가지 계약을 모두 무효라고 했다. 어느 부모가 요리집을 하는 사람에게 돈을 빌리고, 그 대신 아직 16세도 안 된 딸을 그 집의 작부로 일하게 한 뒤, 보수의 반을 매달 변제하겠다고 약속했던 일이 문제가 되었다. 세상에는 이렇게 지독한 부모도 있는가 보다.

이에 대해 최고재판소 판사님들은 "작부로서 일한다는 약속은 공서양속에 위반되기 때문에 무효일 뿐더러 차금(소비대차)도 작부로서 일하는 것과 밀접불가분密接不可分의 관계이므로 계약의 일부인 취로계약就勞契約의 무효는 물론, 더 나아가 계약 전체를 무효로 한다"고 판결했다. 따라서 전차도 무효로 한 것은 일보 전진이다.

도박 돈은 지불하지 않아도 되는가?

다음의 예를 보자. 알다시피 밀통관계에 대해서는 법률에 벌칙이 없다. 물론 장려

하거나 보호하지도 않는다.

여기에 한 사람의 규중처녀가 있다. 언제부터인가 '그곳'에 못된 벌레가 달라붙었다. 포구에 던지는 아코기阿漕[112]의 어망은 거듭되었다. 결국 부모님도 알게 되었다. 옥신각신한 끝에 벌레에게 많은 돈을 주겠다는 조건으로 관계를 끊기로 약속했다. 이 계약은 법률상 유효할까? 비슷한 이야기로, 첩이 남편과 관계를 끊는 데 "위자료를 주면 헤어지겠다"고 약속했을 때도 문제가 생긴다.

그 옛날 대심원은 "금전적 이익을 얻고 밀통관계를 청산하겠다고 약속했지만 이것은 선량한 풍속을 위반하는 행위이므로 무효다"고 했다. 규중처녀의 부모가 약속한 돈을 건네지 않아도 남자는 약속을 근거로 계약금청구소송을 할 수가 없다. 위자료를 주겠다고 해서 물러난 '2호'도 영감한테 돈을 받지 못했다고 재판소에 소송을 해도 이길 수가 없다.

그런데 그 후 이런 판례가 나왔다. 위자료에 대해 "'금전적 이익을 얻고 밀통관계를 청산한다'는 것은 선량한 풍속에 위반되기 때문에 무효지만, '2호는 남편과 관계를 청산하려고 결심했다. 그런데 2호는 마음이 너무 아파서 고통스럽다. 그 정신적인 고통을 위로하기 위해 돈을 준다'는 거라면 공서양속에 위반되지 않기 때문에 유효다"는 것이었다. 참으로 이상한 이야기다. 어쨌든 위자료 계약이 유효인지 무효인지 일방적으로 어느 쪽이든 빨리 결론이 나왔으면 좋겠다.

도박에서 땡전 한 푼 없이 지면 돈이 없을 때는 종종 차용증서를 쓴다고 한다. 법률적으로 보면 그런 차용증서는 백번 천번을 써도 돌부처 머리에 모기가 앉은 것처럼 아무 문제가 없다. 왜냐하면 도박은 말할 것도 없이 법률이 엄금하는 공서양속을 위반하는 행위이기 때문이다. 법률은 이를 눈곱만큼도 보호하지 않는다. 따라서 도박에서 진 사람이 돈을 지불하지 않는다고 해서 재판소에 소송한대도 패소할 뿐이다. 법률이 보호하지 않는데도 차용증서를 다시 쓰고 인지를 붙이고 도장을 찍어도 나쁜 것은 끝까지 나쁘다. 이처럼 재판소에서 통용되지 않는 증서는 몇백 번 써도

---

112) 요곡. 제아미(世阿弥) 작. 여행하던 스님이 아코기 포구에서 밀어를 하여 바닷속 어부 영혼에게 호되게 야단맞았다는 이야기

소용이 없다. 단지 법률적 견해에서 노름패에게는 또 다른 까다로운 규약이 있다고 하지만, 필자는 노름꾼이 아니기 때문에 그것까지는 모르겠다.

색욕에 관한 풍속의 기록

마지막으로 하나 더, 색과 욕망에 양다리를 걸치고 있는 속세 이야기를 해보자. 어느 부호에게 아름다운 딸이 하나 있었다. 일어서면 작약, 앉으면 모란, 걷는 모습은 돼지 배꼽이라고 할 만큼 굉장한 미인이었다. 그 딸에게 백 명의 사위가 성황한 대도 무리는 아니었다.

한 대머리 남자는 그 딸의 부모에게서 데릴사위를 찾아봐달라는 부탁을 받았다. 이 대머리 선생, 무슨 생각을 한 것일까? 발에 불이 나도록 열심히 뛰어다닌 보람이 있어 잘생기고 유순할 뿐더러 여자에게 다정한, 사윗감으로 안성맞춤인 멋진 남자를 마침내 찾아냈다.

이야기는 척척 진행되어 맞선도 경사스럽게 끝났다. 물론 남자 쪽에서도 반대할 이유가 전혀 없었다. 딸 또한 수줍은 성격이 아니라 당당하고 활달한 아가씨였다. 바로 오케이였다. 기뻐한 사람은 대머리 중매쟁이 선생. 하늘을 날듯 단숨에 남자 집으로 달려갔다.

"절세미인과 거액의 재산을 양손에 움켜쥔 행운, 그거 모두 이 중매쟁이 덕분이야. 알지?"

"그럼요. 이 은혜 결코 잊지 않겠습니다."

"그래서 말인데, 어심魚心이 있으면 수심水心도 있는 법. 자네가 데릴사위가 된 뒤 상속받은 재산의 2할을 내게 보수로 줄 수 있지?"

중매쟁이가 남자에게 요구했다. 데릴사위가 되는 남자도 활기찬 기질 탓일까, 아니면 너무 기뻐서 멍해진 탓일까? 그 순간에는 자신의 재산도 아니었기 때문에 즉시 승낙하여 친절하게 계약서에 도장까지 찍어주었다.

얼마 지나지 않아 남자는 데릴사위가 되었고, 수년 후에는 계획대로 마침내 거액의 재산을 상속받았다. 가마솥 아래 재까지 온통 자신의 재산이 되자 데릴사위, 이전에 중매쟁이와 계약했던 2할의 보수를 주기가 싫어졌다. 둘의 싸움은 커지고 결국

재판소까지 가게 되었다.

　재판소도 무척 난처했다. 계약 당시 입회한 것이 아니기 때문에 상관하지 않아도 된다. 그 데릴사위와 중매쟁이는 둘의 싸움이 재판소의 탓인 양 잡아먹을 듯이 덤벼들었다. 그럼에도 재판소는 자기 역할대로 다음과 같이 차분히 판결했다.

　"당사자가 상대방을 위해 데릴사위결연을 중매하고, 데릴사위결연이 성립되어 상대방이 상속받았을 때 당사자에게 상속재산의 몇 할에 상응한 보수금을 지불하겠다는 취지의 계약은 재산이 많으면 많을수록, 상속개시가 늦으면 늦을수록 이익이 증가한다. 그 때문에 데릴사위결연 같은 신분계약에 있어서 특별히 존중받아야 하는 의사결정의 자유를 침해할 우려가 있고, 다른 면에서도 인륜 문란의 우려가 있다. 따라서 이런 계약은 단순히 개인적 이해뿐만 아니라 선량한 풍속에도 위반된다고 하지 않을 수 없다."

　이상으로 공공질서나 선량한 풍속은 대충 이해했을 거라고 생각한다.

권리의 남용은 이것을 허락하지 않는다

(1) 벼랑 위의 집과 벼랑 아래 집의 분쟁

　어느 고지대에서 벼랑 위의 집과 벼랑 아래의 집이 무슨 이유로 티격태격 싸움이 끊이지 않았다. 여름에 큰비가 내리면 벼랑 위에서는 물이 폭포처럼 벼랑 아래 집으로 떨어졌고, 자연적인 현상이라 불평할 수도 없는 아랫집 주인은 어떻게든 해달라고 부탁하기 위해 벼랑 위의 집으로 갔다.

　"생각해보지"라고 했던 위의 집주인은 반년이 지나도록 아무런 조치도 하지 않았다. 아마도 여태껏 생각 중일지도 모른다. 하지만 아랫집 주인은 국회의원이 으레 하는 답변 같은 "고려해보겠습니다"는 한마디 말만 믿고 무턱대고 계속 기다릴 수만은 없었다. 이제 슬슬 여름이 다가오고 있기 때문이었다. 아랫집 주인은 더 이상 참지 못하고 변호사에게 달려갔다.

　아랫집 주인은 곧 생각대로 되는 일이 아님을 알게 되었다. 민법 제214조에 "토지소유자는 인접한 토지에서 자연적으로 흘러오는 것을 막을 수 없다"고 되어 있기 때문에 위의 사람이 특별한 조치를 취하지 않는 한 자연적인 물은 어쩔 수가 없었다.

마침내 여름이 되었다. 더구나 5월부터 시작된 비는 시간이 지나도 멈출 기미조차 보이지 않았다. 신록도 망가지고 하수구를 막아놓은 널빤지도 떠내려갈 듯이 비는 노아의 홍수처럼 날마다 끊임없이 퍼부어댔다. 아랫집 주인은 울화통이 치밀어 견딜 수 없었다. 뭔가 가슴속이 후련해지는 합법적인 복수수단은 없을까? 노심초사하던 아랫집 주인은 어느 날 '탁' 하고 무릎을 쳤다. 좋은 생각이 떠오른 것이다.

아랫집 주인은 즉각 목수를 불러 위의 집 부지와 경계선에 목욕탕을 만들었다. 그리고 일부러 굴뚝 입구를 위의 집을 향하게 했다. 연기는 위의 집으로 꼭 맞게 들어가주었다. 단연코 복수의 효과가 있었다. 더구나 위의 집 사람들이 식탁에 둘러앉을 때를 겨냥해 더욱더 많은 연료를 썼기 때문에 윗집 안은 온통 연기로 가득했다.

이번에는 위의 집에서 비명을 질렀다. 아랫집 주인은 그 비명소리를 듣고 흐뭇해하며 맥주 거품을 음미했다.

(2) 옆집은 인쇄소

본서의 〈부동산과 동산〉 항목에서 "토지의 소유권은 지상으로 우뚝 솟아 있는 범위의 것"이라고 언급했다. 따라서 아랫집 주인은 자신의 부지 안이라면 어디에 굴뚝을 설치하든, 그 굴뚝이 어느 방향으로 향하든, 굴뚝 높이가 토지 관계상 자신의 부지 안이든 훨씬 더 높든, 굴뚝에 어떤 석탄을 때든, 저녁 무렵에 때든, 아침 일찍 때든, 굴뚝에서 매연이 나오든, 석탄으로 끓인 목욕물로 목욕을 하든, 모두 아랫집 주인의 자유라고 생각하겠지만 과연 그럴까?

이웃끼리 싸움을 하는 원인 중 이런 경우가 적지 않다. 이웃집과의 경계선에 말라죽을 걸 빤히 알면서도 국화를 심는다거나, 옆집의 식사시간을 겨냥해 참을 수 없을 만큼 냄새가 고약한 비료를 뿌린다거나, 인쇄소라면 지독한 소음으로 집이 흔들릴 만큼 진동을 일으키는 등 끝없이 열거할 수 있다.

국화에 비료를 주는 일이 특별하지 않듯이 인쇄소에서 소리가 나는 것 또한 당연하다. 전혀 이상할 게 없다. 비료를 주는 때도 저녁 무렵도 안 되고 아침은 더욱 안 된다는 식의 법률도 규칙도 없다. 언제 주든지 모두 자기 마음이다. 말하자면 옆집이 식사를 하는 시간이든, 잠자는 시간이든 문제가 되지 않는다. 인쇄소도 원래 소리 나는 기계로 일하는 곳이므로 소음이 나도 관계는 없다. 기계를 설치한 장소가 나빠서 옆집이 진동을 느끼든, 기름을 절약하기 위해 소리를 크게 하든, 야간작업을 하든, 아침 일찍부터 일을 하든, 전혀 관계가 없다. 하지만 진정 그럴까?

(3) 도둑의 효용과 아코 47사四十七士

우리 사회 전체를 보면 완전히 생존경쟁의 살풍경한 세상이다. 신문의 사회면은 거의 매일 폭력적인 칼싸움을 비롯해 강도, 방화, 도난, 사기, 강간, 도산, 파업, 노사분규 등으로 장식되고 있다. 아무리 겸양의 미덕으로 타인에게 친절하게 대해도, 구세군이 거리에서 쉼 없이 북을 두드려도, 스님이 라디오나 TV에서 불특정 다수에게 설교를 해도 세상은 항상 소란스럽다.

하지만 아무리 소란스런 세상이라도 마이너스 면만 있는 건 아니다. 도둑이 나쁜 것은 말할 필요도 없지만, 그렇다고 도둑에게 좋은 점이라곤 전혀 없다고 말할 수는 없다.

"태어난 곳은 도슈 하마마츠, 열네 살 때 부모님 곁을 떠났고, 생업은 도둑. 비교할 수 없을 정도로 뛰어난 밤일. 훔치기는 하지만 극악무도한 짓은 하지 않아."

이와 같은 도둑이야기는 그 유명한 영화 〈5인의 도둑〉[113]이나 연극 〈삼인의 기치사三人吉三〉[114]에도 없고, 도둑이 좋았던 가와다케 모쿠아미[115]조차 명함도 내밀지 못할 것이다.

아코 47사[116]가 명성을 떨친 것도 기라 고츠케라는 비열한 악당이 있었기 때문이

---

113) 1960년 도쿄영화사에서 제작한 시대극 코미디
114) 가부키 세화물(世話物) 제7막. 가와다케 모쿠아미(河竹黙阿弥) 작. 오쇼 기치사(和尚吉三)・오보 기치사(お坊吉三)・오죠 기치사(お嬢吉三)라는 세 명의 기치사(吉三)가 인과응보로 백냥의 돈과 단도를 둘러싸고 서로를 찌르며 죽을 때까지를 묘사했다.
115) 1816~1893년. 에도 말기, 메이지 초기의 가부키 극작가.
116) 겐로쿠(元禄) 15년 12월 14일(1703년 1월 30일), 주군 하리마 아코(播磨赤穂)의 모욕을 씻어주기 위해 기라 고츠케를 습격한 아코의 47인의 가신은 다음해 2월 4일 막부의 명령으로 할복, 천악사(泉岳寺)에 매장되었다. 습격 도중 데라사카 키치에몬(寺坂吉右衛門)의 모

다. 기라 고츠케가 없었다면 오오이시 요시오大石良雄117)는 평생 쓸모없는 사람으로 끝났을지도 모른다.

하물며 충신장忠臣藏118)은 연극, 영화, TV 관계자, 나니와부시浪花節119), 강석사講釋師 등의 관계자들에게는 흥행가치 100퍼센트이므로 '이세伊勢에 7번, 노아能野에 3번 여행'이라는 비율로 천악사泉岳寺를 참배하면서 가끔은 기라 고츠케의 묘에도 싸구려 향 한 개 정도는 분향하는 아량을 베풀면 좋지 않을까?

(4) 나와 타인

이처럼 세상에는 반드시 악인이라고 할 수 없는 악인도 있고, 반드시 선인이라고 할 수 없는 선인도 있다. 또한 악의 원인은 항상 악의 결과를 가져오지 않으며 선의 원인은 항상 선을 동반하지 않는다는 실로 이상한 논리가 전개된다.

생존경쟁의 긍정적 부분으로만 사회가 진행된다면 강한 자는 점점 더 날뛰고, 약한 자는 설 자리가 없어지게 된다. 그렇다고 뭐든지 공평하고 평등하다면 게으른 자는 즐겁겠지만 열심히 일하는 사람이나 강한 사람은 불합리하다고 느낄 것이다. 법률이 고민하는 것도 도라야키120)처럼 널빤지 사이에 낀 것 같은 이런 모순이다. 따라서 법률가에게는 이런 모순을 조화롭게 하려는 노력이 필요하다.

"오, 나의 형제여. 그대들에게 선전하는 새 법칙을 보라. 연민은 모든 사물을 멸망시킨다. 그대들이여, 냉혹해져라."

이렇게 '전戰의 철학'을 설파한 니체 같은 사람만 있다면 세상은 견딜 수 없을 만큼 고통스러울 것이다.

"그대의 적을 사랑하라. 왼쪽 뺨을 때리면 오른쪽 뺨도 내밀어라."

습이 사라졌기 때문에 46사(四十六士)라고도 부른다.
117) 하리마 아코의 가신
118) 조루리, 가부키, 강담 등에서 아코(赤穗) 47사를 주제로 한 것
119) 에도시대 말기 제문 등에 영향을 받아 오사카에서 성립, 사미센 반주로 혼자 연기한다. 군담(軍談), 강석(講秋) 등 의리와 인정을 테마로 한 것이 많다.
120) 원형으로 구운 밀가루를 두 장 겹쳐 그 사이에 팥을 넣은 일본과자

이렇게 말한 예수 그리스도나 무저항주의를 제창한 레오 톨스토이 같은 사람만 있어도 현실 문제를 풀어가는 과정인 인간생활은 성립하지 않을 것이다.

구라타 하구죠倉田百三[121]가 젊은 시절에 저술한 ≪출가와 그의 제자≫라는 책에는 이전에 무사였던 자에몬이라는 남자가 등장한다. 그는 아내에게 이렇게 말한다.

"남과 싸우지 않고 먹으려면 걸식하는 방법밖에 없다. 세상을 아는 인간이라면 걸식은 가장 기분 좋은 삶의 방식일 것이다. 하지만 지독한 인간에게 마치 개에게 먹이를 던져주는 듯한 동정어린 시선을 받으며 얻어먹는 음식으로 살아간다는 건 끔찍하다."

이런 말도 한다.

"난 마음이 너무 약해. 내가 더욱 빈곤해진 이유도 그 사람이 왔기 때문이야."

"세상 물정을 모르는 무사가 과연! 이라고 생각하더니 손해 보는 장사만 하고, 토지를 빼앗기고, 돈을 빌려주고는 받지도 못하고, 절박한 인간의 애원을 들어주다가 결국은 자신도 악당이 되겠다고 각오했다"는 내용도 있다. 그렇다. 나쁜 일을 당해도 그저 싱글벙글한다면 이 세상에서 정말로 걸식할 각오를 한 것이다.

물론 세상에 선인만 있으면 좋겠지만 악당도 상상을 초월한 곳에서는 존재가치가 있다고 생각한다. 사랑의 철학이 필요하듯 투쟁의 철학도 필요하다. 요컨대 생존경쟁이 필요한 동시에 공생공존도 필요하다. 즉 이들의 조화가 필요하다.

어느 토지소유자가 자기 토지를 이용하기 위해 자연적으로 배출되는 매연, 악취, 소음, 진동을 방치한다면 주변 사람들은 싫어도 참아야 한다. 앞집에 2층 건물이 들어서서 채광이 나빠지더라도 인내해야 하는 것이다.

그런데 단지 자신의 토지를 자기 마음대로 이용한다고 해도, 식물에 비료를 꼭 주어야 한다고 해도, 또는 인쇄소나 양철집은 당연히 소음을 내는 장사라 해도, 필요 이상으로 타인에게 고통이나 혐오감을 주어서는 안 된다는 것은 두말할 필요도 없다. 또한 아무리 권리가 있다고 해도 인근 사람들에게 지나친 폐를 끼친다면 그 행

---

[121] 1891~1943년. 극작가. 평론가. 히로시마 태생. 평론집 ≪사랑과 인식의 출발(愛と認識との出発)≫ 희곡 〈출가와 그의 제자(出家とその弟子)〉 〈슌칸(俊寛)〉 〈후세태자의 입산(布施太子の入山)〉 등이 있다.

위는 권리의 남용이다.

최근에 일조권日照權이라는 말을 종종 들었을 것이다. 자신의 권리와 타인의 권리가 충돌하는 것을 조정하기 위한 전형적인 예다. 일본은 좁고 토지는 비싸다. 점점 건물 높이가 높아지고 있는데, 한편에서는 불평이 쏟아진다. 이전부터 그곳에서 살아오던 사람들은 채광도 안 좋고 바람도 안 통한다고 불평하며 건축을 못하게 소란을 피운다. "태양 도둑은 용서할 수 없다"는 벽보를 여기저기 붙이기도 한다.

하지만 문명이란 대체로 자연 환경을 파괴하고 그 희생 위에 만들어진다. 타인의 생활도 그렇다. 일조도 주거도 바뀐 환경에 따라야 하는 이상, 불편하지만 조금은 인내해야 한다. 사회통념상 이 정도는 인내해야 한다고 생각되는 일은 참아야 한다. 그것을 '수인한도受忍限度'라고 한다. 이 수인한도를 넘은 일조 침해는 권리남용이라 하여 불법행위에 해당된다.

부모가 자식을 꾸짖는 정도

법률이 권리를 보호하는 이유는 사람들의 행복을 위해 필요하기 때문이다. 권리행사가 오히려 타인의 행복을 깨뜨린다면 그 권리를 인정하는 법률의 취지를 무시하는 행위다. 따라서 권리행사에도 정도가 있다.

예를 들면 부모가 자식을 교육시키기 위해서는 법률상 어느 정도까지는 엄하게 징계할 수 있다. 하지만 정도를 넘어서는 안 된다. 엄하게 징계하는 것은 어디까지나 미성년자인 자녀의 교육 때문이지 아이를 괴롭히기 위해서가 아니다. 역효과를 낳는다면 꾸중할 이유가 없어진다.

그런 이유로 앞서 벼랑 위의 집에 대한 벼랑 아래 집주인의 행위는 권리남용으로써 용서받을 수 없다. 자신에게 필요하지도 않은데 단지 다른 사람을 괴롭히기 위한 행위이기 때문이다. 자신에게는 전혀 이익이 없는데 화가 난다고 고의적으로 옆집 사람을 괴롭히거나 터무니없이 높은 담을 쌓아 타인의 채광을 방해해도 권리남용이다.

토지소유권을 사용할 때 본래의 목적에서 벗어나 사회통념상 부당한 결과를 초래한다면 법률은 허락하지 않는다. "권리를 행사하는 사람은 악행을 저지르지 않는다"는 속담이 있지만, 공서양속公序良俗을 위반하는 권리행사는 잘못된 것이다.

따라서 민법은 제1조에 "사권私權은 공공의 복지에 따른다", "권리남용은 허락하지 않는다"고 되어 있다. 이것은 쇼와 22(1947)년 민법 대개정 때 추가된 조문이다. 권리행사를 남용했다고 인정될 경우에는 그 불법행위로 인해 타인에게 끼친 손해를 배상해야 한다. 이런 조문은 민법에 추가되기 이전부터 이미 학설이나 판례로 인정되어왔다. 한 예로 신겐 하타카케노 마츠信玄旗かけの松 사건[122)]이 있다.

기차의 매연 때문에 나무가 시들었다면 권리침해다

국철이 아직 철도성이었던 시절, 역에 인접한 선로에서 불과 몇 걸음 거리에 소나무를 갖고 있는 사람이 있었다. 그런데 그 소나무가 기차의 매연 때문에 말라죽고 말았다. 그 소나무는 일반 소나무와 달랐다. 그 옛날 다케다 신겐武田信玄[123)]이 깃발

---

122) 다케다 신겐이 군기(軍旗)를 세웠다는 유서에서 하타카케노 마츠라는 이름을 갖게 된 소나무. 메이지 37(1905)년 중앙선이 개통된 뒤 히노하루(日野春)역 옆에 있던 이 소나무는 기차의 매연, 증기, 진동으로 말라죽고 말았다. 이 일에 대해 다이쇼 6(1918)년, 기요미즈 린시케(淸水倫茂)가 국가(철도성)를 상대로 손해배상청구소송을 했다. 이 사건은 일본 최초의 공해재판판례로서도 유명하다.

을 세웠다는 유서 깊은 소나무였다.

기차가 매연을 내뿜는 것은 당연하다. 일부러 소나무 있는 데까지 가서 매연을 토하는 것도 아니고 정해진 선로를 그냥 재미없이 왕복할 뿐인데, 그 때문에 소나무가 말라죽었다고 어쩔 수 있는가. 철도성은 신경 쓸 필요가 없다. 오히려 선로에 인접해 있는 소나무가 나쁘다. 일본 국민이 그런 일로 일일이 불평을 하기 시작하면 철도성 직원만 실직당할 뿐이다.

이 사건에 대해 대심원은 다음과 같은 판결을 내렸다.

조금 긴 문장이긴 하지만 권리의 남용이라는 중요한 문제가 소개되어 있으므로 법률 책을 읽으려는 특별한 생각이 있는 사람이라면 문장이 낡고 귀찮더라도 부디 읽어주었으면 한다. 분명 권리가 기뻐할 것이다.

"(전략) 권리행사라 해도 그것은 법률이 인정하는 적당한 범위 내에서 하는 일을 필요로 한다. 권리를 행사하는 경우, 고의 또는 과실로 그 적당한 범위를 벗어나 부당한 방법을 행사하여 타인의 권리를 침해했을 때는 침해의 정도에 따라 불법행위가 성립된다. 이는 당원 판례에서도 인정하는 바다."

그렇다면 적당한 범위란 어느 정도인가? 사회의 공동생활에서 한 사람의 행위가 다른 사람에게 불이익을 미치는 일은 피할 수 없을 것이다. 그 경우 항상 권리침해라고는 할 수 없다. 그러나 그 행위가 사회통념상 피해자에게 용인받을 수 없거나, 일반상식으로 용인받을 수 없는 정도를 넘어섰을 때는 불법행위라고 해석하는 것이 타당하다.

기차 운행은 음향과 진동이 불가피하고 연료가 석탄이므로 매연이 나오는 것은 아무리 주의를 해도 어쩔 수 없다. 철도가 없어서는 안 되는 교통기관으로 인정받는 이상, 선로 부근의 주민은 이를 인정하지 않으면 안 된다. 즉 이것은 권리행사의 적

---

123) 1521~1573년. 전국시대의 무장. 본명은 하루노부(晴信). 신겐(信玄)은 법명. 아버지 노부토라(信虎)를 폐하고 가이(甲斐)를 수호한다. 시나노 이치엔(信濃一円)을 제압한 뒤 여러 번에 걸친 가와나카지마(川中島) 전투에서 우에스키 겐신(上杉謙信)과 대립. 교토 진출을 위한 미카타가하라(三方ヶ原) 전투에서 도쿠가와 이에야스를 격파, 미카와(三河: 현재의 아이치(愛知) 현)까지 진출했지만 진중에서 병사했다. '신겐가법(信玄家法)'을 제정, '신겐제(信玄堤)'라는 이름으로 알려진 치수공사 등 영토 경영에도 전력을 기울였다.

당한 범위에 속한다. 주민에게 해를 입히는 일이 있어도 불법으로 권리를 침해한 것이 아니기 때문에 불법행사가 아니다. 따라서 기차 운행 중 부근의 초목 등에 날아갈 수밖에 없는 매연에 피해를 입었다 해도 피해자는 그 배상을 청구할 수 없다.

사리에 맞는 명판결

하지만 기차를 운전할 때 적당한 권리행사의 범위를 벗어나 부당한 방법으로 피해를 입혔을 경우에는 불법적인 권리침해. 배상책임을 면할 수 없다.

원심이 인정한 사실에 따르면, 본건의 소나무는 역에 인접한 선로에서 불과 몇 걸음 안 되는 곳에 있고, 가지는 선로 방향으로 뻗어 있어서 매연에 노출되었기 때문에 말라죽는 피해를 입었다. 하지만 매연방지 설비를 할 수도 있었다. 이것도 선로를 따라 심어진 수목이 기차가 내뿜는 매연에 항상 피해를 입는다는 사실과 동일하게 논의되어야 한다.

따라서 본건의 소나무는 선로를 따라 심어진 수목보다 더 많은 매연의 피해를 받아야 하는 위치에 있고, 더구나 피해방지 방법이 없었던 것도 아닌데 철도성이 매연예방 대책도 없이 매연에 방치한 결과 말라죽은 것은 철도성의 과실이다. 즉 이것은 권리남용이다. 따라서 철도성은 그 피해를 지불하라는 사리에 맞는 명판결이 내려졌다.

이 권리의 남용 문제는 도덕과 법률이 접목된 경우라는 것을 덧붙이면서 이제 그만 이 항목을 덮겠다.

9. 허위의 법률론

나와 나가토시와 마부소년

허풍쟁이 뮨히하우젠 남작[124]의 거짓말처럼 사람들을 즐겁게 해주는 죄 없는 거짓말도 있는 반면, 사람을 함정에 빠뜨리는 더러운 거짓말도 있다. 그런데 이 '거짓'이란 녀석을 법률 세계로 가져오면 놀음판에서 돈을 빌려주고 자릿세 뜯어먹는 녀석으로 취급당할까? 거짓말이 나오면 말馬이야기도 따라 나온다.

이야기는 남조南朝의 충신 나와 나가토시名和長年가 소년시절에 겪었던 일이다. 어느 날, 나가토시는 아버지의 명령으로 멀리까지 심부름을 갔다. 당시 나가토시의 아버지는 소위 시골의 향사鄕士[125]였다. 물론 유복한 생활일 리 없기 때문에 나가토시는 말도 타지 못하고 친구도 없이 홀로 시골길을 터벅터벅 걷고 있었다.

무가의 집에서 자란 그였지만 아침부터 먼 길을 걸어왔기 때문에 지치기 시작했다. 때마침 맞은편에서 마부 산키치三吉[126] 같은 소년이 "비탈길은 반짝반짝 스즈카는 흐릿흐릿 / 아이노 츠치야마[127]에는 비가 내리네" 하고 낭랑한 목소리로 노래를 부르며 다가왔다.

그것을 본 나가토시, 말을 타고 싶었지만 여하튼 가난한 향사 아들의 서러움, 돈이 없다. 돈을 안 내고 말을 탈 수 있는 방법은 없을까? 묘책이 하나 떠올랐다. 나가토시는 마부소년을 불러 세웠다.

가난해도 향사의 아들, 근처에서 나가토시를 모르는 사람은 없었다. 나가토시는 정중히 자그마한 마부소년에게 말을 걸었다. 이것을 현대어로 표현하면, "너, 우리

---

124) ≪허풍쟁이 남작의 모험≫의 주인공을 가리키지만 가공의 인물은 아니다. 18세기 독일의 귀족 뮨히하우젠 남작 칼프리드릭, 히에로, 뉴움스가 자신의 모험담이라며 주위사람들에게 말한 허풍이야기가 이 소설의 원형이다.

125) 옛날 농촌에 정착한 무사

126) 조루리의 〈단파여작대야의 소실절(丹波与作待夜の小室節)〉과 〈사랑하는 아내 소메와케 다즈나(恋女房染分手綱)〉에 나오는 마부소년

127) 지금의 시가 현 고카 시

집까지 말을 태워주지 않을래? 지금은 돈이 없거든. 그 대신 우리 집 앞에 있는 소나무, 너도 잘 알지? 그 중에서 가장 큰 소나무 한 그루를 네게 줄게. 그러니까 말 좀 태워줘. 난 지금 무척 지쳤어."

사실은 엉터리 거짓말이었다. 처음부터 삯으로 소나무를 주겠다는 생각은 털끝만큼도 없었다. 평소 아버지에게 병법을 배워두었던 만큼 그 전략을 이용했을 뿐이다. 그런데 마부소년, 계략인 줄 까맣게 모르고 단숨에 진심으로 받아들여버렸다. 말 위에 앉은 나가토시, 기분 좋은 듯 꾸벅꾸벅 졸았다. 오키 나라의 봄은 특히 더 화창했다. 하늘에서는 종달새가 지저귀고 있었다.

그로부터 2~3년이 흘렀다. 어느 날 커다란 톱을 짊어진 마부소년이 초라한 차림으로 나가토시의 집을 찾아왔다. 옆에는 아버지인 듯 건장한 남자가 서 있었다.

"약속한 소나무를 받으러 왔습니다."

논어와 병법으로 가득 찬 나가토시의 머릿속에 몇 년 전 그 일이 떠올랐다.

"그거? 거짓말이었어. 진심으로 한 약속이 아니야."

나가토시가 솔직하게 말했지만 마부소년 쪽에서는 용납하지 않았다.

"그쪽은 거짓말일지 모르지만 이쪽은 진심으로 받아들였어. 핑계대지 말고 주란 말이야."

낡아 퇴색한 바지를 입은 마부소년은 가장 큰 소나무 아래 털썩 주저앉았.

그때 장지문 뒤에서 이 말을 듣고 있던 나가토시의 아버지가 모습을 드러냈다. 그리고 원하는 대로 소나무를 잘라가도 좋다고 말했다. 마부소년은 기쁜 듯 야스기부시 安來節(민요)128)인지 뭔지를 흥얼거리며 소나무를 잘라 자랑스럽게 돌아갔다.

얼마 후 얼굴이 새빨개져 아버지 방에서 나온 나가토시의 모습이 보였다.

이야기는 끝났지만 이것을 현대 법률로 보면 과연 소나무를 넘겨야 했을까?

지금부터 이 핵심 부분을 말하겠다.

---

128) 야스기 지방의 민요. 술자리에서 불리는 경쾌한 노래

(1) 혼자서 한 거짓말

"의사표시意思表示는 표의자表意者가 진의眞意 아닌 줄 알면서 행해도 그 효력이 있다"고 민법 제95조에 규정되어 있다. 표의자란 의사표시를 한 사람이고, 진의가 아니라는 말은 "거짓인 줄 알면서도"이다. 즉 어떤 의사표시를 한 사람이 "거짓말인 줄 알면서 거짓말한 거야"라고 스스로 말해도 법률상 효과는 있다는 뜻이다.

타인에게 시계를 주겠다, 돈을 주겠다고 터무니없는 거짓말을 한 뒤, 거짓말이었기 때문에 주지 않아도 된다고 말해도 소용이 없다. 역시 주지 않으면 안 된다.

더욱이 같은 조항의 단서에는 "단지 상대방이 표의자의 의사를 알고, 또한 일실이익逸失利益129)일 경우에는 그 의사표시는 무효로 한다"고 친절하게 덧붙여 있다. 그러나 거짓말을 듣는 사람이 "이 녀석, 거짓말을 하고 있군" 하면서 거짓말인 줄 알고 있거나, 거짓말을 하고 있다는 것을 상대방이 알아야 하는 경우라면 그 거짓말은 법률상 효력이 없다는 것이다.

거짓말을 하고 있다는 것을 상대방이 알아야 하는 경우란 "소쿠리로 고래를 잡아왔다"는 옛날이야기에도 있듯이, 바보 멍청이가 아닌 이상 일반인이 조금만 주의를 기울이면 "그 말은 거짓말이다"는 사실을 깨닫게 된다.

① 나가토시는 소나무를 꼭 건네주어야 할까?

다시 나가토시의 이야기로 가보자. "소나무를 주겠다"는 그의 거짓말을 상대인 마부소년이 알았을 경우는 더 이상 문제가 없다. 그것으로 끝이다. 하지만 만약 거짓말이라는 것을 모르고 진심으로 받아들였다면 삯 대신 소나무를 주겠다는 계약은 성립된다.

"미비한 삯 대신 소나무 한 그루를 준다는 것은 누구도 상식적으로 받아들일 수 없다"는 사회적 통념이 당시에 있었다면 설령 마부소년 혼자서만 진심으로 받아들였다고 해도 법률상 효력은 발생하지 않는다.

예를 들면 "이 편지를 우체통에 넣어주겠니? 그 댓가로 백만 엔을 줄게"라고 말

---

129) 사고를 당하지 않았더라면 당연히 벌 수 있었던 수입

한 사람이 있다고 하자. 현대의 사회통념상 보통의 사람들이라면 누구든 거짓말이라는 사실을 깨달을 것이다. 설령 정말로 받아들여 친절하게 우체통에 넣고는 백만 엔 달라는 한심한 녀석까지 법률은 보호해주지 않는다. "우체통에 넣고 왔으니까 약속대로 백만 엔 달란 말이야"하고 청구해봐야 소용없다.

그렇다면 나가토시의 경우도 소나무를 줄 필요가 없게 된다. 누구나 거짓말이라는 것을 금방 알 수 있는데 정말로 받아들인 마부소년이 어리석은 것 아닌가? 이런 민법 제93조의 규정을 학문상 '심리유보心裡留保'라고 한다. 즉 심리 뒤에 숨은 진의가 있는 경우다.

② 나가토시 이야기에서 남겨진 문제

나가토시 이야기를 현대 법률에 비추어보면 문제는 아직 많다.

가장 먼저, 두 사람 모두 소년이기 때문에 법률행위를 하려면 법정대리인의 동의를 얻어야 한다. 하지만 마부소년은 마부라는 영업을 허락받고 하므로 그 영업범위 내에서 삯을 받는 것은 당연하다. 삯을 돈 대신 소나무로 받는다는 계약도 역시 영업범위 이내로 보아야 하기 때문에 마부소년이 미성년자라도 법률행위는 가능하다. 이것은 이미 본서의 〈미성년자〉 부분에서 설명한 대로다.

나가토시 또한 미성년자지만 삯은 처분을 허락받은 용돈으로 하기 때문에 아무 상관이 없다. 하지만 처분을 허락받지 못한 소나무를 주겠다는 약속은 설령 나가토시의 소유라도 친권자의 동의 없이 한 약속이므로 취소할 수 있다. 게다가 만약 나가토시가 한 사람의 어른이라고 해도 그 삯은 지불하지 않아도 된다. 왜냐하면 노동자의 임금채권은 불과 1년으로 소멸시효가 끝나기 때문이다(민법 제174조)

마부소년이 들으면 필시 분하고 원통하겠지만 사건이 2~3년이 지난 지금 임금채권의 시효는 이미 소멸되었다. 따라서 나가토시는 소나무를 건넬 필요가 전혀 없다. 즉 현대의 소송으로 말하면 원고패소다. 재판소는 "원고의 청구를 기각한다", "소송비용은 원고의 부담으로 한다"는 판결을 내릴 것이다.

말해두지만 필자는 나가토시에게 변호를 의뢰받은 것도 아니고, 그의 후예도 아니다. 단지 법률적 입장에서 순수하게 말하는 것뿐이다. 만약 나가토시의 아버지가 의

지도 없고, 이익을 위해서라면 친구도 팔고, 부모도 팔고, 탐욕을 일삼고, 담배꽁초 버리듯 의리도 인정도 하찮게 생각하는 미덥지 못한 인간이었다면 어땠을까? 분명 문제의 소나무는 장작이 될 운명에서 비껴나 소년 나가토시와 함께 번창하여 천고의 신록을 자랑하겠지만 역사상 찬란하게 빛나는 남조의 충신, 야마가게山陰[130]의 열혈남 나와 나가토시는 볼 수 없었을 것이다.

(2) 서로 짜고 한 거짓말

둘이 공모한 뒤 세상 사람들에게 거짓말을 하는 경우가 있다. 이것을 통모허위표시通謀虛僞表示라고 한다. 민법 제94조는 다음과 같이 규정한다.

"상대방에게 통보하지 않고 한 허위 의사표시는 무효로 한다."

이것은 상대방과 통모한 뒤 거짓의 의사표시를 하는 일이다. 예를 들면 채무자 A가 채권자로부터 압류를 받을 거라는 이유로 친구인 B와 통모하여 실제로 판 것도 아닌데 채무자 A의 재산을 표면상 매매한 형태로 소유명의를 B에게 옮겨두었다. 그런 뒤 채권자가 압류를 행사해오면 "그 재산은 내 것이 아니야. B의 재산이야. 압류할 수 없어"라고 일축하는 경우다.

이처럼 채무자 A와 친구 B의 통모에 의한 가장매매假裝賣買가 여기서 말하는 허위 의사표시다. 이것을 법률은 어떻게 취급할까? 위의 예로 말하자면 채무자 A와 친구 B 사이에는 법률상 효력이 전혀 발생하지 않는다. 당연한 일이다. 거짓이라는 사실을 서로 알면서 표면상으로만 한 일이기 때문이다.

그렇다면 제3자에 대해서는 어떨까? 법률은 "전항前項의 의사표시의 무효를 가지고 선의善意의 제3자에게 대항하는 일을 할 수 없다"고 단서를 확실하게 달아놓았다. 본래 무효한 행위를 가지고 제3자에게는 왜 할 수 없다는 것일까? 그것은 제3자 측에서 보면 허위의 의사표시인지 정말인지 알 수가 없기 때문에 보통 제3자는 정말로 믿어버린다. 그렇게 믿었다고 해서 이상할 것도 책임져야 할 과실도 없기 때문이다.

---

130) 쥬고쿠 산맥의 북쪽

① 세상의 선의와 법률의 선의

따라서 제3자는 선의가 아니면 안 된다. 선의라는 말은 항간에서도 종종 사용하지만 법률상의 선의와는 의미가 조금 다르다. 이 기회에 명확하게 해두자. 항간에서 선의라고 말할 때는 그 사람을 위해 선이라고 생각해서 하는 경우다.

예를 들면 이곳에 환자가 있다. 친구가 병문안 와서 "이 병은 차갑게 하는 게 좋아. 차갑게 하는 게 최고야"라고 환자의 몸을 생각해서 말했다. 지푸라기라도 잡고 싶은 심정인 마음 약한 환자는 즉시 그대로 해보았지만 결과는 최악이었다.

그때 친구가 말했다.

"미안해. 안타깝게 되었지만, 난 나쁜 의도로 말했던 게 아냐. 선의였어."

반면 법률상의 선의는 그런 게 아니다. 의사표시가 채무자와 B가 통모한 허위의사표시였다는 것을 몰랐던 일을 가리킨다. 반대로 만약 통모한 사실을 알고 있었다면 그것은 '악의'라고 한다. 선의의 제3자란 허위의사표시를 몰랐던 제3자다. "대항하는 일을 할 수 없다"는 말은 통모한 채무자 A와 B가 제3자에게 "그것은 통모허위의사표시였기 때문에 무효다"라고 주장할 수 없다는 말이다. 유효로 보든, 무효로 보든, 제3자 마음인 것이다.

② 압류막이 주술은 가능할까?

재미있는 이야기가 있다. 앞의 예로 말하자면 채무자 A는 채권자의 압류가 두려워 수단 좋게 친구인 B에게 표면상 재산을 양도해두었다.

하지만 예상과는 반대로 아무리 기다려도 채권자로부터 압류는 들어오지 않았다. 그런데 적은 생각지도 않은 곳에 있었다. 친구인 B의 채권자가 B에게 압류를 행사해온 것이다.

B 따위에게는 정말 재산이 없을 거라고 생각했는데 놀랍게도 재산이 있었다. 충분히 있을 수 있는 일이다. 표면상 채무자 A의 재산이 B의 명의로 되어 있기 때문이다. 기뻐한 사람은 B의 채권자. 모조리 압류했다.

곤란한 사람은 A. B와 가장매매를 했기 때문에 압류당하지 않아도 되는 재산을 송두리째 압류당했다. 하지만 B의 채권자는 선의였으므로 이제 와서 B와 A가 가장 매매였다고 말해보았자 그 주장은 제94조의 단서로 통용되지 않는다.

사실 이런 일은 세간에 얼마든지 있는 흔해빠진 이야기다. 양쪽 모두에게 좋은 방법이란 서로 모른 체 외면하는 정도다.

10. 착각의 법률론

고리대금인 줄 모르고 돈을 빌린 경우

아주 절친한 친구가 급한 걸음으로 갑을 찾아왔다. 친구는 뭔가 말 못할 사정이 있는 듯 머뭇거렸다. 처음에는 다다미에 납작 엎드려 벌레라도 잡을 것 같은 태도였지만 다다미벌레는 중학생 여드름과 달리 그렇게 많이 있는 게 아니다. 이번에는 쓸데없이 차만 벌컥벌컥 마신다. 갑은 친구가 설사라도 하지 않을까 걱정하는데, 그는 마치 '기요미즈淸水의 무대에서 뛰어내리듯[131]' 용기 내어 말했다.

"어떤 사람에게 급전을 좀 빌리려고 하는데, 괜찮다면 보증인이 되어주지 않을래?"

친구는 돈을 빌릴 사람이 꽤 친절하더라고 덧붙였다.

"우리가 아는 못된 고리대금업자가 아냐. 그 사람, 아주 좋은 사람이야. 그러니까 염려 마."

갑은 이렇게까지 당부하는 친구의 급한 처지를 이해하여 마지못해 승락하고 차용증서에 인감을 떡하니 찍어주었다. 그런데 모든 것이 착각이었다. 조사해보니 친구가 돈을 빌리려는 그 사람은 고리대금업자 중에서도 악질이었으며, 천하에 둘도없는 고리대금업자였다. 그런 인간이라는 사실을 친구는 물론 석가모니 부처님도 까맣게 몰랐다는 것이다.

보증인이 된 갑의 심리상태를 분석하면, 승낙은 했지만 친구가 돈을 빌리는 데가 고리대금업자는 아니라고 믿고 싶었다. 갑은 비교적 냉정하게 타인을 대하는 사람이

---

131) 과감하게 큰 결단을 내리는 것에 비유

었기에 처음부터 고리대금업자라는 사실을 알았다면 석가모니 부처님이 초콜릿상자를 들고 와서 고개 숙여 부탁하더라도 확실하게 "노"라고 거절했을 것이다. 즉 빌려주는 사람이 고리대금업자인데도 갑은 고리대금업자가 아니라고 믿고 싶었던 것이다. 문제는 여기에 있다.

이것은 민법 제95조와 관계가 있다. 동조同條에는 "의사표시가 법률행위의 요소에 착오가 있을 때는 무효다"라고 되어 있으므로, 보증인이 된 갑의 착오가 법률행위의 요소이기 때문에 그 보증계약은 무효라고 할 수 있다.

이 '착오'와 '법률행위의 요소'라는 점에 대해 좀 더 자세하게 설명하면서 앞의 문제를 해결해보자.

베이스볼과 민스볼

전혀 모른 상태에서 본의 아니게 의사표시를 하는 것이 '착오錯誤'다. 표시내용과 자신의 마음속 의사가 일치하지 않고, 더구나 표의자 자신이 전혀 모르고 있는 경우다.

예를 들면 베이스볼과 민스볼[132]이 같은 거라고 믿고 양식당에서 민스볼을 주문해야 하는데 베이스볼이라고 말하는 경우다. 말하자면 착각이다.

베이스볼은 야구, 민스볼은 양식 이름이라는 것을 확실히 알고 있으면서도 예쁜 종업원에게 반해 무심결에 민스볼을 베이스볼이라고 잘못 말하는 일도 있다. 잘못 말하거나 잘못 쓰는 경우다.

앞의 경우를 '내용의 착오', 뒤의 경우를 '표시의 착오'라고 구분할 수 있다. 표시의 착오에 대해서는 학자들 사이에서도 논란이 많다. 착오란 보통 '내용의 착오'다.

이런 예도 있다. 둘이서 대화를 할 때 말하는 사람은 분명하게 말했지만 듣는 쪽이 잘못 들었을 경우, "나이프 주세요"라고 말했는데 "나이프 빌려주세요"로 잘못 듣고 "예"라고 대답했을 때는 역시 핵심에 착오가 있으므로 그 의사표시는 무효다.

착오 문제는 좀 어렵다. 예를 들어 풀어보기로 하자.

잘못 들은 말

옛 시대의 이야기다. 시간에 맞추어 자동차를 타고 극장으로 직행하는 현대와는 달리 일찌감치 오전 10시 경에 집을 나와 극장 안의 관람석에 달려 있는 운치있는 찻집에서 점잖게 차를 마시며 시간을 소비하고 나서 연극이 시작되면 안내원이 술안주와 도시락을 들고 관람석을 돌아다니던 무렵의 일이다.

그런데 연극을 무척 좋아하는 제국대학의 모 교수가 있었다. 어느 날, 모 교수는 '어십'이라는 전속 찻집에 전화하여 좋은 장소를 예약해달라며 부탁했다. 얼마 후 집에서 한가로이 책을 읽고 있는데 전화벨이 울렸다. 그때 전화를 받은 사람은 먼 친척의 소개로 시골에서 올라와 교수에게서 학업을 배우고 있는 작지만 단단한 체격의 여드름투성이 시골뜨기 서생이었다.

그는 난처한 얼굴로 노 교수 앞으로 걸어와서 공손하게 전했다.

"지금 생선가게에서 전화가 왔는데 최근 고기잡이 불황으로 구지라鯨:くじら(고래)는 없고 가지키かじき(청새치 혹은 참치의 종류)는 있다고 합니다. 중간 크기인데 어떠냐고 합니다."

"구지라는 없지만 가지키는 있다? 그런데 생선가게에서 왜 내게 그런 말을 전하

---

132) 다진 고기에 다진 양파를 섞어 경단처럼 만든 뒤 빵가루를 입혀 기름에 튀긴 요리

는가? 좀 똑똑이 전화를 받고 옮길 수 없겠는가?"

서생은 어쩔 줄 몰라 고개를 깊숙이 숙인 뒤 물러났다. 부인도 하녀도 생선가게에 주문한 일은 없다고 하는데, 또다시 전화벨은 요란하게 울렸다. 난처해진 서생은 식탁에서 일하고 있는 하녀에게 궁여지책으로 부탁한다.

"네가 전화를 받아주지 않을래? 대신 내가 된장을 개어줄 테니까. 난 전화에 약하거든. 무슨 말인지 알아 들을 수가 없어."

이렇게 하녀에게 사정한 뒤 재빨리 무명 하가마[133] 주름을 움켜쥔 채 투박한 손에 절구를 들고 절구통이라도 부수어버릴 듯 집 안에 진동을 일으키며 된장을 개기 시작했다.

가엾게 생각한 하녀는 고개를 갸웃거리며 전화를 받았다. 전화는 생선가게魚屋가 아니고 극장 찻집 '어십魚十'에서 걸려온 전화였다. 내용은 이러했다.

"공교롭게도 우즈라うづら(옛날 극장에서 아래층 양쪽을 높게 만든 관람석)는 없습니다만 사지키さじき(판자를 깔아서 일반 객석보다 조금 높게 만든 관람석)라면 있습니다. 어떻습니까?"

배꼽 빠지게 웃음을 터뜨리는 하녀. 그런 그녀를 곁눈질로 힐끔거리며 서생은 마치 마츠리 때 수레를 끄는 소처럼 재미도 없는 된장을 개고 있었다.

오노 이모코小野妹子에게 청혼

착오의 경우는 법률상의 효력이 발생하지 않는다고 하지만 약간의 오해나 착각까지 싸잡아 모두 효력이 없다고 한다면 세상은 무척 혼란스러워질 것이다. 다시 말해서 세상에는 도시락이라고 착각하여 아내의 베개를 허리에 감고 벚꽃놀이에 갈 정도로 초대형 덜렁이도 있다. 그래서 법률도 "요소要素에 착오가 있을 때" 정도로 한정해서 무효로 하고 있다.

그렇다면 요소란 무엇일까? 화학 시험문제 같다. 학자들이야 제멋대로 이것에 이론을 갖다붙이고 논의하겠지만, 요약하면 "의사표시 중에서 내용의 중요한 부분"이

---

133) 겉에 입는 주름 잡힌 하의

라는 말이다.

그렇다면 하나 물어보자. "내용의 중요한 부분이란 무엇인가?"

가라사대 "착오가 없었다면 그런 의사표시는 하지 않았을 것이라고 본인도 생각하고 세상 사람들도 다 그렇게 생각하는 정도의 부분을 말한다."

그럼 여러 가지 경우를 예로 설명해보자.

역사에 나오는 오노 이모코(小野妹子)[134]라는 인물을 여자로 착각하여 청혼한 우락부락한 털투성이 남자가 있었다. 이런 경우를 학자들은 '목적의 착오'라고 한다.

말할 필요도 없이 법률행위의 요소에 착오가 있었다. 게다가 남자가 청혼하는 상대는 여자여야 하는 것은 당시의 시대상황으로는 불변의 사실인 것이다. 이것은 신화시대부터 지금까지 단 한 번도 바뀐 적이 없는 요소 중에서도 요소, 대요소다. 지당하게도 법률은 사람을 잘못 봐서 혼인이 무효가 되는 일에는 더욱더 신중하게 민법 제742조에서 특별히 규정하고 있다.

다음은 어떤 상품의 위탁판매를 의뢰받았을 때. 다른 상품은 절대 모방할 수 없을 만큼 특색 있는 상품이기 때문에 분명 매상이 엄청날 거라고 믿고 위탁에 응해서 매매계약을 했다. 그런데 듣는 것과 보는 것에는 상당한 차이가 있어서 그 상품에는 아무 특색도 특징도 없다고 한다면 즉시 법률행위의 요소에 착오가 있었다고 말해도 좋다. 따라서 그 계약은 무효다. 이것은 목적의 성질과 상태에 착오가 있었던 경우다.

통로가 있을 거라고 생각하고 택지를 구입했는데 대지(袋地)[135]였다는 것도 '요소의 착오'다. 매매의 목적물에 길이 있는지 없는지는 거래매매계약상 일반적으로 가장 중요한 문제이기 때문이다.

---

[134] 일본 최초의 겐즈이대사(遣隋大使: 야마토 조정이 중국에 파견한 사절). 607년 중국에 건너가 다음해 중국 사절 배세청(裴世清)과 함께 귀국. 같은 해에 또다시 파견되었다.

[135] 타인의 토지로 둘러싸여 도로에 인접하지 못한 토지

서화의 위조품을 진품으로 착각하고 구입했을 때

이 문제는 서화나 골동품 매매 시 종종 발생한다.

"어머, 이거 세키타雪丹, 다케쿠니竹國, 쿠사야마草山, 산요山陽, 가이야海屋, 난슈南州, 동산어물東山御物136)이잖아."

가라사대 국보급 이상이라는 수식어로 무척 소란을 피우지만 여하튼 서화書畫라는 녀석에게는 유사 이래 위조품이 항상 따라다닌다. 마치 공중을 날아다니는 불덩어리와 유령, 혹은 북과 피리 같은 관계랄까.

그런데 위조품이라는 사실을 알고 구입했으면서도 벽에 걸어놓고 "이 서화는 나라시대, 호타이코豊太閤137)가 무라사키 시키부紫式部138)에게 보낸 러브레터야"라는 식으로 터무니없는 말을 억지로 갖다붙여서 어떻게든 진품으로 취급하지 않으면 성이 안 차는 사람이 있다. 왜냐하면 타인의 집에 돈을 빌리러 갈 때는 그 집의 벽에 걸린 족자나 그 집 딸을 칭찬하기 때문이다. 고로 자만심과 종기 부스럼이 없는 인간은 세상에 없는 법이다.

그렇다면 서화를 진품이라고 믿고 구입했는데 위조품이었을 때는 요소에 착오가 있었으니 그 매매를 무효라고 주장할 수 있을까?

다음과 같은 판례가 있다.

"자신이 감식을 잘못하여 위필 서화를 구입했을 때는 행위의 요소에 착오가 있었다고 할 수 없다."

고서화는 위필이 많으며 진위를 가리지 못하는 경우도 적지 않다. 따라서 거래를 할 때도 특히 진필을 거래의 주요 부분으로 하지 않은 한, 진위 여부는 오히려 당사자 각각의 감식에 일임하는 것이 보통이다. 고서화를 매매할 때 당사자가 "이 고서화의 진필은 매매계약상 특히 중요한 부분이다"는 의사표시를 하지 않는 한, 매주買

---

136) 아시카가(足利) 장군가의 역대 수집물. 특히 회화, 묵필, 차 도구 등
137) 도요토미 히데요시(豊臣秀吉)의 경칭
138) 978~1016년. 헤이안(平安) 중기의 여류작가. ≪겐지 이야기(源氏物語)≫ 저술

主(구입자)가 진필이라고 믿고 매매계약을 해도 그것은 단지 법률행위와 관계가 있는 착오일 뿐, 법률행위의 요소의 착오라고는 할 수 없다.

다시 고리대금 문제에 대해

그럼 이상으로 법률행위의 요소의 착오는 대략 알았을 거라고 여기고, 고리대금의 문제로 돌아가보자.

이 문제에 대해서는 착오라고 해서 무효라고 하는 설과 요소의 착오가 아니라는 설이 있다. 보증계약이 유효하다고 주장하는 사람은 "현금소비대차現金消費貸借의 거래관념상 빌려준 사람이 누구인가는 중요하지 않다. 차주借主(빌려쓴 이)가 설령 '갑'에게 빌렸다고 생각할지라도 실제로 '을'이 빌려주었다고 해도 대차貸借인 것은 변함이 없기 때문이다"고 말한다.

고리대금에도 여러 가지가 있다. 일괄적으로 말할 수는 없지만 보통 일반적인 경우, 대주貸主(빌려준 이)가 갑이든 을이든 큰 영향이 없다고 생각해도 괜찮을지 모르지만, 그것이 고리대금이라면 그럴 수는 없다. 보통사람이라고 생각해서 보증을 해주었는데 공공연히 알려진 악명 높은 고리대高利貸, 폭력금융暴力金融의 상습범이었을 경우에는 요소의 착오가 있었기 때문에 무효라고 하는 것이 타당하다. 그런 판례도 있다.

요소에 착오가 있는 경우라도 표의자表意者에게 중대한 과실이 있었을 때는 표의자는 무효를 주장할 수 있다고 되어 있다. 하지만 "조금만 주의를 기울였다면 그런 잘못을 하지 않았을 거야"라고 일반 사람들이 생각할 정도의 주의마저 하지 않고 착오를 범했다면 법률은 그것까지는 돌보지 않는다.

그런 사람을 보호하기보다 오히려 그 상대방을 보호해야 하기 때문이다. 베개와 도시락을 착각한 사람에게 세상 사람들도 "그런 착오는 지극히 당연해. 그럴 수 있는 일이야"라고는 말하지 않는다.

11. 속임수의 법률론

방탕아 스즈키 몬도

여기서 말하려는 사기는 형법상의 사기가 아니다. 징역이나 벌금 등의 형벌에 관한 이야기가 아니라, 사기에 걸렸을 때 민사상 어떤 효력이 있는가를 말하려는 것이다.

스즈키 몬도鈴木主水[139]라는 남자가 있다. 〈야기부시八木節[140]〉도 "꽃이 만발한 아오야마 주변에서 스즈키 몬도라는 사무라이가 아내와의 사이에 태어난 5세, 3세짜리 두 명의 아이와 놀고 있네"라고 노래할 만큼 두 아이도 있는데 워낙 방탕아라 날마다 유곽에서 창녀와 놀기만 했다. 보다 못한 아내가 "내 남편 몬도와 마주 앉을 날은 언제일까?"라고 안타깝게 노래하여 오늘날에도 그의 이름이 남아 있을 정도다.

그런 몬도에게 검이 하나 있었다. 명검이었다. 그런데 악당 곤타權太[141]가 찾아와서 말하기를 "이 검을 나에게 5백 냥에 팔지 않겠는가? 약속하건대 돈은 10일 이내에 반드시 건네줄게. 우선 착수금으로 50냥 두고 간다"고 유혹했다.

최근 돈이 없던 몬도로서는 비록 검이 아깝기는 하지만 그보다 돈이 더 절실하게 필요했다. 더 이상 무엇을 숨길까? 내심 바라던 기회였다. 5백 냥이라는 대금은 복권에 당첨된 것이나 마찬가지였다. 그래서 마음이 바뀔세라 얼른 50냥만 받고 명검을 건네주었다. 하지만 악당 곤타는 단 잔금을 한 푼도 스즈키에게 건네줄 생각이 없었다. 처음부터 사기를 칠 생각이었던 것이다. 가엾은 스즈키 몬도는 사기일 거라곤 까맣게 몰랐다.

그런데 그 검을 기라 고즈케吉良上野[142]에게 가져간 곤타는 자기 집의 가보라고 말하고 백 냥에 팔았다. 곤타는 즉시 그 돈을 물건을 사고 술을 마시는 데 모두 탕

---

[139] 1801년 나이토 신쥬쿠(內藤新宿)라는 역참의 창녀 시라이토(白糸)와의 정사로 동반 자살한 무사. 또는 그 정사사건을 주제로 한 희곡이나 가부키 극
[140] 도치기(栃木) 현 아시가카리(足利市) 시를 중심으로 도치기(栃木), 군마(群馬), 사이타마(埼玉) 3현의 일대에서 불려진 민요
[141] 조루리 '요시츠네 벚꽃 천 그루(義経千本桜)'에 나오는 악역 인물
[142] 1641~1702년. 기라 요시나가(吉良義央)의 본명. 에도 중기 막부의 명문가

진해버렸다. 한편, 스즈키는 곤타가 5백 냥의 돈을 가져오기만을 하루가 천추같이 손꼽아 기다리고 있었다. 방탕아인 그는 5백 냥의 돈으로 요시하라吉原143)에 몇 번이나 갈 수 있을까 부질없이 숫자만 셌다.

아무리 기다려도 곤타에게서는 소식이 없었다. 기다리다 지친 스즈키 몬도는 조사해본 결과 자신이 곤타의 사기에 걸려들어 검을 빼앗겼고, 더구나 곤타는 그 검을 기라 고즈케에게 팔아버렸으며, 현재 검은 기라 고즈케의 집에 있다는 사실을 알게 되었다.

판결은 어떻게 될까?

이것을 법률문제로 보면 스즈키는 검의 회수를 청구할 수 있을까? 스즈키, 곤타, 기라의 관계는 어떻게 될까?

가장 먼저, 스즈키는 곤타의 사기에 걸려들었기 때문에 곤타와의 매매계약은 취소할 수 있다. 곤타에게 검의 회수를 청구할 수 있는 것에는 반론이 없다.

하지만 검은 현재 기라에게 있다. 곤타가 기라에게 다시 구입하여 스즈키에게 돌려주는 의리 있는 사람이라면 문제가 없지만 죽어도 그럴 인간이 아니다. 의리가 있는 사람이었다면 처음부터 교묘하게 사람을 속이지도 않았을 것이다. 악당 곤타에게 그런 희망을 기대하는 것은 불가능하다.

그 대신 곤타에게 손해배상청구 소송은 할 수 있다. 하지만 곤타에게는 돈이 없다. 압류를 해도 재산이 전혀 없을 때는 만사 끝이다.

그렇다면 스즈키는 기라에게 "그 검은 곤타에게 팔았지만 그것은 사기였기 때문에 거래는 취소되었다. 그러니 검은 내꺼야. 그러니까 돌려줘"라고 말할 수 있을까?

두 가지 경우를 생각해볼 수 있다.

한 가지는, 곤타가 사람 좋은 스즈키를 교묘하게 속였다는 사실을 기라가 알고 있는 경우, 즉 법률적으로 말하면 기라에게 악의가 있다. 이때 스즈키는 기라에게 검의 회수청구를 할 수 있다. 왜냐하면 상식적으로 기라의 성질이 무척 나쁘다는 사실

---

143) 에도시대의 유곽. 현재 도쿄 다이토(台東) 구 아사쿠사(浅草)의 북부지역

을 알 수 있는데, 곤타가 스즈키를 속여 거의 공짜로 가져온 검이라는 사실을 기라가 알고 값을 백 냥으로 깎았기 때문이다. 따라서 그런 성질이 고약한 인간은 보호해줄 필요가 없다.

그렇다면 기라가 곤타의 교묘한 속임수를 전혀 몰랐을 경우는 어떤가? 처음부터 기라는 곤타의 집에 조상대대로 내려온 가보라고 믿고 구입한 검이기 때문에 기라에게는 나쁜 점이 전혀 없다. 따라서 법률은 이것을 보호한다. 검은 기라의 것이다. 이렇게 되면 스즈키는 기라에게 회수청구를 할 수 없게 된다.

이것을 민법 제96조에서는 "사기로 인한 의사표시는 취소할 수 있지만 그 취소로 선의의 제3자에게 대항할 수는 없다"고 규정한다.

이야기의 줄거리가 바뀌면 대답도 바뀐다

앞의 이야기를 조금 바꿔보자.

곤타가 스즈키의 집으로 찾아와 이렇게 권했다고 가정해보자.

"기라라는 사람은 검의 애호가이고 부자야. 게다가 돈거래는 일본에서 가장 깨끗한 남자야. 네 검을 원하니까 팔지 않을래?"

스즈키는 기라라는 남자를 전혀 알지 못했지만 곤타의 유혹에 넘어가 무심결에 기라에게 팔았다. 그런데 사실은 곤타의 말과는 달리 기라라는 남자는 비열한 악당이었고 게다가 유명한 수전노였다. 아무리 청구를 해도 땡전 한 푼도 주지 않을 뿐더러 "돈을 원하면 칼을 뽑아라"라며 시대에 뒤떨어진 말로 위협하는 난폭한 남자였다. 하지만 곤타와 기라가 특별히 통모通謨한 것은 아니다. 곤타는 얼마 안 되는 커미션을 원했던 것뿐이다.

이것을 법률로 보면, 스즈키는 기라와의 매매에서 제3자인 곤타의 사기에 걸려들었다. 스즈키는 곤타가 말을 교묘하게 하지 않았더라면 기라에게 팔겠다는 생각을 하지 않았을 것이다. 그렇다면 스즈키는 기라에게 검의 회수를 청구할 수 있을까? 또한 곤타에 대해서는 어떨까?

이 경우도 두 가지로 나뉜다. 기라가 사정을 알고 구입했을 때, 즉 스즈키가 곤타의 교묘한 화술에 걸렸다는 사실을 알면서도 구입했다면 스즈키는 기라에 대해서 매매를 취소할 수 있다. 반대로, 기라가 곤타의 교묘한 수단을 몰랐다면 유감스럽게도 울면서 잠드는 것 이외에는 방법이 없다.

물론 곤타에게는 손해배상청구를 할 수 있다. 이것을 민법 제96조 2항에서는 "어떤 사람에 대한 의사표시에서 제3자가 사기를 행할 때, 상대방이 그 사실을 알고 있는 경우에 한해서는 의사표시를 취소할 수 있다"고 규정한다.

12. 위협의 법률론

위협받고 작성한 차용증

여자는 강해지는 법이다. 전후戰後, 나일론 양말만큼 질기고 강하다고 널리 알려졌지만 최근에는 범죄의 세계에서도 여자들은 놀랄 정도로 엄청난 일을 저지르고 있다. 아메리카에서는 여자들의 노상강도, 권총강도 등이 자주 일어나는 실정이다.

옛날에는 강도라고 하면 사람 취급도 하지 않았다. 따라서 설교강도 따위가 생겨났다. 설교강도란 자신이 설교받아야 할 입장이면서도 반대로 피해자를 설교하는 것을 말한다. 실로 개구리의 어처구니없는 공중제비다. 그 외에 강담講談강도, 침금針金강도, 소절燒切강도, 헌병軒竝강도, 안녕하세요강도, 여보세요강도 라는 패거리들도 있었다.

한밤중에 문득 눈을 뜨면 무시무시한 강도가 칼을 다다미에 찔러넣고 〈기라레 요사부로切られ與三郎144)〉처럼 습관적으로 "돈 내놔"라고 위협하고, 돈이 없으면 "그럼 차용증서를 써. 쓰기 싫다면 이것뿐이야"라며 다다미에서 칼을 뽑았다고 한다. 보통

---

144) 가부키, 세화물. 9막. 기사라츠 오야봉의 첩, 오토미(お富)와 요사부로(与三郎)의 사랑이야기. 두 사람은 몰래 만났지만 결국 발각되어 요사부로는 칼로 전신이 난자되었다. 그때 받은 상처에서 '기라레 요소(切られ与三)'라는 이름이 붙여지고 작품명으로 되었다. 한편 요사부로가 죽었다고 생각한 오토미는 바다에 몸을 던졌지만 우연히 지나가던 오사카 상인 다사에몽(多左衛門)의 배에 구조되었다. 3년 뒤. 생명을 건진 요사부로는 그때의 칼자국을 이용해 공갈협박으로 금품을 갈취해 생활하고 있었다. 그런데 어느 날 공갈, 협박하러 들어간 집에서 오토미를 발견한 요사부로는 깜짝 놀란다.

사람이라면 목숨과는 바꿀 수 없다고 생각하여 쓸 것이다. 만약 그 차용증서를 근거로 소송을 걸었다면 어떻게 될까?

혹은 가정 내에서 소문을 꺼리는 분쟁이 발생했다고 하자. 그런데 어떻게 알았는지 저속한 기자 양반이 사악한 뱀 냄새를 풍기며 한몫 잡을 기회로 찾아왔다.

"돈을 내놓든 말던, 그건 당신 마음이지만 돈을 주지 않으면 이 사건을 잡지에 내겠다. 3일 이내에 확답을 줘."

기자 양반이 협박한다. 돈도 없는 주제에 어떻게 준비한 것일까? 돈을 어디서 구했는지는 모르지만 어쨌든 전액을 준비하여 기자 양반에게 건네주었다.

그렇다면 그 돈을 회수할 수 있을까? 이것을 해석하기 위해서는 '강박'이라는 말을 설명해야 한다.

강박이란 도대체 뭘까?

강박이란 한마디로 위협이다. 법률로 양념을 치자면, 위법으로 해악害惡을 드러내어 공포를 일으키는 행위다. 같은 위협이라도 위법이 아니면 안 된다. 단순하게 말하면 법률을 위반하는 것이 위법이므로 검찰이나 경찰이 자신의 직위 내에서 행하는 부분은 위법이 아니다. 따라서 강박에 해당되지 않는다.

다음으로, 해악을 드러내지 않으면 위법이 아니다. 같은 위협이라도 "네가 놀랄 정도로 대금이 들어갈 거야"라고 위협한 것은 강박이 아니다. 공포를 일으켜야 한다. 프로레슬러 집에 어린아이가 침입하여 "돈을 내놓지 않으면 혼날 줄 알아"라며 조그마한 주먹을 들어올린다 한들 공포는 생기지 않기 때문에 강박은 아니다.

"강박에 의한 표시의사는 취소할 수 있다"고 민법 제96조는 규정한다. 수단방법이 아무리 정당하더라도 목적이 불법이라면 역시 강박이다. 예를 들면 범죄가 이루어졌다고 생각될 때는 누구라도 고발할 수 있지만 돈벌이 목적으로 "돈을 주지 않으면 고발하겠다"고 하는 경우다.

사기에 걸려들어 돈을 빼앗긴 뒤, "건네준 돈을 가져와. 그렇지 않으면 고소하겠다"고 통보했다면 어떻게 될까?

여기서 잠깐, 미리 예고하지만 고소란 범죄 피해자 본인이 조사관계에 있어서 범인을 처벌하도록 신청하는 것이고, 고발은 피해자 이외의 사람이 그렇게 하는 것이다.

따라서 피해자는 피해를 회복할 권리가 있기 때문에 "돈을 돌려주지 않으면 고소하겠다"는 좁은 소견으로 피해자가 통보했다면 그건 강박도 벌침도 아니다.

피해변상을 강요한 순사 부장

설령 직권이 있다 해도 자신의 직권을 이용해 그 직권의 범위를 넘는 위협을 하면 강박이다. 가해자를 불법으로 경찰서에 억류한 순사 부장이 있었다.

"피해자가 요구한 손해를 배상하면 즉시 석방하여 집으로 돌려보내겠지만 배상하지 않으면 며칠 동안 돼지우리에 처박아둘 거야."

순사 부장은 가해자를 협박했다.

"예" 하지 않으면 어떤 일을 당할지 모른다고 겁먹은 가해자는 소비대차계약(즉 대차증서)을 작성하고 차용증서를 차입했다. 이런 순사 부장의 행위는 부정의 강박이다.

그럼 앞에 나온 강도나 저속한 기자 양반은 어떤가? 기자 양반의 행동이 강박에 해당된다는 사실은 이미 알았을 것이다. 하지만 강도의 경우는 설명이 좀 필요하다. 왜냐하면 앞에서 말한 저속한 기자 양반 건, 순사 부장 건, 고소 또는 고발의 건과는 문제가 좀 다르기 때문이다. 강도문제는 한발 더 나아가 목숨과 직결되어 있다.

극도로 강박감에 짓눌려 표현의사의 자유를 완전히 빼앗겨버린 상태이거나, 위협은 받고 있지만 당장은 생명과는 무관하다 해도 그런 상황에서 피해자가 차용증서를 작성했다면 그건 단지 형식적으로 존재할 뿐이다. 즉 의사의 자유가 없었기 때문에 차용증서는 의사라고 할 수 없다. 따라서 의사표시라고 할 수 없다. 의사표시가 성립하지 않는다는 말이다. 쉽게 말하면 "무효이기 때문에 강박의 경우처럼 취소할 수 있다"고 햇볕에 내놓은 미지근한 물처럼 미온적으로 간단하게 끝날 일이 아니다. 그것은 강박이 아니라 절대강제絕對强制이다.

저속한 기자 양반은 강박이기 때문에 취소만 하면 회수청구를 할 수 있다. 하지만 강도의 경우는 취소를 할 수 없기 때문에 청구가 성립되지 않는다. 그런 차용증서는 효력이 없다. 그 증서가 누구의 손으로 옮겨가든 없는 것은 끝까지 없는 것이다. 따라서 누구에게 청구를 받아도 지불할 필요는 없다.

13. 의사표시는 언제 효력이 발생하는가?

도쿄에서 후쿠오카로 보낸 편지

도쿄 남자가 거래처인 규슈 후쿠오카에 있는 D상사 앞으로 대량의 석유를 급히 보내달라는 주문서를 작성해서 속달 등기우편으로 10월 10일 정오에 도쿄중앙우체국에서 부쳤다. 이 등기는 예정대로 10월 13일 아침 수취인에게 배달되었다. 때마침 담당자는 여행을 가서 부재중이었다.

그런데 그 다음날인 14일 아침, 석유가격이 역사상 유래 없이 폭등했다. 그날 출근한 D상사의 담당사원은 어제 배달된 편지를 읽고 주문답서를 14일 오후에 작성해서 보냈다. 그리고 큰 수익을 올렸다며 뛸 듯이 기뻐했다. 그즈음 도쿄 남자도 마찬가지로 큰돈을 벌었다며 기뻐하던 참이었다.

매매가 항상 쌍방 모두 기쁘게 해준다면 팔리는 상품도 유쾌하겠지만, "팔려가는 가엾은 저 아이의 신세"라고 불리는 창녀나 가라유키唐行き[145]의 딸들처럼 서글픈 운명이 석유를 기다리고 있었다.

석유의 매매계약은 "언제 성립하는 것일까?"라는 골치 아픈 문제 때문이었다.

주문서가 도착한 13일의 거래일까? 아니면 14일의 거래일까? 도쿄 남자로서는 거래가 13일에 성립했다면 기쁘겠지만, 14일에 성립했다면 안타까울 것이다. 어느 쪽이든 석유는 골칫거리가 될 운명이었다.

편지의 효력이 발생하는 시기

이처럼 편지나 전보 등으로 의사표시를 하는 경우, 의사표시는 언제 효력이 발생하는가? 이 문제에 대해서는 다음과 같이 네 가지로 나뉜다. 왜냐하면 시간이 걸리는 경우의 의사표시는 "의사를 표백表白하고", "발신하고" "상대에게 도달하고", "상대가 그것을 양해한다"는 4단계를 걸쳐 상대에게 전해지기 때문이다.

① 표백주의表白主義 : 편지는 서면으로 했을 때 효력을 발휘한다.
② 발신주의發信主義 : 편지는 우체통에 넣었을 때 효력이 발생한다.
③ 도달주의到達主義 : 편지는 수취인에게 도착하기만 하면 된다. 즉 도달된 시점에서 효력이 발생한다. 본인이 개봉했든 개봉하지 않았든 상관없다.
④ 양지주의了知主義 : 상대방이 편지를 개봉하고 읽었을 때 효력이 발생한다.

도착한 편지는 아직 개봉되지 않았다

민법 제96조에는 "격지자隔地者[146]에 대한 의사표시는 상대방에게 도달한 시점에서 효력이 발생한다"고 되어 있다. 즉 도달주의가 원칙이다.

도달주의란 자기 집 우편함에 배달부가 편지를 넣었을 때, 또는 "다나카상, 편지입니다"라며 내놓았을 때, 동거하고 있는 친족, 가족, 고용인에게 건네주었을 때다. 일이 바빠서 본인이 아직 개봉했든 개봉하지 않았든 도달하면 편지는 완벽하게 효력이 발생한다는 것이다.

---

145) 메이지에서 쇼와 초기에 걸쳐 아마쿠사(天草: 구마모토熊本 현 우토宇土 반도 남서에 있는 섬들) 제도(諸島)에서 남방의 많은 나라로 팔려간 여성들
146) 멀리 떨어져 있는 사람

발신인이 편지를 우체통에 넣었을 때. 예를 들면 수취인은 중앙구 긴자 1번가 1번지에 있었지만 편지가 도착했을 때는 가마쿠라로 이사 간 뒤였다는 경우에는 우선 편지 배달부는 긴자 1번가 1번지로 배달할 것이다. 그 다음에는 가마쿠라로 전송한다. 이 경우에는 편지가 어디로 갔을 때 도달일까? 역시 가마쿠라로 배달되었을 때다.

이것은 격지자隔地者라고 해서 멀리 떨어져 있는 경우이고, 얼굴을 마주 대하고 얘기하는 사람(대화자) 사이에는 발신이나 도달문제는 없다. 얘기하는 순간 효력이 발생하기 때문이다. 오사카와 도쿄는 멀리 떨어져 있어도 편지로 통신하면 격지자지만 전화로 얘기하면 대화자다. 격지자와 대화자는 토지상의 거리 구별이 아니다. 의사표시가 상대방에게 곧바로 전달되는가, 아닌가라는 시간상의 문제다.

법률이 도달주의를 원칙으로 채택하고 있는 이상, 편지가 연착한다거나 불착하는 경우에는 발신인의 손해다. 수취인은 모른다. 그 대신 좋은 일도 있다. 세상은 만사가 일실일득一失一得. 편지를 우체통에 넣었지만 상대방에게 도착하지 않았다면 취소할 수 있다. 예를 들면 상품 매입을 주문했지만 갑자기 필요 없게 되었을 때 상대방에게 주문서가 도착하기 전에 전화나 전보로 매입 주문을 취소할 수 있다.

도착한 편지를 개봉했을 때

앞에서 도달주의가 원칙이라고 했다. 그렇다면 예외는 없을까? 민법 제526조에는 "격지자 사이의 계약은 승낙 통지를 발행했을 때 성립한다"고 되어 있다. 이것은 예외다.

팔고 싶은 매매 신청자는 도달주의지만 OK라고 대답하는 쪽은 발신했을 때 효력이 발생한다는 것이다. 즉 이번에는 발신주의다.

앞의 예를 들자면 도쿄 남자의 편지가 후쿠오카의 부재중 담당사원에게 도착했을 때는 석유가격은 아직 저렴한 상태였다. 그때 주문의 효력은 발생했다. 편지를 읽었든 읽지 않았든 전혀 관계가 없다. 이것은 앞에서도 말했다. 하지만 다음날 개봉한 뒤에 승낙한다고 대답했기 때문에 위의 제526조에 따라 그 대답을 한 14일 오후의 시장가격으로 매매계약은 성립되었다고 보아야 한다.

후쿠오카 담당사원이 여행가지 않고 회사에서 편지를 읽은 즉시 13일에 승낙 대답을 했다면 저렴한 가격으로 판매되었을 것이다. 천만다행히 부재중이었기 때문에 이 남자의 회사는 예상치 못했던 수익을 올렸고, 도쿄 남자는 손실을 입었다.

소변은 도달주의

때는 30년 전, 간다神田가 아직 학생들의 거리였던 무렵의 일이다. 당시의 학생들은 검은색 교복에 사각모자 차림이 보통이었다. 더욱이 사각모자는 일부러 기름을 발라서 반짝반짝 광택을 냈다.

그 사각모자를 삐딱하게 쓰고 육법전서를 옆구리에 낀 법대생 2~3인이 술을 마시고 간다 거리를 활보하고 있었다. 그런데 학생 한 명이 생리작용에 의해 소변을 보고 싶다고 말했다. 그는 아무 거리낌 없이 즉시 실행했다.

그의 바로 앞에는 집을 헐어놓은 것 같은 낡은 변소항아리가 있었다. 그 항아리 안에 일을 보았다면 특별히 30여 년이나 지난 지금, 조목조목 일일이 쓰지 않아도 되었을 것이다.

그 학생이 판자벽에 몸을 기댄 채 항아리에서 약 2미터 정도 떨어진 곳에다 용무를 보았기 때문에 이야깃거리가 된 것이다. 방사된 액체는 2미터 도로를 넘어서 길 반대편에 있는 항아리 속으로 반원을 그리며 폭포처럼 떨어졌다.

바로 그때 저편에서 경관이 빠르게 다가왔다. 학생은 용무를 중지하지 않고 경관과 친구들이 보는 앞에서 느긋하게 실행을 완료했다.

경관으로서는 용납할 수 없었다. 자기 모습을 발견한 즉시 놀라서 멈춰야 하는데, 그러지 않아서 자기 체면이 구겨진 기분이었다.

"왜 이런 곳에서 소변을 보고 있지?"

"소변 항아리에 용무를 보았어. 그러니까 잘못은 아니잖아?"

"그럼 왜 항아리 앞에서 용무를 보지 않았지?"

"항아리 앞이든 뒤든, 어차피 떨어지는 곳은 규슈사가라九州相良147)"

---

147) '가마쿠라 이래'라고 불리는 사가라(相良) 집안은 미나모토 요리토모(源賴朝)에게 영토를

"뭐라고? 경관이라고 지금 날 바보취급 하는 거야?"

"바보취급 하지 않았어. 떨어지는 곳이 소변 항아리 속이라면 문제가 없다는 말을 하는 거야."

"그건 핑계야. 항아리 앞에서 하지 않으면 안 돼."

"음. 알았어. 요컨대 견해 차이인데 당신은 발신주의, 난 도달주의를 주장하는 것 뿐이야. 어디서 발신하든 도달하는 장소가 결국 항아리 속이라면 아무 문제가 없잖아. 그렇지?"

14. 대리(代理)의 법률론

이런 일들이 과연 대리일까?

목수인 하치 씨는 거래처인 단골고객의 요청으로 일을 하고 있었다. 그런데 갑자기 지독한 감기에 걸린 하치 씨는 의지로라도 견디며 일을 하려고 했지만 오늘은 도저히 나갈 수가 없었다. 이불 속에 누워 있는데 마음이 편치 않았다. 그래서 친구인 구마 씨에게 부탁하여 대리로 3일만 일하게 했다. 그러니까 하치 씨 대신 일하러 간 구마 씨를 대리인이라고 하는데 법률적으로도 과연 그럴까?

또 있다. 아버지는 장례식에 가야 하는데 병으로 장례식장은커녕 화장실에 가는 것조차 힘들었다. 그래서 큰아들이 아버지 대신 장례식에 참석했다.

또는 회비는 냈는데 급한 일이 생겨 모임에 갈 수 없는 상황이다. 그럼 손해라고 생각한 형이 동생 대신 나가서 뻔뻔스럽게 술을 5인분이나 마시고 왔다.

이런 경우를 사람들은 보통 대리 또는 대리인이라고 한다. 하지만 법률적으로는 전혀 아니다.

하사받은 이래 막부 말기까지 700년에 걸쳐 구마가와(球磨川)를 통치한 오랜 명문가다. 그 가마쿠라 이래의 사가라가를 가리켜 '떨어지는 곳은 규슈사가라'라고 했다. 조루리나 가부키의 대사로써도 자주 등장하는 유행어

▶ 대리의 자격

법률이 대리라고 하는 것은 의사표시의 대리다. 여기에 A, B, C 세 사람이 있다. B가 A의 대리로 C의 집에 가서 말했다.

"당신 집을 A에게 팔지 않겠습니까?"

이때 B는 A의 대리인이다. B가 A 대신 매매 신청이라는 의사표시를 했기 때문이다. 더욱이 C는 "예, 팔겠습니다"라고 B에게 대답했다. 이 또한 B는 대리를 하고 있다. B는 A 대신 C에게 의사표시를 받은 것이다. 하지만 가옥의 매매는 A와 C의 사이에 행해진 것으로 본다. 진정한 대리가 이것이다.

앞의 예에서 하치 씨의 친구 구마 씨는 단골고객에게 갔을 때 인사 정도는 했을 것이고, 아버지 대신 장례식장에 갔던 큰아들도 틀에 박힌 애도의 말 정도는 건넸을 것이다. 모두 대리인으로서 뭔가 의사표시는 했겠지만 그것은 법률에서 말하는 의사표시가 아니다. 그래서 대리라고 할 수 없다.

고객의 요청을 받아들인 목수가 즉시 가옥건축 등의 청부계약을 하는 것은 법률행위다. 이때 그 계약을 본인 대신 친구가 했다고 하면 이것은 두말할 필요도 없이 대리다. 재활용 종이 회수업자 갑이 아팠을 때 그날만 잠깐 을이 대신 와서 "여러분, 매일 시끄럽게 종을 울리는 재활용차입니다. 오늘은 갑 대신 제가 돌고 있습니다"라며 단골고객 집을 일일이 방문하여 재활용 종이를 교환해온다면 이 또한 법률상의 대리다. 종이교환이라는 법률행위를 했기 때문이다. 교환의 의사표시를 하고 온 것이므로 그는 틀림없이 대리인이다.

주주총회에 대리로서 가는 것도 법률상의 대리다. 결의권이라는 권리로 결의決議 의사표시를 했기 때문이다. 이처럼 대리란 본인을 대신해서 의사표시를 하거나 받는 것을 말한다.

▶ 대리의 필요와 대리가 할 수 없는 일

문화가 발달함에 따라 세상은 더욱 복잡해지고 있다. 대형 사업을 하는 사람은 모든 일을 혼자서 처리할 수 없게 되었다. 고문, 통역, 대서代書라는 보조자와 동반하는 정도는 전혀 이상할 게 없다. 그보다 일을 척척 잘 처리하는 대리에게 모든 일을 맡기는 쪽이 업무상 훨씬 능률적이다. 따라서 대리가 필요하며 법률이 대리를 인정하는 이유이기도 하다.

하지만 의사표시라고 해서 항상 대리에게 허용되는 것은 아니다. 어떤 일이 있어도 반드시 본인이 해야 하는 일이 있다. 혼인, 양자결연, 인지認知, 유언 등이 그렇다. 아무리 대리가 허용되는 세상이라도 결혼하는데 혼인의 의사표시를 신랑 대신할 수는 없다. 유언 또한 그렇다.

하지만 12세나 13세 어린이가 양자로 가는 경우라면 다르다. 어린아이가 어려운 법률상의 양자결연 따위를 알 리가 없다. 이런 경우에는 신분상의 행위라도 법률은 특별 규정을 만들어놓았다. 민법 제797조에는 "양자로 가는 사람이 15세 미만일 때는 법정대리인이 대신하여 결연승낙을 할 수 있다"고 규정되어 있다.

▶ 여러 종류의 대리

법정대리인은 이 책에서도 종종 등장하며 세간에서도 자주 사용하는 말이다. 그럼 그 정체를 확실하게 알아보자.

법정대리의 반대는 위임대리委任代理나 임의대리任意代理이다. 위임대리란 본인의 의사를 근거로 행해지는 대리이다. 갑이 을을 대리인으로 하든, 병에게 대리권을 주든, 그것은 갑의 마음이다. A라는 변호사에게 의뢰를 하든, B라는 변호사를 원하든 본인의 자유다. 이처럼 본인의 자유의사에 따라 선택하는 것을 임의대리라고 한다. 따라서 세간에서는 대리권이 있다는 사실을 증명하기 위해서 위임장을 쓴다. 즉 본인 임의에 따라 했기 때문에 임의대리任意代理라고 한다.

법정대리란 그와는 달리 본인의 의사에 근거를 두지 않는다. 미성년자의 법정대리는 보통의 경우 친권이 있는 부모다. 본인인 어린아이가 "아버지는 싫어. 삼촌이 좋아"라고 말할 수는 없다. 본인의 의사가 어찌됐든 법률의 규정으로 정해진 사람이 당연히 대리인이 된다.

복대리인複代理人이라는 말도 있다. 대리인이 자신의 대리권 범위 내에서 일부 혹은 전부를 다른 사람에게 맡기는 일이다. 즉 대리인의 대리인 같은 것이다. 역시나 이 복대리인이 한 행위는 직접적으로 본인에게 효력이 발생한다.

대리권의 범위를 초월한 대리

백만 엔이라는 돈이 필요하게 된 체격이 큰 남자가 키 작은 친구를 대리인으로 보내 돈을 빌려오도록 했다.

키 작은 친구는 체격이 큰 남자에게 백지로 된 차용위임장과 인감도장을 건네받아 대금업자에게 갔다. 대금업자도 백만 엔인지 80만 엔인지 확실하지 않았기 때문에 위임장의 금액 칸은 기록하지 않고 비워두었다. 이것을 기회로 키 작은 친구는 150만 엔을 빌린 뒤, 50만 엔은 살그머니 자기 호주머니 속으로 넣어버렸다.

그렇다면 체격이 큰 남자는 "난 키 작은 친구에게 백만 엔의 차용권리만 주었다. 150만 엔의 차용권리는 주지 않았다. 그러니 백만 엔에 대해서는 책임지지만 남은 50만 엔은 내 책임이 아니다"고 주장할 수 있을까?

이런 일은 항간에 너무 많아서 난처할 정도다. 집을 담보로 돈을 빌리려고 백지위임장을 건넸는데 위임받은 사람이 그 위임장으로 본인의 집을 팔아버렸다는 경우도 같은 예다.

이럴 때 법률은 어떻게 볼까? 상대방인 제3자 측에게 "그 정도의 대리권은 충분히 대리인에게 있다"고 할 만큼 정당한 이유가 있다면 실제로 대리권이 없었던 남은 50만 엔에 대해서도 대리권이 있는 것과 마찬가지로 취급하기 때문에 본인이 그 책임을 져야 한다고 본다. 후자의 경우, 백지위임장을 가져온 사람은 본인의 친구이고, 본인이 병이 난 후 평소 집안 재산상의 일은 뭐든지 도맡아왔던 사람이기 때문에, 위임장을 가져와 본인의 건물을 매각하는 일은 충분히 있을 수 있는 일이다. 그러므로 대리권을 인정하는 정당한 사유가 있다면 역시 본인은 판매주로서의 책임이 있다. 본인의 집이 팔린 일에 대해 불평 없이 받아들여야 한다는 것이다.

이유는 '표견대리表見代理'라고 하여 제110조에 "대리인이 그 권한 이외의 행위를 한 경우에는 제3자가 권한이 있다는 정당한 사유를 내세웠을 때는 전조前條의 규정을 적용한다"고 되어 있다. 전조(제109조)에는 갑이 병에게 "난 을에게 그 집의 판매대리권을 주었다"는 경우이므로 실제로 을에게 그 대리권을 주었든 주지 않았든, 을이 갑의 대리인으로서 병과 그 건물의 매매계약을 해버렸다면 갑은 매주賣主(파는자)

로서 '대리권수여의 표시에 의한 표견대리表見代理'의 경우와 마찬가지로 책임을 져야 한다.

▶ **무효와 취소는 어떻게 다를까?**

"~법률행위는 무효다", "~법률행위는 취소할 수 있다"고 되어 있는데 무효와 취소는 어떻게 다를까?

무효란 죽어서 나온 아기와 같다. 아무리 유능한 의사라도, 어떤 특효약도, 몇 년을 기다려도 회생시킬 수 없다. 죽은 아기와 마찬가지로 이미 무효인 것은 유효로 할 수 없다. 무효는 어디까지나 무효이며 법률상 효력이 없다. 앞에서 도박의 예를 들었듯이 공공질서나 선량한 풍속을 위반하는 행위는 무효이기 때문에 무효인 도박에서 빌린 돈은 돌려주지 않아도 된다. 까다로운 논의는 좋을 대로 하고 일단 그렇게 생각해두자.

반면, 취소할 수 있는 행위란 환자처럼 병으로 쓰러질 때까지는 효력이 있다. 적절한 치료로 건강을 회복하면 보통사람으로 되듯이 취소 가능한 행위는 취소될 때까지는 유효하다. 취소되어야 비로소 무효다.

취소가 없는 동안에는 추인追認148)이나 취소권의 시효로 확정적인 유효다. 하지만 또다시 취소되면 과거로 거슬러 올라가 처음부터 무효였던 것으로 간주한다. 따라서 취소되면 지금까지 당사자 사이에서 발생했던 법률상의 효과는 모두 소멸된다. 또한 취소한 사람도 취소된 행위로 인해 받은 이익이 있다면 반환해야 한다. 만약 받은 것이 건물이고 일부가 화재로 인해 손실되었다면, 남아 있는 부분만 반환하면 된다. 화재로 받은 보험금은 돌려주지 않아도 된다.

어느 범위 내에서 반환의무가 있는가는 뒤 내용의 '부당이득' 부분에서 다시 설명하겠다. 여기서 꼭 말해두고 싶은 것은 미성년자가 법정대리인의 동의를 얻지 않았다는 이유로 취소된 경우다.

예를 들면 옆집 아주머니에게 고등학교 3학년 아들이 만 엔을 빌렸다. 물론 부모에게는 비밀로 하고 그 돈을 나쁜 친구들과 함께 유흥비로 모두 써버렸다.

---

148) 취소할 수 있는 행위에 대해 그 취소권을 포기하여 확정적인 유효로 하는 일

이 경우, 그 돈의 대차貸借는 취소할 수 있다. 그런데 빌린 아들의 주머니에는 천 엔밖에 남지 않았다고 한다면 현재 남아 있는 한도, 즉 천 엔만 돌려줄 의무가 있다는 말이다.

마지막으로 한마디 해두자면 보통은 취소하겠다는 의사표시만으로 취소되지만 혼인이나 양자결연을 맺은 사람이 취소를 할 때는 귀찮더라도 재판을 받아야 한다. 그것은 신분상의 일이므로 중요하게 다루고 있기 때문이다.

15. 조건과 기한은 같은 것

상경할 때 지불하겠습니다.

다음과 같은 차용증서가 있다. 법률상 어떻게 해석해야 할까?

차용증서

일금 五十만엔

위의 금액을 오늘 틀림없이 차용했습니다.
내년 상경 때 연 1할의 이자를 붙여서 틀림없이 원리금을 지불하겠습니다.
위의 내용과 뒷날을 위해 차용증서로 했습니다.

쇼와 48년 4월 1일

사가라 다케오 님께

가나와 나시로

위의 증서는 3년 전 4월에 친구인 가나와 나시로金輪梨郞가 업무관계상 다음해 반드시 상경하니까 그때까지만 빌려달라고 해서 사가라 다케오相良武雄가 피도 눈물도 없는 은행에서 돈을 인출하여 오랫동안 길러온 자식과 생이별하는 마음으로 빌려주었다는 차용증서다.

하지만 고향인 가고시마로 돌아간 가나와는 병에 걸려서 3년이 지난 지금까지도 상경하지 못하고 있다. 사가라는 돈을 돌려받기를 원했지만 여하튼 상경했을 때의 약속이므로 재촉도 못하고 헤어진 자식이 돌아오기만을 기다리듯 친구의 상경을 목이 빠지도록 기다렸다.

가나와의 병은 언제 좋아질지 추측조차 할 수 없었다. 게다가 쾌유되더라도 중풍이기 때문에 과연 상경할 수 있을지 어떨지, 지금으로써는 그것조차 알 수가 없었다. 그렇다면 사가라는 언제까지 기다리면 될까?

이런 일들은 자주 발생하는 문제라 다음의 실례를 2~3개 들어보겠다.

① 소생 성공했을 때, 틀림없이 지불하겠습니다.

② 소망하시는 금시계, 소생 결혼할 때에 증여하겠습니다.

③ 내년 금월 금일, 지불하겠습니다. (그런데 그 증서를 쓴 날은 2월 29일, 그 해는 윤년이었다. 따라서 내년 금월 금일은 없다.)

궤변학 이야기

색다른 이야기를 하나 더 살펴보자. 궤변학이 성행했던 그리스, 예와토로스라는 청년이 프로타고라스라는 명인에게 궤변학을 배우기 위해 입문했다.

그때의 약속은 이러했다. 보수금을 20만 엔으로 정한 뒤, 우선 10만 엔만 입문 때 선생에게 건네고 남은 10만 엔은 "내가 졸업한 뒤 변호사가 되어 첫 소송에서 승리하면 그때 지불하겠습니다"라는 것이었다.

굉장한 수재인 그 제자, 단기간으로 졸업한 뒤 곧바로 희망대로 훌륭한 변호사가 되었다. 그런데 어떻게 된 일인지 손꼽아 기다리는 소송은 일어나지 않았다. 민생고에 지친 선생은 남은 보수금을 받기 위해 마침내 소송을 했다. 그 내용을 잘 읽어보자.

"예와토로스, 자네는 이 소송에서 승리를 하든지 패배를 하든지, 어느 쪽이든 나에게 지불해야 하네. 만약 자네가 소송에서 승리하면 넌 약속대로 남은 보수금을 내게 지불해야 하고, 자네가 패배한다면 약속과 상관없이 '지불해야 한다'는 판결에 승복하여야 하므로 역시 넌 지불하지 않으면 안 돼. 다시 말해서 자넨 어느 쪽이든 나머지 돈을 내게 지불해야 한다는 거야."

그런데 그 제자는 이렇게 대꾸했다.

"저는 결코 돈을 지불하지 않아도 돼요. 만약 제가 패배한다면 선생님과의 약속대로(첫 소송에서 승리하면 지불한다고 했기 때문에 패배하면 지불하지 않아도 된다) 지불하지 않아도 되고, 또 다행히 이 소송에서 승리하면 약속과 상관없이 '지불하지 않아도 좋다'는 판결대로 지불하지 않아도 되죠. 결국 어느 쪽이든 지불하지 않아도 되는 겁니다."

그럼 이 궤변에 대해 예를 들어 설명해 보기로 하자.

조건과 기한은 이것이 다르다

법률상 조건이란 양자 사이에 결정된 일이 도래하는가, 도래하지 않는가 세상에 정해져 있지 않는 것이어야 한다. 하지만 기한은 도래하는 일이 세상에 정해진 것이어야 한다. 예를 들면 "내년 4월 1일에 돈 백만 엔을 지불하겠습니다"라고 한다면 내년 4월 1일이 도래한다는 것은 정해진 사실이기 때문에 기한이다.

"내년에 벚꽃이 필 때 반지를 드리겠습니다"라고 하면 내년에 벚꽃이 피는 일은 세상에 정해진 사실이므로 이 또한 기한이다.

"숙부님이 돌아가셨을 때"라고 하면 언제 죽을지 알 수는 없지만 여하튼 숙부님이 죽는다는 것은 확정된 사실이다. 따라서 기한이다.

그러나 조건은 그렇지 않다.

"도쿄대 시험에 네가 패스하면 상으로 자동차 한 대를 주겠다", "올림픽 마라톤에서 네가 입상하면", "내일 스모에서 와지마가 승리하면"······

셀 수 없을 정도로 많다. 이 모두는 사실이 과연 도래할까 어떨까 세간의 시선으로 보아도 불명확하다. 따라서 확정되지 않았다는 점이 기한과 다르다. 도래한다, 도래하지 않는다고 객관적으로 이미 정해진 사실인데 당사자만 몰랐다고 해도 세상이 인정하는 것이기 때문에 그것은 이미 정해진 일로 본다.

출세 후 지불하겠다는 증언서

그렇다면 '내년 상경했을 때'는 기한인가, 조건인가?

이런 경우, 가나와와 사가라의 약속이 "내년 상경했을 때 지불해줘. 만약 상경할 수 없으면 그 돈은 지불하지 않아 돼"라는 의미라면 그것은 조건이다. 하지만 전후 사정이나 사회적으로 보아 가나와는 매년 한 번은 상경하는 사람이므로 내년에는 분명히 올 것이다. 그때 돌려받으려고 생각했다면 그것은 기한이라고 해석해야 한다. 기한이라면 도래하는 일이 확정되어 있다. 그렇다면 이 경우, 변제기는 언제라고 할 수 있을까?

가나와는 내년, 즉 쇼와 49년 중에는 상경할 것이므로 5월이든, 10월이든, 12월이든, 여하튼 쇼와 49년 중에만 지불하면 불평은 없을 것이다. 극단적으로 말하면 쇼와 49년 12월 31일에 상경해서 지불해도 된다.

그런데 사실은 그렇게 할 수 없었기 때문에 이 차용증서의 변제기는 쇼와 49년 12월 31일로 생각해야 한다. 따라서 사가라 다케오는 3년이나 지난 오늘날까지 기다릴 필요가 전혀 없다.

"성공했을 때 틀림없이 지불하겠습니다."

이런 문구를 세간에서는 '출세증문出世證文'이라고 한다. '성공하는 그날'이라든가, 혹은 '입신상立身上', '출세후절出世候節'이라는 문구가 들어 있는 차용증서가 있다. 그렇다면 출세, 성공이라는 말은 도대체 조건일까, 기한일까?

이것은 한마디로 대답할 수 없는 귀찮은 문제다. 그때의 사정을 살피지 않으면 도저히 어떻다고 말할 수 없다. 당사자, 즉 돈을 빌려주는 사람도 빌리는 사람도 "성공하면 지불해줘, 불행히도 성공하지 못하면 지불하지 않아 돼"라는 합의로 빌린 돈이라면 그것은 조건이다. 성공하지 못하면 지불할 필요가 없는 것이다.

하지만 그런 인정이 많은 의미가 아니고 "지금은 돈이 없으니까 어떻게든 성공하면 그때 지불하겠습니다"라는 의미로 빌려주고 빌린 돈이라면 그것은 기한이다. 단지 그 기한이 언제 도래하는가는 알 수 없을 뿐이다.

그 '출세증문'을 기한이라고 해석한 판례가 상당히 많다.

결혼할 때 증정하겠습니다

"소망하시는 시계는 제가 결혼할 때 증정하겠습니다."

이것은 조건이라고 생각하는 게 좋다. 왜냐하면 사람은 반드시 결혼하는 게 아니기 때문이다. 일본은 문화국가 중에서도 혼인율이 높지만 그렇다고 모든 사람이 반드시 결혼한다고는 할 수 없다.

사회적으로 보면 늦든 빠르든 사람은 반드시 결혼해야 한다고 생각하는 사람은 기한으로 볼 것이다. 여하튼 평생 독신주의를 주장하는 사람에게 친구가 결국 독신주의가 무너질 거라고 냉소했을 때, "그럼 내기하자. 만약 내가 결혼을 하면 그때는 부모님에게 물려받은 금시계를 주지"라고 했다면 그것은 두말할 것도 없이 조건이다.

"내년 2월 29일에 지불하겠습니다"라는 앞의 예를 보면 내년 2월 29일에 해당되는 날은 달력에는 없다. 그러나 달력에 그날이 없다고 해서 지불하지 않아도 된다는 것은 아니므로 기한이다. 당사자의 생각이 2월 말이라는 의미였다면 내년 2월28일에 지불하지 않으면 안 되지만 '365일 중 해당되는 내년 2월 29일'이라는 의미였다면 내년 3월 1일에 지불해야 한다.

병자에게 의사를 부를 필요는 없을까?

마지막으로 궤변학 문제를 해결해보자. 이 문제는 기원전 4~5백 년 전, 그리스에서 유행했던 궤변학 중 유명한 이야기다. 예를 들면 이런 설과 마찬가지다.

"병자에게 의사를 부를 필요는 없다. 만약 병자에게는 처음부터 목숨 따위는 없다고 정해져 있다면 의사를 부르는 것은 쓸데없는 짓이다. 반대로 생명이 있는 거라고 정해져 있다 해도 의사를 부를 필요는 없다. 따라서 어느 쪽이든 사람은 병에 걸렸다고 해서 의사를 부를 필요는 없다."

물론 진지한 문제는 아니다. 전문가 이외의 사람은 갈피를 잡을 수 없을지도 모른다. 그러므로 간단하게 답을 말해보자.

"내가 졸업한 뒤 변호사가 되어 첫 소송에서 승리하면"이라는 의미는 글귀에 분명하게 나타나 있듯이, '변호사로서 사건을 의뢰받고 소송대리인이 되어 그 소송에서 승리하면'이라는 의미다. '자신이 원고 혹은 피고의 위치에서 승리한다면'이라는 의미가 아니다.

다음으로 '변호사가 되어'는 조건이다. 당시 시험이 있었는지 어떤지는 모르지만 어쨌든 비슷한 것이 있었다고 보아야 하기 때문에 통과할지 못할지는 아직 결정되지 않았다. 따라서 이것은 조건이다.

그리고 변호사는 되었지만 신출내기에게 사건 의뢰가 들어오지 않았다면 조건은 아직 도래하지 않았다. 그가 사건 의뢰를 받을 때까지 기다려야 한다.

사건 의뢰가 들어왔고 소송에서 승리했다는 경우가 최초 조건의 성취다.

그런데 의뢰는 들어왔지만 정당한 이유도 없이 고의적으로 사건위임을 받아들이지 않았다면 어떻게 될까? 그때는 그가 약속한 돈을 지불하지 않으면 안 된다. 고의로 사건의 도래를 방해한 경우, 상대는 그 조건이 성취된 것으로 간주할 수 있기 때문이다.

토지매입의 주선을 의뢰하면서 "만약 그 토지를 손에 넣게 해준다면 보수를 주겠다"는 약속을 받고 열심히 뛰어다닌 보람이 있어 의뢰받은 사람이 간신히 매매계약을 했는데 의뢰한 매주買主(구입자)가 매매대금을 기일 내에 지불하지 않은 탓에 매주賣主(판매자)로부터 매매계약을 해약당했다. 이때도 마찬가지로 주선을 의뢰받은 사람은 매입을 부탁한 매주買主(구입자) 에게 보수를 청구할 수 있다.

이런 경우를 위해 민법 제130조는 "조건의 성취에 있어서 불이익을 받는 당사자가 고의로 그 조건의 성취를 방해했을 때는 상대방은 그 조건이 성취된 것으로 간주할 수 있다"고 분명하게 규정한다.

16. 시간은 모든 것을 떠내려 보낸다

생선가게 주인의 불평

"바보 같은 얘기지만 좀 들어보세요. 이래봬도 전 순수 에도 토박이예요. 보잘것 없지만 오랫동안 꾸준히 생선가게를 운영하고 있죠. 그런데 재작년 설날에 바로 옆 골목에 있는 웅장한 대문 집으로 인상 좋은 녀석이 이사왔어요. 실은 그 녀석, 설날이기도 하고 두세 번 고개를 숙이며 찾아왔기 때문에 괜찮을 거라고 생각하고 주문 받은 대로 생선회와 생선들을 외상으로 갖다주었죠.

전 다음 달 말에 외상값 3만 엔을 받으러 갈 생각이었는데 글쎄 그 녀석, 이사를 가버렸어요. 부아가 치밀었지만 상대와는 싸움조차도 할 수 없게 됐잖아요. 지금까지 참고 있었는데요. 4~5일 전에 그 녀석과 딱 마주쳤지 뭐예요. 너무 화가 나서 청구를 했지만 이미 시효가 지났기 때문에 청구할 권리가 없다네요. 게다가 그 녀석, 자기도 지불하고 싶어 죽겠는데 법률상 지불하지 않아도 된다니 자기도 어쩔 수 없다며 태연하게 말하는 거예요. 울화통이 치밀어 견딜 수 없어서 쌀집 주인에게 물어보았죠. 그도 역시 받을 수 없다고 하잖아요. 도대체 어떻게 된 거죠?"

"재작년 1월의 일이군. 게다가 4~5일 전이라 하면 오늘이 4월 8일이므로 완전히 2년 이상이나 지나버렸네. 과연 시효가 지났어. 2년 동안 한 번도 청구하지 않은 거야?"

"청구하려고 해도 도망쳐버려서 말예요. 어디에 살고 있는지 도통 알 수가 있어야죠."

"그렇다면 한 번도 청구하지 않은 거네?"

"물론이죠."

"그럼 쌀가게 주인 말대로 시효가 끝나버려서 안 돼."

"역시 안 되는 건가요?"

"응, 안 돼. 상대가 나쁜 놈인 거지."

시효를 인정한 이유

"쳇, 바보취급 하고 있군요. 도대체 시효 따위, 그런 엉터리 같은 것을 무엇 때문에 만들어놓은 거죠?"

"그냥 만들어놓은 게 아냐. 권리는 있어도 사용하지 않고 오랫동안 방치해둔 사람은 법률이 보호하지 않기로 한 거야."

"그건 또 왜죠?"

"성급한 얘기지만 30년이나 50년 전에 빌린 돈을 이제 와서 돌려달라고 하면 난처하겠지? 그때 분명 지불했는데 증명서를 되돌려받지 않은 게 실수였어. 그 쓸모없는 차용증명서를 30년이나 지난 지금에서야 들이밀고 나온다고 생각해봐. 돈을 지불했을 때 받아둔 영수증은 이미 잃어버렸고, 증거가 될 만한 증인은 벌써 죽거나 행방을 알 수 없게 되었다면? 이러면 곤란하잖아?"

"그거야 그렇지만……."

"30년이나 50년 전이라면 그래도 괜찮아. 만약 안세이安政149) 대지진 때 내 고조할아버지가 자네의 4대조 할아버지에게 돈을 빌려주었다는 증명서를 내밀며 청구를 한다면 자네는 지불할 거야?"

"그건 말도 안 되는 일이죠."

"그래서 법률은 권리 위에서 잠자는 사람은 보호하지 않는다고 한 거야. 일정기간을 정해서 그 기간보다 오랫동안 방채해둔 사람에게는 더 이상 그 권리는 필요 없다고 간주하고 소멸시켜버리는 거지. 이것을 소멸시효라고 해."

---

149) 에도 말기. 고메이(孝明) 천황 때의 연호. 1854~1860년

"과연 들어보니 이해가 가는군요. 그런데 뭐든 2년으로 소멸되는 건가요?"

"시효라는 것은 소멸되는 것만 있는 게 아냐. 권리를 취득하는 시효도 있어."

"자세하게 설명해주세요. 도대체 어떤 경우에 그걸 취득할 수 있죠?"

"그렇게 성급하게 굴지 말고 느긋하게 들어봐. 한마디로 말할 수는 없지만, 예를 들면 모두 공공연히 알고 있는 남의 물건을 20년 동안 갖고 있으면 그 물건은 자신의 것이 되지. 토지도 자기 것이라 믿고 갖고 있으면 10년이 지나면 자기 토지가 돼. 그 이외의 물건도 대개 빠르면 10년, 늦어도 20년이 지나면 자기 소유야."

"과연 그렇군요. 우리에게는 거의 없는 일이지만. 그렇다면 잃어버린 사람은?"

몇 년이 지나면 시효 만료일까?

"보통 일반적인 채권. 예를 들면 돈의 대차貸借는 10년간 방치하면 권리가 소멸돼. 하지만 같은 대차라도 상인이라면 시효기간은 5년이야."

"상인이라면 대금업, 즉 고리대금업을 말하는 건가요?"

"아니. 생선장수도, 쌀가게도, 양복점도, 뭐든지 다 포함돼. 돈의 대차 때, 상인이라면 그 돈의 대차 시효는 5년이야."

"그럼 한쪽만이 상인이었을 때는?"

"양쪽이 다 상인이든 한쪽만 상인이든 마찬가지야. 어느 쪽이든 한쪽이 상인일 때는 5년으로 시효가 끝나지."

"그럼 생선가게도 상인이겠죠?"

"물론 두말할 것도 없지. 틀림없는 명백한 상인이야."

"그럼 나리, 놀리는 말은 아니지만 제가 돈을 빌리면 시효가 5년이라는 거네요?"

"말 그대로."

"그럼 이 몸, 좋아서 어쩔 줄 몰라 해도 되겠네요. 실은 저 장사 시작할 때 돈을 빌렸거든요. 때마침 그런 상황인데 7년간 한 번도 재촉을 받지 않았어요. 이미 시효는 만료되었으니까 이 몸, 돈번 거네요. 야호, 시효님."

"그것 봐. 시효에도 좋은 일은 있잖아."

"제 경우는 좋지만, 옆 골목에 살았던 녀석은 안 돼요."

"그렇게는 안 되지. 법률은 누구나 똑같이 취급하거든."

"나리. 시효 중에서 우리가 모르는 것이 있으면 더 설명해주세요."

시효가 짧은 것

"정리해서 설명할 테니까 잘 기억해둬. 자, 들어간다.

(1) 일정기간, 1년이나 그보다도 짧은 기간을 정해서 정기적으로 지불되는 금전, 그 이외에 물건의 급부給付를 목적으로 하는 채권은 5년이야. 따라서 집세, 토지대금, 연금, 이자, 대차 등은 모두 5년인 거지.

(2) 3년으로 시효가 만료되는 것은 의사의 진찰료, 약값, 수술료, 산파, 약제사의 조제료, 마사지 등이야. 그리고 기사,도편수, 청부업자 등 공사와 관계된 채권도 역시 3년. 약속어음 발행인, 환어음 인수인의 책임도 3년이지.

(3) 자네와 같은 상행위의 경우는 모두 2년이야. 생산자, 상인, 소매상인이 판매한 상품의 대금, 재택근무자, 제조인의 보수 등이며 여기서 도매상은 여기에 포함되지 않아. 재택근무자는 이발소, 세탁소, 바느질집 등이고, 제조인이라고 하면 구두점포, 창호지점포, 가구제조인 등이야. 그리고 학생의 교육, 의식, 숙박, 입시, 교사 및 스승의 채권 등. 학생이 가정교사를 한 보수도 여기에 포함돼.

1년으로 시효가 만료되는 것

(4) 그리고 1년으로 끝나는 것도 있어. 1개월 또는 그보다 짧은 기간으로 정해진 고용인의 급료야. 덧붙이자면 여기서 말하는 고용인은 다음에 나오는 노동자나 고용계약을 한 넓은 의미의 근로자가 아니야. 근로기준법의 적용을 받는 임금은 2년의 시효로 되어 있기 때문이지. 여기서 고용인이란 상점의 지배인, 지배인의 대리 등 약간 밉살스러운 존재야.

그리고 노동자 및 예능인의 임금이나 그 공급대상도 역시 1년이야. 여기서 말하는 노동자는 목수, 미장이, 정원사 등이고, 예능인의 임금도 1년이 지나면 시효가 소멸되기 때문에 받을 수 없게 돼.

운송료, 여관비, 회합이나 식사 때 방을 빌리는 요금, 오락실의 숙박료, 음식료, 자릿세, 입장료, 동산의 사용료, 책 대여료, 의상 대여료. 아이쿠, 또 있다. 어음 증명인의 책임. 이 모든 것은 지불거절증명서를 작성한 날로부터 1년으로 시효가 한정되어 있어."

"고맙습니다. 뒷부분은 어지럽게 뒤섞여 잘 모르겠지만 제 상행위 부분만은 또렷이 기억해두었어요."

시효에 제동을 걸 수 있다

"말이 나온 김에 하나 더 말해주지. 시효의 중단이라는 것이 있어. 여하튼 시효라는 것은 짧으면 1년, 길면 20년으로 되어 있기 때문에 '시효에 걸리게 해서는 안 돼'라는 것에는 중단을 해둘 필요가 있지."

"그런 일이 가능한가요?"

"대체로 가능해. 중단이라는 것은 가장 먼저 재판소에 호소하는 일로, 소송을 해도 좋고, 지불명령을 제기해도 좋고, 파산을 신청해도 좋아. 나름대로 원인이 있을 때에는 시효의 진행에 일시적으로 제동을 건다는 거지. 그리고 판결이 확정되었을 때부터 시효는 또다시 5년이든, 10년이든, 20년이든 새롭게 진행되지.

최고催告라고 해서 재판소의 손을 빌리지 않고 서로가 구두로든, 편의대로든 청구했을 때도 역시 시효는 중단돼. 이때 주의할 점은 청구한 때로부터 6개월 이내에 재판소에 나가지 않으면 모처럼 중단한 시효가 소용없어져 버린다는 거야.

대부분 변호사가 청구를 하는데 내용증명을 우편으로 청구하는 것을 보거나 들은 일이 있을 거야. 그것은 멋있어 보이기 위해 허장성세로 하는 게 아냐. 뒷날을 위해 청구했다는 증거를 남겨둘 목적으로 하는 거야. 하지만 아무리 내용증명을 우편으로 청구했다고 해도 역시 6개월 이내에 재판소에 나가야 한다는 것에는 변함이 없어. 무슨 말인지 알겠어?"

"아니요, 잘 모르겠어요. 골치 아파."

"그래. 콧노래를 부르며 서투른 솜씨로 생선회를 뜨는 것과는 좀 다르지."

"나리. 생선회, 생선회라고 하시는데요, 생선회 뜨는 거 무척 어려워요. 가장 먼저 칼날 상태가······."

"알았어, 알았다구. 생선회 얘기는 나중에 천천히 하기로 하고, 시효 중단에 대해 정리해보자고. 그리고 다음은 압류, 가압류, 가처분. 즉 압류를 하면 시효는 중단된다는 거야. 혹시 압류라는 거 알고 있나?"

"알고 있어요."

"이상하게 으스대는군. 압류를 아는 게 뽐낼 일은 아니잖아. 하지만 일생 동안 한 번도 차압을 당해보지 않는다면 인생의 맛이 없지. 세상의 쓴맛 단맛을 다 겪은 사람이라고 말할 수 없는 거야. 집행관이 찾아와서는 장롱이나 미싱, 냉장고, TV, 뭐든지 손이 가는 대로 딱지를 붙이고 다녀. 같은 딱지라도 'NHK 수신료를 지불하고 있다'는 딱지를 붙이는 것과는 달라서 그다지 기분은 좋지 않을 거야."

"그 딱지를 떼어버리면 징역이라고 하던데요?"

"그래. 형법 제96조에 확실하게 규정되어 있지. '2년 이하의 징역에 처한다.' 자세한 내용은 날 잡아서 새롭게 형법 얘기할 때 설명해줄게."

"시효 중단의 묘약은 아직도 있나요?"

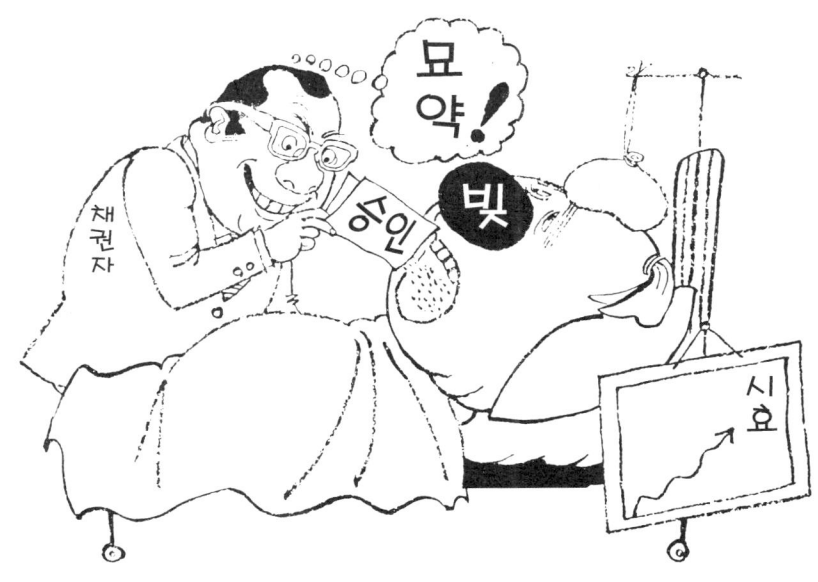

"묘약이 마음에 드나 보네. 하나 더 있어. 승인이라는 녀석이야. 승인이라는 말은 알겠지? 어쨌든 채무가 있다고 분명하게 인정하는 거지."

"입으로만 말해도 되는 건가요?"

"입이든 발이든, 아, 발로는 안 된다. 입으로든 서면이든 어느 쪽이든 상관없어. 하지만 뒷날의 증거를 위해 서면으로 해둘 필요가 있지."

"하지만 보통은 승인서 받는 것을 먼저 할 수도 없잖아요?"

"그렇지만도 않아. 귀찮게 해서 받는 사람도 있어. 이미 시효가 만료되었는데도 승인시키는 사람도 있고. 승인하면 시효의 이익을 포기한 것이 돼. 예를 들면 이미 시효가 소멸된 채권의 경우라도 상대가 그것을 알고 있는 상태에서 승인해주면 부활하기 때문이지."

"우와. 빈틈없는 녀석도 있나 보네요."

"그래. 이런 녀석도 있지. 부부 사이에는 시효가 정지되어 있어."

"그건 또 무슨 말이죠?"

"즉 부부 사이에서 돈을 빌려주고 빌렸다고 하자. 이때 대개는 남편 것은 아내 것, 아내 것은 남편 것이라고 생각하기 때문에 시효 중단 따위는 하지 않아. 부부 사이에서 내용증명을 보낸다거나 가압류를 하는 것은 이상하잖아. 부부 사이가 깨지지 않는 한 대부분은 하지 않지. 그러다 보면 어느 샌가 시효로 권리가 소멸되어 있어. 이런 부부가 이혼한다는 말이 나왔을 때 '내가 빌려준 돈 돌려줘' 했는데 '시효 만료야'라고 끝내면 너무 가엾지 않겠어? 그건 부부의 실체에도 맞지 않아.

그래서 부부로 있는 동안에는 한쪽이 상대에 대해 갖는 권리는 시효에 걸리지 않도록 한 거야. 이 권리는 혼인이 취소된 때부터 6개월간 지속돼. 그러니까 6개월 안에 중단 수단을 만들어놓으면 되는 거지. 오늘은 이 정도로 해두자고."

제2편 물권의 여러 가지 문제

1. 물권의 이력서

　법률관계 중에서도 물건에 대한 권리라는 말이 있듯이, 권리를 인정받은 물권은 가장 오랜 역사를 지니고 있다.

　우리 선조가 알몸으로 다녀도 부끄럽게 생각하지 않았던 시대, 원숭이보다 털이 3개 정도 많았던 시대에는 수렵도구, 식기, 무기가 가장 귀중한 재산이었다고 역사가들은 말한다. 알몸으로 다니는 인간에게는 옷이 필요 없다. 현대인들은 마음이 편했을 그들이 한편으론 부러울지도 모르겠다. 자신의 현재를 보라. 장롱을 열어젖히며 아내가 "입을 옷이 하나도 없어. 옷 좀 사줘" 하고 조르거나 딸이 "이번에 새로 나온 옷 입고 싶단 말이야"라며 어리광을 부린다. 올해 유행하는 최신형 양복을 맞춰 입고 사무실에 출근하여 동료들이 "와우, 멋진데!" 감탄하는 모습을 보고 싶지만, 지금은 대장성 긴축예산도 "어쩔 수 없이 취지만 찬성하고, 실행은 내년도 이월로 결정합니다"는 것이 우리 대다수 서민들이 사는 모습이다.

미츠코시에서 첩이 되겠다고 결정

　미츠코시 백화점에서 눈이 번쩍 뜨이는 최신형 드레스를 보고 살 결심을 했다고 해서 비난하는 사람은 없을 것이다. 여하튼 TV나 광고지, 쇼윈도를 통해 소비욕구를 부추겨 지나치게 판매에 열중하는 세상이다.

　현대인이 돈을 중요하게 생각하듯이 그 당시 사람들은 수렵도구, 식기, 무기를 목숨 다음으로 소중히 다루었던 것만은 틀림없다. 그래서 이런 물건에 대한 권리가 생겨났던 것이다. 이것이 물권의 시작이다. 따라서 물권은 모든 권리 중에서도 최초에 등장한 가장 오래된 권리라고 해도 좋다.

(가) 물권이란 무엇일까?

물권은 글자 그대로 물건에 대한 권리다. 물건의 권리란 물건을 직접 지배하는 권리이며, 물건에서 직접 이익을 얻는 권리다. 책을 한 권 갖고 있다면 소유자는 그 책을 지배할 권리가 있다. 읽든, 낮잠을 잘 때 베개로 사용하든.

"선잠은 책 한 권으로 얼굴에 지붕 삼아 덮는다."

이런 말처럼 얼굴에 지붕처럼 올려두든, 팔아버리든, 책장에 쌓아두든 모두 소유권자의 지배대로다.

채권에는 계약자유의 원칙이 있어서 법률이 허락하는 한 어떤 계약이라도 마음대로 할 수 있지만 물권은 그렇지가 않다. 물권은 법률로 정해진 것 이외에는 서로의 계약으로는 새로 만들 수 없다.

그럼 법률이 인정하는 물권이란 무엇일까? 점유권占有權・소유권所有權・지상권地上權・영소작권永小作權・지역권地役權・유치권留置權・선취물권先取物權・질권質權・저당권抵當權의 9개다. 그리고 민법 이외의 법률에서 인정받은 물권이 있다. 예를 들면 광업권鑛業權・입어권入漁權・어업권漁業權・철도재단등제종鐵道財團等諸權의 재단저당권財團抵當權・선박저당권船舶抵當權 등이다.

(나) 부동산에는 '등기'라는 옷이 필요하다

등기登記란 한마디로 부동산의 이력서 같은 것이다. 평수가 줄었거나, 집을 건축하거나, 토지주인이 바뀌었거나, 증축했거나, 그 이외 여러 가지 일들이 발생했을 때 등기부라는 공공의 장부에 기재한다.

타로는 가옥을 갖고 있는데 그 가옥을 지로에게 팔았다. 하지만 타로가 지로에게 팔았다는 사실을 세상 사람들은 모른다. 거리에서 요란하게 선전 광고하는 사람에게 부탁하여 말을 퍼뜨리지 않는 한, TV나 라디오에서 방송해주는 것도 아니고, 물론 정부가 관보에 게재해주지도 않기 때문이다.

지로가 그 집을 담보로 돈을 빌리려고 부자에게 상의를 해보았더니 그 집은 타로의 것이며 지로의 집이 아니라고 한다. 상대해주는 사람은 아무도 없다. 한편 타로는 지로에게 이미 집을 팔았는데도 세상 사람들이 그 사실을 모른다는 것을 이용해 이번에는 사부로에게 팔아버렸다.

게다가 아직도 세상 사람들이 모른다는 사실을 행운으로 생각하며 또다시 시로에게 팔았다. 이러면 끝이 없다. 어떻게든 타로와 지로의 매매를 세상 사람들에게 알릴 방법은 없을까? 그러면 지로도 안심하고 자기 집이라고 말할 수 있고, 타로도 이중 삼중의 매매로 타인에게 고통을 주지 않을 것이다.

그러기 위해서는 국가가 일정의 공부公簿를 준비해두고, 매매나 저당행위가 있을 때마다 일일이 그 공부에 기록하여 필요한 사람은 누구나 볼 수 있게 해두면 이와 같은 문제는 일어나지 않는다. 바로 이런 생각으로 기록이라는 제도가 태어났다. 다시 말해 알몸으로 부동산을 세상 밖에 내보낼 수 없으므로 등기라는 옷을 입혀서 내보내는 것이다.

그렇다면 동산에는 왜 등기라는 옷이 없을까? 부동산만으로는 불공평하지 않은가? 이런 의문이 생길지도 모른다.

하지만 동산은 들고 다닐 수 있고, 몸에 지니거나 집을 장식할 수도 있다. 사람이 지니고 있거나 집 안에 있는 거라면 일단 그 사람의 물건이라고 보아도 좋다. 모자를 쓰고 있는 사람을 보면 그 모자는 그 사람의 물건이라고 보는 것이 타당하다.

이처럼 동산은 소지에 의해서 그 사람의 물건이라는 사실을 알 수 있기 때문에 매매할 경우에도 건네주기만 하면 된다. 가게에서 물건을 선택하고 돈을 지불하고 물건을 건네받으면, 이미 소유권은 내게로 옮겨진다. 하지만 부동산은 보자기에 싸서 가져올 수도 없고, 주머니에 넣고 다닐 수도, 집 안을 장식할 수도 없다. 따라서 어떻게든 사회 일반 사람들에게 알릴 필요가 있는 것이다.

▶ 등기를 하면 어떤 이익이 있을까?

앞에서 말한 것처럼 등기가 있어서 매매가 있는 것이 아니다. 매매나 저당에 관한 계약이 있기 때문에 비로소 등기가 있는 것이다. 실제로 매매가 없는데도 매매의 등기가 있다면 그것은 효력이 없다. 돈을 빌릴 생각으로 우선 부동산에 저당권설정 등기를 했지만 이런저런 번거로운 일들이 발생하여 결국 돈은 빌리지 못했다. 그런데 저당권 등기만이 그대로 남아 있는 경우에도 그 저당권 등기에는 효력이 없다. 따라서 등기를 말소하라고 소송을 할 수 있다.

실제로 매매했어도 등기가 없으면 그 가옥을 자신이 구입했다고 주장할 수 없다. 매매했다는 사실을 타인이 모르기 때문이다. 요약하면 등기는 물권을 처음으로 갖거나 그 물권에 어떤 변경이 있다는 사실을 세상 사람들에게 알리기 위한 공시公示 방법이다.

민법은 제177조에 "부동산에 관한 물권의 득상 및 변경은 등기법이 정하는 바에 따르며 등기를 하지 않으면 제3자에게 대항할 수 없다"고 규정한다.

'득상得喪'에서 득得은 물권을 획득한 경우이고, 상喪은 잃은 경우, 즉 판매해서 타인에게 이전한 경우다. '변경'은 물권의 목적, 토지라면 토지가 증가하거나 소멸하는 경우다.

이렇게 말하면 매우 간단한 것 같지만 사실은 까다로운 논의가 다양하게 전개되고 전문적으로 걸쳐 있기 때문에 이렇게 지면을 할애하는 것이다.

그럼 어떤 물권을 등기해야 할까? (1) 소유권, (2) 지상권, (3) 영소작권, (4) 지역권, (5) 선취득권, (6) 질권, (7) 저당권의 7가지다.

▶ 등기에는 여러 종류가 있다

등기에는 어떤 종류가 있을까? 우선 먼저 '본등기本登記'라는 것이 있다. 일반적으로 이루어지는 등기다.

이 본등기는 물권의 득상변경 때 공시하는 확정적 등기다. 따라서 틀림없이 매매를 한 뒤, 매매 등기를 하면 실질적인 도깨비 방망이가 된다.

'가등기假登記'라는 것도 있다. 사정 때문에 지금 당장 본등기를 하지 못하고 임시로 잠시 하는 등기다. 예를 들면 지로가 타로의 집을 구입하면서 돈의 일부만 지불하고 나머지는 아직 지불하지 못했다. 이런 경우 완전한 등기는 할 수 없다. 하지만 그대로 방치해두면 등기가 없다는 것을 악용한 타로가 이 사실을 모르는 제3자에게 이중으로 팔아버릴지도 모른다. 그러면 큰일이다. 따라서 본등기를 할 수 있는 조건이 갖추어질 때까지 이런 일들을 방지하기 위해 임시로 등기를 해두는 것이다. 그렇게 하면 만약 타로가 가옥을 누군가에게 팔았다고 해도 등기의 순번은 가등기에 의해 지로가 가장 먼저라는 보증이 된다.

'예고등기予告登記'라는 것도 있다. 예를 들면 돈을 빌릴 필요가 있는 갑이 을에게 돈을 빌리기 전에 을을 위해 자신의 부동산에 저당권 등기를 해 주었다. 하지만 결국 돈은 빌릴 수 없었다. 그런데 을은 그 저당권 등기를 말소해 주지 않고 있다. 그래서 갑은 돈도 빌리지 못했는데 자신의 부동산에 저당권 등기가 되어 있어서 화가 나 견딜 수 없다. 이런 경우 두통거리인 쓸모없는 저당권 등기에 대해 재판소에 말소소송을 할 수 있다. 이때는 예고등기를 해두어 제3자에게 "이 부동산은 소송 중이다"는 사실을 알리는 것이다.

'보존등기保存登記'는 새로 건축된 가옥 등에 대해 자신이 소유권을 갖고 있다는 사실을 처음으로 등기하는 일이다.

'말소등기抹消登記'라는 것도 있다. 예를 들면 저당권 등기를 해서 돈을 빌렸다가 나중에 돈을 돌려주었다. 그래서 등기는 필요 없어졌다. 이때 그 등기를 말소하는 등기다. 즉 실질상의 관계가 소멸했을 때 등기가 필요 없어져서 그 등기를 삭제하는 것이다.

2. 점유권이란 무엇인가?

시계를 맡은 시계점 주인의 권리

시곗줄이 끊어져 수리하려고 시계점에 맡겼다. 시계점은 수리를 하고 있다. 시계점 주인은 이 시계에 어떤 권리가 있을까?

예를 들면 소유자가 수리비를 안 내고 시계점에 맡겼을 때, 시계점 주인은 무작정 수리된 시계를 건네야 하는 것일까, 건네줄 필요가 없는 것일까? 이때 시계점 주인에게 소유권은 아니지만 어떤 권리가 있다는 것 정도는 이미 누구나 알고 있을 것이다.

어떤 사람이 집을 임차賃借했다. 집을 빌린 사람은 매일 그 집에서 잠을 자고 청소를 한다. 모르는 사람이 어슬렁어슬렁 걸어 들어오면 "나가!"라고 일갈하며 주먹으로 한 대 칠 수 있다. 그러니까 이 임차인에게도 그 집에 대해 어떤 권리가 있다는 것은 틀림없지만 분명 소유권은 아니다. 그럼 그 권리는 과연 무엇일까?

고장난 시계에 대한 시계점 주인의 권리 또는 집을 임차한 사람의 권리와 같은 것을 점유권이라고 한다.

점유권이란 한마디로 말하면 점유를 근거로 해서 일시적으로 물권을 소유하는 권리다. 그렇다면 단지 일시적으로 물권을 갖고 있기만 하면 즉시 점유권이 생긴다는 말일까?

민법 제180조에는 "점유권은 자기 이익을 위해 의사를 갖고 물건을 소유함으로써 이것을 취득한다"고 되어 있다. 자기 이익을 위한 의사가 아니면 안 된다.

자기 이익을 위한 의사意思란 "뭐든 내 것으로 할 거야"라는 의사가 아니다. 자기의 이익을 꾀하는 의사다. 즉 시계점 주인이 시계를 맡아두고 있는 것도, 임차인이 집을 점유하고 있는 것도 "내가 소유할 거야"라는 뻔뻔스러운 소견이 아니다. 수리를 끝내면 수리비를 받을 수 있다는 생각으로 점유하고 있는 것이다. 어느 면에서는 타인의 이익을 도모하기 위해서지만 따져보면 결국 자신의 이익을 꾀하기 위해서다.

임차인도 마찬가지다. 점유는 집주인의 이익을 위한 것이기도 하지만 결국은 자신의 이익을 꾀하기 위한 것이다.

다음은 소지所持다. 소지란 사람이 그 물건에 대해 실질적으로 지배관계에 있는 것을 말한다. 시계점 주인이 시계를 맡아둔 이상, 소유는 아니지만 자신의 세력범위 내에 있으면 소지라고 할 수 있다. 금고 안에 넣어두든, 책상 서랍에 넣어두든, 가게 안에 놓아두든, 공장에 보내든, 여하튼 시계점 주인의 세력범위 내에 있기 때문에 시계점 주인의 소지라고 말한다.

또한 집의 임차인이 자신의 세력범위 내에 그 집을 두면 자신이 매일 그 집에서 자고 일어나지 않아도 아무 문제가 없다. 역시 임차인이 소지하기 때문이다.

그런데 임차인이 가족을 데리고 고향으로 돌아갔다. 그 뒤, 친구 부부가 그 집에 아담한 신접살림을 차리겠다고 했다. 그러면 이미 자신의 소지에서 벗어나기 때문에 점유권을 인정받을 수 없게 된다.

하지만 앞의 신혼부부가 임차인이 고향에 있는 동안만 여름휴가를 보내겠다고 했다면, 물론 아직은 임차인이 소지하고 있는 것이다.

3. 물권의 왕·소유권

(1) 사유재산이란

만약 신이 세상을 창조했다면 뭐든지 인간을 위해서만 만들지는 않았을 것이다. 신의 눈으로 보면 자연계의 삼라만상은 모두 일시동인一視同仁150), 평등무차별이다. 인간도, 돼지도, 새도, 물고기도, 초목도, 돌멩이도, 세균도, 아메바도 다 똑같이 소중한 존재다.

그런데 이들 중에서 가장 교활한 인간은 다른 동물에게는 없는 지혜를 악용하여 만물의 영장이라고 자칭하며 위세를 부리고 있다. 더구나 그 지혜라는 것도 무샤노고지 사네아츠武者小路實篤151)의 〈인간만세〉에 따르면, 신의 뇌수에 붙어 있는 조각에 불과하기 때문에 그렇게 대단하지도 않다. 게다가 먼지나 쓰레기 같은 찌꺼기로 이루어졌다고 한다면 그다지 훌륭한 대물도 아니다.

그래도 혼자 위세를 부리는 것은 귀엽게 봐줄 만하지만 "신이 인간을 위해 만물을 창조했다"는 억지 주장까지 해대니 너무한다 싶다. 또한 "세상 만물은 모두 인간이 지배할 권리가 있다"며 자신들을 위해 모든 것을 제멋대로 처분하고 있다.

만약 신이 인간을 위해 만물을 창조했다면 그 만물을 인류 공유로 하면 좋을 것을, 인간이라는 녀석은 국가를 만들어 영역을 정하고 끊임없이 싸움을 일삼는다. 인류 공유는커녕 가장 힘센 국가가 모든 것을 독점할지도 모르는 형편이다.

---

150) 멀고 가까운 사람을 친함에 관계없이 평등하게 대해준다는 뜻으로, 성인은 누구나 똑같이 사랑한다는 말. 한유의 '원인(原人)'에 나오는 말
151) 1885~1976년. 소설가. 극작가. 도쿄 태생. 톨스토이에 심취하여 시가 나오야(志賀直哉)와 함께 잡지 ≪자작나무(白樺)≫를 창간. 후에 인도주의의 실천으로 '새마을(新しき村)' 건설. 문화훈장 수상. 〈호인(お目出たき人)〉〈행복한 사람(幸福者)〉〈우정(友情)〉〈진리 선생(真理先生)〉 등의 소설과 희곡 〈인간만세(人間万歳)〉가 있다.

국가의 토지도, 돈도, 물고기도, 돌멩이도 모두 국가 전체의 공유로 해두면 좋을 텐데, 이 또한 그렇지가 않다. 국가 안에서도 강한 자만이 독점하고 있다.

즉 소유권이란 것을 인정하여 부유한 자가 그 소유권을 움켜쥐고 있다. 그런데 그 소유권은 인류 공동의 소유권도 아니고 국가 전체의 소유권도 아니다. 한 개인이 갖고 있다. 이처럼 토지 그 이외의 재산의 소유를 배타적으로 인정한 제도를 사유재산제私有財産制라고 한다.

따라서 사유재산제는 종종 비난과 공격의 대상이었다. 그럼에도 한편에서는 이 제도를 유지하려는 인간들이 적지 않다. 사유재산제를 변호하는 이유도 여러 가지가 있지만 어쨌든 일본의 법률은 현대 인류생활의 양식으로서 사유재산제도를 지지하고 있다. "비교적 만인의 이익을 잘 적용하고 있다"고 보기 때문이다.

인간만큼 기를 쓰고 제멋대로 욕심을 부리는 동물은 없을 것이다. 자기 물건이라면 남이 손도 못 만지게 할 만큼 소중히 취급하는 반면, 타인의 것이라면 실로 타산적이다.

들이 있으면 산이 있다는 식으로, 옆집 빨래가 비에 젖든 말든 태연하게 바라보고만 있을 정도로 무심한 동물이다. 요컨대 자기 집 종이 한 장은 아까워 어쩔 줄 모르면서 회사 종이는 마냥 펑펑 써댄다.

그래서 옛 사람들도 "내 것이라면 우산 위의 가벼운 눈도 사랑의 무게로 생각하고"라고 했을 정도다.

이런 사유재산제 개선하는 일은 서서히 하는 것이 좋겠다. 한꺼번에 하면 반발이 심할 테니까 서서히 시간을 두고, 인간의 제멋대로이고 이기적인 사고를 통제할 수 있는 풍조를 만드는 일과 병행해야 할 것이다.

▶ 다이카의 새 정부는 토지의 사유재산제를 부인했다

지금부터 1300년 전인 옛날, 다이카大化152) 새 정부는 "하늘 끝, 땅 끝, 온 세상, 이 나라에 있는 것은 단 일척이라도 개인에게 줄 수 없다"며 토지의 소유권을 조정에 남김없이 압수해버렸다. 즉 사유재산제도를 인정하지 않았던 것이다.

그리고 백성에게는 '반전법班田法'이라고 해서 전답을 빌려주었다. 우선 남자가 태어나 6세가 되면 논밭 2단보를 빌려주었다. 여자에게는 2단보의 3분의 2, 즉 한단 3이랑 정도였다. 여자의 비율이 낮은 것은 이때부터 시작되었는지도 모르겠다.

결국 백성은 차지료借地料로써 매년 공물을 수납하게 되었다. 즉 '사속사파의 공四束四把の貢'이라고 해서 전답 1단보의 수확을 백속百束으로 보고 세율을 정했다. 이것은 현재 토지세의 원조일 것이다.

하지만 인구가 급속히 증가했기 때문에 빌려주어야 할 전답이 없었다. 그래서 개간지를 장려했다. 황무지나 산림을 개간하는 사람에게는 개간한 전답에 한해서 그 세대만큼은 세금을 거둬들이지 않겠다고 했다. 그리고 기존의 전답을 '본전本田' 또는 '정전正田'이라고 하고, 새롭게 개간한 전답을 '신전新田'이라고 명칭을 붙여 구별했다. 여하튼 평생 세금 없이 무료로 경작할 수 있었기 때문에 욕심이 생긴 사람은 고양이 이마 정도의 적은 토지라도 놀리면 아깝다고 손이 닿는 산과 들은 모조리 개간해서 이번에는 '신전'이 잇달아 증가했다.

그런데 또다시 문제가 발생했다. 필자가 지금 역사 강의처럼 장황하게 다이카 정부 얘기를 하는 것은 사실 다음과 같은 이유 때문이다.

---

152) 아스카(飛鳥) 시대 고도쿠(孝德) 천황의 연호이며 일본 최초의 공식 연호. 645년 6월 19일~650년 2월 15일

개간한 신전은 그 사람 일대에 한정되었다. 죽으면 본전과 마찬가지로 몰수되었기 때문에, 늙어서 죽을 때쯤 되면 비료도 안 주고 풀도 뽑지 않았다.

"어차피 몰수될 전답이다. 풀을 뽑을 필요가 없다."

서로 의논이라도 한 것처럼 모두들 돌보지 않고 내팽개쳤다.

그래서 이런 상황을 방지하기 위해 이번에는 '신전3세제도新田3世制度'를 만들었다. 신전을 손자의 대까지 경작할 수 있도록 한 것이다.

앞의 예에서도 알 수 있듯이 사람은 자신의 것이라면 비료도 주고 풀도 뽑지만 타인 소유라면 손도 대려 하지 않는 건 예나 지금이나 변함없는 듯하다. 그래서 사유재산제도가 생겨나 오늘날까지 이르고 있는 것이다.

(2) 소유권이란 무엇일까?

건물소유권을 가진 사람이 있다. 그 건물 주인은 어떤 권리를 갖고 있을까?

가장 먼저, 자신이 그 집에서 거주할 수 있다. 즉 사용이다. 다음으로, 집을 다른 사람에게 빌려주어 임대료를 받을 수 있다. 즉 수익이다. 게다가 그 집을 팔아서 돈을 벌 수 있다. 즉 처분이다. 이처럼 소유권자에게는 사용할 권리, 수익을 얻을 권리, 처분할 권리가 있는 것이다.

따라서 민법 제206조에는 "소유권자에게는 법령이 정하는 범위 내에서 자유롭게 그 소유물을 사용, 수익, 처분할 권리가 있다"고 되어 있다.

이 소유의 권리를 충분히 누리기 위해서는 소유물을 점유하고 소유권을 갖고 있어야 한다. 만약 소유권을 침해받으면, 예를 들어 자신이 소유한 토지 위에 타인이 무단으로 집을 건축하여 사용권이나 수익권을 침해받았을 때 그 침해자에 대해 방해를 제거할 권리를 인정받는다. 또한 자신의 소유물을 무단으로 들고 가버리면 되돌려 받을 수 있는 권리도 있다. 즉 침해받으면 손해배상을 청구할 권리가 있다는 말이다.

그런데 위의 소유권에 있는 세 가지 권리도 법률의 범위가 아니면 안 된다. 법률이나 명령이 허락하는 범위에 한한다. 예를 들면 토지의 소유권이 아무리 지표, 지하, 지상에 달해 있다고 해도 지하에 광물이 있으면 그것은 독립하여 타인의 물권(광

물권)이 된다. 온천이 흐르는 경우도 마찬가지다. 모두가 토지소유권이 미치는 범위 이외인 것이다.

하늘부터가 그렇다. 비행기가 자신의 토지 상공을 날아간다고 해서 소유권 침해라며 손해배상을 청구할 수는 없다.

그 외에 독약, 극약, 총기, 탄약의 단속에 관한 것이나 토지수용土地收用, 수렵, 산림, 하천 등 하나하나 열거하면 소유권을 제한한 법률이나 명령은 상당히 많다.

(3) 이웃과의 관계

소유권도 사회가 존재해야 비로소 인정받을 수 있기 때문에 여러 가지 사회적인 제약을 받는다. "사권私權은 공공公共의 복지에 따른다"(민법 제1조)고 되어 있는데, 그것은 당연하다. 그 외에도 소유권에는 이웃과의 관계에서 오는 제한도 있다.

예를 들면 옆집의 거목이 자신의 거실까지 넘보며 뻗쳐 그림자를 드리우고 있어서 불편하다, 혹은 옆집에서 물이 흘러 들어와 견딜 수가 없다, 옆집 창문이 이쪽을 향해 있어 거실이 다 보인다, 옆집의 죽순이 이쪽 토지로 뻗어온 것은 무단이므로 먹어도 된다는 등이다.

반대로, 자기 집 정원의 밤나무 가지가 옆집으로 뻗어 있어서 밤이 떨어져도 가져올 수가 없다, 혹은 흔히 있는 일로써 집과 집이 너무 붙어 있는 관계로 수리나 건축을 할 때는 사사건건 간섭하지 않으면 안 된다는 등이다.

그렇다면 이런 일이 있을 때는 어떻게 해야 할까? 실로 옆집과의 관계에서 셀 수 없을 정도로 다채로운 문제들이 발생하고 있다. 그 중 일반적으로 일어나기 쉬운 문제만을 골라 예를 들어가며 설명하겠다.

(가) 옆집 토지를 사용할 수 있는 경우

민법 제209조에는 "토지소유자는 경계 또는 그 부근에 담장, 혹은 건물을 세우거나 수리상 필요한 범위 내에서 옆집의 토지 사용을 청구할 수 있다. 단지 옆집의 승낙이 없으면 그 주택에는 들어갈 수 없다"고 규정되어 있다.

즉 담장이나 건물의 건축 또는 수리에 필요한 범위라면 옆집의 토지를 사용할 수 있다는 것이다.

처음부터 옆집의 토지 사용권은 담장과 건물의 건축 및 수리에 한정되어 있다. 정원수를 심거나 정원석, 석등롱을 설치하거나 우물이나 도랑을 파는 일에 대해서는 옆집의 토지를 사용하고 싶어도 허락되지 않는다.

"옆집의 토지 사용을 청구할 수 있다"고 되어 있으므로 우선 옆집의 토지소유자에게 "이번에 우리 쪽에서 건축하게 되었는데 2미터 정도만 사용하게 해주십시오"든가 "담장을 수리해야 하는데 2미터 정도만 사용하고 싶습니다"라고 물론 요청이 가능하기에 말을 꺼냈지만, 옆집 주인이 기분 좋게 승낙해주면 좋으련만 이런저런 핑계를 대며 허락해주지 않는다면 어떻게 해야 할까?

어쩔 수 없이 재판소에 소송할 수밖에 없다. 재판소는 실질적인 현황을 조사한 뒤, 폭 2미터 정도를 허락한다, 혹은 3미터의 범위 내에서 허락한다는 식으로 옆집 주인 대신 판결로 허락해준다.

설령 법률로 정해져 있어도 옆집 주인의 승낙 없이, 더구나 재판소의 판결도 받지 않고 마음대로 남의 집에 침입할 수는 없다. 승낙이 있다면 어디에 들어가든 상관없지만 승낙이 없다고 해서 "그럼 재판소에 소송해"라고도 말할 수 없다.

또한 자신의 토지를 옆집의 담장이나 집수리, 건축을 위해 제공한 사람은 피해를 당하는 만큼의 손해배상을 청구할 수 있다.

(나) 대지에서 공도로 나가는데 타인의 땅을 통과할 수 있다

대지袋地는 도시에는 그다지 많지 않지만 지방의 전답이나 그 전답을 택지화한 곳에는 상당히 많다. 그런데 이것이 종종 문제가 되고 있다.

그렇다면 어떤 것이 대지인가? 어떤 토지가 타인의 토지로 둘러싸여 있어서 그 토지를 통과하지 않으면 공로公路로 나갈 수 없는 경우를 주로 말하는데, 그 외에 이런 경우도 있다.

예를 들면 주위가 모두 타인의 토지는 아니지만 한쪽은 연못, 늪, 하천, 바다, 산이나 벼랑 등으로 되어 있을 때는 역시 타인의 토지를 통과하지 않을 수 없다.

그럼 통행을 위해서 대지의 소유자는 어떤 권리를 인정받는가?

민법 제210조에는 "어느 토지가 다른 토지로 둘러싸여 공로로 통과할 수 없을 때는 그 토지의 소유자는 공로로 나가기 위해 위요지[153]를 통행할 수 있다. 연못과 늪, 하천, 도랑 혹은 해안으로 인해 전혀 통과할 수 없거나 벼랑으로 인해 토지와 공로에 고저가 현저하게 있을 때도 마찬가지다"고 되어 있다.

이런 경우, 통행 장소나 방법은 통행권이 있는 대지 소유자를 위해 필요하기 때문에 마음대로 통과해도 상관없지만 통행권자는 위요지를 위해 손해가 적은 곳을 선택해야 한다.

대지 소유자가 통행권이 인정된다고 해서 아무 곳이나 통과한다면 주위의 토지소유자는 곤란할 것이다. 그래서 주변의 지리 상황 등을 고려하여 가장 손해가 적은 장소로 통과하도록 하고 있다.

통행자가 그렇게 하지 않았을 경우, 위요지 소유자는 통행지 결정 소송을 할 수 있다. 대지 소유자에게 주어진 위요지 통행권은 특별히 재판소에 청구하지 않아도 되며 위요지 중 손해가 적은 곳을 선택하여 마음껏 통행해도 상관없다. 만약 이 통행을 방해하거나 장애물을 설치하여 통행을 막았을 때는 방해물 제거 소송을 할 수 있다.

또한 통행권이 있는 사람은 필요하다면 스스로 통로를 설치할 수 있다. 그 대신 통행권자는 통행하는 토지의 소유자에게 배상금을 지불해야 된다. 통행도로 개설비용은 물론 통행자 부담이다.

그렇다면 폭은 어느 정도일까? 5미터든 10미터든 상관없을까? 아니다. 통행할 수 있을 만큼의 넓이다. 건축기준법에 정해진 넓이라면 괜찮다고 말할지도 모르지만 학자들의 반대에도 불구하고 최고재판소는 다음과 같이 말했다.

"건축기준법은 통행권의 문제가 아니기 때문에 뭐든지 건축기준법의 넓이로 한다고 말해서는 안 된다."

즉 무조건 건축기준법의 넓이가 아니라 어디까지나 통행할 수 있는 만큼의 폭으로 하라는 것이다.

---

[153] 위요지(囲繞地) : 어떤 땅을 둘러싼 주위의 땅

지금까지 한 필지의 토지였는데 점점 분할하여 결국에는 대지가 되어버린 경우, 그 대지를 구입하여 소유자가 된 사람은 그 매주賣主의 토지만 통과할 수 있다. 이런 경우, 그런 대지를 생기게 한 것은 매주의 책임이기 때문에 통행자는 특별히 배상금을 지불할 필요는 없다.

(다) 경계표境界標는 어떻게 할까?

토지소유자는 인근 토지소유자와 공동 비용으로 경계를 표시하는 물체를 설치할 수 있다. 민법 제223조와 제224조에 정해져 있는 것이 경계표에 관한 문제다.

옛날부터 토지의 경계에 대해서는 서로 옥신각신 다툼이 많았다. 그것을 미연에 방지하기 위해 만든 규정이지만, 주의해야 할 것은 이 권리는 이웃 간의 경계에 대해 아무 문제도 발생하지 않았을 때의 일이란 점이다. 즉 어느 곳이 경계라는 일로 이웃 간에 특별한 의문도 분쟁도 없었지만 나중에 분쟁이 발생할지도 모르기 때문에 뭔가 표시를 해두는 것이 좋다고 생각한 경우다.

경계에 대해 이미 분쟁이 발생한 경우에는 위의 조문에 따르지 않고 별도로 경계 확정을 위한 소송을 해야 한다. 그렇다면 어디에 그런 규정이 있을까? 법률에는 특별히 그런 규정이 없다. 육법전서를 처음부터 끝까지 빠짐없이 읽어도 그 규정은 발견 못할 것이다. 하지만 이것은 토지 소유권의 범위를 확정하는 일이기 때문에 토지소유권의 효력으로써 당연히 인정받게 된다.

(라) 옆집과의 경계에 담장이나 울타리를 만들고 싶을 때

소유권자가 다른 두 집 건물 사이에 공지空地가 있는 경우, 소유자는 다른 소유자와 공동 비용으로 그 경계에 울타리나 담장을 설치할 수 있다. 이것은 민법 제225조에서 볼 수 있다. 흔히 말하는 담장을 만드는 일이다.

담장을 어떻게 만들까? 어떤 재료를 사용할까? 예를 들면 대나무 4개인 울타리일까? 판자벽일까? 아니면 콘크리트 담장일까? 블록 담장일까? 여러 가지가 있다. 재료의 등급은 어느 정도로 할까? 높이는 어떻게 할까? 이런 문제들은 서로 의논할 필요가 있다.

하지만 협의가 되지 않았을 때는 어떻게 하면 좋을까?

동조同条 2항에는 이런 때를 위해 "당사자의 협의가 이루어지지 않았을 때는 전항의 담장은 판자벽이나 대나무 울타리로 하고 높이는 2미터로 한다"고 되어 있다.

재료는 중등中等이다. 설치와 유지 비용은 이웃이 똑같이 부담한다. "난 지금 돈이 없으니까 안 돼"라고 말할 수는 없다. 한쪽의 이웃이 자비로 아주 좋은 재료를 사용하고, 높이 또한 늘려서 담장을 만들어도 추가 비용만큼은 아무 상관이 없다. 물론 정도 문제이긴 하지만.

이웃 간에 싸움을 하여 한쪽이 2미터 높이의 콘크리트 벽을 만들자 옆집에서는 2.5미터 높이의 판자벽을 만들었다. 그러자 한쪽이 콘크리트를 5미터로 했다. 옆집은 7미터로 했다. 이런 경우, 자비로 한 것이니 높은 담장을 만들어도 상관없을까? 부자인 옆집이 심술궂게 터무니없이 높은 벽을 만들면 가난한 사람은 참을 수 없다. 채광도 들어오지 않을 뿐더러 통풍도 나쁘다. 보건위생상 좋지 않다. 이 싸움은 위장권囲障権154)의 문제가 아니고 앞에서 말한 권리의 활용에 대한 문제다. 권리는 권리로서 독립되어 존재하는 게 아니다. 타인이 있기 때문에 가능한 권리다.

(마) 이큐와 신자에몬의 죽순 다툼

도성 밖, 무라사키노紫野155)에 있는 대덕사大德寺의 이큐 오쇼一休和尚와 니나가와 신자에몬蜷川新左衛門의 얘기는 유명해서 새삼 설명할 필요도 없지만 법률적 해석을 위해 간단하게 말해보자.

이큐 오쇼와 신자에몬은 서로 이웃하며 살고 있었다. 사이좋은 친구였지만 마치 바둑이 흐트러지듯 종종 부질없는 싸움을 하곤 했다. 특히 이큐의 자유분방하고 넘치는 재치, 익살스런 해학이 임기응변의 묘에 이르면 신자에몬은 도저히 이큐를 대적할 수 없었다. 하지만 신자에몬은 언젠가는 이큐 녀석을 넌덜머리 낼 정도로 꼼짝 못하게 굴복시켜주겠다고 벼르고 있었다. 그 때문에 노심초사, 이만저만하게 고심하던 신자에몬은 먼저 이큐를 만나 맞붙어 보았지만 결과는 늘 허사였다.

---

154) 법률에서 인접해 있는 건물 소유자가 부지의 경계에 설치한 담장이나 울타리 등의 건축물에 관한 권리
155) 쿄토시 북구의 지명. 대덕사(大德寺), 이마미야(今宮神社) 신사가 있다.

거리낌 없는 재치, 담수처럼 유유하게 흘러나오는 익살은 이큐의 독무대였다. 그러던 중, 기다리면 쥐구멍에도 볕 들 날이 있듯이 마침내 기회가 왔다. 신자에몬에게 일생에 단 한 번 유일하게 보복할 때가 온 것이다.

대덕사 경내, 특히 신자에몬과의 경계선 부지에는 맹종孟宗의 죽순이 있었다. 여름이면 모기들이 극성스럽게 몰려들어 고통스러웠지만 봄이 되면 단단한 대지를 뚫고 머리를 쑥 내미는 죽순의 생명력에 이큐는 경탄하며 즐거워했고, 그 죽순이 밥상에 올라오는 것을 무척 좋아했기 때문에 대나무를 제거하려고도 하지 않았다. 대나무에 대한 소유권 관념도 없었다. 어느 해 봄, 적지인 신자에몬의 부지까지 뻗어나간 싱싱한 죽순은 기름진 처녀지를 발견한 듯 좋아라 머리를 쑥 내밀었다. 이것을 본 신자에몬은 승산 있는 계획을 세우고 무릎을 치며 빙그레 웃었다. 신자에몬이 무슨 계략을 꾸미는지 알 리가 없는 죽순은 이내 살이 올라 먹기 좋은 상태가 되었다.

그러던 어느 날, 이큐가 정원에서 풀을 뽑고 있었다. 마침내 계획을 실행할 때가 왔다고 생각한 신자에몬은 이큐에게 들으라는 듯 큰 소리로 죽순을 꾸짖었다.

"궁궐 호위무사의 부지에 예고도 없이 무단으로 방문하는 밉살스럽고 무례한 놈, 하리츠케로 처형당해 마땅하지만 너의 주인과의 평소 친분을 생각해서 지금 맨손으로 때려잡는 것만으로 고맙게 생각하라."

죽순은 염불도 없이 지면에서 뚝 잘려졌다. 이것을 본 이큐, 즉시 편지를 써서 신자에몬에게 하인을 보냈다.

"방금 귀하의 손에 맞아 죽은 소생의 부지에 있었던 녀석, 불민하지 못한 이 사람이 책임을 지고 정성껏 불공을 드려 명복을 빌어주고 싶은데 그 사체를 하인에게 건네주시기를 간절히 바랍니다."

신자에몬은 밀려오는 기쁨을 지그시 누르며 "죄인은 어수御手(왕의 손)의 번거로움을 어떻게 알았는지 사체는 지금 부엌에서 화장의식을 받고 있습니다. 의류 전부를 유품으로써 건네드리니 정성껏 불공을 드려서 명복을 빌어주십시오"라며 죽순 껍질만을 하인에게 건네주었다.

그 죽순 껍질을 끌어안고 이큐가 "오, 가여운 것"이라고 설마 말하지는 않았겠지만, 어쨌든 이 싸움은 이큐의 패배였다. 신자에몬은 실로 몇 년 만에 후련함을 맛본 것인지 기뻐 어쩔 줄 몰라 하며 또 다른 죽순이 얼굴을 내밀고 있지 않을까 맹종죽 부근을 어슬렁거렸다.

이 이큐와 신자에몬의 죽순 다툼을 현대의 법률은 어떻게 해결할까?

▶ **신자에몬에게 죽순을 잘라낼 권리가 있는가?**

이것과 관련된 법률은 민법 제233조이고 다음처럼 규정되어 있다.

"인접한 죽목竹木의 가지가 경계선을 넘었을 때는 그 죽목의 소유자에게 그 가지를 잘라 없애게 할 수 있다. 인접한 죽목의 뿌리가 경계선을 넘었을 때는 그것을 재취裁取할 수 있다."

그렇기 때문에 인접해 있는 죽목의 가지가 경계를 넘어 침입해오면 죽목의 소유자에게 그것을 자르라고 청구할 수 있다. 만약 청구에 응하지 않으면 소송해서 잘라내게 할 수 있다. 하지만 자기 마음대로는 잘라낼 수 없다.

대나무나 나무의 뿌리가 경계를 넘어왔을 때는 청구도 최고催告도 인사도 필요 없다. 자기 마음대로 잘라내도 된다.

그렇다면 잘라낸 뿌리의 소유권은 누구에게 있을까? 법률에 재취裁取할 수 있다고 되어 있으므로 잘라낸 뿌리는 자기 것이다. 그렇다면 옆집에서 침입해온 죽순을 모름지기 잘라먹든, 방치해두든 아무 문제가 없는 것일까?

신자에몬이 했던 일은 법률상 아무 문제가 없을 뿐더러 껍질도 돌려줄 필요가 없다. 하지만 자기에게는 전혀 필요하지도 않은데 단지 옆집 사람에게 손해를 끼칠 생각으로 심술궂게 뿌리를 파내어 고갈시켰을 때는 권리의 남용이다.

왜 뿌리와 가지를 이렇게 구별한 것일까? 가지는 뿌리에 비해 고가高價다. 또한 나무는 뻗어 있는 가지의 모양이 무척 중요하다. 특히 가지는 뿌리와 달라서 잘라내기 위해 옆집에 들어가지 않아도 가능하지만 뿌리는 그렇지 않다. 아마도 이런 이유로 구별했을 것이다.

(바) **옆집으로 떨어진 나무 열매는 누구의 것일까?**

도시에서 멀리 떨어진 산촌 마을에는 성격이 가장 나쁜 겐지와 옹고집쟁이 모쿠스케가 서로 이웃해 살고 있었다. 어릴 적부터 싸움을 일삼으며 성장한 두 사람은

70세의 노인이 되었어도 아직 싸움을 멈추지 않는다. 그러기는커녕 점점 더 으르렁 거리고만 있다. 저승까지 가서도 싸울 것 같다.

그런데 4~5년 전, 겐지가 모쿠스케 집과의 경계선에 심은 밤나무가 멋지게 자랐다. "배나무와 밤나무는 싹이 나올 때부터 3년이면 열매를 맺는다"는 세상 이치대로 올해도 밤이 주렁주렁 열렸다.

봄이 늦게 찾아온다는 산촌은 가을 방문이 빠르다. 산천이 온통 단풍으로 곱게 물들고 그 속에서 겐지의 밤나무도 커다란 밤송이를 당장이라도 떨어뜨릴 듯이 활짝 웃고 있었다.

그런데 그날 밤 태풍이 사납게 몰아쳤다. 아침 일찍 일어나 세수하러 나온 모쿠스케는 겐지의 토실토실한 밤이 자기 집 마당에 잔뜩 떨어져 있는 것을 발견했다.

한편 겐지는 바구니에 밤을 가득 주워 담은 뒤, 모쿠스케의 집으로 떨어진 밤을 울타리 너머로 유감스럽다는 듯 바라보았다.

"모쿠스케, 어젯밤 태풍 때문에 내 밤이 너네 집으로 엄청 떨어졌어. 좀 주워주지 않을래?"

"오호라, 이거, 네가 주는 용돈이네?"

"허튼소리 말고 좀 주워줘. 부탁해."

"네게 부탁받는 것보다 소에게 걷어차이는 편이 나아."

"그러지 말고 주워달라구. 아니면 밤 주우러 내가 너네 집으로 갈까?"

"절대 안 돼. 우리 집에 오지 마. 역신이 들어오는 것보다 더 싫으니까."

"그러니까 부탁해. 네 멋대로 삐딱하게 굴지 말고."

"쳇, 내 멋대로 할 거야."

"하지만 그 밤은 내 것이잖아? 손가락 하나라도 건드려봐. 똥구멍에 저울을 달아서 매달아버릴 테니까."

"흥, 이런 썩어빠진 밤에 손을 대느니 기차에 매달려 죽는 게 낫겠다."

그렇다면 이 밤에 대한 문제는 법률상 어떻게 해석해야 할까? 그 지방에 관습이 있다면 관습에 따르겠지만 없다면 겐지의 주장대로 그의 소유일까? 외국에서는 밤이 떨어진 집, 즉 모쿠스케에게 소유권이 있다고 법률로 규정되어 있지만 일본은 그런 규정이 없기 때문에 역시 겐지의 밤으로 해석하는 쪽이 타당할 것이다.

여기에 한 가지 문제가 있다. 겐지는 어떻게 그 밤을 주울 수 있을까 하는 것이다. 앞에서 설명했듯 옆집에 들어갈 수 있는 경우는 담장이나 건물의 건축수리에 한정되어 있다. 겐지는 떨어진 밤에 대한 소유권은 있어도 승낙 없이는 모쿠스케의 집 안으로 들어갈 수 없다.

또한 모쿠스케도 자신이 가질 수 없는 밤이 집 마당에 굴러다니면 여러 가지로 불편하기 짝이 없다. 더구나 밤송이에 상처를 입을 우려도 있다.

결국 법률에서는 이런 모순을 해결할 수 없다. 하지만 좀 더 법률적으로 나아가보자. 모쿠스케는 앞에서도 설명했듯이 겐지에게 자기 집으로 뻗어 나온 밤나무 가지를 잘라내라고 소송을 할 수 있으며 떨어진 밤과 뾰족한 껍질을 한 군데로 모아 둘 수가 있다. 더구나 밤이 떨어져 집 안에 손해를 입혔을 때는 손해배상도 청구할 수 있다.

또한 떨어진 밤을 깨끗하게 제거하라는 소송도 가능하다. 왜냐하면 어떤 형태로든 소유권을 침해받지 않을 권리가 있기 때문이다.

(사) 건물을 세울 때는 옆집의 토지와 어느 정도 거리를 두어야 할까?

건물을 세울 때는 경계선에서 어느 정도 떨어져야 할까? 법률은 "원칙으로써 50cm 이상의 거리를 두어야 한다"고 규정한다. 따라서 양방 50cm씩 떨어지면 결국 1m의 간격이 생긴다. 이것은 민법 제234의 규정이다. 일조, 통풍을 염두에 두었으며 옛날부터의 관습도 고려한 것이다.

이 사항을 위반하여 건축한 사람이 있으면 옆집의 소유권자는 그 건축을 폐지시키거나 변경시킬 수 있다. 하지만 건축을 착수한 때부터 1년이 경과했거나 건축이 완공된 뒤에는 할 수 없게 된다. 단지 손해배상만 청구할 수 있다.

더구나 토지 한 되에 금 한 되라는 금싸라기 땅값인 도시에서는 그런 사치스런 일은 있을 수가 없다. 그래서 법률은 "전조의 규정과 같지 않은 관습일 때는 그 관습에 따른다"며 제236조에 편법을 두고 있다. 도시에서는 대개 이런 관습이 있는 것 같다.

따라서 도쿄나 오사카 등의 번화가에 가면 찰싹 달라붙게 건축한 집들이 끊임없이 눈에 들어온다. 게다가 건축기준법의 예외도 있다.

① 방화지역 또는 준방화지역이고, ② 외벽이 내화구조耐火構造라면, 경계선에서 50cm 이상 떨어질 필요가 없다고 되어 있다.

(아) 관망에 관한 법률관계

자기 집 실내가 한눈에 들여다보이는 곳에 옆집 창문이 있는 탓으로 겨울은 그렇다 치고 여름에는 무엇을 해도 전부 노출되어 굉장히 곤란하다. 왠지 감시받는 기분이 들어 견딜 수가 없다.

쓸데없이 걱정거리가 많은 법률은 이것까지 예상해서 제235조에 "경계선보다 1m 미만의 거리에서 타인의 집 안을 관망하는 창문과 툇마루를 설치하는 사람은 눈가리개를 해야 한다. 위의 거리는 창문과 툇마루의 가장 가까운 점에서 직각으로 경계선에 이르기까지의 거리다"로 되어 있다. 만약 그 창문과 툇마루가 경계선에서 직각으로 1m 미만이었다면 눈가리개를 해야 한다. 하지만 경계선에서 1m 이상이라면 눈가리개의 설치는 청구할 수 없다. 심술궂은 옆집 가족이 총출동하여 아침부터 밤까지 지켜본다 한들 어쩔 수가 없다.

눈가리개는 어떤 것으로 하면 좋을까? 법률은 그것까지 상세하게 규정하지는 않는다. 결국 눈가리개로써 용도에 맞는 정도라면 된다고 하지 않을 수 없다. 눈가리개 설치를 위해 필요한 비용은 설치의무자가 부담해야 한다. 하지만 이와 다른 관습이 있을 때는 그 관습에 따르도록 되어 있다.

㈎ 구덩이 파기에 관한 법률관계

옆집과의 경계선에 하수도나 비료유肥料溜가 파이면 사건이다. 따라서 민법 제237조에는 "우물, 용수, 하수 또는 비료유를 팔 때는 경계선에서 6척 이상, 연못이나 토굴, 변소를 팔 때는 3척 이상의 거리를 유지해야 한다"고 되어 있으며, "수도관을 묻거나 도랑을 팔 때는 경계선에서 깊이의 반 이상의 거리를 유지해야 한다. 단, 3척을 넘어서는 안 된다"고 되어 있다.

만약 옆집에서 법정거리를 두지 않고 구덩이를 팠을 때는 어떻게 할 수 있을까? 별도의 규정은 없지만, 옆집 사람에게 "법정거리를 두지 않은 공사는 중지하라"고 청구는 할 수 있다. 이미 파버렸다면 제거하라는 청구도 할 수 있다. 손해배상도 청구할 수 있다.

다음으로, 이런 공사를 한 사람에 대해 "경계선 부근에서 이러한 공사를 할 때는 토사의 붕괴, 또는 물이나 오물이 배어나오지 않도록 주의를 요한다"고 규정하고 있기 때문에, 설령 법정거리를 둔 공사의 경우라도 토사가 붕괴하지 않도록, 물이나 오물이 배어나오지 않도록 주의해야 한다.

만약 옆집 사람이 이 조항을 위반하여 공사를 했다면 어떻게 해야 할까? 법률에는 규정이 없다. 이런 경우, 법정거리를 두었기 때문에 제거하라고 청구할 수 없다. 그 대신 토사가 붕괴하지 않도록 설비를 하라든지, 오물이 흘러나오지 않도록 방지를 하라는 청구는 할 수 있다.

(4) 물에 대한 옆집과의 법률관계

(가) 옆집에서 물이 흘러 들어왔을 때

토지소유자는 옆집에서 자연적으로 흘러 들어오는 물을 방지할 수 없다. 이것은 민법 제214조에 규정되어 있다. 물은 높은 곳에서 낮은 곳으로 흐르기 때문에 옆집에서 자연적으로 흘러 들어오는 물이 그것을 받아들이는 토지에 어떤 손해를 입힌다 해도 승수지承水地 소유자는 참고 받아들여야 한다는 의무, 즉 승수의무承水義務가 있기 때문이다.

자연적으로 흘러 들어오는 물을 방지해서는 안 된다는 승수의무 때문에 그렇다고 그 물을 소통시키기 위해 특별히 설비까지 해야 한다는 뜻은 아니다.

반대로, 수상水上의 토지소유자는 자신의 토지에서 자연적으로 흘러 내려가는 물이 옆집에 폐를 끼친다고 해서 일부러 방지할 책임은 없다. 법률적으로 말하면 "자연적으로 옆집으로 흘러 들어가는 물은 내버려두어도 아무 문제가 없다"는 것이다.

이는 우수雨水, 천수泉水, 계류溪流처럼 자연적으로 흐르는 물에 해당한다. 인공을 가미한 인위적인 물은 제외다. 우물이라든가, 분수, 새로 연못을 파서 저장한 물은 인위적이기 때문에 소유자는 그 물이 옆집으로 흘러 들어갔을 때 책임을 방임할 수 없다. 옆집 사람도 그 인위적인 물에 대해서는 승수의무가 없다.

(나) 옆집에서 빗물이 튀어 들어올 때

토지소유자는 지붕이나 다른 공작물을 설치할 경우 우수雨水가 옆집으로 흘러 들어가도록 해서는 안된다..

집에 지붕이 있는 것은 당연하다. 지붕이 없다면 잠자리에서 달구경을 할 수 있어 좋을지는 몰라도 그것은 주거가 아니다. 지붕의 경사 때문에 빗물이 옆집으로 흘러 들어간다면 옆집 사람은 견딜 수 없을 것이다. 따라서 빗물이 옆집으로 튀어 들어가지 않도록 방법을 강구할 필요가 있다.

(다) 지대가 낮은 옆집을 통과해서 물이 흘러가게 하려면

고지대의 소유자는 토지를 건조하거나 사용한 물을 버릴 때 공로公路나 공류公流, 또는 하수도에 도달할 때까지 저지대로 물을 통과시킬 수 있다. 하지만 무조건은 아니다. 저지대 사람을 위해서 가장 손해가 적은 장소나 방법이 아니면 안 된다.

사람은 생활을 하고 있는 이상, 자연적인 유수뿐만 아니라 가정용 또는 공업용 물을 사용한다. 사용한 물을 배출할 수 없다면 곤란하다. 그 물을 배출하기 위해서 저지대에 수도 설치, 하수관 매설 등의 권리를 인정받는다.

그 대신 저지대 소유자는 스스로 배수설비를 하지 않아도 고지대 소유자가 설치한 시설을 사용할 수 있다. 멋진 얘기다.

(라) 치과의사와 화가의 분쟁

이런 일을 모르기 때문에 엉뚱한 분쟁이 발생하기도 한다.

어느 치과의사가 이웃집 화가를 폭력행위와 기물파손 등으로 관할 경찰서에 고소를 했다. 경찰서에서는 곧 조사에 착수했다.

사건의 전말은 이렇다. 치과의사는 최근 의원을 신축 개업했다. 문제의 화가와는 서로 이웃으로 도로를 마주하고 있다. 그런데 하수설비가 나빠서 오수가 경사면을 따라 화가의 집 현관 앞까지 흘러 들어갔다. 그것이 결벽증 있는 화가를 화나게 만들었다. 여러 번 언쟁이 오갔고, 2~3개월 뒤 화가의 요구를 받아들인 치과의사는 토관土管을 묻었다. 그런데 그 토관이 또 다른 분쟁을 일으켰다. 묻은 장소가 화가의 현관 앞이었던 것이다.

싸움의 부활이었다. 어느 날, 화가는 제멋대로 토관을 파헤쳐버렸다. 그뿐만이 아니었다. "오수는 도로를 횡단하여 저쪽으로 가라!"는 듯이, 다음날 아침 일찍 폭력단 7명을 고용해 약 20m나 되는 도랑을 치과병원 정문 앞에 파서 오수가 역류하도록 해버렸다. 상담을 받은 경찰서장은 우선 화가를 설득하여 20m의 도랑을 묻게 했다. 그뿐이었다면 일은 조용히 끝났을 것이다. 그런데 화가는 제자들을 모아 또다시 도랑을 만들어버렸다. 그래서 머리가 돌아버릴 정도로 화가 난 치과의사가 고소를 했다는 경위다.

(마) 수로공사를 할 권리

지진 등의 자연해로 인해 수류水流가 저지대에서 조새阻塞한 경우에는 고지대의 소유자는 자비로 소통에 필요한 공사를 할 수 있다고 규정되어 있다. 여기서 수류水流는 자연수自然水다. 수류가 저지대에서 막혔을 때는 고지대의 소유자는 저지대에 들어가 자기 비용으로 소통에 필요한 공사를 할 수 있다는 말이다.

(5) 소유권을 손에 넣는 방법

어떤 경우에 소유권을 손에 넣을 수 있을까? 여러 경우가 있다. 부모님이 죽어서 상속을 받은 경우도 있고, 다른 사람에게 물건을 받거나, 구입을 하거나, 취득 시효가 끝나서 횡재를 하는 등 다양한 경우가 있다. 지금부터는 소유권이 발생하는 특유의 경우만 들어보자.

(가) 주인 없는 동산의 취득과 선점

이것은 점술가에게 선착순으로 점을 받은 일이 아니다. 주인 없는 동산을 자기 것으로 만들려고 손에 넣는 일을 말한다. 주인 없는 동산이란 강이나 바다, 호수에 있는 어패류, 산이나 들에 있는 새나 짐승 등의 생물이다. 또한 지금까지는 누군가의 소유물이었지만 그 소유권을 포기한 물건, 예를 들어 등산한 산에 먹고 버린 도시락 용기나 병조림, 담배꽁초처럼 물건을 버렸을 때는 버린 순간부터 그 물건은 무소유물이 된다. 이처럼 주인이 없는 동산에 대해서는 "자기 것으로 한다"는 생각으로 손에 넣으면 그 사람의 소유물로 되는 것이다.

이것을 법률상 선점先占이라고 한다. 하지만 아무리 산이나 들에 있다고 해도 나무나 풀, 버섯 등은 토지소유자의 소유물이기 때문에 선점으로 가질 수는 없다.

또 물고기나 새도 특별히 법률이 있는 경우에는 선점을 할 수 없다. 예를 들면 보호조保護鳥에 관한 수렵법이나 어업권이 있는 장소의 물고기 경우가 그렇다.

선점으로 소유권을 취득할 수 있는 물건은 동산으로 한정되어 있다. 부동산은 안 된다. 그러면 부동산 주인이 그 부동산의 소유권을 포기하거나 상속인도 없이 죽었을 때는 어떻게 될까? 부동산의 선점은 없으므로 그 부동산은 국가의 소유다. 국가의 재산이 된다.

'아사쿠사의 12층 건물과 돈벌이'에 대해 이런 이야기가 있다.

관동대지진 전에 아사쿠사에 12층의 벽돌로 된 높은 건물이 있었다.

"아사쿠사의 능운각 꼭대기에서/팔짱끼고 바라본 기나긴 날들의 일기인가!"라는 다쿠보쿠石川啄木[156)의 노래에도 나오는 능운각은 말 그대로 아사쿠사의 12층 건물이다. 상당히 유명한 듯 필자도 어릴 적에 아버지에게 종종 얘기를 들었다.

11층, 12층에는 망원경이 설치되어 있는데 누구든 1센이면 들여다볼 수 있었다고 한다. 그 건물에는 일본에서 최초로 엘리베이터도 설치되었다고 한다. 낙성落成은 메이지 23(1891)년 10월이었다.

그런데 다이쇼 10년 무렵부터 이 건물은 마치 피사의 사탑처럼 기울기 시작해 사람들이 조마조마해할 정도로 파손되어 있었다고 한다.

건물 주인은 발이 닿는 곳만도 수만 엔의 수리비용이 소요되기 때문에 4~5만 엔의 돈을 붙여줄 테니까 누구든 가져갈 사람은 없을까 물색하고 있었다고 한다. 지금이라면 몇천만 엔에 해당하는 거액이다. 사실인지 아닌지 워낙 오래된 이야기라 진위를 알 수 없지만 소문으로는 그렇다.

"천하에 이만큼 멋진 돈벌이는 없다"고 생각한 사람이 있었다. 어떤 멋진 생각 일까? 그의 생각을 쫓아가보니 이렇다.

누구라도 좋다고 했으니까 우선 5만 엔의 돈과 함께 12층 건물을 받아들인다. 그 12층 건물을 자기 소유로 등기를 마친다. 물론 동시에 돈을 받는 것을 잊어서는 안 된다. 그러면 5만 엔의 돈과 12층 건물은 완전히 자신의 소유다.

그런데 그대로 두어서는 안 된다. 왜냐하면 받은 5만 엔의 돈에 몇만 엔의 돈을 더 들여서 수리를 해야 하기 때문이다. 하지만 12층 건물의 새로운 소유자는 각 신

---

156) 1886~1912년. 가인, 시인. 니와테(岩手) 태생. 《명성(明星)》에 시를 발표, 요사노 뎃칸(与謝野鉄幹)에게 사사. 구어체 3행 쓰기 형식으로 생활을 단가로 기록했다. 시론 《시대의 폐쇄현상(時代閉塞の現状)》, 가집 《한줌의 모래(一握の砂)》 《슬픈 완구(悲しき玩具)》, 소설 《구름은 천재다(雲は天才である)》 등이 있다.

문에 12층 건물 소유권은 자기에게 있지만 오늘에 한해 그 소유권을 포기하겠다는 취지의 광고를 내고, 등기부상에도 자신이 소유권자라는 것을 말소한다. 그러면 포기에 의해 그 건물은 무소유물이 된다. 부동산의 무소유물은 앞에서도 말했듯이 국고로 귀속되기 때문에 일본 국가의 소유물이다. 이렇게 되면 이번에는 주인이 국가이기 때문에 아무리 많은 돈이 필요하다 해도 수리하든 제거하든 정부가 하지 않으면 안 된다. 법률이 허락하는 범위 내에서 이 정도로 수월한 일확만금의 돈벌이는 없을 것이다.

뭐, 이런 전개였다. 항간에서는 이것을 "떡줄 사람은 생각지도 않는데 김칫국부터 마신다"고 한다. 그렇게 쉬운 일이 있겠는가?

"왜 그렇습니까?"라고 그는 물을 것이다. 나는 이렇게 대답하겠다.

"왜냐하면 부동산을 포기하고 그것을 국가의 소유물로 등기시킬 수는 없기 때문이다. 국유재산법 중에는 소유권포기에 의해 국가가 토지를 취득하는 모습은 보이지 않으며 부동산등기법에도 그런 이유로 국가가 취득, 등기하는 절차 따위는 규정되어 있지 않다. 따라서 어려울 것이다.

하지만 소송하여 그 판결로 국가에 등기하도록 하는 방법이 없는 것은 아니다. 이때 등장하는 것이 예의 공공질서나 양속이라는 기준이다. 돈만 챙기고 수리해야 할 건물을 포기해 붕괴의 위험을 방치한다는 것 자체가 선량한 양속에 위반되기 때문이다.

받은 돈은 건물을 수리하는 데 사용해야 한다. 건물붕괴 위험은 부근의 주민과 국가에 뒤집어씌우고 자신은 모른 척하면서 몇만 엔이나 되는 거금을 밑천도 없이 벌겠다는 사고가 너무 지나치다. 또한 재판소는 포기 자체를 인정하지 않을 것이다. 역시 그런 생각은 무리다."

현재 유행하는 맨션에서도 분명 동일한 문제가 발생할 것이다. 많은 사람들이 소유하고 있기 때문에 노후화되면 애물단지로 취급받을지도 모른다. 이때 "건물을 해체하려면 많은 비용이 들어가니까 차라리 모두 포기해버립시다"라고 한다면 주변 사람들에게 엄청난 폐가 될 뿐만 아니라 그런 건물을 국가에 떠넘겨 우리의 소중한 세금으로 처리한다면 큰일이다. 분명 재판소는 "공서양속에 위반되는 소유권포기는 허락할 수 없다"고 할 것이다.

(나) 유실물은 주워 자신의 것으로 해도 되는가?

세간에서 말하는 유실물이란 지극히 간단명료하다. 떨어뜨린 물건이다. 이것을 법률적으로 말하면 "권리를 포기하겠다는 사고 없이, 또 권리를 빼앗기지 않았지만 점유를 떠난 동산"이다.

유실물은 유기물遺棄物과는 다르다. 유기물이란 권리를 포기할 생각으로 버린 물건이다. 앞에서 말한 도시락 용기 같은 것이다. 유실물은 도난품과도 다르다. 점유를 타인에게 빼앗긴 것이 아니니까. 요컨대 유기물도 도난품도 아니고, 점유자의 점유를 떠난 동산을 말한다. 또한 들고 가는 것이 귀찮아서 밭에 괭이를 두고 집으로 돌아간 농부가 있다면 그 괭이는 유실물이 아니다. 왜냐하면 점유를 떠난 것이 아니기 때문이다.

"화장실 가는 동안 잠시 검과 옷을 지장에"라는 문구처럼 화장실에 가는 동안 검과 하카마157)를 지장보살당에 놓아둔 것 또한 유실물이 아니다. 점유를 떠난 것이 아니기 때문이다.

▶ 어부 하쿠류가 주운 선녀의 옷은 유실물인가?

우키 "내가 미오노 마츠바라三保の松原158)에서 해변의 경치를 감상하고 있는데 하늘에서 꽃비가 내리면서 노래와 향기가 사방으로 퍼지는 거야. 예삿일이 아니라고 생각했는데 소나무에 아름다운 옷이 걸려 있지 뭐야. 가까이 가서 보니까 향기가 나고 색깔이 오묘했어. 보통 옷이 아닌 것 같아 일단 집으로 가져가려고. 어른들에게 보이면 집안의 가보로 하겠다며 좋아할 거야."

요곡謠曲 〈우의羽衣(선녀 옷)〉에 나오는 어부 하쿠류는 소나무에 선녀의 옷이 걸려 있는 것을 발견하고 유실물로써 집으로 가져가려고 했다.

---

157) 겉에 입는 보온용 하의
158) 시즈오카 현 스루가(駿河) 만 반도에 있는 송림. 후지산을 바라보는 경승지로 알려져 있으며 천의(天衣) 소나무와 미야호(御穂) 신사가 있다.

시데 "아냐. 그 옷은 내꺼야. 목적이 있어서 그곳에 놓아두었을 뿐이야."

선녀는 유실물이 아니고 자신이 놓아둔 옷이라고 말했다. 즉 자신의 점유 하에 있다고 주장한 것이다. 하지만 욕심 많은 하쿠류는 유실물이라고 주장을 굽히지 않았다.

우키 : "그 옷은 주웠으니까 내가 가져도 돼."

시데 : "안 돼. 그것은 하늘사람天人의 옷. 인간에게 쉽게 주는 옷이 아냐. 처음 있었던 곳에 놓아둬."

우키 : "그 옷 주인이 천인이라는 거네? 그럼 특히 더 귀한 옷이니까 나라의 보물로 해야 해. 돌려줄 수 없어."

하쿠류, 이번에는 유실물이 아니라는 것을 알면서도 비열하게 시치미를 떼고 슬쩍 자기 것으로 하려 한다. 이러면 도둑이나 마찬가지다.

여하튼 그 선녀 옷을 법률로 살펴보면 유실물은 아니다. 선녀 옷은 꿰맨 솔기가 없다. 그런데 단 한 벌뿐인 선녀 옷을 일부러 소나무에 걸쳐두었다. 하지만 아직 유실하지는 않았다. 즉 그녀의 점유에서 떠나지 않은 것이다.

단지 아름다운 경치에 취해 있는 동안, 천상에는 악이 없기 때문에 경험도 없어서 하쿠류 같은 사람에게 당하게 된 것이다.

아무리 그래도 선녀가 너무 경솔하고 부주의하다. 미오노 마츠바라 해안이 단 한 벌뿐인 선녀 옷을 도난당하는 것도 모르고 바라볼 만큼 경치가 뛰어난가? 그만큼 해안에 열중한 것으로 보아 선녀가 산다는 천상계는 의외로 별 볼일 없는 곳일지도 모른다.

장소가 해안가였고 하쿠류였기 때문에 오히려 다행이었는지도 모른다. 상대가 더 악랄한 인간이었다면 선녀는 옷을 되찾기는커녕 벌거벗겨져 매춘부로 팔려갔을지도 모른다. 요곡의 〈우의〉에서는 하쿠류도 알고 보면 좋은 사람이다.

시데 "의심과 거짓은 인간계에는 있지만 천상에는 없어."

날카로운 지적에 하쿠류는 아까워했지만 풀죽은 표정으로 옷을 돌려주었다. 그 대신 선녀의 아름다운 노래와 춤을 선물로 볼 수 있었다.

〈절세미녀 오토메乙女의 치맛자락〉에서는 이상한 곳에 정신이 팔려 있는 동안 오토메는 하늘로 돌아가버렸지만 "선녀는 옷을 돌려받지 못하는 동안에 밥을 짓고"라고 전설이 말하듯, 선녀는 1개월 정도 동거하고 있었던 것 같다. 그런데 기쿠치 칸[159]의 소설 〈우의〉를 보면, 하쿠류는 선녀가 돌아간 뒤 마음의 병을 지독하게 앓았다고 한다.

▶ **표류물과 침몰품**沈沒品

이처럼 유실물이라고 하려면 점유를 떠나 있어야 한다. 하지만 점유를 떠난 물건이 모두 유실물이라는 말은 아니다.

그렇다면 표류물과 유실물은 어떻게 다른가? 표류물이란 하천, 호수, 해안에 표류하는 물건이나, 지금까지는 표류하다가 홍수나 조류로 인해 육지로 밀려온 물건 등이다. 표류물 중에는 유실물도 있을 것이고, 유기물遺棄物도 있을 것이다. 따라서 일괄적으로 말하기는 어렵다.

---

[159] 기쿠치 칸(菊池寬) : 1888~1948년. 소설가. 극작가. 가가와(香川) 태생. 제3차, 제4차 '신사조(新思潮)' 동인. 문예가협회를 설립한 뒤, 잡지 ≪문예춘추(文芸春秋)≫를 창간하여 아쿠타가와상(芥川賞), 나오키상(直木賞) 제정. 소설 〈은혜의 저편(恩讐の彼方に)〉〈도주로의 사랑(藤十郎の恋)〉〈진주부인(眞珠夫人)〉〈정조문답(貞操問答)〉과 희곡 〈옥상의 광인(屋上の狂人)〉〈아버지의 귀가(父帰る)〉 등이 있다.

침몰품은 표류물과 동일하게 취급된다. 침몰품이란 하천, 호수, 바다 속에 침몰해 있는 물건으로, 크게는 군함을 비롯해 작게는 머리핀 한 개까지 이른다.

타인이 깜빡 잊어버린 채 놓고 간 물건이나 집을 나간 가축을 오인해서 점유한 사람은 유실물법 제12조에서 유실물에 준하여 취급받고 있다.

▶ '습득한다'는 말의 의미

"유실물을 주웠다"란 어떻다는 말일까? 법률적으로는 어떤 경우를 말할까?

옛날, 아주 먼 옛날, 원숭이와 게가 있었다. 어릴 적 부모님의 무릎에 기대어 누구나 한두 번쯤은 들었을 〈원숭이와 게의 합전〉은 이렇게 시작된다.

"원숭이는 감 씨앗을 주웠습니다. 게는 주먹밥을 주웠습니다."

즉 심술궂은 원숭이와 선량하지 않은 게의 주웠다는 행위를 법률적으로 소상하게 밝혀보려는 것이다.

그날은 날씨가 아주 좋았다. 타로와 지로는 가벼운 발걸음으로 하이킹하러 나왔다.

"이봐, 저기에 뭔가 떨어져 있어."

먼저 타로가 발견했다. 지로는 전혀 깨닫지 못하고 그의 흥미를 끄는 이야기에 열중하고 있었다.

"정말 뭐가 떨어져 있네. 뭘까?"

지로는 타로와 달라서 눈치가 빨랐다. 발견한 동시에 즉시 달려가 주웠다. 그것은 부모형제도 서로 해친다는 지갑이었다. 안에는 뻣뻣한 만 엔짜리 신권 30장이 들어 있었다.

그럼 여기서, 습득拾得을 하려면 먼저 발견해야 한다. 그리고 줍고, 그 물건의 점유권을 얻어야 한다. 따라서 발견만 하고 줍지 않았다면 아직 습득자라고 말할 수 없다. 매장물埋藏物은 발견만 해도 좋지만 유실물은 발견하고 습득까지 해야 한다.

▶ 습득자에게는 어떤 이득이 있는가?

유실물을 습득한 사람은 우선 경찰서에 갖다주어야 한다는 사실은 누구나 알고 있을 것이다. 그러면 경찰서장이 그 유실물을 공고한다.

① 공고 후 6개월이 지나도 주인이 나타나지 않을 때는 그 유실물은 습득자의 소

유다. 유실물에 대한 완전한 소유권을 손에 넣는 것이다. 일단 소유권이 습득자에게 있는 이상, 뒤늦게 주인이 나타나도 때는 이미 늦었다.

② 보로금報勞金 청구권이 있다. 소유주가 판명되었을 때는 주인에게 보로금을 청구할 수 있다. 그 액수는 유실물 가격의 100분의 5에서 20이다. 즉 5% 내지 20%의 범위에서 사례금을 받을 수 있다는 뜻이다. 이 보로금은 유실물 은닉으로 처벌받은 사람은 청구할 수 없다. 곧장 신고한 사람에게만 권리가 있다. 이 범위 내에서 당사자 간에 타협이 원활하지 않을 때는 재판소가 유실물 가격과 그 외의 사정을 참작하여 그에 적합한 판결로 결정한다.

③ 습득자가 습득물을 보관하거나 신고하기 위해 사용한 비용은 청구할 수 있다.

④ 습득자는 습득물을 보관하고 그것을 신고할 의무가 있다. 만약 유실물을 신고하지 않고 은닉하면, 몰래 자기 것으로 하려 했다고 간주되어 유실물횡령죄로써 처벌을 받는다.

법률은 제254조에 "유실물, 표류물, 그 외에 점유를 떠난 타인의 물건을 횡령한 자는 1년 이하의 징역 또는 백 엔 이하의 벌금, 또는 과료科料에 처한다"고 규정하고 있다.

자세한 사항은 형법의 횡령죄 부분에서 설명하기로 하자.

4. 매장물을 손에 넣는 방법

매장물이란 토지나 그 외의 것에 묻혀 있어서 소유자가 누구인지 모르는 물건을 말한다. 매장물이라고 하면 대체로 땅 속에 묻혀 있는 것을 연상할 정도로 토지의 매장이 많다. 따라서 각지에 퍼져 있는 황금 전설도 대개는 어딘가에 매장되어 있다는 얘기다.

"유명한 아카기[160]산 속에 있다"는 말은 오구리코즈케 노스케小栗上野介[161]의 금

---

[160] 아카기(赤城山) : 군마(群馬) 현 중동부에 있는 이중식 화산. 해발 1828m
[161] 1827~1868년. 에도 말기 막부의 신하. 외국부교, 군함부교, 감정부교(勘定奉行 : 막부나

괴가 산 속에 매장되어 있다는 얘기다. 도쿠가와 막부가 무너졌을 때, 막부의 중신이었던 오구리코즈케 노스케가 현재 돈으로 수천, 수조 엔이라는 거액의 황금봉을 몰래 아카기산 어딘가에 묻었다는 말이다. 지금도 황금봉을 찾기 위해 계속 발굴하는 사람이 있다고 한다.

뭐, 그렇게 엄청날 정도는 아니더라도 건축이나 우물을 팔 때 땅 속에 매장된 금이나 은, 검도 등을 발견했다는 일은 종종 있다. 하지만 반드시 땅 속만이라고 한정되지는 않는다. 예를 들면 병풍이나 장지문에서 지폐나 고서화, 고가품 등이 나왔다거나, 지붕 밑에 막대한 유가증권이 있다거나, 벽 속에 보석이 매몰되어 있다거나, 중고 의류점에서 저렴한 가격으로 구입한 낡은 양복의 소매 속에서 지폐가 나왔다"는 것도 모두 매장물이다.

그렇다면 유실물과 어떻게 다를까? 유실물은 즉시 발견되지만 매장물은 다른 물건에 포장되어 있어서 외견상 쉽게 발견되지 않는다는 것이 특징이다. 그래서 매장물은 대부분 무척 오래된 물건들이다.

토우土偶나 토용土俑을 시체와 함께 묻었던 시대에는 검도류도 같이 매장했던 것 같다. 하지만 수천 년 전의 매장물이든 짧은 세월의 매장물이든 매장물인 것만은 변함이 없다. 또한 그 원인이 인위적이든 지진, 홍수, 해일이든 구분이 없다.

지중에서 대판, 소판을 발굴했을 때

매장물을 발견했을 때 정해진 법률에 따라 공고를 하고, 공고 후 6개월 이내에 소유자를 알지 못하면 발견자가 소유권을 취득하게 된다.

매장물을 타인의 물건 속에서 발견한 경우에는 발견자와 그 물건의 소유자가 절충해서 절반씩 소유권을 취득하게 되어 있다.(민법 제241조)

어떤 남자가 보물이 묻혀 있다는 지역을 손에 넣고, 사람을 고용해서 발굴했는데 과연 매장물이 나왔다. 이런 경우, 발굴자는 실제 삽을 들고 땅을 파헤친 사람이 아

다이묘 집에 두었던 직명, 금전, 곡물의 출납 담당) 등을 역임. 프랑스의 원조 아래 장군의 권력 강화를 꾀했지만 관군에게 체포, 참수되었다.

니고 고용주라는 사실에는 문제가 없다.

하지만 이처럼 매장물 발굴을 목적으로 한 것도 아닌데 빌딩을 세우는 기초공사에서 고용된 노동자가 땅을 파던 중 마치 하나사카 할아버지의 이야기[162]처럼 대판大判 소판小判[163]을 척척 파냈다고 한다면 그 발견자는 과연 노동자일까, 고용주일까? 좀 까다로운 문제다.

그런데 법률상 '발견자'란 실질적으로 발견한 사람을 말한다. 즉 노동자가 발견자인 것이다. 그리고 토지가 A라는 사람의 소유라면 노동자와 토지소유자 A가 그 대판 소판을 절반씩 나눠 갖게 된다.

하지만 그 매장물이 학술, 기예, 고고학상의 참고자료라면 발견자에게 상응하는 돈을 지불하고 발견된 매장물에 대한 소유권은 국고로 들어간다.

또 매장물의 소유자가 분명할 때는 지금까지 설명한 유실물과 마찬가지로 발견자에게 보로금報勞金 청구권이 있다. 여기서 알 수 있듯이 설령 자신의 토지에서 나온 보물이라도 자신이 발견한 매장물이 아니면 발견자와 절반씩 분할해야 한다. 즉 똑같이 나누지 않으면 안 된다는 것이다.

5. 지상권과 대차권은 다르다

지상권地上權이란 타인의 토지에서 공작물 또는 죽목竹木을 소유하기 위해 그 타인의 토지를 사용하는 권리다. 따라서 지상권은 지표뿐만 아니라 지상, 지하, 모두 포함 한다. 예를 들면 터널이나 지하를 통과하는 수도를 위해서 사용하는 경우도 지상권을 목적으로 한다.

---

[162] 하나사카(花咲) 할아버지의 이야기 : 무로마치(室町) 말기에서 에도 초기에 걸친 옛날이야기. 사육하고 있던 개가 가르쳐준 대로 보물을 파내고 마른 나무에 꽃을 피운 정직한 할아버지가 임금님에게 큰상을 받았다는 이야기. 옆집의 욕심 많은 영감의 실패담과 함께 전해진다.

[163] 대판(大判; おおばん): 에도(江戸) 말기까지 통용된 타원형의 큰 금화·은화. 12 ↔ 小判(こばん)

사용목적은 공작물 또는 죽목을 소유하기 위해서가 아니면 안 된다. 공작물이란 건물만이 아니다. 방제, 연못, 늪, 축산築山164), 정원석, 다리, 기념비, 터널 등 모든 건축물을 말한다.

죽목이란 오로지 식재植材가 목적인 입목立木과 대나무를 말하기 때문에 차茶, 뽕나무, 사과나무, 배나무 등 농작물인 초목은 제외된다.

농작을 목적으로 하는 초목은 영소작권永小作權을 설정할 수는 있지만 지상권은 설정할 수 없다. 그러니까 지상권은 택지나 삼림 등에 대해 행해지는 것이다.

이런 권리는 어떻게 하면 생길까? 보통은 지상권 설정계약에 따른다. 그 외에 유언이나 시효로 지상권을 얻는 경우도 있다.

그렇다면 가옥을 건축하기 위해 타인의 토지를 빌리면 그것도 지상권일까? 그렇지 않다. 지상권이 아니라 대차권貸借權의 경우가 대부분이다. 지상권이라면 자유롭게 그 권리를 타인에게 양도하거나, 담보로 하거나, 그 토지를 타인에게 빌려줄 수 있다. 하지만 대차권이라면 빌려준 사람의 승낙이 없으면 불가능하다.

6. 영소작권이란 무엇일까?

영소작권永小作權이란 소작료를 지불하고 타인의 토지에 경작이나 목축을 하는 권리다.(민법 제207조) 이 권리도 대개 계약으로 이루어지지만 유언이나 시효로도 취득할 수 있다. 타인의 토지를 사용한다는 점에서는 지상권과 같지만 사용목적이 다르다. 즉 영소작권의 목적은 경작이나 목축을 위해서가 아니면 안 된다. 경작이란 식물을 재배하는 일이다. 예를 들면 쌀, 야채, 꽃, 삼베, 뽕, 사과, 배, 복숭아 등. 목축은 가축을 사육하는 일이다. 소, 말, 돼지, 양, 닭 등.

영소작권에는 소작료를 지불한다는 사실이 절대적이다. 지상권의 경우는 지대를 지불하든 지불하지 않든, 당사자 사이의 계약으로 자유롭다. 반드시 지불해야 한다는 것이 아니다. 하지만 영소작권은 소작료를 반드시 정해야 한다. 만약 소작료 없

---

164) 정원 등에 돌이나 흑을 쌓아서 만든 작은 산

이 경작이나 목축을 하기 위해 무료로 타인의 토지를 빌릴 수 있는 권리가 있다면 그것은 영소작권이 아니다. 무상으로 타인의 토지를 사용하는 권리로 보아야 한다.

소작료는 반드시 금전으로 지불해야 한다. 쌀이나 보리, 그 외 수확물의 일부로 지불할 수는 없다.(농지법 제22조)

다음으로, 영소작권은 글자 그대로 장기간이라는 것이다. 3년이나 5년이라는 짧은 영소작권은 없다. 법률은 이것을 20년 이상, 50년 이하로 하고 있다.

따라서 5년이나 10년의 영소작권 설정은 무효다. 만약 영소작권 계약을 할 때에 존속기간을 정하지 않았다면 그 기간은 30년으로 간주된다.

7. 지역권이라는 권리도 있다

지역권地役權은 일정한 목적을 위해 타인의 토지를 자기 토지의 편익에 제공하는 권리다. 편익에 제공되는 타인의 토지를 '승역지承役地'라고 하고 편익에 제공하는 자신의 토지를 '요역지要役地'라고 한다.

높은 장소에 있는 논과 그 논에 인접하여 낮은 장소에 논이 있을 때, 위의 논에는 자연적으로 물이 흘러 들어와서 경작에 불편이 없지만 아래의 논에는 물이 들어오지 않아 위의 논이 사용하고 남은 물을 받아서 사용하지 않으면 쌀도 보리도 경작할 수 없다고 한다면 어떻게 될까?

아래의 논은 위의 논에서 자연적으로 흘러 들어오는 물을 받아야 하는 승수의 의무가 있지만, 위의 논 주인은 아래의 논 주인에게 물을 주어야 하는 의무는 없다. 따라서 위의 논 주인이 아래의 논 주인에게 남은 물을 주든 주지 않든 그것은 위의 논 주인 마음이다. 그렇게 되면 아래 논 사람은 곤란하다. 그래서 두 사람이 협의하여 계약을 하고 위의 논 물을 아래 논의 경작에 제공할 수 있다. 이것을 지역권 설정이라고 하며, 이 지역권에 따라 아래 논 사람은 위의 논 물을 자기 토지의 편익에 제공하는 권리를 갖게 된다. 혹은 대지袋地는 아니지만 보통 공도公道로 나가려면 멀리 돌아가야 하기 때문에 타인의 토지를 통행하도록 계약으로 정할 수 있다. 이것도 타인의 토지를 자기 토지의 편익에 제공하는 지역권을 설정하는 경우이며, 통행지역권이라고 한다.

편익이란 편리, 이익을 말한다. 지역권은 계약 이외에 시효에 따라서도 취득할 수 있다. 그렇지만 시효취득은 지속과 표현으로 한정되어 있다.

그 예를 들어보자.

여기에 위의 논에서 자연적으로 흘러 떨어지는 물로 경작하고 있는 아래 논이 있다. 그 물은 지하에서 솟아나온 물이 아니고 폭포처럼 지상에서 낙하한다. 항상 지속적으로 흐르는 것이다. 계약으로 정한 것은 아니지만 30년이 넘도록 아래 논은 그 물을 사용하고 있다. 이때 아래 논 주인은 위의 논 주인으로부터 흘러 떨어지는 용수의 지역권을 시효로 취득했다고 말할 수 있다.

그런데 위의 논 주인과 아래 논 주인이 싸운 뒤 위의 논 주인이 고의로 아래 논으로 물이 떨어지지 않게 막았다고 한다면 그것은 아래 논 주인의 용수지역권 침해다.

통행지역권도 물론 시효로 취득할 수 있지만 '표현'과 '지속'이 없으면 안 된다. 그래서 단지 20년이든 30년이든 오랫동안 통행해왔다는 것만으로는 부족하다. 판례에는,

① 통로의 개설이 없으면 안 된다.

② 그 통로는 요역지要役地 소유자가 개설할 필요가 있다고 되어 있다.

따라서 오랫동안 통행해왔다는 것만으로는 통행지역권을 시효로 취득했다고 말할 수 없으며, 현실적으로 지역권의 시효취득은 거의 드물다.

8. 타인의 물건을 보관할 권리

구둣가게 주인과 손님

나이는 들었지만 기질이 있어 보이는 구둣가게 영감님이 손님으로 보이는 젊은 남자와 가게 앞에서 옥신각신 다투고 있다.

"오늘 꼭 신고 싶은데, 부탁이에요. 구두를 건네주세요."

"아까부터 말하지 않았습니까? 먼저 950엔의 수리비를 지불해달라고. 그러면 언제라도 건네주겠습니다."

"지금은 돈이 없어요. 돈은 내일 꼭 갖다줄 테니까 구두 먼저 줘요."

"안 됩니다. 손님이 누군지도 모르는데 구두만 건네주고 돈을 받지 못하면 이 구두점 망합니다."

"수리비는 수리비, 구두는 구두, 각자 다르잖아요. 그러니까 구두는 구두대로 건네주고 돈은 돈대로 청구하면 되잖아요?"

"과연, 구두는 구두, 돈은 돈인가. 그러면 손님이야 좋겠지만 나는 고통이죠."

"정말 답답한 영감이네. 가게에서 물건을 사도 물건 받고 돈을 지불하지 않소? 물건을 건네주는 게 먼저야."

"구두는 그렇게 할 수 없습니다. 950엔이 얼마나 한다고 이러십니까? 돈을 받기 전에는 구두를 줄 수 없습니다."

"난 꼭 가져가야겠어. 이상한 말은 그만하고 빨리 구두 주란 말이야. 돈은 나중에 언제든지 청구할 수 있잖아? 그걸 위해 재판소가 있는 거 아냐?"

그러니까 구둣가게 영감님이 손님에게 수두수선을 의뢰받아 수선을 했고, 손님이 그 구두를 찾으러 왔지만 950엔의 수선비가 없다며 구두만 가져가려 한다. 구둣가게 영감님은 수선비를 지불하지 않으면 구두를 건네주지 않겠다고 버틴다. 손님은 구두는 구두, 돈은 돈, 각각 별도이고 구두의 소유권은 자신에게 있다고 주장한다.

이것을 법률적으로 유치권留置權이라고 한다. 이 문제를 해결하기 전에 먼저 유치권에 대해 설명해보자. 그러면 구둣가게 문제도 자연히 해결될 것이다.

유치권이라고 불리는 권리

유치권留置權이란 타인의 물건 점유자가 그 물건에 대한 채권을 갖고 있을 때, 그 채권의 변제弁濟를 받을 때까지 그 물건을 내놓지 않고 유치할 수 있는 권리다.(민법 제295조)

타인의 물건 점유자란, 앞의 구둣가게의 예를 보자면 손님의 구두를 점유하고 있는 구둣가게 영감님이다. 그 물건이 동산이든 부동산이든 상관은 없다.

그 물건이란 점유하고 있는 구두이고, 채권이란 수선비청구 채권을 말한다. 그 채권의 변제를 받을 때까지란 수선비 전부를 지불받을 때까지다. 그 물건을 유치할 권리란, 즉 구두를 건네지 않고 자신의 수중에 보관하는 권리다.

타인의 물건이지만, 반드시 그 사람에게 소유권이 없어도 괜찮다. 구둣가게의 예를 보면 손님의 구두가 아니고 그 손님이 친구에게 빌린 구두라도 다를 게 없다.

그 물건에 대한 것이므로 반드시 그 구두와의 관계가 아니면 안 된다. 같은 구두라도 새로 구입한 구두 값을 아직 지불하지 않았기 때문에 그 대신 수선으로 맡아둔 낡은 구두를 건네주지 않겠다고 말할 수는 없다. 왜냐하면 낡은 구두에 대한 채권이 아니기 때문이다.

새 구두의 매매대금과 낡은 구두의 수선비는 채권은 채권이지만 그 성질이 다르다. 채권 발생의 원인도 다르다.

구둣가게 주인은 구두를 경매할 수 있다

그렇다면 가게에서 물품을 구입할 때 대금은 그 물품에 대해 발생하는 채권이므로 돈을 먼저 지불할 때까지는 물품을 건네지 않아도 되는가? 이것은 유치권의 문제가 아니다.

왜냐하면 유치권이란 타인의 물건을 최초로 점유하는 사람이 그 물건에 대해서 갖는 권리라고 했듯이, 우선 어떤 이유로 그 물건을 최초로 갖고 있어야 한다. 하지만 가게에서 물건을 구입하는 경우는 구둣가게와 달라서 타인의 물건을 점유하고 있는 관계가 아니다. 가게 주인은 자기 물품을 갖고 있을 뿐 손님의 물품을 맡아둔 것이 아니다.

또한 유치권은 물건에 대해 발생한 채권이면 된다고 했기 때문에 수리비만으로 한정되지는 않는다.

예를 들면 족자나 액자의 포장을 해달라고 표구사에 의뢰했을 때, 운송사가 물품을 운송했을 때, 세탁소가 세탁을 했을 때도 모두 마찬가지다.

그렇다면 구둣가게의 경우, 아무리 기다려도 손님이 수리비를 가져오지 않을 때는 어떻게 하면 좋을까? 수리비를 받지 못한 구둣가게 영감님은 낡은 구두를 언제까지 갖고 있어도 수리비를 받을 수 없다. 이런 때를 위해 유치권은 유치물을 경매할 수 있다고 되어 있다. 즉 구둣가게 영감님은 맡아둔 구두를 경매할 수 있다는 말이다. 이것은 경매법에 정해져 있다.

하지만 안타깝게도 구둣가게 영감님은 경매로 얻은 돈, 즉 매득금賣得金에서 다른 채권자들보다 먼저 수선비를 변제받을 권리, 즉 우선변제권優先辨濟權까지는 인정받지 못한다.

9. 타인보다 먼저 내세울 권리

이세야의 도산

여기에 유명한 이세야伊勢屋165) 큐페에久兵衛라는 조상대대로 번창하던 가게의 주인이 있다. 옛날에는 상당히 큰 규모로 장사를 했지만 현재로써는 상상조차 되지 않을 정도다. 항상 채권자들에게 강제집행 당해 가게는 문을 닫아야 할 형편이다.

재산은 4백만 엔이고 차금借金이 천이백만 엔이므로 각 채권자는 보통 그 채권금액의 33%에 해당되는 금액배분에 맡긴다. 그것이 공평한 방법이다.

그런데 다음의 표에서 알 수 있듯이 채권자 중에는 이세야가 주식상장에 투자했

---

165) 지금의 미에(三重) 현

을 때 자금을 빌려준 을도 있고, 영업자본을 빌려준 갑도 있고, 쌀·된장·세탁소 등 일상생활과 관계있는 소매점의 외상값도 있으며, 부친의 장례비용을 빌려준 친구 병도 있다. 그리고 얼마 되지는 않지만 가정부의 급료도 있다.

자산과 부채는 다음 표과 같다.

〈재산 부분〉
- 일금 4백만 엔. 상품, 집기 등을 경매해서 얻은 총금액

〈부채 부분〉

(채무액)	(채권자)	(채무발생원인)
일금 4백만 엔	갑	영업자본금
일금 2백만 엔	을	주식상장相場의 자본금
일금 2백만 엔	술집경영자 등	바, 카바레 등의 유흥비 미지불분
일금 1백만 엔	병	채무자 부친의 장례비용 대금
일금 30만 엔	정	강제집행비용
일금 1백만 엔	쌀집 등	일용품 3개월분의 외상값
일금 30만 엔	점원 5인	1인당 6만 엔씩 급료 미지급분
일금 20만 엔	상점 지배인	2개월분 급료 미지급분
일금 16만 엔	석유 집	10개월분의 석유값
일금 4만 엔	가정부	가정부의 급료 미지급분

합계 일금 천이백만 엔

채권이라도 이처럼 각각 그 성질이 다르다. 돈의 고마움도 다르다. 따라서 술집이나 카바레에서 낭비해버린 차금借金과 부친의 장례비용의 차금을 동일하게 취급한다면 된장인지 똥인지 구분 못하는 꼴이 된다. 그건 지나치다.

여기서 법률은 같은 채권자라도 구별을 해두었다. 어느 특수한 채권자에는 다른 채권자보다 우선하여 변제를 받을 권리를 인정한 것이다. 이것을 선취특권先取特權이라고 한다.

그렇다면 어떤 채권에 선취특권을 줄까? 선취특권을 갖고 있는 채권자가 많다면 순서는 어떻게 될까?

선취특권의 순서

① 공익비용 : 집행자에게 부탁하여 압류를 했거나 가옥, 식기, 상품 등을 경매하여 돈으로 바꾸었다는 것은 모든 채권자에게 공동의 이익이 된다. 따라서 이 일을 위해 사용된 돈은 제쳐두고 가장 먼저 지불받을 권리를 주는 것이 공평하다.

② 고용인의 급료 : 다음은 고용인의 급료다. 하지만 3년이나 5년분의 미지불분을 청구한다면 역시 다른 채권자는 곤란하다. 따라서 최후 6개월분의 급료까지만 지급한다.

③ 장례비용 : 장례는 누구에게나 필요하다. 그 중요한 장례비용을 빌려준 친구와 흥청망청 놀아난 술집 마담을 동일하게 취급할 수는 없다. 빈민도 장례식은 반드시 하고 싶어 한다. 그러므로 그 차금을 보호하여 빌리기 쉽도록 해줄 필요가 있다. 따라서 이런 이유로 장례비용을 세 번째로 우대한다. 하지만 쪼들리게 가난한 주제에 사치스런 장례식으로 터무니없이 사용한 돈까지 모두 선취특권을 인정한다면 다른 채권자는 곤란하다. 따라서 "장례비용은 지위에 상응하는 장례식으로 한정한다"고

제한하고 있다. 지극히 타당한 얘기다.

④ 일용품 공급 : 이것도 채무자 또는 부양해야 할 친족 및 하인이나 하녀의 생활에 필요한 최후 6개월분의 식료품, 땔감, 석유에 대해서만 인정한다. 따라서 같은 식료품이라도 술이나 고가의 식료품 등에 대해서는 선취특권을 인정하지 않는다.

이세야의 경우는 누가 먼저인가?

그럼 이세야 큐페에가 파산했을 때 누가 가장 먼저 지불받을 수 있을까?
① 채권자 정의 30만 엔 채권
② 상점지배인, 점원 5인 및 가정부의 급료 미지급분
③ 장례식 비용을 빌려준 친구 병의 채권
④ 쌀가게 등 일용품 소매점의 3개월분 외상값
⑤ 석유가게의 10개월분 석유 값 중 6개월분인 10만 엔
이상 합계 294만 엔

이상의 합계를 각자 선취특권으로 지불받는다. 그럼 남은 돈을 보면, 갑이 4백만 엔, 을이 2백만 엔, 술집 카바레가 2백만 엔, 남은 석유값 6만 엔. 합계 806만 엔이다. 남은 부채총액 806만 엔, 남은 재산 총액 106만 엔. 결국 배당률은 11.7%다.

이상으로 법률이 선취특권을 인정한 이유와 순서 등을 살펴보았다.

10. 우리 서민에게 친숙한 질권

질권質權이란 질권자는 채권을 담보로 채무자 또는 제3자에게 받은 물건을 점유하고, 그 물건에 대해 다른 채권자보다 자신의 채권을 우선적으로 변제받을 권리를 갖는다고 민법 제342조에 규정하고 있는 권리다.

이에 따르면 질권자는 담보물에 다음과 같은 권리가 있다.
① 그것을 점유할 권리가 있다.

② 다음으로 다른 채권자보다 먼저 그 물건으로부터 우선변제優先弁濟를 받을 수 있다.

물건을 점유할 권리

싫어도 질권을 설정한다. 즉 담보물로 한 이상, 먼저 점유를 채권자에게 넘기지 않으면 안 된다. 단지 차용증서에 "세잔느의 몇 호 꽃그림을 담보로 했습니다"고 기록했을 뿐 실제로는 그 그림을 건네지 않았을 때는 아직 질권을 설정했다고 말할 수 없다.

담보물로 한 이상 반드시 현물의 인수가 있어야 한다. 한번 인수받은 뒤에는 누가 점유하든 상관은 없지만, 그러면 제3자에 대해 "내게 질권이 있어"라고 대항할 수 없게 된다.

부동산의 질권은 사정이 다르다

질권은 동산뿐만 아니라 부동산에도 설정할 수 있다. 하지만 부동산의 질권은 동산의 질권과는 다른 점이 있다. 그것은 등기를 필요로 한다는 점이다. 이때 등기는 자신이 토지나 건물에 질권을 설정했다는 사실을 세상 사람들에게 주장하기 위한 요건, 즉 대항요건對抗要件이다. 하지만 등기를 하지 않아도 질권을 가진 사람과 질권을 준 사람 사이에는 그렇게까지 할 필요는 없다.

부동산의 질권자는 원칙적으로 질권의 목적물, 즉 토지나 건물을 용법에 따라 사용, 수익할 수 있다.(민법 제356조·제359조) 자신이 사용할 뿐만 아니라 질권이 설정되어 있는 동안에는 제3자에게 빌려주어 임대료를 받을 수 있다는 말이다.

그 외에 질권은 권리질權利質이라고 해서 채권에도 설정할 수 있다. 누군가에 대해 가진 대금채권이나 매도대금채권賣度代金債權에도 설정할 수 있으며, 주식株式에도 설정할 수 있다.

경매할 권리

변제기가 왔는데도 채무자가 차금借金 또는 외상매출대금의 채무를 지불하지 않을 때 질권자는 경매를 할 수 있다. 동산의 경우라면 집행관에게 위임하고, 부동산의 경우라면 지방재판소에 경매신청을 한다. 질권자는 그렇게 해서 매도한 돈, 즉 경매대금을 자신의 채권 변제에 다른 사람보다 우선적으로 쓸 수 있다.

하지만 전당포의 경우는 자기 마음대로 질물質物을 팔 수 있고 자기 물건으로도 할 수 있다. 일일이 집행관에게 위임하여 경매수속을 하면 장사에 도움이 안 되기 때문이다. 전당포가 아닌 초보자의 경우에는 질물은 반드시 경매로 해야 한다는 사실을 반복해서 말해두고 싶다. 요즘은 전당포 영업은 한물간 것 같다. 사람들은 더 이상 전당포를 이용하지 않을 만큼 살 수 있게 되었다는 것일까? 전당포가 돈을 벌었다는 얘기는 거의 들어보지 못했다. 옛날이야 전당포라고 하면 악독한 고리대금을 하여 원망을 받았지만.

그건 그렇고, 3천만 엔의 대금 담보로 받은 세잔의 그림을 경매한 결과 5천만 엔에 팔렸다고 하자. 이때 자신의 대금 3천만 엔은 몇 억의 채권자가 있든 다른 채권자보다 우선해서 가장 먼저 지불받을 수 있다. 나머지 2천만 엔에 대해서만 다른 채권자들이 지불받는 것이다.

11. 현재 인기 있는 저당권

저당권이란 부동산에 대해 붙는 권리다. 저당권이 설정되면 그 부동산은 다른 채권자보다 우선해서 자신의 채권을 변제받을 수 있다.

저당권은 질권과 달라서 물건을 점유할 권리는 없다. 부동산의 점유는 변함없이 채무자 본인에게 있다. 따라서 택지, 주택이나 아파트, 전답을 저당 잡혔다 해도 그 집에 살 수 있으며 전답도 경작할 수 있다.

이것은 저당권설정을 한 사람에게는 무척 편리하다. 공장이나 그 부지를 저당 잡히고 돈을 빌려도 그대로 계속 공장을 사용할 수 있다. 따라서 저당권을 설정하고 돈을 빌려 사업하는 사람들이 많다. 질권보다 더 많이 저당권을 이용하고 있는 것이다. 은행에서 돈을 빌려도 보통은 질권이 아니라 저당권을 설정한다.

만일의 경우 토지나 건물을 경매할 수 있다

게다가 채권자도 안심이 된다. 변제기가 와도 돈을 돌려주지 않으면 재판소에 신청하여 담보로 잡았던 토지나 집을 경매할 수 있기 때문이다.

더구나 토지를 저당하면 그 토지에 있는 수목이나 화초, 돌담, 정원석 등도 같이 저당에 들어가는 것으로 취급한다. 가옥을 저당하면 다다미, 가구 등도 함께 저당에 포함된다.

같은 부동산을 몇 번이라도 저당할 수 있다. 첫번째 저당, 두번째 저당, 세번째 저당이라고 말하는 것도 그 때문이다. 첫번째가 2천만 엔의 채권을 갖고 있고, 두번째는 천 6백만 엔의 채권, 세번째는 천만 엔의 채권이 있다고 할 때, 그 부동산을 경매하여 4천만 엔에 팔았다고 한다면 첫번째는 2천만 엔 전액을 받을 수 있고, 두번째 채권자도 천6백만 엔을 변제받을 수 있지만, 세번째 저당권자는 남은 4백만 엔만 변제받게 된다. 남은 채권 6백만 엔에 대해서는 채무자의 다른 재산을 차압하여 변제받을 수밖에 없다.

이처럼 저당권의 강력한 순번은 저당권설정등기를 한 순서에 따른다.

법정지상권이 발생하는 일도 있다

토지와 건물을 가진 A가 건물만 저당 잡히고 차금借金을 했지만 변제할 수 없었기 때문에 경매되었다. 이런 경우, 건물을 경락競落한 B는 그 토지에 대해 어떤 권리를 갖게 될까? 경락한 것은 건물뿐이고 토지는 아니다.

만약 이때 "당신은 토지를 사용할 권리가 없으니까 건물만 떼서 가지고 나가"라는 말을 듣는 처지가 된다면, 그런 건물을 경락할 사람은 없을 것이다. 결국 건물만을 저당하고 돈을 빌려줄 사람은 없어지게 된다는 말이다. 이런 일이 발생하지 않도록 해야 한다. 그래서 법정지상권法定地上權이라는 제도가 생겨났다.

이것은 같은 토지와 건물을 소유한 A가 건물만을 저당 잡혔을 경우, 경매 결과 건물을 취득한 B는 법률상 당연히 지상권을 취득한다. 또한 토지만을 저당 잡혔을 경우, 경매 결과 토지를 취득한 B는 그 건물 때문에 지상권 제한을 받는다.(민법 제388조)

토지와 건물은 모두 부동산이며 어차피 건물은 토지가 없으면 공중에 떠 있는 상태로는 존재할 수 없기 때문에 이런 제도가 있어야 한다.

빈터에도 저당권을 설정하여 돈을 빌릴 수가 있다. 빈터란 건물이 세워져 있지 않는 토지다. 따라서 값어치가 있다. 그런데 저당권을 설정한 뒤 그 토지를 누군가에게 빌려주었다고 하자.

알고 있듯이 빈터는 값어치가 있지만 누군가에게 빌려주어 건물을 세웠다면 7할에서 8할은 토지의 대차인貸借人인 건물소유자가 권리를 갖게 된다. 이것이 세상의 일반상식이다.

예를 들면 토지가 3.3평방미터당 백만 엔이라고 할 때 30평이라면 3천만 엔의 값어치가 있기 때문에 2천 5~6백 정도의 돈을 빌려주고 그 토지에 저당권을 설정해도 충분하다. 그런데 누군가에게 그 토지를 빌려주어 건물을 세웠다고 한다면 그것의 3할 정도, 즉 9백만 엔 정도의 값어치밖에 되지 않는다는 계산이 나온다.

따라서 민법은 택지에 저당권설정등기를 한 뒤 그 토지를 누군가에게 빌려주었다면, 저당권자는 그 대차권貸借權을 인정하지 않고 건물을 부수고 나가라고 할 수 있다. 그것은 단기 임대차기간(5년)을 초월한 경우이기 때문이다.

계속적 거래의 담보에는 근저당권으로

근저당권이란 계속적인 거래관계에서 발생하는 대다수의 채무債務를 장래의 청산기淸算期까지 일정한 한도액을 담보로 하자고 한 저당권이다.

어떤 것일까? 예를 들면 약국이 도매점에서 여러 가지 의약품을 매입하여 판매, 또 매입하여 판매를 거듭한다. 1개월, 반년, 1년, 셀 수 없을 정도의 거래다. 의약품을 소매점에 판매하는 도매점으로서는 매번 거래에 저당권을 설정할 수도 없다. 그래서 통괄하여 장래 3년 뒤라든가, 혹은 약국과 거래가 종료되는 시점에 천만 엔이라면 천만 엔, 3천만 엔이라면 3천만 엔까지 약국이 갖고 있는 토지나 건물을 외상매출채권의 담보로 하자고 하는 것이다.

이것은 현재 많이 이용되는 제도이며 등기를 필요로 한다. 그때 최대한 얼마까지 채권을 담보로 한다는 금액, 즉 '극도액極度額'도 반드시 등기해두어야 한다.

제3편 채권의 여러 가지 문제

1. 채권의 정체

(1) 채권자와 채무자의 관계

흔히 채권이 있다, 없다고 말한다. 이 채권이란 타인에게 일정한 행위를 요구할 수 있는 권리다. 요구할 수 있는 사람을 '채권자'라고 하며, 요구받는 사람을 '채무자'라고 한다.

예를 들면 어떤 사람이 목수에게 가옥 건축을 청부했다고 하자. 주문한 사람은 목수에게 "가옥을 건축해"라고 청구할 수 있다. 목수에게는 그 가옥을 건축해야 하는 의무가 있다. 이때 일정한 행위란 가옥 건축이다. 주문한 사람이 채권자, 건축을 해야 하는 목수가 채무자다.

그래서 가옥의 건축이 완성되었다. 그러면 마지막으로 청부대금請負代金 지불문제가 발생한다. 주문자는 청부대금을 지불해야 하는 의무가 있다. 청부대금 면에서 보면, 이번에는 주문자가 채무자이고 대금 청부를 할 수 있는 목수가 채권자다. 이때 일정한 행위란 금전을 지불하는 행위다.

▶ **여배우를 신체장애자로 만든 남자**

그렇다면 채권이란 채권자와 채무자만의 일로 제3자와는 아무 관계가 없을까?

그렇지 않다. 제3자도 관계가 있다. 만약 제3자가 채권을 침해하는 일이 있다면 채권침해라는 불법행위로써 손해배상을 청구할 수 있다. 경우에 따라서는 그 침해행위를 중지시키거나 제거할 수 있는 권리도 발생한다.

예를 들어보자. 여기에 X라는 프로덕션이 있고, 그곳에 Y영화사의 전속배우인 초특급 글래머 H라는 스타가 있다. 관능적인 몸매와 매혹적인 눈이 스크린에 나오면 유혹에 절대 안 넘어간다는 강직한 선생님들도 "낭패다, 낭패"라고 할 정도로 그녀의 인기는 대단하다.

그래서 그녀는 수많은 여배우 중에서도 넘버원이며 또한 X프로덕션의 돈 긁는 기계다.

그런데 Y영화사에 깊은 원한을 품은 남자가 있었다. 그는 Y영화사에 어떻게든 거액의 손해를 끼치고 싶어서 밤낮으로 고심하다가 마침내 결심을 한다. 한 사람을 희생자로 지목해 Y영화사에 오랫동안 쌓인 원한을 갚으려는 것이다.

희생자는 누구겠는가? 그렇다. 인기스타 H였다. 남자들을 까무러치게 하던 H의 다리에 일격을 가해 각선미를 파괴해버린 것이다.

과연 Y영화사에 대한 오랜 원한은 보상받았다. H를 이용해 에로영화를 만들고 있던 Y영화사는 심각한 타격을 입었다. 지금까지 우세하던 시합이 최종 라운드에서 카운터펀치 한 방으로 KO당한 복서처럼 모든 계획이 무너졌다.

그 남자에게는 H에 대해 형법상 상해죄가 성립되고, 민법상 손해배상 책임이 있다는 것은 말할 필요도 없다. 더구나 Y영화사에 대해서도 손해배상 책임을 절대로 면할 수 없다.

왜냐하면 Y영화사는 여배우 H와의 계약에 따른 채권을 침해받았기 때문이다. 만약 그 부상이 없었다면 Y영화사는 H를 일하게 하여 영화를 계속 촬영할 수 있지만 그 남자 때문에 더 이상 H에 대한 채권을 행사할 수 없게 되었다.

채권은 주로 채권자와 채무자의 관계지만 위에서 알 수 있듯이 제3자도 그것을 침해해서는 안 된다는 소극적인 의무가 있다.

(2) 채권에는 어떤 효력이 있는가?

▶ 이행을 강행할 권리

채권은 채권자가 채무자에 대해 일정한 행위를 요구할 권리가 있으므로 채권의 효력이란 여차하면 채무자에게 일정한 행위를 시킬 수 있다는 말이다. 물론 채무자가 임의로 채무를 이행해주면 문제는 없다. 그런데 만약 채무자가 채권자의 요구에 응하지 않고 의무를 이행하지 않았을 경우에는 어떻게 하면 좋을까? 이것이 바로 채권의 효력 문제다.

가장 먼저 채권에는 이행履行을 강요하는 힘이 있다. 예를 들면 돈을 돌려받고 싶은데 채무자가 지불하지 않을 때 채권자는 대금청구貸金請求 소송을 일으키고 그 판결로 강제집행한 뒤 채무자의 토지나 가옥, 가재도구를 경매하여 그 돈에서 변제를 받을 수 있다. 즉 이행을 강제할 수 있다.

하지만 잠깐만 기다려달라며 이유를 말하고 싶은 분을 위해 이 말은 해두자. 유명한 화가에게 그림을 그려달라고 의뢰했지만 아무리 기다려도 그려주지 않았다. 화가는 채무를 이행하지 않은 것이다. 혹은 학계의 권위 있는 학자에게 학술강연을 의뢰했지만 지금까지 강연을 해주지 않는다. 이럴 때 화가나 학자에게 의뢰한 채권자는 강제이행을 시킬 수가 있는가?

돈을 지불하라는 것과는 달라서 마음이 내키지 않는 화가에게는 아무리 재판소의 명령이라도 그림을 그리게 할 수는 없다. 집행관이 가서 "이것 그려. 저것 그려"라고 말해본들 싫다는 사람을 어떻게 할 수 있겠는가.

학자의 강연도 마찬가지다. 채무자가 가진 독특한 능력으로 채무를 하는 경우는 모두 동일하며 강제는 불가능하다. 설령 가능하더라도 그것은 인권 문제다.

신문 등에서 "명예훼손을 당했으니 도시의 3개 대형 신문에 사죄광고를 내라"는 소송이 일어났다는 기사를 가끔 볼 수 있다. 그런데 사죄광고가 싫다고 한다면 그것으로 끝날까? 그렇지 않다. 위의 그림을 그리는 경우와 달라서 신문사에 사죄광고 게재를 의뢰하는 일은 누구라도 상관없다. 그러므로 재판소는 본인 대신 다른 사람에게 본인의 이름과 본인의 비용부담으로 사죄광고를 하도록 명령을 내린다. 채권자는 목적을 달성하게 되는 것이다.

대리로 할 수 없는 경우에는 대체집행代替執行이라는 강제 방법도 있다. 예를 들면 운송회사와 짐을 운반하는 약속을 했다. 운송회사는 좀처럼 운반해주지 않는다. 이때 채권자는 소송을 내서라도 강제로 짐을 운반시킬 수 있다. 그런데도 운반하지 않았다면 어떻게 할까?

다른 사람에게 대신 운반하게 하는 것이다. 소설 쓰기나 그림 그리는 일은 아무리 먼저 돈을 지불했어도 억지로 강요할 수 없고 대리도 불가능하다. 하지만 짐 운반은 그런 능력 문제가 아니다. A가 싫다면 B에게 시키면 된다. 그리고 운반을 위해 사용한 비용은 A에게 변제시키면 된다.

▶ 손해배상을 청구할 권리

목수에게 가옥 건축을 청부했다. 약속기간은 작년 말이었지만 목수가 게으름을 피웠기 때문에 1년이나 연장되어 마침내 금년 말에 완성되었다. 그 때문에 채권자인 주문자는 많은 손해를 입었다. 이때 주문자는 목수에게 손해배상을 청구할 수 있다.

여기, 어떤 남자와 여자가 서로에게 한창 열을 올리고 있다. 뭐든지 스피드 시대인 만큼 두 사람은 어느새 동거를 시작했다. 남자는 내년 봄에 학교를 졸업하면 결혼하자고 했다. 그 봄이 다가왔다. 여자는 "우리 결혼하자"고 재촉했다. 하지만 남자는 대답하지 않았다.

흔하디흔한 이런 남녀 관계를 법률로 보면 혼인예약을 한 것이다. 혼인예약도 하나의 계약이다. 따라서 그 여자는 채권을 근거로 남자에게 약속한 대로 채무이행을 요구할 것이다. 하지만 아무리 약속했다 해도 마음이 변한 사람을 억지로 끌고 온다는 것은 기본적으로 인권침해다.

여자가 정신적인 고통으로 마르고 야위었어도 법률은 남자의 목에 새끼줄을 걸어 여자에게 끌어다줄 수 없다. 그 대신 손해배상의 청구라면 가능하다. 남자의 혼인 불이행으로 인해 여자가 입은 손해를 남자에게 배상하게 할 수 있는 것이다.

앞에서 예를 들은 화가의 경우도 마찬가지다. 싫다는 녀석에게 아무리 만금万金을 주어도, 머리를 조아려 백만 번 인사를 해도, 석가모니 부처님이 부탁을 해도 그림을 못 그리겠다는 사람에게 억지로 시킬 수는 없다. 하지만 채무 불이행 때문에 주문자가 입은 손해는 화가에게 변상하게 할 수 있다.

2. 금전의 대차에 관한 법률관계

(1) 백만 엔을 백 엔 동전 만 개로 지불

백만 엔의 돈을 빌렸다. 기한이 다가와 백 엔 동전 만 개를 내놓았다.
"백 엔 동전은 무거워서 싫어요. 만 엔짜리로 주세요."
채권자는 백 엔 동전을 받지 않았다.
"장난 아니에요. 위조도 아니고, 천하가 공인하는 돈으로 지불하는데 불평할 이유가 없잖아요?"
채무자가 반박했다.
두 사람은 받아라, 받지 않겠다며 옥신각신했다. 과연 어떤 주장이 맞는 것일까?
우선 민법 제402조를 보면 "채권의 목적이 금전일 때 채무자는 그 선택에 따라 각종 통화로 변제할 수 있다"고 되어 있다. 그렇다면 싫어도 일본정부가 발행한 통화로 지불하는 이상 불평할 이유가 전혀 없다. 채권자 쪽에서 불평 없이 받으면 되지만 만약 백 엔 동전이 싫다며 받지 않을 때는 이 규정으로만 보면 무리하게 받지 않을 수가 없다.
만약 천만 엔을 지불하는데 백 엔 동전 10만 개를 차에 싣고 모모타로우가 도깨비 섬에서 돌아온 것처럼 '이영차' 하며 갖고 와도 불평을 할 수 없다. 그래서 임시통화법臨時通貨法이란 법률에서는 제한액을 정해놓았다.
백 엔 화폐는 2천 엔까지, 50엔 화폐는 천 엔까지, 10엔 화폐는 2백 엔까지, 5엔 화폐는 백 엔까지, 1엔 화폐는 20엔까지.
만약 심술궂은 채무자가 만 엔의 돈을 지불하는데 백 엔 동전 100개를 가져와 늘어놓았을 때는 이 법률을 방패로 내세워도 된다.

(2) **이자와 손해금**

▶ 이자란 무엇인가?

이자라고 하면 누구나 다 잘 알고 있겠지만 법률로 말하면 그렇게 간단하지만은 않다.

이자란 유동자본으로부터 발생한 소득이고, 원금채권에 붙어서 지불받는 것을 말한다. 원금채권, 즉 이자를 낳는 원래의 채권이란 보통 금전이지만 반드시 금전으로 한정되어 있다고는 할 수 없다. 예를 들면 팥 100kg을 빌려서 1년에 8kg씩 이자로써 지불한다는 계약도 있을 수 있다.

이자에는 이율과 기간이 필요하다. 이율이 계산단위가 되기 때문이다. 이율에 따라 원금채권과 사용한 기간에 따라 지불되는 것이 이자다.

이자에는 법정法定이자와 약정約定이자, 두 가지가 있다.

① 법정이자란 당사자가 특별히 약속하지 않아도 법률이 당연히 발생시키는 이자다. 이 법정이자의 이율은 연 5부로 정해져 있다. 이것이 상업이면 연 6부가 된다.

② 약정이자는 채권자와 채무자 사이에 정한 이자다. 보통의 대차는 대부분 약정이자로 정해져 있다. 약정이자를 얼마로 정하든 법률로써 규제하지 않으므로 당사자들 사이의 자유다. 가난하면 둔해진다는 말이 있다. 인간은 주머니에 먼지만 쌓이면 생각 없이 엄청난 일을 저지르거나 지독한 고리대금업자의 먹이가 되는 고통을 맛보기도 한다.

그래서 이자제한법이라는 법률로 이율을 제한한다. 그 제한은 다음과 같다.

원금 10만 엔 미만의 경우   연 2할
원금 10만 엔 이상, 백만 엔 미만   연 1할 8부
원금 백만 엔 이상의 경우   연 1할 5부

이 이자제한법 이상으로 약속했을 때 제한을 초과한 부분은 무효다. 약속했으니까

지불하라고 소송을 해도 재판소는 도리어 법정제한 한도까지 끌어내려버린다.

그럼 이자는 이자제한에 걸리니까 사례금으로 하자며 교활하게 머리를 굴려서 사례금 명목으로 받는 녀석도 나온다. 하지만 법률은 사례금 따위의 이름에 속지 않는다.

실제로 수수료라든가 조사료 등 괴팍하게 명칭을 붙여서 고리를 받는 경우도 있지만 이것도 안 된다.

"원금과 이자를 다 준비해서 기일까지는 반드시 지불하겠습니다"라고 이율을 기록하지 않은 차용증서도 있다. 이때 민사라면 연 5부, 상업이라면 연 6부다.

"제한 내의 이자를 지불하겠습니다"는 경우도 종종 있다. 이것은 연 5부라고 해야 할까? 이자제한법이 허락한 최고 이율로 받아들여야 할까? 약속할 당시, 당사자들의 생각이 어땠는가를 추측해서 해석해야 한다. 대부분은 뒤의 경우다.

변제기를 경과하면 그 이후에 지불되는 이자는 지연손해금이나 지연이자로 명칭이 바뀐다. 즉 "쇼와 51(1976)년 3월 31일까지 돌려드리겠습니다"라고 차금을 한 사람이 기한이 지나도 변제하지 않는 경우, 그 변제기한 이후 지체기간에 따라 발생하는 이자를 손해금損害金이라고 부른다.

그런데 모처럼 이자제한법을 알고 있으면서도 "초과부분을 임의로 지불했을 때는 그 초과부분에 대해 반환을 청구할 수 있다"(이자제한법 제1조 2항)는 규정에 따른 판례를 모르기 때문에 착오를 일으키는 경우가 있다. 빌린 사람에게 이 조문을 보여도 "지불한 이상 어쩔 수 없다"며 간단히 포기해버리는 경향이 있다.

최고재판소의 최근 판례는 이렇다.

"차주借主가 지불한 제한초과 부분의 이자는 차금의 원금이 남아 있는 한 그 금액은 원금의 변제에 해당된다."

즉 제한을 초과한 이자를 약정하고 높은 이자를 지불하고 있다면 이자제한법을 초과한 부분에 대해서는 원금을 지불한 것으로 되어 원금이 줄어든다는 것이다. 그런 식으로 고리를 계속 지불하다보면 초과부분이 점점 원금의 변제로 들어가서 마침내 제로가 될 날이 올 것이다.

원금이 제로가 된 뒤에도 법률지식이 없어서 이자와 원금을 계속 고리대금업자에게 지불하고 있는 경우도 종종 있다. 이런 경우는 어떻게 할까? 이미 차금이 없는데도 있다고 착각해서 지불한 것이므로 부당한 이득을 취하고 있는 대주貸主에게 "그 부당이득금을 돌려줘"라고 소송을 하면 된다. 그러면 재판소는 고리대금업자에 대해 부당이득을 취한 부분을 돌려주라고 판결한다. 그런 판례가 있다.

콩나물시루 같은 전철 안에는 "지금 당장 도움이 되는 무담보 안전금융"이라는 광고가 싫어도 눈앞에서 반짝거리는 일이 있다. 유명한 TV 탤런트 사진이 그 안전성을 보증하듯 활짝 웃고 있다. 하지만 여기저기에 범람하는 이런 대금업貸金業은 설령 리스산업이라도, 아무리 화려한 명칭이라도, 혹은 그럴듯하게 이유를 붙여도 세간에서 말하는 바로 그 고리대금이다.

이런 패거리 중에는 머리를 짜내어 이자제한법의 법망을 교묘하게 빠져나가려는 자들이 적지 않다. 쇼와 47(1972)년에는 1개월에 9% 이상의 폭리를 취해 검거된 자가 388명이라고 하는데 그건 빙산의 일각에 지나지 않을 것이다.

왜 1개월에 9%인가 하면 '출자의 수납, 빌린 돈 및 금리 단속 등에 관한 법률' 제5조에 "연 109.5%를 초과하는 비율로 이자나 손해금 계약 또는 그 돈을 취하면 3년 이하의 징역이나 30만 엔 이하의 벌금 또는 그 병과166)에 처한다"고 되어 있기 때문이다. 즉 1개월에 9%의 이자를 받으면 처벌되지 않는다는 말이다.

세상에는 시간이 남아돌아 지루함과 불만 사이를 시계추처럼 왔다갔다하며 마음이 흔들리는 부인들이 적지 않은 것 같다. "하지만 사모님들, '안심하고 사용할 수 있는 소액금융'이라는 광고전단에 시선을 고정하고 '조금만' 하면서 마음의 동요를 일으키지 마십시오. 개미지옥167)에 떨어지듯 틀림없이 원금과 이자가 자신의 목을 끊임없이 조여올 것입니다."

그렇다. 빌린 돈은 마치 언덕을 굴러가는 눈덩이처럼 커다랗게 부풀어만 간다. 우리는 돈이 적이라는 세상에서 살고 있다. 따라서 차금에 관한 법률과 판례를 조금 정도는 알아둘 필요가 있다.

---

166) 병과(倂科) : 동시에 두 가지 형벌을 주는 일
167) 명주잠자리 유충이 파놓은 구덩이로 개미가 떨어지면 잡아먹는다.

(3) 채무자에게 대위하는 권리

갑이 을에게 돈을 빌려주었다. 변제기가 되어 갑이 재촉하러 갔지만 을은 지불하지 않았다. 을에게는 돈이라곤 단 한 푼도 없었다. 그러니 갑이 아무리 청구를 해도 나올 리가 없었다.

채권자로서는 어차피 인생은 고통의 연속이라며 체념할 수만은 없다.

가난한 을에게도 병에게 빌려준 돈이 있기는 했다. 하지만 을은 병에게 청구를 하지 않았다. 을의 얘기에 따르면 병은 은혜도 모르는 천하에 못된 인간이라고 한다. 2~3년 전, 병이 돈이 없어 고통받고 있을 때 을이 돈을 빌려주었다고 한다. 그 때문에 을은 빈곤해졌고 병은 사업에 성공했다.

하지만 화장실 갈 때와 나올 때 마음이 다르다고 병은 을이 돈 때문에 고통받고 있다는 것을 알면서도 돈을 돌려주려고도 하지 않았다는 것이다. 그래서 이대로 굶어죽는 한이 있더라도 은혜를 모르는 병에게 절대 머리를 숙이지 않겠다며 버티고 있다고 한다. "고집이 지나치면 궁색해진다"는 옛말도 있듯이, 을도 무척 궁하지만 남자 체면과는 바꿀 수 없는 듯하다.

이 정도 각오라면 을은 죽어도 천국에 가지 못하고 유령이 되어 황천을 헤매는 신세가 될 것이다. 죽지도 못하고 빈곤으로 고통받고 있는 을을 바라보는 갑도 괴롭기는 마찬가지다.

이때 갑에게는 법률적으로 어떤 권리가 있을까? 민법 제423조에 변제방법이 규정되어 있다. 그럼 어떻게 구제할까?

을에게 빌려준 채권 전부를 변제시키기 위해 을이 병에게 갖고 있는 대금채권貸金債權을 갑이 을을 대신해서 병에게 청구할 수 있다. 물론 갑은 을을 대신해서 병에게 지불하라는 소송을 할 수도 있다.

"그런 일을 하는 건 싫어."

을이 이렇게 말해도 갑은 할 수 있다.

그 소송에서 "병은 을에게 지불하라"고 했는데도 을이 병에게 받지 않는다면 갑이 곤란해지지 않을까? 쓸데없이 걱정하는 사람을 위해 한마디 해두자.

"병은 갑에게 지불하라"는 소송도 할 수 있다. 이런 갑의 권리를 채권자대위권債權者代位權이라고 한다. 갑이 을을 대위代位하기 때문이다.

(4) 채권자가 가진 취소권

야마다山田는 가와무라川村에게 돈을 빌려주었다. 가와무라는 돈을 빌린 주제에 야마다를 싫어한다. 그래서 야마다에게 돈을 지불하기가 싫다. "지불할 때는 염라대왕처럼 무서운 얼굴이 된다"고 인정 많은 옛사람들마저도 말했던 만큼 이기적 성향이 강한 현대인이 돈을 지불하기 싫어하는 것은 무리도 아니다. 하지만 가와무라로 말할 것 같으면 돈을 지불하느니 차라리 전철에 매달려 죽는 게 낫다고 할 정도로 그러기가 싫었다.

야마다로부터 빌린 돈의 변제기가 다가오고 있다. 가와무라에게는 돈은 없지만 재산이 하나 있었다. 부모에게 물려받은 가옥이다. 45년간 하루도 빠짐없이 성실하게 근무했던 가와무라의 아버지가 퇴직금과 저금을 털어서 건축한 가옥이다.

물론 야마다도 그 가옥 때문에 돈을 빌려준 것이다. 그런데 채권자는 야마다 한 사람만이 아니었다. 이토도 야마다와 마찬가지로 그 집이 있기 때문에 괜찮을 거라고 생각하고 가와무라에게 돈을 빌려주었다.

어차피 가옥을 빼앗길 거라면 벌레만큼이나 싫은 야마다보다 이토에게 건네야겠다고 생각한 가와무라는 이토와 상의하고 그 가옥에 저당권을 설정해버렸다.

가옥의 값은 이토의 채권보다도 적어서 야마다에게는 단 한 푼도 돌아오는 게 없었다. 이토는 기뻐했지만 야마다는 그렇지가 않다. 이토는 유쾌한 표정이지만 야마다는 고통스런 얼굴이다. 이때 야마다에게는 어떤 권리가 있을까?

얼핏 보면 이토에게는 아무 걱정도 없는 듯이 생각된다. 왜냐하면 가와무라는 이토에게 저당권을 설정해주었지만 미리 짜고 하는 엉터리 승부나 공모가 아니기 때문이다. 실제로 이토에게 돈을 빌렸기 때문에 저당권 설정에는 그 어떤 수상함도 특별함도 없었다.

만약 이토에게 돈을 빌리지 않았는데도 저당권을 설정했다면 앞에서 설명한 것처럼 상대방과 통모한 허위의 의사표시이므로 무효다. 그러면야 야마다로서는 쓸데없이 두통에 시달리지 않아도 되지만 다 사실이기 때문에 걱정인 것이다.

▶ 야마다는 이토의 저당권을 말소할 수 있다

방법은 있다. 법률은 항상 공평을 생각하니까. 그리스어로 법률이란 정의라는 뜻이다. 민법은 제424조에 "채권자는 채무자가 그 채권자에게 해롭다는 것을 알면서도 행한 법률행위의 취소를 재판소에 청구할 수 있다"고 규정한다.

채권자 야마다는 채무자 가와무라가 야마다에게 해롭다는 것을 알면서도 이토와 저당권을 설정했기 때문에 저당권설정의 법률행위를 취소해달라고 재판소에 요구할 수 있다는 말이다. 이것을 채권자취소권債權者取消權이라고 한다.

만약 이토가 가와무라의 의도를 몰랐다고 한다면 야마다를 구제하기 위해 선량한 이토에게 손해를 입히는 결과를 초래하므로 취소할 수가 없다. 하지만 이 경우는 이토도 사정을 알고 있었기 때문에 취소할 수 있는 것이다.

설령 그 가옥이 이토에게서 제3자인 다나카의 수중으로 넘어갔다고 해도 다나카가 전후 사정을 알고 있었다면 역시 다나카에 대해서도 취소할 수 있다.

여기서 말하는 취소권取消權은 채권자를 괴롭히는 법률행위라면 뭐든지 관계없다. 그럼 어떤 행위가 채권자를 괴롭히는 것일까?

채권자가 충분한 변제를 받을 수 없도록 채무자가 자신의 자산을 줄이는 일이다. 재산을 증여한다거나 시가보다도 싸게 팔아버리는 일 등이다.

부동산을 팔아 돈으로 바꿔버린다면 어떻게 될까? 역시 재산은 돈으로 남아 있지만 돈은 흩어지기 쉽다고 말할 수밖에 없다. 이 점에 대해서는 학설도 판례도 일치하지 않는다. 시가대로 팔았다면 사기행위는 아니라고 여기는 게 타당할 것이다.

3. 연대하여 부담하는 채무

연대채무는 일련탁생—連託生

연대채무連帶債務는 채무자가 2인 이상이 아니면 안 된다. 혼자만으로 연대할 수 없다. 두 사람 이상이라면 몇 사람이라도 상관없다. 그렇다면 여러 명의 채무자가 연대해 채무를 부담한다는 말은 도대체 무엇인가?

연대채무에서 각 채무자의 부담은 완전히 평등하다. 어떤 사람은 무겁고 어떤 사람은 가볍다, 혹은 어느 한 사람이 주主이고 다른 사람은 종從이라는 차별은 없다. 채무자 각각이 모두 공평하게 똑같이 채무를 부담하는 관계다.

갑이라는 채권자에게 백만 엔을 을과 병이 연대해서 빌렸다고 하자. 실제로 을이 돈을 송두리째 다 써버리고, 병은 돈의 그림자조차 보지 못했어도 갑에 대해 책임을 똑같이 지지 않으면 안 된다.

따라서 갑이 돈을 써버린 을에게 백만 엔을 돌려주라고 청구하든, 병에게 백만 엔을 돌려주라고 재촉하든, 모두 갑의 자유다. 백만 엔의 돈을 빌리기 위해 을과 병이 연대했기 때문에 을이 50만 엔, 병이 50만 엔을 각각 동등하게 부담하면 좋겠지만 사실은 그렇지가 않다. 을도 백만 엔, 병도 백만 엔의 채무를 부담한다는 점이 연대채무의 특징이다.

그렇다면 갑은 백만 엔의 돈을 빌려주고 을에게도 백만 엔, 병에게도 백만 엔을 돌려받는다면 지나치게 뻔뻔하지 않는가? 그렇다. 너무 뻔뻔스럽다. 그럼 도대체 어떻게 하면 될까?

청구관계에서 갑은 백만 엔을 을에게 청구하든, 병에게 청구하든, 마음대로지만 누구에게서든 먼저 백만 엔을 받으면 더 이상은 청구할 수 없다.

결국 갑은 백만 엔의 돈을 연대채무자 중 누구에게 청구하든, 누구에게 돌려받든, 지장은 없지만 누구에게든 먼저 돈을 돌려받으면 나머지 사람에게는 더 이상 청구할 수 없다.

연대채무의 법률

이 관계를 민법 제432조는 이렇게 규정하고 있다.

"채권자는 채무자 한 사람에 대해 동시 또는 순차順次로, 모든 채무자에 대해 전부 혹은 일부의 이행을 청구할 수 있다."

연대채무에 있는 채권자만큼 위세 부리는 채권자도 없을 것이다. 채무자 중 누군가 한 사람에게만 청구를 하든, 모두에게 동시에 청구를 하든, 한쪽부터 순차적으로 청구를 하든, 또는 채권 전액을 청구하든, 그 중의 일부만을 청구하든, 자기 마음대로 자유롭게 할 수 있기 때문이다.

채무자가 많아서 각각 동일한 채무를 부담하고 있다는 말은 결국 채권자에게 변제한다는 공동의 목적 때문에 채무자 중 한 사람이든, 두 사람이든, 일부든, 전부든, 변제만 하면 그것으로 각 채무자의 공동 목적은 달성되는 것이다. 따라서 그 변제분만큼 당연히 채권은 줄어들게 된다.

또한 공동의 목적이라는 점에서 채권자가 연대채무자 중 한 사람에게만 돈을 지불하라고 청구를 하면 연대채무자 전원에게 청구한 것과 동일한 효력이 발생하는 것으로 인정받는다.

예를 들면 대금貸金의 시효가 종료될 무렵 채권자는 연대채무자 전원에게 청구하지 않고 한 사람에게만 청구를 해도 시효의 중단은 가능하다는 것이다.

연대채무자 사이는 어떻게 될까?

갑에게 백만 엔을 빌린 을과 병의 예를 보면 을은 돈을 모두 썼지만 병은 돈의 그림자조차 보지 못했다. 그 뒤 갑으로부터 심한 독촉을 받아서 병이 지불했다고 하자. 병은 그대로 울면서 잠들어야 할까? 그렇지 않다. 을에게 소송할 수 있다.

이것을 법률에서는 '구상권求償權의 문제'라고 한다. 연대채무란 앞에서 말한 것처럼 채권자와의 관계에서는 각자 전부의 변제를 해야 하는 채무이지만 연대채무자 상호간에서는 반드시 일정한 부담부분이 있다는 말이다. 그 부담부분은 각 채무자끼리의 공평성을 원칙으로 하지만 채무자 상호간 부담부분에 대해 특약이 있을 때는 그 특약에 따른다. 한 사람은 제로, 한 사람은 전부라는 경우로 부담부분을 정할 수도 있다.

혹은 그런 특별한 약속이 없어도 그 채무로 이익을 얻은 비율에 따라 부담부분이 자연적으로 정해지기도 한다.

앞의 예로 말하면 을은 돈을 혼자 썼으므로 부담부분은 을이 전부이고 병은 제로다. 그 제로의 병이 차금 전부를 지불했기 때문에 병은 을에게 지불한 돈을 돌려주라고 청구할 수 있다. 만약 그 돈을 을이 70만 엔, 병이 30만 엔의 비율로 사용했고, 병이 전부 갑에게 지불했다면 병은 을에 대해 을의 부담부분인 70만 엔을 돌려달라고 말할 수 있는 것이다.

4. 보증이란

폐를 끼치지 않는 보증은 없다

법률용어 중에서 보증이라는 말만큼 널리 알려진 말도 없을 것이다. 그만큼 아직도 보증을 안일하게 생각하는 사람이 적지 않다. 보증을 했기 때문에 가게를 접고 야반도주 했다는 얘기는 어디서나 끊이지 않고 들려온다.

그런데 이것을 어떻게 착각한 것일까?

"절대로 폐 끼치지 않아. 확실한 보증인도 있고."

이렇게 차금을 부탁하러 온 녀석이 하는 말만 듣고 돈을 빌려주는 사람도 있다. 확실하다는 보증인을 만나보지도 않고 또 전화로 확인조차 하지 않은 채 차주借主가 들고 온 도장을 찍는 것만으로 안심해버리는 것이다.

그런데 그 '확실한 사람'이라는 분이 왜 보증인이 되어주었다고 생각한 것일까? 어떻게 그토록 쉽게 신용할 수 있었을까?

기일에 변제받지 못해서 보증인에게 재촉하러 갔다가 "난 그런 일은 모릅니다. 당신과 만난 적도 없고. 내가 언제 보증한다고 말했습니까?"라는 말을 듣는다면, 도대체 무엇을 위한 보증인가? 전혀 알 수가 없어진다. 따라서 중요한 일이므로 반복에 반복을 거듭하지만 보증계약은 차주借主와 하는 것이 아니라, 보증인과 하는 것이다.

이처럼 보증은 채권자와 보증인의 사이에 보증계약을 함으로써 성립한다. 그것에 따라 보증채무保證債務가 생긴다.

보증채무란 주체인 채무자와 같은 내용의 채무를 부담하고, 주체의 채무에 부종附從하는 채무를 말한다. 따라서 주체인 채무가 소멸하면 보증채무도 소멸한다. 주체인 채무의 내용이 변경되면 보증채무도 변경된다.

보증채무란 연대채무와 달리 주체인 채무자가 변제하지 않았을 때 비로소 변제해야 하는 채무다. 즉 채권자는 먼저 차주借主 본인에게 청구했다가 지불받지 못했을 때에만 보증인에게 청구할 수 있다는 말이다.

채권자가 차주 본인인 채무자에게 청구하지 않고 보증인이 돈이 있다고 해서 곧바로 청구해온다면, 보증인으로서는 "얘기가 다른데? 본인이 지불하지 않을 때 보증인이 지불한다고 되어 있을 거야. 먼저 채무자 본인에게 청구하라"고 말할 권리가 있다. 이것을 '최고催告의 항변抗弁'이라고 한다.

"갔어. 근데 그 녀석이 지불하지 않아"라며 채권자가 또다시 찾아왔다.

보증인이 조사해본 결과, 본인인 채무자에게는 아직도 상당한 재산이 있고 그 차금 정도는 지불할 수 있다는 사실을 알게 되었다. 그때 보증인은 채권자에게 "본인에게는 아직도 재산이 있어. 라이산요賴山陽[168]의 책도 있고, 녀석의 자랑인 족자도 있어. 먼저 그 녀석의 재산을 압류하라고. 그래도 안 된다면 그때 보증인인 내게 청구해"라고 말할 권리가 있다. 이것을 '검색檢索의 항변'이라고 한다.

보증인이 이렇게 주장하는데도 채권자가 본인의 재산을 압류하지 않고 보증인에게 청구를 해도 보증인은 지불에 응할 필요가 없는 것이다.

보증인의 이런 주장에는 채권자도 도저히 대적할 수 없게 된다.

그래서 보증인은 "채무자 본인에게 변제할 자력資力이 있다는 사실", "강제집행이 용이容易한 사실", 즉 강제집행하면 받을 수 있다는 것을 증명해야만 한다.

물론 보증인은 자신이 지불하는 게 싫어서 채무자 본인에게 재산이 없다는 사실을 알면서도 그렇게 주장을 할 수는 없다.

집행이 용이할까, 어떨까는 결국 구체적인 경우에 따라 판단할 수밖에 없다. 채무자의 재산이 가재도구 같은 유체재산有體財産이라면 일반적으로 집행이 용이하다고 볼 수 있다. 하지만 채무자의 재산이 멀리 떨어진 장소에 있다면 사정은 달라진다.

또한 부동산이나 채권은 집행이 용이하지 않지만 용이한 경우가 전혀 없는 것도 아니다. 여하튼 구체적인 사정에 따른다고 말할 수밖에 없다.

어차피 세울 거라면 연대보증을

보증인은 앞에서 말한 것처럼 법률상의 주장이 가능하므로 만약 돈을 빌려줄 거라면 단순보증으로 하지 말고 연대채무나 연대보증으로 해두는 게 좋다.

그 반대로 보증을 부탁받았을 때는 가능한 한 연대보증은 사양하는 게 좋다.

연대보증은 연대채무와 보증채무가 동반하기 때문에 보증인의 '최고의 항변'이나 '검색의 항변'이라는 귀찮고 번거로운 권리가 없기 때문이다.

---

168) 1780~1832년. 에도 후기의 유학자, 역사가, 한시인(漢詩人). 오사카 태생. 18세 때 에도로 나와 경학(経学), 역사를 배운 뒤 교토로 돌아와 사설 교육기관을 열었다. 저서로는 ≪일본외사(日本外史)≫ ≪일본정기(日本政記)≫ ≪산요시초(山陽詩鈔)≫ 등이 있다.

누구라도 부탁받기 쉬운 신원보증

학교를 졸업하고 어딘가에 근무하게 되면 대개는 신원인수인身元引受人이 필요하다. 다시 말하면 신원보증이라는 녀석이다. 대체로 "고용인의 신상 일체에 대해 귀사에 폐를 끼치지 않겠습니다"는 문구가 들어 있다. 즉 고용인의 신상 일체에 관한 보증이다.

따라서 고용인이 고용관계를 근거로 고용주에게 끼친 손해, 즉 돈의 횡령이나 사고로 인한 손해 등은 신원보증인에게 미치게 된다. 이것도 일종의 보증계약이다.

신원보증은 무기한은 아니다. 보통은 3년, 상공업 견습생은 5년, 아무리 길게 잡아도 5년이다. 하지만 기간변경은 할 수 있다. 그것도 갱신 후 5년을 초과할 수는 없다.(신원보증에 관한 법률 제1조 제2항)

보증인이 여러 명인 경우

타로가 지로에게 40만 엔을 빌려주었다. 타로는 되도록 많은 사람에게 보증을 받아두면 그 중 누군가에게는 틀림없이 돈을 받을 거라고 생각하고 지로에게 4명의 보증인을 세우도록 했다. 그 결과 갑을병정, 4명이 보증을 했다. 4명도 다른 보증인이 있으니까 괜찮을 거라고 생각하고 도깨비 방망이처럼 안심했다.

그런데 변제기가 다가왔다. 지로는 지불하지 않았다. 소송을 생각하고 변호사에게 상담한 타로는 뜻밖의 얘기를 듣게 되었다.

이런 경우, 연대보증이 아니고 단순보증이기 때문에 공동보증이라고 해서 40만 엔이란 돈을 4명이 똑같이 나누어 갖는다. 따라서 1인당 10만 엔씩만 청구할 수 있다는 말이었다.

놀란 사람은 타로다. 쓸데없이 보증인을 4명이나 세우게 할 필요가 없었던 것이다. 돈 있는 사람 한 사람만 보증하게 했으면 좋았을 거라고 후회해도 때는 이미 늦었다.

이와 유사한 경우가 실제로 종종 일어난다. 참고로 말해두자면, 단순보증은 연대채무나 연대보증과 달라서 보증인에게 자산이 있지 않다면 보증인을 여러 사람으로 할 필요가 없다.

고목도 산의 흥취를 더한다(하찮은 것도 없는 것보다는 낫다)는 말이 있지만 보증인의 경우는 방해만 될 뿐더러 때에 따라서는 불이익이 되기도 한다.

확실한 보증인을 한 사람만 세워두면 채무자 본인이 지불하지 않았을 때 그 보증인이 모두 지불하지 않으면 안 되지만, 두 사람 이상으로 해두면 균일하게 책임이 나뉘어버린다. 그 중에는 지불할 자력이 없는 보증인도 있기 때문에 채권자로서는 고통스러울 따름이다.

채권자는 이 점을 고려해서 보증을 받아야 할 것이다.

5. 채권을 타인에게 양도할 때

어떤 채권이라도 양도할 수 있는가?

채권은 하나의 재산권이다. 따라서 물건을 매매하듯이 채권도 타인에게 양도할 수 있다. 채권의 양도란 채권을 타인에게 넘겨주는 일이다. 채권의 입장에서 보면 채권자가 바뀌게 된다는 말이다. 팔아도 좋고 무료도 좋다.

어떤 채권이라도 양도할 수 있는 것이 원칙이다. 하지만 어느 특정한 채권은 양도를 금지하고 있다. 예를 들면 건강보험급부청구권健康保險給付請求權이나 은급권恩給權(공제연금) 등이 그렇다. 또한 채권자가 다르면 급부내용이 달라지는 채권도 그 성질상 양도불능이다. 예를 들면 자신의 초상을 그리게 한 채권이나 특정인에게 가르치는 일을 목적으로 하는 채권이다.

또한 성질상 양도할 수 있어도 함부로 양도되면 곤란해지는 것도 있다.

친절하고 동정심이 많은 사람에게 돈을 빌리면 소문날 염려도 없고 독촉도 받지 않을 거라고 생각해서 돈을 빌렸다. 그런데 그 채권을 악독한 고리대금업자에게 양도해버렸다면 돈을 빌려준 동정심 많은 사람이야 좋겠지만 채무자로서는 견딜 수 없을 것이다. 탐욕스런 고리대금업자에게 그 어떤 비인간적인 일을 당할지 알 수가 없다.

그래서 법률은 당사자가 특별히 양도하지 않겠다는 약속을 했을 때는 채권을 양도할 수 없게 되어 있다. 단, 이것은 양도금지특약讓渡禁止特約을 모르고 있는 선의의 제3자에게는 통하지 않는다.

앞의 예로 말하면 양도받은 사채업자가 이전 채권자가 양도하지 않겠다고 한 약속을 몰랐다면 그 양도는 유효하다는 말이다.

또 이런 경우도 있다. 마음 약한 채권자가 자기 이름으로 소송을 하면 뒷날이 두려워 실제로는 양도하지 않았지만 표면상 친구에게 양도하여 소송을 내는 경우다.

하지만 이것은 안 된다. 신탁법信託法에는 "신탁은 소송행위를 이루게 하는 일을 주목적으로 해서 그것을 행할 수 없다"고 금지되어 있기 때문이다.

채권양도와 내용증명

채권을 양도할 때는 내용증명 우편을 보내는 법이라고 마치 합의라도 한 것처럼 사람들은 말한다. 왜일까? 무슨 주술에라도 걸린 것일까?

보통의 채권, 자세히 말하면 지명채권指名債權이라고 해서 어떤 특정한 사람을 채권자로 하여 채권을 양도할 때는 채권자가 "아무개에게 채권을 양도한다"는 뜻을 채무자에게 통지하거나, 또는 채무자 쪽에서 승낙하지 않으면 채무자나 그 외의 제3자에게 대항할 수 없다.

"그럼 일부러 우체국까지 가서 '이곳에 도장을 찍지 않았다. 저곳이 잘못됐다'는 잔소리를 들으며 비싼 비용을 지불하면서 내용증명을 보내고 더구나 배달증명까지 받을 필요는 없지 않나? 채무자에게 통지하는 거라면 보통의 편지라도 상관없을 것이고, 채무자의 승낙이라면 승낙을 받아두면 되지 않나?"라고 말하겠지만 그렇게 간단하게 되지 않는 경우가 있다.

민법 제467조에는 "전항前項의 통지 또는 승낙은 확정일부가 있는 것을 증서로써 하지 않으면 채무자와 그 외의 제3에게 대항할 수 없다"고 되어 있기 때문이다. 즉 채무자에 대한 통지나 채무자의 승낙을 확정일부라는 것으로 해두지 않으면 채무자와 그 외의 제3자에게 대항할 수 없다는 말이다.

그러기 때문에 바둑판 같은 내용증명 용지를 사와서 귀찮아도 1행 20자씩 꽉꽉 채워서 1페이지 13행으로 바둑알처럼 촘촘하게 기록하는 것이다.

그럼 확정일부란 무엇일까? 그것은 계약서 등을 작성할 때 그날에 작성한 것이 틀림없다고 공증인이 도장을 찍어 증명해주는 날짜다. 글자 그대로 날짜를 확정하는 일이지만 일일이 공증인에게 들고 가지 않아도 내용증명 우편으로 해두면 우체국에서 날짜도장을 찍어주기 때문에 공증인이 한 것과 동일한 효력이 발생한다.

따라서 채권양도 통지나 승낙서는 공증인에게 확정일부를 받아도 좋고, 우체국에 들고 가서 내용증명 우편으로 해도 좋다.

얘기는 좀 다르지만 배달증명을 첨부하는 것은 상대에게 확실히 배달되었다는 사실을 우체국이 증명해주기 때문이다. 이렇게까지 하면 상대방도 "그런 우편물은 배달되지 않았습니다" 하고 시치미를 뗄 수는 없을 것이다.

6. 변제에도 문제는 있다

변제란 무엇인가? 이제 와서 새삼스럽게 묻는다면 할 말이 없다. 하지만 돈이 없는 사람은 그 변제를 할 수 없어서 힘들어한다. 변제란 지불하는 일이라는 정도는 초등학생도 알고 있다. 그럼 어떻게 지불하게 될까?

현금을 늘어놓고 받게 하면 되지 않을까? 물론 그러면 된다. 그런데 수표로 지불하면 채권자는 싫다고 한다. 싫든 어쩌든 수표도 지불하는 것에는 틀림없다고 계속 버틸 수 있을까?

이렇게 말하면 왠지 변제라는 녀석은 현금 지불만을 말하는 것 같지만 결코 그렇지 않다. 채무자가 채권자에게 약속한 내용을 실행하는 일이 변제이기 때문에 반드시 돈이라고만 할 수 없다.

주문주注文主 사이에 건축할 채무가 있는 목수는 건축하는 일이 채무의 이행이므로 건축 완성이 변제다. 흥업사興業師와 계약한 배우가 무대 위에서 죽도를 흔들며 "다가오면 죽이겠다"고 난폭한 연기를 기꺼이 하는 것도 변제다.

포주와의 사이에 채무부담이 있는 게이샤가 긴 소매의 기모노를 질질 끌고 와서 "안녕하세요" 하는 것도 변제다.

다시 말해 채무자가 채권자에 대해 부담하는 채무를 완성하는 일이 변제다. 또한 변제는 항상 채무의 본지本旨를 근거로 실행하지 않으면 안 된다.

그럼 본지에 따라 실행한다는 것은 어떤 경우일까?

금전의 변제

세상에서 흔히 돈의 변제를 실행한다는 말은 채권자의 눈앞에 현금을 내놓고 채권자가 손을 뻗어 받게 하는 일을 가리킨다.

그럼 수표는 어떻게 될까? 수표는 변제로 하지 못한다. 아무 쓸모도 없는 수표를 받은 뒤 복잡한 문제가 발생하는 일이 많기 때문이다.

수표에도 최하품에서 최고품까지 있다. 현금과 거의 같을 정도로 신용할 수 있는 수표가 있는가 하면, 성냥 상표만큼이나 가치 없는 수표도 있다. 이것을 된장도 똥도 구별 없이 마구잡이로 뒤섞어 똑같이 취급하면 곤란하다. 따라서 세간에서 일류로 취급하는 수표이고, 더구나 은행이 지불보증을 하는 수표는 현금과 동일하게 생각해도 좋다고 재판소는 말한다. 우체국의 소액우편환권169)도 현금은 아니지만 거래상 현금과 동일하게 보아도 아무 문제가 없다.

그리고 일정한 물품을 건넨다는 내용의 채권도 물론 채무의 본지에 따라 실행하지 않으면 안 된다. 따라서 술 한 되를 매매한 사람이 매주買主에게 술을 보낼 때는 건네는 장소까지 확실하게 배달해서 언제라도 매주買主가 받을 수 있도록 하지 않으면 변제가 되지 않는다.

변제하는 장소가 어디인가?

그럼 어떤 장소에서 변제하면 좋을까?

빌려줄 때는 특별히 문제가 없었던 녀석과 "돌려줘. 안 돌려줘" 하면서 싸운 결과, "그럼 돌려줄 테니까 모레 우리 집으로 와서 받아가"라고 빌린 녀석이 말했다.

대주貸主는 "지금 뭐라고 지껄이는 거야? 은혜도 모르는 녀석. 한 푼도 빠짐없이 우리 집으로 가져와서, 참으로 고마웠습니다라고 말해야 하는 게 정석이야"라고 대적했다. 서로 고집을 꺾지 않고 옥신각신.

법률은 이때를 대비하여 대차貸借 당시 특별히 어느 장소에서 지불하겠다는 약속을 하지 않았을 경우에는 "현재 살고 있는 채권자의 주소지가 변제 장소다"라고 규정한다. 즉 대주貸主의 집으로 들고 가서 지불하는 것이 정상적인 방식이다.

그렇다면 분풀이로 새벽 1시나 2시에 문을 두드리며 "자, 가지고 왔으니까 받아"라고 말했다면 어떻게 할까? 더구나 돌려줄 돈을 대주 앞에 내던지면서.

그것은 변제라고 할 수 없다. 대주가 화가 나서 받지 않아도 수령의 부당거부는 아니다. 왜냐하면 의무의 이행도 거래관행상 신의에 따라 해야 하기 때문이다. 마음이 있는 사람이라면 개에게 먹이를 줄 때도 내던지듯 주지 않는 법이다. 더구나 빌

---

169) 일본은 1951년에 폐지

려준 사람에게 한밤중에 그것도 돈을 내던져 돌려주었다는 것은 보통은 신의에 위반되는 태도다.

민법 제1조 제2항에는 "권리의 행사 및 의무의 이행은 신의에 따르며 이것을 성실하게 행하는 일을 요한다"고 규정한다. 이것을 신의성실의 원칙이라고 한다. 채권자도 채무자도 모두 권리나 의무라는 사회적 의미를 분별하고 인식할 필요가 있다.

특정물의 매매, 즉 구체적인 거래에서 당사자가 그 개성에 주목한 물건, 예를 들면 센다이 시의 어느 창고에 있는 통나무삼목 천 개를 매매한다는 경우, 그 특정물의 양도는 채권 발생 당시에 그 물건이 있었던 장소에서 변제한다고 되어 있다.

따라서 구입한 사람이 도쿄에 있다 해도 특정물의 경우, 변제 장소는 그 물건이 있는 곳, 즉 앞의 예로 말하면 센다이다.

변제와 수취증

변제를 했을 때는 "영수증을 줘"라고 말할 수 있다. 다음으로, 채권의 증서, 예를 들면 차용증서 등이 있을 때는 그것을 되돌려달라고 할 수 있다. 만약 증서를 되돌려주지 않으면 소송을 해서라도 돌려받을 수가 있다.

수취증受取證에는 이런 경우가 있다. 정식 수취증을 가지고 지불을 청구하러 온 사람이 있을 때는 그 사람에게 변제를 받을 권리가 있다고 간주한다. 만약 그 사람이 실제로 변제수령弁濟受領의 권리가 없는 사람이라도 지불한 것은 유효다.

하지만 지불하는 측이 수취증을 가지고 청구하러 온 사람에게 변제수령의 권한이 없는 것을 알면서도 지불했을 때나, 조금만 주의를 하면 그 사람에게 변제수령의 권한이 없다는 것을 알 수 있는데도 불구하고 가짜에게 지불했을 경우에는 변제라고 간주하지 않는다.

예를 들면 매월 말에 소매점으로 도매점 과장이 수금하러 오게 되어 있다고 하자. 그런데 중순 무렵에 드물게 평사원이 수금하러 왔을 때는 이상하게 생각해야 할 것이다. 그럼에도 주의를 기울이지 않아 지불하고 말았다. 과연 과장이 준비해둔 수령증을 평사원이 무단으로 슬쩍하여 수금한 돈을 갖고 도망쳐버렸다.

이때 소매점은 두 번을 지불해야 한다. 미리 예고해두지만, 앞에서 말한 수령증은 위조되어서는 안 된다. 위조의 수령증으로 수금한 것은 사기지만 그것은 본항의 문제 밖이다.

그럼 이 경우는 어떻게 될까? 은행 창구로 풍채 좋은 남자가 다가왔다. 빙긋 웃으며 예금지불 청구서와 예금통장을 내밀었다. 물론 은행원은 직업적으로 예금지불 청구서에 찍혀 있는 인감과 자신 앞에 놓인 인감을 대조해보았다. 틀림없이 진짜다. 통장도 본인 것이다. 더구나 남자도 친절하다. 그래서 아무 의심 없이 돈을 지불했다. 그런데 그로부터 몇 시간 뒤, 그 통장과 인감을 도난당했다는 통보가 왔다. 예금자는 은행에 이렇게 말했다.

"당신들 은행에 돈을 인출하러 간 사람은 예금자 본인이 아니고 도둑이야. 은행은 예금자 본인에게 지불한 게 아니기 때문에 무효야. 난 당신들에게 청구할 권리가 있어."

하지만 은행은 이렇게 대답할 것이다.

"아니요. 당신의 예금통장과 인감을 가지고 인출하러 왔기 때문에 우리 은행은 믿고 지불해준 것입니다. 우리는 책임이 없습니다. 만약 은행이 통장과 인감을 들고 예금을 인출하러 온 분들에 대해 본인인가, 아닌가 일일이 확인하러 돌아다닌다면 우리는 일을 전혀 할 수 없습니다."

이런 경우, 누가 이길까? 법률은 거래의 안전이라는 입장에서 "외견상 일반 사람들의 눈에도 채권자 본인으로 보여서 그것을 믿고 채무자가 지불했을 때는 그 변제는 유효다"(민법 제478조)고 말한다.

즉 도난당한 채권자 본인인 예금자는 은행에 대해 도둑에게 지불한 금액을 자신에게 한 번 더 지불하라는 청구를 할 수 없다는 말이다.

공탁을 해도 변제가 된다

채권자 눈앞에 현금을 내놓고 "받아주세요" 했는데도 거부를 하는 경우가 있다. 지대地代나 집세 상승으로 문제가 복잡하게 얽혀 있을 때 이런 일이 종종 발생한다.

빌린 돈으로 힘겹게 자금을 만들어 애써 가져갔는데 생트집을 잡고 받아주지 않는다. 하루가 연장되면 그만큼 마음도 무거워진다. 하루라도 빨리 변제해서 무거운 짐을 내려놓고 싶은 기분이다.

이때 채무자는 어떻게 하면 좋을까? 공탁을 하면 된다. 공탁을 할 경우, 금전이나 유가증권이라면 법무국이 취급한다. 법무국이란 정확하게 말하면 법무성 하부기구로 법무국, 지방법무국 및 지국, 출장소가 있으며 그곳에서 공탁사무를 취급한다.

그럼 어느 법무국에 가면 좋을까? 일반적으로는 어느 법무국이든 상관없다. 하지만 변제공탁弁濟供託은 채무의 이행지履行地에 있는 법무국이 아니면 안 된다. 금전이나 유가증권 이외의 물품공탁은 사법대신司法大臣이 지정하는 창고영업자 또는 은행이 공탁하는 장소에서 해야 한다.

수속은 전혀 어렵지 않다. 공탁서는 법무국에 확실하게 준비되어 있다. 그곳에 기입만 하면 된다. 변제공탁이라면 돈과 도장을 들고 가면 된다. 도장은 반드시 인감도장일 필요는 없다. 이때 공탁통지서를 피공탁자에게 우송하기 위한 봉투와 우표가 필요하므로 준비해야 한다.

공탁이 성립하면 채권은 즉시 소멸한다. 채권자가 공탁물을 받았는지, 받지 않았는지 여부와는 관계없이 변제와 동일한 효력이 발생한다. 또한 채권자에게도 공탁소에서 공탁물을 받을 권리가 생긴다.

하지만 물건에 따라서는 공탁이 적용되지 않는 것도 있다. 예를 들면 부피가 커지는 물건이나, 빨리 처분하지 않으면 부패하거나, 말이나 소처럼 동물, 또는 과일처럼 오래 둘 수 없는 물건 등이다. 이런 물건을 채무자가 직접 채권자의 집으로 들고 가도 받아주지 않을 때, 채무자는 재판소의 허락을 받아 경매한 뒤 그 대금을 공탁하면 채무를 면할 수 있다.

7. 변제 이외의 방법으로 채무가 소멸하는 경우

대용물로 지불하는 대물변제

10만 엔의 차금을 돈 대신 스위스제 시계를 주어 10만 엔의 채무를 없애듯이, 본래의 채무를 다른 물건으로 대체하여 채권을 소멸시키는 경우가 있다.

본래의 채무 대신 대용물을 주어 변제와 동일한 효력이 있는 계약을 대물변제代物

弁濟라고 한다. 물론 이것은 채무자 마음대로 할 수 없다. 채권자의 승낙을 받은 뒤에 가능하다. 대용물에 오해가 있으면 안 되기 때문에 한마디 하겠다. 아무리 차금을 변제할 수 없다고 해도 "가슴살 1파운드를 도려내어 대신한다"는 것은 안 된다.

연인 안토니오를 사채업자 샤롯의 추궁으로부터 구하기 위해 셰익스피어는 〈베니스의 상인〉에서 "가슴살 1파운드를 도려내는 것은 좋지만 그 대신 피를 한 방울도 흘리게 해서는 안 된다"고 억지를 부린다. 이것은 삼백대언三百代言170)적인 엉터리 말이며, 일류 법률가라면 결코 사용하지 않는 논법이다.

그럼 제대로 된 법률가는 어떻게 할까? "가슴살 1파운드의 대물변제는 공서양속을 위반하기 때문에 처음부터 무효다. 따라서 이행할 필요가 없다"고 말해서 안토니오를 구제할 것이다.

그런데 대물변제는 집이나 가옥부지 같은 부동산을 목적물로 한 차금과 얽혀서 종종 문제가 되고 있다. 어떤 문제인가? 금융실무에서는 돈을 빌려줄 때 부동산에 저당권을 설정함과 동시에 대물변제의 예약도 한다. 이것은 은행, 신용금고, 신용조합, 또는 거리의 금융에서도 자주 하는 일이다.

대물변제의 예약이란 만약 변제 기일에 그 차금을 돌려받지 못하는 경우, 차금의 변제 대신 토지나 건물을 받기로 한 약속이다. 이때 대물채무代物債務의 예약을 했다는 이유로 소유권이전청구권보전所有權移轉請求權保全을 위해 가등기를 설정한다.

그런데 이것이 왜 문제가 되는가? 예를 들면 절박하게 돈이 필요한 사람이 눈앞의 돈에 정신을 빼앗겨 2백만 엔의 차금을 하는데 2천만 엔 정도의 토지나 건물을 저당하고 만일을 위해서라고 해서 대물변제의 예약도 했다. 이런 일이 적지 않다.

빌리는 사람 쪽에서는 눈썹에 불붙듯 절박한 돈이기 때문에 변제기까지는 어떻게든 할 수 있을 거라고 안일하게 생각하여 결국 그런 약속을 해버린다.

"기대란 왠지 어긋나기 쉬운 법"이라는 말은 한 치도 어긋나지 않는다. 겨우 2백만 엔의 돈 대신 2천만 엔이나 하는 토지나 건물을 빼앗긴다면 하소연하고 싶어지

---

170) 메이지 초기 보수가 3백 푼인 싸구려 무자격 변호사를 부르는 말. 엉터리 변호사나 궤변을 일컫는 말

는 것은 당연지사다.

성인 남자가 서로 합의한 일을 갖고 결과가 좋지 않았다고 해서 불평하고 하소연한다는 게 도저히 이해되지 않는다고 생각하는 사람도 있을 것이다. 그 말에도 분명 일리는 있다. 하지만 사람이 어려울 때 폭리를 탐하는 패거리들을 그대로 내버려둘 수는 없다.

따라서 여기에 예의 공서양속이라는 사고가 등장한다. 그런 폭리행위를 방치하면 선량한 풍속에 위반되기 때문이다. 그래서 총칙에서 설명한 민법 제90조의 규정이 작용하는 것이다.

"대물변제의 예약은 변제기에 변제할 수 없을 때, 부동산은 채권자가 소유하지 않고 매매한 뒤 그 판매대금에서 채권자는 원금과 이자를 선취하고 나머지는 채무자에게 돌려주어야 한다"는 것을 원칙으로 한다.

즉 청산형淸算型이 원칙이다. 이것은 쇼와 42(1967)년 11월 16일에 최초로 선언한 최고재판소의 판례다.

"대금채권담보貸金債權擔保를 위해 부동산에 저당권을 설정, 그것에 맞춰 정지조건부대물변제계약停止條件付代物弁濟契約171) 또는 대물변제의 예약을 체결한 뒤, 채무자가 변제기에 변제하지 않았을 경우, 계약 당시의 부동산 가격과 변제기까지의 원리금액이 합리적으로 균형을 잃었을 때는 특별한 사정이 없는 한, 채권자는 목적 물건을 환가처분換價處分하고 그 처분에 따라 얻은 금액으로 자신의 채권을 우선변제 한 뒤 환가금액이 원리금을 넘으면 그 초과부분은 반환한다. 이와 같은 경우, 대물변제의 형식을 취하고 있어도 그 본질은 담보권과 동일하게 보아야 한다."

그럼 특별한 사정이 있으면 되지 않는가? 이렇게 생각하는 사람도 있다. 그 사람은 바로 빈틈없는 고리대금업자다.

만약 그 사채업자 말대로 특별한 사정이라고 해서 "이 대물변제는 청산형이 아니다. 변제기에 변제할 수 없을 때 소유권은 그대로 채권자에게로 옮겨간다"고 특별계약을 해두면 좋을 거라고 말한다. 왜냐하면 위에서 말한 최고재판소의 판례 취지는

---

171) 변제기에 변제하지 못하면 목적물의 소유권은 당연히 채권자에게 이전한다는 계약

"처음부터 그런 특약은 무효다"고 부정할 수 없는 근거이기 때문이다.

그렇게 되면 애써 청산형을 원칙으로 한 판례의 의미는 없어져버린다. 따라서 판례도 그런 특약의 활용, 악용에는 재갈을 물렸다. "계약 당시 부동산 값어치가 대금代金의 값어치보다 현저하게 높을 경우에는 역시 그와 같은 특약은 무효다"고 되어 있다.

"부동산의 시가 7분의 1에 해당하는 대금으로 그 부동산을 대물변제로써 빼앗으려는 채권자에 대해서는 그 계약은 무효다"는 판례도 보인다.

그럼 차금 2백만 엔의 변제대용으로 값어치가 2천만 엔이나 되는 토지나 건물을 소유하겠다고 계약하고, 그 계약을 창으로 내세워도 부동산은 빼앗을 수 없다는 건 알았을 것이다.

쓸데없이 이론만 내세우는 경개

경개更改172)로 되면 설명이 좀 어려워진다. 채권자에게 지금까지의 채권 대신에 다른 새로운 채권을 주고 지금까지의 채권을 없애는 일이다.

예를 들면 이런 경우다.

① 갑은 을에게 10만 엔의 대금채권貸金債權이 있다. 갑은 그 채권을 없애고 그 대신 병이 을에게 10만 엔의 대금채권이 있는 것으로 한다.

② 갑은 을에 대해 10만 엔의 채권을 없는 것으로 하고, 그 대신 갑이 병에 대해 10만 엔의 채권이 있는 것으로 한다.

경개가 있다고 하면 예전의 채권은 소멸해버린다. 그리고 새로운 채권이 탄생한다. 예전의 채권과 새로운 채권 사이에는 동일성은 전혀 없다.

---

172) 채무를 변경하는 일

다른 채권으로 소멸되는 상쇄

상쇄相殺란 어떤 경우일까? 예를 들면 오사카 남자가 도쿄 남자에게 백만 엔을 빌려주었다. 그런데 도쿄 남자는 오사카 남자에게 의류제품을 판매한 대금 백만 엔의 채권이 있다. 두 사람 모두 변제해야 하는 기한이 다가왔다.

이때 융통성 없는 발상으로 오사카 남자는 상경해서 도쿄 남자에게 백만 엔을 지불하고, 도쿄 남자는 오사카로 와서 백만 엔을 지불한다는 식이라면 너무 멍청한 방법이다.

서로가 장부에서 삭제하면 된다. 이렇게 장부에서 삭제하는 것을 상쇄라고 한다. 이때 한쪽이 백만 엔, 다른 한쪽이 150만 엔이라면 백만 엔에 대해서만 장부에서 삭제하고 나머지 50만 엔만 지불하면 된다.

상쇄는 어떻게 할까? 상대방의 승낙이 필요한 것이 아니므로 자기만의 생각으로 할 수 있다. 단지 "상쇄하겠다"는 의사표시만 하면 된다. 의사표시는 구두로 해도 좋고 서면으로 해도 좋다. 혹시나 뒷날 상대방이 "그 사람에게 상쇄한다는 말을 들은 적이 없습니다"라고 시치미를 뗄 수도 있기 때문에 서면이나 편지로 해두면 좋다. 그래도 상대가 "그런 편지는 배달되지 않았습니다"라고 뻔뻔스럽게 나올 수도 있으므로 내용증명이나 배달증명 우편으로 상쇄의 의사표시를 해두면 뒤탈이 없다.

상쇄를 할 때는 양쪽의 채권이 같은 종류이고, 상쇄를 할 수 있는 성질이어야 한다. 예를 들면 갑에게는 말 한 필을 을에게 넘겨줄 채권이 있고, 을은 갑에게 쌀 한 가마를 인도할 채권이 있을 때, 금액으로는 양쪽의 채무가 같은 액수라도 소멸시킬 수는 없다. 물론 당사자가 서로 합의한 뒤라면 소멸할 수 있지만 그것은 여기서 말하는 상쇄가 아니다. 상쇄란 한쪽의 의시표시만으로 상대방의 승낙도 동의도 받지 않고 자기 마음대로 할 수 있기 때문이다.

상쇄를 할 때는 각 채권의 변제기가 다가오지 않으면 안 된다는 것도 명심해야 한다. 상쇄의 결과는 상쇄된 금액, 즉 대당액對當額은 상쇄의 의사표시와 동시에 소멸된다.

또한 지금은 시효가 이미 소멸된 채권이라도 소멸되기 전, 각 채권의 변제기에 대립하고 있었다면 그 시점으로 거슬러 올라가 상쇄할 수 있다.

선심 좋은 면제

채권자가 채무자에 대해 아무 보상 없이 무료로 채권을 포기하는 것을 면제라고 한다. 단 한 푼의 돈도, 물품도 받지 않고 채권자 혼자만의 생각으로 채권을 포기하는 일이다.

면제는 계약이 아니기 때문에 채무자의 승낙을 얻을 필요는 없다. 채무자는 "채권은 비타센(에도시대에 사용했던 돈) 한 푼이라도 건네주겠어. 포기해달라고 부탁한 적 없어. 기한이 오면 지불할 거야. 너 따위 녀석에게 면제받는다면 평생 남자로서 살아가지 못할 거야"라고 아무리 화를 내고 불평해도 어쩔 수 없다. 면제는 채무자의 승낙 없이도 가능하기 때문이다.

하지만 이것은 생각해볼 문제다. 싫은 녀석에게 면제받는 것을 기분 나쁘게 생각하는 완고한 사람을 위해서라도 입법론으로는 채무자의 동의가 필요하다로 하면 좋지 않을까?

채권자와 채무자가 동일인이 되는 혼동

채권자와 채무자가 동일인이 되었을 때는 모두 소멸한다. 이것을 혼동混同이라고 한다.

아들이 아버지에게 돈을 빌렸다. 그런데 아버지가 죽어서 아들이 그 채권을 상속했다. 아들은 그 대금채권貸金債權에 대해 자신이 차주借主이면서 대주貸主가 된 것이다. 이런 권리관계는 무의미하기 때문에 소멸된다.

하지만 그 채권이 제3자의 권리 목적으로 된 경우는 소멸하지 않는다. 예를 들면 아버지가 아들에 대한 대금채권을 친구인 A에게 저당 잡혔을 경우, 이것까지 소멸시키면 제3자 A는 손해를 입기 때문이다.

8. 계약의 법률관계

신분에서 계약으로

누구나 알고 있듯이, 프랑스 혁명은 구제도를 타파하고 근대 시민사회를 여는 분화구 역할이었다. 구제도란 말할 필요도 없이 사람의 신분에 따라 형성된 사회다.

"너와는 신분이 달라."

"이놈, 지금 뭐라고 지껄이는 거야? 네놈처럼 분수도 모르는 놈은······"

이런 '신분'이나 '분수'라는 말이 당당하게 활개치던 세상이었다.

하지만 새로운 시민사회는 신분이 아니라 사람과 사람 사이의 약속과 합의를 기반으로 성립되었다. 이 변화는 "신분에서 계약으로"라는 실현을 가장 적절하게 보여준다.

근대사회는 합의와 계약 없이 인간생활이 성립하지 않는다. 그 정도로 중요한 역할을 하고 있다. 요컨대 오늘 아침, 당신이 먹은 쌀과 빵, 지금 입고 있는 옷, 살고 있는 집 등 이 모든 것은 처음부터 당신이 만든 게 아니다. 현대인은 온종일 산과

들을 뛰어다니고 바다 속으로 들어가 먹을 것, 입을 것을 자기 손으로 직접 채집할 수는 없다.

이제 대등·평등 독립의 인격체인 인간은 대화와 타협을 통해 타인의 소유물을 손에 넣을 수밖에 없다.

따라서 매매, 고용, 임대차 등 이 모든 것은 계약으로 하지 않으면 안 된다.

"법률 따위는 나와 상관없어."

이런 부족한 사고는 머릿속을 가볍게 할 뿐이다.

"계약이라고? 무슨 말을 하는 거야? 배의 위력이야. 배 힘으로 하면 돼."

마치 스모라도 하듯 괴팍하게 말하는 사람도 있다.

"어머, 제가 언제 그런 약속을 했나요?"

상황이 나빠지면 이렇게 약속을 경시하는 여성도 많은 것 같다. 하지만 이 모든 것은 한숨만 흘리게 할 따름이다.

이런 점에서 보면 유럽 사람들은 대단하다. 약속을 중대한 일로 생각하므로. 따라서 유럽에서는 신과 인간 사이에도 약속으로 통제되어 있다. 신약이나 구약은 신과 인간 사이의 옛 약속 또는 새로운 약속의 의미라고 한다. 이것은 계약을 더욱 중요시하는 말이다.

그렇다면 근대사회에서 핵심적인 역할을 하는 계약은 약속과 어떤 관계인가? 지금부터 그 관계를 설명하기로 하자.

(1) 계약의 성립까지

계약이란 약속이지만 단순한 약속이 아니다. 내일 바닷가로 드라이브 가자는 약속은 계약이 아니다. 그렇다면 어떤 약속이 계약인가? 법률상의 효력발생을 목적으로 한, 즉 앞에서 설명한 법률행위를 목적으로 한 약속이 계약이다.

매매는 "물건을 사고판다"는 법률상의 효력발생을 목적으로 한 약속이기 때문에 계약이다. 계약이 약속인 이상, 최소한 두 사람의 인간이 필요하다. 여기서 두 사람은 서로 대립한다. 한쪽은 사고 한쪽은 팔고, 한쪽은 고용하고 다른 한쪽은 고용되려고 하는 것이다.

다음으로, 두 사람의 생각이 일치할 필요가 있다. 한쪽이 돈을 빌리려는데 상대는 팔려고 한다면 생각이 일치하지 않는다. 어떤 사람이 돈을 빌리려 하고 그 상대는 그 돈을 빌려주었을 때 비로소 생각이 일치하게 된다. 즉 의사표시에 합치合致가 있다는 것이다.

의사표시의 합치는 어떻게 하면 이루어질까? 보통은 한쪽이 계약신청을 하고 상대가 그 신청을 승낙함으로써 이루어진다.

"미치코씨, 나와 결혼해주세요"라고 목소리를 떨면서 청혼한 남자에게 "난 싫어요"라고 대답했다면 의사의 합치가 아니다. 하지만 운이 좋아서 "예, 결혼해요"라고 대답했다면 청혼을 승낙한 것이므로 분명한 의사의 합치. 덧붙여 말하자면 이미 몸이 합치되었는지 어땠는지, 그것은 아무 관계가 없다.

이 계약신청이라는 녀석은 실은 간단하면서도 이해 못할 만큼 어려운 점이 있으므로 좀 더 설명을 하겠다.

▶ 옛날에는 비스듬하게 붙였던 셋집의 표찰·신청의 유인

신청이란 상대가 승낙만 하면 불평을 늘어놓을 필요도 없이 곧장 계약을 하겠다는 생각으로 하지 않으면 안 된다.

그런데 여기, "아파트를 빌려줍니다"라는 표찰이 붙어 있다. 부동산 앞을 지나가면 세로로 찰싹 달라붙은 그런 표찰을 종종 보았을 것이다. 옛날 필자가 어렸을 때는 무슨 이유인지 세상의 이치처럼 셋집이나 판매할 집의 표찰은 비스듬하게 붙어 있었고, 상중喪中 표찰은 겨울에도 발 바로 앞에 붙어 있었다.

그런데 그 세간방이나 셋집 표찰은 원하면 누구나 빌릴 수 있는 신청이 아니다.

"빌리는 사람은 없습니까?"라는 유인誘引이다. 왜냐하면 "빌리겠습니다"고 말해도 아무에게나 빌려준다는 의미가 아니기 때문이다.

보통 집주인은 빌리려는 사람에게 아이들은 많은지 적은지, 집세를 지불할 능력이 있는지, 직업은 뭔지, 혹 야쿠자 패거리는 아닌지 등 여러 가지 조사를 해본 뒤 빌려주었기 때문이다.

따라서 셋집 표찰은 원하는 사람 누구든 상관없이 빌려주겠다는 신청이 아니고,

누가 빌리지 않겠습니까? 하고 신청을 유인하는 것이다. 법률에서는 이것을 '신청의 유인誘引'이라고 한다.

하지만 가격까지 기입하여 판매하는 집의 표찰은 신청의 유인이 아니다. 얼마라면 팔겠다는 매매의 신청으로 보아야 한다. 판매 가격으로 사겠다는 승낙만 있으면 누구에게든 팔겠다는 뜻이기 때문이다.

상점의 정찰표도 신청으로 보아야 한다. 정찰 표찰에 기입되어 있는 가격으로 사겠다는 승낙만 있으며 언제라도 팔겠다고 신청하고 있기 때문이다.

하지만 "가정부를 구합니다"라는 구인 글은 신청이 아니라 신청의 유인이다. 가정부라면 누구라도 상관없다는 뜻이 아니기 때문이다.

빈차라고 빨간 램프를 깜빡이며 거리를 달리는 택시는 신청을 하는 것으로 보는 게 타당하다. 승차의 신청만 있으면 계약이 성립되기 때문이다.

"자랑거리는 꽃으로 장식하라"라는 말대로, 무리해서 유행하는 옷을 입고 짙은 화장으로 덧칠한 아가씨들이 남자가 유혹만 해온다면 얼마든지 응하겠다는 듯 긴자나 신주쿠 거리를 배회한다고 해도 그것은 물론 결혼 신청을 하는 게 아니다.

"나와 결혼해줄 기특한 남자는 없나요?"라고 묻는 듯이 단지 신청의 유인을 하는 것뿐이다.

하지만 그 옛날 "부평초 같은 유녀의 신세에 밤마다 바뀌는 베개의 수, 매일매일 늘어만 가는 쓸모없는 난봉꾼들"이라고 읊었던 요시하라吉原[173]에서 "어서 오세요. 어서 오세요" 하며 손님을 불러들이는 규타로나, 어두침침한 사창굴에서 "거기, 잘생긴 오빠. 잠깐만"라고 부르며 소매를 잡끄는 매춘녀들의 추파라면 그것은 이미 유흥의 신청이라고 보아야 한다.

이야기가 이상한 방향으로 흘러갔다. 어쨌든 신청은 승낙만 하면 곧장 계약이 성립되는 경우다. 승낙은 하지만 바로 계약이 성립되지 않고 상담이나 타협의 여지가 있는 경우에는 신청의 유인이다.

---

[173] 에도의 유곽. 현재의 아사쿠사(淺草) 북부. 에도 시내에 산재해 있던 유곽을 막부가 1617년에 니혼바시(日本橋)로 모아서 공인했다.

제2장 민법이야기   243

▶ 신청과 승낙은 언제 효력이 발생하는가?

신청의 의사표시는 상대방에게 편지나 전화, 전보 등이 도착했을 때 효력이 발생한다. 이것은 '의사표시는 언제 발생하는가?'라는 항목에서 이미 설명했다.

도쿄의 A가 자신의 집을 사달라고 오사카의 B에게 편지로 신청했을 경우, 편지가 도착하기 전까지는 언제라도 비행기로 가든 전화나 전보로 하든 신청을 취소할 수 있다. 신청의 효력은 오사카의 B에게 편지가 도착한 시점에서 발생하기 때문이다. 그 편지가 B의 집에 도착해버리면 취소가 불가능하다. 개봉을 했든 하지 않았든 관계없이 신청의 효력은 발생하기 때문이다.

그런데 승낙은 승낙통지를 발행한 시점에서 성립한다. 즉 오사카의 B가 편지라면 우체통에 넣었을 때, 전보라면 우체국에 의뢰했을 때 비로소 승낙하게 된다는 것이다. 그 시점에서 가옥의 매매계약은 성립한다.

▶ 신청이 교차할 때

"내 토지와 집을 3천만 엔에 사주지 않을래?"

도쿄의 A가 오사카에 있는 친구 B에게 이렇게 신청을 했다. 그런데 친구 A가 집과 토지를 팔고 싶어 한다는 사실을 소문으로 알고 있던 오사카의 B가 "자네 토지와 집을 3천만 엔에 팔지 않을래?"라고 A의 편지가 오사카에 도착하기도 전에 편지를 보냈다. 두 통의 편지는 나고야나 시즈오카 주변에서 교차하게 될 것이다.

이때는 양쪽의 신청이 있었고 더구나 조건이 일치하므로 일부러 승낙하지 않아도 매매는 성립된 것으로 보아야 한다. 승낙 없이 양쪽의 신청만으로 계약이 성립되는 경우다.

학자들은 이것을 신청의 교차交叉라고 한다. 두 개의 신청이 상대방에게 도착했을 때 계약은 이미 성립되었다.

▶ 현상광고

화장품, 약, 술 등 다양한 상품을 신문지상이나 TV에서 대대적으로 현상광고하는 일이 종종 있다. 그 현상광고의 법률적 성격은 무엇일까? 알아두는 것도 필요하다.

때로는 슈크림 같은 달콤한 말을 늘어놓으며 응모를 유도한 뒤, 유령처럼 사라져 버리는 경우도 많다.

그렇다면 현상광고란 무엇인가? 일정 행위를 한 사람에게 일정한 보수를 준다는 취지의 광고를 말한다. 2~3개의 현상광고를 예로 들어보자.

다음의 예를 보면 현상광고에는 특정 정보를 주는 일, 특정 행위를 지정하는 일, 그것을 광고의 방법으로 알리는 일, 이 세 가지 요건이 필요하다.

현상광고는 계약의 신청인가, 아니면 신청의 유인인가에 대한 논란이 있지만 계약의 신청으로 보아야 한다. 승낙하는 사람은 누구나 계약이 성립하기 때문이다.

따라서 현상광고를 보지도 않고 단지 집을 나간 사람을 아는 관계로 가네가 세이쵸에게 데려갔다면, 그 사람은 가출한 사람을 가네가 씨에게 데려가도 현상광고에 따른 신청에 승낙한다는 의사가 아니기 때문에 계약은 성립되지 않는다. 따라서 현상금 50만 엔을 청구할 권리가 없다. 광고를 보고 데려갔다면 신청에 대한 승낙이므로 50만 엔을 받을 권리가 생긴다.

심인 현상광고의 경우에는 기한이 없다. 그렇다면 언제까지 데려가면 될까? 기한이 정해지지 않았기 때문에 언제라도 상관없다.

≪심인尋人(찾는 사람) 현상광고≫

- 신장 153㎝
- 연령 33세
- 하얗고 약간 긴 얼굴, 한눈에도 우울해 보이는 느낌
- 왼쪽 눈썹 위에 2cm 정도 반달모양의 흉터가 있다.
- 후두부가 백 엔 동전만큼 벗겨졌다.

위의 사람은 정신적으로 약간 이상이 있으며 이번 달 10일에 갑자기 행방불명이 되었습니다. 집까지 데려다주시는 분에게는 일금 50만 엔을, 또는 거주지를 가르쳐주신 분에게는 일금 30만 엔을 드리겠습니다.

도쿄도 중앙구 ××현 ××번지   가네가 세이쵸金賀星猪

만약 가출인을 데려오는 사람이 없고 가르쳐주는 사람도 없다면 가네가 씨는 앞의 광고와 같은 방법으로 철회할 수가 있다.

제약회사 광고의 경우는 기한이 정해져 있기 때문에 그 기한까지 응모를 해야 한다. 그렇지 않으면 효력은 없다. 응모한 사람이 없다면 철회할 수가 있다. 역시 앞에서 광고한 것과 동일한 방법으로 한다.

▶ 우등 현상광고

와가和歌, 하이쿠俳句, 소설, 시 등을 모집하고, 응모작품 중에서 가장 우등한 작품에 상금을 주는 현상광고가 있다. 이것을 '우등광고優等廣告'라고 한다. 문제는 우등자다.

≪인기상품 감사 대현상≫

◆ 과　　제 ◆
'안치지스토마'는 어떤 병에 효과가 있을까요?

◆ 현　　상 ◆
1등　컬러 TV　　　　3명
2등　라디오　　　　20명
3등　여행용 가방　　100명
4등　후지 이치타로 선생의 만화그림 손수건　500명

◆ 응모규정 ◆
관제엽서에 한하여 주소, 성명 및 광고를 본 신문명 기입,
'안치지스토마' 현상 담당관계자 앞으로

◆ 마감일자 ◆
4월 25일(지방은 같은 날 소인이 있는 것까지 유효합니다)

◆ 발표일자 ◆
신문사 사원의 입회 아래 추첨으로 등급을 정한 뒤,
쇼와 51(1976)년 6월 1일 아사히신문 조간에 발표하겠습니다.

오사카시 니시구 ××현 ××정목 ××번지
로바제약주식회사

그렇다면 광고주는 응모자 중 우등자가 없다고 판정하고 상금을 주지 않아도 되는 걸까? 아니다. 응모작품 중에서 우등한 것을 고른다는 의미라고 생각하는 것이 타당하다. 그러므로 우등자가 없어 상금을 줄 수 없게 되었다고 해서는 안 된다.

우등 현상광고에는 반드시 기한을 정해야 한다. 기한을 정하지 않으면 우등의 범위를 정할 수 없기 때문이다.

우열 판정은 누가 하는가? 광고에 정해져 있는 사람이 하지만, 정해지지 않았으면 광고주 자신이 판정하면 된다.

마지막으로, 문제가 하나 남아 있다. 응모한 결과, 저작권, 실용신안권, 전매특허권 등이 발생한 경우, 이 권리는 누구 것이 되는 걸까?

응모자는 상금을 받는 대신 그 권리를 광고주에게 주고, 광고주도 상금을 주는 대신 그 권리를 얻는다고 인정하는 것이 타당하다. 즉 특별 규정이 없는 한 그 권리는 광고주에게 있다고 본다.

하지만 상금 액수가 너무 적고, 광고주의 취지가 숨은 인재를 사회에 발표하는 목적이었다고 생각되는 경우라면 그 권리는 응모자에게 있다.

(2) 계약의 해석

이 책의 앞부분에서 "법률은 어떻게 해석해야 할까?"에 대해 이미 설명했다. 해석 여하에 따라 즉시 전과자가 되든지, 재산을 얻든지 잃든지, 천목산天目山[174] 같은 것이 있다고 말했다.

물론 계약의 해석도 앞서 설명한 것 외에 특별한 방법은 없지만 특히 주의해야 할 부분이 있기에 몇 가지 설명을 해보자.

그다지 친하지도 않은 친구가 갑자기 찾아와서 2~3일 동안만 돈 좀 빌려달라고 했다. 그래서 10만 엔을 빌려주었다. 명함 뒤에다 이런 내용을 기록해두었다.

---

[174] 야마리(山梨)현에 있는 산. 해발 1380m. 사물의 마지막 장면, 즉 승부의 갈림길을 의미한다.

```
┌─────────────────────────────────────┐
│            보 관 증                  │
│                                     │
│  일금 10만 엔                        │
│  위의 금액을 차용借用했습니다.         │
│            쇼와 51년 5월 1일          │
│                         야마가와 쥬로 │
│                                     │
│  고노 타로우 귀하                    │
└─────────────────────────────────────┘
```

정말 간단명료하다. 그러나 사실은 간단하지만 전혀 명료하지 않은 증서다.

이 증서를 보면 도대체 돈을 빌려준 것인지, 맡긴 것인지 알 수가 없다. 어느 쪽이든 상관없지 않은가? 이렇게 말하는 사람도 있을지 모르지만 재판소는 그렇게 무심하게 해서는 안 된다. 맡긴 돈을 청구하려면 "맡겼으니까 돌려줘"라고 해야 한다. 이것은 빌려준 돈을 지불하라는 말과는 다르다.

요컨대 은행에 돈을 맡겨두고 "빌려주었으니까 지불해"라고 말한들, 은행에서는 빌린 적이 없으므로 지불하지 않을 것이다.

인간이 정직하고 절대 거짓말하지 않는 존재라면 "대금을 돌려줘"라고 청구하면 문제가 없지만, 허위의 달인인 인간은 재판소에 출두하면 안색조차 바꾸지 않고 태연하게 거짓말을 한다.

"당치도 않아요. 터무니없는 말이에요. 맡아달라고 간청해서 맡아두었을 뿐입니다. 그건 빌린 것과는 전혀 다르죠. 빌리지도 않은 돈을 지불하라는 것은 어불성설입니다."

이 정도는 태연한 얼굴로 아무렇지 않게 말한다. 그래서 일은 더욱 번거로워진다.

▶ 당사자의 진의 탐구

계약의 해석은 문자에 구애받지 않고 당사자의 진의를 탐구하는 일이 무엇보다 중요하다.

일반 사람들은 법률가가 아니기 때문에 어떤 식으로 신용증서나 계약서를 작성하든 그 문자에만 사로잡혀서 해석한다면 때로는 터무니없는 일이 일어나기도 한다.

재판소에 가면 판사나 변호사가 "이런 것을 왜 썼는가?"라든가, "그런 생각이 없는데도 이런 글을 쓴 것은 이상하다"는 등 어떤 경우에는 중학교 국어시험처럼 "여기에 '-가'라는 조사가 있는데 '-의'라는 글자는 왜 넣었는가?"라고 조사나 조동사까지 엄격하게 묻는 일도 있다.

하지만 보통은 뒷날의 소송까지 고려해서 증서를 작성하지 않기 때문에 국문학자가 도연초(徒然草175))나 겐지모노가타리(源氏物語176))를 해석하듯 '조사, 조동사'에서 '어미의 활용형'까지 따진다면 서로가 피곤할 것이다. 요컨대 가장 중요한 요건은 그 당시 "당사자의 진심이 어땠는가?"를 탐구하는 일이다.

다음으로, 가능한 한 계약이 무효가 되지 않도록 해석해야 한다. 어쨌든 당사자는 법률가가 아니다. 하나에서 열까지 법률 따위는 생각지도 않고 한 일이다.

법률가의 시선으로 보면 문장이 매우 거칠고 엉망이며 이렇게 중요한 일을 대담하게 잘도 했다 싶을지도 모르겠다. 하지만 무서운 줄 모르기에 단지 부처님 같은 넓은 마음으로 했을 뿐이리라.

따라서 법률적으로야 어찌됐든 가능한 한 당사자의 희망에 따라 해석하는 것이 좋을 듯하다. 하지만 '가능한 한'일 뿐 '반드시'라는 말은 아니다.

갑이든 을이든 어느 쪽으로도 해석할 수 있다. 그런데 갑 쪽으로 해석하면 법률상 무효이고 아무 효력도 없지만 을에게는 어떻게든 문제가 된다. 이럴 때는 을 쪽으로 해석하여 법률적 효과가 발생하도록 해주어야 한다는 것이다.

장기간 계약 등에서는 계약기간 동안 경제상, 법률제도상, 그 외에 사회적으로 일대 변동이 일어날 수도 있다. 한 치 앞 운명조차 모르는 인간으로서는 알 리가 없다. 따라서 장기간 계약은 일대 변동이 있었을 경우에는 그때그때 사정에 맞춰 해석해야 한다. 30년 후에도 50년 후에도 역시 이런 사회일 거라고 예상해서 계약했기 때문이다.

예를 들면 지금부터 10년 동안은 땅값을 올리지 않겠다고 지주(地主)와 차지인(借地人) 사

---

175) 가마쿠라 시대의 수필. 전2권. 요시다 겐코(吉田兼好) 작
176) 헤이안 중기의 이야기. 54첩(서첩 식으로 만든 그림본). 무라사키 시키부(紫式部) 작. 불교의 윤회사상을 바탕으로 주인공 겐지의 애정편력과 부귀영화를 묘사했다.

이에 계약이 이루어졌는데 전쟁이 일어나 경제상으로 대변동이 있었다면 땅값을 올릴 수 있다고 해석해야 할 것이다. 전쟁을 예상해서 한 계약이 아니기 때문이다.

(3) 수령 먼저? 지불 먼저?

여기서 한 번 더, 취미의법률사가 제공한 교재용 TV를 봐주기 바란다.

때는 봄날처럼 따스하고 온화한 10월, 장소는 도쿄 긴자다. 뼛속까지 농부인 타로사쿠와 모쿠유에몬은 도쿄라면 역시 긴자라고 생각하고 깊고 깊은 산중에서 찾아왔다. 꼭 도쿄 구경을 해서 일생의 단 한 번의 추억을 저세상에 이야기 선물로 가져가겠다는 평생의 염원을 이루기 위해서다.

도회 사람들은 모두 도둑이라고 교육을 받고 온 두 사람은 온 감각과 신경을 날카롭게 세우고 다녔다. 그래서 물건 하나 제대로 구입할 수가 없었다.

"도쿄는 어디를 가도 표정이 어두운 사람들뿐이야. 그렇지, 타로사쿠?"

"그건 모두들 무위도식하기 때문이야."

스피드, 기계화, 물질편중, 신경쇠약, 외설영화, 시끄러운 음악, 술, 고기, 청바지, 히피, 이기주의, 넘쳐나는 상품, 찰나주의, 가수, 태만, 남자 같은 여자, 여자 같은 남자, 엉터리 빨강 파랑 화장, 홍수처럼 밀려드는 자동차, 데모, 강렬한 네온사인, 고성의 우익 가두연설, 색, 소리, 형상, 냄새, 미친 듯이 비추는 빛의 굴절…… 이것이 1976년의 긴자 분위기였다.

투박한 흙과 거친 태양을 무감각적으로 피부에 새기며 살아온 타로사쿠와 모쿠유에몬이 조마조마하고 불안한 분위기 속에 모습을 드러낸 것은, 마치 화려한 금붕어들이 경쾌하게 유영하는 유리어항 속에 거무칙칙한 야생붕어를 넣은 것과 같은 느낌이었다.

그러다가 두 사람은 인파에 휩쓸려 어느 백화점 안으로 빨려 들어갔다. 양품매장이었다.

"지금부터 추워질 텐데 3백 엔 정도의 장갑은 없을까?"

"3백 엔 정도의 장갑은 없습니다. 가장 저렴한 물건은 8백 엔입니다."

신기한 듯 두 노인을 바라보며 포동포동한 뺨에 20세 전후로 보이는 여점원이 말했다. 그녀의 얼굴은 눈꺼풀 위는 파랑, 양 볼은 빨강이라는 1976년형 화장으로 덮여 있었다.

"가장 저렴한 게 8백 엔이군. 눈 딱 감고 손자 선물로 살 거니까 좀 깎아줄 수 없을까? 5백 엔으로 깎아줘."

"정찰가여서 가격은 깎아드릴 수 없습니다."

"그렇다면 뭐든 경품이라도 줘."

"공교롭게도 경품은 없습니다."

"이것도 저것도 안 된다면 할 수 없군. 속았다는 기분으로 살 수밖에."

잠시 시간이 흘렀다. 타로사쿠는 장갑을 포장해올 거라고 생각했고, 여점원은 돈을 먼저 받는 버릇이 몸에 배어 있기 때문이었다.

"돈을 먼저 받겠습니다."

"돈? 지금 무슨 말 하는 거야? 아직 물건을 건네주지도 않았잖아?"
"돈을 먼저 받은 뒤, 저쪽에서 포장해드리겠습니다."
"그럼 포장해오면 그때 돈을 내지."
"저희 백화점은 돈을 먼저 받게 되어 있습니다."
"우리 쪽은 물건을 먼저 받아."
"하지만 백화점 규칙이므로 돈을 먼저 지불해주십시오."
"내가 먼저 돈을 건네준 뒤, 당신이 교활하게 물건을 주지 않으면 곤란하잖아."
"그런 걱정은 하지 않으셔도 됩니다."
"당신은 걱정할 필요 없겠지만 난 걱정돼."
"하지만……."
"물건을 먼저 포장해서 이곳으로 가져와. 난 한 푼도 빠짐없이 8백 엔을 꺼내놓겠어. 그리고 하나, 둘, 셋. 동시에 서로 교환하는 거야. 그러면 당신도 걱정 없고, 나도 안심할 수 있잖아. 어때, 모쿠유에몬?"
"그래, 그게 좋겠군."
떼를 지어 모여 있던 긴자 구경꾼들, 와르르 깔깔. 그들의 얼굴이 희미해지면서 컷.

▶ 동시이행의 문제

물건을 구입했을 때 물건을 먼저 건네야 할까? 돈을 먼저 내야 할까? 아니면 동시에 교환해야 할까? 이런 문제로 싸우는 일은 거의 없겠지만, 이 문제에 대해 잠깐 알고 넘어가자.

민법 제533조의 조문을 보면 "쌍무계약雙務契約의 당사자 중 한쪽은 상대방이 그 채무이행을 제공할 때까지 자기의 채무이행을 거절할 수 있다. 단, 상대방의 채무가 변제기에 있지 않았을 때는 이것에 한하지 않는다"고 쓰여 있다. 이것을 법률상 '동시이행의 문제'라고 한다.

쌍무계약이란 앞의 매매처럼 채권자와 채무자가 함께 채무를 부담하는 경우, 즉 한쪽은 물건을 건네는 채무, 다른 한쪽은 대금을 지불하는 채무로 양쪽의 채무가 서로 관련 있는 경우를 말한다.

관련 있다는 말은, 한쪽이 물건을 건네지 않는다면 다른 한쪽도 당연히 돈을 지불하지 않아도 된다는 결론이 나오듯 서로 연관된 일을 말한다.

매매계약에서 상대방이 이행을 제공할 때까지는 자신의 변제를 거절할 수 있다. 이행을 제공한다는 것은, 채권자가 손을 내밀어 언제라도 받을 수 있는 상태다. 따라서 매매라면 매주賣主(판매자)가 돈을 받을 수 있도록 손을 내민 상태이며 매주買主(구입자)가 돈을 줄 때까지는 물건을 건네지 않아도 된다는 말이다. 구입자 쪽에서 말하면 즉시 물건을 받아들일 수 있도록 손을 내민 상태이며, 판매자가 물건을 건네줄 때까지는 대금 지불을 거절할 수가 있다는 의미다. 양쪽 모두 손만 내밀면 곧바로 받아들일 수 있는 상태이기 때문에 한쪽은 돈을 꺼내놓고 기다리고, 다른 한쪽은 물건을 꺼내놓고 기다리는 상태가 아니면 안 된다.

앞서 노인이 말하듯이, 동시에 교환하는 것이 가장 정상적이라는 결론이다.

산에서 목재를 구입한 경우도, 파도가 거친 여울에서 술을 입수한 경우도, 매매라면 모두 마찬가지다. 하지만 단서에도 있듯이 한쪽의 채무가 아직 변제기로 되지 않았을 때는 그 권리는 없다. 예를 들면 양복점에서 옷감을 구입한 경우, 대금은 월말에 지불한다는 약속을 했을 때는 돈과 교환하지 않더라도 옷감을 먼저 건네받을 수 있다.

동시이행으로 물건을 매매하는 경우, 소비자가 물건을 원한다면 상대가 손을 내밀어 돈을 받을 수 있는 상태에서 "물건을 건네"라고 말해야 한다. 반대로 판매자가 돈을 원한다면 물건을 소비자의 마을이나 당장 건네줄 수 있는 장소로 가져간 상태에서 "돈을 지불해"라고 말해야 한다.

어느 쪽이든 먼저 그것을 하지 않으면, 마치 외나무다리에서 만난 원수처럼 언제까지나 서로 노려보아야 할 것이다.

(4) 위험은 어느 쪽이 부담해야 할까?

▶ 타로와 사유리의 경우

타로가 지로에게 가옥을 천만 엔에 팔았다. 내일 등기를 하는 동시에 대금을 지불하기로 되어 있다. 그런데 그날 밤 화재가 발생했고, 그 불길이 옮겨 붙어서 타로의 가옥은 완전히 타버렸다.

그렇다면 타로는 지로에게 대금을 청구할 수 있을까? 지로는 아직 가옥을 인도받지 못했고 등기도 하지 않았는데 대금을 지불해야 할까?

사유리는 A회사에 근무하는 타이피스트다. 그녀의 청초한 모습에 많은 독신 청년 사원들이 잠을 못 이루었다. 아니, 아내가 있는 사원들조차 일찍 결혼한 것을 내심 후회할 정도였다.

그런데 지난달 말, 한밤중에 일어난 화재로 사유리가 애용하는 타이프라이터는 말할 것도 없이 종이 한 장 남기지 않고 깨끗하게 타버렸다. 회사가 임시 건물을 짓는 한 달 동안 사유리를 비롯해 사원들은 일을 할 수 없었다. 그렇다면 사유리와 사원들은 이번 달 급료를 청구할 수 있을까?

▶ 급료의 청구권

앞의 두 가지를 '위험부담의 문제'라고 한다. 첫 번째의 경우, 지로는 대금 천만 엔을 타로에게 지불해야 한다. 타로는 지로에게 아무것도 건네지 않아도 된다. 주고 싶어도 모두 연소해버려서 건네줄 수가 없다.

"특정물에 관한 물건物件의 설정 또는 이전을 목적으로 하는 쌍무계약에 있어서, 그 물건이 채무자의 책임이 아닌 사유로 인해 감실減失 또는 훼손되었을 경우, 그 감실 또는 훼손은 채무자의 부담으로 한다"고 민법 제534조에 쓰여 있기 때문에 지로의 손해가 되는 것이다. 하지만 타로에게 화재보험금이 들어와 이익이 발생했다면 그 이익금은 지로에게 주어야 한다. 그렇지 않으면 밑천 안 들인 이익이 되기 때문이다. 만약 타로에게 과실이 있거나 고의로 그 집을 태웠다면 지로는 손해배상을 청구할 수 있다.

그렇다면 사유리의 경우는 어떨까?

"특정물에 관한 물건의 설정 또는 이전을 목적으로 하지 않았을 경우, 당사자 쌍방의 책임이 아닌 사유로 인해 채무를 이행할 수 없게 되었을 때 채무자는 반대급부를 받을 권리가 없다"는 취지의 규정(민법 제536조)이 있다. 따라서 사유리와 사원들은 허망하게 방망이를 휘두를 수밖에 없다. 하지만 화재의 원인이 회사의 과실이라면 회사에 급료를 청구할 수가 있다.(노동기준법 제26조)

이것은 화재에만 해당되는 것이 아니다. 회사가 정당한 이유 없이 사원의 출근을 거부했을 때 그 사원에게는 일을 하지 않아도 급료 청구권이 있다.

현재 일본에는 공무원을 포함해 약 3500만 명의 샐러리맨이 있다고 한다. 따라서 이 부분은 집중해서 읽어주었으면 좋겠다.

(5) 계약을 해제할 수 있는 경우

계약 이전의 상태로 되돌리는 것을 '해제解除'라고 한다. 그런데 매매로 일단 물건을 건네주어 상대가 실컷 사용한 것을 이제 와서 돌려받으려 한들 매매가 없었던 처음으로 되돌릴 수는 없다. 또한 부부가 혼인계약을 해제하고 결혼이 없었던 상태로 되돌리려고 해도 그것은 설령 신이라도 무리일 것이다. 그것까지는 법률도 어찌할 수 없을 것이다.

계약 이전 상태로 되돌린다는 것은 결국 법률상의 관계에 지나지 않는다. 법률상의 관계라도 이전으로 되돌리려고 한다면, 계약했기 때문에 발생한 여러 가지 채권이나 채무를 계약이 없었던 처음으로 거슬러 올라가 법률상의 효력을 소멸해야 한다.

해제를 하기 위해 특별히 재판소에 갈 필요까지는 없다. 해제권을 가진 사람이 자기 방식대로 해제하겠다고 통지하면 된다. 상대방의 동의나 승낙은 필요 없다.

▶ 해제할 수 있는 경우와 방법

"이런 경우에는 계약을 해제할 수 있다"고 법률로 정해져 있을 때는 해제권이 발생한다.

예를 들면 민법 제557조에 "매주買主와 매주賣主가 계약금을 교부했을 경우, 한쪽이 계약이행에 착수할 때까지 매주買主는 계약금을 포기하고 그 계약을 해제할 수 있으며, 매주賣主는 계약금의 두 배를 상환하고 그 계약을 해제할 수 있다"고 되어 있다.

계약 시 당사자가 이런 경우에는 계약을 해제할 수 있다고 정해놓았을 때도 해제권이 발생한다. 예를 들면 토지를 빌려줄 때 "주차장으로만 사용하고 그 외의 목적으로 사용했을 때는 계약을 해제하겠다"고 약속했는데, 그 토지에 아파트 등을 건축했을 때는 계약을 해제할 수 있다.

채무자가 채무를 이행하지 않아 해제권이 발생하는 경우도 많다.

"당사자 한쪽이 채무를 이행하지 않을 때는 상대방은 적절하게 기한을 정해 이행을 재촉하고 그래도 이행하지 않을 때는 계약을 해제할 수 있다."(민법 제541조)

예를 들면 집을 빌려주었는데 집세를 가져오지 않는 경우다. 채권자인 집주인은 먼저 적절한 기한(5일이나 1주일 정도)을 정해두고 집세를 가져오라고 재촉한다. 그래도 기한 내에 가져오지 않으면 가옥의 임대차계약을 해제할 수 있으며, 해제하겠다고 통지하면 그것으로 해제된다.

해제되면 차가인借家人은 지금까지 유지하던 차가권借家權이 없어져버리기 때문에 더 이상 차가인이 아니다. 즉시 그 집을 비워주지 않으면 안 된다.

변호사가 최고催告나 해제통지를 내용증명우편으로 하고 있는 것은 뒷날 증거로 남기기 위한 것이지 특별히 미워서 그러는 게 아니다. 보통우편으로 최고나 해제를 하는 것은 "그런 우편물은 배달되지 않았습니다"라고 들었을 경우 증거가 없으면 곤란하기 때문이다.

이행의 최고를 하지 않아도 해제할 수 있는 경우가 있다. 채무자의 책임으로 돌려야 하는 사유로 인해 이행불능이 되었을 경우다.

매매의 목적물인 시계를 바다 속으로 떨어뜨렸거나, 갑에게 판매한 부동산을 또다시 을에게 판매한 뒤 을을 위해 소유권이전등기까지 해버린 경우다. 이것은 이행이 불가능하기 때문에 최고를 생략하고 즉시 해제할 수가 있다.

▶ 해제되면 어떤 효과가 있는가?

해제되면 계약이 없었던 처음으로 돌아가기 때문에 모든 것을 원상태로 회복해야 한다. 받은 것은 돌려주고, 금전이라면 이자까지 덧붙인다. 토지를 빌려서 연못을 팠거나 동산을 축성했다면 원래의 상태로 되돌려놓아야 한다. 받은 물건이 부서져 없어졌다면 그 물건에 합당한 가격으로 돌려주어야만 하고, 받는 것이 노무勞務 등의 무형물이었다면 금전으로 환산하여 돌려주어야 한다. 손해가 있는 경우에는 손해배상을 청구할 수 있다.

그러면 이런 의문이 생길 것이다.

"가옥의 임대에서 계약을 해제했을 때는 지금까지 받은 집세를 돌려주거나, 그 집세에 이자까지 덧붙여야만 하는 걸까?"

하지만 임대차처럼 계약이 지속적인 경우는 특별히 취급한다. "비록 해제라는 명칭을 사용하고 있어도 이와 같이 지속적인 계약관계의 해제는 앞으로 일어날 문제에 대한 것이다."(민법 제620조) 따라서 이미 받은 집세나 토지대금에 이자까지 덧붙여 돌려줄 필요는 없다. 이미 받은 급료도 되돌려줄 필요가 없다. 지금까지 일해서 받은 보수이기 때문이다.

9. 일반적이고 전형적인 계약

(1) 무료로 주는 증여

증여란 무료로 재산을 주는 계약이다. 아무리 일방적으로 준다고 해도 상대방이 받겠다고 승낙하지 않으면 증여가 되지 않는다. 계약이기 때문이다.

증여에 대해 주의해야 할 점이 있다. 서면으로 하지 않은 증여는 자유롭게 취소할 수 있다.(민법 제550조)

"착각한 것도 아니고, 실언한 것도 아니고 말이죠. 남자가 한번 하겠다고 약속해놓고 뒷구멍으로 취소해버리다니, 그런 무책임한 인간이 어디 있어요?"

이렇게 납득하기 힘든 경우도 있을 것이다.

그런데 증여란 매매나 교환과 달라서 증여하는 사람이 상대에게 단 한 푼도 받지 않기 때문에 자기 마음대로 자유롭게 할 수 있도록 한 것이 법률의 취지다.

하지만 일부러 서면까지 한 증여는 취소할 수 없다. 그만큼 깊이 생각했을 것이기 때문이다.

그래서 타인에게 무료로 물건을 받기로 했다면 입에 발린 칭찬이라도 해서 서면으로 해두거나, "달콤한 것은 해지기 전에 먹어버려라"는 말처럼 서둘러 처분해버리는 것이 좋겠다.

(2) 물건의 매매

매매란 이런 거라고 이제 와서 새삼스럽게 설명할 필요는 없을 것이다. 초등학생도 다 알 것이므로. 하지만 대충이라도 설명해두지 않으면 신경이 쓰일 것 같다.

세간에는 산다거나 판다는 말은 있지만 그것을 곧장 매매라고 지레짐작해서는 곤란하다.

매매란 매주賣主가 어떤 재산권을 상대방에게 이전하겠다고 약속하고, 매주買主는 그에 대한 대금을 지불하겠다고 약속을 하지 않으면 안 된다.

똑같이 산다는 것도 재산권이 아니면 매매라고 할 수 없다. "게이샤를 산다" "창녀를 산다"는 말은 아무리 비싼 대금을 지불해도 매매가 아니다. 따라서 딸이 홍콩이나 마카오로 팔려갔다면 당연히 법률상 무효. 인간은 매매의 목적이 될 수 없기 때문이다.

재산권인 이상, 물건이 아니라 무형물이라도 상관은 없다. 예를 들면 단골손님의 권리나 의장권意匠權[177] 등도 매매할 수 있다.

▶ 계약금이란 무엇인가?

매매할 때 종종 계약금을 건넨다. 그렇다면 어떤 효력이 있을까? 그 효력은 계약금을 건네주었을 때의 생각으로 정해진다.

---

[177] 공업 소유권의 하나. 의장을 등록한 사람이 갖는 독점적, 배타적 권리를 말하며 의장권의 설정 등록을 통해 발생한다.

계약금을 건네주었을 때의 기분을 정리해보면 몇 가지가 있다.

① 매매계약이 성립되었다는 사실을 증거로 하기 위한 증약證約계약금

② 매매의 내금內金으로써 일부 입금하는 내금계약금

③ 위약하면 벌금으로써 몰수되는 위약계약금

④ 계약금을 받은 사람은 그 금액의 두 배를 돌려주고, 계약금을 지불한 사람은 계약금만 손해를 본다면 언제라도 계약은 해약할 수 있다는 해약解約계약금

이 항목 중 어느 계약금에 해당되는가는 그것을 내놓는 당사자의 의사에 따른다. 하지만 당사자의 의사가 확실하지 않았을 때 법률은 해약계약금으로 본다. 따라서 "계약금 손실", "계약금 2배 반환"은 여기서 나온 말이다.

(3) 돈의 대차 · 소비대차

느닷없이 소비대차消費貸借라고 말하면 보통사람은 이렇게 말할지도 모르겠다.

"그건 무슨 대차야? 부끄럽거나 자랑은 아니지만 난 아직 한 번도 그런 대차를 해본 일이 없어."

"돈을 빌려주고 빌리는 일이야"라고 말하면, "뭐야? 사람을 바보취급 하는 거야? 그런 거라면 그동안 신세 많이 졌지"라고 대꾸할 것이다.

소비대차란 금전의 대차뿐만 아니라 쌀, 된장, 간장처럼 같은 종류, 같은 등급, 같은 수량의 물건을 돌려주겠다고 말하고 빌리면 곧바로 소비대차가 된다. 따라서 이것들의 친분격인 금전의 대차는 말할 필요도 없이 소비대차다.

소비대차는 인수한 물품을 전부 소비해도 상관없는 대차다. 따라서 인수한 순간부터 그 물건의 소유권은 빌린 사람의 것이다. 그리고 빌린 물품을 모두 소비하고 나서 기한이 오면 같은 종류의 물품을 같은 등급, 같은 수량으로 돌려주면 된다. 돈을 빌렸다면 돈을, 쌀을 빌렸다면 쌀을.

준소비대차란 처음에는 대차가 아니었지만 나중에 서로의 약속으로 소비대차로 변경한 것을 말한다. 예를 들면 술집 외상값이 많이 밀려서 한꺼번에 결산하기 위해 지불채무를 보통의 차금借金처럼 증서로 고쳐 쓰면 그것은 준소비대차準消費貸借다.

준소비대차는 법률상 소비대차와 동등하게 취급된다.

(4) 무상의 대차 · 사용대차

그녀와 데이트를 하고 싶지만 차가 없다. 그래서 친구에게 차를 빌려서 드라이브를 했다. "고마워. 덕분에 즐거웠어" 하며 차를 돌려주었다. 이것이 사용대차使用貸借다.

미리 말해두지만 사용대차는 무상이 아니면 안 된다. 돈이나 다른 것으로 대가를 약속했다면 사용대차가 아니다. 민법 제593조는 "사용대차는 당사자의 한쪽이 무상으로 사용 및 수익을 한 뒤에 반환하겠다고 약속하고, 상대방에게 그 물건을 받는 일로 효력이 발생한다"고 규정한다.

(5) 너무나 잘 알고 있는 임대차

집을 빌려 사용하면서 그 대가를 지불하는 것처럼, 한쪽에서 물건을 빌려 사용하고 수익한 대신 사용료를 지불하는 것을 임대차賃貸借라고 한다. 부부가 아버지의 집을 무상으로 빌리면 임대차가 아니라 사용대차다.

사용대차와 임대차의 차이는 대가를 지불한다, 지불하지 않는다로 갈린다. 임대차는 '물건'을 빌리는 것이다. 그러므로 어떤 대가를 지불하더라도 빌리는 것이 '물건'이 아니면 안 된다.

"잠깐만 네 이름을 빌려줘. 그 대신 사용료로 만 엔 줄게."

이것은 빌리는 목적이 '물건'이 아니기 때문에 임대차가 아니다. 반면 물건이라면 토지든 책이든 기모노든 나무든 뭐든 대가의 약속만 있으면 임대차다.

임대차 중에는 토지나 건물의 대차가 압도적으로 많다. 살 곳이 없으면 안 되지만 모든 사람이 내 집을 가질 수 있을 만큼 부유하지는 않다. 집은 가질 수 있어도 토지까지 손을 뻗을 수 없는 경우도 적지 않다. 따라서 이 계약의 형태는 꽤 많이 이용된다.

따라서 법률도 이 분야에 세심하게 주의를 기울이지 않을 수 없다. 여하튼 인간생활에서 빼놓을 수 없는 의·식·주 3요소의 하나이기 때문에 당사자의 약속만으로 모든 것을 허락할 수는 없다. 따라서 차지법借地法, 차가법借家法이라는 법률을 만들어 민법의 임대차 규정보다도 우선해서 적용하는 것이다.

▶ 약속을 지키지 않아도 되는 경우

약속은 지키지 않으면 안 된다. 이것은 로마법 이래의 대원칙이다. 하지만 약속을 지키는 것이 오히려 부정不正義이 되는 일도 있다. 예를 들면 고리대금업자가 10일에 1할의 비율로 이자를 받기 위해 무리하게 약속을 시키는 경우. 차주借主는 눈앞의 궁상을 타개하겠다는 일념으로 무심결에 "예"라고 대답해버린다. 하지만 타인의 궁핍한 사정을 이용하여 부당이득을 취하는 녀석을 방임한다면 그건 정의正義사회의 위반이다. 따라서 이자제한법을 만들어 그것을 초월한 약속은 무효로 한다.

이처럼 약속을 지키지 않아도 되는 경우는 토지나 건물의 임대차에 많다. 그 예를 차지계약借地契約에서 몇 개 선택해 말해보자.

누구라도 집을 건축하기 위해서 자신의 토지를 갖고 싶어 한다. 그 토지에 집을 건축하면 더할 나위 없겠지만 터무니없는 토지의 가격상승으로 호락호락하게 손안에 들어오지 않는다. 그래서 토지를 빌려서 집을 건축하는 사람이 적지 않다.

그런데 집이란 한번 건축하면 5년이나 10년이 지나면 썩어 없어지는 물건이 아니다. 게다가 주거에 관한 일이기 때문에 약자인 차지인借地人을 보호할 필요가 있다. 따라서 건물 소유를 목적으로 한 차지借地의 경우,

① "기간을 10년으로 한다"는 약속은 지키지 않아도 된다.

왜냐하면 차지법借地法은 견고한 건물, 즉 석조건물이나 벽돌건물, 빌딩 같은 건물에 대해 정해진 계약의 최저기간은 30년이고, 보통건물, 예를 들면 목조건축 등은 20년으로 한다. 따라서 그 이하의 기간으로 계약을 해도 효력은 없다. 효력이 없다면 어떻게 될까? 기간은 자동적으로 견고한 건물은 60년, 보통건물은 30년으로 정해진다.

단지 일시임대차一時賃貸借라고 하여 여름 동안만 해변 근처에 간단한 탈의실을 만들기 위해 토지를 대차하거나, 자료보관 건물을 세우기 위해 임시로 반년간만 빌리는 경우에는 차지법을 적용하지 않기 때문에 이와 같은 일은 없다.

② "지주地主의 필요가 있을 때는 언제라도 계약을 해제할 수 있다"는 약속도 무효다. 그런 약속을 했다 해도 차지인借地人은 "난 모르는 일이야"라고 말하면 된다.

③ "계약기간이 다가와도 계약은 절대 갱신하지 않는다"는 약속도 무효다.

20년이라면 20년의 기간이 다가왔을 때도 건물이 아직 튼튼하다면 법률상 같은 조건으로 당연히 계약을 갱신할 수 있다. 갱신이 싫다면 지주는 거절할 만한 정당한 사유를 증명하지 않으면 안 된다.

④ "지상건물이 파괴, 소실되면 임차권賃借權 만료한다"는 약속도 무효다.

건물이 불에 타 없어졌어도 집을 다시 지으면 된다. 차지법은 그렇게 보증하고 있다.

⑤ 건물에 사는 사람에 대한 제한이나 건물의 영업제한 특약은 원칙적으로 무효다.

⑥ "건물을 임대할 때는 지주의 승낙이 필요하다"는 약속도 무효다.

차지인이 빌린 토지에 건축한 건물을 누구에게 빌려주든 그런 일까지 쓸데없이 참견할 권리는 없다. 지주는 토지를 빌려주었을 뿐이기 때문이다.

대략 훑어보아도 이런 경우에는 약속을 지키지 않아도 된다는 것을 알았을 것이다. 마찬가지로 차가법借家法에서도 다양한 약속이 무효라는 경우도 많지만 애석하게

도 길어지기 때문에 여기서는 생략하기로 하자.

단지 한마디 하고 싶은 말이 있다. 이 모든 것은 약자를 보호하기 위한 일이다. 그런데 "허술한 법의 구멍" "법망을 뚫는 방법"이라는 등 교활한 눈으로 법률을 이상하게 보는 풍조는 실로 유감스럽기 그지없다.

(6) 절대적 작용의 고용계약

문명사회일수록 일의 내용은 복잡하고 다양해진다. 하지만 사회란 애초부터 사람들의 노동이 없으면 성립되지 않는다. 인간이란 동물은 일을 함으로써 서로를 지탱하고 있다. 그런 의미에서도 인간은 사회적 동물이다.

따라서 일을 하는 것은 도덕이다. 일할 수 있는 육체를 가졌으면서도 돈이 있다는 이유로 일하지 않는 사람은 타인의 노동으로 얻은 음식과 의복으로 손쉽게 살아가는 부도덕한 인간이다.

그렇기 때문에 일하는 것은 물론 아니다. 하지만 일하지 않으면 먹을 수 없다는 현실이 무의식적으로 자리잡고 있다. 우리 대다수가 생활자금을 얻는 유일한 수단으로써 일을 하기 때문이다.

이 사회에서 일을 한다는 것은 거의 대부분 타인에게 고용되어 있다는 의미다. 즉 노동력을 팔고 그 대가로 임금을 받는다는 말이다. 이것을 고용계약雇用契約이라고 한다. 민법 제623조에서는 "당사자의 한쪽이 상대방에 대해 노무勞務에 복종할 것을 약속하고, 상대방은 그것에 보수를 주겠다고 약속하는 일로 효력이 발생한다"고 정의한다.

마치 고용계약의 내용을 당사자끼리의 자유로운 대화에 맡긴 것처럼 보인다. 하지만 근대사회에서 임금노동관계를 계약자유의 원칙대로 맡겨두면 자본가와 노동자 간의 사회적 입장이나 경제력은 엄청난 불균형을 초래하며, 사실상 노동자의 계약내용은 자본가가 말한 대로 되어버릴 가능성이 매우 높다. 노동자는 실질적으로 계약부자유의 원칙에 지배받게 될지도 모른다.

법률로서는 그와 같은 현상을 방치해둘 수가 없다. 그래서 일하는 사람들에게 힘을 실어주기 위해 노동기준법, 즉 노동저법勞動諸法이라는 법률을 만들었다. 현재 민법이 규정하는 고용계약은 기껏해야 가내노동家內勞動에 적용될 뿐이고, 대부분은 노동기준법의 적용을 받는 실정이다.

노동기준법은 이 책의 목적 이외의 것이기 때문에 다가가기가 조심스럽지만 예를 들어보자.

"잔업하라는 명령을 받아도 형편이 안 되면 자유롭게 거절할 수 있다."

"비록 하루에 10시간 노동이라고 약속했어도 8시간 이상 일할 필요는 없다."

"시간 외 노동을 했다면 시간 내 노동의 25% 추가 임금을 청구할 수 있다."

"임금은 반드시 본인이 수령한다."

이렇게 노동기준법에는 민법이 모르는 다양한 규정이 있다.

(7) 일의 완성을 목적으로 하는 청부

청부인이 어떤 일을 완성하겠다고 약속을 하고, 주문자가 그 일의 결과에 대해서 보수를 지불하겠다고 약속하는 계약을 청부계약請負契約이라고 한다.

여기에는 목수가 가옥을 건축·수리하고, 배우가 연극을 하고, 학자가 강연을 하고, 운송회사가 이삿짐을 옮기는 일 등 유형무형의 것들이 있다.

그 일에 재산가치가 있는가, 없는가는 묻지 않는다. 일의 완성에 필요한 재료를 청부인이 제공하든 주문자가 건네든, 어느 쪽이라도 상관없다.

재료 일체를 목수가 제공하는 것으로 가옥 건축을 청부했을 때는 가옥이 완성되더라도 그 집은 바로 주문자의 소유가 되지 않는다. 목수가 인도할 때까지 가옥의 소유권은 목수에게 있다. 청부금을 지불하거나, 돈을 지불하지 않았어도 쌍방의 대화로 그 가옥을 인도받았을 때 비로소 주문자의 소유가 되는 것이다.

하지만 실질적으로 주문자가 재료를 내놓지 않았어도 재료에 합당한 돈을 지불했거나, 주문자가 재료 일체를 내놓고 목수에게는 건축만 시켰을 때는 그 집은 주문자의 소유물이다.

(8) 법률행위가 목적인 위임

자기 소유인 집의 매매를 을에게 맡기거나 소송을 변호사에게 부탁하는 것은 가옥의 매매나 소송행위를 위임한다는 말이다.

법률적으로 정확하게 표현하면, 위임委任이란 "당사자 한쪽의 법률행위를 상대방에게 위임하고, 상대방이 그것을 승낙하는 계약"이다.

위임에 대해 특히 주의할 점은 당사자가 언제든지 해약할 수 있다는 것이다. 모처럼 타인에게 위임하여 사무를 맡겨놓고 왜 언제든지 해약할 수 있다는 것일까? 그러면 위임받은 사람은 곤란하지 않을까? 언제 해약될지도 모르는데 변호사처럼 위임으로 일하는 사람은 불안하지 않을까?

하지만 상대방 입장에서 생각해보면 위임은 사람을 신용하고 그 신뢰를 기초로 하는 성질이 강하다. 신용할 수 없는 사람이라는 것을 알았는데 한번 위임한 이상 해약할 수 없다면 무척 곤란할 것이다. 따라서 언제든 해약해도 좋지만 그 대신 손해배상의 책임은 있다.

(9) 기탁과 소비기탁

물건을 맡기는 일이 기탁寄託이다. 다른 쪽에서 말하면 물건을 맡는 일이다. 물건의 보관을 목적으로 하는 계약이 기탁이다. 맡은 사람은 주의해서 그 물건을 보관할 의무가 있다. 어느 정도로 주의하면 될까? 일반 사람들과 같은 정도의 주의를 기울일 필요가 있다.

타인의 물건이라고 방치해서 그 물건이 없어져 손해를 입혔다면 손해를 배상해야 한다.

스테이션 등에는 "수화물 일시 보관"이라는 곳이 있는데 그곳은 기탁을 영업으로 하는 장소다. 영업이 아니고 친구에게 물건을 맡겨도 기탁이다. 맡은 사람은 물건을 그대로 돌려주어야 한다. 다른 물건으로 돌려주면 안 된다.

소비기탁消費寄託은 맡은 물건을 사용해도 상관없다. 그 대신 맡은 물건과 같은 종류, 같은 등급, 같은 수량을 돌려주기만 하면 된다. 은행에 돈을 맡겼다가 찾듯이, 맡겼을 때와 똑같은 돈이 아니어도 관계없다는 말이다.

⑽ 조합, 하지만 노동조합은 아니다

각각의 당사자가 출자해서 공동사업을 하자고 약속하는 일이 있다. 그것이 조합이다. 따라서 조합은 약속이다.

하지만 흔히 '○○조합'이라고 칭하는 것은 여기서 말하는 계약의 조합이 아니고, 법률의 조합이다. 예를 들면 협동조합이나 수리조합水利組合은 조합이라고 명칭은 붙어 있어도 그 실체는 법인이다. 또한 계약의 조합은 출자가 금전이 아니라 노무勞務라도 상관없다. 돈을 출자하지 않은 대신에 신체로 일하겠다는 뜻이다. 조합의 재산은 각 조합원이 공유한다.

⑾ 친절하신 분·사무관리

법률상 아무 의무가 없는데도 타인을 위해 사무를 관리하는 것을 사무관리라고 한다.

세상은 다양해지고 세상살이는 점점 더 복잡하게 얽혀가고 있다. 그런데 법률상 당연히 해야 하는 납세의무나 출생신고의 의무조차 하지 않는 패거리가 있는 판국에, 법률상 의무가 없는데도 친절하게 타인의 사무를 관리한다는 건 도대체 뭘까? 시절이 시절인 만큼 기특한 일이다. 장관이나 도지사로부터 표창을 받을 만큼 아름다운 선행이라고 감동할 필요까지야 없다.

갑자기 소나기가 내렸을 때, 옆집은 부재중이다. 건조대에는 빨래가 걸려 있다. 빨리 거둬들이지 않으면 모처럼 햇빛에 말린 빨래가 비에 젖어버린다. 육법전서를 넘기며 옆집 빨래를 걷어줄 의무가 있는지 없는지 조사해볼 필요도 없다. 즉시 그 빨래를 걷어줄 정도의 온정과 아량은 누구에게나 있을 것이다.

이처럼 법률상 의무가 없는데도 타인을 위해 사무를 처리해주는 경우는 결코 드문 일이 아니다. 이런 경우를 법률은 사무관리라는 그럴듯한 문구를 붙여 특별히 규정하고 있다. 그 친절한 행위는 보호하지만, 친절을 내세워 부당한 요구를 못하게 하고, 그 뒤에 싫어졌다고 해서 방치하지 않도록 하며, 한번 시작한 이상 본인의 이익이 될 수 있도록 끝까지 관리 처리한다는 식이다. 그 방법과 효력을 2~3개 말해보자.

▶ 쓸데없는 참견

법률상 의무가 없는데 일단 타인을 위해 사무관리를 시작한 이상, 본인의 이익에 가장 적합한 방법으로 관리해야 한다.

그것은 말할 필요도 없다. 본인에게 불이익이 된다면 화를 낼 것이다. 옆집 사람이 비가 온대서 일부러 화분을 밖에 내놓았는데, 친절을 베푼답시고 화분을 집 안으로 들여놓았다. 그러면 옆집 사람은 "쓸데없는 친절이야"라며 당장 화를 낼 것이다. 비가 와서 빨래를 걷어주려다가 오히려 실수로 흙을 묻히거나 하얀 옷과 빨간 옷을 뒤섞여 붉게 물들었다면 모처럼의 호의가 전혀 도움이 되지 않는다. 즉 본인의 이익을 위해 했다고는 생각할 수 없다. 뿐만 아니라 쓸데없는 친절 때문에 본인은 오히려 손해를 입는 경우도 있다. 이때는 어떻게 하면 될까?

본인은 쓸데없이 참견한 사람에 대해 손해배상을 청구할 수 있다.

하지만 참견자의 행위가 본인의 신체나 명예 또는 재산에 대해 위해危害를 면하게 하기 위한 것일 경우, 즉 유예猶予할 수 없을 정도로 궁지에 몰렸을 때 한 사무관리에 한해서, 쓸데없는 참견자에게 악의가 없고 중대한 과실이 없는 이상, 본인이 그 때문에 얼마나 많은 손해를 입었든 손해배상을 청구할 수 없다. 왜냐하면 궁지에 몰렸을 때는 대개의 사람이 신중하게 생각할 여유가 없기 때문이다. 설령 본인이 손해를 봤다 해도 참아야 하는 것이 자연스럽다.

▶ 자살자의 구조와 사무관리

세상은 넓고 사람은 많다. 따라서 모든 일을 한데 묶어서 싸잡아 취급할 수는 없다. 사무관리의 경우도 마찬가지다. 때로는 본인의 의사와는 반대로, 더구나 본인에게 불이익이 되는 일이 있어도 사무관리라고 인정해야 하는 경우가 있다.

예를 들면 이렇다.

"7각178)이 6번 울리고, 남은 한 번은 현세에서 두 번 다시 들을 수 없는 마지막 종소리."

이처럼 옛날에는 종소리가 자살자에게 으레 따라다니는 것 같다. 남은 한 번의 종소리뿐만 아니라 주의를 끌기 위한 세 번의 시종始終 종소리까지 모두 듣고, 평소 자신의 종교와 상관없이 죽을 때는 누구나 "나무아미"를 부르듯이 역시나 "나무아미타불"이라고 말하며 용감하게 강물로 뛰어든 사람이 있다고 하자.

그런데 여기에 또다시 쓸데없는 간섭자가 나타났다.

"이크, 큰일 났다."

간섭자도 바로 강물에 뛰어들어 자살자를 구조하고 인공호흡을 한 다음 의사를 불렀다. 그 결과 자살은 미수로 끝났다. 자살자는 지옥인가 싶어 겁먹은 채 눈을 떴지만 여전히 고통스런 사바세계다. 여기서 구해준 사람의 행위 역시 사무관리다.

하지만 이런 경우, 본인의 이익을 위한 것인가 아닌가가 의심스럽다. 분명 본인의 의사를 위반한 것이다. 대개는 농담이나 하찮은 벌레 때문에 자살하지는 않는다. 오랜 번민 끝에 자살을 시도하는 것이다. 그랬는데 구조되었다면 그것은 본인의 의사에 위반되는 행위다.

하지만 넓게 생각하면 구하는 것은 지당하다.

"당신이 쓸데없는 일을 했기 때문에 난 지긋지긋한 사바세계로 다시 돌아와버렸어. 의사를 부른 사람은 당신이지 내가 아니야. 그러니 난 병원비 따윈 몰라."

본인의 이익에 위반된다고 해서, 또 그로 인해 개망신당해 정신적 손해가 막대하다고 해서 화를 낸다 한들 어쩌겠는가. 그 행위가 사무관리인 이상, 특히 생명에 관한 긴급한 사무관리이기 때문에 중대한 과실이 없는 한, 구한 사람은 본인에 대한 손해배상 의무가 없다. 또한 약값이나 그 외 유익한 비용은 본인에게 청구할 수 있다.

이것을 민법은 "관리자가 본인을 위해 유익한 비용을 사용했을 때는 본인에게 그 비용을 청구할 수 있다"고 규정한다.

---

178) 에도시대에는 하루를 12각으로 나누었기 때문에 1일을 二六時(2×6=12)라고 말했다. 현재는 1일이 24시간이기 때문에 四六時(4×6=24)라고 한다.

▶ 사무관리와 권리침해

사무관리를 하기 위해서 가끔은 타인의 권리를 침해하지 않으면 안 되는 경우가 있다. 옆집 빨래를 거둬들이기 위해서는 옆집으로 들어가야 하고, 자살자를 구해서 인공호흡을 하기 위해서는 타인의 신체에 손을 대야만 한다.

이것은 사무관리상 어쩔 수 없는 일이다. 법률이 그런 일에 엄하다면, 사무관리는 할 수 없다. 즉 작은 곤충을 죽여서 큰 곤충을 구한다는 취지다. 다수의 희생을 인정해야 하는 것이다. 이 경우는 권리침해도 아니고 범죄도 아니다. 사무관리 행위는 사회적으로 보아 정당한 행위이기 때문에 위법이 아니다.

(12) **토해내야만 하는 부당이익**

▶ 진본의 분실과 을녀

A에게는 세상에서 보기 드문 진귀한 책이 있다. 친구인 갑이 찾아와서 1개월에 10만 엔 낼 테니까 빌려달라고 했다. 쾌히 승낙은 했지만 어찌 생각이나 했으랴! 책장에는 비장의 진본이 없었다. 아무리 찾아보아도 발견할 수가 없었다. 눈을 멀뚱하게 뜨고서 10만 엔의 돈벌이를 놓치고 말았다.

그런데 희한하게도 갑이 친구인 을에게 그 진본을 빌려서 10만 엔의 돈을 지불했다는 이야기가 A의 귀에 들어왔다. 조사해본 결과, 친구인 을이 A의 집에 놀러왔다가 책장에서 그 진본을 몰래 빼갔다는 사실을 알게 되었다.

그 때문에 A는 당연히 벌 수 있었던 10만 엔을 놓쳤고, 그 대신 을이 10만 엔을 벌었다. 그렇다면 이 돈벌이는 부당하지 않은가?

무대는 바뀐다. 여기에 Y파출부회사가 있다. 솜씨 좋은 파출부를 시급히 보내달라는 의뢰가 A병원에서 들어왔다. 파출부회사는 솜씨 좋은 을녀를 즉시 파견했다.

솜씨는 있지만 덜렁거리는 을녀는 잘못하여 B병원으로 달려가 하루 종일 땀 흘리며 일했다. 나중에 을녀는 A병원과 착각했다는 사실을 알았다.

결국 덜렁거리는 을녀의 실수로 B병원은 을녀의 하루분의 급료를 부당하게 이득 본 상태다.

▶ 부당이득이란 무엇일까?

여기서 바야흐로 부당이득이라는 문제에 걸린다. 부당이득이란 말 그대로 부당하게 이득을 얻는 일이다.

"법률상의 원인 없이 타인의 재산 또는 노무勞務로 인해 이득을 얻고, 그 때문에 타인에게 손해를 끼친 사람은 그 이득이 존재하는 한 반환할 의무가 있다"고 규정되어 있다.

즉 부당이득이 되기 위해서는

① 타인의 재산 또는 노무로 이익을 얻는 일
② 그 결과 타인에게 손해를 주는 일
③ 법률상의 원인이 없는 일

이 세 가지 요건이 필요하다. 앞의 예로 말하면 A의 친구 을은 타인의 재산인 A의 진본으로 10만 엔의 이득을 얻었다. 그래서 A는 벌 수 있는 10만 엔의 돈을 벌지 못했다. 즉 손해를 본 것이다.

그 다음의 예에서는 을녀의 하루 노무로 B병원은 그만큼의 이득을 얻었다. 반면 을녀는 그만큼의 손해를 입었다.

따라서 ③인 "법률상의 원인이 없는 경우"에 해당되기 때문에 부당이득이다. 그렇다면 법률상의 원인이 없다는 것은 어떤 경우인가?

무엇이든 원인 없는 결과는 없다. 인과의 이치는 만물의 법칙이다. 하물며 논리에 입각한 법률에서야 오죽하랴! 그래서 "법률상의 원인이 없다는 말은 무엇일까?"에 대해 핏줄을 세우며 연구할 가치가 있는 것이다.

이 문제는 법률학에서도 난문 중의 난문이다. 학설, 판례 모두 크게 나뉘어 있다. 일치하지 않는 것이다. 그렇다면 "법률상의 원인이 없다"는 말은 정의·공평에 위반되는 일이라고 해야 할까?

앞의 예에서 친구 을과 B병원이 타당하다면 사회 관념상의 정의·공평에 위반 된다. 따라서 법률상의 원인이 없는 경우로 부당이득이다. 부당이득이라고 정해지면 그 이익이 존재하는 한, 돌려주어야 하는 의무가 발생한다.

▶ 도박 빚은 갚지 않아도 된다

부당이득에 대해서 이런 조문이 있다. 민법 제705조에는 "채무의 변제로써 급부를 한 사람이 당시 채무가 없다는 것을 알고 있었을 때는 급부한 것에 대해 반환청구를 할 수 없다"고 규정되어 있다.

미리 말해두지만, 그것은 부채가 없다는 사실을 알면서 지불한 경우이기 때문이다. 하지만 부채가 있는지 없는지 확실히 모른 채 지불한 뒤에 차금借金이 없다는 사실을 알았을 경우에는 되돌려 받을 수 있다.

민법 제708조에는 "불법 원인을 위해 급부를 한 사람은 급부한 것에 대해 반환청구를 할 수 없다. 단지 불법의 원인이 수익자受益者에게만 있었을 때는 여기에 한하지 않는다"고 되어 있다. 불법의 원인을 위해 돈을 주거나, 기모노를 주거나. 가옥을 신축해주거나, 여하튼 일단 제공한 뒤 나중에 돌려받으려 해도 받을 수 없다는 말이다.

그렇다면 불법의 원인이란 무엇인가? 어떤 경우를 불법의 원인이라고 하는가? 이 것에 대해서도 다양하게 논의되고 있지만 공서양속의 위반이라고 이해하는 것이 타당하다.

첩의 약속으로 돈을 건넸다거나, 도박장에서 노름 자금으로 돈을 빌려주었거나, 혹은 사람을 살해해달라고 청부한 돈이거나, 그 외에 이와 유사한 일로 돈이나 물품을 건넨 것은 공공질서와 선량한 풍속에 위반되는 불법의 원인으로 보아도 좋다.

이런 경우, "첩이 되어주지 않았으니까 돈을 돌려줘", "빌려준 노름 자금을 돌려줘", "부탁한 사람을 살해하지 못했으니까 돈 다시 내놔"라고 할 수 없다는 것이다.

⒀ 손해배상의 원인·불법행위

핸들을 완전히 꺾은 트럭이 도로에서 가게로 돌진하여 상품을 엉망으로 만들어버렸다든가, 어두컴컴한 신사 뒤에서 기다리고 있다가 퇴근하는 아가씨의 핸드백을 낚아챘다는 이야기는 신문지상에 흔히 굴러다니는 기사거리다. 민법에서는 그런 행위에 불법행위라는 딱지를 붙였다.

불법행위도 커지면 요카이치四日市[179]의 공해처럼 대기업의 굴뚝이 연기를 토해내어 주변에 있는 주민을 악질천식 같은 병에 걸리게 하거나, 오사카 공항 사건처럼 비행기의 발착소음이 평온한 주민 생활에 해를 끼치는 일 등이 있다. 미나마타병[180]의 비참함을 모르는 사람은 아마 없을 것이다. 이것도 미나마타 공장의 질소폐액 유출이 원인이었던 불법행위다.

최근에는 사람들 사이에 권리의식이 퍼져서 무슨 일만 발생하면 "공해배상을 하라" "위자료를 지급하라"는 등 주장을 한다. 하지만 타인에게 손해배상을 요구하기 위해서는 앞에서 말했던 채무불이행 등 불법행위가 있지 않으면 안 된다. 그럼 이 시점에서 '불법행위'의 법률적 정체를 분명하게 밝혀보자.

민법 제709조는 유명한 조문이다. 법과에 적을 두었으면서 이 조문을 모르는 학

---

[179] 미에(三重)현 북부, 이세(伊勢)만에 근접한 시. 석유화학 콤비네트를 형성하고 있는 중경 공업지대. 인구 30만

[180] 유기수은에 의한 중독. 중추신경이 마비되어 수족을 떨며 눈·귀의 기능상실, 언어장애, 심한 경우 사망하는 일도 있다. 쇼와 28(1953)년 무렵 미나마타(水俣) 시에서 발생. 미나마타 공장의 폐수에 질소가 포함된 메틸수은이 해수를 오염시켜 어패류에 농축되고, 그 어패류를 먹은 사람의 인체 내로 유기수은이 흡수되어 발병. 1971년에 정부가 공해병으로 인정했다.

생은 가짜라는 말을 들어도 불평할 수 없을 만큼 고명高名하다. 거기에는 이렇게 적혀 있다.

"고의 또는 과실로 인해 타인의 권리를 침해한 사람은 그것으로 인해 발생한 손해에 대해 배상할 책임이 있다."

이것이 바로 불법행위의 조문이다. 이처럼 불법행위가 되기 위해서는 타인의 권리를 침해해야 한다.

권리침해의 경우에는 불법행위 이외에 채무불이행도 있다. 채무불이행은 채권에만 한정되며, 채무자가 채권자에 대해 채무를 이행하지 않은 경우다.

범죄는 형법처럼 권리침해에 대한 국가의 형벌권 발효에 따라 처벌하지만, 불법행위는 채무불이행 이외에 생명, 신체, 자유, 명예, 재산 등 온갖 권리침해가 발생한 경우에 대해 그 손해를 배상하게 하는 것이다.

▶ 불법행위의 요건

불법행위란 앞에서 말한 조문에도 또렷하게 나와 있듯이 가장 먼저,

① 자기의 행위가 있는 일

자신의 행위가 있고, 그 행위 때문에 타인의 권리가 침해당해야 한다.

자기의 행위란 뭔가? 약간 까다로운 문제다. 뒤의 형법 부분의 '범죄의 부部'에서 자세하게 설명하겠지만, 여기서는 의식이 있는 신체의 동정動靜이라고만 해두자. 따라서 무의식의 거동은 행위라고 할 수 없기 때문에 그로 인해 타인의 권리를 침해해도 불법행위는 아니다. 예를 들면 고열이나 만취로 인해 일시적으로 의식을 잃어버린 상태에서 뭔가를 한 경우다.

② 고의 또는 과실이 있는 일

고의故意란 "알고 있으면서"라는 뜻이다. 그런 일을 한다면 상대가 상처를 입을지도 모르고 또 부상당할지도 모르지만 그래도 해버렸다는 것이 고의다.

무심코 한 것은 과실이다. '무심코'란 정확하게 말하면 주의가 결핍된 상황이다. 어느 정도의 주의인가? 일반 사람들이라면 할 수 있을 정도의 주의다. 무척 주의 깊은 사람도, 특별히 덜렁거리는 사람도 아니다. 일반인, 평균인, 보통인이 표준이다.

여기서 말해두고 싶은 것은 불이 옮겨 붙어 연소해버린 경우다. 이것에는 '실화失火책임에 관한 법률'이라는 법이 있는데, 고의 또는 중대한 과실이 아니었을 때는 불법행위가 아니라고 했기 때문에 방화의 책임 추궁은 매우 상투적이다.

③ 권리의 침해가 있는 일

불법행위에 권리침해가 없으면 안 된다는 것은 스님에게 경전이 필요한 것보다 더 필요하다. 권리를 침해하기 위해서는 그 전제로 먼저 권리가 존재해야 한다는 것은 말할 필요도 없다.

▶ 권리라는 이름이 붙지 않아도 보호받는다

권리를 늘어놓으면 끝이 없다. 예를 들어 재산권이라면 점유권占有權, 소유권所有權, 지상권地上權, 영소작권永小作權, 지역권地役權, 유치권留置權, 선취특권先取特權, 질권質權, 저당권抵當權, 특허권特許權, 저작권著作權, 실용신안권實用新案權, 의장권意匠權, 상호권商號權, 상표권商標權, 광업권鑛業權, 어업권漁業權 등이 있다. 그 외도 인격권人格權, 즉 신체권身體權, 생명권生命權, 자유권自由權, 명예권名譽權 등이 있다.

그런데 법률상의 권리가 아닌 생활상의 여러 가지 이익을 침해한 경우에도 불법행위인가? 하는 문제가 있다.

예를 들어 일조권이라는 말을 모르는 사람은 없을 것이다. 하지만 일조권이 법률상 어느 정도의 권리인가는 아직 확정되지 않았고, 얼마 전까지는 그런 권리를 인정해야 하는가 하는 것조차도 문제였다.

만약 불법행위에 대한 권리침해라는 말을 좁게 해석하고 그것에 얽매여 있다면, "일조권 침해는 불법행위이기 때문에 손해배상을 청구하겠다"는 발상은 하지도 않았을 것이다.

애초에 무엇을 권리라고 생각하는가는 법률의 형식적인 규정보다 그 시대, 그 장소에 따라 사회적 판단에 맡기는 것이 보통이었다.

따라서 권리침해에 대해 중요한 것은 그 시대와 장소에 따라 생활상의 이익을 불법으로 침해받았다는 것이 핵심이라고 생각하는 게 바람직하다.

이런 사고방식으로 보면 권리침해는 그 행위 자체가 위법행위라는 식으로 적용해야 한다. 따라서 내연관계를 부당하게 파기하는 일도 불법행위이고, 아내에 대한 남편의 강간도 불법행위이며, 아내가 있는 남자와의 정사는 그 남자의 아내에 대한 불법행위라는 사고도 이해할 수 있다.

또한 음향과 진동, 매연, 악취, 일조와 통풍 등의 생활방해도 가해자 측의 방해 정도가 위법성, 즉 공서양속에 위반되는 정도라면 불법행위로써 손해배상을 청구할 수 있다.

최근에는 일조권이라는 말을 종종 사용하지만 이것도 조문에는 없는 권리다. 하지만 일조권은 건강하고 쾌적한 생활을 위해 빼놓을 수 없는 생활이익이기 때문에 판례로 인정받고 있다.

타인의 초상을 사용하는 것도 공공성이 없고 본인의 승낙이 없는 경우, 위법성을 초래한다. 특히 모욕적인 내용이 포함된 만화도 불법행위라고 생각하면 된다.

④ 손해가 발생한 일

손해배상이라고 말한 이상, 위법은 행위에 의해 손해가 발생하는 일이 필요하다. 손해가 발생하지 않았는데 손해배상청구를 인정할 수는 없다.

예를 들면 물건이 훼손되었거나 도난당했거나 부상당해서 병원에 다녔다는 등의 재산적 손해, 또는 부당하게 파혼당해 정신적 고통을 받았거나 사랑하는 아이를 교통사고로 잃어버려 깊은 슬픔에 빠져 있다는 등의 정신적 손해가 있어야 한다. 보통 위자료란 정신적 고통에 대한 손해배상을 말한다.

불법행위로 손해를 입었으니까 배상하라고 말한 이상, 불법행위와 손해는 서로 인과관계가 없으면 안 된다. 이 인과관계에 대해서는 형법 부분에서 자세하게 설명할 테니까 그것을 참조했으면 한다.

▶ 손해를 계산하는 법

어느 샐러리맨이 퇴근길에 교통사고로 목숨을 잃었다. 그렇다면 어떤 방식으로 손해를 계산할까? 그의 아내와 자녀는 위자료 청구는 물론, 죽은 사람의 재산적 손해도 청구할 수 있다.

판례에 따르면, 그 사람의 노동 가능한 년수^{年數}에 월급을 곱한 금액에서 생활비를 공제한 액수가 손해액이다.

원래 그 금액은 장래 취득해야 하는 것을 현재 일시적으로 청구하는 금액이기 때문에 그 사이에 발생하는 중간이자를 빼야 한다. 중간이자 공제는 호프만이나 라이프니츠 식으로 계산하며 도표가 있어서 간단하다.

취로가능연수의 종기終期는 67세로 계산한다. 불행한 사고를 당한 샐러리맨이 28세였다고 가정해보자. 수입은 월급과 상여금을 포함하여 한 달 평균 12만 엔, 그의 생활비 평균은 월 4만 엔이었다고 하자. 그가 사고를 당하지 않았다면 앞으로 39년간 일할 수 있다는 계산이 나온다. 39년간 일해서 얻을 수 있는 수익은 다음과 같이 계산할 수 있다.

ⓐ 월평균 이익

월수입 12만 엔 - 생활비 4만 엔 = 8만 엔

ⓑ 연평균 이익

8만 엔 × 12개월 = 96만 엔

이것을 복식 호프만 방식표에서 취로가능연수 39년의 연간현금총액의 이율을 보면 21,309라는 것을 알 수가 있다. 즉

ⓒ 장래의 손해

96만 엔 × 21,309 = 2045만 6640엔이다.

이 불운한 샐러리맨의 장래 재산적 손해는 약 2045만 엔이다.

물론 그 외에 병원비, 장례비 등도 재산적 손해로 가산된다.

위자료는 어떨까? 현재 샐러리맨의 경우는 대개 800만 엔 정도로 생각하면 좋을 것 같다.

▶ 손해배상을 청구할 수 있는 사람

손해배상청구는 물건이 훼손되었거나 도난당했거나 혹은 얻어맞아서 고통받은 당사자가 청구하는 게 당연한 원칙이다. 하지만 예외로써 아버지 또는 자녀, 배우자가 살해당한 경우, 유족은 보통 깊은 슬픔에 빠지고 더구나 정신적 고통을 받기 때문에 근친자近親者의 생명침해에 대한 위자료를 청구할 수 있다고 법률은 특별규정을 해놓

았다.(민법 제711조) 즉 피해자의 부모, 배우자 또는 자녀는 위자료를 청구할 수 있다는 말이다.

이 경우, 혼인신고를 하지 않은 내연의 아내도 청구할 수 있다고 판례로 인정하고 있다. 또한 자녀도 혼인으로 태어난 자녀로 한정되지만 비적출자非嫡出者[181]의 손해배상 청구도 인정한다.

그럼 위의 교통사고를 당한 샐러리맨의 경우, 장래 얻어야 하는 그의 재산적 손해를 그의 아내와 자녀가 어떻게 청구할 수 있을까? 그것은 본인의 피해보상청구권을 상속받았기 때문이다.

말할 필요도 없겠지만, 설령 권리를 침해당해 막대한 손해를 입었다 해도 집행관이 압류를 했다거나, 경찰관이 체포장이나 구류장勾留狀으로 구인勾引을 했다거나, 의사가 수술을 하기 위해 개복開腹을 했다는 정당한 행위에 대해서는 손해배상을 청구할 수 없다.

얼핏 봐도 그 행위가 상대에게 어떤 식으로든 손해를 주지만 공서양속의 관념상 특별히 위법이 아닌 경우가 있다. 예를 들면 남녀의 사랑싸움에서 여자가 "그렇게 얄미우면 한 대 때리면 되잖아"라고 말한 순간 남자가 주먹을 날린 것처럼 피해자의 승낙이 있는 경우다.

그 외에 사무관리나 정당방위, 긴급피난도 있지만 이것들은 형법 부분에서 위법성 조각사유違法性阻却事由로써 설명하겠다.

⑤ 행위자行爲者에게 책임능력이 있는 일

3~4세 어린아이나 동쪽인지 서쪽인지도 구분 못하는 정신이상자가 한 일에 대해서는 책임을 추궁할 수 없다. 따라서 불법행위가 되지 않는다.

자녀가 한 일과 부모의 책임

책임능력이 없는 어린아이나 정신이상자가 한 일로 손해가 발생하면 그들에게는 책임을 물을 수 없다고 했다. 그러면 옆집의 장난꾸러기가 정원에 들어와 값비싼 소

---

[181] 혼인 외의 출생자

중한 수목을 죽였어도 울면서 잠들 수밖에 없는 걸까?

전쟁놀이나 술래잡기에 열중한 아이가 휘두른 나무토막에 눈이 찔려 실명했다거나, 또는 앞뒤를 제대로 보지도 않고 자전거로 질주하던 아이 때문에 지나가던 주부나 노인이 부상당했다는 이야기는 신문에 종종 실리는 기사다. 이런 경우에도 불평 한마디 못하고 혼자 앓아야만 한다면 피해자는 견딜 수 없을 것이다.

그래서 법률은 "법률상 미성년자를 감독할 의무가 있는 사람이 책임지지 않으면 안 된다"고 규정한다.(민법 제714조)

심신상실心神喪失로 책임능력이 없는 사람이 한 경우도 마찬가지다.

인간은 자신 이외의 타인이 한 일에 대해 책임을 질 수는 없다. 그것은 대원칙이다. 하지만 부모는 미성년자를 감독, 교육하는 의무자로서 법률상 자녀를 감독하는 입장이다. 따라서 자녀가 한 일에 대해 책임이 전혀 없다고는 할 수 없다.

미성년자라고 하면 5~6세의 귀여운 개구쟁이부터 입주위에 거뭇거뭇 수염이 자란 성년 직전의 청소년까지 포함하므로 범위의 폭이 상당히 넓다. 따라서 아이가 한 일이라고 해서 뭐든지 부모의 책임이라고 할 수만은 없다. 그래서 법률에는 선이 그어져 있다.

자녀가 한 일에 대해 부모에게 책임이 있다, 없다는 선을 민법 제712조는 '책임능력'이 있는가 없는가에 두고 있다. "책임무능력의 어린이가 상대에게 상처 등 손해를 끼쳤을 때는 부모가 대신 배상해야 한다. 하지만 그 아이에게 책임능력이 있으면 부모는 모른 척해도 된다."(민법 제714조)

그렇다면 책임능력이란 어떤 능력인가? 이것은 부모에게 중요한 문제다.

자신이 한 일의 결과가 도덕적으로 좋지 않을 뿐더러 위법으로 법률적 비난을 받으며, 어떤 식으로든 자신에게 책임이 주어질 거라고 알 수 있을 정도의 정신능력이다. 그 정도의 지능이 갖춰진 어린이를 '책임능력자'라고 하고, 아직 어려서 그 정도의 지능을 갖추지 못한 어린이를 '책임무능력자'라고 하여 구별하고 있다.

그럼 몇 살이 되면 책임능력자일까? 이것도 부모에게는 큰 문제다.

법률은 연령을 몇 살로 할까 하는 식으로 정하지 않는다. 거기에는 이유가 있다. 나이보다 조숙한 아이가 있는가 하면 지능발달이 늦은 아이도 있다. 정신적 발달 정도는 아이들마다 각자 다르다. 따라서 지능발달에는 개인차가 있기 때문에 사건마다 "그 아이에 따른 각각의 개별을 구체적으로 판단하여 재판관이 결정한다"는 표면상의 방침을 취한다.

하지만 판례를 보면 어느 정도는 짐작할 수 있다. 다시 말해 10세 미만의 어린이는 책임무능력자로 되어 있고, 15세 이상의 어린이는 책임능력자로 되어 있다는 말이다. 따라서 그 연령의 어린이는 문제가 없다. 문제는 10세에서 15세까지의 어린이다. 물론 당연하겠지만, 판례도 꽤 다른 양상을 보인다.

예를 들면 14세 11개월의 중학생이 자전거 사고를 일으켜 사람에게 상처를 입힌 사건에서는 소년에게 책임능력이 없다고 판결이 났다. 결국 소년의 부모가 손해배상 책임을 졌다.

반면, 13세 2개월의 소년이 일으킨 삼륜화물차 사고의 손해배상청구사건에서는 소년에게 책임능력이 있다는 판결이 났다. 따라서 소년의 부모에게는 책임이 없다.

이렇게 서로 상반된 판례다.

어린이가 학교에서 일으킨 사고는 누구의 책임인가?

과학실험 중 알코올램프를 잘못 취급하여 친구에게 화상을 입혔다. 혹은 체육시간에 전력 질주하여 뛰어든 모래사장 속에 삽이 묻혀 있어서 큰 상처를 입었다. 학교에서는 이와 유사한 사고가 종종 발생한다.

아이들은 때때로 사고를 당하거나 사고를 일으킨다. 이럴 때 누구에게 책임이 있을까? 부모일까?

여기서 등장하는 법률이 "법정의 감독의무자(보통은 부모) 대신, 무능력자를 감독하는 사람에게도 마찬가지로 책임이 있다"는 민법 제714조 제2항의 규정이다. 법정 감독책임자 대신 감독하는 사람이란, 예를 들면 탁아소 보모나 유치원 선생님, 초·중학교 교사 등이다. 아이가 유치원이나 학교에 가 있는 동안에는 보모나 교사에게 어린이를 감독할 의무가 있다는 것이다.

이처럼 대리감독을 하게 된 이유는 유치원처럼 계약에 따른 일이기도 하고, 공립 초·중학교 교사처럼 법률의 규정에 따라 당연히 발생하기도 한다. 어느 쪽이든 부모 대신 책임이 있다는 점에는 다를 게 없다. 그래서 학교 내에서 발생한 사고에 대해서는 교사에게 과실이 있는지 없는지가 핵심이다. 만약 교사에게 과실이 있다면 그 교사에게는 사고로 발생한 손해에 대한 배상책임이 있다.

이런 이치는 학교나 유치원에만 한정되지 않고, 부모가 부재중일 때 아이를 돌봐달라고 부탁을 받거나, 유원지나 쇼핑에 데려가라고 의뢰를 받은 사람에게도 동일하게 적용된다.

왜냐하면 이 경우는 계약에 따른 대리감독자에 해당되기 때문이다. 옆집의 장난꾸러기 녀석을 백화점에 데려갔는데 계단 위에서 화분을 던져 밑에 있던 사람에게 상처를 입혔다는 경우, 그 책임은 장난꾸러기를 백화점에 데리고 간 옆집 아주머니에게 전적으로 있다. 부모에게는 책임이 없다.

여기서 잠깐 언급해두자면 민법 제714조라는 조항은 조금 이상한 조문으로 "감독의무자가 그 의무를 게을리하지 않았을 때는 배상책임이 없다"는 단서규정이 있다. 즉 감독의무자는 감독을 게을리하지 않았다는 사실을 증명하면 어린이가 저지른 일의 책임을 면할 수 있다는 말이다. 하지만 이 단서는 꽤나 생각하게 만든다. 책임능력이 없는 어린이가 한 일에 대해 실제로 이 조문으로 책임을 면했다는 부모의 예는 찾아볼 수 없기 때문이다. 뭐 그림 속의 떡이라고 생각하는 게 좋겠다.

타인을 고용한 사람의 책임

트럭운전수가 핸들을 잘못 꺾어 과일가게로 돌진했다. 딸기, 바나나, 사과, 멜론 등이 엎어지고 뭉개져서 바닥은 난장판이었다. 배상하라며 과일가게 주인이 으르렁거렸지만 장발의 젊은 운전수, 가진 거라곤 쓸모없는 기다란 머리카락뿐이다. 법률상 그에게 배상책임이 있지만 현실적으로 경제능력이 제로다.

한편, 그 운전수를 고용한 사업주는 그에게 운전을 시켜 돈벌이를 한다. 그렇다면 고용인이 일하다가 누군가에게 손해를 끼쳤을 때 고용주는 강 건너 불구경 하듯 신경 안 써도 되는 걸까? 그러면 너무 불공평하지 않나?

여기서 공평을 좋아하는 법률은 또다시 조문을 준비해두었다.

"어떤 사업을 위해 타인을 고용한 사람은 그 사업을 집행하다가 피용자被用者가 제3자에게 끼친 손해를 배상할 책임이 있다."(민법 제715조 제1항)

즉 과일가게 주인은 개인이든 회사든 폭주 트럭운전수를 고용한 고용주에게 손해배상을 청구할 수 있다는 말이다.

그렇다면 앞에서 말한 학교에서의 사고도 만약 감독대행자인 교사에게 과실이 있다면 교사뿐만 아니라 그 교사를 고용한 학교에도 책임이 있다는 말이다. 더구나 구립이나 시립의 학교라면 구나 시에도 책임이 있다.

하지만 사용자는 "피용자의 선임 및 그 사업의 감독에 대해 적합한 주의를 했을 때, 또는 적합한 주의를 했어도 손해가 발생한 경우에는 책임을 면할 수 있다"고 되어 있다.(민법 제715조 제2항)

이 주의의무注意義務는 당연히 사업종류에 따라 다르지만 고용주가 그 규정으로 책임을 면한 예는 매우 드물다. 하지만 "어떤 손해가 발생한 경우, 그와 같은 손해가 발생했다는 것은 충분한 주의를 기울이지 않았다는 증거다"라는 판례의 사고를 엿볼 수 있다. 즉 고용주에 대해 무과실책임을 인정한 결과다. 고용주도 힘들 것이다.

토지의 공작물·죽목 또는 동물로부터 발생한 손해의 책임

토지의 공작물 설치 또는 보존이 잘못되어 타인에게 손해를 끼쳤을 때, 공작물 점유자는 피해자에 대해 손해배상을 하지 않으면 안 된다. 점유자가 손해의 발생에 대해 필요한 주의를 했을 때는 소유자가 그 손해배상을 해야 한다.

죽목竹木의 식목 또는 지지支持에 잘못이 있는 경우도 동일하게 취급한다.

토지의 공작물이란 가옥이나 그 외의 건축물, 가스탱크, TV송신탑 등의 건조물, 터널, 제방, 울타리, 돌담, 우물, 도랑, 전주電柱, 유동원목遊動圓木182), 도로, 벼랑의 옹벽 등 토지에 접착한 인공적 작업을 말한다.

이것들의 설치나 보존에 결함이 있어서 타인에게 손해를 입혔을 경우, 예를 들면 블록 담이 무너져 학교에서 돌아오던 아이가 부상당했을 때는 일차적으로 점유자에게 책임이 있다. 그 집이 셋집이라면 집주인이 아니라 차가인借家人에게 책임이 있다. 하지만 차가인인 점유자가 피해를 방지하기 위해 필요한 주의를 했다면, 예를 들어 차가인으로서 할 수 있는 만큼 블록 담을 수리했거나, 버팀목을 세워 주의를 했을 때는 차가인에게 손해배상 책임이 없다. 이때는 2차적으로 소유권자인 집주인에게 책임이 있다.

기르던 개가 통행인을 문 경우처럼 동물이 타인에게 손해를 주는 일도 있다. 그때는 그 동물의 점유자에게 배상 책임이 있다.

자동차의 인신사고는 특별취급

어떤 젊은이가 예쁜 아가씨와 해변으로 드라이브 가기로 약속을 했다. 어느 여름날의 해질 무렵이었다. 그런데 그는 자동차가 없다. 갓 입사한 샐러리맨. 더구나 약속한 날이 월급 바로 전날이라 렌터카를 빌릴 돈도 없다.

때마침 회사에서 영업용으로 사용하는 자동차가 그의 눈에 들어왔다. 드라이브 약

---

182) 체육 요소를 가진 아동용 유희기구. 학교, 놀이터 등

속은 토요일 밤이다. 토요일에는 오전 근무로 모두 퇴근하기 때문에 자동차는 아무도 사용하지 않은 채 그대로 놓여 있다. 그렇다면 쉽게 타고 나올 수 있다.

약속한 토요일, 모두가 퇴근하기를 기다려 자동차 키를 몰래 들고 나왔다. 그녀와의 데이트는 대성공. 그녀의 어깨를 끌어안고 먼 밤바다 저편에서 점멸하는 어선의 불빛을 바라보며 보너스로 키스까지 했다.

사고는 돌아오는 길에 발생했다. 당황하여 브레이크를 밟았을 때는 이미 늦었다. 자동차는 건널목을 건너는 노인을 쳐서 큰 부상을 입혔다.

이런 경우, 피해자는 당황할 것이다. 사고를 낸 그 젊은이는 배상능력이 없기 때문이다. 그의 주머니는 만성 설사에 시달리듯 항상 텅 비어 있다. 그래서 젊은이를 고용한 회사에 불평했지만 회사는 이렇게 말한다.

"말도 안 돼요. 왜 우리 회사가 책임져야 하는 거죠? 그 사람은 우리 회사 직원이지만 사고는 회사 업무로 일어난 게 아니잖아요. 우리 회사는 토요일에는 오전 근무만 하거든요. 그 녀석은 도둑처럼 열쇠를 몰래 들고 나가 여자와 데이트를 했고, 더구나 사고는 돌아오는 길에 발생했어요. 설마 여자와의 데이트가 회사 업무였다고는 하지 않겠죠?"

이런 말을 들으면 사람들은 무척 난처할 것이다. 하지만 좋은 것을 가르쳐 줄 테니 기억해두길 바란다. 결코 손해는 아니니까.

여하튼 교통사고가 빈번히 발생하는 현대다. 도로에는 자동차가 넘쳐난다. 법률도 이런 현상을 모른 체하고 있을 수만은 없다.

자동차에 의한 인신사고의 경우, 손해배상을 위한 특별 법률이 준비되어 있다. 자동차손해배상보장법(이하 자배법) 제3조는 이렇게 말한다.

"자기를 위해 자동차를 운행의 용도로 제공하는 사람은 그 운행으로 타인의 생명 또는 신체에 해를 끼쳤을 때 그로 인해 발생한 손해를 배상할 책임이 있다."

이것을 민법 제709조에 따라 손해배상을 청구하는 경우와 비교해보자. 민법의 손해배상 청구에서는 "가해자의 고의, 즉 일부러 사고를 일으켰거나 과실로 인해 사고를 일으켰다는 증거가 반드시 필요하고, 피해자 측에서는 그것을 증명하지 않으면 안 된다"고 되어 있다. 다시 말해 과실책임의 원칙이 강력하게 전면에 나와 있다.

그런데 자배법 제3조에는 "가해자의 고의나 과실을 증명하지 않아도 단지 운행공용자의 자동차 운행으로 인한 인신사고가 발생했다는 사실만 증명하면 된다"고 규정되어 있다.

즉 교통사고 중에서도 자동차로 벽을 망가뜨렸거나 자동차끼리 부딪쳐 부서졌다는 물적 손해가 아니고, ① 인신사고일 때는 증명을 간단히 하고, 피해자가 손해배상청구를 쉽게 할 수 있도록 하는 것과 동시에, ② 손해배상책임을 추궁할 수 있는 상대는 사고를 낸 운전자 본인은 물론, '운행공용자'의 범위에 속하는 사람이라고 되어 있다.

이렇게 되면 '운행공용자'란 어떤 사람인가 알고 싶어질 것이다.

인신사고의 책임을 추궁받는 '운행공용자'란 누구인가?

통설에서는 "자동차의 운행을 지배하고, 그 운행으로 이익을 귀속歸屬하는 사람"이라고 말한다. 다시 말해 그 속에 '보유자保有者'가 포함된다는 것은 논할 필요도 없다. 보유자란,

① 자동차 소유자

② 그 외 자동차의 사용 권리를 갖고 있는 사람이며, 자기를 위해 자동차를 운행의 용도로 제공하는 사람이다.

따라서 자동차 소유자를 상대로 책임을 추궁할 수 있다. 그렇다면 렌터카는 어떻게 될까? 렌터카 회사는 자동차를 빌려주는 일로써 돈을 벌고 있으므로 대여 차량이 일으킨 사고에 대해 책임을 져야 한다. 렌터카 사용자 중 차를 살 수 없는 사람도 많기 때문이다. 최고재판소 판례에서도 렌터카 회사는 일반적으로 운행공용자에 들어간다고 말했다.

택시운전수 사이에서는 핸들을 빌려주는 일이 잦은 것 같다. 게으름 피우며 평소 빈둥거리는 녀석이 가끔 용돈이 필요하면 택시를 빌려서 운전을 하고 택시운전수가 회사에서 받는 수익의 몇 퍼센트를 받는다. 이것을 "핸들을 빌려준다"고 말한다.

그런데 그 택시가 인신사고를 일으켰다. 피해자는 택시 소유자인 운수회사를 상대로 손해배상 청구를 했다. 운수회사 쪽은 회사의 양해도 없이 운전수가 맘대로 택시

를 빌려주었기 때문에 회사는 책임이 없다고 말했다.

하지만 재판소는 이런 경우에도 "설령 운전수가 택시를 타인에게 빌려주었다 해도 그 택시는 일정한 시간이 지나면 원래의 운전수에게 돌아온다. 그러므로 택시회사가 핸들을 빌려준 일에 동의하지 않았다 해도 그 택시는 일반적으로 회사의 소유다. 더구나 핸들을 빌려준 동안에도 그 택시의 운전 수익이 회사로 들어오기 때문에 회사는 운행공용자로서의 책임을 면할 수 없다"고 말한다.

도난으로 인한 자동차 무단사용도 적지 않다. 겉모습만 멋지게 꾸민 머리 나쁜 녀석이 도로에 주차된 차를 몰래 훔쳐 타고 다녔다. 이런 경우, 인신사고를 일으키면 어떻게 될까?

자동차를 훔쳐서 운전한 겉멋 들린 녀석에게 책임이 있는 것은 물론이다. 그렇다면 도난당한 자동차 소유자는 어떻게 될까?

일반적으로 말하면 이와 같은 경우에는 책임이 없다고 생각하는 게 타당하다. 단, 그 자동차가 도로에 주차된 상황에 따라 책임이 달라진다. 예를 들면 엔진 키를 꽂아둔 채 주차되어 있었다면 소유자도 도난 운전의 상황을 만들었기 때문에 운행공용자로서 책임을 추궁받게 된다.

그렇다면 월부판매로 구입한 자동차가 사고를 일으켰을 경우, 월부회사에도 책임을 추궁할 수 있을까? 월부로 구입한 자동차는 돈을 모두 지불할 때까지 판매회사가 소유권을 보유한다.

월부판매에서 매주賣主는 계약 성립과 동시에 자동차를 매주買主에게 인도하여 그 사용을 인정한다. 소유권은 단지 매매대금의 확보를 위해 보유하고 있을 뿐이다. 따라서 월부회사의 소유권은 월부금 지불이 연체될 때만 그 효력이 있다. 대금지불만 순조롭다면 판매해버린 자동차가 어떤 식으로 운행되든 판매자와는 관계가 없다. 완전히 구입자의 자유다. 이런 상황에서 판매자는 그 자동차의 운행에 지배받지 않는다. 따라서 자배법 제3조에 따른 운행공용자로서의 책임은 없다.

반면 토요일 밤에 회사 자동차를 몰래 몰고 나가 예쁜 아가씨와 데이트를 한 청년이 일으킨 사고의 경우, 피해자는 차량 소유자인 회사에 대해서도 손해배상을 청구할 수 있다는 사실은 알았을 것이다.

제4편 친족의 여러 가지 문제

1. 어디까지가 친족일까?

승리하면 관군

친족인가 아닌가 아는 방법은 두 가지가 있다. 성공과 몰락이다. 거짓말이라고 생각하는 사람은 잠시 논쟁을 접고 세상 관점에서 조금만 성공해보면 알 것이다.

지금까지는 친족다운 얼굴을 하지 않았던 사람이 "저분은 내 숙부의 사촌의 아내의 여동생이 시집간 집안의 시어머니의 오빠가 데려온 아들이 양자로 간 집안의……"라고 연고를 갖다붙여 친족이라며 여기저기에 퍼뜨리고 다닐 것이다.

"귀찮은 친족이야. 전혀 이해할 수가 없어."
"그래. 하지만 무척 정성들이고 있군."
"그럼 자네는 뭔가에 해당된다는 말이야?"
"그 숙부의 사촌의 아내의 여동생이 시집간 집안의……."
"우와, 그만! 살려줘."

대개는 비명을 지를 것이다.

반면, 몰락해서 소매로 눈물을 훔치는 비참한 상황에 놓이게 되면 달라진다.

"저 사람, 자네 사촌 아니야?"
"누가? 친족은 친족이라던데 전혀 모르는 사람이야."

마치 단무지를 자르듯 깨끗하게 부정해버린다.

"자네, 전부터 사촌이라고 말하지 않았어?"
"무슨 말이야! 우리 집에서 일했던 가정부의 사촌이야. 나와는 아무 상관 없어."

누가 뭐래든 인생에서 승리하면 관군, 패배하면 도적이다. 세상을 둘러보면 이런 예는 드물지 않다. 학생이 백화점에서 물건을 훔쳤거나, 여자와 동반자살을 했다는 등 기사거리가 될 만한 사건이 터지면 기자들은 학교로 몰려간다. 그러면 학교에서는 "그 애, 우리 학교 학생이 아닙니다"라고 틀에 박힌 빤한 말을 한다.

"이거, 이 학교 학생증 아닙니까?"

기자가 집요하게 질문을 던지고 압박하면,

"실은 어제 퇴학처분 했습니다."

결국은 이렇게 나오는 것이다.

반대로 노벨상을 받을 만큼 학문적 대발견이라도 해서 일약 학계의 용으로 떠올랐거나, 혹은 성공한 사업가가 되어 막대한 돈을 벌었다면, "본교의 명예입니다"라며 얼마 전에 전근해온 교장까지 그게 다 자신의 덕인 듯 학생들을 모아놓고 자랑스럽게 연설을 할 것이다.

법률상 친족의 범위

그럼 법률상의 친족이란 무엇일까? 어디까지가 친족일까? 성공하든 몰락하든, 법률은 지극히 공평하다. 대략 다음과 같다.

(가) 육친등 내의 혈족

부모자식 그 외 혈통으로 연결된 사람이 혈족이다. 육친등六親等이란 혈통의 근원에 따른 등급이다. 친등親等의 근원은 세대가 기준이다. 즉 자신을 출발점으로 하여 부모와 자녀 사이는 일친등一親等, 형제는 이친등二親等, 조카는 이친등의 자녀이므로 삼친등三親等, 조부모는 이친등二親等, 숙부는 이친등인 조부모의 자녀이기에 삼친등三親等, 사촌은 삼친등인 숙부의 자녀이기 때문에 사친등四親等이다.

(나) 배우자

남편으로 보면 아름다운 아내, 아내로 보면 믿음직스런 남편이다. 아름답지 않은 아내도 믿음직스럽지 못한 남편도 부부라면 상대방이 배우자다.

(다) 삼친등 내의 인족

부부의 한쪽과 배우자 혈족의 관계를 인족姻族이라고 한다. 따라서 아내의 부모는 자신과는 인족이다. 삼등三等까지의 인족은 친족이라고 말하기 때문에 자신과 자기 아내의 숙부, 고모, 조카까지는 친족이지만 아내의 종형제는 완전한 타인이다. 다음의 도표에는 없다.

이것을 표로 나타내면 다음과 같다.

<친족의 표>

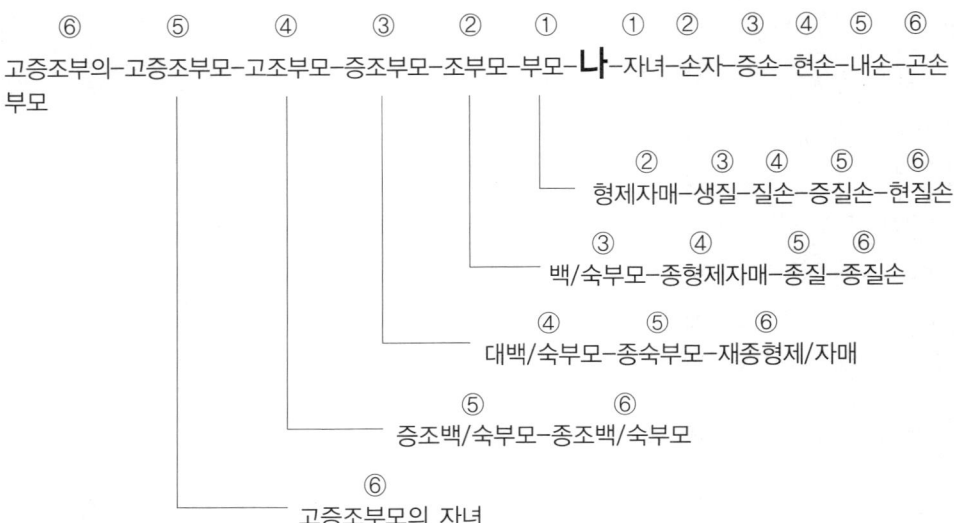

○ 속의 숫자는 친등을 표시한다.
위의 표에 들어가지 않으면 법률적으로 친족이 아니다. 전혀 관계없는 타인이다.

법률에는 없는 '가족'

가족이란
실록의 나무 그늘에서 식사를 하면서
즐겁게 이야기를 하는 것일까?

아름다운 아내와

하얀 유모차 덮개를 돛처럼 세우고

콧노래를 부르며 시골길을 걷는 것은

즐거운 가족이 아니고 무엇이란 말인가?

그것은 음악이 아니었던가?

음악으로 잘못 들은 공상이었단 말인가?

무로우 사이세이室生犀星[183]의 시로 종장의 2행에 내포된 쓸쓸함이 읽는 사람의 가슴을 저리게 한다. 하지만 여기서는 감상하고 있을 여유가 없다. 그런 감상은 잘라버리고 어쨌든 현실적으로 펜을 굴려야 한다. 태도를 바꿔서 진행해보자.

"댁은 굉장한 대가족이군요."

이처럼 지금도 가족이라는 말은 현실 사회에서 자주 사용되고 있다. 하지만 그 말은 법률상에서는 이미 죽어버린 사어다.

예로부터 가족이라고 하면 그 집에서 숙박하는 사람을 모두 가리키는 것 같다.

"네 그릇째는 주위를 둘러보는/남의 집에 얹혀사는 너도/화나면 식사준비가 엉망이구나!"

센류川柳에 나오는 고약한 성격의 하녀도,

"넓은 소매 자락으로 가슴을 가리고 다소곳이 앉아 있는" 유모도,

"아직 호적에도 오르지 않았는데 어머니라고 부르는가?"

두 번 다시 아이를 빼앗기지 않겠다는 듯 애달파하는 아내도,

"첩이 잠시만 자리를 비워도 불러대는구나!" 첩은 물론,

"눈 뜬 고양이가 단잠을 깨웠다고 화를 내는구나!"

고양이에 이르기까지 모두 가족의 일원인 것 같지만 아무리 옛 법률이라도 법률상 가족이란 그렇게 아무나 포함하는 것이 아니다.

---

[183] 1889~1962년. 시인, 소설가. 이시카와(石川) 태생. ≪사랑의 시집(愛の詩集)≫ ≪서정소곡집(抒情小曲集)≫을 발표하며 서정 시인으로서 출발. 뒤에 소설도 발표. ≪성에 눈뜰 무렵(性に眼覺める頃)≫ ≪유년 시대(幼年時代)≫ 등이 있다.

호주의 친즉이며 그 집에 살고 있는 사람 및 그 배우자를 가족으로 한다. 또한 가족에게는 여러 가지 권리의무가 있다. 하지만 전쟁 후 새 헌법의 제정을 계기로 가족이라는 말은 사라졌다. 물론 호주라는 말도 삭제되었다.

새 친족법은 어디까지나 한 쌍의 부부와 그 사이에서 태어난 자녀를 중심으로 성립되어 있기 때문이다. 즉 현재의 친족법은 핵가족 중심의 법률이라고 말할 수 있다.

2. 결혼전야 · 약혼

결혼은 굳은 약속만으로도 좋다

그럼 이야기는 마침내 가정의 탄생, 즉 결혼으로 들어간다. 그 전에 혼인전야라는 약혼에 대해 말하지 않을 수 없다. 약혼이란 장래 결혼하자는 남자와 여자의 진지한 약속을 말한다.

"학교 졸업하면 꼭 결혼하자."

"응, 마음 안 변하고 기다릴게."

이렇게 말하는 관계다.

요즘은 드물지만 시대극에 자주 등장하는 정혼이라는 것이 있다. 〈니쥬시코[184]〉의 야에 가키히메[185]는 가부키에서 이런 말을 한다.

"가츠야마님, 부모님과 부모님 사이의 정혼은 결혼 날까지 기다리기 힘들겠죠? 그래서 단지 귀로만 듣기보다 보면 볼수록 아름다워지는 내 모습을 그림으로 그려 첨부한다면 귀하신 그분은 아마 행운아일 거예요."

정혼이란 야에 가키히메의 말처럼 부모와 부모의 약속일 뿐 본인들은 아무 관계도 없기 때문에 현대의 법률 식으로 말하면 약혼도 그 무엇도 아니다.

---

184) 혼쵸 니쥬시코(本朝卄四孝). 조루리 시대물. 5단락

185) 치카마츠 몬자에몽(近松門左衛門)이 '신주천중도(信州川中島) 전투'를 배경으로 만들었다고 한다. 〈가마쿠라 3대기(鎌倉三代記)〉에 나오는 공주로 가부키의 3대 공주. 다케다 신겐(武田信玄)의 4녀인 기쿠히메(菊姫)가 모델이지만 실제 인물은 아니다.

그런데 최근 약혼에 대해 이런 일이 있었다. 법정에서 사무실로 돌아왔더니 60세 가량의 체격이 아담한 아주머니와 젊은 남자가 기다리고 있었다. 아들이라고 말한 남자는 마치 석유스토브 위에 놓인 주전자처럼 얼굴이 벌겋게 달아 있었다. 그가 흥분한 이유는 이렇다.

작년에 그는 약혼을 했다. 봄이 절정을 이루고 신록이 울창한 때였다.

"아뇨. 요즘 유행하는 연애가 아닙니다. 중매쟁이 소개로 유이노結納[186])까지 완벽하게 갖추어 확실하게 약혼을 했습니다."

어머니가 적극적으로 나서서 약혼을 했다며 그는 약혼의 정당성을 강조했다. 그런데 그 확실하다는 약혼이 제대로 진행되지 않았다고 한다. 산에서 알게 된 대학생과 열애에 빠진 상대여자가 뻔뻔스럽게도 약혼자인 자신을 커피숍으로 불러내어 이렇게 말했다고 한다.

"난 그 사람과 결혼을 맹세했어. 우린 서로 사랑하고 있어."

두 사람이 어느 정도로 사랑하는지는 모르겠지만 약혼자인 남자로서는 괴롭기 그지없다. 결혼식장과 신혼여행 관련 예약도 이미 끝났고 친척은 물론 친구를 비롯해 회사동료, 연관 있는 사람들에게 모두 통지를 해버린 상태이기 때문에 체면이 말이 아니라는 것이다.

"그녀는 그 남자와 약혼했다고 했어요. 하지만 공원 벤치에서 둘이서만 구두로 한 약속이기 때문에 법적으로는 약혼이라고 말할 수 없겠죠?"

남자는 내 입에서 그런 약혼은 법률상 인정받을 수 없다는 말이 나오기를 기대하는 것 같았다.

유감스럽게도 그 말은 통하지 않는다. 그의 기분은 알겠지만 법률적으로 약혼이 성립된다고 말할 수밖에 없었다. 왜냐하면 약혼이란 장래 반드시 결혼하겠다는 남녀의 약속이기 때문이다. 약혼에 대해 규정한 법률은 없다. 하지만 오래전부터 그것에 대한 판례는 많으며, 약혼의 핵심은 남녀 쌍방의 결혼에 대한 굳은 의지라고 되어 있다. 반지나 예물교환, 혹은 청첩장 교부 등 형식이나 의식은 약혼의 본질이 아니다.

---

186) 약혼의 증거로 물품과 돈을 교환하는 일

따라서 그 형식이나 의식이 없어도 두 사람 사이에 진실한 약속만 있으면 확실한 약혼이라고 법률세계에서 멋지게 통용되고 있다.

전의 약혼과 뒤의 약혼

"그렇게 되면 그녀는 두 번 약혼하는 게 아닙니까?"
날카로운 목소리로 남자가 말했다.
"한 여자가 두 남자의 아내가 될 수 없으므로 둘 중 뒤에 한 약혼은 무효겠죠?"
앞의 약혼, 즉 시간적으로 먼저 한 자신과의 약혼이 우선일 것이라는 말이다. 얼핏 이치에 맞는 말인 것 같지만 그것은 착각이다. 약혼이 계약이라고 해도 물건의 매매계약과는 성질이 다르다. "샀다"고 먼저 소리친 사람이 승리했다고는 말할 수 없다.

결혼은 사랑을 중심으로 자유의사에 따른 남녀의 결합이어야 한다고 법률은 생각한다. 관공서에서 혼인신고서를 수리한 순간부터 두 사람은 결혼했다는 기분을 갖지 않으면 안 된다. 아무리 약혼한 사이라도 한쪽이 상대에게 "당신과 결혼약속은 없던 일로 하고 싶어"라고 통보했다면 그것으로 약혼 자체는 끝나버린다. 약혼했어도 그런 경우, 강제력은 없으며 집행관을 데리고 가서 결혼할 마음이 없어진 상대를 완력으로 결혼시킬 수는 없는 일이다. 그런 일이 가능하다면 그것이야말로 인도주의에 위배된다. 사랑은 물건이 아니다.

간이치는 오미야에게 손해배상을 청구할 수 있다

그렇다면 당하고만 있어야 할까? 발로 걷어차면 안 되는 걸까? 이런 의문을 가진 분도 있을 것이다. 그 옛날 하사미 간이치는 약혼자 오미야에게 파혼 당했다. 서양에서 돌아온 대부호 도야마가 오미야 앞에 나타났기 때문이다. 화가 난 간이치는 휘영청 달 밝은 열해의 해변에서 오미야를 걷어찼다. 발로 걷어찬 뒤 그 유명한 "내년 당월 당일 밤"이라는 말을 하면서 장기 기상예보를 한 것이다. 과연 간이치에게는 그 방법밖에 없었을까?

절대 그렇지 않다. 당하고만 있을 수는 없다. 정당한 이유 없이 약혼을 파기한 사람은 남자든 여자든 상대에게 준 정신적·물질적 손해를 배상하지 않으면 안 된다.

물질적 손해로써 청구할 수 있는 것은, 예를 들면 중매인에게 건넨 사례금, 유이노, 식장이나 호텔 예약금, 청첩장 비용, 준비한 가전용품들, 빌린 아파트 등 여하튼 결혼준비에 따른 지출이 모두 허사가 되어버린 것에 대한 손해다.

정신적 손해는 약혼 유지에 대한 기대와 신뢰를 배신당한 정신적 고통이다.

"당신에게 바친 밤을 돌려줘."

이런 요구는 좀 무리지만 요즘은 깊은 정신적 고통으로 고려되고 있다. 임신중절을 했다면 더할 나위 없다.

따라서 그 남자의 약혼상대처럼 사랑하는 사람이 생겼다는 이유로 변심한 것은 약혼파기의 정당한 사유가 될 수 없다. 그녀에게 손해배상 책임이 있다.

그렇다면 약혼파기의 정당한 이유는 뭘까? 약혼이란 그 기간 동안 생애의 동반자로서 자신에게 어울리는지 아닌지 정확하게 판단하기 위한, 말하자면 시험기간적인 성질이 있기 때문에 거기에 초점을 두고 생각해야 할 것이다.

예를 들면 상대남자가 술고래에 노름꾼이라는 사실을 모르고 약혼했다가 교제하는 동안 알게 된 경우에는 약혼파기의 정당한 사유라고 할 수 있다.

물론 금색야차의 오미야처럼 구혼한 남자가 약혼자보다 더 부자라는 이유는 정당한 사유가 될 수 없다. 후타바데이 시메이二葉亭四迷[187]의 소설 〈부운浮雲〉에는 나카이 분죠라는 관리인 남자가 등장한다. 그에게 반해 구애하던 다섯 살 아래 오세이라는 여자는 그가 인원감축에 포함되어 면직된 순간 돌변하여 상대조차 해주지 않더니 결국은 혼다라는 남자에게 가버렸다.

만약 분죠와 오세이가 약혼을 했다면 상대의 실업만으로는 직접적인 약혼파기의 정당한 사유가 되지 않는다.

"그렇다면……"

남자의 어머니가 갑자기 몸을 앞으로 내밀었다.

---

[187] 1864~1909년. 소설가. 번역가. 에도 태생. 언문일치체의 소설 〈부운(浮雲)〉발표. 투르게이네프의 러시아 문학 번역. 1908년 러시아로 건너가 다음해 귀국 도중 배에서 객사. 소설 ≪평범(平凡)≫ 등이 있다.

"그 여자에게 주었던 유이노는 되돌려 받을 수 있겠군요?"

질문이라기보다 확답을 요구하는 것 같은 어투였다. 어머니의 말 그대로다. 약혼이 결혼까지 진행되지 않았다면 보통 유이노는 돌려받을 수 있다고 생각해도 좋다. 하지만 모든 일에는 예외라는 것이 있다. 돌려달라고 말할 수 없는 경우도 있다.

다시 말해 그 남자의 약혼상대인 여자가 유이노를 건넸다고 하자. 지방의 관습에서는 여자가 남자에게 유이노를 건네는 일도 있다고 한다. 하지만 다른 남자에게 눈을 돌려 약혼을 파기한 여자가 유이노를 돌려달라고 한다면 상식적으로 도저히 이해할 수 없을 것이다. 이처럼 유이노를 건넨 측 책임으로 결혼이 성립되지 못한 경우, 그 유책자有責者에게는 반환청구가 인정되지 않는다.

반대로 남자의 변심으로 우는 여자도 적지 않다. 그런데 결혼을 하기 위해 사직을 해버렸다면 어떻게 될까? 요즘은 고교나 대학을 졸업하면 대부분의 여성은 일단 취직을 한다. 그리고 결혼하면 대다수는 사직한다. "오랫동안 꿈꾸어오던 결혼상대를 찾았어. 이젠 결혼하는 일만 남았으니까 회사는 그만둘 테야"라며 사직하는 것이다. 결혼이야말로 여자의 비즈니스라는 걸까?

그런데 남자의 변심으로 약혼은 깨져버렸다. 이런 경우, 결혼하기 위해 근무처를 떠난 손해도 청구할 수 있을까? 다시 말해 일실이익逸失利益 형태의 손해배상 청구다.

할 수 있다는 판례가 있다. 그렇다면 손해액을 어떻게 계산할까? 그 회사에 있는 여직원의 평균 근속연수를 우선 조사한다. 그리고 그녀가 그만둔 시점에서 평균 근속연수까지는 어느 정도 남아 있는가를 계산한다. 예를 들면 아직 30개월의 근무가 가능하다고 하자. 그 월수에 그녀의 월급을 곱한다. 곱해서 나온 금액에서 그녀의 생활비를 뺀 금액이 손해액이다.

내 사전에도 불가능은 있다

이중 약혼으로 상대방에게 깨끗하게 배신당한 젊은 남자의 명예를 위해 "너무 비관할 일은 아니다"는 의미에서 비슷한 일을 당한 남자의 얘기를 곁들이겠다. 그 남자는 유명한 나폴레옹이다.

그가 권력을 향해 빠른 속도로 상승하기 직전인 1795년 무렵, 나폴레옹은 한 권의 실연소설을 쓴 일이 있었다. '쿠리존과 우제니'라는 이야기다. 여기에 등장하는 우제니라는 여성은 실은 나폴레옹의 연인이었던 베르나르디 누 우제니다. 그것은 확실하다고 한다. 그런데 소설 속의 쿠리존은 아내에게 버림받은 남자로 등장하지만 실은 나폴레옹과 우제니는 1795년 4월에 약혼하고 10월에 파혼했다. 나폴레옹이 채인 것이다. 내 사전에 불가능은 없다는 유명한 말을 남긴 나폴레옹도 사람의 마음은 어찌할 수 없었던 모양이다.

3. 혼인(부부)의 법률관계

(1) 사람은 왜 결혼하는가?

일본에서는 혼인율이 상당히 높다. 세계 톱 수준이다. 여하튼 50세까지 98%의 여성이 결혼한다. 왜 이렇게 여성이 결혼을 하는 걸까?

설마 여호와가 "인간은 혼자 될 수 없다"고 성서에서 말했기 때문이라고는 생각하지 않는다.

플라톤의 《향연響宴》에 따르면 아리스토텔레스는 이렇게 설명한다.

"아주 오랜 옛날, 인간은 남녀가 서로 결합한 생물이었지만 신의 분노로 반으로 갈라져 지금의 형태가 되었다. 그래서 남자와 여자는 서로 잃어버린 자신의 반쪽을 끊임없이 찾고 있는 것이다."

과연 좋은 배우자란 이런 걸까?

하지만 현대여성은 그런 얘기를 들으면 코웃음을 칠 것이다. 그녀들에게 설문조사를 했는데 "결혼은 여자의 행복이니까"라는 대답이 가장 많았다고 한다. 결혼은 행복이라는 논리다. 다음으로, "결혼은 당연한 거니까"라는 당연론이 그 뒤를 이었다. 확실한 혼인관이 있는 것처럼 보이지는 않는다.

여자의 결혼은 혼자서는 할 수 없으므로 남자도 마찬가지라는 말이다. 그래서인지 어디서나 흔히 부부를 볼 수 있다. 단지 남자와 여자는 결혼에 거는 이상이 다르다.

여자는 자신의 행복을 걸고, 남자는 자유를 건다. 결혼으로 행복을 잡은 여자는 있어도 자유를 얻은 남자는 없는 것 같지만.

이처럼 알 것 같으면서도 모르는 게 부부라는 인간관계다. 법률도 수수방관만 하고 있을 수는 없다. 결혼생활은 사적 계약으로 발생하지만 남편이나 아내의 관계는 사회적·국가적 관점에서 중요한 문제이기 때문이다.

그래서 문화적인 나라에서는 법률혼주의라 하여 일정한 법률수속과 동시에 처음으로 남녀관계를 혼인으로 인정한다. 그럼으로써 혼인성립의 시효가 분명해지고 일부일처제를 유지할 수 있다.

그렇다면 남녀의 어떤 결합이 혼인일까? 거기에는 형식적인 요건(호적신고)과 실질적인 요건이 있다. 결혼은 자유라고 해도 완전한 자유란 있을 수 없다. 여러 가지 요건에 속박되어 있는 것이다.

▶ 로미오와 줄리엣은 결혼할 수 없다

로미오와 줄리엣은 현대 일본에서 태어났다 해도 결혼할 수 없다. 부모가 서로 원수이기 때문이 아니라 법률이 허락하지 않는다.

일본에서는 결혼할 수 있는 연령을 남자는 만 18세, 여자는 만 16세라고 선을 긋고 있다.(민법 제731조)

줄리엣의 유모 말을 빌리면, "팔삭(음력 8월 1일) 전날 밤이 오면 아가씨는 열네 살이 됩니다"다. 그래서 그녀의 나이로는 무리라는 것이다. 혼인 가능한 연령이 되었다 해도 성년(만 20세) 전의 결혼은 부모의 동의가 필요하다.(민법 제737조)

왜 부모의 동의가 필요한가? 연소자는 사회를 잘 모르기 때문이다. 사랑한다는 일시적인 감정으로 열애에 빠져 괴팍한 상대와 결혼을 한다면 평생을 헛되이 보내게 될지도 모른다.

결혼은 인생의 중요한 분기점이다. 남자의 입장에서 보면 예로부터 악처는 60년 흉작이라고 했다. 여자의 입장에서도 마찬가지다. 황금 가마를 탈까? 쌀 한 되에 팔려갈까? 인생의 갈림길이다. 따라서 중국 시인 백거이(白居易)[188]는 "너의 하루 온정

---

[188] 772~846년. 중국 당나라 중기의 시인. 자는 낙천(樂天), 호는 향산거사(香山居士). 〈신

으로 악처는 백년고락의 몸이 된다"고 말했다. 그렇다면 여자는 남자보다 40년 정도 흉작이 길어진다는 계산이다.

이런 얘기는 이제 막 20세가 된 남자와 여자에게는 어렵겠지만 그래도 줄리엣보다는 좀 더 세상을 알 것이기 때문에 부모의 동의 없이도 자유롭게 결혼할 수 있다는 것이다. 죽어도 결혼하고 싶은데 부모가 거세게 반대했을 때는 분명 애간장이 타겠지만 손가락을 꼽으며 20세가 될 때까지 참고 기다릴 수밖에 없다. 기다리면 천하가 공인하는 부부가 될 수 있다.

"백년해로를 위해 내려다 보는 무서운 기요미즈데라淸水寺[189]" 라는 말처럼, 물론 그럴 리는 없겠지만 성급하게 백화점 옥상이나 벼랑 끝에서 뛰어내린다는 분별없는 생각을 가져서는 안 된다.

락부(新樂府) 등 평이한 시로 유명. 일본 헤이안 문학에 영향을 주었으며 특히 〈장한가(長恨歌)〉〈비파행(琵琶行)〉이 유명하다. 이백(李白), 두보(杜甫), 한유(韓愈)와 함께 '이두한백(李杜韓白)'이라고 불리며 대표작으로 ≪백씨문집(白氏文集)≫이 있다.

[189] 교토의 절. 자살절벽이 있다.

▶ 여자의 재혼은 6개월 기다린 뒤

여성이 재혼할 경우에는 혼인을 해소한 날로부터 6개월이 경과하지 않으면 안 된다. 이것은 남성의 권위를 주장하기 위해서 만들어진 게 아니다. 태어난 아기의 아버지가 누구인가를 추정하기 위한 제도다. 여성의 재혼기간을 제한하지 않으면 아이 부친이 중복되어 곤란해지기 때문이다.

하지만 여성이 재혼기간으로부터 해방되는 경우가 있다. 전혼前婚의 해소나 취소 전부터 임신하고 있었을 때는 출산 날부터 재혼이 자유롭다. 이외에 이혼 후 여성이 우생優生수술을 받았거나, 3년 이상 남편의 생사불명으로 이혼판결을 받았거나, 혹은 남편의 실종선고로 결혼이 해소된 경우다. 이때는 태어난 아기가 전 남편의 자녀일 가능성이 없기 때문이다.

그 외에도 혼인을 인정하는 몇 개의 제도가 있다.

▶ 멋진 상대가 나타나도 중혼은 안 된다

우선 중혼금지가 있다. 배우자가 있는 사람이 거듭 혼인할 수 없는 것은 일부일처제인 이상 당연하다.

오랜 옛날에는 여자를 물품으로 취급해서 좋은 여자가 있으면 약탈을 해서라도 자기 여자로 만들었다고 한다. 이것을 약탈혼이라고 하며, 당시에는 일부일처제는 물론, 일부삼처제든 일부사처제든 상관없었던 것 같다.

유럽에서 부부가 손을 잡고 걷는 것은 약탈혼시대의 유산으로 도망가려는 여자를 놓치지 않기 위한 일종의 관습이라고 말하는 사람도 있는데, 과연 사실일까?

약탈혼 다음으로 매매혼이 있었다. 돈으로 아내를 사는 일이다. 돈만 있으면 일부오처도 상관없다. 그러니 돈이 없는 빈민은 평생을 혼자서 살아가야 한다는 것이다. 아프리카에서는 지금도 매매혼을 하고 있는 나라가 있는 것 같다. 성대한 인력시장이 열리고 "비싸다, 싸다, 깎아줘, 안 돼"라고 말하면서 딸들이 거래된다.

"올해는 불황인가? 좋은 상품이 나오지 않았네."

마치 싸구려 바나나를 사듯이 여자를 보고 값만 물어보는 패거리가 있는가 하면, 얼마 안 되는 돈으로 흥정했기 때문에 원하는 여자가 다른 남자에게 팔리면, "저 집 아내, 하마터면 내 것이 될 뻔했는데……"라며 아까워하는 남자도 있을 것이다. 그런 나라는 분명 기세가 대단한 일부다처제일지도 모른다.

아방궁을 건축한 진나라 시황제 시절에는 꽃도 부끄러워할 정도로 아름다운 3천 궁녀가 기라성처럼 궁궐에 모여 있었다고 한다. 필시 만리장성을 축성한 시황제인만큼 동서고금 이래 독보적인 정력가였을 것이다.

"효과 아주 좋아. 몰래 살그머니 먹어봐"라는 말처럼 몰래 정력제를 먹는 일은 없었겠지만 아무리 대단한 정력가라도 3천 명의 여자를 한 명도 빠뜨리지 않고 돌릴 수는 없다. 그 중에는 황제의 손길은커녕 얼굴마저 변변히 보지 못한 불행한 여자도 있을 것이다.

두목杜牧[190]의 〈아방궁부阿房宮賦〉 중에는 이런 한시가 있다.

"살결과 얼굴빛 하나하나에 교태를 다하여 궁녀들은 멀리서 마냥 바라보며 황제의 행차를 기다렸지만 한 번도 황제를 뵙지 못한 지가 어언 36년이나 되었도다."

36년이나 얼굴조차 보지 못했다면 대개는 할머니가 되어버렸을 것이다. 일본에서도 옛날의 신율강령新律綱領을 보면 첩을 공공연히 인정한 시대가 있었다. 하지만 "첩은 원래 민간인이다"는 말처럼 대부분 천한 신분이었기 때문에 지위도 아내보다 낮게 취급받았다.

▶ 친족 간의 결혼은 제한이 많다

직계혈족 또는 삼친등 내의 방계혈족 사이의 남녀는 결혼할 수 없다. 근친결혼의 제한은 일본에서도 외국에서도 옛날부터 행해져왔다.

우생학적 배려도 작용한다. 뭐, 개도 닭도 아니고 부모자식과 손자 사이에 결혼할 수 없다는 것은 굳이 말할 필요도 없다. 하지만 의학적으로 뭐라고 말할지는 모르겠지만 법률상 사촌끼리의 결혼은 지장이 없다. "사촌끼리는 오리의 맛"이라는 말이 있는 걸 보면 옛날부터 사촌 부부는 있었던 것 같다.

---

[190] 803~853. 중국 당나라 시인. 자는 목지(牧之). 당나라 말기의 기공적인 풍조를 배척하고 호방한 시를 썼다. 두보의 '노두(老杜)'에 대해 '소두(小杜)'라고 불리며 〈아방궁부(阿房宮賦)〉가 유명하다.

"아버지와 어머니가 헤어진 뒤 큰아버지의 보살핌을 받으면서 세 살 차이의 오빠와 함께 생활하는 동안……."

츠보사카壺坂191)의 정숙한 아내 오사토가 곰보딱지 얼굴에 봉사이며 질투까지 심한 추남인 사와이치가 두들기는 낡은 다다미 먼지 때문에 기침을 콜록거리며 술회하듯, 오사토와 사와이치는 사촌 부부였던 것이다.

직계인족直系姻族 사이의 남녀도 결혼할 수 없다. 이혼으로 인족관계가 종료된 뒤에도 안 된다.

양친자養親子 관계에 있는 남녀의 결혼도 역시 안 된다. 양자 또는 그 직계비족直系卑族과 양친 또는 그 직계비족 사이에는 이연離緣으로 인해 친족관계가 종료된 뒤에도 결혼을 인정하지 않는다.

이처럼 완전한 자유결혼은 있을 수가 없다. 결혼도 하나의 사회제도이기 때문에 그 시대, 그 사회에 통용되는 여러 가지 사고방식에 제약을 받는 것이다.

(2) 결혼은 언제 정식으로 성립하는 걸까?

혼인은 호적관사에 신고서를 제출하지 않으면 성립하지 않는다. 민법 제739조는 그렇게 말하고 있다.

유이노結納를 교환하고 길일을 택해서 성대한 결혼식을 올린 뒤, 중매인이 갑자기 "해변에 돛을 올리고"라며 음치인 목소리로 다카사고高砂192)를 부르고, 신혼여행도 무사히 끝낸 뒤 신랑신부가 다정하게 지에밥193)을 먹으며 남들도 샘낼 정도로 부러워하는 신혼을 보내고 있다 해도, 호적관사에 혼인신고가 수리되지 않았다면 아직은 완전한 부부가 아니다. 만약 무슨 문제가 발생하면 입이 거친 신문과 잡지는 내연의

---

191) 조루리의 세화물(世話物). 원작 미상. 현재의 츠보사카는 도요자와 단페에(豊澤団平)가 개작·작곡한 작품. 맹인 안마사 사와이치와 정숙한 그의 아내 오사토의 부부애를 축으로 츠보사카 절(壺阪寺)의 관음보살이 사와이치의 눈을 보이게 해줄 때까지를 묘사했다.
192) 다정한 노부부의 전설을 다룬 요곡(謠曲)의 하나, 축복하는 뜻으로 혼례의 피로연 석상에서 중매인이 부르는 노래의 첫머리
193) 팥을 섞어 찐 축하용 찰밥

처라고 기사를 쓸 것이다.

반대로 임시로 고용된 가정부처럼 목욕 타월 하나만 들고 주위 사람들의 축하도 없이 시집을 간 경우라도 신고서만 제출하면 정식 혼인이다.

따라서 결혼하면 곧장 혼인신고를 해야 한다.

"그런 형식적인 호적 따위는 순수한 우리 사랑에 대한 모독이야."

이런 이빨 빠진 철없는 말은 하지 말고 서둘러 신고를 해야 할 일이다. 그것이 생애 백년해로할 상대에 대한 배려다. 인간은 혼자서는 살 수 없다. 사회적 동물이다.

그러니까 그 시대가 요구하는 일이라면 신고를 해야 한다. 시간도 별로 안 걸리고 간단하다. 그것이 신부에 대한 사랑의 표현이다.

우선, 관공서로 간다. 그곳에 용지가 있다. 혼인신고는 서면 또는 구두로 할 수 있다고 법률에는 되어 있지만 보통은 서면으로 한다. 여하튼 누구든 쉽게 알 수 있는 용지가 준비되어 있다. 어려운 일은 하나도 없다. 그곳에 성명을 쓰고 도장을 찍으면 된다. 도장은 실인이 아니어도 상관없다.

신고에는 두 명의 성인 증인이 필요하지만 바쁜 증인을 일부로 관공서까지 데려갈 필요는 없다. 받아둔 용지에 서명이나 도장을 받으면 된다.

신고도 본인이 할 필요 없이 다른 사람에게 부탁해도 좋고 우편으로 해도 좋다. 일요일이나 공휴일도 상관없으며 평일의 근무시간 외, 즉 밤에도 된다.

이렇게까지 편리하게 만든 이유는 호적신고를 귀찮아하는 국민의 성향 때문이며 가능한 한 내연관계의 남녀를 줄이기 위한 목적이다.

신고서를 제출하면 호적사무 담당자는 틀린 형식이 있는가, 빠뜨린 곳은 없는가, 혹은 앞에서 말한 내용의 혼인금지에 저촉되는 사항은 없는가 조사한 뒤, 형식적으로 모두 갖추어져 있으면 수리한다.

호적관사에는 신고서 내용을 심사하는 권한이 없다. 그래서 가끔 신문이나 잡지에 실리듯 허락도 없이 한눈에 반해버린 상대의 싸구려 도장을 구해 멋대로 혼인신고를 하는 경우도 있다.

"내 청혼을 받아주지 않아서 그랬어. 그녀도 결혼할 수 없게."

이러면서 상대를 난처하게 만들어버린다는 것이다.

▶ 혼인에서 가장 중요한 일

혼인에 대해 가장 중요한 일이 있다. 그것은 한 쌍의 남녀 사이에는 혼인의 의미가 없으면 안 된다는 것이다. 혼인의 의미란 역시 사회의 일반적 관점에서 생각하는 "부부관계로 인정되는 육체적 정신적 결합"이다. 따라서 호모인 남자와 레즈비언 여자처럼 남편과 아내라는 보통의 부부와는 전혀 다른 기묘한 결혼형태인 동성과의 결혼에는 혼인의 의미가 없다고 생각한다.

혹은 진보적인 당사자들이 서로에게 구속받지 않기 위해 "평생 다른 곳에서 살고, 절대로 동거는 하지 않는다"는 약속을 한 별거결혼 역시 혼인의 의미를 인정하기는 힘들다.

"시험 삼아 결혼해볼까?"

"3년만, 3년간만 부부로 있는 거야."

약속한 남녀가 말로만 한 실험결혼이 아니라 진심이라면 역시 그들에게도 부부로서 백년해로하겠다는 굳은 의지가 보이지 않기 때문에 혼인의 의미는 없다고 생각한다.

(3) 혼인신고를 해도 무효인 결혼

신고서를 제출해도 혼인이라고 말할 수 없는 경우가 있다.

결혼하고 싶지 않는 여자가 엉겨붙어서 골치 아픈 남자가 있었다. 자신과의 결혼을 어떻게든 포기하게 만들기 위해 머리를 쥐어짠 끝에 다른 여자와 상의를 했다.

"아내라는 이름을 빌려줄 수 없을까?"

아르바이트 상담이었다. 여자는 선뜻 받아들였다. 임시로 그 여자를 A녀라고 해두자. 서둘러 두 사람은 혼인신고를 했다. 남자는 쫓아다니는 여자에게 A녀와 결혼했다는 호적등본을 보여주었다. 이런 상황이니까 너와는 결혼할 수 없다는 구실이었다.

그런데 어려운 일 하나가 해결되자 또 다른 문제가 생겼다. 약간의 아르바이트 비용으로 이름만 빌려주고 결혼한 A녀가 "당신과 난 부부야"라고 주장하는 것이다.

여자는 무슨 일을 저지를지 모른다. 남자는 기겁을 했다.

이런 경우는 설령 호적에 신고되어 있어도 그와 A녀 사이에는 진실한 혼인의 의미가 없기 때문에 무효다.

여자를 임신시켜서 여자의 가족으로부터 심한 압박을 받아 혼인신고를 한 남자도 있는 것 같은데, 그 혼인신고가 정말로 구실이었거나, 여자의 부모형제로부터 "적어도 아이만은 적출자로 해줘"라는 의뢰를 받아들였을 뿐이라면 혼인의 의미가 없기 때문에 역시 무효로 생각해야 한다. 이것에 대해 최근에 이런 판례가 있다.

어느 아가씨가 결혼을 하기로 했다. 결혼날짜도 이미 정해졌다. 그런데 그 아가씨, 어떤 유혹을 받은 걸까? 결혼식 3개월 전에 쓸데없이 신혼여행을 가버렸다. 그때 알게 된 것은 남자가 성교불능이라는 사실. 여자는 당연히 고민했지만 결혼 전에 미리 맛보았다는 말은 차마 할 수 없었다. 그러다 마침내 결혼을 하고 어쩔 수 없이 혼인신고를 할 수밖에 없는 입장이 되었다. 결혼할 마음은 눈곱만큼도 없는데 혼인신고가 되어버린 것이다.

이 일에 대해 가정재판소는 "혼인의 의사가 결핍되었기 때문에 무효다"라고 했다.

이처럼 사람을 잘못 보고 결혼한 경우에도 법률은 무효로 인정한다. 결혼이 무효라는 이유를 말하라고 한다면 당연히 무효이기 때문이다. 그러나 호적은 사람의 신분관계를 공식으로 증명하는 유일한 수단이기 때문에 함부로 변경되면 곤란하다.

그래서 호적을 정정하기 위해서는 역시 재판이 필요하고, 결혼이 무효라고 밝히기 위해서라도 재판이라는 수속은 필요하다. 일단 혼인신고가 되면 수정은 그렇게 간단치가 않다.

따라서 맛볼 수 없는 사랑의 복수로 혼인신고를 위조했다고 해도 그렇게 간단하게 고칠 수는 없다. 재판소의 수속을 밟아 수정하는 방법밖에는 없는 것이다.

▶ **속아서 한 결혼은 취소할 수 있을까?**

무효 얘기가 나온 김에 혼인 취소에 대해 알아보자. 사기나 협박으로 한 결혼은 최소할 수 있다.(민법 제747조)

하지만 약간의 속임수는 여기서 말하는 사기에 해당되지 않는다. 대개 중매인의 결혼얘기는 어느 정도 부풀려지는 법이다. "중매쟁이의 입"이라는 말이 있을 정도니까. 중매가 아니고 스스로 선택한 상대라도 일이 제대로 되지 않으면 "난 속았어"라고 여자들은 종종 얘기한다. 심한 경우에는 상대 남자의 변심까지 사기라고 말한다.

마음이 변하는 것과 사기는 본질적으로 다르다. 사기는 처음부터 좋아하지도 사랑하지도 않았고 앞으로도 그럴 마음이 전혀 없는 것이다. 하지만 마음이 변했다는 말은 처음에는 진심으로 좋아하고 사랑했지만 서글프게도 인간의 마음이 어느새 변해 버렸다는 뜻이다. 이런 구별을 제대로 하지 않으면 곤란하다.

따라서 사기를 이유로 혼인을 취소할 수 있는 경우는 속임수의 정도가 심하지 않으면 안 된다.

"그 녀석은 내가 처음이 아냐. 처녀가 아니었어."

결혼하고 난 뒤 그 사실을 알고서 화를 낸들 때는 이미 늦었다. 결혼 전의 이성관계를 속였다는 이유로 혼인 취소는 되지 않는다. 또한 병력病歷이나 전과를 속였다고 해도 곧바로 혼인은 취소할 수 없다. 협박으로 한 결혼도 그렇다.

"너와 결혼할 수 없다면 내게는 살아갈 의미도 희망도 없어, 목매달아 죽어버릴 거야. 그러면서 저 사람이 협박했어요."

이 정도는 대단치도 않는 협박이기 때문에 간단하게 결혼을 취소할 수 없다. 역시 협박의 위법성은 무척 심하지 않으면 안 된다.

(4) 혼인의 효과는 무엇일까?

▶ 부부는 왜 같은 성씨일까?

혼인신고도 끝내고 마침내 부부가 되었다. 남자는 '남편'의 신분을 취득하고 여자는 오랫동안 동경해오던 '아내'라는 신분을 얻었다. 비가 내리는 날은 날씨가 흐리다. 당연한 일이다. 따라서 남편은 "어이"라고 부르고, 아내는 "여보"라고 콧소리를 내며 당당하게 부를 수 있다.

길이나 전철에서 우연히 마주친 친구에게 "내 남편이, 내 남편이"라며 남편이라는 말을 연발할 수 있는 것이다. 또한 남편의 회사동료나 오랜 친구에게 "그 녀석 아내

는 눈치가 빠르"라며 아내라는 명칭으로 불리는 것도 결혼했기 때문에 가능하다. 덧붙이자면 그 아내라는 단어를 세군細君(さいくん), 또는 처군妻君(さいくん)이라고 쓴다. 하지만 원조는 세군이다.

이 말은 중국 전한前漢의 무제武帝 때 전해진 것으로 보아 1700년 전부터 사용된 것 같다. 무제를 섬기던 동방삭東方朔[194]이라는 무척 괴팍한 신하가 있었다. 그는 황제와 식사를 할 때 남은 고기가 있으면 태연히 집으로 가져갔다고 한다.

어느 날, 가신에게 준 고기를 허락도 없이 제멋대로 잘라서 집으로 가져간 일로 비난을 받았다.

"잘라간 고기는 조금뿐이었으며 더구나 그 고기를 세군에게 주었더니 부부의 정이 넘치더군요."

동방삭이 대답했다. 그러자,

"돌아가서 세군에게 주거라."

무제는 웃으며 고기 백 근을 하사했다고 한다.

동방삭의 아내 이름이 세군細君이었던 같다. 따라서 처군보다 세군의 유서가 더 깊다.

아내라고 불려서 조금 안정이 되면 친정에 인사를 하러 간다.

남편의 특별한 보살핌을 받는 시집간 딸을 보면 부모로서는 기쁘고 안심이 되지만 딸의 성은 상대의 성으로 바뀐다. 대부분의 여성이 결혼하면 남편의 성을 따르기 때문이다.

하지만 법률은 남편의 성을 따르라고 강요하지는 않는다. "부부는 같은 성을 따르지 않으면 안 된다"(민법 제750조)고 규정하고 있을 뿐이다. 이것을 부부동씨夫婦同氏의 원칙이라고 한다. 그런데 왜 부부는 같은 성을 사용해야 하는 걸까? 그러는 것이 국민정서에 맞기 때문이라고 입법자는 설명한다. 하지만 좀 이상하다. 현재 대다수의 아내는 남편의 성을 따르고 있다. 현실이 그렇기 때문이라고 한다면 할 말이 없다.

---

[194] 중국 한나라 무제(武帝) 때의 사람. 자는 만청. 벼슬이 금마문(金馬門) 시중(侍中)에 이르렀으며 해학과 변설로 유명. 서왕모의 복숭아를 훔쳐 먹고 죽지 않고 장수했기 때문에 "삼천갑자 동박삭"이라고 한다. 저서로는 ≪동방 선생집(東方先生集)≫ 등이 있다.

하지만 그것은 시대착오적인 말이다.

여성의 사회적 지위가 높아져서 처녀 적 이름으로 세상에 알려지는 경우가 많아지고 있다. 여하튼 맞벌이 부부가 천백만이나 되는 현실이다. 결혼을 하면 남편 성에 따라야 한다는 강요는 여성에게도 사회에도 그다지 득이 되지 않는다.

러시아에서는 남편의 성을 사용할 수는 있어도 의무는 없다. 중국도 부부는 각자의 성을 사용할 권리가 있다. 아내는 자신의 성을 그대로 사용하거나 남편 성을 따라 부부동씨로 해도 좋다는 제도다.

하지만 부부동씨의 원칙이라 해도 다나카田中라는 남자와 고바야시小林라는 여자가 결혼하여 전혀 다른 이토伊藤라는 새로운 성을 사용할 수는 없다. 다나카田中나 고바야시小林 중 한쪽을 택해야 한다.

▶ 미성년자도 혼인신고를 하면 성인이 될 수 있다

혼인적령기이고 부모의 동의가 있으면 미성년자도 결혼할 수 있다. 혼인신고가 수리되면 그들은 한발 앞서 성인으로 인정받는다.

미성년자란 앞에서도 설명했듯이 뭔가를 하려고 해도 제한이 많다. 그런데 결혼을 했음에도 불구하고 재산상의 거래능력이 부족하다 하여 친권에 복종해야 한다면 부부일체의 원만한 활동을 할 수 없기 때문에 법률관계도 혼란해진다. 따라서 혼인신고의 수리와 동시에 성인으로 대우받는다.

하지만 이것은 민법과 상법 등 사법이라고 불리는 법률의 세계에만 한정된다. 결혼을 했다고 해서 선거권이나 피선거권을 손에 넣은 것은 아니며, 미성년자흡연금지법이나 미성년자음주금지법에서 면제를 받은 것도 아니다.

"아내를 가진 완전한 한 사람, 술도 담배도 마음대로"라는 말은 절대 아니다.

▶ 부부의 본질적인 동거의무

"우리 집 영감, 쉬는 날이면 골프, 골프라며 아침 일찍부터 나가버리고, 평일에는 일 때문이라며 매일 밤늦게 들어오고, 이건 정말 하숙집과 다름없어."

투덜거리는 아내도 적지 않다. 하지만 부부의 동거와 하숙의 동거는 의미가 전혀 다르다.

부부가 된 이상, 부부로서의 동거를 해야 한다. 같은 지붕 아래 살면서 말도 하지 않고 아내는 아래층에서, 남편은 2층에서 침식을 하거나 밤의 성교도 없다면 통속적으로 부부로서의 동거라고 말할 수 없다. 어디를 보금자리로 할까는 둘이서 합의하여 정한다.

부부에게 동거의무가 있다고 해도 법률의 힘으로는 강요할 수 없는 성질의 것이다. 술집 여성과 뒹굴며 집에는 들어오지 않는 남편을 집행관이 가서 끌고 올 수 없으며, 그와 같은 일을 허락하지도 않을 것이다.

"법률 따위는 전혀 도움이 되지 않아."

"법률이란 것 정말 냉정하네. 왜 규칙도 만들어놓지 않은 거야? 다른 여자 집에서 돌아오지 않는 남편을 아내에게 데려다주면 좋잖아. 이건 여성을 멸시한다는 증거야. 결국 현대법률은 남자를 위해서 존재할 뿐이야. 남자가 만들었으니까."

이런 요상한 말을 하기도 한다.

하지만 법률로만 규정해두면 뭐든지 해도 좋다는 사고방식이야말로 가장 무서운 생각이다. 타인은 자기중심적인 발상으로부터 약간의 거리를 원한다.

동거가 부부의 본질이라고는 해도 도저히 함께 살 수 없는 경우가 있다. 술만 들어가면 폭력을 휘두르며 난폭해지는 술주정뱅이 남편. 저항할 수 없는 약한 여자를 상대로 화풀이하는 쓰레기 같은 인간이다. 아내로서는 그런 남편과 도저히 함께 살 수 없어서 마침내 굳게 결심하고 집을 나온다. 이때는 동거의무의 위반이라고 말하지 않는다. 그녀에게 정당한 이유가 있기 때문이다.

그렇다면 "병에 걸려서 고향으로 돌아왔어요"라는 경우는 정당한 이유일까? 별거하지 않으면 치료할 수 없는 구체적 상황이라면 정당한 이유라고 해도 좋다.

예를 들면 평소 개와 고양이처럼 앙숙인 시어머니가 며느리 병든 것을 기회로 지독한 고통을 주어 그 병이 더욱 악화되었다면 정당한 이유다.

잦은 분쟁으로 이혼 얘기가 오가는 중에 동료나 친척들로부터 생각할 시간을 갖는 게 좋겠다는 제안을 받고, "3년만 서로의 마음이 안정될 때까지 별거하자"고 간단하게 약속을 해버리는 일이 종종 있다. 하지만 이런 약속은 원칙적으로 무효다. 일본에서는 별거제도를 인정하지 않기 때문에 동거의무를 서로 벗어버리면 인정받지 못한다. 따라서 3년간의 별거라고 약속했다 해도 반년이든 1년이든 도중에 같이 살자는 제안이 있으면 동거를 거부할 수 없다.

▶ 생활비는 어느 쪽이 내놓는가?

물론 남편이 내놓는다고 생각하는 여성이 많다. 하지만 그 전제는 이상하다. 어쨌든 남자와 여자는 동등하며 종속관계는 없다. 남편은 결코 아내의 부군님이 아니다. 남편에게 늘 보호받기만을 기대할 수는 없다.

"생활비는 남편과 아내 모두 내놓아야 한다. 그 비율은 부부 각자의 수입과 재산 등 모든 사정을 고려해서 정한다."(민법 제760조)

따라서 남편보다 수입이 많은 아내가 생활비를 부담해도 전혀 이상하지 않다.

아마도 미용실을 경영하는 아내는 샐러리맨 남편보다 수입이 훨씬 많을 것이다. 옛날부터 "미용실 남편"이라는 말이 있을 정도니까. 하지만 생활비를 부담하려 해도 자산이나 수입이 없는 배우자는 대다수가 아내다. 생활비를 내놓고 싶어도 내놓을 수가 없다. 법률은 그런 배우자에게까지 생활비를 부담하라고 하지는 않는다. 주의 깊은 법률은 "부부는 서로 협력, 부조扶助해야 할 의무가 있다"고 규정하기 때문에 그런 걱정은 필요 없다.(민법 제752조)

즉 수입이나 재력이 있는 쪽이 생활비를 부담하게 되어 있다. 남편이 밖에서 일하고 아내가 가사노동을 하는 고전적인 가정은 남편이 생활비를 부담하는 형태다.

부부 사이에 무슨 일이 있으면, "불만 있으면 나가. 내가 먹여 살리는데 무슨 말이 그렇게 많아?"라는 남자도 있는 것 같은데, 부부 사이에 그런 저질적인 말을 해서는 안 된다.

현실적으로 돈을 내놓지 않아도 아내는 가사작업으로 훌륭하게 협력하고 있다. 그러므로 남편은 거드름을 피워서는 안 된다.

▶ 일상가사와 부부의 연대책임

가정이라는 부부의 공동체를 유지하기 위해서는 여러 가지 물건을 구입하지 않으면 안 된다. 이런 쇼핑으로 채무를 부담할 때는 다른 한쪽의 배우자는 연대책임을 진다. 쌀, 된장, 간장, 가스, 수도, 전기, 신문, 집세 등 일상 가정생활에서 일반적으로 발생하는 일에 대해 물건을 판매하는 측에서는 부부 한 사람보다 가정이라는 공동체와 거래한다고 생각하기 때문이다.

그렇다면 자녀의 교육비, 의류, 가구, 의료비 등도 일상가사채무인가? 무엇이 '일상가사채무'인가는 부부의 사회적 지위, 직업, 자산, 수입 등을 고려하여 판단한다.

보통의 가정에서 50만 엔 또는 백만 엔이나 하는 고가의 덴마크제 응접세트를 구입하면 일상가사채무는 아닐 것이다. 저소득 가정에서 자가용을 구입한다는 것도 역시 일상가사에는 해당되지 않는다.

▶ 침대는 함께라도 차금은 별도

일상가사채무는 부부 한쪽이 한 경우라도 연대책임이 있지만, 남편이 한 차금借金에는 원칙적으로 아내에게 책임이 없다. 사업에 필요한 차금은 물론 경륜, 경마를 위해 빌린 돈도 마찬가지다.

부부 한쪽이 한 차금을 변제하지 않으면 안 된다는 책임은 집세, 자녀의 입학금, 식료품 등 일상가사채무의 범위에 들어가는 것에 한정되어 있다. 판례는 "차금의 일상가사성日常家事性은 금액의 많고 적음에 따라 정한다"고 했다. 차금액이 많아지면 일상가사성이 없어진다는 사고방식이다.

하물며 부부 사이도 이러한데 집안사람이나 친척이 한 차금에 대해 책임이 없다는 것은 말할 필요도 없다. 세상에는 부모형제가 한 차금까지 짊어져 갖은 고생을 하는 예의 바른 사람도 있지만, 법률상으로는 아무 책임도 없다.

▶ 부부의 재산관계는 어떻게 될까?

재산 얘기가 나온 김에 한 가지 더 설명해두자. 결혼 전에 부부의 재산관계에 대해 둘이서 계약을 하고 등기를 했다면 거기에 따르게 되어 있다. 하지만 이보다는 법정재산제라는 법률규정에 따른다.

전쟁 전에는 아내를 무능력자로 취급하여 아내의 재산도 남편이 관리했지만 개정된 친족법에서는 그와 같은 일은 없다. 아내의 재산에 대해 남편이라도 입 밖으로 꺼낼 수가 없는 것이다. 따라서 현재는 부부 각자가 자신만의 판단으로 자기 재산을 관리처분할 수 있다.

이와 같은 부부 각자의 재산을 특유재산特有財産이라고 한다. 그렇다면 무엇이 특유재산일까?

① 남편과 아내가 결혼 전에 각각 갖고 있던 것
② 결혼 후에 배우자의 협력 없이 취득한 재산. 예컨대 상속 또는 부모가 구입해 준 것
③ 의복이나 장신구처럼 남편 또는 아내의 전용물품

부부가 공동명의로 취득한 재산이나 공동생활에 필요한 가재도구처럼 부부 어느 쪽 소유인지 확실치 않은 재산은 부부 공유로 한다. 공유이기 때문에 독단적으로 처분할 수 없다.

▶ 남편 명의로 된 토지 또는 건물과 아내의 권리

"결혼 후 집과 토지를 구입했는데 모두 남편 명의야. 그럼 그게 다 남편 재산이 되는 거야?"

이런 말을 자주 듣는다. 형식적으로는 남편의 재산처럼 보인다. 하지만 남편만의

재산이라고 한다면 아내의 취사나 세탁 등에 대한 가치는 전혀 인정받지 못한 결과다. 현재는 "가사노동에 경제적 가치가 있다고 평가하자"는 학설이나 판례가 대세다. 아무리 훌륭한 남편이라도 가사나 세탁, 육아까지 모든 일을 혼자 처리하면서 현재의 수입만큼 돈을 벌지는 못할 것이다. 따라서 남편의 급료 중 몇 퍼센트는 아내의 협력 덕분이라고 생각하는 것이 타당하다.

주택이나 택지, 예금, 주식 등이 남편 명의로 되어 있어도 실질적으로는 부부 공동의 재산이라고 생각하는 게 공평하다. 실질적인 공유재산이다.

법률은 거래안전과 신용보호라는 것도 빼놓을 수 없기 때문에 부부 이외 제3자와의 관계에서는 역시 명의에 따라 독단소유로 취급하지 않을 수 없다. 따라서 결혼 중에 취득한 토지가 남편 단독명의라 해서 독단으로 매매를 해버리면 아내는 그 토지를 구입한 사람에게 "실질적으로는 공유니까 내 몫의 토지를 돌려줘"라고 청구할 수 있다.

▶ 부부 사이의 계약취소권

부부 사이에 한 계약은 언제라도 취소할 수 있다는 엉터리 제도가 있다. 부부 사이의 계약취소권契約取消權이라고 하는데, 결혼 중에 남편이 아내에게 강요했거나 아내를 맹목적으로 사랑한 남편이 속아서 계약했을지도 모른다는 입법자의 노파심에서 이런 제도를 만들었다는 것이다.

취소할 수 있는 것은 증여처럼 무상계약에 한정하지 않는다. 매매도, 그 외의 계약도 포함한다. 결혼을 유지하는 동안이라면 언제라도 취소할 수 있다. 시효에 걸리는 일도 없다. 터무니없는 권리다. 시효가 없기 때문에 10년, 20년 뒤 "네게 준 것은 모두 취소야"라고 권리를 남용하는 일도 많아질 것이다. 그래서 성실해야 할 부부 사이에 이처럼 취소권을 인정하는 것은 좋지 않다는 비난과 비판이 강하다.

또한 사이가 좋지 않은 부부가 이혼 직전에 취소권을 행사하는 것도 남용이므로 허락하지 않는다는 입장이며 가능한 한 재판소도 이 제도를 좁은 범위로 해석하려 한다.

4. 내연은 혼인에 준하는 부부관계

첩은 내연이 아니다

어떤 사건을 일으킨 남녀가 있다. 그러면 곧장 '내연의 처'라고 하는데 그것은 올바르지 않다. 법률이 말하는 내연이란 부부라고 부르기는 어렵지만 형식적으로 혼인신고가 되어 있지 않은 남자와 여자의 관계다.

다시 말해 내연은 약혼보다 깊은 법률관계다. 반면, 아무리 몇 년, 몇십 년을 같이 살았어도 남녀 사이에 부부로서의 생활의식이 없는 한 내연은 아니다. 그것은 동거일 뿐이다.

사람들은 동거를 곧 내연이라고 생각하는 경향이 있는데 사실은 다르다. 첩의 집으로 들어가는 남자가 있어도 법률은 첩을 '내연의 처'라고 하지 않는다.

왜 법률가가 핏발을 세우고 내연인가 아닌가를 논의하는가 하면, 내연은 혼인에 준하는, 즉 준혼인관계이므로 보호하려고 하기 때문이다. 판례도 학설도 실로 오랜 기간에 걸쳐 내연의 보호를 거듭하고 있다.

그 결과, 내연의 부부는 혼인과 마찬가지로 정조의무, 동거, 협력, 부조扶助의무라는 신분적 권리의무를 인정받는다. 또한 재산관계에서도 내연의 부부는 서로 생활비를 부담하며, 내연생활에 통상적으로 발생하는 일상가사채무에 대한 연대책임도 있다. 또 내연의 관계를 계속하는 동안에 취득한 재산 중 어느 쪽 소유인지 확실치 않는 재산은 공유로 인정한다.

뒤에서 말하겠지만 부부가 해소를 할 때는 재산분여청구권이 있는데 내연의 부부도 이 권리를 인정받고 있다. 2호나 동거관계에는 이런 보호가 전혀 없다.

이젠 법률가가 내연에 해당되는가 아닌가 논의하는 목적은 알았을 것이다.

내연이 혼인에 도달하지 않는 부분

아무리 내연을 준혼인관계로써 보호하려고 해도 애초 법률조문에 없는 법률관계이기 때문에 아무래도 한계가 있다.

내연은 호적상 부부가 아니기 때문에 아무리 보호하려 해도 당연히 한계가 있다는 말이다. 그 현저한 차이점은 다음과 같다.

① 내연의 부부는 아무리 오랫동안 함께 살았다 해도 성이 동일하지 않다.

다나카라는 남자와 스즈키라는 여자가 내연관계라도 성씨는 각자 다르다. 아무리 사랑하는 남자의 성씨로 하고 싶어도 할 수가 없다.

② 내연 사이에서 태어난 자녀는 비적출자非摘出子다.

③ 내연의 부부는 상대에 대해 상속권이 없다.

④ 내연을 해소하는 일 자체는 자유다. 내연은 양방의 합의만 있으면 쉽게 헤어질 수 있다. 반면, 혼인은 그렇지가 않다.

"당신처럼 칠칠치 못한 남자와는 단 하루도 같이 살 수 없어. 우리 헤어져."

아내가 말한다.

"싫어. 난 너와 함께 계속 부부로 살 거야."

남자는 대꾸한다. 부부가 옥신각신한 끝에 재판소에 들어오면 재판소는 이혼사유가 있는가 없는가를 판단해야 한다. 그런데 내연이라면 해소 자체는 완전 자유다. 단지 해소가 부당한 경우에는 부당파기로써 손해배상을 청구할 수 있다.

혼인과 달라서 내연은 호적기재가 없기 때문에 해소를 표시하는 형식적인 수속도 필요 없다.

중혼적 내연은 보호받지 못한다

"아내와 헤어질 테니까 같이 있어줘."

이런 말을 들으면 여성은 왠지 그 남자가 성실한 사람이라고 지레짐작해버린다. 아내와 헤어지면서까지 나와 함께 있고 싶어 하다니! 하며 감동하는 것이다.

하지만 생각해보면 좀 이상한 말이다. 그 남자는 자신이 하고 싶은 일, 즉 아내 이외의 다른 여자와 함께 있고 싶어서 자기 아내를 불행에 빠뜨리고 있다. 그러니 오히려 불성실한 남자라고 해야 한다.

그렇게까지 해서 결혼해놓고도 싫증나면 또다시 다른 여자에게 "아내와 헤어질 테니까 같이 있어줘"라고 말할지 모른다.

이런 여자가 있었다. 남편이 술집 여자와 이상한 관계인 사실을 알고 죽여 살려 하면서 대소동을 벌인 끝에 결국은 이혼했다.

그런데 이혼하고 홀로 되자 스스로 돈을 벌지 않을 수 없었다. 일은 생각처럼 되지 않아 이곳저곳을 전전한 결과 어느새 바에서 일하는 몸이 되어버렸다. 그 바에서 한 남자를 만났다. 그에게는 아내와 아이가 있었다. 그런 일로 부부이별을 한 자신이 결국 같은 상황에 빠진 것이다.

어느 정도 교제가 지속되던 어느 날, 남자는 그녀의 귓가에 속삭였다.

"같이 살자."

"부인이 있잖아."

여자는 대답했다. 싫다는 의미가 아니다. "부인은 어떻게 할 생각이야?"라는 반어적 표현이다. 그런 말을 듣고 몸을 빼는 남자는 없다. 오히려 "어떻게든 너와 함께 살 거야"라며 열성을 다하는 법이다. 여자는 그것까지 충분히 계산하고 있다.

그리고 한 달 후 두 사람은 싸구려 아파트를 얻어 부부로서 생활을 시작했다. 그런 관계가 반년 정도 지속되었을 무렵, 어떻게 알았을까? 어린 남자아이의 손을 잡고 그의 아내가 쳐들어왔다.

"넌 내 남편의 뭐야?"

이런 경우, 남자와 여자 사이에는 부부의 의사도 있고, 또한 부부로서 생활도 했다. 따라서 내연관계에 해당되겠지만 남자 쪽에는 법률적으로 확실한 아내가 있다. 이런 내연 관계를 특히 '중혼적 내연重婚的內緣'이라고 하여 보통의 내연과 구별한다. 그 이유는 법률로 보호하기 힘든 관계이기 때문이다. 확실한 정식 배우자가 있는데 아내를 방치하고, 즉 동거의무를 위반하고 아내 이외의 여자와 그런 관계로 들어간 행위는 선량한 풍속을 위반한 것이다.

판례의 대다수는 중혼적 내연은 보호하지 않는다는 태도를 취하고 있다.

"홀몸이라고 속이고 내연관계가 된 경우는 어떤가요?"

경험 있는 여성은 물을 것이다. 이것은 재판에서도 여러 번 문제가 되었던 일이다. 남자 측이든 여자 측이든, 법률상으로 배우자가 있다는 사실을 몰랐을 경우라도 객관적으로 역시 중혼적 내연 관계라면 내연으로는 무효라고 한 예가 많다. 즉 보호받지 못한다고 생각하는 게 좋다.

일본의 호적제도는 충분히 정리되어 있다. 더구나 필요하다면 등본을 열람할 수 있는데도 불구하고 결혼이라는 일생의 중대사에서 상대의 호적조차 보려 하지 않았다는 과실이 있기 때문이다. 어쨌든 중혼적 내연은 보호받지 못한다고 생각하면 된다.

5. 숙명적인 인연 · 부모와 자식

(1) 부모자식은 1세대, 부부는 2세대

부모자식은 1세대, 부부는 2세대라고 한다. 무엇을 기준으로 했는지는 모르지만 불교의 인연으로 그렇게 된 것 같으며, 이제 와서 변경할 수도 없는 약속이다.

여기서 말하는 1세대는 물론 한 세대의 끝, 즉 현세의 끝이라는 의미다. 따라서 부모자식은 현세의 끝이고, 내세에서는 부모자식이 될 수 없기 때문에 후회가 남지 않도록 현세에서 효도를 다하는 게 좋을 것 같다. "효도하고 싶을 때는 부모는 이미 없다", "이제 와서 부모의 묘에 이불을 덮어줄 수도 없다"는 말을 종종 듣지 않던가?

그에 비해 부부는 2세대이기 때문에 행인지 불행인지 설령 현세에서 깊은 인연을 얻지 못해도 내세에서는 즐길 수 있단다. 그렇다면 이혼해서 현세뿐만 아니라 내세의 인연까지 모두 끊을 수는 없을까? 분쟁으로 소송까지 갔다면 더욱이 내세의 인연까지 깨끗이 끊으려고 노이로제 증상을 보이는 분도 있을지 모르겠다. 그 증거로 누구나 알고 있는 유명한 〈대공기大功記195) 10단락〉에 등장하는 미츠요시는 전사할 각오로 하츠기쿠에게 눈물을 보이며 "당신도 무사의 딸이죠? 만약 들키면 미래까지 영원히 인연을 끊겠어요"라고 다짐한다. 이것으로 보아 미츠요시도 역시 내세를 생각하는 사람 같다. 하지만 현세에서 부부 인연이 약한 사람들에게는 부부 2세대설은 큰 위로가 될 것 같다.

〈가마쿠라 3대기鎌倉三代記196)〉에 등장하는 초현대여성 도키히메는 이렇게 이상한 논리로 부부의 굳은 약속을 요구한다.

"안 돼. 기다려. 간신히 만난 보람도 없이 벌써 헤어진다는 건 참을 수 없어. 부모님을 배신하면서까지 연모한 당신. 짧은 여름밤, 부부의 굳은 약속도 없는데 충성 따위 존재할 리 없잖아."

하지만 연인 미우라 노스케가 투구를 끌어안은 모습을 보고 부부 2세대설로 이내 덧붙인다.

"현세의 인연이 이것뿐이라면 내세에서는 부부로 살 거야."

"부모자식과 부부의 인연이 다르다는 건 무가의 상식. 마음만 있으면 미래는 물론, 5백대까지는 생의 진정한 부부야."

미우라 노스케는 즉시 부부 2세대설을 뒤집고, 전례 없는 부부 5백대설을 제창하

---

195) 아케치 미츠히데(明智光秀)가 주군 오다 노부나가(織田信長)를 본능사에서 토벌한 뒤 하시바 히데요시(羽柴秀吉)에게 패배할 때까지의 과정을 13단락으로 각색한 연극
196) 1781년에 에도의 히젠좌(肥前座)에서 인형 조루리의 작품으로 첫 공연된 뒤, 가부키로 옮겨진 시대물. 도쿠가와 이에야스가 도요토미가를 멸망시킨 오사카 여름 진영을 각색한 내용. 적군과 아군으로 갈라져 싸우는 아버지와 정혼자 미우라 노스케 사이에 끼어 번민하던 도키히메는 결국 아버지를 살해한다.

며 도키히메를 치켜세운다. 미워할 수 없는 미우라 군의 죄다.

괜히 여기서 미우라 노스케와 도키히메의 사랑이야기를 한 것이 아니다. 법률상 부모자식에 대해 말할 생각이었는데 무슨 여세餘勢인지 무심결에 이런 얘기까지 해버렸다. 여세란 참으로 무서운 법이다. 1914년 보스니아 수도 사란보에서 무명의 세르비아 청년이 발사한 한발의 총성의 여세로부터 그 무서운 1차 세계대전이 발발했듯이, 말이 나온 여세로 또다시 붓을 휘둘러버렸다.

▶ 부모자식 사이의 여러 가지 관계

부모자식의 인연이 현세에서 끊어진다고 해도 그 형태에는 여러 가지가 있다.

① 적출자嫡出子

법률상의 부부 사이에서 태어난 자녀다.

② 비적출자非嫡出子

2호가 낳은 아이처럼 핏줄로 맺어진 부모자식이지만 혼인 외, 즉 아내가 아닌 여자가 낳은 자녀다.

③ 양자養子

부모자식 사이에 핏줄로 맺어지지 않았지만 법률로 부모자식이 된 경우, 즉 양자 결연으로 된 친자관계다.

이렇게 말하면 아주 간단명료한 것 같지만 실은 전혀 그렇지가 않다. 그러면 친자관계가 어떻게 얽혀 있는지 신중히 읽어주길 바란다.

▶ 의심 많은 아버지들

여자는 스스로 아이를 낳기 때문에 자기 자식이라고 확신할 수 있다. 하지만 남자는 아니다. 그래서 쓸데없이 고민하는 소심한 남자도 있는 것 같다.

"나는 아이의 손을 잡고 즐거운 듯 산책하는 아버지를 볼 때만큼 우스운 일은 없다고 생각한다. 아이가 자기 자식이라고 믿는 그 남자가 이상하다. 사람들은 종종 자기 자식이라고 말하지만 틀린 말이다. 내 처의 자식이라고 해야 한다."

스트린드버그[197]는 이런 서글픈 말을 했다.

또한 괴테는 "내 아버지를 알고 있는 사람은 어머니뿐이다"고 투덜거렸다.

이것은 외국 남자들만의 일이 아니다. ≪고사기≫ 상권에는 니니기노미고토瓊瓊杵尊198)가 앞으로 태어날 아기가 자기 자식인지 의심하는 장면이 나온다.

"당신 아이를 임신했어요."

고노하나 사쿠야히메木花之開耶姬199)가 말하자, 기노미고토는 이렇게 대꾸한다.

"사쿠야히메, 단 하룻밤으로 임신했다고 하는군. 그 아이는 단지 이 땅의 남자아이일 뿐이야."

이런 말을 듣고 화내지 않을 여자는 없다.

"내 뱃속에 있는 아기가 이 땅의 남자아이라면 결코 무사하지 못할 겁니다. 하지만 당신 아이라면 무사하겠죠."

그 뒤 사쿠야히메는 출입문이 없는 큰 집을 짓고 그 안에 들어가 점토로 완전히 봉한 다음, 그 집에 불을 붙이고 타오르는 불 속에서 출산했다. 과감한 결심이다.

맹렬한 불길 속에서 태어난 아이를 호테리노 미고토火照令라고 하며 그가 바로 남자아이의 해산, 출산의 이야기 속에 나오는 우미사치히코海幸彦다. 일단 그도 자기 아버지로부터 적출자를 의심받았다.

옛날에는 아버지가 정한 일은 신업神業이나 다름없었다. 독일의 옛 민법처럼 수태한 어머니가 여러 명의 남자와 친밀한 관계를 가졌을 경우에는 그 아이를 아버지 없는 사생아로 하거나, 나폴레옹 법전처럼 "아버지의 탐색을 금한다"는 것도 있다.

따라서 "이 세상에는 누가 자기의 진짜 아버지인지 아는 사람은 한 명도 없다"는 호머의 말이 최근까지도 통용되었다.

▶ 법의학의 친자감정

알다시피 최근에는 법의학이 상당히 진보하여 혈액감정을 중심으로 한 친자감정은 100% 확실하다고 할 수 있다. 따라서 어떤 남자와 그 자녀가 부자관계임을 밝히

---

197) Johan August Strindberg. 1849~1912년. 스웨덴의 극작가, 소설가. 알몸의 인간상을 묘사, 자연주의 작품을 집필. 입센과 함께 근대 연극의 선구자. 소설 〈붉은 방〉〈바보의 고백〉과 희곡 〈아버지〉〈미스 줄리〉〈신의 무도회〉 등이 있다.
198) 일본신화에서 아마데라스 오오미가미(天照大神)의 손자
199) 일본신화에 나오는 여신

는 것이 쉬워졌다.

친자관계의 감정이란 인간의 어떤 형질에 대한 확실한 유전구조의 법칙을 기준으로 판정하는 것이다. 현재 가장 확실한 법칙은 혈액형 유전이다.

자녀가 AB형인 경우, O형 남자와의 사이에는 친자가 있을 수 없다.

O형인 여자가 B형 아이의 손을 잡고 와서 "당신 자식이야"라고 말하는데, 만약 남자가 A형이라면 "그 꼬맹이가 내 자식일 리 없어"라고 화를 낼 것이다. A형과 O형 사이에는 A형이나 O형의 자녀만 태어나기 때문이다.

이것이 옛날부터 널리 알려진 ABO식 혈액형유전법칙이다. '옛날부터'라고 해도 1901년 칼 랜드스테이너가 발견한 이후 유전이 알려진 시기는 1910년 무렵이다.

걱정이 많은 사람을 위해 유전법칙을 소개하면 다음과 같다.

① O형과 O형 사이에는 O형의 자녀만 태어난다. 그 외의 혈액형은 태어나지 않는다.

② O형과 A형, A형과 A형 사이에는 A형과 O형만 태어난다.

③ O형과 B형, B형과 B형 사이에는 B형과 O형이 태어난다.

④ O형과 AB형 사이에는 A형과 B형이 태어난다.

⑤ A형과 AB형, B형과 AB형, AB형과 AB형 사이에는 A형, B형, AB형의 자녀가 태어난다. O형은 태어나지 않는다.

⑥ A형과 B형의 남녀 사이에는 각 혈액형의 자녀가 모두 태어난다.

하지만 혈액형은 ABO형으로만 한정되지 않는다. 그 뒤 MN식 혈액형유전도 발견되었다. "M형과 N형은 절대 친자관계가 아니다"는 것도 알게 되었다.

쇼와 9(1934)년에는 Q식 혈액형유전법칙도 발견되었다. 그 외 S식 혈액형이라는 것도 있다. 혈액형질이 타액이나 위액, 정액, 담즙과 같은 분비물 속에 나와 있는가 아닌가를 구별하는 방법이다. 또한 E식 혈액형, Rh식 혈액형에 따른 감정도 있다.

Rh인자는 인간의 혈액형과 인도원숭이[200]의 혈구에 공통으로 존재하는 인자로 Rh를 갖고 있는 사람을 Rh 양성이라고 하고, 갖고 있지 않은 사람을 Rh 음성이라고 한다. 일

---

[200] 회갈색 털로 허리는 오렌지색. 인도에서 중국 남부에 걸쳐 분포

본인과 중국인처럼 아시아 인종에게는 Rh 양성이 99.4%로 주류를 이룬다.

이처럼 확실한 감정은 혈액형의 유전법칙이지만, 부모자식은 보통 얼굴이 닮기 때문에 눈, 코, 입, 귀, 턱, 이마, 눈썹 등을 비교한 차이점이나 지문을 참조하기도 한다. 또 귀지가 습성인지 건성인지, 혹은 미각에 대한 반응 등도 참고로 한다.

이런 식으로 친자관계는 거의 알 수 있다. "이 아이는 내 자식이다"며 두 여자가 싸울 경우, 아이의 팔을 양쪽에서 잡아당겨 아이가 울음을 터뜨리면 가여워 손을 놓는 쪽이 진짜 어머니라는 옛날 판정은 현대 법정에서는 있을 수 없는 얘기다.

옛날 솔로몬 왕의 재판은 굉장히 유명하다. 그것은 이렇다. 한 집에 두 사람의 창부가 살고 있었다. 프로답지 않게 임신해버린 두 사람은 얼마 후 같은 시기에 아기를 낳았다.

그런데 한 여자가 부주의해서 자기 아이를 죽이고 말았다. 그 여자는 옆방에 자고 있는 아기를 훔쳐와 죽은 아기와 맞바꾸었다.

서로 자기 자식이라고 험악하게 싸우는 두 여자. 솔로몬은 아기를 반으로 잘라 두 사람에게 나누어주라고 신하에게 명령했다. 놀란 사람은 아기의 진짜 엄마다.

"제발 그만두세요. 아기를 저 여자에게 주어도 저는 괜찮습니다."

진짜 엄마는 울면서 애원했다.

그러자 솔로몬은 이렇게 말했다고 한다.

"그 아기를 저 여자에게 주어라."

▶ 혈액감정과 채플린 사건

부자관계가 문제되면 친자감정을 근거로 갑과 을 사이에 부자관계를 인정할지 안 할지를 판결한다. 하지만 감정의 과학성을 이해하지 못하면 곤란한 일을 당하는 경우도 있다. 그 전형적인 예가 유명한 희극배우 채플린이다.

채플린은 2차 세계대전 중 배심원의 평결로 원래 자기 자식일 리 없는 아기가 자기 자식이 되어 당시 돈으로 매주 75달러씩 양육비로 지불하라는 명령을 받았다. 신문은 지독한 채플린이라고 비난을 해댔다. 사건은 이렇다.

그 무렵 채플린은 베리라는 젊은 할리우드 배우를 알게 되어 성관계를 가졌다. 두 사람 사이는 잘되지 않았고, 베리는 여자아이를 출산한 뒤 채플린의 아이라고 주장했다. 그리고 섹스 소송을 일으켰다. 채플린은 부정했다. 그녀가 임신한 무렵에 이미 두 사람 사이는 멀어졌고, 임신이 된 그날이라고 주장하는 1942년 12월 22일에는 완전히 헤어진 상태였다고. 그날이란 한밤중에 그녀가 권총을 들고 자기 집으로 쳐들어온 날이다. 집 안에 있던 그는 부재중인 척했지만 문을 부수고 침실까지 쳐들어온 그녀는 울면서 매달리기도 하고 위협하기도 했다. 누구든 그런 상황에서는 성관계를 가질 수 없다고 채플린은 강하게 부정했다.

세 사람의 전문가는 혈액형 검사를 했고, 채플린은 O형에 MN형이고, 베리는 A형에 N형이며 문제의 아이는 B형에 N형이었다. 그렇다면 그 아이는 절대로 채플린의 자식일 리가 없다.

그럼에도 불구하고 아둔한 배심원들은 아무 이유도 없이 법의학적 결론을 무시하고 채플린을 그 아이의 아버지로 해버렸다. 이런 점이 배심원판결제도의 단점이다. 하지만 그곳은 아메리카이고 더구나 전쟁 중이었다. 1976년 현재 일본의 일이 아니다. 걱정이 많은 분을 위해 한마디 해두자. 일본에서는 친자관계 소송사건에서 혈액형검사 결과, 친자관계가 아니라는 경우가 약 14%였다고 한다. 다시 말하면 약 14%의 여자가 "아 아이는 당신 자식이야"라고 아버지가 아닌 남자에게 억지를 부려서 의지하려 했다는 결론이다.

(2) 적출자는 자동적으로 친자관계가 결정된다

어머니와 자녀 사이는 보통 분만으로 결정된다.

〈기억 속의 어머니〉의 밤바노 쥬타로 番場の忠太郎[201]처럼 20세가 되어 "어머니"라고 표현한 예는 거의 드물고, 이때는 어머니와 자식 사이에 친자감정이 필요하다.

하지만 아버지와 자녀관계는 문제가 다르다. ≪고사기≫ 상권 시대의 부모는 어머

---

[201] "처마 밑 세치 빌려 말씀드립니다. 어머니, 단 한마디라도 쥬타로라고 불러주세요. 부탁입니다. 아주머니, 지금 뭐라고 말했나요? 모자의 신분을 밝히고 싶으며……"라고 시작되는 일본가요

니를 가리키는 말이었고, 아버지는 부모라고 부르지도 않았다. 아버지는 타인과 구별하여 부모 비슷하게 취급을 받았던 것 같다. 따라서 아버지와 자녀관계는 그렇게 간단하지 않다.

"그러니까 혈액관계를 확실하게 해둬야지."

이렇게 말할지 모르겠지만 일본만 해도 수천만이나 되는 부자관계를 일일이 친자감정 한다는 건 굉장히 힘든 일이다. 비용, 시간이 드는 것은 물론이고 무엇보다 번거로워 못 견딜 것이다.

그래서 법률은 친자관계를 추정하는 제도로써 애매모호한 관계를 안정시키고 있다. 그게 무엇일까? 호적상 부부인 남녀 사이에 태어난 자녀는 자동적으로 아버지가 결정된다는 구조다. 아내가 혼인 중에 임신한 아이는 남편의 자녀로 추정한다.(민법 제772조 제1항) 이것을 '적출추정嫡出推定'이라고 한다.

그렇다면 태어난 아이는 언제 임신되었는가? 친절한 법률은 미리 규정을 준비해 놓았다.

① 혼인성립의 날부터 200일 이후에 태어난 아이
② 혼인해소 혹은 취소의 날부터 300일 이내에 태어난 아이

위의 아이는 아내가 혼인 중에 임신한 자녀로 추정한다.(민법 제772조 제2항) 이 법률은 오로지 아이를 보호하기 위한 의도로써 규정한 것이다.

혼인성립의 날이란 혼인신고가 호적관사에서 수리된 날이다. 기간을 계산할 경우 '초일불산입初日不算入 원칙'이라고 하여 그날 다음날부터 계산한다. 혼인해소의 날이란 협의이혼이라면 신고서가 수리된 날, 재판이혼이라면 판결이 확정된 날이다. 이런 제도가 있기 때문에 대다수의 아버지와 자녀는 고통 없이 친자로 통용되는 것이다.

"뭘 거드름 피우며 은혜를 베풀듯 말하는 거야? 그건 당연한 거 아냐?"

이렇게 말하는 분도 있을지 모르겠지만 세상은 넓고 사람은 많다.

"동네에서 모르는 사람은 남편뿐이다."

이런 말도 있지 않은가? 특히 최근에는 아내가 바람피우는 일이 증가하고 있다. 전국의 가정재판소에 제기해온 남편의 이혼조정에서 4건 중 1건은 "아내의 바람 때문"이라는 이유다. 통계에는 실제로 드러나지 않는 숫자도 있기 마련이다. 따라서

발각되지 않은 일이 어느 정도인지는 추측할 수도 없다.

▶ 파란 눈의 아기와 적출추정

10년이나 같이 산 아내가 갈색머리에 파란 눈의 아기를 낳았다고 하자. 적출추정이라는 제도가 있는 이상, 남편의 자녀가 되어버린단 말인가? 이것이 걱정이다.

하지만 안심하길 바란다. 적출추정제도는 어디까지나 보통생활을 하는 부부를 전제로 하기 때문이다. 보통과 다른 경우에는 추정력도 제한받는다.

일본인 부부 사이에서 전혀 다른 인종, 즉 곱슬머리에 검은 피부나 파란 눈의 아기가 태어난 경우까지 모두 주먹구구로 남편의 자녀로 해버린다는 뜻은 아니다. 법률도 재판관도 그 정도로 돌대가리는 아니다.

남편에게 생식기능이 없는 경우도 마찬가지라고 할 수 있다. 또한 어느 누가 생각해도 도저히 있을 수 없는 경우가 있다. 유죄판결을 받고 철창 저편에서 5년이나 생활하고 있는 남편이 3년째 아내에게 아기를 낳게 했다면 과연 믿겠는가? 장기 행방불명도 마찬가지다.

이런 경우, 호적상 부부로 되어 있어도 적출추정은 타당하지 않다. 판례도 그것을 인정한다.

하지만 주의하지 않으면 안 되는 것은 호적의 취급이다. 앞에서도 말했듯 호적사무를 취급하는 관리에게는 신고의 내용을 심사할 권한은 없다. 그렇기 때문에 혼인 중에 임신한 아이라면 설령 곱슬머리에 검은 피부라도 일단은 남편의 자녀로서 호적에 올리지 않을 수 없다. 단지 그 남편은 자기 자식이 아니라고 재판소에서 싸운 뒤 호적을 정정할 수밖에 없다.

▶ 부자관계를 다투는 방법

남편은 적출추정이 작용하는 경우라도 아내가 낳은 아기가 자기 자식이 아니라고 싸울 수 있다. 그렇지 않으면 남자도 고통스런 경험을 맛볼지 모른다. 여하튼 세상에는 선물을 갖고 시집오는 무서운 여자도 있는 법이다.

미인이고 지참금도 많은데 210일째 되는 날 아기가 태어났다. 이때 남편 쪽에서 "아무래도 이상해"라는 생각이 들면 소송을 할 수 있다. 이것을 적출부인嫡出不認소송이라고 한다. 이 소송은 매우 까다롭다.

① 부자관계를 부정할 수 있는 사람은 남편뿐이다. 아무리 아내가 남편이 아닌 사랑하는 사람의 아이라고 주장해도 어쩔 수 없다.

② 소송은 아기의 출생부터 1년 이내에 해야 한다. 자기 자식이 아니라는 사실을 몰랐다 해도 1년이 경과한 뒤에는 소송을 할 수 없다. 혼인 중에 임신한 아이는 남편과의 부자관계에 있어서 1년으로 콘크리트처럼 단단하게 굳어버린다.

어떤 남자가 아이의 혈액형이 A형이라는 걸 알게 되었다. 아이가 유치원에 들어갈 즈음 맹장수술을 할 때였다. 그런데 그 남자는 O형이다. 아내는 B형이었다.

과학적으로 O형과 B형 사이에서는 A형의 자녀가 태어날 수 없다. 절대로 없다.

하지만 적출부인 소송은 아기가 태어난 후 1년 이내로 한정되어 있기 때문에 아무리 의학적, 과학적으로 자기 자식이 아니라고 100% 증명해도 남자와 자녀 사이는 이미 부자관계를 부정할 수 없다.

아이가 태어난 이후 남편이 "이 아이는 내 자식이 틀림없어. 봐, 이렇게나 닮았잖아"라고 자기 자식으로 인정한 이상, 적출부인 소송 권리는 상실한다.

"아기의 출생에 대해 남편이 적출을 승인했을 때는 그 불인권不認權은 소멸한다"고 민법 제776조에 규정되어 있기 때문이다.

▶ **혼인신고 다음날에 태어난 아기는 적출자일까?**

혼인신고를 하고 나서 200일은커녕 1~2개월 만에 아기가 태어났다는 얘기는 종종 듣는다. 하얀 드레스 안 눈에 띄게 부푼 배를 신경 쓰는 신부는 흔하기 때문이다. 또한 결혼식도 올리고 부부로서 생활도 하고 있으면서 혼인신고를 미루다가 임신했다는 사실을 알고서 부랴부랴 신고하는 부부도 있다. 이런 경우는 태어난 아기가 혼인신고 수리일로부터 200일 이내로 되어 있어도 전혀 이상할 게 없다.

따라서 적출추정 적용은 없다. 그렇다면 그 아기는 어떻게 대우할까? 태어난 아기가 정말로 남편 자식이라면 가능한 한 적출자로서 대우해주는 게 좋겠지만 현재는 "적출의 추정을 받지 않은 적출자"라며 까다로운 이름으로 적출자를 인정하고 적출자 범위에 포함한다. 그래서 적출자로 호적에 올릴 수 있는 것이다. 극단적인 애기로 혼인신고를 한 다음날에 태어나도 역시 적출자로서 호적실무는 취급한다.

▶ 인공수정으로 태어난 아기의 아버지는?

인공수정의 역사는 새롭다. 세계에는 인공수정으로 태어난 아기가 몇십만이고, 그 수는 점점 증가하고 있다. 일본도 예외는 아니다. 그렇다면 그들의 아버지는 도대체 누구일까?

이 문제는 간과할 수 없다. 현재 친족, 상속법에는 이 문제를 예정하지 않았다. 법률과 현실의 이런 틈새는 결국 해석으로 메울 수밖에 없는데 현재 여러 가지 설이 대립하고 있다.

인공수정은 남편의 정자를 사용한 경우인 '동종수정同種授精'과 남편이 아닌 다른 남자의 정자를 사용한 경우인 '이종수정異種授精'이 있다. 동종수정일 때는 그 아기의 아버지는 틀림없이 남편이다.

문제는 이종수정이다. 남편의 동의 없이 아내 마음대로 이종수정을 한 경우에는 태어난 아기와 남편 사이에 부자관계를 인정해야 할까? 남편의 동의를 얻고 이종수정을 한 경우라면 어떨까? 만약 친자에 대해 혈연관계를 중시한다면 적출성을 부정하게 될 것이다. 하지만 그것은 타당하지 않다. 친자란 혈연관계라기보다 오히려 사회적, 법률적 관계로 받아들여야 하기 때문이다. 남편의 동의가 있었으므로 아버지로서의 모든 책임을 받아들인 것으로 생각하면 된다.

동의가 있는 인공수정은 적출추정을 받고 자기 자식으로 인정한다는 뜻이므로 남편의 승인으로 생각해도 된다. 동의 없는 이종수정은 추정받지 않는 적출자로서 취급되지만 호적상 아내가 낳은 아기이므로 일단 적출자로 기재할 수밖에 없다.

(3) 혼인 이외의 자녀와 아버지를 연결하는 실·인지

인지認知라는 법률용어가 기혼, 미혼 구별 없이 현재만큼 여성 사이에 널리 알려진 일은 없었다. 바꿔 말하면 현대는 무척 많은 아기가 혼인 이외로 태어났고, 앞으로 태어날 가능성을 내포하고 있다는 것을 암시한다.

그런 가능성은 인공임신중절로 추측할 수 있다. 쇼와 25(1950)년에 25만이었던 인

공중절은 그로부터 20년 뒤인 쇼와 45(1975)년에 이르러 우생보호법지정의優生保護法
指定醫의 공식보고만으로도 73만을 넘어섰다. 거기에 드러나지 않은 수를 가산하면
100만이나 150만까지 추정된다. 그 중에는 혼인 아닌 남녀 사이의 인공중절도 꽤
포함되었을 것이다.

　인지認知란 법률상 부부 이외의 남녀관계에서 태어난 아이, 즉 비적출자를 사실상
의 아버지 또는 어머니가 자기 자식이라고 인정하는 일이다. 이로써 법률상의 친자관
계가 형성된다. 어머니의 인지는 매우 예외적이다. 낳아서 출생신고도 하지 않고 버
린 경우에는 뒷날 인지가 필요하기 때문이다.

　남편이 아내 이외의 여자에게서 낳은 자녀를 인지하려고 한다면 아내라도 막을
수 없다. 인지에 아내의 동의는 필요 없다는 말이다.

　하지만 이것을 무제한으로 인정하면 교활한 남자는 자신과는 아무 인연도 없는
성공한 비적출자를 찾아내어 제멋대로 인지를 한 뒤, "네 아버지니까 날 부양해"라
고 요구할 수도 있다.

또한 실제로 자신의 비적출자라도 어릴 때는 방치해둔 주제에 수입이 있는 당당한 성인으로 성장하면 그때서야 아버지라고 주장할 우려도 있다. 법률은 이런 뻔뻔스런 일은 허락하지 않는다. 그래서 성년이 된 자녀를 인지할 때는 그 자녀의 승낙이 있어야 한다(민법 제782조)고 규정한다.

인지는 한 번 하면 철회할 수 없다. 실제로 친자관계가 아니어도 한 번 인지한 이상, 아버지 혹은 그 어머니는 스스로 취소할 수 없다는 뜻이다.

▶ **싫어하는 남자에게 인지를 하게 만드는 방법**

임의로 인지를 하지 않는 남자에게는 강제인지強制認知라는 방법이 있다. 무대는 재판소로 바뀐다. 우선 가정재판소에 조정을 제기하고, 그래도 인지하지 않겠다고 고집을 부리면 지방재판소 관할로 옮겨간다.

소송이 되면 부자관계가 있는지 없는지는 자녀 측에서 증명해야 한다. 이때 앞에서 말했던 법의학이 대활약을 할 것이다.

인지라는 말이 여성 사이에 널리 알려진 이유는, 단적으로 말하면 인지가 물질적인 혜택을 주기 때문이다. 인지를 받으면 아이와 남자 사이는 처음으로 부자관계가 성립한다. 아이는 그 남자에게 "날 양육해"라고 양육비를 청구하거나 상속권을 확보할 수 있다.

인지는 나이가 들어도 할 수 있다. 30세, 40세가 되어도 아버지인 남자에게 인지청구를 해도 전혀 문제가 없다. 인지방법은 자기 자식이라고 인정한 승인서를 관공서에 제출하면 된다. 누구의 승낙도 필요 없으며 단독으로 할 수 있다. 이것을 임의인지任意認知라고 한다.

후쿠오카福岡에서 이런 일이 있었다. 내연관계 수개월 후 태어난 아이가 양친의 이별로 인해 타인의 자녀로 성장했고, 60년의 세월이 흘렀다. 그 남자는 그동안 생부와 교제를 계속하면서 학비와 생활비를 받아왔다. 하지만 생부는 세상 이목을 꺼려서 인지는 해주지 않았다. 그래서 인지청구 소송을 했다. 재판소는 60년 후의 인지청구라도 권리남용이 아니라고 했다.

인지는 드물게 어머니에 대해 하는 경우도 있다. 어릴 때 어머니가 떠나고 노름꾼이 된 밤바노 쥬타로가 20세가 되어 〈기억 속의 어머니〉를 찾아 어머니라고 불렀을 때 어머니 오하마는 부모라는 사실을 인정하지 않았다. 그때 그녀는 에도 야나기바시柳橋202)에서 요정을 하고 있었으며 재산도 상당히 많았다.

"두 눈을 지그시 감고 있으면 어릴 적 어머니 모습이 보여요. 어쨌든 좋아. 보고 싶어지면 난 이렇게 두 눈을 감을 거예요."

쥬타로는 빈정거렸다. 현대라면 즉시 재판소를 무대로 하여 원고 쥬타로, 피고 오하마 사이의 인지청구 극이 될 것이다.

요즘 싫은 단어 중에 미혼모라는 게 있다. 사실 남녀, 친자 사이는 법률 이전의 관계다. 하지만 인간은 사회를 떠나서는 살 수 없는 이상, 완전히 사회를 무시할 수도 없다.

미혼모라는 말이 사용된다는 것은 아직도 이 사회는 비적출자를 색안경으로 보는 경향이 남아 있다는 뜻이다. 따라서 "낳고 싶으니까 낳은 거야"라는 여성의 자세는 아이를 위해 다시 한 번 생각해보아야 할 것이다.

인지의 소송은 상대가 죽어도 3년이 경과하지 않으면 할 수 있다. 그 경우, 상대는 이미 이세상 사람이 아니기 때문에 머나먼 극락정토까지 소환장을 보낼 수도 없다. 또한 상대가 삼도의 강三途の川203)을 건너 법정에 얼굴을 내밀면 재판관도 기겁할 것이다. 그래서 죽은 남자 대신 검찰관이 피고가 되는 것이다.

▶ 당신의 아이가 아니야

인지를 할 거야? 안 할 거야? 싸움이 발생하면, "이런 서류가 있습니다"라며 남자 측에서 가끔 내미는 쪽지가 있다.

대개는 "이 아이는 당신 자식이 아냐"라든가 "당신에게는 절대 폐 끼치지 않을 거야", "인지청구는 하지 않겠어"라는 내용이 쓰여 있다.

---

202) 도쿄 다이토(台東)구. 동쪽으로 스미다(隅田)강, 남쪽으로 간다(神田)강이 흐르며 간다강에 버드나무 다리가 있다. 에도시대부터 화류계 거리로써 번창했다
203) 불교어. 사후 7일째에 건넌다는 황천에 있는 강. 생전의 업에 따라 선인은 다리를, 경죄인은 옅은 여울을, 중죄인은 깊은 강을 건넌다는 3개의 강

하지만 이와 같은 쪽지가 몇 장, 몇십 장 있다 해도 인지사건에는 아무 도움도 되지 않는다. 최고재판소는 일괄하여 "인지청구권은 방치할 수 없다"고 말하기 때문이다. 아무리 인지청구를 하지 않겠다는 약속이 있어도 본인 자식이라면 강제적으로 인지를 해버리는 것이다.

일필에도 효력이 있는 것, 없는 것이 있는 법이다.

▶ 비적출자에서 적출자로

비적출자가 양친이 결혼하면 적출자로 될 수 있는 방법은 2가지다.

하나는 혼인 이외로 태어난 자녀를 아버지가 인지한 뒤 부모가 혼인을 한 경우이고, 또 하나는 인지를 하지 않은 채 부모가 혼인을 하고 그 후에 새롭게 인지를 한 경우다. 그로 인해 자녀는 당당하게 적출자가 될 수 있다.

"얄미운 첩이 요즘 차를 끓이기 시작했구나!"

이는 필시 정처가 될 준비를 하는 것이라.

▶ 비적출자의 호적관계

인지받을 때까지 비적출자에게는 아버지가 없다. 인지에 의해 처음으로 아버지가 생긴다. 그래서 어머니의 인지가 있든 없든, 비적출자의 호적은 어머니의 호적으로 들어간다. 어머니가 필두자筆頭者[204]가 아니면 새로운 호적으로 편성된다. 따라서 비적출자는 어머니의 성을 따른다. 인지를 받았다는 것은 호적에 기재될 수 있다는 의미다.

친권자는 어머니다. 하지만 인지를 받은 자녀라면 부모의 협의로 아버지에게 갈 수도 있다. 또한 인지를 받으면 그 남자에게 양육비 청구를 할 수 있다는 것은 앞에서도 말했다.

---

[204] 호적의 첫머리에 기재된 사람

6. 법률상의 친자·양자

핏줄이 아니지만 계약으로 부모자식 관계를 만들 수 있다. 그것이 양자다.

옛날부터 있었던 양자제도는 때로는 집안을 위해, 때로는 부모를 위한 제도로써 존재했다. 하지만 현재의 법률은 아이를 위한 제도다. 그럼에도 아직 전통적, 인습적 관념이 남아 있다.

가문이나 가산家產적인 사고를 보면, 아이를 위해서가 아니라 오히려 자식이 없는 사람이 자신의 노후를 위해 양자를 들이는 경향이 많다.

타인의 아이를 받아들여 양육한다고 다 양자가 되는 건 아니다. 분명한 계약이 있어야 한다. 더구나 법률에서 요구하는 주문도 있다. 따라서 뭐든지 계약만 하면 양자가 되는 것이 아니다. 그렇다면 어떤 주문이 있을까?

① 양쪽이 성실하게 양자결연을 한다는 의사가 있어야 한다.

게이샤나 작부가 필요 때문에 양자로 한 것은 노동계약이지 양친자관계의 계약이라고 할 수 없다. 집안의 명예나 가문의 품격을 높이기 위한 가친假親도 마찬가지다. 학구제學區制를 피하기 위한 결연이나 가족수당을 위한 양자결연도 의미가 없다.

② 부양하는 부모는 성년이어야 한다.

당연한 말이다. 싫어도 부모가 되라는 말이 있다. 아직 누군가의 친권에 복종하고 있으면 부모라는 이름에 어울리지 않기 때문이다.

③ 존속 또는 연장자年長者는 양자가 될 수 없다.

연장자가 아니면 된다. 한 살 적거나 동갑이라도 상관없다. 한 살 차이의 아버지, 어머니도 있을 수 있다. 연소자年小者도 존속은 안 되기 때문에 숙부, 숙모는 양자 자격이 없다.

④ 배우자가 있는 사람은 그 배우자와 함께 양자결연을 한다. 양부모도 그렇고, 양자도 그렇다.

15세 이상이면 미성년자라도 자기 의사로 양자가 될 수 있다. 15세 미만일 때는 본인의 의사 대신 법정대리인(예를 들면 친권자)의 승낙을 받아야 한다. 하지만 미성년자를 양자로 하는 경우에는 가정재판소의 허가가 필요하다.(민법 제798조) 양자제도가 악용되면 안 되기 때문에 가정재판소가 감시하는 것이다.

이와 같은 요건이 갖춰지면 양자결연 신고서가 수리된다. 혼인의 경우가 그러하듯 양자결연도 호적관사에 신고서만 제출하면 된다. 양자결연 신고서가 수리되면 그날부터 양자와 양부모 관계는 적출자와 동일한 대우를 받는다. 완전히 똑같다. 따라서 양자는 양부모의 성을 따르고, 미성년자라면 양부모의 친권에 복종하며 양부모에게 부양받는다. 그리고 양부모가 죽으면 상속인이다. 양부모와 혈연관계가 있는 자녀가 있어도 상속분은 동일하다.

양자는 양자결연 때문에 친부모와의 인연이 끊어지는 것은 아니다. 친부모가 사망하면 양자로 간 자녀는 친부모의 상속도 받을 수 있다. 즉 양자의 상속권은 두 배인 것이다.

자기 자식을 양자로 할 수 있을까?

양자제도는 앞에서 말한 것에만 저촉하지 않으면 양자결연을 할 수 있다. 따라서 자신의 남동생이나 여동생 또는 자기 손자도 양자로 할 수 있다. 자기 자식을 양자로 하는 경우도 있다.

"멍청한 소리, 자기 자식을 왜 양자로 해?"

말도 안 된다고 생각할지 모르지만, 자기 자식을 양자로 하는 경우는 의외로 많다.

앞에서 말한 비적출자는 상속 부분에서 다시 설명하겠다. 여하튼 상속분은 적출자의 2분의 1이다. 따라서 사랑하는 사람이 낳은 자녀가 가엾어 견딜 수 없다는 경우, 본처의 자녀와 똑같이 상속해주고 싶다는 생각이 들면 비적출자를 양자로 해 두면 된다.

태어날 때부터 양자

일본에서는 옛날부터 태어난 지 얼마 안 된 아기를 받아들여 자기가 낳은 아이로 호적에 신고하는 사람이 적지 않았다. 이것을 "태어날 때부터 양자"라고 한다.

하지만 아무리 호적에 올라가 있어도 친자는 아니다. 왜냐하면 부모와 아이 사이는 혈연관계가 아니기 때문이다. 그럼 양자일까? 양자도 아니다. 양자결연 신고가 없기 때문이다. 이런 것은 뒷날 그 아이에게 좋을 게 전혀 없다. 분란의 시한폭탄을 설치해둔 격이다.

동북부 지역의 어느 산부인과 의사가 자식을 원하는 사람에게 태어난 지 얼마 안 된 아기를 주어 친자식으로 신고하게 한 사건이 신문, 잡지에 보도되어 찬반논란이 거셌다. 이런 경우, 몇십 년이 흐른 뒤, 이해관계에 있는 사람과 친자관계가 아니라는 이유로 분쟁이 발생할 수가 있다. 그런 판례가 있다.

자식이 없는 부부가 다이쇼 11(1922)년에 어느 아기를 친자식으로 신고했다. 그로부터 40년 뒤인 쇼와 37(1962)년에 실질적인 친자관계가 아니라는 분쟁이 발생했다. 쇼와 50(1975)년 4월 8일, 최고재판소 판례도 역시 친자관계가 아니라고 했다.

왜 이런 분쟁이 발생할까? 그 아이와 친자관계가 아니면 몇백만, 몇천만, 몇억이라는 재산과 관련하여 별도의 상속권 소유자가 나타나기 때문이다. 이 문제는 상속 부분에서 자세히 설명하기로 하자.

양자결연의 작별

옛날에는 이연離緣이라고 하면 부부이별이었지만 현재는 다르다. 양부모와 양자가 인연을 끊는 일을 이연離緣이라고 한다. 부부이별은 이혼이다.

혈연관계의 친자는 아무리 미운 자식이든 고집쟁이 부모든 부모자식간의 인연을 끊을 수는 없다. 하지만 양친자관계는 처음부터 계약으로 맺어졌기 때문에 경우에 따라서는 "안녕, 굿바이"라고 말할 수 있다.

"안녕, 굿바이"의 방법에는 두 가지가 있다. 하나는 대화, 즉 협의로 이연을 할 수 있다. 협의만 있으면 간단하다. 취지에 관한 신고서를 호적관사에 제출하면 된다.

또 하나는 재판이다. 인연을 끊고 싶은데 한쪽이 싫다고 하면 재판이연裁判離緣밖에 없다. 재판을 하기 위해서는 양자관계가 악화되어 더 이상 결연을 지속할 수 없는 사정이 있어야 한다.(민법 제811조)

양자관계가 악화되었다는 것은 무엇일까? 예를 들면 미성년자인 양자를 양부모가 만족스럽게 부양하지 않았다, 부려먹기 위해 학교에도 보내지 않았다, 혹은 양자는 고수입으로 호화생활을 하고 있는데도 생활능력이 없는 병든 양부모를 부양하지 않았다, 가출하여 귀가하지 않았다, 양친자 사이에 심한 폭행이나 폭언이 있었다, 성격이 맞지 않아 도저히 지속할 수 없는 등의 경우다.

이연이 되면 양친자관계의 장래는 해소된다. 즉 앞으로는 친자가 아니라는 말이다. 양자는 양자결연 전의 성씨로 돌아간다.

양부모가 사망한 뒤에도 가정재판소의 허가만 있으면 양자 쪽에서 이연을 할 수 있다.

7. 친권이란 무엇인가?

(1) 친권은 부모에게 있다

미성년자도, 성년이 된 자녀도, 부모의 눈에는 똑같은 자식이다. 하지만 그 중에는 덥수룩하게 턱수염을 기른 녀석도, 큰 덩치에 주제 넘는 말만 하는 녀석도, 독립하여 생계를 꾸리지 못하고 부모에게 부양받는 칠칠맞은 녀석도 있다.

법률은 이런 자녀 사이에 선을 그었다. 어디에 선을 그었는가 하면 만 20세에 선을 긋고, 20세 미만을 미성년자라고 하여 친권에 복종시켰다.

친권이란 자녀가 적합한 한 사람의 사회인이 될 수 있도록 감호監護・교육하는 부모의 특수한 법률적 지위다.

'친권'이라 하여 권리라는 이름이 붙어 있지만 그 본질은 오히려 의무다. 친권에 얽힌 여러 가지 문제는 이런 관점에서 결정해야 한다고 법률은 생각한다.

친권은 그 이름이 나타내듯 부모에게 주어진다. 태어났을 때부터의 애정관계를 생각하면 부모가 자녀를 감호・양육하는 것은 자연스럽다. 열의와 애정 면에서도 가장 좋을 것이다. 하지만 결코 부모라는 이름만으로 주어지는 건 아니다. 최근에는 "좀 더 신중하게 결정하는 게 좋겠다"는 우려를 심어주는 부모도 적지 않기 때문이다.

원칙을 따지자면, 혼인으로 태어난 자녀는 그 친부모가 친권자이고, 양자는 양부모가 친권자이며, 비적출자에 대해서는 어머니가 친권자다. 부모가 친권자인 경우, 친권은 공동으로 행사한다.(민법 제818조)

친권의 공동행사란 자녀의 감호, 교육 등에 대해 부모가 공동의사로 결정한다는 의미다. 이때 부모의 쌍방명의가 보통이지만 반드시 그런 것은 아니다. 각각 다른 한쪽에 위임하는 경우도 있다.

"의견이 일치하지 않으면 어떻게 해?"

걱정하는 분도 있을 것이다.

"길이 질퍽거리니까 슬리퍼 신고 가."

아버지가 말한다.

"슬리퍼 안 어울려. 부츠 신고 가. 슬리퍼 신으면 자칫 넘어질 수도 있고."

어머니가 반대한다. 자녀가 아무리 부모 말을 잘 듣는 착한 아이라도 한쪽은 슬리퍼를 신고, 한쪽은 부츠를 신을 수는 없다.

옛날에는 아버지가 친권자였고, 어머니는 아버지가 정신병이나 사정이 있어 친권을 행사할 수 없을 경우에만 친권자였다.

"아버지의 그림자도 밟지 않는다"는 말처럼 아버지의 친권은 대단했다.

"아무리 그 무리가 꼬드겨도 그렇지, 어디 함부로 밖에서 자고 와?"

아버지는 일장 훈계를 하지만, 같은 친권자라도 어머니는 "괜찮아. 어서 와라"며 문을 열어줄 정도로 다정했던 것 같다.

부모의 공동행사는 의견이 맞지 않으면 문제가 생기는 법. 그런데 법률은 거기까지 일일이 규정할 수 없었던 걸까? 도무지 조문이 보이지 않는다. 둘이서 사이좋게 해나가라는 뜻일까?

부모의 한쪽이 행방불명으로 사라지거나, 외국에 장기 출장중이거나, 나쁜 짓을 저질러 징역살이를 하는 등 사실상 친권을 행사할 수 없는 경우에는 다른 한쪽이 단독으로 행사할 수 있다. 부부 한쪽이 죽거나 친권을 상실한 경우에도 마찬가지다.

법률은 불가능한 일을 공동으로 행사하라는 어리석은 말은 하지 않는다.

(2) 이게 바로 부모

그럼 친권이란 무엇인가? 통틀어 말하면 미성년자인 자녀를 감호·교육하는 일이다. 엄밀히 따지자면 감호와 교육은 따로 나뉘지만, 굳이 나눌 필요까지는 없다. 종이 한 장의 앞뒷면처럼 일체의 관계다.

자녀가 성장하면 성장할수록 밀접한 불가분의 관계다. 모든 생활비를 부모가 부담하고, 노무勞務를 제공하며 자녀를 한 인간으로 양육하는 일이다. 굳이 말한다면 감호는 주로 육체적 육성을 목적으로 하고, 교육은 정신적 향상을 꾀하는 일이라고 할 수 있다.

"졸면서도 부채를 부쳐주는 손길에/가슴 저려오는 부모의 마음/작은 모기장 속에서 새근새근 잠든 모습을 살짝 들여다보는/부모의 깊은 애정으로 아이는 성장해 가는구나!"

자녀의 감호·교육을 좀 더 구체적으로 말하면 다음과 같다.

(가) 명명권命名權

우선 "응애" 하고 태어난 아기에게 이름을 붙여주는 일도 친권의 하나다. 하지만 부모의 기호대로 희귀하고 난해한 이름을 붙여주는 친권은 부모의 이상에 지나지 않는다. 옛날 도전道電을 시전市電이라고 불렀을 무렵 야부나카 오메쥬藪中男女重(덤불 속에서 겹쳐 있는 남녀)라는 이름의 차장이 있었다고 한다. 그런 이름은 너무 심하다.

"내 어릴 적 내 의지와는 상관없이 아버지 마음대로 신고한 이름이에요. 정정訂正하고 싶어요."

이런 주장을 인정한 판례도 있다.

(나) 거주지정권居住指定權

자녀가 어디에 살면서 친구는 누구이고, 어떤 친구는 사귀지 말라고 결정하는 일은 자녀의 양육에서 무척 중요하다.

(다) **징계권**懲戒權

자녀가 잘못을 했을 경우, 그 행동을 바로잡아 올바른 길로 인도하기 위해 가끔은 징계가 필요하다. 자녀가 어린 경우에는 체벌도 필요하다. 하지만 체벌은 자녀의 연령이 어느 정도 되면 피하는 게 좋다. 또한 체벌은 그 시대의 사회적 상식으로 보아 적당한 범위가 있다. 구석에 처박아두는 체벌 같은 것은 허락할 수 없다.

(라) **직업허가권**職業許可權

자녀의 취업을 허락할지 아닐지도 친권의 내용이다. 자녀의 직업이 영리를 목적으로 하는지 어떤지, 혹은 고용될지 어떨지 부모가 판단할 수 있다.

(마) **재산관리권**財産官理權 · **대표권**代表權

미성년자가 재산을 갖고 있는 경우, 미성년자는 정신능력이 충분하지 않기 때문에 재산관리를 맡기면 위험하다. 따라서 부모가 그 재산을 관리하고, 소송이 필요하면 부모가 자녀를 대신해 소송할 수 있다.

자신의 아이에게 남자친구나 여자친구로부터 편지가 오면 부모는 신경이 쓰인다. 특히 17~18세 딸에게 온 남자의 편지라면 왠지 모르게 부모는 안절부절못한다.

그렇다면 친권의 행사로써 자녀 앞으로 온 편지를 개봉하는 행위는 인정받을 수 있을까? 인정한다는 사고도 있지만 통신의 비밀은 헌법으로 보장된다.(민법 제21조 제2항) 게다가 일반론에서도 함부로 친서를 개봉하는 일은 1년 이하의 징역 또는 4만 엔 이하의 벌금에 해당되는 범죄다.(형법 제133조)

하지만 자녀를 감호·교육하는 입장에서 때로는 편지를 개봉할 필요도 있다. 자녀가 나쁜 패거리와 어울린다면 부모가 먼저 알고 어떻게든 조치를 취해야 하기 때문이다. 따라서 의무교육이 끝날 때까지는 필요한 경우, 자녀에 대한 부모의 친권행사로써 자녀 앞으로 우송된 편지를 개봉할 수 있다.

자녀의 의무교육이 끝난 경우에는 마음대로 개봉하지 말고, 자녀가 먼저 개봉해서 보게 한 뒤, 그 내용을 보여달라고 요구하는 것이 좋겠다. 친서의 비밀은 수신인뿐만 아니라 발신인도 보호한다. 따라서 수신인인 자기 자식만 생각한다면 문제를 해결하지 못할 것이다.

▶ 부모와 자녀의 이해가 대립할 때

부모 중에는 지독한 사람도 있다. 자기 유흥비 때문에 자녀의 부동산을 저당 잡히고 돈을 빌리거나, 혹은 자기의 차금借金을 자녀에게 떠맡기는 부모도 있다. 법률은 이런 녀석을 방치하지 않는다.

따라서 부모와 자녀의 이해관계가 대립하는 행위를 했을 때 친권자라고 해서 부모는 그대로 자녀의 대리인으로서 행동할 수 없다. 부모는 자녀를 위해 가정재판소에서 특별히 대리인을 선임받은 뒤, 그 사람과 계약을 하지 않으면 안 된다.(민법 제826조)

즉 부모와 자식의 이익이 대립하는 행위에 대해서는 친권자의 대리권과 동의권을 박탈해버린다는 말이다.

(3) 친권의 남용과 상실

어떤 권리도 함부로 남용해서는 안 된다는 말은 여러 번 반복해왔다. 친권도 마찬가지다. 친권이 아무리 바짝 말라버린 우물처럼 깊고, TV 안테나처럼 높아도 친권의 위력을 이용하여 함부로 휘두르면 아이는 심한 고통을 받는다.

과학이 진보한 요즘은 옛날과 다르다. 한겨울에 죽순을 먹고 싶다는 부모가 있으면 죽순은 물론 가지도, 호박도, 뭐든지 구할 수 있기 때문에 효도도 쉽게 할 수 있다. 그래서 요즘 자녀들은 그런 일로는 힘들어하지 않는다. 또한 부모가 한겨울에 잉어가 먹고 싶다고 얼음물에 들어가 잉어를 잡는 멍청한 자녀도 없을 뿐더러 감기조차 걸리지 않고 간단하게 효도할 수가 있다.

이런 효도 이야기에는 탐욕스런 부모가 효자인 자녀를 괴롭히는 모습이 엿보인다. 애정 면에서도 기차역 인부가 함부로 짐을 부리듯이 싸구려 비프스테이크 식당 같은 경박하고 잘못된 사고방식을 가진 도저히 어찌할 수 없는 부모도 있다.

이런 부모답지도 않는 인간이 "효도"를 입버릇처럼 내세우며 끊임없이 친권을 남용하여 자녀를 울린다면, 그 정도가 심한 경우에 법률은 친권을 박탈한다.

어떤 경우에 친권을 박탈할 수 있을까? 민법 제896조에는 "아버지 또는 어머니가 권리를 남용하거나, 현저하게 행실이 나쁠 때"라고 규정한다. 이때 자녀의 친족 또는 검찰관으로부터 청구가 있으면 재판소는 친권상실을 선언할 수 있다.

친권의 남용이란 자신의 유흥비를 마련하려고 자녀의 재산을 처분하거나, 게이샤나 작부로 자녀를 일하게 하듯, 친권을 부당하게 행사하여 자녀의 복지에 뚜렷이 해를 입히는 경우다.

부모가 자녀에 대해 징계권을 갖고 있다는 말은 앞에서도 했다. 그 징계의 범위는 "미워도 두드릴 수 없는 눈 쌓인 대나무"의 범위가 아니면 안 된다. 그 범위를 넘어 징계라는 명목으로 자녀를 괴롭히는 일은 당연히 친권남용이다.

현저하게 행실이 나쁘다는 범위는 성적 품행이 나쁜 경우다. 판례를 보면 어머니에 관한 문제라는 사실을 알 수 있다. 현재 판례의 주류는 "어머니가 내연관계라 해서 눈에 띄게 행실이 나쁘다고 말할 수는 없다"고 되어 있다.

또한 내연은 아니지만 다른 남자와 성적 교섭을 하고, 게다가 현재까지 지속하고 있다 해도 그것이 자식의 복지 위반과 직결된다고는 할 수 없다. 남편과 사별한 여성에게 지나치게 어머니를 강조하고 그 이상을 요구하는 것은, 그녀가 여성이라는 사실을 무시하는 사고방식이라고밖에 할 수 없다.

아무리 미터법이 시행되어 술이나 간장을 리터로, 쌀이나 된장을 그램으로 재게 되었다고 해도 몇 미터 이상은 현저하게 행실이 나쁘다고 계산할 수는 없다. 따라서 그 시대의 상식, 사회 관념으로 정할 수밖에 없다.

어쨌든 미망인은 약자 입장이다. 따라서 많은 미망인들이 남편의 친족으로부터 현저하게 행실이 나쁘다는 이유로 친권을 박탈해달라는 제기를 받은 판례가 많다.

"아무리 잘 묶어도 나쁜 소문만 무성한 미망인의 머리카락."

이 말처럼 옛날부터 미망인은 수많은 시선의 중심이었던 것 같다.

"흐트러진 머리카락에 얼굴에는 하얀 백분가루를 바른 미망인의 모습."

이렇게 손가락질을 받았다. 또한 그녀가 뛰어난 미인이라면 "미망인에게는 부처님보다 더 많은 시주가 쌓이네"라는 소문이 무성했다.

8. 후견의 법률

비교적 새로운 후견제도

이 시점에서 후견後見이라는 말을 설명해보자. 유럽에서는 후견제도가 오래전부터 있었던 것 같지만 일본에서는 없었다. 불과 얼마 안 된 메이지 6(1874)년 1월이 되어 화사족華士族[205] 상속법의 "호주가 어릴 때에는 후견을 둔다"는 규정을 시작으로 다음해인 메이지 7년 태정관太政官의 지령에 따라 "어릴 때에는 일반 평민도 후견을 둘 수 있다"고 했다.

사전을 찾아보면 도쿠가와 시대에도 하나 정도의 후견제도는 있었다. 그것은 "도적이 나오면 후견 우물을 묻어라"고 말하듯 허울뿐인 후견이었으며 오늘날의 친족법상의 후견은 아니었다.

후견에는 두 가지 경우가 있다. 하나는 미성년자를 위한 후견이고, 다른 하나는 금치산자禁治産者를 위한 후견이다. 미성년자를 위한 후견은 친권을 행사하는 사람이

---

[205] 메이지유신 이후 무사계급에게 주었던 사족(士族)과 화족(華族). 사족은 화족과 평민 사이의 중간계급으로 2차 세계대전 후 폐지되었다.

없거나 있어도 관리권官理權이 없는 경우, 즉 친권보충親權補充제도다. 후견인은 없어도 좋고, 있으면 더욱 좋다는 생선회에 곁다리로 나오는 야채나 해산물 같은 역할이 아니고, 부모 대신 감호·교육을 하는 무척 중요한 임무를 띠고 있다. 따라서 법률도 엄하게 규정한다.

후견인은 한 사람이어야 한다.(민법 제906조) 그럼 어떤 사람이 후견인일까?

① 미성년자에 대해 최후에 친권을 행사하는 사람이 유언으로 후견인을 지정한다. 예를 들면 남편과 사별한 아내가 지금까지 친권을 행사해왔지만 아내도 남편의 뒤를 따라 저세상으로 떠나려고 한다. 이때 남겨진 미성년자가 신경 쓰여 유언으로 후견인을 정하는 경우다.

② 유언이 없을 때는 피후견인被後見人의 친족 또는 이해관계인利害關係人의 청구에 따라 가정재판소가 후견인을 정한다.

금치산자의 후견은 부부 한쪽이 금치산자가 되었을 때, 당연히 다른 한쪽이 후견인이다. 그렇지 않은 경우에는 역시 청구에 따라 가정재판소가 정한다.

후견인의 임무

후견인은 피후견인의 재산을 조사하고 그 목록을 작성해야 한다. 그리고 작성한 재산에 대해 관리하는 권리를 갖는다. 또 피후견인을 대표하는 권한도 있다. 미성년자를 위한 후견인은 미성년자의 신상에 관해서 친권자와 같은 권리의무를 갖는다. 즉 감호·교육을 하고, 주거지를 지정하고, 한 인간으로서 성장할 수 있도록 양육하는 권리의무다.

금치산자의 후견인은 금치산자의 자력資力으로 감호·요양을 하지 않으면 안 된다.

후견인을 감독하기 위해서 후견감독인後見監督人을 붙일 수 있다. 예를 들면 후견인이 회사의 이사라면 후견감독인은 감사監査직처럼 지위가 있어야 한다.

9. 부모와 자녀의 부양관계

(1) 부모와 미성숙자 사이

그럼 부모자식 간의 부양의무에 대해 말해보자. 순서대로 먼저 미성숙자인 자녀에 대한 부모의 부양의무부터 시작하자.

아쿠타가와 류노스케芥川龍之介[206]의 〈갓바河童[207]〉라는 작품을 알고 있는 분들도 많을 것이다.

"가미고지上高地[208]에서 발견한 갓바 한 마리의 뒤를 따라 그 나라에 간 나는 많은 것을 보고 들었다. 특히 갓바의 나라에서는 아기가 태어나려고 할 때는 우선 아기의 의사를 확인하는 것 같았다. 따라서 어떤 일이 있어도 세상에 밀려나와 버렸다는 일은 없었다."

인간세계에서는 자기 의사대로 아기가 태어나는 게 아니다. 따라서 생명 자체의 보호를 먼저 생각해야 한다. 친권을 말하기 전에 생명이라는 점에 먼저 중점을 두어야만 할 것이다.

부모는 연대하여 미성숙한 아이에 대해 불평 없이 전면 부양할 책임이 있다. 미성숙한 아이란 현실적으로 독립하여 생활할 능력을 갖추지 못한 아이다. 그럼 도대체 몇 살이면 성숙한 아이일까? 이것도 역시 그 아이에 대해 개별적, 구체적으로 판단해야 한다.

생활보호법에서는 중학교 3학년 이하를 미성숙자라 하고, 아동복지법에서는 18세에 미치지 못한 아이를 미성숙자라고 한다. 대개 고교를 졸업하면 미성숙자가 아니

---

[206] 1892~1927년. 소설가. 도쿄 태생, 제3차, 제4차 ≪신사조(新思潮)≫ 동인. 작품으로 〈나생문(蘿生門)〉 〈지옥변(地獄變)〉 〈갓바(河童)〉 〈톱니바퀴(齒車)〉 등이 있다.

[207] 수륙양생의 상상 속 동물. 신장 1m 내외로 입이 뾰족하고, 접시 모양의 머리에는 소량의 물을 비축하고 있으며 등에는 거북이등처럼 갑각이 있다. 사람이나 다른 동물을 물속으로 끌어당겨 생피를 빨고, 항문으로 장기를 꺼낸다고 한다.

[208] 나가노(長野)현 중서부, 해발 1500m, 중부산악국립공원의 중심이며 호코(穗高) 연봉의 등산기지

라고 생각하면 된다.

  부모는 미성숙자의 부양에 대해 자신과 같은 수준의 생활을 시켜야 할 의무가 있다. 이것을 생활보지의무生活保持義務라고 한다. 부모는 자신이 원하는 생활이나 자신의 사회적 지위에 어울리는 생활을 할 수 없다고 해서 자녀의 부양의무를 소홀히 해서는 안 된다. 그런 구실로 자녀의 양육을 피하려는 '친실격親失格'의 부모도 가끔은 있다.

  지당하게도 대부분의 부모는 자기는 먹지 못해도 자녀는 먹이려고 한다. 한 조각 빵이라도 서로 나누는 것이 부모자식 간의 정이다.

  앞에서 부부 사이에도 부양의무가 있다고 했는데 그 부양의무도 역시 이 생활보지의무다.

(2) 성년이 된 자녀와 부모의 관계

  만 20세가 되면 자녀는 친권으로부터 벗어난다. 마침내 "어휴" 하고 안도의 숨을 쉴 수 있다. 독립된 별개의 인격체로서 대등한 관계의 시작인 것이다. 따라서 자력으로 경제적 생활을 해야 한다는 전제다.

  그런데 부모도 자녀도 잘못된 생각을 하는 사람이 적지 않다. 자녀는 자녀대로, "새 헌법이 제정되면서 부모를 돌보는 의무는 없어졌어"라고 말하고, 부모는 부모대로, "부모자식은 여전히 부모자식, 자식이 나이든 부모를 부양하는 건 당연해"라고 말한다. 이것은 양쪽 모두 정확하지 않다.

  새 헌법이든 뭐든, 성년이 된 자녀와 부모 사이의 부양의무관계는 부정하지 않는다. 추상적, 일반적으로 양쪽 모두 부양할 의무가 있다는 말이다. 하지만 현실적으로는 무조건이 아니다. 부모이기 때문에, 자녀이기 때문에 부양하라, 양육하라는 뜻이 아니다. 정확히 말하면 미성숙의 단계를 벗어난 자녀에게 "부모를 돌봐라"고 말하기 위해서는 다음과 같은 요건이 있어야 한다.

(가) 부양필요상태의 발생

부모가 자신의 노동이나 자산資産으로는 생활을 유지할 수 없는 상태를 말한다.

(나) 부양가능상태의 존재

단지 부모가 병이나 노령으로 일을 할 수 없고, 또는 자산이 없다고 해서 자녀에게 부양의무가 즉시 부여되는 것은 아니며 자녀도 부양이 가능한 상태여야 한다.

부양가능상태란 자신의 사회적 신분이나 지위에 어울리는 생활을 유지하면서 부양할 수 있는 상태다.

현재 성년이 된 자녀와 부모의 부양관계는 상대의 생활에 여유가 있으면 원조한다는 방향으로 바뀌고 있다. 따라서 미성숙의 자녀에 대한 부모의 부양의무가 생활보지의무인 반면, 자녀가 부모를 부양하는 의무는 친족적부양의무親族的扶養義務라고 하며 그 의무는 무척 가볍다.

그렇다면 굶주리는 부모는 어떻게 될까? 부모로서는 싫은 소리 한마디 하지 않을 것이다. 이때는 생활보호법生活保護法 등의 공적부양公的扶養으로 된다. 전쟁 전까지는 부모의 염원은 자녀와 동거하면서 부양받는 편안한 삶이었다. 60세가 넘어도 일하고 있으면 빈곤자이거나 가정적으로 결함이 있는 사람으로 여겨졌다.

하지만 전쟁 뒤 가족주의가 붕괴하고 일본 전체는 가부장적인 직계가족제도에서 탈피했다. 도시에서는 핵가족화 현상이 빠르게 진행되고, 노인은 잊어져갔다. 노인은 항상 불안하다. 언제 병에 걸릴지, 언제 죽음을 맞이할지 모르는 불안감 외에도 실업하면 재취업이 어렵다. 그때는 어떻게 살아가야 할까? 이런 문제가 기다리고 있다.

쇼와 50(1975)년 총리부의 조사에 따르면, 65세 이상의 노인이 875만이라고 했다. 일본 총인구의 약 7%에 해당된다. 그 중 남자가 378만, 여자가 496만으로 여자가 많았다. 특히 85세 이상의 노인 중 약 70%가 여자다. 따라서 일본의 노인문제는 무배우자의 여자노인문제라고도 할 수 있다.

수년 전의 후생성 조사는 여러 형태의 연금이나 자산으로 자생능력自生能力이 있는 노인은 약 14%이고, 나머지는 정도의 차이는 있어도 생활에 대해 불안을 갖고 있다고 했다.

위의 숫자는 노인부양문제의 현실이 우선 경제적 부양을 나타내고 있지만 노인의 부양은 그 문제만이 아닐 것이다. 신변을 돌봐주는 서비스부양도 필요하다. 하지만 법률상으로는 노인과 동거하면서 부양해야 한다는 의무는 없다. 금전적 부양으로 충분하다고 되어 있다.

그렇다고 병으로 쓰러져 신변처리가 부자연스럽거나, 생활자금이 없는 부모를 방치해둔 채 자신들만 편안한 생활을 즐기는 태도는 뭔가 크게 어긋난 것 같다. 돼지나 개, 고양이의 부모자식 수준으로 인간의 격이 하락한 느낌이랄까.

(3) 며느리와 시어머니의 관계

앞에서 여자의 무배우자 노인인구가 많다고 말했다. 따라서 자신의 수입만으로는 도저히 생활할 수 없어 절반 이상이 자녀에게 부양받으며, 대부분은 장남과 동거를 하고 있다.

장남에게는 아내가 있다. 그래서 며느리와 시어머니 사이에 갑자기 문제가 발생하는 경향이 많다. 여성끼리 한 남자를 사이에 두고 한 지붕 아래 살면서 갈등이 없다는 게 오히려 이상하다. 그것은 노사분쟁보다도 깊고 오래된 인류의 영원한 분쟁일지도 모른다. 만약 시어머니와 며느리가 한집에서 사이좋게 생활한다면 그것은 괴담 같아 섬뜩한 느낌마저 들 것이다. 대개는 하고 싶은 말을 가슴속에 묻어두고 뭔가를 양보하지만 언제 무너질지 모르는 위태로운 생활이다.

어느 쪽이 좋고 나쁘고를 떠나서 며느리와 시어머니의 문제는 두 사람이 모두 여자이기 때문이라는 경우가 많다. 여하튼 하나의 성에 성주가 두 명인 것이다.

여자들은 자질구레한 일도 언제까지나 잊지 못하는 특성이 있다. 생활 속의 작은 일에도 원망하는 마음을 깊이 간직해두었다가 결국은 부패하여 매탄가스처럼 폭발 직전의 상태가 되는 일도 적지 않다.

시어머니는 시어머니대로 자신이 며느리였던 때를 잊어버린 얼굴을 하고, 며느리는 며느리대로 자신도 언젠가 시어머니가 될 가능성을 배제한 채 행동을 하기 때문에 사태는 더욱 악화된다. 그래서 기분이 언짢아진 며느리는 직장에서 파김치가 되어 돌아온 남편을 붙잡고 하소연한다.

"다시 말하지만, 난 당신이라는 남자와 결혼했지 시어머니와 결혼한 게 아냐. 이젠 더 이상 참을 수 없어. 시어머니와 따로 살게 해줘."

모리 오카이森鷗外[209]의 〈반일半日〉이라는 작품에서도 언제까지나 남편의 신변을 돌보는 시어머니에게 아내가 질투를 하여 히스테리를 일으키는 장면이 있다.

"당신의 아내가 되기 위해 시집온 거지, 저 사람의 자식에게 시집온 게 아냐."

주인공은 아무래도 오카이의 아내인 듯하다. 이 작품은 아내의 반대로 전쟁 뒤에도 발표되지 않았다.

며느리의 말도 무리는 아니지만 며느리와 시어머니는 법률상 전혀 관계가 없는 것은 아니다. 친족법의 첫 부분에서 말했듯이 인족 일친등一親等이라는 관계이며 혼인으로 발생한 친족관계다.

시어머니에게 구박받던 며느리가 견디지 못하고 제정신을 잃어 시어머니를 폭행하고 마침내는 살해해버렸다고 하자. 그것은 존속상해치사죄로써 일반적인 상해치사

---

[209] 1862~1922년. 소설가, 평론가, 번역가, 군의관. 시마네(島根) 태생. 육군군의관으로서 독일에 유학, 승진한 한편, 번역, 평론, 창작, 문학지 간행 등 다채로운 문학 활동을 전개. 번역 《어머니의 그림자》《즉흥시인》《파우스트》, 소설 《무희》《청년》 등이 있다.

보다 중죄이며, 시어머니의 유언에서 며느리는 증인이나 입회인으로 참석할 수 없다. 매우 희박하긴 하지만 가정재판소의 판례에서 "인족 일친등은 부양의무를 지는 경우가 있을 수도 있다."(민법 제877조 제2항)

게다가 남편에게는 자신의 어머니를 부양할 의무가 있다. 자녀에게 부모는 자기 존재의 근원이다. 원인 없는 결과(아들)는 없다는 것은 자연계의 철칙이다. 따라서 며느리가 자신에게 맞는 좋은 결과(남편)만을 취하고, 원인(시어머니)은 "이제 그만"이라고 한다면 그것은 너무 이기적인 행동이다.

동시에 남편도 반성해야 한다. 아내의 부모 없이 자신의 아내는 존재할 수 없다는 사실을 가슴속에 새기고, 아내가 자기 부모에 대한 부양의 일부분이라도 할 수 있도록 힘을 실어주는 노력을 게을리해서는 안 된다.

▶ 며느리와 시어머니의 종결

인족관계는 혼인으로 발생하기 때문에 혼인이 해소되면 소멸한다는 것은 당연하다. 혼인의 해소에는 두 가지 원인이 있다. 이혼과 배우자의 사망이다. 이혼을 하면 당연히 인족관계는 소멸한다. 따라서 부부이별을 하면 좋은 시어머니든, 원수 같은 시어머니든, 며느리와 시어머니 관계는 종료된다.

배우자 한쪽이 사망하면 부부도 역시 종료된다. 죽은 인간과 언제까지 부부로 있을 수는 없기 때문이다. 하지만 사망으로 인한 혼인해소의 경우, 당연히 인족관계는 종료하지 않는다. 종료하고 싶다면 종료할 수도 있다.

따라서 지금까지는 남편이 있었기 때문에 참고 살았지만 남편도 없는 상황에서 당신 같은 여자를 시어머니라고 부르고 싶지 않다고 한다면 호적관사에 가서 인족관계의 종료를 신고하면 된다. 누구의 승낙도 필요 없다. 단독으로 할 수 있으며 서식도 간단하다.

같은 혼인해소라도 이혼의 경우라면 배우자는 당연히 혼인 이전의 성으로 돌아간다.

예를 들면 다나카라는 여자가 고바야시와 결혼해서 고바야시로 성을 바꾼 경우, 이혼을 하면 다나카로 돌아간다. 불합리하다는 여성의 의견이 적지 않다.

약 96%의 부부가 남편의 성을 따르는 현실에서 아내의 상당수가 사회에서 일하고 있다. 결혼 후 계속 고바야시로 일해왔는데 이제 와서 다나카로 돌아간다면 불편하고 불합리하다는 주장이다. 지당한 말이다. 따라서 이 원고를 쓰고 있는 도중, 즉 1976년 5월의 국회에서 법률을 "희망하면 고바야시라는 성으로 있어도 된다"고 개정했다. 이혼한 날로부터 3개월 이내에 시, 군, 읍 창구에 수속을 하면 이혼 후에도 혼인 중의 성으로 있을 수 있다.

사망으로 인한 혼인해소의 경우, 당연히 성은 돌아오지 않는다. 만약 원래의 성으로 돌아가고 싶다면 간단하게 할 수 있다. 호적관사에 신고만 하면 된다. 역시 누구의 동의도 필요 없다.

그럼 성은 죽은 남편의 성인 채로 시어머니와의 인연, 즉 인족관계만 끊고 싶다면? 물론 할 수 있다. 게다가 양방이 함께 해야 한다는 제한도 없다.

10. 이혼의 법률관계

(1) 오, 남자여, 그 옛날 그대들은 강했다

요즘은 매년 11만 정도의 부부가 이혼을 한다. 세밀하게 따지자면, 4분 몇십 초만에 한 쌍씩 낮에도 밤에도 이혼을 한다는 계산이다. 왜 이렇게 많아진 걸까?

한마디로 말하면 여성의 사회적 지위가 높아졌기 때문이다. 반대로 남성이 그만큼 약해졌다는 것이다. 옛날에는 이혼에 대해서도 남자는 지나치게 강했다. 어느 정도 강했는가? 여기서 잠깐 얘기해보자. 여하튼 펜이 나아감에 따라 남자의 모양새가 점점 초라해지기 때문에 그 전에 약간 기운을 낼 필요가 있다.

"사랑하는 아내에게 미구다리항을 던지고, 긴 칼 옆에 차고 떠나온 머나먼 여행길."

미구다리항은 옛날부터 남편이 아내에게 건네는 것으로 정해져 있었다. 미구다리항이란 부부이별을 할 때 상대에게 건네는 이연장離緣狀으로, 내용이 짧고 대개 3행 반으로 쓰여 있기 때문에 그런 이름이 붙여졌다는 설이 있다.

그렇다면 왜 3행 반으로 했을까? 학자들은 논의한다. 왜 1행 반이나 2행 반은 아닐까? 짧다는 의미라면 오히려 그쪽이 더 짧은 것 아닌가? 여하튼 학자라는 사람들은 탐구를 무척 좋아해서 여러 설을 내놓는다. 그 중 한두 개를 소개해보자.

예로부터 계약서는 7행으로 쓰는 습관이 있었다. 따라서 아내를 맞아들일 때는 7행으로 하고 돌려보낼 때는 그 절반, 즉 3행 반으로 했다고 한다. 알 것 같으면서도 모를 설이다.

이런 설도 있다. 손님에게 내미는 3행 반으로 쓴 유녀의 편지가 점점 보통의 남녀 사이에서 굳어진 형태가 되었다고 한다. 정말 그랬을까?

여하튼 부부이별 때 이연장을 내밀던 습관은 먼 옛날 무로마치室町 시대부터였다고 한다. 그것을 '거장의 수장去狀の手章'이라고 했으며, 특별히 이연의 이유까지 쓰지 않아도 유효했다.

이연장의 대다수는 "가풍에 맞지 않는다", "마음대로 할 수 없다", "병에 걸렸다" "미숙하다"는 등 제멋대로 이유를 붙였던 것 같다. 남자의 입장에서 일방적으로 쫓아내는 이연장이었다는 사실이 엿보인다. 하지만 아무리 남자의 전권이혼이라 해도 이연장을 쓰는 일은 남편의 의무였다. 이연장을 쓰지 않고 아내를 쫓아낸 뒤 새로운 아내를 맞이하면, 남자도 곤경에 처해졌다. 도코로바라이所拂い[210]라는 형벌을 받았으며 그보다 더 심한 벌을 받았던 시대도 있었다.

한편 여자도 이연장을 받지 않고 재혼을 하면 머리가 깎여 친정으로 돌려보내졌다. 그렇다면 아내는 어떻게든 헤어지고 싶고 남편은 싫다고 고집부리는 경우, 여자에게는 전혀 방법이 없었을까? 어느 시대에나 좁은 문은 있는 법이다.

나라의 원흥사元興寺에서 발견된 유물을 보면, 무로마치 시대에 학대받은 아내가 그 절로 피하기를 원하면 서로 등을 맞댄 두 개의 인형을 소나무에 묶어서 부부이별의 제문을 읽어주고 갈라서게 했다고 한다.

원흥사는 그 일부가 현재까지 남아 있으며 나라시청 근처에 있다. 본당인 극락방極樂坊이 유명하며 국보로도 지정되어 있다. 정토종淨土宗[211]의 절로, 극락방에서

---

210) 사랑 때문에 화형당한 오시치 참조
211) 헤이안 말기, 자력(自力)을 버리고 아미타불의 원력을 꾀한다는 법연(法然)을 원조로 한 정토교의 일파. 정토삼부경을 성전(聖典)으로 하며 오로지 염불에만 열중하며 극락정토의 왕생을 목적으로 한다.

150m 정도 떨어진 민가에 이러한 유물이 매장되어 있었다. 그 부근을 원흥사 마을이라고 부른다.

에도시대에도 이연의 권리는 물론 남편 수중에 있었다. 부부이별은 남편의 의사대로였다. 아내의 이연청구는 머리를 자르고 가출하거나, 여승방으로 도망가는 방법, 남편에 의한 유기, 아내가 가져온 여러 가지 도구를 남편이 저당한 경우로 한정되어 있었다.

"이즈모出雲212)에서 인연을 맺고, 가마쿠라에서 헤어졌네. 인연을 끊을 때는 가마쿠라가 후원자구나"라고 말하듯 도망치는 절로는 가마쿠라의 동경사東慶寺가 유명했다. 이노우에 젠죠井上禪定라는 주지스님은 이렇게 말했다.

"에도시대 150년간 약 2천 명에 가까운 여자가 이 절로 도망쳐왔다는 사실을 절에 남아 있는 문서에서 알 수 있었다."

또한 도망칠 수 있는 절은 동경사로 한정되지 않았다. 군마현 신덴군에 있는 만덕사滿德寺나, 나가노長野 등 여러 곳이었던 것 같다. 예를 들면 오쿠카와 모리야마 항藩213)에서는 절이든 신사든 도망을 인정했던 것 같다.

▶ 현대의 미구다리항은 여자가 남자에게 내민다

현대에서는 입장이 완전히 바뀌었다. 이혼얘기는 대부분 여자의 입에서 나온다. 뒤에서 말하겠지만 대화로는 이혼이 되지 않는 부부가 재판으로 이혼을 하려 한다면 우선 가정재판소에서 조정을 받아야 한다.

전국의 가정재판소가 1년 동안 취급한 이혼조정사건을 보면 대략 70% 정도가 아내가 제기한 것이다. 최근의 통계는 쇼와 48(1973)년의 것이지만 그해 전국의 가정재판소가 수리한 이혼관계조정사건 총수는 37,110건이었다.

그럼 협의이혼의 경우는 어떨까? 후생성이 쇼와 43(1968)년에 협의이혼 실태를 조사했다. 그 조사에 따르면 남편이 먼저 이혼하자고 한 경우는 36%였다고 한다.

---

212) 현재 시마네현의 동부. 이즈모(出雲) 신화의 무대
213) 에도시대 다이묘의 영지

(2) 진보적인 일본의 협의이혼

일본에서는 이혼에 서로 합의만 하면 부부이별은 무척 간단하다.

부부는 신이 맺어주었다고 생각한다면 인간의 의사로 깨뜨리는 일, 즉 이혼은 용서받지 못할 것이다. 1970년대 현재도 지구상에는 이런 사고방식에 따라 부부의 협의이혼을 금지하는 나라가 많다. 이혼에 관대한 아메리카마저도 협의이혼은 인정하지 않는다.

이혼법의 역사는 교회의 여정이었다. 따라서 기독교의 영향이 강한 나라에서는 재판이혼마저도 특별한 이유가 없으면 인정하지 않는다. 하지만 전 세계의 경향은 자유로운 이혼의 확대로 착실히 진행되고 있다.

일본은 세계에서도 가장 간단하게 이혼할 수 있는 나라다. 물론 협의이혼은 완전 자유다. 남편과 아내가 자유로운 의사로 헤어지겠다고 서로 협의하고 성인 두 사람의 증인만 있으면 된다. 그리고 이혼신고서를 관공서에 제출하면 끝이다. 방법이 아주 간단하다.

이혼하려는 부부에게 미성년자의 자녀가 있는 경우, 이혼합의 외에 자녀의 친권자를 누구로 할 것인가를 결정하지 않으면 안 된다. 이혼에 대한 합의는 성립했지만 누가 친권자인지 분쟁이 남아 있다면 결국 협의이혼은 할 수 없다.

▶ 부부가 공모한 이혼극

세상에는 이상한 부부도 있다. 채권자의 추궁을 피하기 위해, 혹은 실업대책으로 나온 일용노무자 등록은 부부보다 개인에게 유리하기 때문에, 또는 배우자의 입원비용 부담을 일부 면제받기 위해…… 이런 목적으로 전혀 이혼하고 싶지 않은데 이혼신고를 한 부부공모이혼이 있다.

이런 이혼은 유효일까 무효일까? 학자들 사이에서도 논란이 많다. 최근의 판례 경향은, 어쨌든 부부 사이에 당연히 합의가 있었기 때문에 호적에 이혼기재를 한 것이므로 이혼의사가 전혀 없었다고는 말할 수 없다는 논법으로 이혼은 유효로 한다.

사실은 이혼할 의사가 없는데도 공모로 형식만 이혼신고를 한 경우, 설령 남편이 다른 여자에게 눈을 돌려 혼인신고를 해도 어쩔 수가 없다. 허위 이혼신고가 실제로 이혼이 되어버려 후회해봐야 소용없다. 자신이 파놓은 함정에 스스로 빠진 격이다.

▶ **모르는 사이에 신고된 이혼**

세상에는 패륜적인 남편도 있는 법. 이런저런 핑계로 이혼을 꺼리는 아내를 들볶다가 결국 아내 몰래 싸구려 도장을 만들어서 이혼신고를 해버리는 경우가 있다.

이런 경우 형법상 사문서위조, 행사行使, 공정증서원본부실기재公正證書原本不實記載라는 범죄에 해당된다. 그렇다고 해서 곧장 호적관사로 달려가 "난 전혀 모르는 사이에 이혼이 되어버렸어요. 그러니까 당장 정정해주세요"라고 말해본들 무리한 요구일 뿐이다.

이처럼 중요한 호적사항을 정정하려면 이혼무효확인소송을 하고, 그 결과로 수정할 수밖에 없다. 이미 신고된 뒤에는 소송으로 정정할 수밖에 없기 때문에 무척 번거롭다. 그 전이었다면, 예를 들어 아무래도 남편이 제멋대로 이혼 신고서를 낼 것 같다든가, 혹은 강요로 이혼신고서는 썼지만 이혼은 싫다는 경우에는 호적관사에 가서 불수리원不受理願을 해두는 방법이 있다. 그렇게 하면 반년 동안은 유효하고, 호적관사에서는 이혼신고를 수리해주지 않는다. 반년이 지나면 다시 반년, 또다시 반년…… 이런 식으로 재제출, 재삼제출이 가능하다.

(3) 이혼소송 전에 반드시 해야 하는 조정

누구의 말에도 귀 기울이지 않고, "결혼은 자유니까"라며 부모의 반대를 무릅쓰고 결혼했지만 역시 제대로 되지 않았다. 마침내 이혼을 결심해도 대화는 좀처럼 진전을 보이지 않는다. 이런 일은 그다지 드물지 않다. 합의로 결혼했으니까 합의로 해소할 수 있다면 그보다 더할 나위 없겠지만 유행가 가사나 소설처럼 깔끔하게 정리되지 않는다.

"아무것도 묻지 말고 나와 헤어져줘"라는 말을 듣고는 "헤어지자, 인연을 끊자는 말은 게이샤에게나 하는 말. 차라리 죽으란 말이냐?"

〈부계도婦系[214]〉의 오타처럼 산뜻하게 이별을 하는 여자는 적을 것이다. 대부분은 "안 돼. 돈 내놔"라고 말한다. 그것도 도저히 불가능한 금액을 제시하면서.

남자도 마찬가지다. 치카라처럼 여자를 생각해서 이별하는 게 아니기 때문에 동정심도 배려심도 전혀 찾아볼 수 없다. 사람은 이별할 때 본성이 나타난다. 비열한 인격을 적나라하게 노출하는 인간은 항상 있는 법이다. 그렇다면 재판이혼이다. 그래서 조정수속으로 된다. 일본에서는 조정전치주의調停前置主義라고 해서 "가정에 관한 사건에 대해 재판을 하기 전에 먼저 가정재판소에서 조정수속을 할 필요가 있다"(가사심판법 제18조)고 규정한다.

결혼과 이혼, 친자, 상속으로 얽힌 사건, 다시 말해 신변이나 가정 내의 일은 대체로 소송하기 전에 먼저 가정재판소로 가야 하는 것이다. 하지만 상대가 행방불명이라면 대화는 불가능하다. 이때는 예외로써 소송을 먼저 해도 좋다.

(4) 여러 가지 이혼원인

가정재판소 조정수속에서 대화를 시도했지만 역시 조정이 안 되었을 때는 재판밖에 없다. 재판을 하면 반드시 헤어져야 한다는 것은 아니다. 따라서 "헤어지고 싶지 않아"라고 말하는 사람과 강제적으로 헤어지려 하기 때문에 나름대로 확실한 이유가 없으면 안 된다. 이것을 이혼원인離婚原因이라고 한다.

이혼원인에는 여러 가지가 있으며 민법 제770조에 규정되어 있다. 그럼 거기에 나열된 순서에 따라 설명해보자.

(가) 무엇이 '부정'에 해당될까?

배우자 이외의 이성과 교제한다고 해서 곧바로 부정不貞이 되는 것은 아니다. 또한 키스나 페팅도 부정에 해당되지 않는다. 판례는 이렇게 말하고 있다.

---

214) 이즈미 쿄카(泉鏡花)의 소설. 메이지 40(1907)년에 발표. 게이샤 오타와 헤어진 하야세 치카라는 은인의 원수인 가와노 일가를 파멸하고 스스로 독을 마신다.

"부정이란 정조위반 행위다. 즉 배우자 이외의 이성과 성관계를 맺는 일이다."

따라서 동성애도 부정에는 포함되지 않는다. 반면 상대가 창녀이고 돈을 지불했다면 부정에 해당된다.

매년 부정으로 붕괴되는 가정이 많다. 남편과 헤어지고 싶다고 말하는 아내들의 가장 많은 이유는 '남편의 부정'이며, 두 번째는 '남편의 폭력행사', 세 번째는 '성격이 맞지 않아서'다. 순서대로 나열했지만 그 차이는 그다지 크지 않다. 쇼와 48(1973)년에는 차이가 거의 없었고 '남편의 폭력행사'가 1위였다.

예전에 바람은 남자의 본능이라며 참고 견디는 여성이 많았지만 요즘은 다르다. 바람을 피우지 않더라도 남편이 늦게 귀가하면 아내는 질투와 의심으로 소란을 피울지도 모른다. 벗은 양복 주머니를 조사하는 아내도 있다고 한다.

아담이 매일 밤늦게 귀가하자 어느 날 아내 이브는 잠든 아담의 갈비뼈 숫자를 세기 시작했다. 원래 그녀 자신이 아담의 갈비뼈였기 때문에.

▶ 남자는 어느 정도 약해져 있을까?

여성이 점점 강해지고 있다는 증거는 부정不貞에도 나타난다. 최근에 아내와 헤어지고 싶다고 남편 쪽에서 제기한 조정사건을 보면 4건에 1건 정도가 "아내가 바람을 피웠기 때문"이라는 이유였다. 아내와 헤어지고 싶다고 남편이 조정을 제기한 이유 중 두 번째는 아내의 이성관계였다.

어느 잡지사가 "현재 바람을 피우는 아내에게 듣는다"라는 것을 기획한 적이 있었다. 당일 편집자 한 사람은 뭐, 그런 부인들이니까 분명 화려한 느낌의 여성들일 거라고 상상하면서 속기사를 데리고 좌담회에 갔다. 그런데 그녀들은 전혀 화려하지 않을 뿐더러 슈퍼마켓이나 거리에서 흔히 볼 수 있는 평범한 여성이었다. 오히려 수수한 느낌마저 주었다. 그때 그는 자기도 모르게 자기 아내를 떠올렸을지도 모른다.

요즘 왜 이렇게 아내의 부정이 증가하는 것일까? 그건 누가 뭐래도 여성의 경제력 향상이라고 말하지 않을 수 없다.

일본의 이혼이 눈에 띄게 증가한 시기는 쇼와 40(1965)년부터였다. 여러분도 알다시피 일본이 고도경제성장의 길을 걷기 시작한 시기와 맞닿아 있다. 확장에 확장을 거듭하여 만성적인 노동력 부족에 시달리던 기업은 노동력을 보충하기 위해 주부들에게 눈길을 돌렸다. 그녀들은 시간적 여유가 넘쳤다. 따라서 주부의 노동력도 대가를 받을 수 있게 되었다. 만에 하나 부정이 들켜 이혼을 해도 결코 굶는 일은 없을 것이라는 자신감이 심리적으로 여성을 강하게 만들었다. 게다가 남편 이외의 남자는 야채가게 아저씨나 생선가게 아저씨, 기껏해야 아이들의 교사 정도였지만 세상에 나오니 남자가 가득했다. 더구나 그들은 모두 반짝반짝 빛나고 활기찼다.

그럴 것이다. 남편은 하루 종일 일하고 있다. 게다가 만원 전철에 시달리며 귀가하기 때문에 항상 만성피로에 젖어 있다. 그런 남편과 비교하면 낮에 보는 남자들은 얼마나 활기에 넘치고 윤기가 흐르는가!

게다가 사회적 풍조도 무시할 수가 없다. 옛날에는 아내가 바람을 피우면 주위 사람들에게 멍석돌림을 당할 정도로 비난받았지만 요즘은 잡지, 영화, TV에 유혹적인 드라마가 범람하는 시대다. 그런 분위기 속에서 그녀들의 심리적 제어장치가 느슨해졌다고 할까.

▶ 넘쳐흐르는 아내들의 시간

게다가 아내들에게는 여유시간이 넘쳐흐른다는 사실도 간과할 수 없다. 어쨌든 바람을 피우려면 심리적으로 여유가 필요하고 현실적으로도 시간이 필요하다.

그렇다면 그녀들에게는 어느 정도 여유시간이 있을까?

쇼와 16(1941)년, 주부들의 가사시간을 조사한 일이 있었다. 조사에 따르면 그녀들의 평균 가사시간은 하루 약 10시간 30분이었다. 그런데 쇼와 40(1965)년의 가사시간은 하루 약 7시간 정도였다. 쇼와 16년과 쇼와 40년에 주부가 가사에 할애한 시간을 보면 하루 약 3시간 30분, 한달에 약 105시간, 일년에 약 1260시간이라는 차이가 있다. 쇼와 40년에 주부들이 가사에 할애한 시간이 그만큼 줄었다는 계산이다. 더구나 이것은 주부들의 평균 가사시간이기 때문에 자녀가 중학교나 고등학교에 진학한 경우에는 더 많이 줄어든다. 그 단적인 예가 TV시청시간이다.

경제기획청이 1965년부터 1970년까지 조사한 '주부들의 TV시청시간'에 따르면 일본의 주부는 하루에 4시간 30분, 아메리카 주부는 2시간 45분, 프랑스 주부는 2

시간, 러시아 주부는 1시간으로, 주부의 TV시청시간이 세계에서 가장 많은 나라는 일본이었다.

그런데 쇼와 49(1974)년 NHK 발표에 따르면 4시간 51분으로 더욱 증가하고 있다. 어느 조사에서는 40대로 접어든 도쿄 주변의 주부들이 자유롭게 사용하는 시간은 하루 7시간에서 8시간이라고 했다. 그래도 여유시간을 더 많이 원하는 주부가 48%나 된다고 NHK는 말한다.

주부의 여유시간이 증가한 이유는 여러 가지가 있다. 핵가족화와 더불어 옛날처럼 넓은 집에 많은 사람들이 모여 사는 게 아니라, 성냥갑 같은 아담한 집에서 몇 사람만 생활하게 되었기 때문이다, 자녀가 한 명이거나 기껏해야 두 명이다, 대부분 29세로 여성의 출산이 끝난다, 가정전자제품 보급으로 세탁이나 청소에 시간을 빼앗기지 않게 되었다. 그 중 실로 한탄스러운 원인은 직접 만든 요리보다 인스턴트식품이나 냉동식품이 주부들에게 시간을 듬뿍 안겨주었다는 것이다.

문부성의 통계수리연구소가 여성들에게 설문조사를 했다.

"만약 당신이 다시 태어난다면 여성과 남성, 어느 쪽으로 태어나고 싶습니까?"

이 질문에 여자로 태어나고 싶다는 대답은 매년 증가한다고 한다. 쇼와 48년에는 그 숫자가 51%로 과반수를 차지하고 있다. 여성에 대한 동경의 극치다.

그렇다면 이런 여유시간 증가와 아내의 부정 증가는 연관이 있는 걸까? 트로이의 헬렌처럼 뛰어난 미인의 아내가 파리스 같은 남자에게 유혹받은 뒤, "마魔가 끼었어. 아프로디테님의 힘으로"라며 자신의 부정을 미와 사랑의 여신 탓으로 돌리고 남편에게 돌아왔다면 그 남편은 용서할 수도 있겠지만, 평균 수준의 아내라면 보통의 남편은 용서해주지 않을 것이다.

한때 아내들 사이에서 삶의 보람론이 활개 친 적이 있었다. 하지만 뿌리를 내리지는 못했다. 오히려 한가로우면 불선不善을 행하듯이 눈과 코에 딱지가 앉을 정도로 더 빠르게 불륜으로 달려갔다.

삶의 보람을 추구하려면 사고력이 필요하지만 기본이 안 돼 있으면 뿌리 없는 초목에 불과하다. 그렇다고 여유시간이 많은 사람이 모두 바람을 피우는 건 아니다. 그럼 어딘가로 가야 한다. 그래서 치맛바람이 자연스럽게 활개를 치게 되었다. 남편에 대한 실망, 그 보상심리로 자녀에게 기대를 거는 걸까?

옛날 기질을 가진 사람의 눈에는 지독한 악처의 증가로 비칠 것이다. 그런 아내들을 향해 "주제넘어, 칠칠맞아, 참을성이 없어"라며 화를 내겠지만 소크라테스의 아내도 역사에 남을 만큼 악처였다는 사실을 생각하면 그렇게 바보취급 해서도 안 될 것 같다.

"시끄럽고 입이 거친 쿠산티페 같은 악녀를 왜 아내로 맞이했습니까?"

"내가 그 여자를 참고 인내하면 세상 천하에 친구가 안 될 사람은 없을 것이다."

소크라테스의 대답은 역시 현인답다. 수양을 위해 헤어지지 않았던 것이다.

여하튼 여성이 점점 더 강해지는 동안, 남성은 무르고 약해져가고 있다. 거리에는 남자인지 여자인지 구별할 수 없는 괴상한 복장을 한 남자가 어슬렁거리는 모습이 종종 눈에 띈다. 이런 인스턴트적인 비개성은 문화의 본질과는 거리가 멀다. 하지만 그런 모습을 하고 있으면 사고방식도 여성적으로 변하지 않을까.

그래서일까? 아내와 헤어지고 싶다고 말하는 남편 중에는 "아내가 구박하니까"라는 사람도 있다. 농담이라고 할지도 모르는 분을 위해 쇼와 48년의 사법부 통계에 나타난 숫자를 소개하겠다.

"아내가 폭력을 휘두르기 때문에"라는 이유로 이혼제기를 한 건수가 350건.

"아내가 술을 너무 많이 마시기 때문에"라는 이유가 183건.

"아내가 정신적으로 학대를 하기 때문에"라는 이유가 1027건.

여성들이 강해졌다는 세간의 말은 결코 물리적인 완력이 아니다. 그리스 신화에 나오는 아마존의 여자들처럼 일본에 용감한 여성들이 늘어난 것은 아닐 테고 분명 칠칠맞은 남자가 증가했다는 의미일 것이다.

▶ 목숨 건 불륜

옛날에는 배우자가 있는 남자와 여자의 성관계, 즉 간통은 범죄였다. 그리스 아테네의 고대 법률에서는 간통의 현행범이 발각되면 살해되어도 불평할 수 없었다고 한다.

일본에서도 그렇다. 에도시대의 법률을 보면 현행범을 발견한 남편에게는 아내를 살해할 권리를 인정했다. 둘로 겹쳐놓고 싹둑 잘라 네 토막 내는 형벌이었다.

하지만 어느 시대나 분쟁을 돈으로 해결한 흔적은 남아 있다. 소크라테스의 제자인 안치스테네는 간통이 발각되어 목숨 걸고 도망치는 남자를 보면서 이렇게 중얼거렸다.

"멍청한 녀석. 돈이면 위험으로부터 도망칠 수 있는데."

일본에서도 촉산인蜀山人인 오오타 남보大田南畝의 말을 들어보자.

"오사카에서는 5냥 2분, 에도에서는 7냥 2분이라는 범죄다."

이렇듯 간통은 목숨의 시세였던 같다. 하지만 죽느냐 사느냐의 갈림길에서 2분이라는 우수리를 내밀었다는 것은 인간미가 있어서 재미있다.

종전終戰까지도 간통은 범죄였다. 발각되어 이혼하거나 혹은 이혼소송 뒤 남편이 고소告訴를 한 경우로 한정되지만 2년 이하의 징역형이었다.

그런데 남편의 간통은 범죄가 아니었다. 아내의 간통에만 한정되었기 때문에 남녀평등사상에 위반된다 하여 전쟁 후 폐지되었다.

법률을 만들거나 폐지하는 주체는 남자들이다. 국회의원 중 몇 명이나 "간통을 벌로써 처벌하라"고 양심에 부끄럼 없이 말할 수 있을까?

극히 소수라도 과연 있기는 할까? 만약 예수가 나타나서 "너희들 중 죄 없는 자가 먼저 돌을 던져라"고 한다면 대머리도, 백발도, 말라깽이도, 뚱보도, 우익도, 좌익도, 하나둘 그곳을 떠날 것이다.

"엣? 떠나지 않을 거라고?"

예수에게 꾸지람을 듣고서야 퇴장한 프랑스인처럼, 과연 고명하신 국회의원님에게는 깨끗한 마음이 없을지도 모르겠다.

▶ 간통은 여전히 위험한 열매

"간통죄 따위는 없어졌으니까"라며 타인의 남편, 아내와 용감하게 일을 저지르는 사람이 있는데 그런 분은 다음 사항을 알아야 한다.

우선 발각되면 이혼사유다. 예를 들면 아내의 부정을 발견하면 피해자인 남편은 아내에 대해 이혼청구권을 갖는 것과 동시에, 아내와 상대남자에게 공동불법행위자로서 손해배상을 청구할 수 있다. 간통은 혼자서는 할 수 없기 때문이다.

또한 남편 부재중, 여자의 유혹으로 그 집에 들어가 일을 저질러 발각되면 주거침입죄로 고소당할 수도 있다.

"바보 같은 말은 하지 마. 그 집에 살고 있는 부인이 불러서 들어갔는데, 주거침입죄라니? 너무 억울하잖아."

이렇게 항변할지도 모른다. 그런데 형법 학자들의 의견은 엇갈리지만 판례로는 주거침입이다. 아내에게 주거권이 있는 건 분명하지만 남편에게도 주거권이 있기 때문이다. 자신이 부재중일 때 그런 뻔뻔스런 목적으로 들어왔다는 사실을 남편이 안다면 당연히 동의할 리가 없다. 그러니 아무리 아내가 들어오라고 했어도 남편의 주거권은 침해당했던 것이다.

명예로운 얘기는 아니지만 예로부터 "일도一盜, 이비二婢, 삼첩三妾"이라고 해서 "첩보다 하녀를, 하녀보다 남의 아내를 범하는 것이 수위가 높다"고 말해왔다. 그래서 이런 일이 끊이지 않는 걸까?

(나) 악의의 유기

유기遺棄라는 말의 본질은 동거同居, 협력, 부조扶助의 의무를 태만히 하는 일이다.

알기 쉽게 말하면, 아내가 남편과 자녀를 버리고 홀딱 빠진 남자와 도망치거나, 반대로 남편이 아내를 버리고 어딘가로 모습을 감춰버리는 경우다. 하지만 유기인지 아닌지는 외형만으로는 판단하기 힘들다.

세상에는 "먼저 집을 나가면 손해다"는 항간의 말을 맹신하여 심한 구박을 받으면서도 집 안에 얽매여 있는 가엾은 여성도 있는데, 그 말은 오해다.

"내가 집을 나가면 유기에 해당되니까, 저 녀석을 들들볶아서 쫓아내야지."

이런 비열한 생각으로 아내를 괴롭혀 결국 집을 나가게 한 남자가 있었다. 그런데 아내가 다시 돌아오자 받아들일 수 없다며 거부했다. 이때는 남편 자신이 실질적으로 그런 별거라는 형태를 만들었기 때문에 오히려 집에 있는 남편 쪽이 유기에 해당된다.

그런데 악의惡意의 유기라는 말에 주의해야 할 것이 두 가지가 있다.

하나는, 10일이나 반달 정도 가출했다고 해서 곧장 유기로는 되지 않는다는 것. 법률에서는 특별히 몇 년이나 몇 개월이라고 기간을 정하지는 않았지만 적어도 반년 정도 집을 떠나 있지 않으면 여기서 말하는 유기에는 해당되지 않는다.

또 하나는, 악의였을 필요가 있다. 악의란 유기하면 혼인생활이 깨진다는 사실을 인정하는 태도다. 동거 중인 남편의 친족, 예를 들면 고부간의 갈등에서 탈출하기 위해 친정으로 피했다 해도 결코 그녀에게는 남편과의 파탄을 원하는 적극적인 의사가 없었기 때문에 악의가 있다고는 할 수 없다는 판례도 있다.

행방불명으로 3년 이상 생사가 분명하지 않은 경우에는 그 사실만으로도 독립적인 이혼사유다.

(다) 그림 속의 떡 · 정신병의 이혼원인

문명이 발달하면 정신병원의 침대는 만원이 된다. 눈앞이 핑핑 돌 정도로 바쁜 세상 속에서 정신에 영향을 받지 않는 사람이 있다면 오히려 그 사람이 더 이상할지도 모른다. 배우자의 한쪽이 불행하게도 정신병에 걸렸다면 이혼할 수 있다고 민법 제770조 제1항 4호에 규정되어 있다. 하지만 ① 강도 높은 정신병이고 ② 회복 가능성이 없을 때라고 한정되어 있다.

아마도 회복 가능성이 없다는 사실은 입증하기가 꽤 어려울 것이다. 강도 높은 정신병은 회복하기 어렵다고들 말하지만 판례는 반대다. 판례에서는 정신병이란 원칙적으로 회복가능하다고 여긴다.

법정에 서 있는 의사 또한 신이 아니기 때문에 "이 환자는 회복 불가능입니다"라고 증언하기는 무척 힘들 것이다. 따라서 배우자의 정신병이 원인인 이혼은 그림 속의 떡일 뿐 현실적으로는 무척 어렵다.

(라) 그 외에 혼인을 지속하기 어려운 중대한 사유

앞의 구체적인 이혼사유 외에 민법 제770조 제1항 5호에서는 "그 외에 혼인을 지속하기 어려운 중대한 사유"가 있는 경우에는 이혼을 할 수 있다고 규정한다.

부정, 악의의 유기, 3년 이상 생사불명, 강도 높은 회복 불가능한 정신병은 결혼을 지속하기 어려운 중대한 사유다.

그 외에 성격불일치나 폭력이라는 이유로 이별하는 경우에는 역시 정도가 심한 상태가 아니면 안 된다. 그럼 혼인을 지속하기 어려운 중대한 사유에 해당되는 사항을 몇 가지 들어보자.

▶ 실무자를 몹시 애먹이는 성격불일치

"헤어져!"

"싫어!"

이런 경우 자주 등장하는 말이 성격불일치라는 이혼사유다. 가정재판소에 제기된 조정사건 중 남편이 주로 이혼하고 싶다는 이유로 사용하는 제1위가 이것이다. 여하튼 매년 압도적으로 증가하고 있다.

인간끼리 완전히 일치하는 성격이란 있을 수 없다. 제각각 얼굴이 다르듯 성격차이는 당연하다. 따라서 여기서 말하는 성격불일치는 그 정도가 무척 심하고 더 이상 가정생활을 유지할 수 없는 경우가 아니면 안 된다.

당사자는 일반적으로 그렇게 주장하지만 일상생활의 작은 부분까지 매우 구체적으로 개별적인 사정을 파고 들어가 법정에 제출하지 않으면 심한 성격불일치인지 어떤지 판단할 수가 없다.

따라서 성격불일치로 이혼하고 싶다는 신청은 실무자를 몹시 애먹인다. 이런 이유로 이혼소송을 의뢰받은 변호사도 무척 고생한다. 성격차이의 심한 정도와 자세한 사실을 거듭 주장하고, 증명해야 하는 것이다.

식사하는 방법이 마음에 들지 않는다거나, 세수할 때 주위에 온통 물을 튕겨놓는다거나, 재떨이가 옆에 있는데도 부주의하게 재를 떨어뜨린다거나, 정치 얘기를 하면 남편이 바보취급 하듯 비웃는다는 등 꺼내기 시작하면 끝이 없다.

이혼하고 싶은 이유는 사실 다른 것이지만 그 이유를 말하면 자신이 불리해지기 때문에 성격불일치를 대부분 방패막이로 사용한다. 젊은 여자에게 홀딱 빠졌다고 하자. 하지만 그 말을 하면 이혼할 수가 없다. 그래서 고민 끝에 아내와 성격이 맞지 않는다고 한다. 10년이나 같이 살아왔는데 이제 와서 성격이 맞지 않는다는 말을 정말 잘도 하는 것이다.

"조강지처는 버리지 않는 법이다"는 말이 있다. 조강지처란 술지게미와 쌀겨라는 뜻이다. 가난한 시절 같이 고생하며 생활을 꾸려온 아내를, 갑부가 되고 출세해서 유명해졌다고 더 이상 이용가치가 없어진 상자처럼 버리는 것은 인간의 도리에 어긋난다.

후한後漢의 광무제光武帝가 송홍이라는 사람에게 "이혼을 하고 내 여동생과 결혼하라"고 은밀히 요청을 해오자 그는 "조강지처는 버리지 않는 법입니다"고 대답했다고 한다.

▶ 더 이상 저 사람을 사랑하지 않아

인간의 사랑이 콘크리트처럼 단단하고 반영구적이라면 인생은 참으로 단조롭고 평화로울 것이다. 하지만 영원한 사랑이란 인류의 신화, 만족할 수 없는 환상, 손에 넣을 수 없는 파랑새 같은 것이다.

"영원한 사랑, 그건 유령이야. 누구나 말하지만 본 사람은 아무도 없어."

서양의 야유가도 이렇게 말한다. 그런데 영화, TV, 소설 등은 변하지 않는 사랑의 환상을 상품으로 해서 장사를 한다. 만드는 쪽도, 보는 쪽도 무척 갈망하지만 없는 것을 달라며 조르는 것일 뿐이다.

변함없는 조화도 먼지로 퇴색하고, 단단한 철도 녹으로 물러지거늘 왜 사랑만은 짓밟고 걷어차도 부서지지 않을 정도로 튼튼하고 단단하다는 걸까?

부부라는 이름의 남녀 사이에도 배려 없는 사랑은 망가지고 깨진다. 부부 사이를 묶는 중요한 끈이 애정이라는 사실을 부정하는 사람은 없을 것이다. 따라서 애정의 상실은 이혼사유가 될 수 있다.

하지만 그런 이유만으로 이혼하기가 현실적으로는 어렵다.

아직 한쪽이 애정이 남아 있는 경우, "난 이제 당신이 싫어졌어" 혹은 아내가 "당신에게 더 이상 애정 따위는 없어"라는 말로 헤어질 수만 있다면, 법률이 귀찮게 꼬치꼬치 따지고 학자들이 벗겨진 머리를 곤두세우며 이혼사유인지 아닌지 논의할 필요가 없어져버린다. "애정이 사라졌다"고 소송만 하면 헤어질 수 있기 때문이다. 즉 소송까지 해서 "헤어지겠다. 인연을 끊겠다"며 피터지게 싸우는 부부는 이미 애정이 상실했다는 말이다.

따라서 애정 상실은 이혼사유로 즉시 인정받기가 어렵다고 생각하는 게 좋겠다.

▶ 능력 없는 남편이 폭력을 휘두른다

남편의 폭력을 이유로 이혼하고 싶어 하는 여성들이 많다. 이것은 비교적 쉽게 이혼사유로 인정받을 수 있다.

폭행 정도가 심해서 갈비뼈가 부러졌다거나 눈에 상처를 입었다면 단 한 번의 폭행으로도 이혼이 인정된다. 그런 심한 폭행을 휘두르는 인간은 원만한 부부생활을 지속하기 어렵다고 여기기 때문이다. 자신보다 힘없는 상대에게 폭력을 휘두르는 남자는 인격이 낮은 인간이다. 그런 남자를 남편으로 둔 여성은 불행하다.

그렇다면 심한 정도가 아니고 가벼운 폭행이라면 어떨까? 성질이 불같은 남편을 둔 분을 위해 한마디 해두자. 어쨌든 히스테릭한 아내를 주체하지 못해 한 대 휘갈긴 남편을 위해서라도 한마디 할 필요가 있다.

결론부터 말하면 가볍게 때리는 경우, 즉 폭행이 있었다는 사실만으로 이혼을 인정할 만큼 재판소는 덜렁이가 아니다. 판례를 보면 그 폭행이 어떤 이유로 발생했는지 그 경과와 배경을 충분히 고려한다는 사실을 엿볼 수 있다.

"아내가 어릴 적부터 친하게 지내온 여자친구의 사진을 보았다. 부부싸움 끝에 결국 아이들 앞에서 주먹을 한 대 날렸다."

"아내가 흥분한 나머지 정부가 있는 남편의 얼굴을 쥐어뜯었다."

이런 정도의 폭행은 이혼청구를 인정하지 않는다.

남편과 헤어지고 싶지만 특별한 이혼사유가 없어서 이런저런 구실을 붙여 이혼하고 싶어 하는 여자도 있다. 반면 일상생활에서 대단치도 않은 일로 아내를 걷어차거나 주먹을 휘두르는 남자도 적지 않다. 전쟁 후 여자는 강해졌다고는 하지만 결코 물리적, 육체적으로 강해진 것이 아니다. 여자의 완력은 남자보다 떨어지는 법이다. 드문 예로, 폭행의 정도가 가벼워도 부부 사이의 작은 말썽을 곧장 폭력으로 해결하려는 태도가 지속되는 경우, 이런 폭행은 역시 이혼사유가 될 수 있다.

▶ 대단한 모욕

결혼 전에 성관계가 있었던 여자와 육체적인 일을 하나하나 비교하면서 "이것도 그 여자가 훨씬 나아"라는 남편의 말을 듣고 화내지 않을 아내는 없을 것이다. 반대로 남편이 부재중일 때 아내가 젊은 남자를 집 안으로 끌어들이거나, 남자친구와 심야까지 술을 마시고 돌아다니거나, 혹은 "회사의 타이피스트인 A녀와 내 남편이 바람을 피우고 있어요"라고 남편의 상사에게 일러바쳤다.

이 모두는 모욕으로써 충분히 이혼사유가 된다.

그렇다면 이상성교異常性交나 묵과할 수 없는 과도한 성교의 요구도 이혼사유가 될까? 그걸 인정한 판례가 있다.

히구치 이치요[215]의 소설 ≪십삼야≫에는 오칸이라는 불행한 아내가 나온다. 결혼 7년으로 타로라는 아이도 있지만 남편 하라다 이사무는 괘씸하기 짝이 없는 녀석이다.

---

215) 히구치 이치요(樋口一葉) : 1872~1896년. 소설가, 가인. 도쿄 태생. ≪문학계(文學界)≫의 동인들과 친교를 맺으며 민중의 애환을 묘사, 독자적인 경지를 구축했다. 소설 ≪키재보기(たけくらべ)≫ ≪젖빛 강물(にごりえ)≫ ≪십삼야(十三夜)≫ 등이 있다.

"넌 교육도 받지 못했고 재미도 없는 인간이야. 우리 집에 둔 건 타로의 유모로서 일 뿐이라는 걸 명심해."

이런 말을 끊임없이 내뱉고, 옷 입는 방법이 틀렸다고 아내 오칸에게 폭언을 퍼붓는다.

"너 같은 촌스런 여자 때문에 나만큼 불행한 인간은 없을 거야."

그리고는 2~3일 동안 집에 들어오지 않는 날들이 해마다 반복되었다.

이것이 바로 아내에 대한 심한 모욕이 아니고 무엇인가? 그런 남자는 생애 반려자로서 부족한 인간이다. 모름지기 아내가 이연장인 미구다리항三行半을 던져야 한다. 싫다고 말하고 주저 없이 이혼소송을 해야 한다. 그러면 재판소가 이혼시켜준다. 오칸과 같은 여성이 상담을 해오면 필자는 당장 그렇게 조언해주겠다.

▶ 낭비의 벌레

경제적인 문제로 헤어지는 부부가 많다.

"남편이 생활비를 주지 않는다", "술을 너무 많이 마신다", "낭비가 심하다"는 아내의 불만은 변함없이 많다. 일본의 최대 공약수적인 가정형태는 아내가 육아나 가사노동으로 살림을 꾸리고, 즉 가정경제의 소비를 담당하고, 남편은 수입 면을 담당한다.

그런데 남편이 수입의 균형은 생각지도 않고 음주나 도박으로 돈을 탕진한다면 아내로서는 참고 견딜 수만은 없다. 맞벌이도 마찬가지다. 남편의 수입만으로 편안한 생활을 할 수 있다면 일하는 아내는 그렇게 많지 않을 것이다. 따라서 남편의 낭비는 아내로서는 참을 수 없는 배신행위다.

이연장인 미구다리항만 건네면 이혼이 자유로웠던 에도시대마저도 남편이 아내의 지참도구를 무단으로 저당하면 아내는 트집 잡아 이혼을 청구할 수 있었다. 그만큼 일본에서는 옛날부터 아내의 지참도구에 경의를 표해왔다. 그런데 그 아내의 지참도구마저 처분해 술을 마시는 남편이라면 이혼은 당연하다.

반대로 남편의 노동과 수입을 무시하고 가계는 생각지도 않은 채 원하는 물건은 보이는 족족 다 사들이는 아내도 주의해야 한다.

옷, 목걸이, 브로치, 핸드백, 액세서리 등 자질구레한 살림살이까지 매번 가계비로 지출해버리면 남편 또한 참고 견딜 수만은 없다. 이것도 이혼사유다.

▶ 성적 무소식

"그게 없으면 이혼사유가 된다고 하죠."

질문도 확인도 아닌 말을 들은 적이 있었다. 대개는 술이 한두 잔 들어간 자리다.

성적 부재는 두 가지가 있다. 하나는 방문가능한데 고의적으로 무소식인 경우다. 또 하나는 의사는 있지만 유감스럽게도 생각대로 되지 않는 경우다.

좀 더 자세히 말하면 뒤의 경우는 일시적인 현상과 장기적으로 계속되는 현상이 있다.

같은 무소식이라고 해도 여러 가지 이유가 있는데, 도대체 어느 때 이혼사유로 재판소 문을 두드릴 수 있을까?

성교 가능한데 고의적으로 거부하는 경우에는 이혼사유가 될 수 있다. 부부에게는 동거의무가 있다는 말은 앞에서도 했다. 그 동거란 단지 한 지붕 아래서 함께 생활하고 있으면 된다는 의미가 아니다. 부부에게 어울리는 동거를 말하므로 부부생활의 중요한 요소인 동침을 게을리하면 동거의무의 불이행으로 생각해도 좋다. 이렇게 말하면

"와, 잘됐다. 어젯밤 아내에게 다가갔는데 등을 돌리더라구. 이걸 기회로 헤어져야겠어."

이런 비열하고 괴팍한 생각은 하지 않는 게 좋겠다. 그 무소식이란 어느 정도 장기간에 걸치지 않으면 이혼이 가능할 만큼 동거의무 위반에는 미치지 못한다. 1개월이나 2개월 게을리했다고 해서 즉각 이혼으로 연결되지는 않는다는 말이다.

또 하나, 그런 사실을 증명하려면 무척 힘들 것이다.

왕비가 700명, 2호인 첩이 300명이라고 알려진 유명한 솔로몬왕은 도합 천 명이나 되는 여자와 머리까지 푹 잠길 정도로 생활하고 있었지만 아무리 왕이 열심히 힘써도 분명 무소식인 왕비가 많았을 것이다. 지금이라면 왕은 틀림없이 막바지에

몰린 왕비들에게 줄줄이 이혼청구를 받았을 것이다. 무슨 일이든 지나치면 화가 미치는 법이다.

"서민으로 태어났으면 좋았을걸."

바보 같은 여자들은 진심으로 후회할 것이다.

그런데 문제는 태만과는 달리 의무를 이루고 싶은 의사는 충분히 있지만 몸이 말을 듣지 않는 경우다. "부부의 성생활은 혼인의 기본이 되는 중요한 일이다"고 법률은 여기기 때문에 성교능력이 결핍된 경우, 부부 사이의 혼인지속 강요는 적합하지 않다고 본다.

이런 일이 있었다. 최고재판소까지 올라간 사건인데, 결혼 전에 남편은 부고환결핵副睾丸結核으로 고환을 잘라냈다. 결혼할 여자는 걱정이 되어 의사와 상담했다.

"고환을 잘라냈어도 부부생활에는 전혀 지장이 없습니다."

의사가 경솔하게 말했다.

그녀는 의사의 말을 믿고 그 남자와 결혼했다. 그런데 역시 걱정했던 대로 남편은 불가능했다. 그런 관계가 1년 반이나 지속되어 결국 아내는 헤어지고 싶다고 청구했다. 재판소는 젊은 아내의 이혼청구를 인정했다.

또 이런 일도 있었다. 어떤 여자가 결혼을 했다. 불과 몇 개월을 끝으로 남편은 무소식이었다. 그런 상태가 몇 년 동안 지속되었다.

어느 날 경찰로부터 "당신 남편은 누구누구라는 남자와 호모관계입니다"는 말을 듣고 기겁하여 친정으로 도망가버렸다. 그리고 불결한 남자와 이혼하고 싶다고 소송했다.

재판소는 그 누구누구라는 남자와 남편의 호모관계를 인정한 뒤, 아내에게 승리의 깃발을 들어주었다. 이혼을 인정한 것이다. 어떻게 그 사실을 입증했는지 자세한 사정은 모르지만, 그녀는 수년 동안 정상적인 부부관계에서 멀어져 있었고, 호모라는 사실을 알았을 때 큰 충격을 받았다는 이유에 수긍한 것이다.

성교불능의 원인이 육체적이든 정신적이든 구별할 필요는 없다. 여기서 주의할 점은 어려운 일이나 큰 고민 때문에 극단적으로 머리를 싸매고 있는 탓에 일시적인 성교불능 현상이 나타난 경우다. 남자의 인생에서 가능한 일이다. 대개 그런 종류는 원인인 걱정이나 문제가 해결되면 회복하기 때문에 그런 일시적인 현상을 이유로 이혼하려 한다면 그것은 절대 이혼사유가 되지 않는다.

▶ 광신

20세기 후반인데도 지구상에는 아직도 미신에 약한 사람이 적지 않다. 특히 주부들이 더 그렇다. 반짝반짝 빛나는 제단 위에 점잖게 앉아서 거드름을 피우며 암시하는 표정으로, 밤하늘에 별이라도 따오겠다, 우물이나 수도를 만들어 보이겠다, 몇 세대 전에 죽은 사람의 영혼이 울고 있다는 등 대개는 그녀들의 장래와는 전혀 무관한 비과학적 일들을 늘어놓으며 그녀들의 발목을 잡는다.

이런 광신 여성이 있었다. 외래 신흥종교에 푹 빠져 4명의 자녀를 끌어안고 이혼을 했다. 그리스도의 가르침을 일그러뜨린 종교였는데 반대하는 남편과 분쟁이 끊이지 않았다. 예를 들면 경제적 여유가 전혀 없어서 남편은 인공중절수술을 간절히 원했지만 그녀는 우생보호법優生保護法에서 인정하는 경제를 이유로 받아들이지 않았다. 왜냐하면 중절은 그녀의 신이 인정하지 않기 때문이다. 어느 남편도 신과 비교되면 받아들일 수 없는 법이다. 임신시킨 사람은 신이 아닌데, 남편도 불만이다.

아내는 연구집회에도 적극적으로 활동했다. 남편이 야근으로 지친 몸을 이끌고 귀가해도 집에 아내가 없는 날들이 많았다.

그녀는 불행한 남편과 친척들을 입신시켜 신앙의 기쁨을 함께 나누고 싶다는 순수한 생각을 하고 있었다. 순수한 만큼 끝은 나쁘다. 그녀에게 억지로 입신을 강요받은 친척들의 반발은 당연히 남편에게 돌아왔다. 이렇게 되면 부부 사이는 한층 더 악화될 뿐이다.

어느 날, 더 이상 참을 수 없어진 남편이 소리쳤다.

"남편이든 신이든 하나만 선택해."

그 부부는 결국 이혼했다.

"헌법은 누구에게나 신앙의 자유가 있다고 했잖아요? 그런데 남편 마음에 들지 않은 종교를 가졌다고 해서 이혼사유가 된다는 건 좀 이상하지 않습니까?"

이런 질문이 나왔다. 표면상은 말 그대로다. 남편이든, 아내든, 배우자의 신앙이 마음에 들지 않아도 신앙 자체만으로는 절대 이혼사유에 해당되지 않는다.

개인의 종교에 대해 국가든 사회든 타인이든 간섭은 허락하지 않는다. 그런데 그 신앙의 대상이 사회의 일상궤도로부터 상당히 일탈해 있고, 분명한 사이비 종교이며, 남편이든 아내든 광신함으로써 부부 사이의 정신적 결합이 단절된 경우라면 이혼사유가 된다. 남편이나 아내의 마음이 신인지 뭔지 정체조차 알 수 없는 그 무엇에 꽂혀서 가정생활유지에 지장을 초래한다면 그것은 부부의 협력부조의무協力扶助義務의 불이행이다.

"그렇게 신이 좋으면 신하고 살아. 월급도 갖다주고 널 먹여 살려줄 거야."

이런 말도 무리는 아니다.

결혼 10년째인 아내가 어느 신흥종교에 들어갔다. 아내의 활발한 포교활동은 남편의 친척들을 시작으로 지인까지 뻗쳐 남편과 시부모님 사이를 갈라놓았다. 포교활동 한답시고 가사는 물론 육아까지 소홀히 하는 날들이 계속되었다. 마침내 시부모님도 더 이상 참을 수 없게 된 것이다. 결국 남편은 이혼소송을 했지만 아내는 반대하여 분쟁이 일어났다.

재판소는 "혼인을 지속하기 어려운 중대한 사유에 해당된다"며 남편에게 승리의 깃발을 들어주었다.

▶ **견원지간의 며느리와 시어머니**

시어머니姑라는 글자는 어렵고, 며느리嫁란 한자는 읽기조차 힘들다.

어렵고 힘든 만큼 '며느리 구박'이라는 말은 오래전부터 있었다. 며느리와 시어머니는 전생의 적이었을 것이다. 며느리와 시어머니 사이가 좋다면 대지가 갈라질 거라고 할 만큼 두 사람의 관계는 무시무시하다.

하지만 최근에는 며느리 구박이라는 말은 들리지 않게 되었다. 서로 으르렁거린 끝에 "시어머니는 우물에, 며느리는 강에" 빠지기라도 한 걸까?

그렇다면 부부이별에서 배우자의 부모 형제자매 사이의 관계는 어떤 의미일까? 판례에도 배우자 친족과의 분쟁으로 부부파멸이 발생한 경우는 적지 않다. 재판소는 이런 사건에는 상당히 동정적이다.

시어머니, 시누이와 동거하고 있는 아내가 남편 친족들과의 심한 갈등으로 부부생활이 파탄했다는 남편의 이혼청구나, 시어머니와의 관계가 원만하지 않아 결국 부부 사이가 엉망이 되어버렸다는 아내의 이혼청구를 인정한 경우 등 그 예는 많다.

여자의 적은 여자라는 말이 있다. 며느리와 시어머니가 영원한 적대관계라는 것은 어쩔 수 없다. 그렇다면 남편으로서는 설 자리가 없다. 시어머니는 시어머니대로 "원래 근성 있는 아들이었다. 그런데 마누라 엉덩이에 깔려서 기조차 못 펴고 있다니! 내게는 보기조차 아까운 자식이야"라고 원망을 하면, 아내는 아내대로 "당신은 자기 아내보다 어머니가 더 소중해?"라며 손톱을 세우고 공격해온다.

에도시대에 신상에 관한 상담을 친절하게 해주던 선구자 반케이盤珪永琢216) 선사는 이렇게 말했다.

"당신들은 며느리가 밉다, 시어머니가 밉다고 말하는데 그러면 자기 신상만 가엾어져. 나와 가까운 사람만 편들어준 탓이지. 그래서 상대가 마음에 들지 않는 일을 하면 그 일에 사로잡혀 마음은 수라修羅217)로 변하는 거야. 며느리가 이렇게 말했어,

---

216) 1622~1693년. 에도시대 임제종(臨濟宗)의 승려. 각지를 순회하고 고향에 용문사(龍門寺)를 건립. 인간은 누구나 불생(不生)의 불심을 갖고 있다는 불생선(不生禪)을 제창했다.

시어머니가 저렇게 말했어라며 언제까지나 잊으려 하지 않기 때문에 점점 더 미궁으로 빠져버리지. 시어머니도 나쁘지 않고, 며느리도 나쁘지 않아. 증오에 대한 증오의 기억이 나쁠 뿐이야."

(5) 더러운 손은 이혼할 수 없다

처음에는 적당히 아내 눈을 속이고 그저 바람만 피울 생각이었는데 결국 여자에게 푹 빠져버렸다. 도도이츠는 아니지만 "처음에는 바람으로 젓기 시작한 배가/풍랑으로 변하여 목숨을 걸고"라는 문구를 남기고 집을 뛰쳐나와 홀딱 빠진 여자에게로 가고 말았다.

"우리, 이젠 영원히 헤어질 수 없어."

"세상이 어떻게 말하든, 우린 언제까지 함께할 거야."

이런 남녀 관계는 많다. 이것을 앞에서 말했던 법률용어로 표현하면 중혼적 내연이다. 하지만 이런 관계도 길어지면 여자는 불안해진다.

"우리, 언제 결혼할 수 있을까?"

쓸쓸함이 가득한 여자의 눈을 들여다보며 남자는 가슴을 펴고 이렇게 말한다.

"걱정 마. 2~3년 동안만 별거하면 재판소에서 반드시 헤어지게 해줄 거야."

법률가의 눈으로 보면 그건 전혀 근거 없는 낙천주의다. 그녀의 희망은 손을 흔들며 재판소 문을 통과할 수 없기 때문이다. 재판의 힘으로 이혼하려 하는 사람은 누가 뭐래도 자기 손이 깨끗하지 않으면 안 된다. 어떤 의미에서 깨끗해야 할까? 부부 사이가 무너져버린 일에 대해 자기 측에서 주요한 책임이 없어야 한다는 의미다.

부부관계를 파멸로 이끈 책임이 있는 쪽의 배우자를 학자들은 '유책배우자有責配偶者' 또는 '유책당사자有責當事者'라고 한다. 아내를 버려두고 홀딱 빠진 여자와 동거하는 남자가 바로 유책당사자다. 따라서 그런 상태가 몇 년 혹은 몇십 년 계속되어도 그 남자는 "이렇게 오랫동안 별거했으니까 이혼해줘"라고 소송한들 인정받지 못한다는 사실을 알아야 할 것이다. 이것이 현재 최고재판소에서 확정한 판례다.

---

217) 인도의 귀신, 아수라의 준말

11. 부부의 이별과 자녀의 형편

아이는 누구 것인가?

지하철역 코인로커가 최근에는 아기들의 귀문鬼門이 된 느낌이다. 문을 열면 영아의 사체가 떼굴떼굴 굴러 나오거나, 더 무시무시한 일은 아직도 숨쉬고 있는 아기의 모습까지 보도되고 있다. 아기를 버리고 살해하는 일이 사회적으로 대유행인 듯한 인상을 준다. 하지만 여전히 자기 자식밖에 모르는 무조건적인 모성본능을 가진 여성의 수가 압도적으로 많다.

따라서 이혼은 부부 모두 쉽게 승낙하면서도 자녀의 친권자 문제로 복잡하게 얽히는 경우가 많다. 물론 미성년자인 자녀를 어느 쪽 부모가 양육할지 결정하지 않으면 이혼은 할 수 없다.

아니면 소송이다. 재판소에서 결정할 수밖에 없다. 재판소는 어느 쪽을 친권자로 결정할지에 대해서는 부모의 희망에 따르지 않고 자녀에게 이익인가 아닌가 하는 점으로 결정한다. 어머니라는 명함만으로 아이의 친권자가 된다는 생각은 착각이다.

재판소가 판단의 근거로 생각하는 점을 몇 가지 들어보자.

① 자녀의 양육에 대한 열의와 애정은 어떠한가?

② 자녀를 돌보는 사람은 있는가?

친권자가 아버지든 어머니든 일하러 가 있는 동안 그 아이를 돌보는 사람이 없으면 곤란하기 때문이다.

③ 현재는 어느 쪽 부모가 양육하고 있는가?

④ 자녀는 현재 상황에 만족하는가?

⑤ 자녀가 몇 살인가?

영·유아에 대해서는 원칙적으로 아버지보다 어머니가 적임자라는 사고가 중시되고 있다.

⑥ 경제적 능력은 어떠한가?

이런 여러 가지 사항이 있다.

판례에 나타난 경우에서는 ③번과 ⑤번에 특히 중요한 의미를 두고 있다.

"어린 아이에게는 아버지의 경제력보다 어머니의 애정이 중요하다"라든가, "한쪽 부모가 아이를 양육하고, 그 현황이 특별히 아이의 성장에 지장이 없는 상태라면 가능한 한 환경을 바꾸지 않는 쪽이 아이에게 바람직하다"는 생각이다.

이와 같은 경향을 반영한 것일까? 별거중인 남편과 아내가 자녀의 의사와는 상관없이 데려가거나 데려오는 일도 종종 보게 된다.

그 중에는 자녀를 자기 소유물로 생각하는 사람도 있는 것 같다. 사회와의 관계는 생각하지도 않는 사람이다. 어린이는 현재와 미래 사회의 교두보다. 내가 양육하는 것이 과연 자녀와 세상을 위하는 것인가? 양육하는 부모는 신중하게 생각해야 할 것이다.

친권자가 되지 않아도 자녀를 양육할 권리

자녀의 친권을 둘러싸고 싸우는 경우, 완화제 역할을 해주는 제도가 있다. 이혼 때, 친권과 감호권監護權을 분리하는 제도다.

앞에서 설명한 친권에서 자녀양육에 대해 권능監護權을 분리하여 친권자가 되지 못한 부모에게 그 권한을 줄 수 있다.(민법 제766조)

이 제도는 아버지에게는 친권을 주어 대외적으로 체면을 세워주고, 어머니에게는 감호권을 주어 실질적으로 자녀를 양육하여 열매를 따게 하는 방법이 될 수 있다.

이것은 부모가 대화로 정하지만 협의가 되지 않으면 가정재판소에서 결정한다. 유아의 신변을 돌보며 양육하기에는 어머니가 적합하지만 자녀의 재산관리나 대표 면에서는 지식과 경험이 풍부한 아버지 쪽이 좋다. 그러므로 이 제도를 제대로 활용하면 자녀에게는 이익이다.

친권자가 되지 못한 부모와 양육비 부담

"난 친권자가 아니니까 양육비는 줄 수 없어."

이렇게 말하는 아버지가 있다. 친권자 싸움을 벌였다가 결국 패배한 남자의 말이다.

하지만 그것은 이유가 못 된다. 친권자가 되지 못했다고 해도 그와 아이가 친자라는 사실은 변함이 없다. 부모인 이상 자녀의 양육의무가 있다. 양육비를 내놓지 않으면 안 된다. 자기 생각대로 친권자가 되지 못해 분풀이로 양육비를 주지 않겠다는 말은 통하지 않는다. 그런 말을 내뱉는 인간은 인격이 모자란 자다.

친권자와 자녀가 성이 달라도 전혀 이상하지 않다

"친권 때문에 사기당했습니다"며 사무실로 뛰어 들어온 여성은 지금까지 여러 명 있었다. 자신이 친권자가 되기로 하고 이혼했는데 호적등본을 열람해보니 자녀의 호적은 여전히 아버지 호적에 올라 있고, 성도 옛날 그대로라고 한다.

그것은 전혀 이상한 얘기가 아니다. 또한 사기도 아니다. 적출자는 부부의 성을 따라 부부의 호적에 들어간다. 부부의 성이란 앞에서도 설명했듯이 결혼할 때 어느 쪽 성을 따를지 서로가 협의하여 결정하지만 현실적으로는 대부분 남편의 성을 따르고 있다. 그런 부부가 이혼을 하면 아내는 결혼 전의 성으로 돌아갈지 어쩔지 결정해야 한다.

그런데 이혼은 남편과 아내라는 관계를 해소하는 일에 지나지 않기 때문에 자녀의 호적에는 특별히 영향을 주지 않는다. 호적을 그대로 두어도 상관없다. 이혼한 아내가 원래의 성으로 돌아가면 자녀와 성이 다른 것은 당연하다. 그녀가 친권자이든 아니든 그렇다.

이때 자녀를 양육하는 데 친권자인 어머니와 자녀의 성이 다르다는 사실이 현실적으로 자녀에게 불이익이라면 가정재판소의 허락을 받아 어머니의 성으로 바꿀 수 있다.(민법 제791조) 그 절차는 비교적 간단하다.

12. 돈이여! 안녕

"헤어지기 전에 돈을 줘."

이런 노래가 있다. 걸식하는 마음을 노래한 거라고 지레짐작하겠지만, 젊디젊은 여인이 사랑하는 연인과 헤어지는 아픔을 표현한 노래다.

남녀가 헤어질 때 여자가 남자로부터 돈을 받는 거라고 생각하는 여성들이 있는데, 그것은 터무니없는 착각이다. 여자가 남자보다 무능한 존재로 남편의 피보호자로서 취급받는 사회라면 납득하겠지만, "남녀 사이에 종속관계는 없다"는 사회에서 그런 발상은 불행의 씨앗일 뿐이다. 입만 열면 진보적인 발언을 하지만 근본은 전혀 바뀌지 않은 여성이 적지 않다. 진정한 의미의 새로운 여성 탄생을 위해서라도 이런 낡은 사고방식을 가진 여성은 사라져야 한다.

법률상 이별에 대해 상대방에게 청구할 수 있는 돈은 두 가지가 있다. 하나는 재산분배이고, 다른 하나는 위자료다. 위자료란 심적, 정신적 고통에 대한 손해배상을 말한다.

따라서 가해자에게는 남녀 가리지 않고 배상책임이 있다. 아내가 남편에게 가혹한 처사를 하여 이혼하게 되었는데 여자라고 해서 위자료를 지불하지 않아도 된다는 사고는 있을 수 없다. 세상에는 여자라면 뭐든 용서받을 수 있다고 생각하는 여성이 있는데, 그것은 열등감이다. 또한 다른 여성들에게도 좋지 않은 영향을 끼친다.

다음의 표는 쇼와 50(1975)년 도쿄가정재판소에서 작성한 이혼조정에 따른 위자료(재산분여 포함)지불 일람표다. 보는 바와 같이 여자도 남자에게 상당한 액수를 지불했다는 사실을 알 수 있다.

도쿄라는 대도시지만 400만 엔 이상의 금액을 남편에게 지불하고 이혼한 아내도 있다. 그런데 전체적으로 보면 위자료와 재산분여 금액이 낮다. 따라서 주간지 등에서 일반적으로 판정한 금액은 꿈같은 얘기라는 말이다. 그것도 단지 평판일 뿐 현실은 그다지 많은 금액이 아니라고 한다.

게다가 전국의 가정재판소 평균금액은 더 낮다. 위의 도표는 쇼와 48년 사법통계를 근거로 작성되었으며 모두 조정으로 협의된 금액이다. 따라서 조정으로 금액을 결정하기보다 소송해서 판결로 결정하면 금액은 더 많아진다.

위자료에는 과세가 붙지 않는다.(소득세법 제9조 제1항 21호) 또한 손해배상 청구권은 3년이 지나면 시효가 만료한다는 사실도 명심해야 한다.

재산분배 · 위자료

지불받은 금액	남편으로부터	아내로부터
10만 엔 이하	13건	5건
20만 엔	28	9
30만 엔	36	13
50만 엔	75	6
100만 엔	130	15
200만 엔	102	4
400만 엔	88	3
400만 엔 초과	91	2
환산불능	48	4

(쇼와 50년 도쿄가정재판이혼조정)

지불받은 금액	건 수
5만 엔 이하	196
10만 엔	469
20만 엔	647
30만 엔	792
50만 엔	1,167
100만 엔	1,398
200만 엔	850
200만 엔 초과	945
환산불능	362
합계	6,826건

(쇼와 48년 전국가정재판평균)

부부재산의 정산 · 재산분여

결혼 후 취득한 건물과 토지, 그 외의 재산이 설령 남편 명의로 되어 있다 해도 그것은 부부의 협력으로 이룬 재산이므로 부부 공유재산으로 생각해야 한다고 앞서 부부의 재산관계 부분에서 언급했다.

따라서 부부이별의 경우, 실질적으로 부부 공유재산을 정산하여 분배할 필요가 있다.(민법 제768조) 이것이 바로 재산분배제도다. 재산정산이 주체이므로 부부관계를 무너뜨린 책임을 묻는 것은 필연적 관계가 아니다.

다시 말해 아내의 부정 때문에 이혼한다 해도 재산관계의 정산은 바람을 피운 아내에게도 청구권이 있다는 뜻이다. 이때 남편은 아내에 대해 위자료 청구권을 갖고 있기 때문에 재산분여의 액수가 적으면 서로 공제잔액이 제로가 되는 일도 적지 않다.

　재산정산이라고 하면 곧장 산술적인 남녀평등론을 들고 나와 무조건 절반은 자기 재산이라고 주장하는 여성이 있는데 그건 아니다. 재산을 형성하는 데 협력한 정도에 따라 그 비율이 정해지기 때문이다.

　"여자는 약하기 때문에 전부 가져도 돼."

　이런 얌체 같은 주장을 하는 여성도 있는데, 법정에서는 그런 뻔뻔한 말은 통하지 않는다. 도대체 남자를 어떻게 생각하는 것일까? 여자라는 핑계로 터무니없는 주장을 한다는 것 자체가 여성 스스로 남녀차별을 하는 것임을 모를까? 실로 한심하기 그지없다.

　재산분여로 받은 부동산이나 금전은 과세대상이 아니다. 또한 이혼할 때 재산분여에 대한 협의가 이루어지지 않았다 해도 이혼 후 2년이 지나기 전에는 재산분여를 청구할 수 있다(민법 제768조 제2항)고 규정되어 있다.

제5편 상속의 여러 가지 문제

1. 상속은 어떤 원인으로 시작되는가?

"아~ 인간은 왜 죽는 걸까? 살고 싶어! 천년이고 만년이고 살고 싶어!"

〈불여귀不如歸[218]〉의 나미코浪子는 연인 가와시마 다케오 앞에서 자신의 병든 몸을 한탄한다. 그렇다면 그녀는 학이나 거북이가 될 수밖에 없다.

〈액막이〉라는 라쿠고를 들어보자.

"학은 천년, 거북이는 만년, 우라시마 타로는 3천년, 삼포의 대보大輔[219]는 106년, 동방삭은 8천년."

인간은 아무리 장수한다 해도 어차피 죽는다. 온갖 만물은 사라져 없어지는 존재다. 이것을 법률로 말하면 "사람은 죽으며 물건이 된다." 그렇게 되면 생전에 그의 소유였던 재산은 갈 곳을 잃는다. 앞에서도 설명했듯이 온갖 권리의 주체는 인간밖에 인정하지 않기 때문이다. 그래서 그 또는 그녀에게 속해 있던 재산을 어떻게든 처분해야 한다. 이것이 바로 여기서 말하는 상속이다.

상속이란 어떤 사람이 권리능력을 잃어 그 사람에게 귀속된 재산적인 권리의무가 특정의 사람에게 승계되는 일이다. 그 특정의 사람을 상속인이라고 한다. 따라서 상속의 개시원인은 사망으로 한정된다.

---

[218] 메이지 31(1898)년부터 32(1899)년에 걸쳐 국민신문에 게재되었던 도쿠토미 로카(德富蘆花)의 소설. 뒤에 출판되어 베스트셀러가 되었다. 중장 가타오카의 사랑하는 딸 나미코는 육군 소장인 남작 가와시마 다케오와 행복한 결혼생활을 보내지만 청일전쟁으로 남편을 멀리 떠나보내고, 냉정한 계모, 자신을 짝사랑하는 치치와, 까다로운 시어머니에게 고통받는 동안 결핵에 걸려 이혼을 강요당한 채 남편을 그리워하며 죽어간다. 위의 대사는 일본의 근대문학을 대표하는 명대사 중의 하나다.

[219] 재상(宰相)과 같은 직무를 맡아보았다. 제2대 남해왕 때 석탈해(昔脫解)가 최초로 대보가 되어 중대한 국사를 맡아 처리했지만 뒤에 새로운 관제가 확립되면서 없어졌다.

예전에는 가독상속家督相續220)과 유산상속遺産相續 두 가지가 있었다. 은거隱居라는 제도도 인정했지만 지금은 없다. 따라서 호주戶主도 법률상에는 존재하지 않는다.

살아 있어도 사망취급 · 실종선언

집을 나간 채 오랫동안 감감무소식. 죽었는지 살았는지 알 수 없는 사람이 적지 않다. 이런 경우에는 어떻게 취급할까?

무슨 일이든 용의주도한 법률이 이런 경우를 무시할 리 없다. 일본 민법 제25조 이하에 잘 규정되어 있다.

부재자의 생사가 7년 동안 분명하지 않을 때 이해관계인은 가정재판소에 실종선언을 해달라고 요청할 수 있다. 이해관계인이란 부재자의 배우자, 부모, 자녀 등 상속자격을 갖고 있거나 보험금 수취인이 되는 사람이다.

언제부터 시작해 7년이라고 계산할까? 마지막으로 소식이 끊긴 날부터 계산한다.

배가 침몰했거나 전쟁터에 출전해 있는 특별한 경우, 전쟁이 끝났거나 배가 침몰한 때부터 1년 동안 생사가 분명하지 않으면 역시 실종선고를 받을 수 있다.

실종선고를 받으면 설령 그 부재자가 어딘가에 연기처럼 나타났다 해도 법률상으로는 죽은 사람이다. 따라서 그 남자에게 아내가 있다면 그녀의 재혼은 자유롭다. 재산을 남기고 가출했다면 그 재산에 대해서도 상속이 개시된다.

2. 누가 상속인이 되는가?

인간은 혼자서 태어나는 게 아니다. 그러므로 주위에는 적든 많든 친척들이 있기 마련이다. 그렇다면 그 중에 누가 상속인으로서 자격이 있을까?

전쟁 전에는 장남이었다. 장자가독長者家督221)이 법정의 상속제도였다. 지방에는

---

220) 구민법에서 호주가 사망, 은거 등을 했을 때, 한 사람의 상속인이 호주의 신분, 재산을 상속하는 일 또는 그 제도. 일반적으로 적출자의 연장자가 상속했다. 2차 세계대전 후 민법 개정으로 폐지되었다.

그 영향이 현재까지도 뿌리 깊게 남아 있으며, 아직도 장남이라는 이유만으로 뻐기는 녀석도 있는 것 같다.

하지만 항상 장남만이 상속한 것은 아니었다. 막내가 상속하는 관행도 있었다. 막내를 제외한 아들은 성인식을 하면 새 생활을 준비하고 어느 정도 재산을 분할 받아 분가했다. 그리고 최후까지 남은 막내가 부모의 뒤를 계승했다. 예로부터 막둥이는 귀여운 법인가 보다. 유목민에게는 막내상속이 되기 쉬웠다. 가산家産이 양처럼 움직이는 가축이기 때문이다. 농경민족도 막내상속은 있었다. 서 일본이나 서남 일본에서도 막내상속이 행해졌다고 한다.

그런데 근세로 접어들면서 무가武家에서 발달한 장자가독제도가 차츰 상인이나 농가로 확산되어 메이지 민법에 편입된 후 장남이 상속을 독점하게 되었다.

현재의 민법은 두 개의 기둥을 동시에 상속인으로 한다. 하나의 기둥은 배우자(남편 또는 아내), 다른 하나는 직계비속(자녀나 손자)과 직계존속(부모나 조부모), 형제자매다.

배우자는 항상 상속인으로서 자격을 인정받지만(민법 제850조), 그 외의 계열 상속인에게는 순위가 있다.

1순위는 자녀다. 만약 자녀(혹은 손자)가 없는 경우, 2순위는 직계존속이다. 사망한 사람의 부모와 조부모가 함께 생존해 있을 때는 어떻게 될까? 사망한 사람과 친등(앞에서도 말했지만 친족관계의 원근도를 계산하는 단위, 가족 간의 세대수에 따라 정한다)이 가까운 쪽이 우선순위다. 즉 조부모보다 부모가 우선순위다. 또한 자녀와 직계존속이 없을 때, 비로소 형제자매가 3순위의 상속인으로 등장한다.

자식은 이미 죽었지만 손자가 있을 때

상속에서 가장 자연스러운 경우는 사망한 사람의 자녀와 배우자가 상속하는 것이다. 하지만 부모보다 자식이 먼저 사망하는 일도 있다. 이런 경우 그 자식에게 이미 자녀(혹은 손자)가 있을 때는 '대습상속'으로 한다.

예를 들면 다음의 표처럼 갑·을의 부부 사이에는 A, B, C 세 명의 자녀가 있다.

---

221) 구민법 규정에서 호주의 신분에 겸비되는 권리와 의무. 호주의 지위

그런데 갑이 사망하여 상속개시를 했지만 이미 장남 A는 사망했고, A에게는 아내와 자녀 X가 있다.

이때 A는 이미 사망했기 때문에 상속 자격이 없다면 갑의 상속인은 을과 B, C뿐이다. 그렇게 되면 X가 가엾다. 또한 갑, 즉 조부의 진정한 생각도 아닐 것이다. 그래서 법률은 X에게 아버지 A 대신 갑의 상속인 자격을 인정하고 있다.(민법 제887조 제2항) 이것을 대습상속代襲相續이라고 한다.

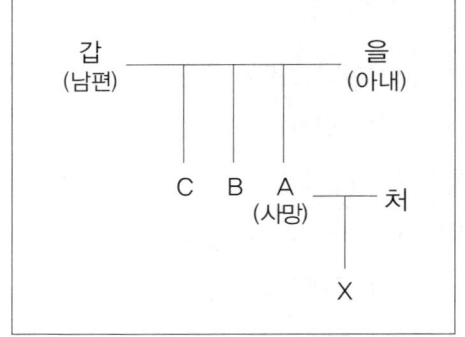

웃는 상속인

대습상속은 사망한 사람(피상속인)의 형제자매 상속권에도 제도화되어 있다.

우측의 표에서 A가 사망했다고 하자. 그래서 형제인 B, C가 상속인이 되었지만 C는 이미 사망했다. 이런 경우는 C의 자녀 Y가 C를 대신해 상속권을 인정받는다. 마치 복권이라도 당첨된 듯, 생각지도 못했던 곳에서 재산이 굴러들어 온 것이다. 그래서 저절로 웃음이 나오지 않을 수 없다.

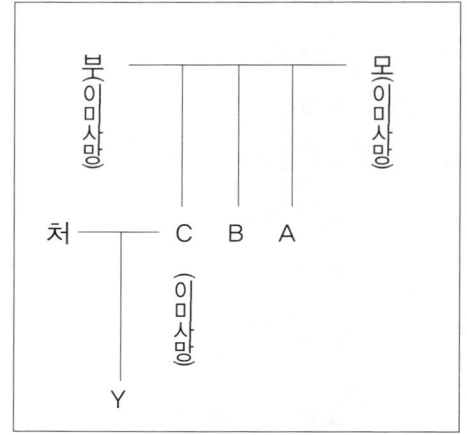

태아는 상속에 관해 특별취급

배우자 이외의 상속인 1순위는 자녀다. 그런데 사망한 어떤 남자에게는 자녀가 많다. 장남부터 막내까지, 시집간 딸, 집에 남겨진 자녀, 게다가 양자까지 있다. 그의 자녀인 이상 남자도, 여자도, 장남도, 막내도, 양자도 모두 상속인이다.

그런데 혼인 외, 즉 아내 이외의 여자가 아기를 낳았다면 그 아이는 어떻게 될까?

그 아이도 상속권을 인정받는다.

그 남자가 사망할 때 아내가 임신 중이었다고 하자. 태아는 어떻게 될까? 태아는 아직 인간이 아니다. 따라서 권리능력이 없다. 그렇다면 앞으로 태어날 아이가 너무 가엾다. 따라서 상속에 한해 태아는 이미 태어난 아기로 간주한다.(민법 제886조)

이런 배려는 다른 곳에도 있다. 불법행위로 인한 손해배상 청구에 대해서 태아는 이미 태어난 아기로 취급하고 있다.(민법 제721조) 따라서 아버지가 살해된 경우, 태아도 위자료 청구소송을 할 수 있다.

만약 그 아이가 사체로 태어났다면 처음부터 생존하지 않는 존재로 취급한다. 살아서 태어나기만 하면 설령 세상에 나오자마자 죽었다 해도 역시 상속인이다.

3. 상속배당의 차이

상속자격을 인정받았다 해도 상속인들이 유산분배를 받는 비율, 즉 '상속분相續分'은 동일하지 않다.

그렇다면 상속분은 어떻게 될까? 피상속인의 의사로 결정하는데 죽은 사람이 저 세상에서 돌아와 말할 수도 없기 때문에 우선 유언으로 정해둔다. 그런데 귀찮다는 이유로 좀처럼 유언을 하지 않는 사람이 많다. 법률도 방치할 수 없으므로 유언이 없는 경우 보충적으로 배당분을 정해두어야 한다. 이것을 '법정상속분'이라고 하며, 민법 제900조에 규정되어 있다. 그럼 남편이 사망한 아내의 예를 들어 설명해보자.

아내와 자녀가 함께 상속하는 경우

아내의 상속분은 3분의 1, 자녀의 상속분은 3분의 2다. 자녀가 한 명이든, 몇 명이든, 몇십 명이든 비율은 같다. 그 3분의 2가 모든 자녀에게 평균으로 나뉜다. 따라서 자녀가 6명이고 유산이 9백만 엔이라면 아내는 3백만 엔을, 자녀는 남은 6백만 엔을 백만 엔씩 나누어 갖는 것이다.

그런데 이 경우, 한 가지 주의해야 할 것이 있다. 그에게는 첩이 있고, 첩에게는 인지된 자녀가 있다면 비적출자의 상속분은 혼인으로 태어난 자녀, 즉 적출자의 절반이다. 혼인 외로 태어난 자녀는 아무 죄도 없지만, 역시 혼인은 존중해야 한다는 사고에서 나온 차이다.

아내와 남편의 양친이 상속하는 경우

부부가 자녀는 없고 시어머니와 시아버지가 살아 있는 경우, 상속분은 아내가 2분의 1, 남편의 직계존속이 2분의 1이다. 시어머니만 생존한 경우라도 그 비율은 같다.

아내와 남편의 형제자매가 상속하는 경우

자녀와 남편의 직계존속이 없는 경우에는 아내가 3분의 2를 상속하고, 남은 3분의 1을 남편의 형제자매가 상속한다. 형제자매가 몇 명이 있더라도 그 3분의 1을 평균으로 나눈다.

4. 방탕한 아들에게 따끔한 벌침·폐제廢除

라쿠고에는 "10층의 몸이시다"라는 별스런 말을 내뱉는 녀석이 등장한다. 대개는 대갓집 새서방님으로 명대의 도락가다. 지나친 방탕으로 부모에게 감당かんーどう[222] 되어 어쩔 수 없이 단골 옷가게나 도편수 집 2층에 신세를 지는 몸이다. 그런데 2층은 주로 식객을 두기 때문에 적어도 10층 신세라며 실없는 소리로 자신의 태평낙도를 드러내고 있다.

"네 고약한 성질을 내가 걱정한다고 생각하지 마라. 버릇없이 바깥일을 집안으로 끌어들이고 아직도 창녀에게 빠져 있는 너와 우리 두 사람은 참나무 잎과 떡갈나무

---

222) 감당(勘当) : 의절(義絶). 아버지가 자식의 실책·비행 등을 책하여 인연을 끊음. 또는 주종(主従) 관계, 사제 관계를 끊음.

가지일 뿐이다. 아무리 울면서 대달려도 이젠 의절이다. 저녁안개가 드리워지기 전에 우리 작별하자."

이런 이유로 능력 없는 방탕아 이사에몽은 부모에게 감당되었다. 만약 그 옛날 통계국이 있었다면 90%가 창녀에게 빠져 방탕한 생활을 보냈다는 이유로 감당되었다고 할 만큼 환락가를 헤매는 남자가 많았다. 아무래도 유녀는 방탕아 제조기라는 느낌이다.

그런데 이 감당이라는 법률제도를 상당히 오해한 듯, 에도시대의 라쿠고처럼 조상의 불단 앞에서 "너 같은 불효자와는 부모자식의 인연을 끊어 의절하겠다"고 말한다 해서 감당되는 건 아니다. 그 무렵 법률적 효과를 갖고 있던 감당은, 무사든 상인이든 에도의 삼부교三奉行에 감당의뢰를 제출하여 마치부교町奉行(마을 관청)에 등록하면 비로소 그 효과를 인정받았다.

"추위에 떨고 있는 감당된 자식을 다리에서 만나……."

센류川柳에도 나오듯 부모자식의 만남은 둘 다에게 비참했을 것이다. 방탕한 아들을 징계하기 위해 대체로 옷을 벗겨 쫓아냈지만 어머니는 안타까운 마음으로 집안의 돈은 물론, 자신의 비상금까지 아버지 눈을 속이고 갖다바쳤다. 그런데 알다시피 라쿠고에서 매번 감당되었던 젊은 새서방은 야나기바시에서 게이샤와 악사를 데리고 뱃놀이를 즐기거나 "차차차" 콧노래를 부르며 홍등가를 활보하는 무척 사치스런 생활을 즐겼다.

"당신만이 내 삶의 보람이야."

게이샤의 달콤한 말에 빠져 자주 홍등가를 드나들지만 돈 떨어지면 인연도 끊어지는 법이다.

"게이샤의 친절은 세타せった[223]의 밑바닥. 돈 있으면 살랑살랑, 돈 떨어지면 단칼에 잘라버리는구나!"

결국 이런 처지가 되었던 것이다.

---

[223] 세타(雪駄) : 눈이 올 때 신는 신발. 대나무 껍질로 만든 조리 밑바닥에 가죽을 붙이고, 뒤꿈치에 쇠붙이를 박았다.

"창부는 네모난 계란 참으로 그믐날 밤의 보름달이네."

투덜거리며 세 번째에는 살짝 경계태세를 갖춘다.

지금은 친자의 인연을 끊는다는 의미의 감당이라는 제도는 없다. 그렇다고 해서 안심하고 부모의 말을 한쪽 귀로 듣고 한쪽 귀로 흘리는 못된 행동을 해도 된다는 말은 아니다. 그래도 이것은 나은 편이다. 카바레나 바를 돌아다니며 아버지 이름으로 외상장부를 달고, 기껏 인맥을 동원해 마련해준 직장을 수개월 만에 때려치우며, 어머니를 졸라 아버지에게 돈을 우려내기도 한다. 돈 없다고 하면, "빨리 돈 안 주면 나 죽어버릴 거야" 협박도 마다않는다. 낳은 게 잘못이지.

하지만 자식이라는 이유만으로 뭐든 부모의 유산을 상속하는 것은 아니다. 법률은 폐제廢除라는 제도를 준비해두었다. 이 제도에 따라 상속인 자격을 박탈할 수 있다.

"낳은 게 잘못인 저런 자식에게는 단 한 푼도 줄 수 없어. 유산을 상속하면 조상한테도 사회에도 민폐야."

이렇게 생각하는 사람은 가정재판소에 제기하여 상속권을 박탈할 수 있다.(민법 제892조) 그러나 무제한은 아니다. 지독한 부모도 있기 때문에 남용할 우려가 있다.

폐제를 제기하기만 하면 무조건 상속권이 박탈되는 것도 아니다. 자녀에게 ① 학대 ② 모욕 ③ 이외에 현저하게 눈에 띄는 비행사유가 있어야 한다.

첩과 동거하면서 일하기를 싫어한 아들이 가엾은 아버지에게 생활비 원조를 강요했지만 거절당하자 "늙어빠진 영감탱이. 빨리 안 내놔?"라고 말했다면 그것은 심한 모욕에 해당된다.

늙고 병든 아버지를 돌보지도 않을 뿐더러 게이샤를 집으로 들여놓은 뒤, 결국 귀찮다는 이유로 병든 아버지를 리어카에 실어 그동안 왕래도 없던 결혼한 여동생 집에 버리고 왔다면, 그것은 무서운 학대에 해당된다.

이외에 현저하게 눈에 띄는 비행이란 대체로 술독에 빠진 경우이지만 범죄, 낭비, 가족과의 불화도 여기에 해당된다.

부부 사이는 나쁘지 않지만 시어머니, 시누이와의 잦은 불화로 3회에 걸쳐서 남편에게 심한 폭행을 당한 아내가 유산을 하고 결국 사망했다. 그런데 죽기 전에 유언으로 남편을 폐제한다는 의사를 표시했다. 재판소는 "남편이 상속인이 되는 건 싫어"라는 그녀의 의사를 존중하여 남편을 폐제했다. 다시 말해 그는 아내의 유산을 상속할 수 없게 되었다.

폐제가 인정되면 호적관사에 그 취지를 신고하지 않아도 된다. 상속인이 후회하고 폭행도 없어져서 폐제를 취소하고 싶다면, 피상속인은 가정재판소에 제기하여 폐제를 취소할 수 있다.

5. 당연한 상속권 박탈·상속인 흠격

폐제와 달리, 상속자격이 있는 사람에게 법률상 당연히 상속권을 거둬들이는 제도가 있다. 이것을 '상속인 흠격欠格'이라고 한다.

상속인 흠격에는 가정재판소 판례도 필요 없다. 법률은 흠격에 해당되는 사람을 다음과 같이 규정한다.(민법 제891조)

① 고의로 피상속인 또는 상속인에 대해 선순위, 혹은 동순위에 있는 사람을 사망시키거나 사망시키려 한 죄로 형벌에 처해진 자

이때 살인기수든 살인미수든 묻지 않는다. 피상속인을 꼬드겨 자살하게 하거나 자살을 도와준 자살관여죄, 혹은 피상속인의 부탁으로 살해한 사탁살인죄嘱託殺人罪도 상속인 흠격에 해당된다.

스스로 안락사라고 생각했지만 재판소가 아직 안락사 시킬 정도는 아니라고 판단하면 상속인 흠격이다. 무엇이 안락사인가는 뒤의 형법 부분에서 자세히 설명하기로 하자.

고의가 아닌 과실로 살해한 경우는 여기에 해당되지 않는다.

② 피상속인이 살해된 사실을 알면서도 고발 또는 고소를 하지 않은 자

③ 사기나 협박으로 피상속인이 상속에 관해 유언을 하게 하거나 변경시킨 자

④ 상속에 관한 피상속인의 유언을 위조, 변조, 파기 또는 은닉한 자

6. 무엇이 유산일까?

(1) 유산에 대해 오해하기 쉬운 것

유산상속이라고 하면 몇억이라는 막대한 재산이 굴러들어와 꿈속에서 지폐로 조림반찬을 하듯 매우 호화롭고 사치스러운 장면을 연상하는 경향이 많다.

그런데 상속이란 피상속인의 재산에 속해 있던 모든 권리의무가 상속인에게 옮겨가는 일이므로 그렇게 멋진 얘기만은 아니다. 죽은 뒤 뚜껑을 열어보았더니 마이너스 재산, 즉 외상대금채무나 차금借金만 산더미처럼 쌓여 있는 경우도 있다.

"차금만 피해서 상속하고 싶어요. 왜 할 수 없다는 거죠?"

이런 상담을 받은 적이 있는데, 그건 터무니없는 무리한 요구다. 그럼 유산에 대해 오해하기 쉬운 사항을 알아보자.

(가) 유골

"이 집의 재산은 아궁이 속의 재에서 뼈까지 모두 내 것이다."

호탕하게 말하는 남자가 있다. 판례로 보면 유골遺骨도 상속재산 속에 들어간다.

얼마 전에 정통 무용가이며 유명한 가부키 배우가 사망했다. 그의 명성을 누가 계승할지, 그의 유골을 정처가 취할지 첩이 취할지, 분쟁이 일어났다. 아무리 그 남자와 첩이 친밀한 관계였다 해도 유골을 취할 권리는 상속권자에게 있다는 판례가 나왔다.

(나) 생명보험금

생명보험금은 상속재산이 아니다. 수취인의 권리다. 종종 아버지의 생명보험금을 수취인인 형이 독점해 비열하다고 욕하는데 불평하는 사람이 잘못됐다.

생명보험금의 수취권리는 보험회사의 보험계약으로 발생한다. 상속으로 인해 생기는 권리가 아니다.

(다) 퇴직금

사망퇴직금도 마찬가지다. 피상속인이 공무원인 경우, 사망퇴직금을 누구에게 지급하는가는 법령에 정해져 있다. 사망퇴직금의 수급권受給權 소유자 1순위는 배우자다. 이때 배우자에는 내연도 포함된다.

사기업인 경우, 수급권자는 대개 취업규칙이나 내부규칙으로 정해진다. 공무원처럼 순서로 정해지는 경우도 적지 않은 것 같지만, 그런 규칙이 없으면 상속인이 받는다.

(라) 제사계승

계보系譜나 불단, 제사도구, 묘비, 묘지의 소유권도 유산이 아니다. 이것들은 유산에서 제외되며 피상속인이 지정했다면 그 사람이 계승한다. 지명은 생전이든 유언이든 상관없다. 정해진 방식은 없다.

만약 피상속인이 지정하지 않았을 때는 관습에 따른다. 관습이 분명하지 않다든가 분쟁이 발생했을 때는 가정재판소가 정한다.

(2) 지참금 등은 상속분에서 공제된다

▶ 유산분배

"넌 결혼할 때 아버지에게 지참금으로 많이 받았지? 할당분은 없을 거야."

이런 말을 형제에게 들은 여동생, 가만히 있을 수만은 없다.

"오빠도 가게 개업한다고 아버지한테 돈 많이 받았잖아?"

이처럼 공동상속인 중 부모 생전에 장사자금이나 주택자금, 지참금 등으로 다른 상속인보다 특별히 이익을 얻은 사람이 있다. 유산분배 때 그 특별이익금을 고려하지 않는다면 불공평하다. 그래서 법률은 피상속인에게 유증遺贈을 받았거나 혼인이나 양자결연 때 생계자금으로 증여를 받았다면 그에 해당되는 금액을 더한 총액을 상속재산으로 한다(민법 제903조 제1항)고 규정한다. 왜 그런가 하면 현재 있는 유산에 앞의 예처럼 특별이익금을 더한 총액이 유산으로 계산되기 때문이다.

간단한 예를 들어보자. 사망한 아버지의 저금은 6백만 엔이었다. 그게 유산의 전부다. 그런데 10년 전, 결혼한 장남은 집을 구입할 때 아버지에게 3백만 엔을 받았다. 그럼 현재 있는 6백만 엔에 이전에 증여한 3백만 엔을 더한 금액, 즉 9백만 엔을 유산의 총액으로 한다는 말이다.

이때 상속인이 아내와 두 명의 자녀라면 각자의 상속분에 따라 그 9백만 엔을 계산한다. 아내는 3분의 1이므로 300만 엔을, 두 명의 자녀는 남은 3분의 2를 반으로 나누어 3백만 엔씩을 할당받는다. 그런데 장남은 예전에 300만 엔을 받았기 때문에 상속분에서 공제되어 실질적으로는 제로다.

만약 할당분보다 많이 받았다면 그 돈을 돌려줄 필요는 없다. 극단적으로 많이 받았을 때는 일부 돌려주는 일도 있는데 그건 뒤의 '유류분遺留分'에서 설명하기로 하자.

앞의 경우 돈이었기 때문에 가격은 명백하다. 만약 토지를 받았다면 문제다. 예를 들면 10년 전에 300만 엔에 해당하는 토지를 받았다고 하자. 이때는 10년 전의 토지가격으로 계산할까, 아니면 상속개시 때의 가격으로 계산할까? 요즘에는 토지가격이 급격하게 상승하기 때문에 받은 사람은 골치 아플 것이다. 법률이 상속개시 때의 가격으로 하기 때문이다.

그렇다면 10년 전에 받은 그 토지를 5년 전에 팔아버렸다고 한다면 어떻게 될까? 그 토지는 지금도 팔리지 않고 남아 있는 유산으로 취급하여 상속개시 때의 가격으로 평가한다.

"멍청하게 토지 따위는 받는 게 아니네."

7. 상속인이 취해야 할 태도

상속의 승인과 포기

일본의 옛날 관례에서는 상속을 개시하면 무조건 상속을 하지 않으면 안 되었다. 아버지가 아무리 많은 차금을 남기고 사망했어도 불평 없이 상속하여 그 차금을 모두 짊어져야 했다. 그 결과 죽을 만큼 피땀 흘려 일해도 앞날이 보이지 않아 결국 다 포기하고 자신은 평생 방랑생활을, 처자식은 길거리를 헤매는 비참한 운명에 절규하는 사람도 있었다.

냉정한 채권자 입장에서는 부모의 인과因果가 자식에게 돌아갔을 뿐, 원망하려면 죽은 부모를 원망하라고 말할지도 모르겠다. 하지만 인도적 견지에서 보면 전혀 그렇지가 않다. 너무 가엾다. 더구나 자포자기해서 죄를 범한다면 그로 인한 사회적 손실도 간과할 수 없다. 절대 한 사람의 불운으로 끝나지 않는다. 그래서 법률은 상속의 승인과 포기제도를 만들어 안전변安全弁[224] 역할을 했다.

승인承認이란 글자 그대로 상속인이 자기를 위해 상속을 개시했을 때 그 상속을 확인하는 일이다. 승인에는 무조건 인정하는 경우와 정도를 제한하여 인정하는 경

---

[224] 봄베(Bombe)나 보일러 등의 안전장치의 하나. 용기 내의 유체압력이 규정 이상으로 상승하면 자동 개봉되어 유체를 방출하는 장치

우, 두 가지가 있다.

포기란 상속을 거절하는 것이다. 하지만 어떤 경우라도 항상 포기할 수 있는 것은 아니다. 애석하게도 때에 따라서는 포기하고 싶어도 법률상 포기를 할 수 없는 경우도 있다.

그럼 승인과 포기에 대해 좀 더 자세하게 알아보자.

승인과 포기는 언제 하면 좋을까? 상속인은 자기를 위해 상속을 개시했다는 사실을 알았을 때부터 3개월 이내에 단순승인單純承認을 할지, 한정승인限定承認을 할지, 혹은 포기를 할지 명확하게 하지 않으면 안 된다.(민법 제915조)

자기를 위해 상속을 개시했어도 즉각 알 수 없는 경우가 있다. 예를 들면 외국에 있든가 가출한 경우다. 법률도 이 경우를 고려해서 3개월이란 기간을 두어 상속인이 자기를 위해 상속을 개시했다는 사실을 알고 있는 시점부터 계산한다.

부모의 차금을 무제한으로 계승할지, 제한을 해서 계승할지는 부모 사망 후 재산상태를 조사해보지 않으면 분명한 태도를 취할 수 없다. 따라서 상속인은 승인과 포기를 하기 전에 상속재산을 조사해볼 권리가 있다.

그런데 상속을 개시했을 때 상속인이 어린이라 상속보다 장난감을 원하는 상태라면 승인도 포기도 할 계제가 못 된다. 이때는 그 아이의 법정대리인인 살아 있는 부모, 즉 아버지나 어머니가 상속개시를 알고 있는 시점부터 3개월을 계산한다.

3개월 이내에 제한승인이든 포기든 결정하지 않았을 때는 단순승인으로 간주한다.(민법 제921조 2호) 그렇게 되면 포기하고 싶어도 할 수 없다. 하지만 이해관계인이 재판소에 청구하여 그 기간을 연장할 수는 있다.

(가) 단순승인이란 무엇인가?

단순승인이란 피상속인(예를 들면 사망한 아버지)의 권리의무 일체를 무제한, 무조건, 절대적으로 계승하는 일이다. 따라서 아버지의 모든 차금도 상속인이 그대로 뒤집어쓴다.

평소 사용하지도 않는 단순승인이란 말을 사용하는 것은, 바닥이 드러나면 별 볼일 없듯이 보통상속이 모두 여기에 포함된다는 말을 망설임 없이 할 수 있기 때문이다.

단순승인은 일반적으로 행해지는 상속으로, "부모의 것은 자식의 것"이라는 비유처럼 부모의 차금까지도 죄다 상속되는 경우다.

그럼 어떤 경우가 단순승인에 해당될까? 사실 단순승인이라고 말은 어렵게 하지만 단지 상속인의 태도를 결정하는 법률행위일 뿐이다. 대개 상속개시 후 다음과 같은 경우, 법률은 단순승인으로 간주한다.

① 상속인이 상속재산의 전부 또는 일부를 처분했을 때

아버지가 사망하여 자신이 상속인으로 되었을 때 아버지에게 물려받은 재산 전부 또는 일부를 처분한 경우, 즉 가옥부지나 전답, 그 외의 동산을 매각, 저당해서 돈을 빌렸을 때는 단순승인을 했다고 간주한다.

② 상속개시를 알고부터 3개월 이내에 한정승인 또는 포기를 하지 않았을 때

③ 상속인이 한정승인 또는 포기를 한 뒤에도 상속재산의 전부 또는 일부를 은닉, 몰래 소비하거나 악의적으로 재산목록에 기재하지 않았을 때

재산을 은닉, 또는 몰래 사용하거나 재산목록에 기재하지 않고 표면상 차금만 많게 하여 부모의 차금을 떼어먹으려는 패거리들의 담금질을 말한다.

(나) 한정승인이란 무엇인가?

차금이 엄청난 부모가 최근에는 병까지 걸렸다. 아버지에게 당장 무슨 일이라도 생기면 그 많은 차금도 아버지의 습진도 모두 떠맡게 되는 건 아닌지 전전긍긍하는 사람도 있을 것이다. 그런 분은 온 신경을 집중해서 읽어주길 바란다.

부친 사망 후 재산 상태를 조사했더니 재산은 모두 2천만 엔, 부채 총액은 2억 엔이었다고 하자. 상속인은 참을 수가 없다. 천군만마 역전의 무사였던 노련한 아버지마저 변통할 수 없던 돈을 아직 주둥이가 새파란, 아니 샛노란 아들 녀석이 도대체 어디서 구한단 말인가? 이대로 단순승인을 해버리면 평생 차금으로 고통스런 나날을 보내야 한다.

이때는 상속포기나 한정승인을 하면 된다. 한정승인을 하면 상속인은 재산액의 한도에서, 즉 이 경우라면 2천만 엔 한도에서 아버지의 채무를 인수받는다. 채권자들

은 1할의 변제를 받고, 남은 9할은 무조건 장부에서 삭제된다.

그 결과, 상속인은 부친에게 물려받은 재산이 단 한 푼도 없는 대신 차금도 완전히 소멸한다. 옛말 그대로 알몸으로 자주독립하여 생활을 개척해야 한다. 상속인으로서는 오히려 상쾌한 기분일지도 모른다.

같은 성공이라도 "부모의 빛은 일곱 색깔 무지개"라고 하듯, 부모의 그림자 덕으로 성공하여 명성을 높이기보다는 자주독립, 도수공권徒手空拳(맨주먹)을 흔들어 신천지로 나아가는 것이 훨씬 남자답다.

한 발짝 더 전진해 한정승인 따위 구차하게 따지지 말고, 부모의 차금은 자식의 차금, 그 차금을 변제하지 않으면 죽어서도 부친의 얼굴을 볼 수 없다는 생각으로 뿌리까지 통째로 물려받아 갚는 게 남자 중의 남자다운 모습이 아닐까? 주위를 살펴보면, 권문귀족에 아부하여 명사나 부호의 데릴사위로 평생 마나님에게 고개 숙이며 살아가는 보잘것없는 녀석, 혹은 학교를 졸업하자마자 독립자존의 기개도 없이 일신의 안위만을 위해 직장에서 평생 고개를 굽실거리는 녀석, 또는 의기는 없고 요령만 좋은 약삭빠른 녀석들이 세상에 널렸다.

▶ 한정승인의 방법

한정승인을 하려면 상속이 개시된 사실을 알고 나서 3개월 이내에 재산목록을 만들어 가정재판소에 제출하고 한정승인의 취지를 알려야 한다.

상속인이 여러 명인 경우에는 전원이 공동으로 나와야 한다. 그 중 한 사람이라도 반대하면 안 된다.

한정승인자는 한정승인을 한 날로부터 5일 이내에 모든 상속채권자에 대해 한정승인을 한 사실을 일정기간 공고해야 한다. 일정기간은 2개월이 경과하면 안 된다.

어떻게 공고하는가에 대해 특별히 법률이 규정하지는 않았다. 신문 공고든 뭐든 권리자에게 알려질 수 있는 방법이면 된다. 아마도 신문 공고가 가장 좋은 방법일 것이다.

공고를 하면 알고 있는 채권자에 대해서는 최고催告를 한 결과이며 위의 기간 내에 나온 채권자 및 공고에 의해 알려진 채권자에게는 비율에 따라 비례배분으로 변

제한다. 물론 우선변제권이 있는 사람은 먼저 변제를 받을 권리가 있다.(물권법 선취특권 참조)

(다) 상속의 포기

한때는 재계에 웅비하여 경제계의 바로미터로 군림했지만 돌아온 인과因果는 초라한 작은 손수레, 그늘조차 없는 한 평짜리 다락방에서 아내는 죽고, 하나뿐인 아들 녀석에게 버림받은 채 말라비틀어진 몸을 끌어안고 희망도 없이 홀로 병마에 신음하는 가련한 노인이 있다. 내 사전에 불가능은 없다고 말한 나폴레옹도 세인트헬레나에서 비참한 말로를 보낸 것을 생각하면 운명의 장난이란 상상조차 할 수 없다.

그런데 그 병마에 시달리던 노인이 황금시대에 만들어놓은 수억의 차금을 남겨놓고 죽었다면 어떻게 될까?

상속이라고 하면 추석과 설날을 동시에 맞이하는 경사로 생각할지 모르겠지만 그런 기분 좋은 상속이 아니다. 재산은 벼룩의 발톱 위에 쌓인 먼지만큼도 없는데 차금만은 산더미다. 이때 한 평의 다락방에서 홀로 쓸쓸히 죽어간 노인의 아들 녀석이 아버지의 죽음을 알면서도 3개월 이내에 가정재판소에 상속포기를 하지 않았다면 단순승인으로 간주되어 수억, 수십억의 차금을 인수하지 않을 수 없는 가엾은 처지가 되어버린다.

▶ 주의해야 할 유품분배

유품분배이라는 말이 있다. 죽은 사람의 친척이나 특별히 인연이 있는 사람에게 기모노, 반지, 시계, 머리장신구, 서적 등 사자死者가 생전에 애용하던 물건을 나누어주는 일이다. 분명 죽은 사람을 그리워하라고 그렇게 했을 것이다.

유품분배의 법률적 구성여하는 일괄적으로 말하기 어렵다. 유품분배에는 여러 가지가 있기 때문이다. 우선 사망한 본인이 생전에 유언을 하는 경우가 있다.

"다케오가 돌아오면 내 유품이라고 말하고 이걸 주세요."

죽음에 직면한 나미코가 대나무에 젖은 종이처럼 깡마른 손으로 유언장을 쓰고, 돈도 되지 않는 머리카락을 유품으로 남기려 한다. 이처럼 유언에 따른 것을 유증遺

贈이라고 한다. 사망에 의해 효력이 발생하는 일종의 증여贈與다.

생전에 주겠다는 말은 하지 않았지만 본인이 사망한 뒤 자녀들이 기모노 등을 나누어 갖는 경우가 있다. 이때는 "아무리 울고불고해도 묵묵부답인 유품"이라고 종종 말한다. 이것을 유산상속으로 보면 좋겠지만, "유품을 받고 싶어 과장스럽게 울부짖는 하녀"라는 말처럼 상속인도 아닌 사람이 유품을 받는 경우도 있다. 이때는 단순증여다.

"울면서도 저절로 시선이 가는 유품."

다정한 고모가 사망하여 생전에 사랑받았던 조카들은 단연코 용맹한 무사처럼 오열하지만 눈물 젖은 눈은 손수건 아래서 타산적으로 계산한다.

"어머나 세상에! 고모도 너무해. 나보다 하나코를 더 좋아했나 봐."

때에 따라서는 "유품을 받은 뒤에는 소식불명"이라는 경우도 생긴다. 인간이란 동물은 욕망의 눈과 숨쉬는 구멍만은 막을 수 없는 구조로 되어 있는 것 같다.

그런데 여기서 반드시 주의할 것이 있다. 단순승인으로 간주되는 경우다. 상속인이 상속재산의 일부라도 처분을 하면 상속을 승인한 일로 간주한다. 그렇다면 유품분배는 유산의 일부를 처분한다는 뜻인가?

거의 그렇다고 할 수 있다. 고인의 오오시마大島225)산 명주기모노를 인연이 있는 사람에게 나누어주었다고 하자. 그 유품은 멋진 처분으로 간주되어 상속포기도, 한정승인도 할 수 없게 만들어버린다.

너덜너덜한 기름투성이 작업복이나 때에 찌든 환자의 침구를 버린 일은 경제적 가치가 거의 제로이기 때문에 단순승인으로 간주하지 않는다는 판례도 있다. 하지만 오오시마산 명주기모노라면 그렇게는 안 된다. 아무리 유품분배라 해도 경제적가치가 있는 물건에 손을 대면 단순승인으로 간주된다는 사실을 명심해야 한다.

"유품이야말로 지금으로써는 원수. 잊어야 할 일은 개미허리 정도인데."

옛 노래가 이런 경우다.

---

225) 이즈(伊豆)제도 중 최대의 화산섬. 중앙에 삼원산(三原山)이 있고, 쇼와 61(1986)년에 대분화, 주민 전원이 섬 밖으로 피신했다. 면적 91㎢. 이즈오오시마(伊豆大島)라고도 한다.

8. 상속인이 아무도 없을 때

일가친척 하나 없는 노인이 막대한 재산을 남긴 채 사망했다는 이야기는 신문, 주간지, TV 등에 종종 등장한다. 얼마 전에도 도쿄의 메쿠로目黑에서 상속인이 없는 노파가 3억 엔 정도의 유산을 남기고 사망하여 재산의 행방이 화젯거리가 된 일이 있었다.

상속인이 없다는 사실이 명백한 경우, 또는 있는지 없는지 확실하지 않은 경우에는 상속재산을 하나로 모아 법인으로 한다(민법 제951조)고 규정되어 있다.

법인이라고 해도 사업과는 전혀 무관하다. 이 법인의 목적은 상속재산을 관리, 청산하고 상속인을 찾을 수 있는 방법을 강구하기 위한 것이다.

법인이라면 누군가 대표자가 있어야 한다. 분명 독자도 그렇게 생각할 것이다. 그래서 상속재산법인의 관리인을 가정재판소가 선임한다. 어떻게 선임하는가? 그 재산에 이해관계가 있는 사람이 신청하고 선임받는다. 이해관계가 있는 사람이란 사망한 사람의 채권자 등이다.

상속재산법인의 관리인은 상속인이 있는지 없는지 명확하지 않은 경우, 상속인을 찾는 역할을 해야 한다. 그리고 상속재산을 청산하는 역할도 한다. 상속재산법인에 포함된 채권을 회수하고 채무를 지불한다. 끝내 상속인이 나타나지 않으면 남은 유산은 최종적으로 국고로 환수된다.

상속인이 아닌데도 유산을 받을 수 있는 사람

여기에 천애고아인 남자가 있다. 늘그막에 20세 정도의 젊은 여자와 내연관계를 맺었다. 그런 그 남자가 저세상으로 가버렸다. 그런데 상속인이 없다. 내연의 처에게 상속권이 없다는 것은 앞에서 이미 언급했다.

그럼 내연의 여자는 그 남자의 유산이 고스란히 국고로 들어가는 것을 눈뜨고 멍하니 보고 있어야 할까? 그렇지가 않다. 이 일에 중단을 요구할 수 있다.

죽은 사람에게 상속인이 없는 경우, 상속인 자격은 없어도 사망한 사람의 유산에 대해 배당을 요구할 수 있는 사람이 있다. 그 사람을 '특별연고자特別緣故者'라고 한다.

특별연고자는 글자 그대로 사망한 사람과 특별히 연고관계가 있는 사람을 말한다. 그 특별연고자는 가정재판소에 남은 유산의 전부 또는 일부를 자신이 분여分與받고 싶다고 청구할 수 있다.(민법 제958조 제3항)

누가 특별연고에 해당될까? 법률상 그 예로써 '피상속인과 생계를 같이해왔던 사람', '피상속인의 요양, 간호에 종사했던 사람'을 들고 있다.

또한 특별연고에 해당되는가 아닌가는 각각의 사건마다 가정재판소의 구체적 판례에 맡긴다. 어떤 경우인가 정도는 알아둘 필요가 있다. 그럼 지금부터 예를 들어 보자.

(가) 내연배우자

전형적인 예가 내연부부다. 내연의 배우자에게는 상속권이 없지만 그들은 사실상 부부로서 생활하며 어떤 형태로든 서로 협력해왔을 것이다. 만약 혼인신고가 되어 있다면 전부 상속할 수 있다. 하지만 혼인신고가 되지 않았다고 상대의 재산을 한 푼도 받을 수 없다면 너무나 형식적이고 권위주의적이다.

(나) 사실상의 양자

사실상 양자이지만 양자결연 신고를 하지 않은 사람도 역시 특별연고자에 해당한다.

(다) 요양, 간호에 종사한 사람

서로 떨어진 곳에서 살고 생활은 함께하지 않아도 병으로 누워 있는 사람을 위해 식사나 세탁을 해주고, 입원을 돕고, 입원 중에도 신변을 돌보며 사망했을 때도 여러 가지 일처리를 했다면, 이런 관계는 특별연고자로 인정해야 한다. 또한 그런 판례도 있다.

앞의 예는 모두 전형적이지만 그 외에도 피상속인과 혈연관계가 비교적 가깝고, 게다가 실생활도 보살펴준 사람이라면 특별연고관계를 인정하기도 한다. 역시 타인은 보살펴줄 필요가 있는 법이다.

그럼 분여청구分與請求는 언제까지 해야 할까? 그것은 다음과 같다.

상속인이 있는지 없는지 명확하지 않은 경우, 관리인이 선임되었다는 공고가 나오고, 공고 후 2개월 이내에도 상속인이 나타나지 않았을 때 관리인은 2개월 이상의 기간을 두어 상속채권자들에 대해 청구신청을 하도록 공고한다.

그 기간이 지나도 역시 상속인이 나타나지 않을 때 관리인의 청구에 따라 가정재판소가 6개월 이상의 기간을 정하고 상속인이 있으면 그 권리를 주장하라고 공고한다.

특별연고자가 상속재산의 분여청구를 할 수 있는 기간은 가정재판소가 정한 상속인수색 공고기간이 만료된 뒤 2개월 이내다.

9. 남겨진 사람들에 대한 배려·유언

유언과 일본인

우리 선조들은 대개 유언을 했다. 양로율령養老律令[226]의 응분조應分條에도 유언을 했다는 흔적이 있다. 유언처분이 있는 경우에는 법정상속은 이루어지지 않았던 것 같다. 상속은 유언이 원칙이었고, 법정상속은 유언이 없는 경우 보충 역할이었다.

중세나 도쿠가와 시대의 상속법도 유언상속이 원칙이었기 때문에 선조들은 점점 더 유언을 했다. 무사들에게만 한정되지 않았다. 상인들도 했다. 유언이 없는 경우는 피상속인이 갑자기 사망하여 유언의 기회를 놓쳐버린 극히 드문 예였다.

옛 유언서를 많이 읽은 사람의 글을 보면, 무사의 유언은 대체로 자세히 기록하는 경향이 있었다고 한다. 그 예로써 도쿠가와 이에야스의 가신이며 오사카 여름전장에서 전사했다는 중간급 무사의 유언장에는 실로 온갖 자질구레한 사항까지 기록되었다. 어느 정도 자세히 기록했는가 하면 자신이 죽은 뒤 살아가는 법에 대해 자기 아내에게 "잠자리는 저녁 7시에 들도록" 하고 시간까지 적어둘 정도였다. 아마도 기름값이 아까워서 그랬을 것이다. 차에 대해서도 걱정했다.

"친척에게 차를 선물로 받으면 마실 분량만 제외하고 1개월 뒤에 마실 차는 단단하게 봉해서 상자 속에 넣어두도록. 습기는 반드시 주의할 것."

고양이 사육법까지 지시했다고 하니 정말 대단하다.

그에 비해 상인의 유언은 대략적이었다고 한다. 대단한 거상도 아닌 에도 상인은 자녀에게 이런 유언장을 남겼다.

"만약 내 아내가 좋은 인연을 만나 재혼할 기회가 생긴다면, 넌 보기 흉한 일은 절대 하지 마라. 재산도 충분히 주어 당당히 집을 나설 수 있도록 해주어라."

요즘이라면 정지조건停止條件이 따르는 유증이다.

---

[226] 양로 2(718)년 후지와라 오후히토(藤原不比等)가 대보율령(大宝律令)을 일부 개정하여 편집한 율령. 각령 10권의 법전. 율(律)은 여기저기로 흩어져 거의 없어졌지만, 령(令)은 ≪령의해(令義解)≫ 등에 수록되어 대부분 남아 있다.

그런데 최근의 일본인은 옛날에 비해 유언제도를 그다지 이용하지 않는 것 같다. 아메리카나 유럽 사람들에 비해 일본인들은 왜 유언을 별로 하지 않는 걸까? 그 이유는 "유언이란 죽음과 연결되는 불길한 조짐이다"고 생각하기 때문이라고 한다.

하지만 그건 잘못된 생각이다. 일본인뿐만 아니라 세계 어느 나라 사람들도 인간인 이상 자신의 죽음을 기쁘게 받아들이지는 않을 것이다. 피부색이 다르고 음식문화가 달라도 자신의 죽음을 상상조차 하기 싫어하는 것은 다르지 않다.

메이지 시대로 접어들면서 점점 유언을 하지 않게 되었는데, 그 원인은 다른 데 있다고 하는 게 오히려 자연스럽다. 아마도 법률제도 때문이었던 것 같다.

메이지 시대에 제정된 상속법에서는 가독상속인으로 정해진 한 사람이 그 집의 전 재산을 물려받았다. 유언이 필요 없어진 것이다. 그래서 유언은 사람들의 생활에서 점점 사라지게 되었다.

그런데 전후戰後 가독상속제도가 폐지되면서 유언은 다시 화려하게 컴백했다. 하지만 사람들의 생활 속까지는 아직 침투하지 못한 것 같다.

앞에서도 말했듯이 현재 일본의 상속법은 유언에 의한 상속이 원칙이다. 법정상속은 유언이 없을 때의 보충 역할이기 때문에 유언제도는 실질적으로 꽤 중요한 역할을 하고 있다.

그럼 유언으로 어떤 일을 할 수 있을까? 병이 들었거나 시각장애자로 글을 쓸 수 없는 사람들은 어떤 방법으로 유언을 하면 좋을까? 지금부터 설명하겠다.

(가) 유언을 할 수 있는 연령

유언은 노인의 전매특허가 아니다. 늙든 젊든 남자든 여자든 누구나 할 수 있다.

아무나 할 수 있다고 해서 5세나 6세 어린이의 유언이 법률상 효과가 있을 수는 없다. 요절할 정도라면 대개 영리하니까 "내가 죽으면 이 인형을 스지짱에게 줘"라고 애처롭게 말해서 주위 사람들을 안타깝게 하지만, 그것은 법률상의 유언이라고는 할 수 없다. 유언을 할 수 있는 연령은 만 15세 이후가 아니면 안 된다.

하지만 만 15세 이상인 사람이라도 고열인 상태이거나 심신상실자는 안 된다.

(나) 유언제도의 효능서

사후재산처분에 관해 유언제도는 특효약 같은 효력이 있다. 그럼 어떤 효력이 있을까? 한번 공개해보자.

(ㄱ) 재산을 무상으로 주는 일

유증遺贈이란 유언으로 재산을 공짜로 주는 것이다. 재산이기 때문에 부동산이든, 동산이든, 채권이든, 주권株券이든 상관없다.

그 방법은 "가루이자와에 있는 별장 한 채, 세잔느의 꽃그림 몇 호"라고 주는 물건을 확실히 정해도 좋고, 그게 귀찮다면 유언의 5분의 1 또는 3분의 1이라는 비율로 정해도 좋다.

무상으로 줄 수는 없다고 생각하면 이렇게 조건을 달아 유증을 할 수도 있다.

"A에게 아파트 한 채를 유증한다. 그 대신 A는 내 막내딸 B가 18세가 될 때까지 반드시 매달 5만 엔씩 생활비를 주어야 한다."

유증하는 상대는 누구라도 상관없다. 자신의 배우자나 자녀처럼 상속인도 좋고, 전혀 인연이 없는 사람도 좋다. 첩의 친구도 상관없다는 말이다.

(ㄴ) 유산분할의 지정

소규모 회사를 운영하던 남자를 저세상에서 영접하러 왔다. 그에게는 3명의 아들이 있고, 장남이 그를 도와 사업을 하고 있다. 남은 두 아들은 샐러리맨이다.

3명의 아들은 재산분배에 대해 각자 다른 생각에 빠져 있었다. 그때 어머니가 아버지의 유언이 있다고 말했다. 세 아들은 유언장을 열어보고 깜짝 놀랐다.

"유산은 5년 동안 현재 상태를 유지한다. 5년이 경과하면 분할해도 좋다. 회사의 지주는 장남이 맡는다. 현재 살고 있는 집은 아내 소유로 한다. 그 외의 재산에 대해서는 서로 합의하여 아내와 3명의 아들이 각자 4분의 1씩 나누도록 한다."

이런 일이 가능할까? 의아해할지도 모르겠지만 가능하다. 유산을 5년 동안 그대로 두라는 진술은 유산분할금지제도로써 인정받고 있다.(민법 제908조)

유산분할금지는 유산의 전부든 일부든 상관없지만 5년을 초과하면 안 된다. 너무 오랫동안 유산분할금지를 허락하면 상속인들은 진수성찬을 앞에 두고 먹지도 못한 채 침만 흘리는 꼴이 되어버리기 때문이다.

위의 유언은 유산분할 방법에 대해서도 구체적으로 지정하고 있는데 물론 가능하다. 이것을 '분할방법의 지정'이라 하고 여러 방법이 있다.

① 현물분할 : 재산은 물건인 채로 나눈다.
② 가격분할 : 팔아서 그 대금을 나눈다.
③ 대상분할 : 유산을 상속인 A 한 사람으로 정하고, 그 대신 모두가 받아야 할 상속분은 A가 돈으로 지불한다.
④ 공유분할 : 유산을 공유한다.

이와 같은 방법을 각자의 사정에 맞게 유산을 분할하라고 지정할 수 있다. 따라서 "현재 주거로 사용하는 건물은 아내와 장남이 상속하고, 은행예금이나 주권株券은 차남이 상속한다"고 해두어도 좋고, "어느 곳에 있는 토지 3백 평을 장남과 차남이 절반씩 분할한다"고 해도 좋다.

농가의 상속에서는 농지를 세분화하면 농업경영이 어려워지기 때문에 다음과 같이 구체적으로 지시하는 경우도 있다.

"가업을 계승하는 장남 A가 농지 및 농구 전부와 가옥, 토지를 상속하고, 그 대신 A는 장녀와 차녀에게 얼마씩을 지불한다."

(ㄷ) 상속분의 지정

법정상속분에 대해서는 앞에서도 말했다. 하지만 유언이 있다면 법정상속분은 유언으로 정한 상속분에 양보해야 한다.

예를 들면 상속인이 3명의 자녀인 경우, 옛날부터 뜻이 맞지 않은 게으른 셋째 C는 "상속분의 6분의 1로 한다"고 정할 수 있다.

(ㄹ) 방탕아 아들을 유언으로 징계한다

앞에서도 말했던 폐제廢除제도는 생전에만 가정재판소에 신청할 수 있는 것이 아니다. 유언으로 주정뱅이 아들에 대한 상속권을 박탈하여 징계할 수가 있다. 하지만 이 경우는 유언집행자, 즉 유언의 내용을 실행해주는 사람을 지정해야 한다. 친구든 선배든 상관없다. 그 유언집행자가 사망한 사람을 대신해서 폐제신청을 해주는 것이다.

(ㅁ) 후견인 지정

미성년자에 대해 최후에 친권을 행사하던 사람이 사망하면 후견을 개시한다. 이때 누구를 후견인으로 할지 유언으로 지정하면 그 사람을 우선한다.

상대를 증오하여 이혼할 경우, 어린 자녀를 사이에 두고 서로 쟁탈전을 벌인 결과 어느 쪽이 친권자가 되었다는 예는 많다. 이때 어머니가 친권자로 되었다고 하자. 그녀가 죽으면 후견을 개시하지만 헤어진 남편, 즉 아이의 아버지를 후견으로 하고 싶지 않다면 역시 유언으로 해둔다.

(ㅂ) 유언으로 친자관계를 만든다

앞에서 인지認知라는 말이 나왔다. 즉 혼인 외로 태어난 아이를 자기 자식이라고 인정하는 것이다.

자신이 살아 있는 동안 인지를 하면 호적에 기재되어 아내에게 들킨다거나, 친척이나 자녀들의 형편도 고려해야 할 경우에는 유언으로 인지를 할 수 있다.

이때도 유언집행자를 정하는 게 좋다. 그렇게 하면 유언집행자가 유언에 따라 호적관사에서 인지수속을 하게 된다.

(다) 유언으로 할 수 없는 일

옛날부터 죽기 직전에 쓰는 표제로는 유언장 이외에 유서, 편지, 인사말 등 여러 가지가 있다.

"유서는 눈에 띄기 쉬운 장소에"라는 것이 정석이었다. 그 유서도 "먼저 떠나는 불운의 죄"라는 말은 왠지 미리 입이라도 맞춘 듯 정해진 문구였던 것 같다.

어쨌든 자살 직전에 쓴 글도 유언방식을 따르고 있으면 유언으로써 효력이 있다. 하지만 부정 상대인 남자와 동반자살을 하면서 쓴 글은 아무리 자살 직전의 유서라도 유언이라고 할 수 없다.

"아~ 유유자적한 하늘이여 땅이여! 아득한 먼 옛날이여!"

후지무라 미사오藤村操[227]의 엄두지감嚴頭之感 유서처럼 재산과는 아무 관계 없는 철학과 사상은 법률상 유언이라고 할 수 없다.

"몸을 바짝 붙여 간신히 들을 수 있었던 유언은 마치 훌륭한 인격자인 듯 죽는 순간까지 안타까워하는 인사말에 지나지 않았다."

이것도 법률과는 아무 관계가 없다.

"의사도 칭찬을 했어."

전문분야가 전혀 다른 의사가 칭찬을 했어도 그 말로 유언의 자격을 얻었다고는 할 수 없다.

그럼 유언이라고 할 수 없는 사항을 알아보자.

(ㄱ) 원칙으로써 신분행위는 할 수 없다

혼인, 이혼, 양자결연처럼 신분상 법률효과가 발생하는 행위에 관한 것은 유언으로 할 수 없다. 왜냐하면 그런 법률행위에서는 무엇보다도 본인의 의사가 중요하기 때문이다.

"장녀 A는 누구누구의 차남 모씨와 결혼해라."

유언자의 의사대로 결혼이 결정된다면 큰 문제다. A로서도 그런 유언은 무척 난처할 것이다. 누구누구의 차남 모씨에게 호감이 있다면 별개의 문제겠지만 얼굴도 본 적이 없을 뿐더러 재수 없는 남자이거나 A에게 연인이라도 있다면 비극이다.

따라서 신분관계의 유언은 극히 예외로써 인지, 후견인, 후견감독인 지정만 인정하고 있다.

(ㄴ) 상속인을 정하는 일은 할 수 없다

지금은 옛날과 달라서 상속인의 자격결정권한은 국가가 독점하고 있다. 그 권한을 개인이 마음대로 변경하는 일은 허락하지 않는다. 따라서 누구를 상속인으로 한다는 지정은 할 수 없다.

---

[227] 1886~1903년. 홋카이도 출신. 구제일고(지금의 도쿄대) 학생. '불가해(不可解)' 문자인 유명한 유서 〈엄두지감(嚴頭之感)〉은 당시의 매스컴, 지식인들에게 큰 파문을 일으켰다. 유문은 나무에 새겨져 있었다.

누군가에게 유산을 주려고 한다면 상속인으로 할 필요가 전혀 없다. 앞에서 말한 유증이라는 방법으로 "내 유산의 3분의 1을 갑에게 유증한다"고 해두면 사실은 상속인을 지정한 것과 전혀 다르지 않기 때문이다.

(ㄷ) 장의·부의의 지시 등은 효력이 없다

"망부亡夫의 유지에 따라 부의賻儀는 사절하겠습니다."

이런 신문 글귀가 종종 눈에 들어온다. 이처럼 사망 후 자신의 장의葬儀에 관해서 "내 장례식에 관한 일은 저 녀석에게 일절 시키지 마라"라든가, 불교식으로 하라, 불교식이면 어느 종파로 하라, 장례 주재자는 누구로 하고 비용은 얼마 정도로 하라, 저 녀석은 마음에 들지 않으니까 부의나 호환은 사절하라 등을 지시해도 유언의 효력은 없다. 하지만 유족이 고인의 의사를 존중해서 그 뜻에 따른다면 이것은 별개의 문제다.

(ㄹ) 생명보험 수취인 변경은 할 수 없다

유언으로 생명보험 수취인을 변경해두려는 사람이 있는데 그것은 무효다.

생명보험에 가입했을 때 누구를 수취인으로 했는가는 보험회사와의 계약이다. 만약 수취인을 변경하고 싶다면 살아 있는 동안 보험회사와 보험계약자가 변경해야 한다. 보험계약을 한 사람이 수취인을 변경할 수 있는 경우, 예를 들면 수취인을 장남에서 차남으로 변경하고 싶다면 그것을 보험회사에 통지해야 한다.(상법 제677조)

수취인의 변경은 보험회사에 통지함으로써 효력이 발생한다는 판례가 있기 때문에 유언으로 수취인을 변경해도 효력은 없다.

마찬가지로 사망퇴직금처분도 유언으로 할 수 없다고 생각해야 한다.

(ㅁ) 도덕적 훈계도 법률상 의미가 없다

"기이치喜一, 어른이 되어 돈 많이 벌어라."

이런 유언은 통속적일지는 모르지만 법률상 아무 의미가 없다.

10. 유언서 작성방법

(1) 자신이 직접 유언서를 작성하는 방법

유언서가 효력을 갖기 위해서는 법률규정에 맞게 작성할 필요가 있다. 죽은 사람은 말이 없기 때문에 뒷날 분쟁이 발생하지 않도록 하기 위해서.

유언방식에는 보통방식 3종류와 특별방식 4종류, 모두 7종류가 있다. 그럼 여기서 자신의 손으로 직접 작성하는 보통방식(자필증서유언)을 살펴보자.

보통방식은 유언자가 직접 전문全文 및 날짜, 성명을 쓰고 도장을 찍는다.

▶ 용지

용지에는 어떤 제한도 없다. 보통은 종이에 쓰지만 나무나 돌 위에 기록해도 좋다. 종이의 종류에 대한 주문도 없다. 신문 사이에 끼어 있는 광고용지나 명함 뒷면도 상관없다.

▶ 필기도구

필기도구의 지정도 없다. 만년필이든, 볼펜이든, 연필이든, 붓이든 뭐든 좋다. 하지만 자서自署라고 했기 때문에 구술필기나 타이프라이터는 효력이 없다. 요즘 유행하는 테이프레코드 녹음도 안 된다.

▶ 문체와 체재

어떻게 써야 할지 망설일 필요는 없다. 어떤 문구라도, 악문이라도, 졸문이라도 좋다. 타이틀도 있든 없든 상관없다. 굳이 말하자면 '유언서'라고 써두면 좋을 것 같다.

주절주절 내용이 길어져 종이가 여러 장인 경우, "이것은 한 통의 유언서로써 작성되었다"고 확실하게 해두기 위해 한 묶음으로 철하여 할인割印[228]을 찍어두는 쪽이 좋다.

---

[228] 서로 관련되어 있다는 사실을 증명하기 위해 두 장의 서류에 걸치도록 도장을 찍는 일

유 언 서

고우노 이치로

나는 다음과 같이 유언을 한다.

1. 내 소유인 나가노현 마츠모토시 마츠모토쵸 1번가 1번지 소재의 택지 300평을 동소재주同所在住인 사가라 다케오相良武雄에게 유증한다.

2. 유산분할은 다음과 같다.
   (1) 아내 하나코花子는 도쿄도 스기나미구 스기나미쵸 3번가 3번지 3호 소재의 택지 170평방미터 및 동소재지의 기와지붕인 목조가옥 1동을 상속한다.
   (2) 장남 타로太郞는 도쿄도 오타구 가마타쵸 2번가 2번지 2호 소재 의 아연으로 된 함석지붕 단층 목조공장(건평 200평) 및 공장 내의 기계공구, 동산 일체를 상속한다.
   (3) 장녀 쵸코蝶子는 미츠비시은행 스기나미지점의 정기예금을 상속한다.
   (4) 그 외 유산에 대해서는 아내 하나코, 장남 타로, 장녀 쵸코가 각각 3분의 1씩 상속한다.

위의 유언은 모두 내가 쓴 것이다.

쇼와 51(1976)년 3월 10일

도쿄도 스기나미구 스기나미쵸 3번가 3번지 3호

고우노 이치로甲野一郞 ㊞

(1)의 1행 중간부분, 한 글자 삽입

▶ **날짜**

날짜는 무척 중요하다. 유언서를 작성한 날짜를 빠뜨리면 그 유언은 무효다.

▶ **성명**

성과 이름을 확실히 기재하는 게 바람직하다. 호적상의 성명이 아니고 유언자가 평소 사용하는 통칭이나 필명, 문패이름이라도 동일성만 있으면 유효하다. 그러면 번거로워지니까 자신의 성명을 확실하게 기재하라고 권하고 싶다.

▶ 도장

이것도 중요하다. 반드시 실인이 아니어도 상관은 없다. 하지만 유언서로 인해 득을 얻는 사람이나 손해를 입는 사람이 나오는 경우가 많기 때문에 손해를 입는 사람이 투덜투덜 불평을 하지 않도록 실인을 사용하는 쪽이 좋겠다.

틀린 곳이 있어서 삭제하거나 첨가하는 경우에는 변경장소를 표시하고, 변경한 취지를 덧붙이며, 서명을 한 뒤 도장을 찍어야 한다. 참고로 자필증서 유언서식을 살펴 보기를 바란다.

(2) 공정증서유언과 비밀증서유언

보통 방식에는 공증인이 관여하여 유언서를 작성하는 경우가 있으며, 공정증서유언遺言과 비밀증서유언遺言 두 가지가 있다.

공정증서유언 작성방법은 다음과 같다. 우선 증인으로 두 사람 이상이 입회한다.

유언자는 유언의 취지를 공증인에게 구술한다. 공증인은 그 유언을 필기하고, 유언자와 증인에게 읽게 한다. 유언자와 증인은 정확하다고 인정하면 유언장에 각각 서명을 하고 도장을 찍는다.

공증인은 "이 증서는 민법이 규정한 방식에 따라 작성한 것이다"는 취지를 덧붙이고 서명, 도장을 찍는다. 이렇게 해서 공정증서유언은 완성된다.(민법 제969조)

구술이란 입으로 하는 것을 말하기 때문에 위독한 상태에서 허둥지둥 공증인을 불러 유언서를 작성하면 문제가 발생하기 쉽다. 환자는 대부분 말을 할 수 없을 정도로 기력이 쇠약해져 있기 때문이다. 이때 가족이 일일이 질문을 유도하여 환자가 웅얼거리면 "그건 이런 의미입니다"고 해석하여 공증인에게 전했다고 한다면 구술이 있었다고 할 수 없다.

비밀증서유언은 "유언내용을 타인에게 알리고 싶지 않다. 하지만 공증인은 관여해 주었으면 좋겠다"는 경우에 편리하다. 그것은 다음과 같은 순서로 작성한다.

먼저 유언자가 유언서를 쓴다. 이때 반드시 자필일 필요까지는 없지만 유언자는 서명과 도장을 찍는 것을 잊어서는 안 된다. 가제정정加除訂正 등 변경이 있는 경우에는 앞에서 설명한 대로 한다. 작성한 유언장은 봉투에 넣어 봉인한다.

유언자가 공증인과 두 사람 이상의 증인 앞에서 "이것은 자신의 유언서다"고 진술하면 공증인은 날짜 및 유언자의 진술을 봉투에 기재한다. 유언자와 증인들은 서명을 하고 도장을 찍는다.

이렇게 하여 비밀증서유언은 완성된다.(민법 제970조)

(3) 죽음 직전에 유언서를 작성하는 방법

유언은 죽기 직전에 하는 법이라고 생각하는 사람들이 의외로 많지만 법률적으로는 전혀 근거가 없는 말이다. 근거도 없을 뿐더러 현명하지도 않다. 죽음 직전의 유언은 방식도 잘못되기 쉽고, 내용도 부실해지기 쉽다.

하지만 건강할 때는 유언을 꺼리는 사람이 많은 이상, 법률도 임종 직전의 유언방식을 준비해두지 않으면 안 된다. 그래서 일반임종유언臨終遺言과 사망위급자유언遺言이라는 특별방식을 만들어놓았다. 그것은 민법 976조에 규정되어 있다.

이 방식으로 할 수 있는 유언은 사망이 임박했을 때다. 그렇다고 의학적 견지에서 "객관적으로 보아 임종 직전이다"고 말할 필요까지는 없다.

질병이나 다른 이유로 인해 죽음이 다가왔다고 본인 자신이 자각했을 때만 이 방식으로 유언을 할 수 있다. 우선 증인 3명 이상의 입회가 필요하다.

유언자는 증인 한 사람에게 유언의 취지를 구술한다. 증인은 그 구술을 필기한다. 그리고 필기한 내용을 유언자와 입회한 증인 전원에게 읽어준다. 그 내용이 정확하다고 인정되면 모든 증인이 각각 서명을 하고 도장을 찍는다. 유언자의 서명 및 도장은 필요 없다.

이 방식도 구술요건이 문제되기 쉽다. 집안사람들이 병상에 얼굴을 내밀고는 "남기고 싶은 말이 이거예요?"라고 커다란 목소리로 물으면 환자는 대체로 희미하게 고개를 좌우로 젓거나 끄덕이지만 이것은 도저히 구술이라고 말할 수 없다.

또한 구술을 필기하고 읽는 동안 환자가 저세상으로 가버리거나, 증인들이 서명을 하고 도장을 찍는 동안 숨을 거두었을 때는 유언이 성립하지 않는다는 판례도 있다.

임종까지는 시간이 많기 때문에 발을 동동거리며 당황할 필요조차 없는데도 불구하고 죽음 직전에 허둥지둥 원고를 쓰는 사람이 적지 않다.

다음에 사망위급자의 유언서식을 표시해보았다. 대체로 이런 정도라는 생각으로 읽어주시길 바란다.

유 언 서

유언자 야마다 이치로(도쿄도 네리마구 네리마쵸 6번지 6호)는 병으로 요양 중, 죽음이 위급하게 임박하여 본인의 자택에서 후기표시증인 3인의 입회하에 증인의 한 사람인 야마모토 고로山本五郎에게 다음과 같이 유언의 취지를 구술한다.

〈구술한 유언〉

1. 아내 하나코花子와 장남 타로太郎는 신쥬쿠구 신쥬쿠쵸 2번가 1번지 소재의 택지 100평방미터와 동소재지에 있는 기와지붕인 2층 건물 점포 및 점포 내에 있는 상품과 그 외의 동산을 상속한다. 하나코와 타로의 공유지분은 2분의 1씩 한다.

2. 장녀 쵸코蝶子와 차남 지로次郎는 스미토모은행 신쥬쿠 지점의 예금과 군마현 신덴군 신덴쵸 소재 산림 300㎡를 매각하여 그 대금을 각각 2분의 1씩 상속한다.

3. 위의 유언 이외에 대해서는 아내와 3명의 자녀가 4분의 1씩 되도록 협의하여 분할한다.

4. 묘, 불단 등 제구 일체는 장남 타로가 승계한다.

이것은 증인 야마모토 고로가 위와 같은 내용을 구술받은 대로 기록하여 유언자 및 다른 증인 2명에게 읽어주고, 모두 필기가 정확하다는 사실을 인정한 뒤, 이곳에서 각자 서명을 하고 도장을 찍은 것이다.

쇼와 51년 3월 20일

도쿄도 네리마구 네리마쵸 7번지 7호
증인 야마모토 고로 ㊞

위와 동 소재지
증인 다나카 타로田中太郎 ㊞

도쿄도 신쥬쿠구 신쥬쿠쵸 2번가
증인 고바야시 시치로小林七郎 ㊞

이런 방식에 따라 유언서를 작성했을 경우, 잊어서는 안 되는 일이 두 가지 있다.

① 유언한 날로부터 20일 이내에 증인 한 사람 또는 이해관계인이 가정재판소에 청구하여 확인심판을 받아야 한다. 그렇게 해두지 않으면 유언의 효력은 없다.

② 이런 방식으로 유언한 사람이 보통방식으로 유언할 수 있도록 회복된 상태로 6개월 동안 생존해 있다면 위의 유언은 효력을 상실한다.

입회인·증인이 될 수 없는 사람들

앞에서 설명한 유언방식은 증인의 입회가 필요하다.

그런데 그들 중 입회인이나 증인이 될 수 없는 사람이 있다.(민법 제974조) 자칫 잘못하여 그런 사람을 증인으로 하면 유언은 모두 무효가 되어버린다. 다음과 같은 사람이다.

① 미성년자
② 금치산자 및 준금치산자
③ 추정상속인, 수유자受遺者 및 그 배우자, 직계혈족
④ 공증인의 배우자, 4친등 내의 친족, 서기書記 및 고용인

추정상속인이란 만약 현재 상태로 상속이 개시한다면 상속인이 되는 사람이다. 예를 들면 부부와 두 명의 자녀가 있는 경우, 남편의 입장에서 보면 아내와 두 자녀가 추정상속인이다.

유언자가 사망하면 해야 할 일

유언서 발견자와 보관자는 그 유언서가 공정증서유언이 아니면 검인 수속을 한다. 이것은 가정재판소에 제출하여 유언서의 형식, 내용의 현상조사를 의뢰하는 수속이며 그 결과 검인조서檢認調書가 만들어진다. 이것은 위조나 변조를 방지할 수 있는 효과가 있다. 또한 검인하지 않아도 유언은 무효가 아니다.

봉투에 넣어져 있을 때는 마음대로 개봉하면 안 된다. 역시 가정재판소에 제출하여 그곳에서 개봉해 받는다.

11. 유언의 취소는 자유

유언을 하는 일이 자유롭듯이 취소도 완전히 자유다. 거기에는 어떤 이유도 필요 없다. 여하튼 아침에 작성한 유언을 저녁에 취소해도 상관없다.

취소방법에도 여러 가지가 있다. 유언자가 취소하고 싶다고 생각한 흔적만 있어도 이미 취소로 취급할 정도다.

▶ 새로 작성한 유언서로 취소

유언서가 몇 통이나 나오는 일이 있다. 같은 건물에 대한 유언서에서 한 통은 A에게 주겠다고 되어 있는데 다른 한 통에서는 B에게 주겠다고 되어 있다고 하자. 이런 경우에는 최근 날짜로 작성된 유언서를 우선시한다. 즉 뒤의 유언서가 앞의 유언을 취소해버리는 것이다.

▶ 유언자의 포기로 인한 취소

유언자가 고의로 유언서를 포기했을 때는 취소한 것으로 간주한다.

▶ 목적물의 매매 등 처분으로 인한 취소

유언으로 누구에게 주겠다는 물건을 유언자가 고의로 파괴하거나 팔아버렸을 때도 역시 유언을 취소한 것으로 간주한다.

어디선가 그것에 대해 말했더니 이렇게 말하는 사람이 있었다.

"그럼 받은 게 아니잖아?"

말 그대로다. 유언으로 네게 이 집을 주겠다든가 다이아반지를 주겠다고 작성한 유언서를 보았다는 사실만으로 손놓고 느긋하게 웃고만 있으면 안 된다는 말이다.

"그럼 유언서에 이 유언은 절대로 취소하지 않겠다는 조항을 첨부하면 어떨까?"

이런 질문을 하는 사람도 있었다. 하지만 그것도 안 된다. 그런 사람이 있을 거라고 법률은 미리 예측하여 민법 제1026조에 이렇게 규정한다.

"유언자는 유언의 취소권을 포기할 수 없다."

12. 유언으로 기대를 배신당한 상속인

아버지가 죽으면 유산으로 맨션을 구입하려고 마음속으로 기대하던 샐러리맨이 있었다. 마침내 상속이 개시되고 유언이 나왔다.

값진 유산은 대부분 어머니와 어머니를 돌보겠다고 조건을 붙인 장남의 주머니 속으로 들어갔다. 샐러리맨의 맨션 꿈은 허무하게 무너졌다. 떡줄 놈은 생각조차 않는데 김칫국 먼저 마시는 꼴이 되어버렸다.

이처럼 기대에 어긋난 상속인을 위해 법률은 어떤 태도를 취할까? 만약 상속분을 침범하여 증여나 유언을 무시하면 재산처분의 자유라는 대원칙을 부정하게 된다. 하지만 상속권자로서 예정된 사람의 상속에 대한 기대도 어떤 형태로든 보호하지 않으면 법률은 공평하지 않다.

그 모순을 해결하기 위해 법률은 '유류분遺留分'이라는 제도를 만들어두었다. 유류분이란 상속인을 위해 반드시 남겨두어야만 하는 유산의 부분·비율을 말한다. 형제자매 이외의 상속인은 이것을 인정받고 있으며 그 비율은 상속인이 누구인가에 따라 달라진다. 규정은 민법 제1028조에 되어 있다.

① 상속인이 직계비속만 있는 경우 또는 직계비속과 배우자가 있는 경우, 피상속인 재산의 2분의 1이 유류분이다.

② 그 외의 경우, 즉 상속인이 배우자만 또는 직계존속만 또는 배우자와 직계존속인 경우, 피상속인 재산의 3분의 1이 유류분이다.

따라서 이 범위에서는 자신의 유류분을 침해하는 유증이나 증여는 취소할 수 있다. 이것을 유류분감살청구遺留分減殺請求라고 한다.

(1) 유류분 계산방법

그렇다면 "유증 등이 내 유류분을 침해하고 있다. 내 유류분을 갉아먹고 있어"라고 반발을 하기 위해서는 우선 상속재산의 값어치가 어느 정도인가 알아둘 필요가 있다. 그렇게 하지 않으면 자신의 유류분 액수를 계산할 수 없기 때문이다. 따라서 구체적으로 얼마를 침해받았는가 알아야 한다.

그럼 어떤 방식으로 계산할까? 민법 제1028조는 "피상속인의 재산"이라고 말하지만 이것을 "피상속인이 사망했을 때 남아 있는 재산"이라는 식으로 해석하면 안 된다. 그럼 이상한 결과가 나온다. 그런 해석이라면 유류분 따위 규정해둘 필요조차 없어져버린다. 왜냐하면 죽기 직전에 재산 전부를 누군가에게 증여해버렸다면 사망시점에서의 재산은 제로에 가깝기 때문에 유류분 규정이 있다 한들 난센스에 불과하다. 그렇게 되면 모처럼 유류분제도를 만들어 상속인의 기대를 보호한다는 목적은 달성할 수 없다.

따라서 피상속인의 사망 시점에서 실질적으로 남아 있는 재산이 아니고, 그 실질적 재산에 일정 범위의 생전증여를 가산하지 않으면 아무 의미가 없다.(민법 제1029조) 하지만 가산하는 증여는 무제한이 아니다. 다음 범위로 제한하고 있다.

㈎ 상속개시 전 1년 동안에 했던 증여

이것은 무조건 그 가격이 편입된다.

㈏ 유류분 권리자를 침해하는 일을 알면서 한 증여

1년 이상 전의 증여라도 증여한 피상속인과 증여받은 사람이 유류분권리자에게 손해를 입힌다는 사실을 알면서도 한 증여의 경우다. 하지만 1년 이상 전에 했던 증여가 무조건 유류분감살에 해당되는 것은 아니다. 주는 사람도 받는 사람도 증여가 유류분권리자에게 손해를 입힌다는 사실을 알고 있었을 때만으로 한정된다.

예를 들면 여기에 75세 노인이 있다. 이미 수년 전부터 자리를 보존한 채 일도 하지 못하고 누워 있는 상태다. 그의 재산은 더 이상 불어날 전망은 없다. 줄기만 할 뿐 늘어나지 않는다는 사실은 누가 봐도 알 수 있다. 그런데 그 노인이 자신의 재산 전부를 누군가에게 주어버렸다고 하자. 그 뒤 3년이 경과하고 노인은 사망했다.

그 증여는 사망 3년 전이므로 무조건 감살을 할 수는 없다. 하지만 받는 쪽도 주는 쪽도 유류분권리자를 침해한다는 사실은 알고 있었다. 따라서 증여 가격은 유류분 계산 속에 넣을 수 있다.

(다) 부당한 대가로 한 유상행위 有償行為

"증여니까 이렇게 할 수 있는 거야. 매매 형태이기 때문에 괜찮아"라는 생각으로 천만 엔 가치가 있는 물건을 백만 엔에 팔았다고 하자. 외관상으로는 매매 형태를 취하고 있지만 실제로는 9백만 엔을 증여한 셈이다.

따라서 법률도 빠뜨리지 않고 확실한 수단을 취한다. 그런 싼 가격으로 매매를 했어도 실제 가격과의 차액은 증여로 간주해버린다. 유류분을 계산하는 기초재산 속에 그 차액분의 가격을 집어넣는 것이다.

(라) 특별수익도 산출된다

상속인이 피상속인으로부터 혼인이나 양자결연을 위해, 혹은 생계자본으로써 증여받은 것은 모두 특별수익이다. 이것은 앞에서도 설명했다. 특별수익은 몇 년 또는 몇십 년 전에 받았어도 무조건 계산의 기초로 산출된다. 유류분권리자를 침해하는 일을 인식했든, 인식하지 않았든, 아무 상관이 없다.

(2) 너무 많은 2호의 증여

드디어 복잡하게 되었다. 아내 갑과 A, B, C 자녀 세 명이 있는 남자가 사망했다. 채권은 한 푼도 없다. 계산을 간단히 하기 위해 사망 당시 그 남자의 재산을 150만 엔으로 하자.

그런데 이 남자는 지금까지 자신을 돌보아준 ○○에게 50만 엔을 증여한다고 유언했다. 게다가 사망 8개월 전, 2호인 Y라는 여자에게 300만 엔을 증여했다.

아내 갑과 자녀 A, B, C의 유류분을 지금까지 설명한 대로 계산하면 상속재산은 상속개시 때 존재한 재산 150만 엔에 1년 이내에 증여한 300만 엔을 합한 금액, 즉 450만 엔이다.

그 남자의 상속인은 배우자와 직계비속이기 때문에 총체적인 유류분은 그 재산의 2분의 1, 즉 450만 엔의 절반인 225만 엔이다.

이것을 계산하면 각 공동상속인의 개별적 유류분이 나온다. 이 총체적인 유류분

225만 엔을 법정상속분 원칙에 따라 유류분 권리자는 할당받는다.

갑은 3분의 1인 75만 엔을(225만×$\frac{1}{3}$), 자녀 A, B, C는 225만 엔의 3분의 2를 3으로 나눈 금액, 즉 50만 엔씩([225만×$\frac{2}{3}$]×$\frac{1}{3}$) 할당받게 된다.

그런데 남자가 사망한 시점에서 실질적 유산은 150만 엔이었다. 그곳에서 ×의 유증분 50만 엔을 공제하면 남은 돈은 백만 엔이다. 배우자 갑은 상속분에 따라 그 백만 엔의 3분의 1을 받는다. 다시 말해 배우자 갑의 유류분은 75만 엔이지만 실질적으로는 33만 3333엔이다. 결국 그 차액 41만 6667엔의 유류분을 침해받은 셈이다. 마찬가지로 자녀 A, B, C의 유류분 침해액을 계산해보면 각각 27만 7778엔씩이다.

(3) 유류분을 좀먹는 증여와 유증의 운명

유류분을 좀먹는 유증이나 생전증여가 있었다 해도 그것들은 당연히 무효가 아니다. 단지 상속인이 이미 건네받은 재산에서 자신이 침범당한 유류분을 돌려달라고 청구하거나 아직 건네지 않았다면 유산 속에 남아 있는 재산을 건네주지 않겠다고 거절할 수 있을 뿐이다. 이것을 감살減殺이라고 한다.

감살 방법에 대해서는 특별한 규정은 없다. 감살하겠다는 의사를 표시하면 된다. 감살은 하든 안 하든 완전 자유다. "침해받은 부분에 대한 재산은 돌려받지 않아도 좋다"고 생각하고 그대로 내버려두어도 상관없다.

감살에는 순서가 있다. 먼저 유증에서 감살한다. 앞에서 든 예처럼 ×에게 유증한 50만 엔에서 감살한다. 그 유증을 계산해도 아직 유류분이 부족한 경우, 이번에는 생전증여에 관여한다. 즉 Y가 증여받은 300만 엔에 대해 그 부족분만 청구하는 것이다.

(4) 유류분 감살 청구권은 극히 단명

이 권리는 지극히 단명短命이다.

① 상속이 개시한 일

② 감살해야 하는 증여 또는 유증이 있었다는 사실을 알고 난 때부터 1년 이내에 행사하지 않으면 시효 소멸한다.

또한 상속개시 때부터 10년을 경과하면 역시 시효 소멸한다.

친족이기 때문에 신경이 쓰여 망설이고 있는 동안, 무심결에 1년이 경과하면 때는 이미 늦은 것이다.

(5) 유류분은 포기할 수 있다

유류분이란 권리는 포기할 수 있다. 이것이 바로 상속권과 다른 점이다.

상속권은 피상속인이 아직 살아서 숨쉬고 있는 동안에는 포기할 수 없다. 종종 많은 자식들 중에서 가업을 계승한 자식에게만 상속하고 싶거나, 남겨진 아내를 돌보아줄 것 같은 자식에게만 상속하기 위해서 자신이 아직 살아 있는 동안, 다른 자식에게 잘못을 물어 상속권을 포기하라고 각서를 쓰게 하는 일이 있다. 하지만 그것은 무효다.

보통 부모자식 사이가 악화되어 무슨 일이 발생하면 곧장 "난 이 집의 재산 따위 관심도 없어. 상속은 하지 않을 거야"라고 지껄이지만 막상 상속이 개시되면 그 녀석이 가장 먼저 탐욕스런 표정으로 상속권을 주장한다. 유감스럽게도 그 녀석의 상속권은 소멸하지 않았던 것이다.

유류분은 피상속인이 살아 있는 동안 포기할 수 있다고 해도 무조건은 아니다. 유류분 포기가 효력을 갖기 위해서는 가정재판소의 허락이 필요하다.(민법 제1043조) 부모나 본가 친척들이 함부로 압력을 휘둘러 상속예정자에게 유류분을 포기시키는 일이 있어서는 안 되기 때문이다.

유류분을 포기한 상태에서는 아무리 자신에게 불리한 유언을 해도 복종할 수밖에 없다. 하지만 유류분을 포기했다고 해서 상속권까지 포기할 수 있는 것은 아니다. 따라서 유산을 주고 싶지 않다고 생각한다면 피상속인은 그대로 있으면 안 된다. 마땅히 유언을 해서 유류분을 포기한 상속자에게는 유산이 가지 않도록 해야 한다.

제3장 형법이야기

제1편 형법 총론의 여러 가지 문제

1. 형법이란 무엇일까?

귀계도의 승려 슌칸

"아, 유배는 언제 끝날까? 봄이 가고 여름이 오고, 또다시 가을이 저물고 겨울이 도래하여 초목은 색을 잃었구나! 맑은 도성 하늘 아래 펼쳐진 그리운 법승사法勝寺229), 법성사法成寺230) 희견성喜見城231) 봄꽃은 몇 번이나 피고 지었을까? 바짝 마른 낙엽으로 술잔을 만들어 계곡물 벗 삼아 고독을 달래보지만 끊임없이 물 위로 떨어지는 눈물방울 바라보며 옛 생각하는 지금, 한스럽기 그지없구나."

요곡謠曲에서 슌칸俊寬232)은 자신의 신세를 한탄했다. 시가다니 산장에서 은밀하게 진행하던 다이라 집안의 토벌계획이 발각되어 귀계도鬼界島233)로 유배되었지만, 공모했던 나리츠네, 야스요리가 사면된 뒤에는 해변에 홀로 앉아 눈물을 흘리며 가을 매미가 울어대는 고목을 끌어안고 옛일을 돌이켜보는 몸이 된 슌칸은 계곡물을 술로 여기며 고독에 몸서리쳤다.

그런 술이라면 저렴하고 경제적이다. 게다가 취하지도 않아 걱정이 필요 없는 천하일품이다. 하지만 포만감도 없이 설사만 한다면 곤란하다.

이처럼 사회를 떠나 홀로 생활하는 몸이라면 밥 한 톨, 술 한 방울도 손에 넣기가

---

229) 도쿄 사쿄(左京)구에 있는 절. 육승사(六勝寺)의 하나
230) 교토시 가미(上京)구에 있었던 절
231) 수미산(須弥山) 정상에 있는 거성
232) 1143~1179년. 헤이안(平安) 말기의 진언종(眞言宗)의 승려. 시가다니 산장에서 나리츠네, 야스요리와 다이라 기요모리(平淸盛) 토벌에 대한 밀담을 나누다가 발각, 귀계도로 유배되어 그곳에서 사망했다.
233) 규슈 남서해상에 있는 제도의 옛 이름. 고대의 유형지로 승려 슌칸이 유배된 섬

쉽지 않다. 밥 한 그릇을 먹기 위해서는 벼를 심고, 논바닥의 풀을 뽑고, 수확을 하고, 벼를 찧고, 밥을 지어야만 하는 것이다. 따라서 밥 한 그릇도, 술 한 잔도 무척 감사하게 생각해야 한다.

그런데 그 고마운 밥도, 술도, 기모노도, 집도 돈만 있으면 쉽게 얻을 수 있다. 모두 공동생활 덕분이다. 따라서 공동생활이란 기쁘고, 고맙고, 무척 편리하기 때문에 소중하게 생각하지 않으면 안 된다.

귀거래 이야기

소문을 조금만 내도 명예훼손죄로, 일요일에 아이를 데리고 산책 나왔다가 길가에 소변을 누이거나 얼큰하게 술에 취해 노상방뇨를 하면 경범죄로 처벌받는다.

"가로街路 또는 공원, 그 외에 공중이 모이는 장소에서 가래침을 뱉거나, 소변을 보거나 보게 하는 자는 구류 또는 과료科料에 처한다."

그래도 그 정도는 아직 괜찮다. 7명이나 되는 어린 자식들을 끌어안고 먹을 빵 한 조각, 입을 옷 한 벌 없이 빈곤에 시달리는 사람들은 엄동설한에 굶어 죽을 상황이 닥치면, 절박한 심정으로 빵 한 조각 훔친 죄 때문에 5년이라는 긴 세월을 감옥에서 살아야 했던 빅토르 위고의 장발장처럼 차가운 옥사에 갇혔다. 단지 기라 요시나가吉良義央[234]에게 가벼운 부상 좀 입혔다 하여 자신은 할복, 수많은 신하들은 가이에키改易[235]라는 형벌을 받고 비참하게 방랑생활을 보냈으며, 상인과 백성이 비단옷을 몸에 걸치면 주제넘다 하여 감옥에 집어넣던 지독한 시대가 있었다.

그런 시대에서는 차라리 가난한 공동생활 따위는 벗어던지고 싶었을 것이다. 오히려 순칸처럼 무인도에서 홀로 불평도, 항의도 없이 천하를 얻은 듯 유유자적하며 지내고 싶었을지도 모른다.

---

234) 1641~1702년. 에도 중기 막부의 명문가. 기라 고즈케노스케(吉良上野介). 에도성에서 접대역인 아사노 나가노리에게 수치심을 주었다는 이유로 칼에 찔려 부상당해 결국 나가노리는 할복, 요시나가는 다음해 아카호라(赤穗浪士)의 토벌로 살해되었다.
235) 에도시대 무사에게 가한 벌로 평민으로 강등시키고 영지, 저택 등을 몰수했다. 할복보다는 가볍고 칩거보다는 무거운 벌

현대를 살아가는 사람들도 마찬가지다. 신경쇠약에 걸려 안색이 초췌해져서 입산까지 생각한다.

"돌아가리라. 전원이 황폐해지니 어이 아니 돌아가리. 스스로 마음이 몸의 부름을 받았으니 어찌 홀로 근심에 슬퍼하고 있으리."

이렇듯 도연명도 〈귀거래사歸去來辭〉를 읊으며 관직을 버리고 귀향했다. 단적으로 말하면 그들은 공동생활의 고통으로부터 도망친 것이다.

형법은 왜 필요한가?

앞에서도 말했듯 공동생활은 상당히 편리하다. 아니, 인간이라는 동물에게 필수불가결한 것이며 본질이다. "인간은 정치적 동물이다"(아리스토텔레스), "사회적 동물이다"(마르크스)는 옛 학자들의 말에서도 알 수 있다.

고통이 따르고, 번거롭고, 투쟁해야 하고, 사소한 일에도 안달한다. 그런 공동생활의 모순과 충돌을 시인하고, 개인과 사회의 조화를 꾀하며, 능숙하게 배치하는 것이 법률이다. 형법은 공동생활의 이익을 침해하는 자에게 단호하게 형벌을 가하고 있다.

신과 부처님 세계에서는 형법 따위는 필요 없다. 죄도 없고 벌도 없기 때문이다. 하지만 욕심덩어리 인간세계에서는 아무리 법률을 만들어놓아도 좀처럼 지키지 않는다.

피땀 흘려 일구어놓은 타인의 것을 훔쳐 먹거나, 공갈협박으로 금품을 강요하거나, 서부극 같은 권총강도가 끊임없이 벌어지는데, 그대로 방임한다면 성실한 사람은 가만히 있을 수가 없다. 만약 그런 일들을 허락한다면 사회생활은 성립하지 않는다. 일하는 사람은 바보취급 당하고 놀고먹는 자는 편안하게 산다는 건 있을 수 없는 일이다. 아니, 있어서는 안 되는 일이다.

절도, 강도 같은 처벌의 정의나 논리는 최소한의 요구이며, 사회라는 인간집단을 유지하기 위해 빠뜨릴 수 없는 요청인 것이다. 그래서 형법의 목적이 사회질서 유지와 정의사회 실현이라는 말은 설득력이 있다.

그런데 생각을 좀 더 진행해보면 "형법의 목적은 사회질서, 정의실현에 있다"는 말을 액면 그대로 받아들일 수만은 없다. 도대체 정의의 정체는 무엇일까? 여기서부터 문제는 시작된다.

"정의란 공평한 일을 말한다"고 할지도 모른다.

그렇다면 "도대체 뭐가 공평이란 말인가?"

생각은 또다시 갈라진다. 어쨌든 현대는 혼미의 시대라고 하듯이 다양한 가치관이 난립한다. 그만큼 사고가 일치하지 않는다는 말이다. 따라서 정체도 확실하지 않는 것을 실현하는 게 형법의 목적이라고 한다면 왠지 불안하다. 왜냐하면 우리 서민은 항상 권력의 피해자였기 때문이다.

40억이 넘는 지구상의 인구는 각자 민족 고유의 역사가 있고 풍토와 생활양식이 다르다. 얼굴 생김새가 다르듯 사고방식도 전혀 다르다. 아메리카의 정의와 논리가 소련에서는 부정의, 비도덕인 반면, 소련식 정의와 도덕이 아메리카에서는 부정의이고 비도덕인 경우가 많았다.

그렇다면 문제다. 권력을 잡은 자가 "이것은 범죄다"고 말한 경우, 분명한 것은 그게 그의 입장에서는 좋다는 것이다. 그런데 권력자가 생각하는 정의가 실제로는 부정의인 경우가 많다는 사실이다.

예컨대 도쿠가와 시대를 보자. 도쿠가와 장군을 중심으로 한 극소수의 다이묘[236]나 고급 관리들은 필요 이상으로 넓은 성지나 저택에 살면서 사치스런 생활을 누렸다. 그들이 그럴 수 있었던 것은 그들의 생활을 유지하기 위해 일년 내내 죽어라 일해도 세금이 혹독하여 자신이 경작한 쌀조차 먹지 못하고 쌀겨나 피로 간신히 목숨을 연명하던 농민이 있었기 때문이다.

만약 그런 서민 누군가가 "일하지도 않고 빈둥거리며 호화스런 생활을 하는 주제에 열심히 일하는 백성에게 이래라 저래라 하다니! 그런 말은 하늘에 있는 해님밖에는 할 수 없어"라든가 "백성에게 머리를 조아리게 하고, 마음에 들지 않는다며 단칼에 베어버리는 짓은 아무리 장군이라도 해서는 안 되는 일이야. 신이나 부처님에게는 우리 모두 똑같은 인간이지 않은가!"라고 말한다면 당장 처벌을 받을 것이다. 정치의 도리를 비판했다든가 천하를 소란스럽게 한 괘씸한 녀석이라는 죄명을 씌워서.

---

236) 에도시대, 봉록이 1만석 이상인 넓은 영지를 가진 무사

현대의 시각으로 보면, 벌을 주는 쪽이 부정의이고 벌받는 사람이 명백한 정의인데 말이다. 그렇다면 악인이라고 불리는 사람 중에는 "이것이 정의다"고 한 권력자의 말에 대항하며 실제로는 정의를 주장한 사람도 있을 것이다. 따라서 "법률의 목적은 정의와 질서 유지에 있다"는 '정의'의 실체는 그 질서로부터 공인이라는 스탬프를 꾹 눌러 받은 정의를 말한다. 보편적인 정의가 아니면 안 된다.

형법을 지키자는 정의는 어차피 그 시대에 지배적으로 통용하는, 혹은 권리자가 의도적으로 만든 정의에 지나지 않는다. 이런 사실을 서민인 우리는 분명히 알아야 한다. 권력을 손에 쥔 자들에게 부정이나 악이란 그들의 질서나 권위에 반대하는 모든 사람을 말한다. 크리스트교가 절대 권력을 휘두르던 중세 유럽, 교회는 권위를 지키기 위해 공공연히 마녀사냥을 행했다. 수많은 사람들이 "저 여자는 마녀다"는 낙인이 찍혀 화형에 처해졌다. 솜털이 보송보송한 시골 처녀가 어떻게 빗자루를 타고 공중을 난단 말인가?

로마의 왕좌를 지키기 위해 그들은 비난하는 사람에게 걸핏하면 '이단'이라는 딱지를 붙여 화형에 처했다. 이것이 바로 힘 있는 자가 종종 휘두르는 짓이라고 역사는 보여준다.

범죄가 반드시 악은 아니다

일반적으로 범죄를 악과 동일시하는데 모든 범죄가 반드시 악이라고 단정할 수는 없다. 사기, 공갈, 횡령, 배임 같은 것이 악행임에는 틀림없다. 게으른 자가 저지른 절도가 나쁘다는 것도 당연하다.

하지만 소요騷擾라는 행위라면 어떤 점이, 어떤 형태가 악인가? 우리의 일상적인 감각으로는 도무지 어려워서 이해하기가 힘들다. 내란이라고 하는 행위는 더더욱 이해가 안 된다. 오히려 내란으로 내모는 쪽이 범죄인 경우가 더 많지 않았던가? 서민을 벌레 취급하는 절대독재정치의 횡포 아래서 내란은 정의였다.

프랑스 혁명은 극소수 귀족에게는 범죄였지만 서민과 인류 전체에게는 올바른 일이고 정의였다고 현재 어느 학교에서나 가르치고 있다.

"민주주의를 회복하자."

이렇게 말하는 것 자체만으로도 범죄인 나라가 지구상에는 아직도 존재한다. 또한 좌익계열의 잡지를 소지했다는 이유만으로 공안경찰에 끌려가 정치범 수용소에서 2개월이나 처박혀 있었다는 일본계 2세 철학과 학생 이야기가 최근에 신문지상에 보도되었다. 아르헨티나에서 생긴 일이었다.

요컨대 뭐가 범죄인가?라는 문제도 절대적은 아니다. 시대에 따라 다르고 같은 시대라도 사회주의와 자본주의라는 점에서 다르고, 민주주의 사회와 절대주의 사회라는 점에서도 다르다. 이것은 범죄와 형벌을 생각할 때 잊어서는 안 되는 중요한 사항이다.

범죄는 국가가 만든다

앞에서도 알 수 있듯이 '범죄'의 독점적 제조업자는 국가다. 국가가 견본을 만들어 "이것이 범죄다"라고 국민에게 선포함으로써 어제까지는 아무것도 아니었던 행위가 범죄로 되는 경우가 있다. 반대로 "이 범죄는 없는 것으로 하자"고 하면 어제까지는 범죄였던 행위가 오늘부터는 범죄가 아닌 것으로 된다.

예를 들면 아내의 부정을 고소하는 남편이 증가하지만 지금은 범죄의 문제가 아니다. 하지만 예전에는 간통죄로써 형법상 2년 이하의 징역형 범죄였다.

반대로 매춘방지법이 만들어지기 전까지는 아무렇지 않았던 일이 하룻밤 자고 일어났더니 범죄로 되어 있었다.

술을 마시거나 양조하는 것은 현재 결코 범죄가 아니며 인류에게는 빠뜨릴 수 없는 즐거움 중 하나지만 국가의 의향意向으로 범죄였던 적도 있었다. 1920년대 아메리카에서는 금주법이 제정되었고 술의 매매는 범죄였다.

이처럼 국가는 범죄시장에 있어서 죄의 독점적 제조업인 것이다.

서민의 아군 '죄형법정주의'

서민이 함부로 죄를 범하지 않게 하기 위해서는 보증이 있어야 한다.

"금년 1월 1일부터 집회나 데모에 참가한 자, 또는 민주주의를 수호하자고 말하는 자는 국가 질서를 위협하는 죄로써 3년 이하의 징역에 처한다."

이런 법률이 올해 8월 무렵에 제정되었다면 시기가 적절하지 않다. '그런 바보 같은 일이······'라고 생각하시는 분도 있을지 모르겠다. 하지만 히틀러는 자주 이런 형사사후법形事事後法을 만들었다고 한다. 형사사후법이란 행위를 했을 때는 괜찮았는데 뒷날 "범죄가 된다"는 것이다.

지금은 에로영화를 보거나 화류계에 출입하는 일이 특별히 범죄는 아니다. 하지만 시간이 흐른 뒤 앞날로 거슬러 올라가 "범죄로 한다"고 정한다면 많은 남자들이 막대한 피해를 입을 것이다.

그래서 서민의 생활을 지켜주기 위해서 죄와 벌을 정한 법률은 반드시 성문으로 해야 하고, 사전에 국민 앞에서 "이것은 범죄다. 이 범죄에 대한 형벌은 이거다"고 명백하게 밝혀야 한다는 원칙이 있다. 이것을 죄형법정주의罪形法定主義라고 한다. 법률이 없으면 형벌도 없다는 말이다.

이런 원칙이 있기 때문에 우리 서민은 자유를 보장받는다. 범죄와 형벌이 미리 법률로 정해져 있으면 권력자나 검찰관, 재판관 등이 멋대로 범죄자로 낙인찍는 일도 없고, 콩밥을 먹는 기간이 터무니없이 정해지는 일도 피할 수 있다.

형법이란 무엇인가?

형법이란 범죄가 되는 행위와 그 행위에 대해 처벌해야 하는 형벌의 관계를 규정한 법률을 말한다. 어떤 행위가 '범죄'이고, 그에 대한 '형벌'에는 어떤 종류가 있으며, 어느 정도일까를 규정한 것이다. 이런 규정을 갖고 있는 법률은 많다. 파괴활동방지법破壞活動防止法처럼 단행법單行法으로 존재하는 법률도 있고, 회사중역의 특별배임죄特別背任罪처럼 상법 속에 포함된 법률도 있다. 하지만 그 중에서 가장 중요한 법률은 메이지 40(1908년)년 공포한 '형법전形法典'이라는 것이다. 보통 형법이라고 할 때는 이 법률을 가리키며, 이 책의 설명도 이 법률에 관해서다.

2. 범죄란 무엇인가?

늦잠을 자지 말라

범죄란 무엇인가? 글자 그대로 죄를 범하는 일이다. 그렇다면 죄를 범하는 건 어떤 걸까? 거기에는 두 종류가 있다.

하나는 해서는 안 된다고 법률이 금지하는 일을 행하는 경우. 예를 들면 형법 제199조의 "사람을 죽이는 자는 사형 또는 무기, 혹은 3년 이하의 징역에 처한다"는 말은 사람을 죽이면 안 된다는 것을 금지한 규정이다. 그 금지를 깨뜨리고 살인을 하면 바로 범죄에 해당된다. 대개의 범죄는 이 금지를 깨뜨린 경우다. 즉 금지규정에 등을 돌린 것이다.

법률이 "이렇게 하라, 저렇게 하라"고 명령하는데도 그 명령에 등을 돌리고 그대로 하지 않는 경우도 있다. 예를 들면 부모는 유아의 생존에 필요한 보호를 하지 않으면 안 된다는 명령에 등을 돌리고 젖도 분유도 주지 않고 아기를 방치한다면 보호의무가 있는 자는 즉시 유기죄(형법 218조)에 해당된다. 이렇듯 아무 행동도 하지 않는 행위 자체가 죄를 범하는 것이다. 즉 명령규정에 등을 돌린 경우다.

금지를 깨는 일은 적극적인 어떤 행위가 필요하지만, 명령에 등을 돌리는 일은 단지 아무 행위를 하지 않아서 죄를 범하는 경우다. 하지만 같은 일이라도 금지와 명령, 둘 다 규정이 가능한 때도 있다. 예를 들어 늦잠은 좋지 않으므로 아침 일찍 일어나는 것을 목표로 법률을 만들었다고 하자.

"늦잠을 자지 말라"는 금지규정 형태여도 좋고, "반드시 아침 일찍 일어나라"는 명령으로 규정해도 좋다. 결과는 다 마찬가지다.

색정을 일으키면 간음인가?

사람을 죽여서는 안 된다는 규정을 어기고 사람을 살해했다면 그것은 범죄이지만, 그렇다고 해서 그 규정을 한데 섞어 일률적으로 취급하면 안 되는 경우도 많다. 다시 말해 똑같은 살인이라도 강도가 살해했을 때는 죄에도 벌에도 해당되지만, 전쟁

터에서 사람을 살해한 경우는 사형은커녕 영웅이나 충신 대접에 훈장이나 공제연금 共濟年金까지 받기도 한다.

또한 싸움을 걸어서 타인에게 상해를 입히면 약간의 찰과상이라도 틀림없는 범죄지만, 의사가 치료로써 환자에게 하는 경우는 찰과상 정도가 아니라 배를 자르거나 팔다리를 거침없이 잘라내도 죄가 되지 않는다. 또 있다. 싸움을 걸어 타인에게 상처를 입혔더라도 6~7세 철없는 어린아이의 행위나, 비록 성인이지만 시들어버린 고추냉이처럼 지각능력이 없는 심신상실자가 한 경우는 죄가 아니다.

또 있다. 예컨대 전철 운전자가 운전 중에 갑자기 사람이 선로로 뛰어들어 자살했다면 운전자에게는 죄가 없다.

마지막으로 하나 더. 살인이나 방화를 계획했다는 사실만으로는 아직 죄를 범한 것이 아니기 때문에 범죄는 성립하지 않는다. 그러니까 행위로 나아가지 않으면 범죄라고 할 수 없다는 말이다.

성서의 마태오전에는 이런 말이 있다.

"간음하지 말라는 옛사람의 말을 너희는 들어서 알지어다. 무릇 고하거늘, 부녀자를 보고 색정을 일으켰다면 그대들은 이미 마음속으로 간음을 저질렀다."

여자를 보고 색정을 일으켰다는 것만으로 즉시 간음이 되어버린다면 실로 간음이 유행인 뒤숭숭한 세상이 될 것이다. 특히 미인은 하루에도 몇 번, 몇십 번 간음의 피해자가 될지도 모른다. 즉 미인은 간음죄 제조자가 되는 것이다. 돌이켜 생각해보면 "미인은 범죄 제조기다"는 옛사람들의 말은 종종 이런 사정을 지적하는 것 같다.

하지만 종교에서 어떻게 말하든, 법률세계에서는 미인을 보고 색정을 일으켰다 해도 간음죄가 성립하지 않는다. 남의 것을 훔치고 싶다는 생각은 했지만 아직 도둑질은 하지 않았다면, 마음속 생각만으로는 범죄가 성립하지 않는다. 이런 대원칙이 있기 때문에 걱정은 하지 않아도 된다.

범죄의 요소

이처럼 법률이 범죄로 규정하는 것을 어겼다고 해서 곧바로 범죄가 성립하는 것은 아니다. 철부지 어린아이와 심신상실자의 행위, 전쟁 상황이나 의사의 치료처럼 법률로 허가된 경우, 또한 생각이나 사고만으로는 범죄가 성립하지 않는다.

따라서 범죄가 성립하기 위해서는 다음과 같은 요소가 있어야 한다.

① 범죄는 사람의 행위가 아니면 안 된다.

생각이나 사고만이 아니라 행위로 드러나야 한다. 또한 행동이라도 개나 고양이가 한 행위는 안 된다. 인간의 행위여야 한다.

② 범죄는 법률이 규정한 죄에 해당하는 행위여야 한다.

아무리 불륜, 배덕, 언어도단적인 행위를 해도 법률이 죄로써 규정한 것이 아니면 처벌할 수 없다. 예를 들면 "근친상간이나 간통은 나쁘다. 해서는 안 된다"고 하지만 죄로써 처벌할 수 있는 규정이 없는 이상 범죄라고 할 수 없다.

이처럼 법률에서 "이것이 범죄다. 형벌은 이렇게 되어 있다"고 사전에 명백하게 밝히지 않으면 어떤 행위도 처벌대상이 될 수 없다. 따라서 "이것이 범죄다"라고 나타낸 견본을 구성요건構成要件이라고 한다.

③ 범죄는 위법행위다. 법률이 허락한 정당한 행위라면 범죄는 성립하지 않는다.

똑같이 몸에 침을 찔러도 그 자격을 갖춘 사람이 치료로써 하는 행위는 죄가 되지 않는다. 서부극에서 정당방위는 위법행위가 아니기 때문에 상대를 쓰러뜨려도 범죄는 아니다.

④ 범죄는 고의故意 또는 과실過失로 인한 행위다.

사람을 친 경우, 전철 운전자에게 과실이 있으면 범죄다. 하지만 자살할 생각으로 일부러 뛰어든 사람을 친 경우라면 범죄에 해당되지 않는다.

⑤ 범죄는 그 행위 이면의 상황을 파악할 수 있어야 한다. 보통사람이 그 입장이라면 누구라도 그렇게 했을 것이라고 생각될 때는 범죄라고 비난할 수 없다.

⑥ 범죄는 책임능력자의 행위다. 즉 유아나 심신상실자가 한 행위는 성립하지 않는다.

범죄라고 하려면 이상의 요건이 갖추어져야 한다. 그럼 좀 더 깊이 들어가보자.

3. 행위란 무엇인가?

카요 부인

"사람의 행위가 아닌 범죄는 없다."

그렇다면 행위란 무엇일까?

"행위란 사람이 행동하는 것 아닌가? 뭐야, 문구도 아니고."

코웃음 칠지도 모른다.

그런데 그렇게 간단하지가 않다. 행위나 행동은 다르지 않다. 그렇다면 뭐가 문제인가? 여러 가지 까다로운 논의가 있지만, 행위라고 하기 위해서는 인간의 신체동정動靜이 반드시 그 사람의 의사意思에 근거해야 한다.

생각이 행동으로 나오는 경우를 생각해보자. 살인처럼 도리에 벗어난 일이든, 길가에 떨어진 백 엔짜리 동전 한 개를 줍든, 사람을 죽이거나 동전을 줍는 일을 결정하기 전에는 먼저 생각을 한다. 특히 중대하면 중대할수록 오랫동안 깊게 생각한다. 어떻게 하면 좋을까? 이렇게 할까? 저렇게 할까? 마음속으로 망설이기도 하고 고민하기도 한다.

실례를 하나 들어 살펴보기로 하자.

때는 1914년 3월 16일, 당시 프랑스의 재정경제부 장관이었던 조제프 카요의 아내 앙리에트 카요는 피가로 신문의 주필자인 가스통 칼메트를 살해했다.

경위는 이렇다. 피가로 신문은 카요를 정치적으로 매장하기 위해 수단과 방법을 가리지 않고 그의 공적, 사적 행동들을 실제보다 과장하여 매일 연재했다. 그 기사는 차츰 확대되었고 결국 카요가 아내에게 보낸 편지까지 공개되었다.

그것은 그가 아직 전처와 이혼하기 전에 후처인 앙리에트에게 보낸 편지였다. 당시 편지 공개는 카요 부부에게 사회적으로 큰 타격을 안겨주기에 충분했다.

그래서 앙리에트는 자신들의 명예를 유지해야만 하는지 번민하다가 마침내 주필자인 칼메트를 살해하기에 이르렀다. 그 결심을 굳히기까지 죽이고 싶은 욕구와 그런 무서운 짓을 해서는 안 된다는 이성의 내면적 투쟁으로 얼마나 많은 심적 고통을 겪었을까?

하지만 살인의 결심을 굳히기까지는 아직 생각일 뿐 행위는 아니다. 살인을 결심하고, 마침내 살해의 목적을 향해 행동을 개시한다. 그런 신체의 동정이 행위다.

그렇다면 카요 부인은 어떤 신체적 동작을 한 걸까? 우선 총포점에서 브로닝 권총을 구입했다. 그리고 신문사 주필실로 가서 칼메트를 향해 방아쇠를 당겼다. 이것들이 행위다. 그 다음에 행위의 목적, 즉 칼메트의 죽음이 실현되었다. 이것이 결과다.

따라서 행위에는 다음과 같은 과정을 더듬어나가는 것이 정석이다.

동기動機→사고思考→결정決定→실행實行→결과結果

잠꼬대로 한 행위도 범죄인가?

위에서도 말했듯 행위는 의사意思에 근거한 신체의 동정이므로 의사에 근거하지 않으면 행위라고 할 수 없다. 복면강도가 숨어들어와 의사의 면전에 날카로운 칼날을 들이대며 협박했다.

"살인에 사용할 거니까 단번에 죽일 수 있는 독약을 만들어라. 그렇지 않으면 죽이겠다."

그래서 의사는 어쩔 수 없이 독약을 조제했다. 복면강도는 그 독약으로 살인을 했다. 의사는 살인에 사용한다는 사실을 뻔히 알면서도 독약을 제조했기 때문에 살인

공범일까? 대답은 "No"다. 독약을 조제했지만 그것은 의사의 행위라고 할 수 없다. 왜냐하면 자유로운 의사에 근거하지 않았기 때문이다.

이런 얘기도 들은 적이 있을 것이다. 어느 병실에 세 명의 환자가 잠들어 있다. 한밤중에 환자 한 명이 느릿느릿 일어나 다른 환자를 죽였다. 그리고 또다시 느릿느릿 자기 침대 속으로 기어들어갔다. 다음날 아침, 당연히 대소동이 일어났다. 아무리 사람이 죽어나가는 병원이지만 병으로 인한 죽음이 아니고 살해되었으니 큰 사건이다. 그런데 살해한 환자는 자신의 행동을 전혀 기억하지 못한다. 몽유병자가 저지른 일이었기 때문이다. 이런 경우도 역시 행위라고 할 수 없다. 따라서 한밤중에 잠꼬대로 바보, 멍청이라고 매도해도 모욕죄는 아니다.

그 외에 경련발작증이나 실신상태, 혹은 전동차가 급정거하여 반사적으로 타인의 발을 밟는 것은 행위가 아니다. 설령 그 일이 원인이 되어 타인의 죽음을 초래했다 해도 죄는 성립하지 않는다. 범죄가 아닌 것이다.

작위와 부작위

행위는 작위動와 부작위靜로 나눌 수 있다. 앞에서 행위란 신체의 동정動靜이라고 말했다. 동動의 경우가 작위作爲, 정靜이 부작위不作爲다.

같은 아내의 질투라도 남편의 멱살을 쥐고 히스테릭을 부리며 맹렬하게 흔드는 질투법이 있는가 하면 "자리보전하고 누워 있는 깔끔한 질투"처럼 아침이 되어서야 남편이 어기적어기적 들어와도 잠든 척하는 질투법도 있다.

앞의 예는 작위, 뒤의 예는 부작위에 의한 질투법이다. 살인도 작위에 의한 경우와 부작위에 의한 경우가 있다. 어머니가 영아의 코와 입을 막아 질식시켜 살해했다면 작위에 의한 살인이지만 고의로 우유를 주지 않아 아사餓死시켰다면 부작위에 의한 살인이다.

가끔 신문에 비정한 부부의 영아살인사건이 실린다. 상습적으로 돈이나 기모노와 함께 영아를 받아들인 뒤, 우유를 주지 않아 아사시키는 방법으로 비참하게 살해하고 자신들은 돈과 기모노를 챙기는 식이다. 바로 부작위에 의한 살인 권위자인 것이다. 필시 그런 인간이 지옥에 가면 귀신과 대립하여 지옥계의 신문, 잡지기자 여러

분을 기쁘게 해줄 것이 틀림없다.

4. 범죄는 사전에 견본이 제시되어 있어야만 한다

현실에서 범죄란 지극히 구체적이다. 추상적인 '범죄' 따위는 없다.

예를 들면 취월루醉月樓237)의 여주인공 하나이 오우메花井お梅238)가 아버지와 분쟁하던 연회석 악사인 미네기치를 폭이 넓은 두꺼운 생선칼로 살해했다든가, 순사 츠다 산이 시가현 오오츠에서 방일 중인 러시아 황태자를 칼로 찔러 살해하려 했던 오오츠 사건大津事件239)이라든가, 당정정치의 부패에 울분하던 이바 쇼타로伊庭想太郎240)가 도쿄참사회실東京參事會室에서 호시 토오루를 칼로 찔러 살해한 호시 토오루 척살사건星亨刺殺事件처럼 완전히 구체적이어야 한다.

그렇다고 지금까지 발생한 몇만, 몇십만이라는 살인사건이나 몇천만, 몇억이라는 무수한 절도사건을 논의하려면 끝이 없다. 또한 그런 사건들을 나열하자면 법률은 한없이 길어진다. 그래서 젖은 걸레를 물기가 없을 정도로 쥐어짜듯 압축하고 압축해서 "이것이 범죄다"는 견본을 준비해두었다. 따라서 구성요건이란 위법의 이미지, 즉 범죄의 형태를 말한다.

---

237) 메이지 20(1887)년. 니혼바시(日本橋)의 게이샤였던 오우메가 저축한 돈을 자본금으로 하마마치(浜町)에 아버지 명의로 개업한 요정

238) 1863~1916년. 메이지, 다이쇼 시대의 독부. 그녀와 그 살인사건을 모델로 한 영화제목 및 등장인물의 명칭. 고용인 야스기 미네기치의 간책으로 아버지와 풍파가 끊이지 않자 결국 메이지 20(1887)년 24세 때 스미다강 하류에서 미네기치(峯吉·34세)를 참살했다. 같은 해 11월. 무기징역을 선고받았지만 40세 때 특사로 출옥, 스스로 무대에 서서 자신의 경력을 연기했다.

239) 메이지 24(1891)년 방일 중인 러시아 황태자 니콜라이(뒷날 니콜라이 2세)를 오오츠에서 경비 중인 순사 츠다 산죠가 칼로 찌른 사건. 일러관계 악화를 두려워한 정부는 대역죄를 적용하여 사형판결을 강요했지만 대법원장 고지마 이켄(兒島惟謙)은 정부의 압력을 물리치고, 보통모살미수죄를 적용하여 사법권의 독립을 수호했다.

240) 1851~1903년. 교육자. 테러리스트. 메이지 34(1901)년 정치가 호시 토오루(星亨)를 암살하여 무기도형을 선고받고 옥중에서 병사했다.

예를 들면 살인죄라면 '죽인다'는 행위와 개와 고양이가 아닌 '사람'이라는 요건이 필요하다. 따라서 살인죄의 구성요건은 "사람을 살해한 자"라는 형태로 나타난다. 마찬가지로 강도죄라면 "폭행 또는 협박으로 재물을 갈취한 자"라는 방식으로, 사기죄라면 "사람을 기망欺罔하고 재물을 사취한 자"라는 형태로 나타난다.

갑이 연적인 을을 저세상으로 보낸 행위는 살인죄, A가 밤늦게 귀가하는 B에게 칼을 들이대고 돈을 빼앗은 행위는 강도죄, ○○가 혼기를 놓쳐 초조해하던 Y로부터 결혼을 구실 삼아 돈을 갈취한 행위는 사기죄 등 각각의 구성요건에 적용되는 성질을 지니고 있다. 이처럼 어떤 행위가 구성요건에 적용되는 성질을 갖고 있는 것을 '구성요건해당성構成要件該當性'이라고 한다.

어떤 행위를 범죄라고 하기 위해서는 그 행위에 반드시 이 성질이 없으면 안 된다. 그 성질을 죄형법정주의라고 하며 이것은 인권보장을 위해 절대적으로 필요하다.

"찬바람이 불면 제약회사는 돈을 번다"는 말은 통용되지 않는다

"이것이 살인이다"고 말하기 위해서는 어떤 행위와 죽음 사이에 "행위(원인)가 없으면 죽음(결과)도 없다"는 연관성이 있어야 한다. 이것이 인과관계因果關係다.

세상의 모든 일에는 상호관계가 있고, 서로 원인이며 결과인 관계다. 하지만 형법에서의 인과관계는 "찬바람이 불면 제약회사는 돈을 번다"는 식이 아니다. 이것을 설명하기 위해, 동승한 여성에게 마음을 빼앗겨 B라는 남자를 치어버린 운전자 A를 등장시켜보자. B가 죽었다. 그렇다면 A의 자동차 사고와 B의 죽음 사이에 인과관계가 있다고 말할 수 있을까?

"바보 같은 질문…… 있는 건 당연하잖아."

이렇게 말할지도 모르겠지만, 아니 잠깐만, 반드시 그렇다고 할 수는 없다. 왜냐하면 B의 죽음에도 여러 가지 원인이 있기 때문이다. 예를 들면 과다출혈로 인한 사망, 옮겨진 병원의 마취약 부작용에 따른 사망, 수술이 끝난 뒤 입원 중인 정신이상자가 휘두른 칼에 찔려 사망 등 사망원인은 다양하다.

마취에 의한 사망도 B가 쇠약했기 때문이거나 예상치 못했던 특이체질, 또는 병원 측의 실수 등 여러 가지 일들이 개입, 경합을 벌인다. 따라서 이런 경우들을 모두 A의 행위 탓으로 돌려버리는 것은 부당하다.

그래서 적당한 범위로 제한하자는 사고방식이 등장한다. 이것을 상당원인관계설相當因果關係說이라고 하며 최고재판소도 이 사고방식을 취하고 있다.

그럼 어떻게 제한하는가?

① 행위자가 인식한 조건

② 사람이 통상 인식할 수 있는 조건

이를 기초로 하여 그 행위(A의 자동차 사고)에서 현실로 나타난 결과(B의 죽음)가 객관적으로 예견 가능한가 어떤가를 생각한다. 만약 가능하다고 하면 인과관계가 있다고 한다.

하지만 가능하다 해도 미비한 경우에는 가능성이 있다고 말하기 어렵다. 그렇다면 상당한 인과관계라도 의미는 없게 된다. 따라서 그곳에 선을 그어야 할 필요가 있다.

어떤 선인가 하면 '결과에 대한 객관적 예견 가능성'이라는 잣대를 사용한다. 일반적 입장에서 당연히 예상할 수 있는 결과인 경우에는 인과관계가 있다고 한다. 자동차 사고가 원인이 되어 B가 무척 쇠약해져서 죽었다는 경우는 일반적으로 있을 수 있다. 하지만 주사에 대해 실로 이상체질이었다거나 입원 중에 정신이상자에게 살해되었다는 것은 일반적으로 발생하기 힘든 일이기 때문에 인과관계가 아니다. 그러면 A에게 B의 죽음에 대한 책임을 추궁할 수 없게 된다.

5. 법률로 보아 위법이 아닌 경우

위법행위의 정체

횡령, 공갈, 명예훼손, 방화, 기차전복 등 어떤 범죄도 좋지 않은 것임에는 틀림없다. 하지만 좋지 않은 행위라 해도 결코 영원하지는 못한다. 살인이나 절도는 옛날부터 지구상에 널리 퍼진 행위지만 자살이나 낙태, 간통은 사정이 달라지고 있다.

자살과 간통은 현재 일본에서는 범죄가 아니다. 하지만 외설서적이나 외설사진 등의 판매는 스웨덴 주변에서는 범죄가 아니지만 일본에서는 외설문서 판매로 범죄에 해당한다.

그렇다면 위법이라는 정체는 무엇일까?

"법률을 위반한 것이 위법이다."

이렇게 말하면 그다지 의미가 없다. "천국이 어디에 있는가?"라는 질문에 지옥 옆이라고 대답하고, "그럼 지옥은 어디에 있는가?"라는 질문에 천국 옆이라는 대답과 같다. 동어반복同語反復이다.

위법성이란 행위가 법률상 허락되지 않는다는 성질(형식적 위법성)을 말하지만 그것만으로는 내용이 빈약하다. 왜 그 행위를 법률이 허락하지 않는가 하는 성질(실질적 위법성)에 대해서는 여러 가지를 고려한다. 이를테면 법익法益의 침해, 또는 위협이나 반사회성, 반문화성, 국가적 조리위반國家的條理違反 등이다. 결국 법률의 기반을 이루는 공서양속의 관념을 위반하고 사회적으로 상응하지 않는다는 점 때문이다.

범죄는 법익을 침해하는 행위지만 사회적으로 적합하지 않은 법익침해만 위법이라고 낙인을 찍고 있다. 이처럼 위법성의 실질實質이 공서양속의 위반에 있는 이상, 시대의 변천과 더불어 변화해가는 것은 당연한 일이다. 위법성도 역사적, 사회적 제약에 굴복하고 있는 것이다. 결코 절대란 없다.

종종 시대와 장소를 초월한 범죄로써 절도가 거론되지만, 옛날 스파르타에서는 절도를 허락했고 단지 현행범에 한해서만 처벌했다고 한다. 그 이유는 타인의 소유물을 범했기 때문이 아니고, 체포될 정도로 멍청하게 훔쳤기 때문이라고 한다. 동 아프리카에는 절도를 한 사람이 존경받는 나라도 있다고 한다.

그런데 범죄는 실질적인 여러 가지 위법 중에서 형벌로써 처벌하기에 어울리는 행위로 한정된다. 뒤에서 설명할 예정인 '제2편 각론의 여러 가지 문제'에 등장하는 각종 범죄의 구성요건이 위법행위의 유형이다.

"구성요건에 해당하는 행위는 위법성이 있다고 추정해도 좋다."

이 말은 어디까지나 추정이다. 우선 위법이라고 생각해도 된다는 것뿐이다. 구성요건에는 해당되지만 위법이 아닌 경우도 몇 가지 있기 때문이다.

(1) 환자의 몸에 칼을 대어도 벌받지 않는다 ; 정당방위

같은 살인이라도 깊은 원한으로 하면 범죄다. 하지만 죽이라는 법률의 명령으로 살해한 경우에는 벌을 받지 않는다. 사람을 죽이라는 위험한 법률이 어디에 있을까? 거의 없다. 하지만 사형집행 등은 법의 명령이다. 따라서 사형집행을 명령받은 사람은 아무리 싫어도 수인을 완벽하게 교살하지 않으면 안 된다.

감옥법 제72조에 따르면 "사형을 집행할 때는 교수를 한 뒤, 죽은 얼굴을 검토하고 5분이 경과하지 않으면 목줄을 풀어서는 안 된다"고 한다. 만약 실패했을 경우에는 마술사처럼 "실수를 해도 부디 용서해주십시오"라며 끝날 일이 아니다. 다시 시도해서 끝까지 교살해야 하는 무거운 임무가 있다. 결코 그 임무를 달성한 사람을 벌할 수는 없다.

이처럼 법률이 규정하는 경우는 범죄가 아니다. 따라서 형사가 직무상 범죄 혐의가 있는 사람을 체포장으로 체포, 감금하거나 집행관이 압류를 위해 집 안으로 들어가 테이프를 붙여놓아도 죄가 아니다. 또한 어머니가 징계를 위해 자식에게 적당히 체벌하는 행위 역시 죄가 아니다. 부모의 권위로 인정하기 때문이다.

직접적인 법률규정은 없지만 정당한 행위로 죄가 되지 않는 경우도 있다. 그 정당한 행위에는 여러 가지가 있다.

의사가 배를 절개하는 행위가 사람의 신체에 상처를 입히는 것임에도 불구하고 범죄가 아닌 것은 치료행위라는 정당행위이기 때문이다.

"무엇이 정당한 행위인가?"는 그 행위가 사회적으로 적합하다고 판단되는 행위다. 즉 위법행위가 아닌 것이다.

(2) 정당방위

▶ 호기부린 괴도

초목도 잠든 고요한 밤, 체격이 작은 복면강도가 바람처럼 나타나 단도를 들이댔다.

"쉿! 조용히. 돈 좀 빌려주세요."

기분 나쁠 만큼 서투른 솜씨다. 게다가 말하는 목소리마저 부드럽다.

흔히 강도란 녀석은 우람한 체격의 털투성이 남자가 날카로운 어조로 마구 몰아붙인다. 그런데 여자를 꼬드기는 것 같은 달콤한 목소리라니, 왠지 더 음산한 느낌을 주었다. 그래서일까? 유도 초단자인 그 집주인, 중풍이라도 걸린 듯 덜덜덜 이를 부딪치며 두말없이 지갑을 통째로 건네주었다.

지갑을 주머니에 집어넣은 뒤 차츰 안정을 회복한 강도는 느긋하게 담배연기로 동그라미를 만들며 뭔가 돈이 될 만한 값나가는 물건은 없을까? 방 안을 둘러보았다. 집주인 옆에는 연말 보너스로 구입한 듯 화려한 속옷차림의 부인이 바들바들 떨고 있었다. 순간 그녀의 농염한 모습에 시선이 머문 괴도의 눈동자는 야수처럼 반짝반짝 빛나기 시작했다. 얼굴에는 야비한 미소가 흐르고 도톰한 입술은 일그러졌다. 아차 할 사이도 없이 순식간에 강도는 아름다운 부인을 덮쳐버렸다. 당장이라도 일이 벌어질 것 같은 상황, 가엾은 아내의 운명은 남편의 행동여하에 달렸다.

그때 겁에 질려 있던 남편이 일생일대 용기를 내어 분연히 일어섰다. 순식간에 부엌칼을 들고 와 강도의 등에 내리꽂았다. 강도는 고꾸라지고 바닥에는 붉은 피가 흥건했다. 남편의 결사적인 행동 덕분에 아름다운 부인은 사지死地에서 벗어날 수 있었다. 두 사람은 서로를 꼭 끌어안은 채 아내는 소리 내어 울고 남편은 흐느꼈다.

▶ 유리를 심은 담장

그럼 앞의 용감한 수병이 아니었던 남편의 행동에 대해 해답을 주기 전에, 정당방위에 대한 설명을 조금 해두는 게 순서인 것 같다.

형법 제36조에는 "급박부정急迫不正의 침해에 대해 자기 또는 타인의 권리를 방위하기 위해 어쩔 수 없이 한 행위는 처벌받지 않는다. 방위의 정도를 넘은 행위는 정상을 참작해서 그 형을 감경減經 또는 면제를 할 수 있다"고 규정되어 있다. 이것이 바로 정당방위다. 정당방위가 되려면 우선 침해가 있어야 한다. 침해는 급박, 즉 직접적이고 절박하지 않으면 안 된다. 경찰에 호소하거나 파출소 경관을 끌고 올 정도로 충분한 여유가 있을 때는 급박한 상황이 아니다.

 도둑을 막기 위해 담장 위에 유리파편을 심거나 집 주위로 전류가 흐르는 바늘을 둘러치는데, 아직 급박하지 않을 때 방위를 하는 것이다. 그렇다면 정당방위가 아니란 말인가? 급박하지 않을 때 미리 한 방위지만 역시 급박한 침해에 대한 방위로 인정한다. 침해가 실제로 발생했을 때, 즉 급박한 침해가 있었을 때에야 비로소 효력이 발생하기 때문이다.

 그럼 도둑이든 강도든 돈을 강탈해 현관입구까지 갔을 때는 이미 급박한 상황이 아니란 말인가? 이미 급박한 상황은 아니기 때문에 도둑에게 상처를 입히는 행위는 정당방위가 아니라는 학설이 예전에는 많았다. 그래서 종종 상처가 도둑의 몸 앞쪽에 있는지 뒤쪽에 있는지, 단적으로 정면에 있는 상처인지, 후면에 있는 상처인지, 마치 그 옛날 겐페이 시대源平時代[241] 전쟁 후 논공행상이라도 하듯 다투었다. 뒤에 있는 상처는 대개 도망가는 도둑을 쫓아가서 찔렀다는 증거이기 때문에 이미 급박한 경우가 아니라고 결론 내렸다.

 하지만 현재는 그렇게 좁게 해석하지 않는다. 현장에서 도둑에게 빼앗긴 물건을

---

241) 겐지(源氏)와 헤이시(平氏) 시대

되찾기 위해 한 행위는 역시 방위행위로 인정한다. 참으로 타당한 해석이다.

강도가 강간을 하려고 한 행위는 급박한 침해의 표본이다. 파출소에 갈 틈도 없고 경찰서에 전화를 걸 여유조차도 없다. 매우 절박한 침해 중의 침해, 대침해인 것이다. 칼을 휘둘러 살해한 남편의 행위는 애초부터 에누리 없는 분명한 정당방위였다.

다음으로, 부정의 침해가 아니면 안 된다. 부정이란 위법의 일이다. 그런 침해를 막는 것이 방위이기 때문에 침해의 강약에 따라 허락되는 방위의 정도가 결정된다.

가볍게 때린 정도의 침해에 대한 방위로 살인을 했다면, 그것은 아무리 급박한 부정이라도 허락되지 않는다. 더구나 정당방위는 반드시 자신과 타인의 권리보호를 위한 것이 아니면 안 된다. 방위의 의사가 필요한 것이다. 게다가 어쩔 수 없는 경우여야 한다. 구체적 상황에서 사회통념상 방위행위로서 타당성을 인정한 것이어야 한다.

신발 한쪽을 훔치려는 좀도둑을 살해하는 행위는 필요의 한도를 초월한 경우로 과잉방위다. 그것은 범죄다.

정당방위는 역사가 없다고 할 만큼 오래전부터 인류와 함께했다. 따라서 이성적이지 않았던 도쿠가와 시대에도 정당방위의 관념은 인정했다.

"상대의 무리한 공격을 방어하기 위해 살인을 했을 때는 피살자의 친척, 촌장 등은 피살자가 평소 불법자였다고 말하고, 살해한 사람의 게시닝下手人242)면죄를 청원하면 중추방追放이다. 단지 무사의 봉공인은 살해된 자의 주인에 의한 청원이 없으면 설령 친척 등의 청원이 있다 해도 용서해서는 안 된다."

(3) 긴급피난

▶ 판타롱 바지를 입은 건달의 위기일발

판타롱 나팔바지를 불량스럽게 바닥에 질질 끌고 여자로 착각할 만큼 긴 머리카락을 바람에 휘날리면서 건달 하나가 거리를 어슬렁거렸다.

그때 골목길에서 갑자기 나타난 자동차 한 대가 질풍처럼 달려들었다. 실연으로

---

242) 서민에게 적용한 참수형으로 사형 중에서는 비교적 가벼운 형벌. 재산 등의 몰수는 없었다.

노이로제에 걸린 녀석이 운전하는 듯했다. 도로는 좁고 몸을 피할 여유조차 없다. 멍하니 있으면 위험하다. 절박한 사람은 법률도, 신도, 아무것도 눈에 뵈는 게 없는 법. 판타롱 젊은이는 유리창이 깨진다는 사실을 알면서도 가게 안으로 돌진했다. 간신히 위험은 피했지만 예상대로 가게의 상품과 유리는 엉망진창이 되었다.

남자를 예로 들었으니 이번에는 공평하게 여자도 등장시켜보자. 마치 홍역이라도 치르는 듯 붉은 볼에 머리카락을 뽀글뽀글 새빨갛게 물들인 스물두셋 가량의 여자가 콘크리트 보도를 성큼성큼 걷고 있었다. 그때 로빈슨 크루소 같은 취객이 그곳을 지나가면서 그녀를 덥석 끌어안았다.

"뭐야?"

그녀는 날카로운 비명과 함께 몸을 돌려 빼면서 순식간에 남자의 발을 짓밟아 상처를 입혔다. 대충 이런 일이 발생했을 때 법률은 어떻게 취급할까?

보통의 경우라면 상품과 유리를 엉망으로 만든 젊은이는 기물훼손죄, 통행인의 발을 짓밟아 상처를 입힌 아가씨는 과실상해죄로 각각 처벌받게 된다.

실제는 유리 한 장 깨뜨리는 일로 고소할 만큼 심술궂은 사람도, 그 때문에 감옥에 가는 별난 취향의 사람도, 벌금을 거둬들이는 난봉꾼도 없겠지만 어쨌든 논리로는 범죄다.

그런데 미인에게 발이 밟혔다고 하자.

"어머! 죄송해요. 많이 아프죠?"

미인이 상냥하게 사과의 말을 한다면 대개의 남자는 아픔을 참고 태연한 표정을 가장해 "아뇨. 괜찮습니다"라고 말한다. 그 중에는 미인에게 발을 밟혀 영광으로 생각하는 녀석도 있다.

반면 남자에게 짓밟혔다면 그렇게는 안 된다.

"뭐야, 이 벽창호 같으니. 눈구멍은 가죽이 터져서 있는 게 아니잖아. 조심해."

이런 상황이 전개되어 즉시 구경들을 즐겁게 해줄 것이다.

그런데 여자가 밟고서 "어머! 피가 나요. 제가 어떡하면 좋을까요?"라며 값싼 향수를 뿌린 손수건으로 닦아준다면, "괜찮아요. 발을 밟히는 건 얼마든지 있을 수 있는 일이니까 상관없어요"라며 마치 게나 낙지에게 밟힌 것처럼 아무렇지 않은 듯 연기까지 할지도 모른다.

이런 경우에 앞의 뽀글뽀글 헤어스타일의 아가씨라면 긴급피난행위로 죄에도 벌에도 해당되지 않는다는 말을 어떻게 하느냐에 따라 달라진다.

▶ 나비와 잠자리는 새일까?

긴급피난에 대해 형법 제36조 왈,

"자기 또는 타인의 생명, 신체, 자유, 혹은 재산에 대해 현재의 위난을 피하기 위해 어쩔 수 없이 한 행위는 그 행위로 발생한 피해, 피해의 정도를 초월하지 않은 경우에 한해 벌하지 않는다. 단지 정드를 초월한 행위는 정상을 참작하여 형을 감경 또는 면제될 수 있다."

"전항의 규정은 업무상 특별의무에 있는 사람에게는 적용되지 않는다."

마치 황소의 군침처럼 기다란 조문이다. 무슨 말인가 하면 앞의 젊은이와 아가씨는 눈앞에 닥친 위기를 피하기 위해 어쩔 수 없이 뛰어들거나 빠져나왔지만 그로 인해 타인에게 피해를 입혔다. 다시 말해 유리를 깨뜨리고, 타인의 발을 짓밟아 상처를 입힌 것이다. 하지만 위기를 피하려고 입힌 피해, 즉 젊은이가 꾸물꾸물했다가는 교통사고로 죽을지도 모르기 때문에 생명이나 신체에 대한 피해, 아가씨라면 신체에 폭행을 당할지도 모르는 피해와 비교하여 그보다 작은 경우에 한해서는 범죄가 아니라는 말이다.

국가적, 인도적인 견지에서 생각하면, 젊은이가 교통사고로 죽는 것과 목숨을 구하기 위해 가게의 유리를 깨뜨린 것 중 어느 쪽을 구조하면 좋을까? 어느 쪽이 타당하다고 보아야만 할까? 이것이 문제다.

물론 말할 필요도 없다. 유리 주인이 희생하더라도 인간의 생명, 신체를 보호해야 한다. 아무리 적게 가격을 붙여도 유리를 깬 피해보다는 야쿠자나 불효자라 할지라도 젊은이의 신체가 훨씬 값비싸다.

그럼 무대를 뽀글뽀글 아가씨에게로 옮겨보자. 만약 그녀가 빠져나올 때 길에서 놀던 아이를 밟아 죽였다고 하면 어떻게 될까?

설령 그녀가 치한에게 폭행당했다 해도 생명, 신체, 정조까지 해를 입은 건 아니라고 본다. 따라서 아가씨가 치한에게 받는 해는 가볍다. 그런데 그 가벼운 해를 피하기 위해 그녀는 어린아이의 생명을 빼앗았다. 그 아가씨의 행위는 긴급피난행위가 아니라 '정도를 초월한 행위'다. 정상 참작이 되면 형이 감경될지도 모르겠다.

(4) 피해자의 승낙이 있어도 범죄인가?

▶ 돈을 빌려준 고리대금업자가 약속을 강요하면 범죄

"해도 좋다고 해서 했을 뿐이야."

이처럼 피해자의 승낙이 있었기 때문에 범죄가 아니라고 주장하는 경우가 있다.

때에 따라서는 피해자의 승낙이 있으면 분명 범죄는 성립하지 않는다.

소유주가 "훔쳐도 좋다"고 말하면 절도죄의 구성요건인 '절취'에는 해당되지 않는다. 이처럼 자신이 처분할 수 있는 법익, 즉 개인적 법익에 관한 죄에 대해서는 피해자의 승낙이 있으면 때로는 행위에서 구성요건해당성構成要件該當性이 없어지고 위법성도 추정할 수 없다. 이것을 위법성조각사유違法性阻却事由라고 한다.

하지만 피해자의 승낙이 항상 범죄의 불성립 요건은 아니다. 위법인가 아닌가는 요컨대 그 행위가 사회적으로 타당성이 있는가 아닌가로 결정된다. 설령 피해자가 허락했어도 차금의 책임으로 새끼손가락을 자르는 행위는 역시 위법이다. 따라서 상해죄다.

늙은 악덕 고리대금업자가 차주借主인 안토니오의 약속이라며 차금 대신 가슴살 1파운드를 도려내면 역시 상해죄를 면할 수 없다.

안토니오의 승낙으로 위법성이 조각阻却[243]되는 경우라도, 승낙이 있었다고 말하기 위해서는

① 승낙의 내용을 이해할 수 있는 사람의

② 자유로운 의사에 근거를 둔

③ 진지한 것이 아니면 안 된다.

---

243) 위법성을 물리치다

협박이나 착오 또는 농담으로 한 승낙은 여기서 말하는 승낙이 아니다.

부상당해 실신한 사람을 치료하려고 옷을 찢는다든가 부재중인 옆집의 화재를 진압하기 위해 문을 부수고 들어간 행위는 피해자가 알고 있었다면 당연히 승낙했을 것이기 때문에 그 목적이나 수단이 적절하다면 위법은 아니다. 이처럼 추정적 승낙이라도 좋은 경우가 있는 법이다.

▶ 안락사는 위법인가? 적법인가?

피해자의 승낙과 관련해 안락사 문제도 있다.

① 현대의학의 견지에서 불치병이고, 더구나 그 죽음이 목전에 있는 환자는
② 그 고통이 무시무시하고 누가 봐도 견딜 수 없을 정도로 심하다.
③ 그래서 그 고통을 없애줄 목적으로
④ 환자의 의사意思가 확실한 경우라면 그 진지한 의뢰 또는 승낙에 따라
⑤ 의사(어쩔 수 없는 사정이 있다면 의사 이외의 사람도 좋다)가
⑥ 사회적으로 걸맞다고 생각되는 방법으로 환자를 편안하게 죽게 할 수 있다.

이런 경우라면 위법이라고 할 수 없다. 이것을 근거로 한 판례도 있다. 단지 현실에서는 "그것은 안락사에 해당되기 때문에 무죄다"라고 한 판례는 없다.

하지만 아메리카 신문(1967년 4월 1일)은 1년 동안 혼수상태에 있는 딸의 부모가 한 소송에 대해 "부모가 충분히 자격이 있는 의료기관으로부터 카렌이 앞으로 계속 치료를 받아도 회복될 전망이 전혀 없다는 결론을 얻었을 때는 인공호흡을 정지시켜 죽음에 이르게 해도 좋다고 뉴저지 최고재판소는 판결했다"고 보도했다.

하지만 이것은 안락사와는 문제의 질이 다르다. 여기서 카렌 본인은 수락했거나 의뢰하지 않았다는 것이 중요하다. 아무리 부모라도 본인 대신 승낙해도 된다는 것은 있을 수 없다고 생각한다.

"안락사를 인정해야 한다"고 주장하던 카스가春日라는 의사는 자신이 암에 걸렸다는 사실을 알면서도 스스로 안락사를 희망하지 않았다고 같은 신문은 보도했다(같은 해 3월 26일). 사람의 생명과 관계된 중대한 문제에 대해서는 추정적 승낙, 요컨대 주위 사람들이 멋대로 본인의 의향을 추측해서는 안 된다고 생각한다. 몇 년이나 의식

불명인 환자를 끌어안고 사는 부모나 가족들은 분명 무척 힘들 것이다. 옆에서 보는 것보다 몇 배, 몇십 배 고통스러울지도 모른다. 그렇다고 환자의 목숨을 마음대로 처분해도 좋은 걸까?

여기에는 절박한 인간의 자아 문제가 걸려 있다. 그것은 붐비는 지하철 안에서 사람들을 헤치고 빈자리에 앉는 것 같은 흔한 자아가 아니다. 인간이라는 존재 자체와 관계된 자아의 대립이다. 환자의 자아와 간호하는 사람의 자아. 환자에게도 그 가족에게도 각각의 인권과 관련된 중요한 문제이기 때문에 모두에게 무척 어려운 일이다.

지하철 안에서 이미 도난신고를 했던, 자기 이름이 새겨진 가방을 들고 있는 남자를 발견했다고 하자. 언제 다시 마주칠지 모른다. 그래서 실력으로 빼앗았다. 이렇게 경찰의 구조를 기다릴 틈이 없어서 스스로 권리보전을 위해 한 행위를 '자구행위自救行爲'라고 한다. 이 행위는 적법이라는 것이 통설이다. 하지만 자구행위이기 때문에 위법은 아니라고 한 판례는 아직 없다.

6. 고의와 과실

(1) 농부와 풋내기 사냥꾼

'범의犯意'라는 말이 있다. 형법 제38조에 있는 "죄를 범하는 의意"라는 말이 그것이다. '고의故意'라고도 한다. 그다지 손해 보는 일은 아니므로 좀 더 자세하게 위의 조문을 살펴보면 "죄를 범하는 의사意思가 없는 행위는 벌하지 않는다"는 말이다.

죄를 범할 의사가 없다면 벌을 줄 수 없다. 그렇다면 도대체 그 '죄를 범하는 의'란 무엇일까? 호탕한 번수원 쵸페이幡隨院長兵衛[244]가 소다수를 마시듯 가슴을 쓸어내릴 정도는 아니지만 지금부터 슬슬 설명해보자.

"날 버린 짐승 같은 녀석을 죽였을 뿐이야"라며 변심한 연인을 저세상으로 보

---

244) 1622(?)~1657(?)년. 에도 초기의 협객. 본명 츠카모토 이타로(塚本伊太郎). 마치 얏코의 두령으로서 하타모토에게 투쟁했지만 미즈노 테이에게 살해되었다. 가부키, 고겐, 강담, 소설 등으로 각색

낸 경우나, 47사[245]가 기라 코츠케(吉良上野)의 목을 친 경우가 '죄를 범하는 의'다. 다시 말하면 분명 고의였다.

이런 경우도 있다. "살인을 하자"는 생각으로 저지른 일은 아니지만 극약을 우물 속에 넣었다. 그 우물을 마신 사람이 죽어버렸다. 이것은 아코赤穗의 낭인과 달라서 원수를 겨냥해 고의로 살인을 하자는 살의는 없었다. 하지만 우물은 사람이 마시는 물이다. 독약을 넣은 우물을 마시면 사람이 죽는다는 것 정도는 보통사람이라면 다 안다. 법률적으로 말하면 "사람이 죽는다"는 결과는 예측할 수 있다는 것이다. 그렇다면 고의가 있다고 간주한다. 이와 같은 고의는 일부러 죄를 범하는 목적이나 희망, 욕망은 없어도 적어도 범죄라는 인식만 있어도 충분하다.

예를 들면 나무 위에 새가 앉아 있다. 그 나무 아래서 농부가 느긋하게 담배를 피우고 있다. 그 새를 총포로 잡으려는 풍채만 좋은 쓸모없는 남자가 있다.

그런데 그 남자의 마음속을 들여다보니 "난 총포가 가장 서투르니까 자칫하면 나무 밑에 있는 농부가 맞을지도 몰라. 하지만 새는 어떻게든 잡고 싶어. 에라, 모르겠다"라면서 "탕!" 총포를 발사했다. 우려했던 대로 새는 도망갔고 나무 아래에 있던 농부는 풀썩 쓰러졌다. 새 대신 당했다. 개죽음이 아니고 새죽음이다.

남자는 농부가 미워서 죽인 게 아니다. 하지만 충분히 농부가 맞을 거라는 예견은 있었다. 그런데도 쏘았다. 이 역시 죄를 범하는 의가 있었던 것으로 간주된다.

(2) 과실

과실은 잘못한 일이다. 잘못이란 주의가 부족한 일이다. 자세하게 말하면 "주의가 결핍되었기 때문에 사실을 인식하지 못한 일"이다. 그러므로 과실의 골자는 부주의다.

하지만 단지 부주의라고만 하면 난처한 경우도 있다. 주의 깊은 사람의 부주의와 덜렁이의 부주의는 같은 부주의라도 다르기 때문이다. 그렇다면 어느 쪽을 표준으로 정하면 좋을까?

법률은 상식이 있는 보통사람의 부주의를 기준으로 한다. 덜렁이도 자신으로서는

---

245) 주군의 모욕을 씻어주기 위해 기라 고츠케를 습격한 아코의 47인의 가신, 주)122 참조

충분히 주의를 하고 있다. 하지만 보통사람의 시선으로 보면 아직도 주의력 결핍으로 보이는 때가 많다.

여기에 평탄한 길이 있다. 한 대의 자동차가 질주해왔을 때 길 옆에는 두세 명의 어린이가 놀고 있었다. 그 자동차 운전자는 십수 년 근속의 베테랑 운전자다. 도로는 넓고 다른 보행자도 없다. 운전자는 속도를 줄이며 달리고 있다. 그때 운전자 머릿속은 이렇게 생각하고 있었다.

"사고가 날까? 아냐. 괜찮아. 내게 사고란 있을 수 없어."

그런데 이게 뭔가? 신의 장난이란 말인가? 도대체 뭐가 잘못되었을까? 어린이 한 명이 자동차 바퀴에 걸렸다. 이렇게 되면 도대체 어떻게 매듭을 지어야 할까? 이 운전자를 앞에서 등장한 농부와 사냥꾼에 비교해보자. 총포에 숙련된 남자가 "난 십수 년의 총포 경험자야. 총 쏘는 건 자신 있어. 농부가 맞는 일은 없어"라는 자신감으로 한 발을 발사했지만 의외에 또 의외, 신의 장난인가, 농부가 맞아버렸다. 이것은 앞의 경우와 다르다. 앞에서는 "농부가 맞을지도 몰라" 하는 걱정이 태반이었지만 이번에는 "농부가 맞을 리 없어"라는 자신감이 강하다.

사소한 일인 것 같지만 심리상태는 완전히 다르다. 즉 앞은 인간이 총알에 맞을 거라는 일을 긍정하지만 뒤는 부정하고 있다. 이것은 큰 차이다.

그래서 법률은 앞의 경우를 고의로, 뒤의 경우를 과실로 다룬다. 따라서 자동차 운전자도 역시 과실범으로 취급한다.

그런 이유로 윌리엄 텔[246]이 화살로 아이를 맞추는 것은 과실이 된다.

그렇다면 부주의이고 사실 인식이 없는 과실이란 어떤 걸까?

이론만 따지는 사람은 그 운전자에게 사고가 날지도 모른다는 몽롱하면서도 어렴풋한 인식, 예견이 없었던 것은 아니라고 공격할지도 모른다. 그래서 학자도 이런 경우를 "인식이 있는 과실"이라고 부른다.

보통은 고의가 아니면 벌을 받지 않는다. 과실이 특별히 처벌받는 경우는 이런 취

---

246) 악대관(惡代官) 게슬러의 명령으로 자기 아들의 머리 위에 사과를 얹어놓고 화살로 쏘아 떨어뜨린 스위스 남자. 활의 명수. 그래서 아이가 맞는 일은 없다고 생각했던 거죠.

지를 규정하고 있을 때다. 과실처벌의 예외로, 중대한 법익침해를 했기 때문에 특별히 처벌할 필요가 있는 경우에만 한정하고 있다. 하지만 무심코 한 일이고, 알면서 한 일이 아니기 때문에 형벌은 비교도 안 될 만큼 가볍다.

(3) 법률을 모르고 범죄에 접촉했다면 어떻게 될까?

법률을 모르기 때문에 악의도 없이 범죄에 접촉해버리는 일도 있다.

① 어떤 사람이 소량의 화약을 갖고 있었다. 불안하여 집 안에 보관해도 좋은지 경찰관에게 문의했다. 경찰관은 "자택에 보관해도 좋다"고 했다. 그래서 안심하고 그대로 두었다.

② 어떤 사람이 선거와 관련해서 타지에서 온 후원회 연락원에게 교통비를 건네주고 싶다는 생각을 했다. 하지만 공직선거법 위반이면 곤란하다. 그래서 변호사에게 상담했다. "위반이 아니다"는 대답을 듣고 안심하고 교통비로 돈을 건네주었다.

③ 이런 사람도 있다. 경제통제관계에 관한 법령에 의문이 생겨서 상공성에 조회를 해보았다. "그렇게 해도 위반은 아니다"는 공문서의 회답을 받았다. 그래서 완전히 안심하고 거래했다.

④ 단속의 본가처럼 생각되는 검찰청의 회답에 "그런 행위는 위법이 아니다"고 쓰여 있었다. 따라서 범선에 승차한 기분으로 그 행위를 했다. 보통사람이라면 누구나 그렇게 했을 것이다. 그런데 그 행위가 법률위반이라고 한다. 어떻게 되는 걸까? 앞의 ①이나 ④는 사실 모두 위법이었다. 따라서 문제가 되었다.

이것을 약간 학문적으로 말하면, "구성요건에 해당하는 위법인 행위가 있고, 더구나 행위자에게 그 인식이 있는 경우에는 그것만으로도 범죄가 성립한다." 바꿔 말하면 "그건 범죄다"고 말하기 위해서는 행위자에게 위법의 의식, 즉 자신은 지금 어떤 법률에 저촉한 나쁜 행위를 하고 있다는 인식이 필요하다는 말이다.

하지만 판례는 옛날부터 최고재판소에 이르기까지 "위법의 의식은 필요하지 않다"는 입장이다. 따라서 앞의 ①이나 ④의 사람들은 모두 유죄가 되었다.

과연 그런 멍청한 일이 있어도 좋은 걸까? 그렇다면 국민은 참고 있을 수만은 없다. 그래서 학자들은 슬그머니 판례를 반대한다. 어떤 사람이 한 일에 대해서 그것이 범죄라고 비난하기 위해서는 그 사람에게 위법이라는 의식이 있는 상태에서 저지른 행위가 아니면 안 된다. 위법의 의식이 있는데도 불구하고 일부러 그 행위를 한 거라면 비난할 수 있다. '위법의 의식'은 어떤 행위를, 그 행위자와 연결하여 비난하기 위한 중요한 기준이다.

범죄의 성립에는 위법의식을 필요로 하지 않는다는 판례는 "법률을 모른다는 말 따위는 변명조차 되지 않는다"는 국가주의에 의한 사고가 잠재되어 있다.

"국민은 모든 범죄 사실에 대해 법률이 허락한 일은 반드시 알고 있을 것이다"고 말하는 사람도 있지만 그것은 완전히 현실을 무시한 말이다. 국가의 권위를 유지하기 위한 수단일 뿐이다. 국가만 있고 인간은 없다. 국가는 지나치게 잘난 체하며 우쭐해서는 안 된다.

(4) 강요받은 절도

권총강도에게 사랑하는 자녀가 인질로 잡혔다.
"회사 금고에서 중요한 서류를 훔쳐와. 그렇지 않으면 이 아이는 죽은 목숨이다.

경찰에게 알리면 살아서는 두 번 다시 만날 수 없게 해주겠다."

강도의 협박에 어쩔 수 없이 서류를 훔쳐왔다고 하자.

절도인 줄도 알고 나쁘다는 의식도 있다. 그렇다고 이 남자를 절도범이라고 비난할 수 있을까?

"절도를 해서는 안 된다"는 법률은 성인이나 군자를 상대로 하는 말이 아니다. 평범하고 약한 우리에게 하는 말이다. 법률에는 "절도를 하지 않고 살 수 있기 때문에"라는 조건이 딸려 있다.

훔치지 않고 살 수 있는데도 훔쳤기 때문에 비난받는다. 이것을 '기대가능성期待可能性'이라고 한다. 그 상황에 처하면 누구나 그랬을 것이라고 예상할 수 있는 경우를 "기대불가능성期待不可能性'이라고 한다. 이것까지도 범죄로 처벌한다면 너무나 권위적이다.

법은 그 점에서 겸허해야 한다. 국민에게 모두 영웅과 군자가 되라는 무리한 요구를 해서는 안 된다. 옛날의 군인 집안처럼 "상관의 명령은 천황의 명령으로 생각하라"는 절대복종으로 상관의 명령에 부하가 한 행위나, 앞의 예처럼 강압으로 한 행위는 설령 그것이 범죄라 해도 그 상황에서는 누구나 그랬을 것이기 때문에 범죄라고 해서는 안 된다. 따라서 전후에는 기대불가능성이란 이유로 무죄를 선고한 고등재판소의 판례가 많았다.

'기대가능성'은 행위 당시 구체적 상황에서 행위자가 위법행위를 하지 않기를 기대할 수 있는 것을 말한다. 그 유무의 판단은 보통사람, 평균인의 입장에서 해야 한다.

보통사람이 그 행위자의 입장이라면 위법행위를 할 가능성이 있는가 없는가를 생각하고 결정하는 것이다.

(5) 과실에 의한 범죄

▶ 간페이와 죠쿠로

"저녁 무렵 야고로님을 뵙고, 돌아오는 길에 어두운 산길에서 멧돼지를 만났어.

탄알 두 발을 쏜 뒤 뛰어가보니 아뿔싸, 멧돼지는 없고 나그네만 있었어."

〈충신장 6단락〉 장면에서 오카루의 남편 간페이는 작은 호신용 칼을 옆에 차고 충혈된 눈으로 무념의 눈물을 흘리며 동료인 겐쿄 우에몬과 센사키 야고로에게 야마사키에서 발생한 사건을 술회했다.

간페이는 멧돼지라고 생각하고 발사했지만 실제로 죽은 것은 멧돼지가 아니고 악당영감 죠쿠로였다.

그 일을 알게 된 그의 어머니는 "늙고 어리석어 원망하게 되는구나. 모든 실수, 고통을 참아준 간페이, 꼭 죽어다오"라며 곧 죽을 듯이 거품을 물고 있는 간페이를 치료할 생각은 하지 않고 죽어달라고 무정한 말만 한다. 그건 그렇다 치고, 간페이의 행동을 현대 법률에서는 어떻게 해석할까?

간페이는 분명 멧돼지인 줄 알고 방아쇠를 당겼다. 그의 인식은 멧돼지를 쏜 것이었다. 그런데 그 총알은 죠쿠로에게 명중했다. 처음부터 사람을 살해할 생각으로 한 행동이 아니었다. 따라서 죠쿠로 살해의 고의범은 아니다.

멧돼지라고 본 것이 과실(나중 진술)이었다면 과실에 의한 살인으로 형법 제210조의 "과실로 사람을 죽음에 이르게 한 자는 천 엔(임시조치 20만 엔)이하의 벌금에 처한다"는 규정으로 처벌받게 된다.

▶ 몬가쿠와 케사고젠

"부용꽃 같은 고귀한 입매, 청초한 눈썹, 단아한 콧날, 눈같이 새하얀 피부, 양귀비도 보지 않으면 알 수 없는 미모, 가엾은 사람을 보면 불쌍히 여기는 마음, 너무나 아름다운 내 아내. 서시[247]의 환생인가? 관음보살의 환생인가? 이미 사랑을 듬뿍 받는 행복한 사람이 되었네. 처마 끝 매화꽃 향기, 정원에 핀 아름다운 꽃들은 열네 번의 봄을 맞이하고, 부유한 명문가 사람들도 다 사귀려 하는구나!"

듣는 것만으로도 굉장한 미인의 출현이다. 당시 절세미인으로 모르는 사람이 없을 만큼 널리 알려진 케사고젠[248]이다. 그 케사고젠을 모리토오가 사모했다.

---

247) 중국 춘추시대의 월(越)나라 미인.
248) 케사고젠(袈裟御前) : 헤이안 말기의 여성. 무사 겐자에몬 죠와타루의 아내. 엔도 모리토오의 연

"짙은 감색 히타다레ひた-たれ249)에 검은 갑사 허리에 두르고, 위로 꺾어 구부린 굴건을 쓰고, 두 줄기 은빛 칼자루 옆에 차고."

이런 차림으로 와타나베다리 준공식 공양에 위풍당당하게 갔던 무골일변도의 무사, 엔도 모리토오250)는 케사고젠에게 첫눈에 반해 맥도 못 추고 무너졌다.

그 뒤 모리토오는 러브레터를 줄기차게 보냈다. 하지만 케사고젠에게는 이미 겐자에몬 죠와타루라는 남편이 있어서 어찌할 수도 없었다.

그러던 어느 날, 케사고젠이 모리토오에게 이렇게 말했다.

"눈 딱 감고 겐자에몬를 살해해줘. 그러면 서로 안심할 수 있잖아. 오늘밤 겐자에몬은 머리를 감고 망루에 올라가 잘 거야. 그러면 물에 젖은 머리를 더듬어 찾아서 죽여줘."

그녀 말을 듣고 무척 기뻐한 모리토오는 어두워지기만을 손꼽아 기다려 살그머니 망루로 올라갔다. 칠흑 같은 어둠 속에서 젖은 머리를 더듬어 찾은 뒤 단칼에 내려쳤다. 그런데 자세히 살펴보니 그것은 겐자에몬의 목이 아니라 사랑하는 케사고젠의 목이었다.

거기에는 이유가 있었다. 모리토오의 지나친 집착 때문에 남편에 대한 의리를 생각한 케사고젠은 결심을 굳히고 스스로 머리를 감고 망루에서 자는 척했던 것이다. 남편을 대신해서 목숨을 버릴 생각이었다. 그런 줄도 모르고 사랑에 눈먼 모리토오는 케사고젠의 목을 싹둑 잘라버린 것이다. 결국 자신의 죄를 깨달은 모리토오는 머리를 깎고 출가했다. 몬가쿠文覺의 유래다.

모리토오는 케사고젠인 줄 알았다면 꿈에도 살인하지 않았을 것이다. 연적인 겐자에몬이라고 생각했기 때문에 살인을 했다. 법률적으로 보면 모리토오의 마음속에는

모를 받았지만 남편의 생명을 구하기 위해 스스로 남편대신 모리토오에게 살해당한다.
249) 소매 끝에 끈이 달려 있고, 문장은 없으며 옷자락을 하의 속에 넣어 입는 옛날 무가의 예복
250) 모리토오(遠藤盛遠) : 승명 몬가쿠(文覺). 헤이안 말기, 가마쿠라 초기의 진언종(眞言宗)의 승려. 원래 무사로서 실수로 케사고젠을 살해하고 출가. 신호사(神護寺) 복원을 위해 이즈로 흘러들어가 미나모토 요리토모의 거병을 원조, 미나모토 정부 수립 후 신호사(神護寺)를 복원했다.

틀림없이 사람을 죽이겠다는 의사가 있었다.

간페이는 멧돼지로 착각하여 살인을 했지만 모리토오는 처음부터 사람을 죽일 생각으로 살인을 했다. 단지 사람이 바뀌었을 뿐이다.

법률에서는 살해된 사람이 갑이든 을이든 그 가치에는 변함이 없다. 따라서 모리토오는 살인 기수범旣遂犯으로서 처벌받아야 한다.

이처럼 간페이와 모리토오의 경우를 '사실착오'라고 한다. 이 사실착오 문제는 형법학의 난문 중의 난문이다. 난문인만큼 재미도 있지만 상당히 복잡하다. 이 책에 흥미를 잃을 염려가 있기 때문에 이 문제는 이쯤에서 접기로 하자.

7. 책임능력

어린이와 범죄

동쪽도 서쪽도 모르는 아이가 서점에서 그림책 한 권을 들고 갔다. 그래도 범죄라고 생각하는 사람은 없을 것이다. 왜일까? 시비선악, 흑백의 판단력이 없는 자가 한 일이기 때문이다.

그래서 법률은 아이나 강도가 심한 정신이상자가 저지른 일에는 책임이 없다고 규정한다. 그렇다면 강도가 어느 정도인 정신이상자와 아이가 혜택을 받을까? 보통 사람이 혜택을 받을 수 있는 방법은 없을까? 없다. 그런 나쁜 생각을 하면 흐린 하늘 아래 갇힌 몸이 되어 형무소의 보호를 받으며 집세가 필요 없는 곳에서 쌀이 뭔지도 모른 채 세금으로 살아가는 신세가 되어버린다.

아마 야채가게 오시치라는 연극을 본 적이 있는 사람은 알 것이다.

"이 사람은 열다섯 살이나 되었을까?"

상관 역을 맡은 사람이 오시치에게 15세냐고 애매한 질문을 한다. 이때 오시치가 15세라고 대답했다면 어떻게 될까? 그 해답을 위해 옛 법전인 《어정서백개조》를 펼쳐볼 필요가 있다.

15세 이하의 처벌은 이렇게 되어 있다.

- 동심으로 이유 없이 사람을 살해했을 때, 신루이아즈케[251] 후 엔토우[252]
- 동심으로 이유 없이 방화를 했을 때, 위와 동일한 처벌
- 훔쳤을 때, 어른에 대한 처벌보다 한 등급 가벼운 벌
- 15세 이하 무숙자, 그 외 좀도둑은 히닌데카[253]

요컨대 야채가게 오시치가 15세라고 대답했다면 엔토우 처벌로 끝난다는 말이다. 그런데 16세라고 정직하게 대답했기 때문에 화형에 처해졌다. 아프리카 우간다의 "운이 없는 자는 성공할 수 없다"는 속담처럼 오시치는 솔직하게 대답한 탓에 목숨을 잃었다.

유치한 법률밖에 없었던 옛날에도 이처럼 나이로 책임능력을 정했을 정도인데 오늘날 연령으로 제한을 하는 건 당연하다. 그렇기 때문에 형법은 제41조에 "14세가 되지 않은 사람의 행위는 처벌하지 않는다"고 규정하고 있다. 그래서 사람들은 어리석은 어른보다 악당인 조숙한 개구쟁이를 천하공인의 못된 세균이라고 부른다.

하지만 한 살 차이로 15세가 되었어도 아직 어른의 대열에는 끼어주지 않는다. 벌을 줄 때만 따질 뿐, 어른 취급은 해주지 않는 것이다. 특히 죄를 범했을 때, 불과 하루 이틀 차이로 어른 취급 받아 벌을 받는다면 〈호리가와[254]〉의 오순[255]처럼 "그런 건 말하고 싶지 않아. 덴페에상"이라고 했을 것이다.

그래서 다이쇼 11(1923)년 4월에 '소년범'이라는 법률이 만들어졌다. 이 법률에서는 미성년자, 특히 만 18세 미만의 소년을 특별 배려하며 교육에 중점을 두고 있다. 더할 나위 없이 좋은 일이다.

---

251) 신루이아즈케(親類預(け) : 에도시대, 범죄인이 어리거나 질병 따위로 복역할 수 없는 경우 성장, 치유될 때까지 친척에게 맡겼다가 뒷날 집행하던 형벌
252) 엔토우(遠島) : 에도시대, 육지에서 멀리 떨어진 섬으로 귀양 보낸 형벌. 유배
253) 히닌데카(非人手下) : 에도시대, 서민에게 과하던 형벌. 처형장에서 잡역에 종사하는 사람의 지배 아래 두는 벌
254) 호리가와(堀川) : 에도 중기(1688~1704년) 교토에서 일어난 오순 덴페에의 동반자살 사건을 다룬 조루리의 세화물 3권의 통칭. 저자미상
255) 오순 덴페에(お俊 伝兵衛) : 조루리 〈근경하원달인〉의 남녀 주인공. 연적인 간자에몬을 척살하고 덴페에는 사랑하는 유녀 오순과 동반자살을 한다.

관허공인 절기면허

다음은 정신적으로 이상이 있는 사람, 법률상 심신상실자心身喪失者로 정신작용에 심한 장애가 있는 사람이다. 하지만 보통사람도 높은 고열로 인해 일시적으로 심신상실에 빠지는 경우가 있다. 혹은 만취로 발작적 경련상태에서 뭐가 뭔지 모르면 역시 일시적 심신상실자다.

심신상실자의 행위는 처벌하지 않는다. 설령 수십 명을 살해해도 벌을 받지 않는다. 이게 바로 쇼와 시대의 관허공인 절기면허官許公認切棄免許다.

다음은 심한 장애는 없지만 보통사람보다 약간 모자라서 두뇌작용이 나쁜 사람, 즉 저능아를 비롯해 환자, 노쇠, 마취, 최면으로 인해 의식이 몽롱한 심신모약자心身耗弱者. '심신모약자의 행위는 죄가 되지만 그 벌을 감경하여 처벌한다는 식으로 취급한다.' 혹은 '농아자聾啞者의 행위는 벌하지 않거나 그 형을 감경한다는 식으로 취급한다.'라고 되어있다.

왠지 구두쇠가 기부금을 낼까 말까 망설이는 것 같은 애매한 규정이다. 처벌할까? 말까? 마치 장마철 하늘처럼 분명하지 않은 것은 구형법에서는 절대 처벌하지 않았지만, 신형법에서는 처벌하지 않든 가볍게 처벌하든 재판관의 판단에 맡기겠다는 의미다.

8. 성공한 범죄와 실패한 범죄

미수와 기수

범죄를 끝까지 완수하면 기수既遂이고, 완수하지 못하면 미수未遂다.

아사노 나가노리[256]를 칼로 찌른 기라 요시나가에게는 살인의도가 있었지만 살해

---

256) 아사노 나가노리(淺野長矩) : 1667~1701년. 에도 전기의 다이묘(大名). 1701년 3월 14일 일본 측 칙사가 되었지만 어전에서 기라 요시나가의 칼에 찔려 당일 할복 처분을 받았다.

하지 못하고 가벼운 부상만 입혔다. 명백한 살인미수인 것이다. 기라 요시나가를 토벌한 오오이시 요시오[257] 등 47사의 행위는 살인을 완수한 기수既遂다.

미수는 제43조에 "범죄의 실행에 착수하고 그것을 이루지 못한 것"이라고 정의한다. 그렇다면 착수가 문제다. 어느 정도까지가 착수일까? 법률에는 "범죄의 실행개시"라고 쓰여 있지만 그다지 명확한 규정은 아니다.

논리보다 증거다. 그럼 어떤 경우인지 판례에서 보기로 하자. 실행의 착수라는 행위를 오로지 외부에서 관찰한 뒤, 그 행위가 규정된 구성요건(예를 들면 절취, 갈취, 사취, 살인 등)에 해당되는지 어떤지를 판단하여 결정하는 사고방식(객관설)이라고 판례는 말한다.

예컨대 실내 절도에 대한 실행개시가 있었다는 말을 하기 위해서는 금품을 물색하는 행위나 적어도 그와 밀접한 행위가 있어야 한다는 것이다. 따라서 절도를 할 생각으로 덧문 한 장을 떼어낸 단계에서는 아직 절도행위의 개시가 아니다. 물색을 하기 위해 서랍에 접근하거나 회전등으로 실내를 휘둘러보거나 현금이 있을 만한 곳으로 접근한 행위가 없으면 안 된다.

이런 말을 들으면 가장 경악할 사람은 도둑님 자신일 것이다. 그가 창문에 밀랍을 칠하고 덧문을 떼어낸 뒤 실내로 들어간 행위는 벌레나 부스럼 탓이 아니다. 호기를 부리거나 술에 취해서도 아니다. 두말할 필요도 없이 절도 목적으로 그 계획을 실행하고 있었다. 아직 절도 실행에 발을 내딛지 않았다고 말할지도 모른다.

따라서 실행행위의 개시시기는 행위라는 외형보다 고의를 기초로 해서 행위자의 계획이 외부에서 인식할 수 있는 상태가 된 시점을 실행개시(주관적 객관설)라고 한다.

실행행위의 개시시점을 정하기 위해서는 우선 고의에 대해 생각해야 한다. 예를 들면 개를 데리고 공원을 산책 중인 남자의 옆구리로 총알이 통과했다고 하자. 살인의 실패? 솜씨가 있든 없든 맞추려고 했던 상해의 실패? 단지 몸의 옆구리로 총알을 통과시키려고 했다는 의미의 폭행성공? 혹은 개를 죽이려고 한 의도의 실패?

---

[257] 오오이시 요시오(大石良雄) : 1659~1703년. 하리마 아코(播磨赤穂)의 가신. 47사 동지와 함께 주군의 원적인 기라가에 침입하여 토벌했다. 막부의 명령으로 할복

"총알을 발사한 녀석이 무슨 생각으로 저질렀는가는 제쳐두고 결정하자."

이런 말을 들으면 누구든 난처할 것이다.

청혼을 거절당한 분풀이로 청산나트륨을 넣은 모나카를 그 여자가 결혼한 집으로 우송한 남자가 있었다. 그 남자는 같은 회사에서 아르바이트를 하던 24세의 여성에게 청혼을 했지만 멋지게 거절당했다. 그리고 그 여성은 서둘러 다른 남자와 결혼해버렸다. 미련이 남은 남자는 가명을 써서 모나카 15개를 구입한 뒤 그 속에 독을 넣어 보냈다.

그런데 발송인을 조회해본 결과 그 사람이 보내지 않았다는 대답을 들은 여성이 수상하게 여기고 경찰에 신고함으로써 덜미가 잡혔다고 한다. 이것도 살인실행행위에 착수했기 때문에 살인미수다.

미수가 처벌받는 것은 특히 그 취지의 규정이 있을 때만으로 한정된다. 형은 기수와 마찬가지다. 하지만 감경될 수는 있다.

실행착수의 이전 단계의 행위를 '예비予備'라고 한다. 특히 예비를 처벌하기 위해서는 그 취지의 규정이 있을 때만으로 한정한다. 따라서 살인이나 강도처럼 중대한 범죄의 예비는 처벌받는다.

임의로 범죄를 중지한다면

미수라고 해도 휘두른 칼날 앞에서 살려달라며 목숨을 구걸하는 피골이 상접한 병자가 가엾어 행동을 중지했다면 중지미수中止未遂로 취급한다.

고노 모로나오[258]가 칼로 엔야죠 고테이[259]를 찌르자, "죠님을 살려주세요"라고 소리치며 가신이 뒤에서 껴안아 죽일 수가 없었다고 한다. 이 경우처럼 임의로 생각

---

258) 고노 모로나오(高師直, ?~1351년) : 남북조 시대의 무장. 아시카가 다카우지의 집사로서 남조군과의 전투에서 큰 공을 세웠다. 뒷날 다카우지의 동생 다다요시와 대립. 다다요시를 몰아내고 일시적으로 실권을 장악했지만 얼마 후 피살되었다. 조루리 〈가명수본충신장(仮名手本忠臣藏)〉의 등장인물
259) 야죠 고테이(塩冶判官高貞) : 남북조 시대, 시마네현의 수호직으로 이즈모시 엔야현 일대에 성을 구축하고 정치를 했던 무장

을 고쳤을 때는 문제가 크게 달라진다. 양심의 가책을 느껴서 멈추었기 때문이다.

타인의 집에 방화하려고 성냥을 그었지만 "오늘은 좋지 않아. 다음에 하자"고 생각하며 스스로 불을 끄고 돌아갔을 때도 역시 임의任意다.

이 임의중지는 반드시 그 형이 감경되거나 면제받는다.

애초에 불가능한 일도 범죄?

증오에는 사랑의 배신행위 등이 있다. 떠나버린 연인을 죽이기 위해 물약 속에 유황분말을 넣어 마시게 한 여자가 있었다. 하지만 그건 과학적으로 절대 불가능한 살인 수단이다. 따라서 그 남자는 죽지 않았다.

같은 실패라 해도 이처럼 행위자의 목표가 실현될 가능성이 없는 경우가 있다. 미수가 처벌받는 이유는 그 행위 자체가 결과를 일으킬 가능성, 위험성이 있기 때문이다. 그런 위험성이 없는 경우에는 처벌할 근거도 없다. 거기에는 '불능범不能犯'이라는 문제가 있다. 불능범이란 겨냥한 목표물이 범죄가 되지 않는 경우를 말한다.

그럼 무엇이 불능범인가? 판례는 불능범과 미수의 구별방법에 절대적 불능과 상대적 불능이라는 잣대를 사용하고 있다. 절대적 불능의 경우가 불능범, 상대적 불능의 경우가 미수범이다. 사자死者가 살아 있다고 생각하고 칼로 내려쳤거나, 설탕을 독으로 착각하여 우유에 넣어 마시게 한 행위가 살인의 절대적 불능이고, 방안에 A가 있다고 생각해서 폭탄을 던졌지만 A는 때마침 화장실에 가 있었다는 경우가 상대적 불능이다.

현실에서 판례는 절대적 불능의 범위를 엄격하게 압축하고 있다. 소매치기가 타인의 안주머니에 손을 넣었지만 때마침 비어 있다거나, 청산가리를 마시게 했지만 순도가 낮아서 살해할 수 없었다는 경우는 불능범으로 인정하지 않는다.

또 정맥공기주사로 살해하려 했지만 공기의 양이 부족하여 실패한 사건에 대해서도 "절대로 사망 결과가 없다고는 말할 수 없다"는 이유로 불능범은 아니라고 했다.

불능범의 전형적인 예로써 옛날의 우시노고쿠마이리260)가 있다. 초목도 잠든 우시(새벽 2시경), 용마루에도 세 치의 틈이 있다는 시각, 백의 차림의 여자가 흐트러진 머리카락 위에 촛불을 밝힌 금형 모자를 쓰고, 가슴에는 징을 달고, 수목이 울창한 신전에서 하늘을 찌를 듯 천고의 나무에 증오하는 인물의 형상을 한 볏짚인형을 대못으로 박으며 "절대 살려둘 수 없어. 저주스런 인간" 하고 죽음을 기원하는 것이 우시노고쿠마이리다.

현대에는 사고도 진보했기 때문에 그런 일은 하지 않을 것이다. 기껏해야 원망하는 상대의 사진을 바늘로 찌르는 정도다.

"너 하나뿐이야"라고 말한 사람이 충동적으로 바람을 피웠다면 그렇게까지 깊은 원한은 없을 것이다.

이곳에 한 여자가 있었다. 배신한 남자를 저주하기 위해 시대에 뒤떨어진 우시노고쿠마이리를 했다. 그런데 공교롭게도 그 남자가 죽었다. 그래도 그녀는 살인죄가 아니다. 현대 과학에서 우시노고쿠마이리로는 사람을 죽일 수 없기 때문이다. 설령

---

260) 우시노고쿠마이리(丑の刻参り) : 우시에 신사 참배한 뒤 증오하는 인간을 모방해 만든 볏짚인형을 경내의 수목에 못으로 박으며 상대의 죽음을 기원하는 일. 발원 7일째 소원이 이루어진다고 믿었다.

남자가 죽었다고 해도 그것은 우연의 일치일 뿐, 우시노고쿠마이리가 원인이 되어 죽은 건 아니다.

9. 여러 명이 관계한 범죄

(1) 공동정범이란 무엇인가?

공동정범共同正犯이란 글자 그대로 함께 죄를 범하는 일이다. 함께 범한다고 말한 이상 분명 혼자서는 공범이 될 수 없다. 범죄에는 혼자서도 할 수 있는 범죄와 두 사람 이상이 공동으로 하지 않으면 도무지 이루어질 수 없는 범죄가 있다. 예를 들면 사기, 절도, 횡령, 방화, 살인, 상해 등은 혼자서도 할 수 있지만 도박, 수회收賄, 내란, 소요騷擾 등은 아무리 날고 기는 재주가 있는 녀석이라도 혼자서는 할 수 없다. 반드시 상대가 필요하다. 그래서 이것을 '필요공범必要共犯'이라고 한다.

공범이라는 말 속에는 여러 경우가 있다. 신문에서 종종 '공동정범'이라는 기사를 보았을 것이다. 그 말을 공동으로 바르게 범한다고 풀어쓴다 해도 범죄인 이상 결코 바르다고는 할 수 없다. 분명 삐뚤어진 건 틀림없다. 여하튼 학자는 아니니까 문자 풀이는 이 정도로 하자.

공동정범은 형법 제60조에 "두 사람 이상이 공동으로 범죄를 실행한 자는 모두 정범이다"고 규정되어 있다. 공동으로 범죄를 실행하는 이상, 당사자 상호간에는 반드시 이해가 있어야 한다. 즉 상의든 암묵적인 양해든 반드시 이해가 성립되어 있어야 하는 것이다.

《몬테크리스토 백작》, 일명 《암굴왕》에서 이브 성채의 수인이 된 선원 단테스는 탈옥을 하기 위해 수년에 걸쳐 지하 땅굴을 팠다. 때마침 같은 시기에 단테스처럼 탈옥을 계획하고 지하를 파고 있던 수인 파리아 법사가 있었다. 하지만 그 시점에서 두 사람 사이에는 어떤 이해도 상의도 합의도 없이 각자 탈옥을 계획하고 땅굴을 팠기 때문에 여기서 말하는 공범은 아니다. 다시 말해 각자 독립적인 정범이다.

하지만 두 사람이 파나가던 지하 땅굴은 우연히 일치했고, 단테스와 파리아는 교섭을 시작했다. 즉 공동일치 동작으로 옮긴 것이다. 그때부터 두 사람은 탈옥이라는 범죄에 대해 공동정범이 되었다.

▶ 공모공동정범

옛날부터 판례는 일관해서 공모공동정범共謀共同正犯을 인정하고, 범행의 실행행위에 참가하지 않았던 자도 공동정범으로 하고 있다.

공모공동정범이란 두 사람 이상이 특정범죄를 하자는 공동의사를 바탕으로 서로 타인의 행위를 이용하여 각자 실행에 옮기는 일을 모의하고 범죄를 실행하는 일이다. 이때 직접실행행위에 참가하지 않았던 자도 공모한 이상 공동정범으로 생각한다.

공동정범이라고 말하기 위해서는
① 공동실행의 의사 외에
② 그 실행의 사실이 없으면 안 된다.

하지만 학설의 대다수는 "공모한 사실만으로도 공모자는 발생한 결과에 대해서 책임을 져야 한다"는 말은 형법의 개인책임주의 원칙에서 벗어난다며 계속 반대한다. 또한 "스스로 실행하지 않은 자를 공동정범이라고 할 수 없다"는 형법 제60조에도 위반된다고 비난한다.

형사재판의 실무에서는 '공모'의 내용을 허술하게 취급하는 경향이 있다. 공모라는 개념을 쉽게 생각하고 확대 해석하면 처벌하는 측은 편리하다. 따라서 이런 공모공동정범이라는 사고는 주의해야 한다.

예를 들면 A가 어느 회합에 참석했다. 후일 회합에 참석했던 B가 범죄를 저질렀다. 그런데 "공모가 있었다"는 경찰의 생각여하에 따라 A가 연루될 위험성이 있다.

이것이 정치적 배경을 갖고 있는 범죄라면 특히 더 위험하다. 마츠가와 사건261)과 미다카 사건262)에는 그런 냄새가 짙게 배어 있다. 공모공동정범에는 '성악녀性惡

---

261) 마츠가와 사건(松川事件) : 쇼와 24(1949)년 동북혼센(東北本線) 마츠가와(松川)역 부근에서 발생한 열차전복사건. 국철 및 도시바(東芝) 마츠가와 공장의 인원정리에 반대한 노조원, 공산당원의 범행이라고 1심, 2심은 유죄를 선고했지만, 그 뒤 재판에 대한 의혹은 깊어졌고, 피고의 허위자백이 판명되면서 쇼와 38(1963)년 최고재판소는 무죄를 확정했다.

女' 같은 위험이 있다. 그 성악녀를 본 사람은 자신도 모르는 사이에 질질 끌려 들어 갈지도 모르기 때문에 공모공동정범이라는 사고에 주의해야 하는 것이다.

(2) 마음을 부추기는 교사범

교사범敎唆犯이라는 것이 있다. 범죄를 행할 생각이 전혀 없는 사람에게 "불을 질러라" "도둑질을 해 오라"고 꼬드기는 범죄다.

저 녀석을 해치울까, 어쩔까? 망설이고 있는 사람에게 "남자의 체면이 서질 않잖아? 젊은 사람이 그 정도 용기도 없으면 어떡해? 저 녀석을 혼내줘"고 부추겨서 마침내 주먹을 휘두르는 범죄(폭행 또는 상해)를 실행하게 했다. 이것도 교사범이다. 형법 제61조는 "사람을 교사해서 범죄의 실행을 압박한 자는 정범에 준한다. 교사자 또한 마찬가지다"라고 규정하고 있다. 부추기는 형은 실제로 범죄를 저지른 자와 동일하게 취급한다.

▶ 도와주는 종범

공범共犯 중에는 종범從犯이라는 범죄도 있다. 이것은 정범을 보조하는 일이다. 공범의 하나지만 공동방법이 다르다. 어떻게 다를까? 이미 범죄를 결심한 자에게 실행을 용이하게 해주는 행위다. 절도를 하려는 녀석에게 집 안의 내부구조를 건네거나,

---

262) 미다카 사건(三鷹事件) : 1949년 7월 15일 도쿄 미다카(三鷹)시와 무사시노(武藏野)시를 연결하는 일본국유철도 중앙본선 미다카역 구내에서 발생한 무인열차폭주사건. 같은 시기에 발생한 시모야마 사건(下山事件) 마츠가와 사건(松川事件)과 함께 '3대 국철 미스터리사건'이라고 불린다. 쇼와 24(1949)년 7월 15일 오후 9시 23분(당시는 서머타임으로 8시 23분), 국철 미다카역 구내에서 폭주한 전차에 이용객 6명이 전차 밑에 깔려 즉사. 열차는 탈선, 선로 옆 상점가로 돌진, 전복하면서 부상자 20명이 발생한 대참사. 수사당국은 국철노동조합 일본공산당원 9명과 비공산당원 1명의 공동모의에 의한 범행으로 기소, 2명이 위증죄로 기소되었지만 1950년 도쿄지방재판소는 비공산당원의 다케우치 게이스케에게만 무기징역을 선고, 다른 9명은 무죄로 판결하여 단독범행으로 인정했다. 다케우치 게이스케는 목격증언 등의 확실한 알리바이로 판결에 불복, 공소했지만 도쿄고등재판소는 1951년 1심 판결을 파기, 최고재판소에 상고하는 구두변론도 없이 1960년 사형을 확정했다. 다케우치는 사형판결 뒤에도 문예춘추지에 음모설을 투고하는 등 무죄를 호소했지만 1967년 뇌종양으로 옥사, 진상은 규명되지 않은 채 막을 내렸다.

싸움을 하려는 녀석에게 목도木刀를 건네는 종류지만 함께 공동전선에 나서지는 않는다. 그래서 종범이란 따르는 종從범죄라는 글자를 쓰고 있다. 그럼 두세 개의 판례를 들어보자.

변호사가 형사상 어떤 행위의 책임 유무를 감정할 때 다르게 해석해서 형사상의 책임이 없다는 취지를 설명한 경우, 옆에서 변호사의 실행을 장려하고 정신적 방조를 주었기 때문에 종범이다.

변호사의 책임은 크고 중요하다. 따라서 변호사에게 법률문제를 상의하면서 "단지 말만 했을 뿐이에요. 특별히 손해를 입은 것도 아니고"라고 변명하며 변호사의 고생과 책임도 모르고 사례금을 선뜻 내놓지 않으려고 하듯 상담료, 감정료를 꺼리거나 떼어먹으려는 사람이 있는데 그런 사람은 크게 착각하고 있다. 아내의 드레스를 사주지 않더라도 세금과 변호사비는 잊지 않도록 마음에 새겨두어야 할 것이다. 또다시 미움받을 말을 해버린 건가?

판례는 공모공동정범설의 사고에서 절도의 파수를 방조幇助가 아닌 공동정범으로, 도박의 파수를 방조자로 본다. 하지만 절도의 파수는 역시 방조로 해석하는 게 좋을 것 같다.

"종범從犯의 형은 정범共犯의 형보다 감경한다"고 형법 제63조는 말한다.

경범죄법에서 노상방뇨는 구류나 과료에 해당되는 범죄다. 그런데 하루기치가 소변을 누고 싶어 하는 모습을 보고 나츠오가 "부끄러워하지 말고 용감하게 방뇨해"라고 교사했다. 하루오가 그대로 실행한 순간 공교롭게도 경찰에게 걸렸다. 그렇다면 나츠오는 교사자로서 처벌받아야만 할까?

결론부터 말하면 물론 교사자다. 하지만 노상방뇨까지 교사다, 방조다 하고 말하면 세상은 참을 수 없을 정도로 답답해질 것이다. 그래서 형법 제64조에 "구류 또는 과료에 처해야 하는 교사자 및 종범은 특별 규정에 준하여 처벌한다"고 약간의 안전지대를 만들어놓았다.

▶ **교사와 방조는 왜 나쁜가?**

얻어터지고 돌아온 갑에게 "그 자식을 없애버려"라고 교사한 A와 "가려면 이걸 가져가"라며 목도를 빌려준 B는 왜 나쁠까?

이런 대답이 있다. 갑의 행위가 범죄라 처벌을 받았기 때문에 A의 교사나 B의 방조도 범죄에 해당된다. 요컨대 교사나 방조의 범죄성은 정범正犯을 등에 업고 있다. '공범종속성설共犯從屬性說'이라는 설이다.

"아냐. 그렇지 않아. 교사와 방조가 범죄에 해당되는 것은 그 자체가 나쁘기 때문이야"라는 대답도 있다. '공범독립성설共犯獨立性說' 판례는 옛날부터 종속성설의 입장을 취한다. 그 차이의 중요성은 "소를 훔쳐와"라고 교사했지만 상대가 싫다고 하거나, 일단 훔칠 마음은 있지만 훔치려다 그만둔 경우에서 확실히 나타난다.

이 경우, 종속성설이라면 정범의 절도죄가 성립하지 않았기 때문에 교사범도 성립하지 않는다. 교사범, 종범의 성립에는 "정범자가 범죄의 실행행위에 나오는 일"이 필요하다.

그런데 교사 그 자체에 범죄성을 인정하는 독립성설이라면 절도교사의 미수로써 처벌해야 한다.

종속성설을 취하면 이상한 일이 발생하는 경우도 있다. 어떤 걸까? 예를 들면 강간죄는 남자가 여자에 대해서만 성립할 뿐, 여자가 남자에 대해서는 성립하지 않는다. 이것은 각론 부분에서 설명하겠다. 따라서 여자에 대한 강간은 반드시 남자여야 한다. 여자가 여자에게 하는 강간은 없다.

그런데 여자가 여자에게 강간죄를 성립시켜야 하는 경우도 있다. 어떤 경우인가? 회사원 올드미스 A가 있다. 그리고 회사 내 남성들에게 인기가 많은 여성 B가 있다. A는 인기가 많은 B에 대한 강한 질투로 백치인 다케오를 교사하여 B를 강간하게 했다.

그런데 그 다케오는 백치다. 앞에서 말했듯 심신상실자다. 따라서 다케오가 한 행위는 범죄가 아니다. 그렇다면 교사한 A는 과연 무죄일까? 그럴 수는 없다. 그래서 생각해낸 것이 간접정범間接正犯이다. A는 단지 자신의 수족에 지나지 않는 백치인 다케오를 통해 간접적으로 B를 강간한 것이다. 따라서 여자인 A는 B를 강간했다는 이유로 처벌받게 된다.

이런 간접정범에는 여러 가지가 있다. 13세의 어린이를 교사해서 도둑질을 시키거나, 약에 대해 전혀 모르는 시골뜨기 가정부를 이용해 환자에게 독을 먹이는 경우다. 하지만 독립성설을 취하는 사람에게는 간접정범은 필요 없다.

▶ 관사의 아내와 수회죄收賄罪

하나 더 주의할 것이 있다. 공무원 남편 이치로一郎가 부재중일 때 어느 업자가 뇌물을 가져왔다. 그의 아내에게는 드문 일이었다. 만사형통이라는 듯 뇌물이라는 사실을 알고 있었기에 고맙다는 말도 없이 기쁘게 받은 아내는 정확히 6시 정각에 귀가한 애처가 이치로에게 말했다.

"모처럼 보인 정성인데 돌려주면 오히려 실례일 거야."

"난 원하지 않아."

이치로는 무심하게 말했다.

그렇다면 법률상 어떻게 될까? 현실에서 수많은 공무원들에게 필요한 실제문제이다.

옛, 난 청렴결백하기 때문에 필요하지 않다고? 하지만 청렴결백이란 외부로 드러나지 않는 법. 어쨌든 사건이 발생하여 신문기자가 방문하면, "난 하늘을 우러러 한 점 부끄럼도 없어"라고 말했던 녀석들이 뒷날 판에 박은 듯이 수회收賄로 되는 경우는 많다.

이런 패거리들은 형무소에 가서도 그 수치를 모른다. 그래서일까? 감옥에서도 당당하게 중의원 입후보 선언을 하는 뻔뻔스러운 인간마저 있을 정도다.

여하튼 본론으로 들어가면, 수회죄收賄罪라는 범죄는 원래 공무원이 아니면 성립하지 않는다. 따라서 공무원인 이치로가 뇌물임을 알고 받았다면 수회죄 성립은 불을 보듯 빤하다. 그렇다면 그의 아내는 어떻게 될까? 번거롭지만 형법 제65조를 보면, "범인의 신분에 따라 구성되는 범죄행위에 신분이 없는 자가 가담했을 때는 그 신분이 없는 자도 공범으로 한다"고 규정되어 있다. 특히 신분에 따라 형의 경량이 있을 때는, 신분이 없는 자에게는 보통의 형을 과한다.

따라서 수회죄 신분이 아닌 그의 아내도 이 규정에 따라 남편인 이치로와 함께 공범으로서 사이좋게 콩밥을 먹어야 하는 것이다.

10. 여러 가지 형벌

(1) 어떻게 인간이 인간을 벌할 수 있는가?

왜 죄를 범한 자에게 형벌을 과하는 걸까? 어려운 문제다.

"죄와 벌은 도저히 뗄 수 없는 사이, 그래서 인과응보다. 가벼운 죄에는 가벼운 벌, 무거운 죄에는 무거운 벌. 당연하지 않은가?"

이렇게 간단하게 정리하는 분도 있을 것이다.

"어떻게 인간이 인간을 처벌할 수 있을까? 또 징역에 처할 수 있을까?"

이 질문에 옛날부터 악에는 악으로 보답하는 게 응보이고 정의이며, 형죄刑罪는 정의의 요청이라고 전통적인 대답을 해왔다. 이러한 사고의 밑바닥에는 오랜 옛날 모세가 만들었다는 "눈에는 눈, 이에는 이"라는 동해보복同害報復의 평등관과 도덕적 지상명령이라는 사상이 있었다.

하지만 그것은 너무나 용감한 말이다. 결함투성이 인간이 사형이라는 말로 같은 인간의 목숨을 빼앗고, 징역형이라는 말로 자유를 박탈한다. 더구나 전제인 재판은 원래 신의 업무인데도 불구하고 인간이 하고 있다. 그래서 실수의 위험성이 항상 도사린다. 응보가 정의라는 사상은 지나친 자부가 아닐까?

우리는 평화로운 사회생활을 영위하고 싶어 한다. 누구나 원한다. 따라서 사회생활의 규칙을 파괴하고 질서를 혼란시키며 평화를 해치는 자를 무한정 허락할 수는 없다. 또한 인간에게 자유란 가장 존귀한 존재이기 때문에 그 자유를 까닭 없이 침해하는 자에게는 방위수단을 강구하지 않으면 안 된다.

어차피 인간은 사회적 동물일 수밖에 없는 이상, 인간사회를 유지하기 위해서는 침해자로부터 방위할 필요가 있다. 이것이 바로 범죄에 대해 처벌을 허락한 이유다.

사회는 성인, 군자, 위대한 종교가, 신이 아닌 평범한 우리 인간들의 집합체이기 때문에 몸을 지키기 위한 형벌제도는 인간의 생존에 걸린 최종적 자아로서 용인되어야 한다.

하지만 사회적으로 비난받아야 하는 행위가 범죄인 이상, 형벌도 사회적인 하나의 문화로써 이성과 목적에 따라 합리적으로 통제받아야 한다. 그래서 형벌의 본질은 해악이 아니고 교육인 것이다. 이런 사고를 교육형론教育刑論이라고 한다. 교육형론의 이념은 범죄를 저지른 인간을 교육해서 유용한 사회의 일원으로 다시 복귀시키는 일이다.

예컨대 아이가 나쁜 일을 했을 때 부모가 꾸짖거나 체벌하는 것은 아이를 미워해서가 아니다. 따라서 형벌에는 "미워도 두들길 수 없는 설죽雪竹"이라는 말이 반드시 필요하다.

(2) 여러 가지 형벌

▶ **사형**

형법이 규정한 형벌에는 다음과 같은 종류가 있다.

'사형'은 목숨을 끊는 형벌이다. 사형에는 옛날부터 다양한 방법이 있었다. 키로친이라는 의사가 발명한 키로친 단두대가 프랑스 혁명 때 있었다는 사실은 누구나 알 것이다.

의사란 원래 사람의 목숨을 살리는 게 목적이다. 그런데 돌팔이 의사를 못생긴 석순에 비교했던 그 옛날 키로친은 "천 명을 살해한 의사는 큰 부자가 된다"며 어차피 독살할 거라면 차라리 단번에 뭉치로 죽일 수 있도록 키로친을 발명했다고 한다. 그런데 결과는 즉효. 키로친은 뒷날 자신이 발명한 키로친에 처형당했다. 자업자득이다.

키로친 이외에 익살溺殺이라는 방법이 있다. 여러 명의 손발을 줄줄이 묶은 뒤 배에 태워 먼 바다로 나가서 배 밑바닥을 열어 단번에 도자에몬263)으로 하는 것이었다.

오늘날 각국의 사형방법에는 교살絞殺, 총살銃殺, 전기살電氣殺, 가스살Gas殺 등이 있다. 하지만 일본도 옛날에는 키로친 이상으로 잔인했다. 대나무 톱으로 쓱쓱 잘라서 죽이기도 했다. 듣는 것만으로도 마음 약한 여성은 빈혈을 일으킬지 모르겠다.

---

263) 도자에몬(土左衛門) : 1716~1736년. 에도의 씨름꾼 나루세가와 도자에몬의 비만한 피부색에 부풀어 오른 익사체를 비유한 말

엘리자베스 왕조 때 기구한 운명을 겪은 군인 겸 문필가 월터 텔이란 남자는 엘도라도 탐험에 실패하여 사형에 처해졌다. 그는 사형집행인이 들고 있는 도끼를 보고 "지독한 약이지만 효과는 확실하겠군"라고 말했다고 한다. 이처럼 도끼로 내리찍는 사형도 있었던 것 같다.

현재 일본의 사형방법은 교살뿐이다. 사형수가 임신한 여자라면 뱃속의 아기는 죄가 없기 때문에 분만할 때까지 집행을 보류한다.

여기서 잠깐, 그다지 공적은 아니지만 꽤 오래전, 필자가 형장을 보았던 일을 조금 얘기하겠다.

사형을 선고받은 수인은 살고 싶은 생각이 없기 때문에 대개는 온순하고 얌전하다고 한다. 벌받는 게 당연하다지만 철장 안에서 쓸쓸하게 사형을 기다리는 심정이 오죽하랴!

사형은 대개 살인자가 많이 선고받는다. 살인자가 살해한 피해자의 입장에서 보면 눈 깜짝할 사이에 죽기 때문에 비교적 고통이 적다고 할 수 있다. 하지만 사형을 기다리는 사형수의 입장에서는 그 긴 고통과 번뇌만도 엄청날 것이다.

무슨 말인가 하면, 며칠 뒤 하체가 잘려야 하는 형벌을 받았던 옛날 사람도 "비통한 죽음은 간단하지만 죽음을 침착하게 기다리는 것은 어렵다"고 말했을 정도다. 최근에는 사형폐지론이 일고 있다.

오늘날 사형이 폐지된 나라는 이탈리아, 아르헨티나, 오스트레일리아, 네덜란드, 덴마크, 스웨덴, 스위스, 독일, 아메리카 일부, 멕시코 등이다. 그 외에 사실상 폐지된 나라로는 벨기에, 룩셈부르크 등이 있다.

▶ 귀신이 우는 사형집형 현장

사형집행이 결정된 날 아침에는 수인에게 특별만찬을 베풀어준다. 언제일까? 흠칫흠칫 두려움에 떨던 수인은 특별만찬이 나오면 마침내 왔구나 하는 심정으로 맥이 탁 풀어져버린다. 식사가 끝난 뒤 목욕탕에서 몸을 씻는다. 형장으로 끌려가기 바로 전, 잠깐 절 비슷하게 생긴 형무소 내의 교계실敎戒室로 가서 부처님의 대자대비를 구원하는 연설을 듣는다. 그리고 연설이 끝나면 "어리석은 몸이기에 대자대비에 감사하며 아미타불의 구원이 있기를" 하고 료칸[264]이 말한다.

선인의 왕생을 기원하고 악을 신랄하게 비난하기 때문에 대체로 진지하게 듣는다고 한다.

고토쿠 사건[265]에서 사형 집행을 받은 사람 중 마루야마 구도라는 승려는 "당신은 승려의 몸이니까 염주를 걸면 어떨까요?"라는 권유를 받자 쓸쓸한 표정으로 "어차피 성불할 수 없는 몸인데요"라며 끝까지 염주를 걸지 않았다고 한다.

설교가 끝나면 불전에 공양한 과자를 수인에게 준다. 하지만 끝까지 먹는 사람은 거의 없고 대개는 살짝 베어 먹는 정도라고 한다. 그 중에는 용감한 사람도 있는

---

264) 료칸(良寬, 1758~1831년) : 에도 후기 조동종(曹洞宗)의 승려. 가인. 전국을 답사한 뒤 고향의 국상산(國上山) 오합암(五合庵)에 은거하며 속세를 떠난 독자의 경지를 와가(和歌)와 한시로 표현했다. 제자 데이신니가 편찬한 가집(歌集) ≪연꽃이슬(蓮の露)≫이 있다.

265) 고토쿠 사건(幸德事件) : 1910년 11월 "천황, 태황태후, 황태후, 황후, 황태자 또는 황태손에 대해 위해를 가하거나 또는 가하려고 한 자는 사형에 처한다"는 구형법 제73조 대역죄(1908년 10부터 실시, 1947년 현행 형법에서는 삭제) 규정에 따라 고토쿠 슈스이 등 25명이 대법원에 기소되어 다음해 1월 사형판결을 선고받고 그 중 12명이 처형당한 사건

법. 고토쿠 사건 중에는 후루가와 리키사쿠라는 사람이 있었다. 열한 번째 집행되었던 그는 불전에 공양했던 양갱을 건네받자마자 우적우적 맛있게 먹었다고 한다. 그러고는 "이제 배도 부르니까 그만 갑시다"라며 의자에서 일어나 마치 산책이라도 나가듯 당당하게 걸어갔다고 한다. 정말 멋지고 훌륭한 사람이다. 아마도 그 정도로 생사를 초월한 사람은 이 세상에 없을 것이다.

▶ 사형수의 글

유언이 있으면 유언을 들어준다. 글이 쓰고 싶다면 붓도 종이도 있다.

세상을 두려움에 떨게 했던 번개강도 사카모토 게이지로[266]는

"구름 한 점 없는 달 밝은 겨울밤/덧없는 세상은 어느덧 흐르고/오, 악을 행하려는 후세 사람들이여/아무리 후회한들 죄에 대한 보답은 면할 수 없구나"

라는 말을 남겼다.

고토쿠 사건의 니이미 죠이치로는

"꺼져가는 몸은 아미타불에 맡기고, 이내 마음은 눈 구경이나 할까?"

라고 죽음을 초월한 듯 한마디 했다.

스즈카모리의 오하루 살인사건[267]의 이와이 도기치도 단두대의 이슬로 사라지기 전에 다음과 같은 말을 남겼다.

"이름을 더럽힌 몸은 이내 지옥에 떨어질지라도/마음이 맑은 오늘만은 깨끗한 도

---

266) 사카모토 게이지로(坂本慶次郎) : 번개강도 시미즈를 연기한 배우이름. 시미즈 사다키치(清水定吉: 1837~1887년)는 '일본 최초의 권총강도'로 알려진 메이지시대의 사형수. 또한 〈권총강도 시미즈 사다키치(1899)〉〈시미즈 사다키치(1930)〉라는 이름으로 제작된 '일본 최초의 극영화' 타이틀이며 등장인물. 1882년부터 복면과 권총을 사용, 도쿄에서 80건 이상의 강도짓을 하며 5명을 살해했다. 1886년 12월 3일 새벽에 체포될 당시 불시 검문한 순사 오가와 와키치로는 시미즈의 발포로 부상, 회복 뒤 2계급 특진을 했지만 부상의 악화로 다음해 사망. 같은 해 9월 시미즈도 처형되었다.
267) 1915년 4월 29일 밤, 도쿄 오오모리(大森)의 스즈카모리(鈴ヶ森)에서 다나카 하루(田中春・25세)가 살해되었다. 얼마 후 그녀의 애인이 체포되었지만 자신이 진범이라고 주장한 이와이 도기치(41세)가 나타났다. 그러나 무죄판결을 받은 이와이는 자신이 진범임을 여론에 호소, 마침내 사형판결을 받았다. 다이쇼(大正) 시대를 대표하는 원죄사건(冤罪事件)이다.

읍지로."

유언이나 유서가 끝나면 천천히 형장으로 간다. 마지막이다. 눈이 가려진 채 형장을 향해 걸어가는 것이다. 교계소에서 형장까지의 거리는 형무소마다 다르지만 보통은 무척 짧다. 그렇게 짧은 복도를 도살장에 끌려가는 소처럼 무거운 발걸음으로 걸어간다. 과연 그 심정은 어떨까?

▶ 단두대의 이슬

종종 교수대에 올라간다는 표현을 쓴다. 그래서 형장에는 높은 단상이 있고 그 단상을 느릿느릿 올라가는 듯이 상상하지만 전혀 그렇지가 않다. 교계소教戒所에서 복도를 따라가면 같은 높이, 같은 판자가 깔려 있는 형장이 나타난다. 단상을 올라가거나 사형수에게 심리적 부담을 주는 일은 전혀 없다. 계단이 있는 사형대가 없는 것은 이런 배려 때문이다.

따라서 눈이 가려진 사형수는 필시 형장에 도착했다는 사실조차 깨닫지 못할 것이다. 형장에는 삼으로 꼬아 만든 새끼줄이 위에서 내려와 있다. 그리고 원형 고리가 수인의 목에 걸린다. 이 시점에서 원형 고리는 아직 느슨한 상태다. 그때 신호와 함께 "찰카닥" 어둡고 음산한 공기가 떠도는 형장에 기분 나쁜 소리가 울려 퍼진다. 그 순간 지금까지 수인이 서 있던 바닥이 양쪽으로 벌어지면서 한 평 정도의 구멍이 생긴다. 그 구멍 속으로 수인의 몸은 축 늘어진다. 이렇게 하여 빠르면 4~5분, 길어도 12~13분에 끝난다.

"사형을 집행할 때는 교수한 뒤, 죽은 얼굴을 검사하고 5분이 경과하지 않으면 새끼줄을 풀어서는 안 된다"고 감옥법 제75조는 규정하고 있다. 이 규정에 따라 죽은 얼굴을 검사하고 5분이 경과한 뒤 새끼줄을 풀어준다.

그럼 사체는 어떻게 할까? 가족이 원하면 건네준다. 해부를 위해 병원이나 학교, 그 외에 공무소에 보내질 수도 있다.

이상이 일본에서의 사형집행 모습이다.

"한밤중에 쥐가 달그락거려서 도저히 잠을 잘 수 없었죠. 그래서 추위를 참고 쥐새끼를 잡으러 갔는데 자세히 살펴보니 커다란 녀석이 한 마리 바구니 속에 있더군요. 마침 잘됐다는 생각으로 두세 번 몽둥이로 두들겨주었죠. 쥐가 거의 죽어가자 화났던 기억은 완전히 사라지고 왠지 가엾은 생각이 들더군요."

코끝을 훌쩍거리던 꽃가게 영감님을 떠올리며 필자는 무거운 기분으로 형장을 나왔다.

▶ 징역 등의 형벌

감옥 내에서 강제로 일을 시키는 형벌을 '징역'이라고 한다. 빈둥빈둥 놀게 내버려두어서는 안 된다. 금고禁錮는 일을 할 필요가 없다. 감옥 내에 구치拘置되어 있을 뿐이다.

징역과 금고에는 유기, 무기 두 종류가 있다. 유기는 원칙적으로 1개월 이상 15년 이하이지만 경우에 따라서는 가중하여 20년까지 할 수 있다. 반면, 감경하여 1개월 이하로 할 수도 있다.

무기는 다시 말해 종신징역, 종신금고이며 수인은 일생일대 감옥에서 살게 된다.

'벌금형'은 재산을 빼앗는 형벌이다. 목숨보다 소중한 돈을 강탈당하는 일은 옛 사람들에게도 고통이었듯 재산형은 옛날부터 어느 나라에나 있었다.

벌금형은 "피고를 벌금 10만 엔에 처한다. 이 벌금을 완납할 수 없을 때는 백일 동안 노역장에 유치한다"는 형태로 반드시 유치기간을 선고받는다. 따라서 벌금을 수납하지 않으면 노역장에 유치된다. 절반 정도만 수납하고 남은 절반은 수납할 수 없을 때는 그 비율에 따라 유치된다. 유치기간은 1일 이상 2년 이하다.

'구류拘留'는 1일 이상 30일 미만 구류장에 유치되지만 징역과 달리 일은 하지 않는다.

'과료科料'는 20엔 이상 4천 엔 미만이다. 과료를 선고받을 때도 벌금과 마찬가지로 유치기간을 선고받는다. 과료를 완납할 수 없는 경우에는 1일 이상 30일 이하로 노역장에 유치된다.

'몰수沒收'도 재산형의 일종이다. 어떤 물건이 몰수되는가는 형법 제19조에 기록되어 있다.

① 범죄행위를 조성한 물건. 예를 들면 위조문서죄의 위조문서류.

② 범죄행위에 제공 또는 함께한 물건. 예를 들면 살인에 사용한 칼이나 단도, 권총류.

③ 범죄행위로 발생 또는 획득한 물건. 예를 들면 도난품류.

단지 그 물건은 범인 이외의 사람의 소유물이 아닐 때에 한한다고 규정한다.

좀 더 덧붙이면 일반적으로 '과료過料'라는 것이 있다. 예를 들면 아기가 태어났지만 14일 이내에 호적관사에 신고하지 않았거나 주식회사의 임원이 등기를 태만히 한 경우에는 과료에 처해진다. 하지만 이 과료는 글자 그대로 실수의 요금이기 때문에 형벌은 아니다.

(3) 무시무시한 옛날 형벌

▶ 노코기리비키, 하리츠케, 고쿠몬, 가자이

대중문학을 읽으면 가끔 옛날 형벌을 만날 것이다. 그런데 이해되지 않는 부분이 있다. 그래서 ≪어정서백개조御定書百箇條≫ 중에서 옛날 형벌을 말해보려고 한다. 현행 형법과 달리 무시무시한 형벌이 많았다. 아랫배에 힘을 잔뜩 넣고 읽어주었으면 한다.

- 노코기리비키のこぎりびき, 鋸挽 : 1일 히키마와시[268] 후에 죄인의 양 어깨에 칼자국을 넣은 상태로 또다시 2일 히키마와시. 이때 자신이 처형하고 싶어 하는 자가 있으면 죄인 옆에 피를 묻혀 세워둔 대나무 톱으로 죄인의 몸을 자르게 했다.

  놀래서 빈혈을 일으킨 분은 잠시 머리를 쉬고 다음을 읽어주었으면 한다.

- 하리츠케はりつけ : 니혼바시日本橋를 경계로 동쪽 사람은 아사쿠사淺草의 고츠카바라小塚原에서, 서쪽 사람은 시나가와品川의 스즈카모리鈴ヶ森에서 죄인을 나무기둥에 묶어놓고 칼로 찔러 처형했다. 시골사람의 처형장은 별도다. 옥내에서 스즈카모리로 가는 죄인에게는 난무호렌교南無妙法蓮華經를 고츠카바라로 가는 죄인에게는 나무아미타불을 읊어주었다. 처형 후 다카후다[269]를 형장에 30일 동안 세워두었다.

---

268) 히키마와시引き回し : 참수형 이상의 죄인을 처형 전에 조리 돌리는 일
269) 다카후다(高札) : 죄인의 성명, 연령, 출생지, 죄상 등을 기록한 게시판

- 고쿠몬獄門 : 아사쿠사와 시나가와品川에서 참수한 뒤, 죄인의 목을 효수했다. 역시 시골사람의 처형장은 별도. 30일간의 다카후다.
- 가자이火罪 : 시내에서 죄인을 히키마와시한 뒤, 아사쿠사, 시나가와에서 불에 태워 처형했다. 시골사람의 처형 장소는 별도. 30일 간의 다카후다.

  죄가 있는 사람을 불로 처벌한다는 발상은 구약성서에도 있다. 죄를 범한 소돔과 고모라에 대한 벌로 신은 두 개의 마을을 태워 없앴다고 한다.
- 잔자이斬罪 : 아사쿠사와 시나가와에서 참수했다.

  참수는 마치부교(지방관리)의 역할이었지만 보통은 참수에 익숙하지 않기 때문에 아사에몬淺右衛門에게 의뢰했다. 본직이 칼의 어머니인 아사에몬은 참수를 시험하기 위한 자신의 칼과 창, 또한 마치부교에게 받은 칼과 창으로 참수에 임했다. 좀 이상한 얘기지만 아사에몬은 죄인의 간을 꺼내 '인담환人膽丸'이라고 하여 약으로 팔았다고 한다.
- 시자이死罪 : 참수에 처한 뒤, 사체는 칼날을 시험하는 용도로 제공되었다.
- 게시닝下手人 : 참수에 처한 뒤, 사체를 버렸다. 사체는 시험용으로도 제공하지 않았다.
- 사라시さらし : 니혼바시에서 3일간 죄인을 묶어놓고 많은 사람들에게 창피를 주었다. 단, 신요시하라新吉原 출신의 죄인은 그곳의 의식에 따라 신요시하라 유곽 정문에서 사라시를 했다.
- 엔토遠島 : 에도에서 유형죄流刑罪를 범한 자는 오오지마大島, 하치죠지마八丈島, 미야케지마三宅島, 니지마新島, 고츠지마神津島, 미쿠라지마御藏島, 도시마利島, 우시치지마右七島로 유배를 보냈고, 교토, 오사카 중일본, 서일본에서 유형죄를 범한 자는 사츠마薩摩 5개의 섬과 가게키국隱岐國, 츠보키국壹岐國, 아마쿠사군天草郡으로 유배를 보냈다.

▶ 추방, 에도바라이, 도코로바라이

- 중추방重追放 : 추방장소는 무사시武藏, 사가미相模, 우에노上野, 시모노下野, 아와安房, 가즈사上總, 시모후사下總, 히타치常陸, 야마시로山城, 셋츠攝津, 이즈미和泉, 야마

토大和, 히젠肥前, 동해가도東海街道270), 기소지木曾路, 가이甲斐, 스루가駿河였다.(관보 2년)

- 중추방中追放 : 추방장소는 무사시, 야마시로, 셋츠, 이즈미, 야마토, 히젠, 동해가도, 기소지, 시모노, 닛코日光, 가이, 스루가였다.(관보 2년)
- 경추방輕追放 : 추방장소는 에도 십리사방, 교토, 오사카, 동해가도, 닛코였다. 교토에서 중추방重追放 당한 자는 위의 장소 밖, 가후치河內, 오우미近江, 단파丹波 3개국이었으며 중경추방中輕追放은 특별히 정하지 않는다.(관보 2년 추가)
- 에도 십리사방 : 니혼바시에서 사방으로 5리씩.
- 에도바라이江戶拂 : 시나가와, 이타바시板橋, 센쥬千住, 요츠야四谷, 오오키도大木戶보다 가까운 장소로 혼죠本所, 후카가와深川였다. 단, 마치부교의 지배지로 한정했다.
- 도코로바라이所拂 : 시골사람은 마을에서 추방, 에도 상인은 거주지에서 추방했다.

▶ 몬젠바라이, 가이에키, 헤이몬, 이레즈미

- 몬젠바라이門前拂 : 부교소奉行所271)에서 쫓겨난 형벌.
- 얏코奴 : 중죄인의 처자식, 또는 통행증 없이 불법으로 관문을 빠져나간 여자를 잡아 호적을 삭제하고 투옥하거나 희망자가 있으면 노비로 삼았던 형벌.
- 가이에키改易 : 무사에게 부과한 벌로 신분을 박탈하고 영지와 가옥을 몰수했다. 할복보다는 가볍고, 칩거보다는 무거운 형벌.
- 헤이몬閉門 : 문과 창을 닫아걸고 출입을 금지했지만 틈만 막았을 뿐 못은 박지 않았다. 단, 병이 났을 때는 한밤중에 의사를 부를 수 있었고, 자기 집이나 옆집에 화재가 발생했을 때 소방을 할 수 있었으며, 대화재인 경우에는 집에서 나와 몸을 피할 수 있었다.
- 엔료遠慮 : 가벼운 근신형. 단지 한밤중에 몰래 한 외출은 묵인했다.
- 다타키敲 : 감옥의 문전에서 죄인의 어깨, 등, 엉덩이를 채찍으로 때리는 형벌로 중다타키重敲는 100대, 경다타키輕敲는 50대였다.(향보 3년)

---

270) 태평양 연안을 따라 에도에서 교토에 이르는 가도
271) 부교가 업무를 집행하는 관공서

단, 상인은 집주인과 마을촌장을, 시골사람은 마을촌장과 구미가시라組頭[272]를 불러 때리도록 했다.
- 이레즈미入墨 : 감옥에서 복역 중인 죄인의 팔을 3등분으로 나누어 두 줄로 먹물을 넣어 죄상을 기록했다. 단, 뒷날 치유가 필요할 때는 출옥할 수 있었다.

▶ 데쵸, 오시코미, 자토시오키, 히닝데카

- 도戶 : 출입문이 열리지 않도록 못을 박은 형벌.
- 데쵸手鎖 : 죄의 경중에 따라 30일, 50일, 100일 동안 수갑을 채워두었다.
- 오시코미おしこみ : 외출을 하지 못하도록 좁은 문을 만들어두었다.

  과료過料 : 체형 대신에 부과한 금전. 3간분貫文[273], 5간분 등이 있다.

  10간분 또는 30량의 과료는 3일 이내에 수납. 다만 과료를 지불하지 못할 때는 데쵸手鎖에 처한다.
- 히닝데카非人手下 : 히닝非人[274] 신분으로 떨어뜨려 천민 탄자에몽彈左衛門[275]의 지배 하에 편입시켰다.
- 엔토히닝데카遠島非人手下 : 유배지에 있는 탄자에몽의 지배 하에 편입시켰다.
- 히닝처형 : 본보기로 천민 탄자에몽에게 사형집행을 시켰다.

대체로 이런 형태이며 옛날 형벌은 참으로 많은 생각을 하게 만들었다.

(4) 두 배의 담금질·누범 가중

죄를 범해서 확정판결을 받은 뒤, 또다시 죄를 범한 경우를 누범累犯이라고 한다. 누범은 재범, 3범 이상을 총괄해서 말한다. 누범의 형은 가중된다. 어떻게 가중되는가 하면 그 죄에 대해 정해진 징역의 장기長期 2배 이하로 한다.

---

272) 마을의 촌장을 도와서 일을 맡아보는 직분
273) 에도시대 화폐단위
274) 사형장에 종사하는 잡역부
275) 집안 대대로 관동 8개국과 미치노쿠(陸奧), 가이, 이즈, 스루가 12개 지방의 사형장을 지배했던 히닝 두목의 통칭. 에도에 거점을 두고 있었다.

예를 들면 절도는 장기 10년이기 때문에 가중해서 20년까지 할 수 있다는 말이다. 강도의 범죄는 5년 이상의 유기징역이다. 유기징역은 제16조에 따라 15년 이하이기 때문에 누범 가중하면 30년이 된다. 그런데 제14조는 "유기징역 또는 금고를 가중하는 경우에는 20년까지 할 수 있다"고 규정하기 때문에 아무리 가중해도 20년까지밖에 할 수 없다.

누범인가 아닌가는 전과로 알 수 있다. 전과가 있으면 형이 가중되기 때문에 대개 은폐하고 싶어 침묵으로 일관하지만 성명과 본적만 알아도 지문으로 들키게 되어 있다.

(5) 법률의 눈물

㈎ 담금질을 줄인다

위엄 있는 형법에도 법의 눈물이라는 것이 있다. 그 중 하나는 형의 감경減輕이다. 피고인에게 형을 선고할 때, 재판관은 형법 각 본조에서 규정하는 형(법정형)의 범위 내에서 구체적으로 종류(징역인가 벌금인가)와 형량(몇 년의 징역)을 결정한다. 이때 형벌이 감경되는 경우가 있다. 그것은 법률상의 규정에 따른 감경과 재판관이 정상을 참작하여 감경하는 경우다.

다시 말해 법률 규정으로 감경되는 것은 ① 당연히 그렇게 되는 경우와 ② 재판관의 판단에 맡긴 경우가 있으며, 앞에서도 나왔듯 심신모약자, 농아, 종범, 미수 및 중지미수, 과잉방위, 과잉피난 등이 있다. 또한 자수나 수복首服, 위증죄, 무고죄誣告罪를 자백한 경우도 있다.

"정상을 참작해서 형을 감경한다"는 재판관의 말은 재판상의 감경이다. 하지만 정상참작은 "범죄의 정상에 연민이 있어야만 할 때"이다. 병으로 일을 할 수 없는 어머니가 더 이상 견딜 수 없어서 유아와 함께 강물에 투신자살했지만 다행인지 불행인지 자신만 살아났다. 이처럼

① 동기에 반드시 동정이 있을 때
② 결과가 경미할 때

③ 범죄가 발생한 시점에서 범죄를 범한 자의 신체적 정황, 예를 들면 생리 등으로 마음이 조마조마한 상태일 때

④ 주변의 경우나 교육환경

⑤ 피해자 측의 사정(예를 들면 싸움으로 피해자가 도발했다든가) 등

또한 법률 규정에 따라 형을 가중, 감경한 경우에도 정상참작을 할 수 있다.

'정상情狀'이란 어떤 범죄의 구체적인 얼굴이고 표정이다. 사람의 얼굴이 각자 다르듯, 사건의 표정도 각각 다르다. 따라서 정상참작이란 제도는 사건의 성격에 응해서 형량을 정하는 역할을 한다. 그 이유는 융통성 없는 규정, 획일적인 형벌의 운용을 피하기 위해서다.

형벌을 감경할 때는 다음과 같다.

① 사형을 감경할 때는 무기 또는 10년 이상의 징역 혹은 금고로 감한다.

② 무기징역·금고를 감경할 때는 7년 이상의 유기징역·금고로 감한다.

③ 유기징역·금고를 감경할 때는 형기의 2분의 1로 감한다.

④ 벌금을 감경할 때는 금액의 2분의 1로 감한다.

⑤ 구류를 감경할 때는 장기長期의 2분의 1로 감한다.

⑥ 과료를 감경할 때는 그 다액多額의 2분의 1로 감한다.

형을 무겁게 하거나 가볍게 하는 몇 가지 사유가 동시에 발생했을 때는 우선 재범가중을 한다. 그리고 법률상의 감경을 하고 다음으로 병합죄倂合罪를 가중한 뒤 작량감경이라는 순서를 밟는다.(형법 제72조)

(나) 형의 집행유예

형무소에는 굉장한 녀석들이 무척 많다. 전과 몇 범을 마치 힘의 상징인 듯 자랑해댄다. 그 속에 초범, 더구나 가벼운 사건의 피고인을 던져넣으면 아주 위험하다. 형무소에서 개선되기는커녕 개악改惡되어 사바세계로 돌아올지도 모른다. 형의 본질을 응보라고 생각한다면 어쩔 수 없겠지만 교육의 이념이라면 그런 일은 피했으면 싶다. 그런 목적 때문에 집행유예라는 제도가 만들어졌다. 선고받은 형의 집행을 일정기간(1년 이상 5년 이하) 유예해주는 제도다. 그 기간이 무사 만료되면 형의 선고는

없었던 것으로 한다.(형법 제25조 또는 제27조)

집행유예 판결을 받기 위해서는 요건이 필요하다.

◎ 첫 번째 요건

① 전에 금고 이상의 형에 처해진 적이 없거나, 있어도 집행이 끝났거나, 형을 면제받은 날로부터 5년 이내에 금고 이상의 형에 처해진 일이 없어야 한다.

② 3년 이하의 징역, 혹은 5천 엔(임시조치 백만 엔) 이하의 벌금형을 선고받은 사람이어야 한다.

◎ 두 번째 요건

중복적으로 집행유예를 받을 수 있는 여지는 있지만 당연히 요건은 까다롭다.

① 집행유예 중의 범죄는 그 성질상도 물론이며

② 1년 이하의 징역 또는 금고를 선고받은 경우에 한정된다. 그 이상으로 무거운 형은 절대 안 된다.

③ 반드시 보호관찰保護觀察한다. 그 지역의 보호관찰소의 보호관찰관이 사무를 처리하지만 실제로는 보호사가 관찰을 담당한다.

또한 집행유예를 할지 안 할지는 재판관의 판단에 맡기지만 적당히 해도 된다는 말은 아니다. 재판관은 당연히 다음과 같은 사정을 고려해야 한다.

① 실패로 끝나서 실질적으로 피해가 없거나 혹은 있어도 경미하다.

② 판결시점까지 피해변상이 끝났거나 피해자가 허락해주라고 말한다.

③ 피고인의 연령이 적고 장래성이 있다.

④ 전과, 전력前歷이 없다.

⑤ 피고인 자신이 깨닫고 깊이 반성하고 있다.

⑥ 동기, 목적에 모쪼록 너그러이 용서해줄 점이 있다.

⑦ 어쩌다 행한 우발적인 범행이다.

⑧ 범행 태도가 나쁘지 않았다.

⑩ 법률상 형의 감면사유에 해당된다.

등의 사정이 있으면 집행유예가 되기 쉽다. 하지만 모처럼 집행유예를 선고받았는데 유예기간 중에 또다시 범죄를 저질러 재유예를 받지 못했다면 집행유예는 취소되고 실제로 형의 집행을 받아야 할 처지가 된다. 보호관찰에서 정한 준수사항을 지키지 않아 유예가 취소되는 경우도 있다.

(다) 자수, 수복

"범인이 자수를 했다." 이런 기사를 많이 보았을 것이다. 자수란 범인이 미발각의 범죄를 수사기관에 고지告知하는 일이다. 즉 검찰관과 사법경찰관에게 자기 이름을 말하며 나서는 것을 말한다.

자수는 자백과는 다르다. 자백은 검찰관, 경찰관 혹은 재판관에게 질문을 받고 범죄 사실을 인정하는 것이다.

범죄고지犯罪告知 방법에는 본인 스스로 출석하든 전화, 전신, 서면, 혹은 누군가를 대신 보내든 구별은 없지만 한 가지 문제가 있다. 자수라는 말을 하기 위해서 당장 범인을 체포할 수 있는 상태인가 아닌가, 다시 말해 경찰이 언제든 체포할 수 있도록 거주지를 밝혀야 할까? 아니면 "범인은 나다"는 취지만 경찰에 통지하고 몸은 은닉해도 될까?

"법률이 자수한 사람에게 형을 감경하는 이유는 범인이 법을 두려워하고 잘못을 후회하기 때문이다"고 생각하는 사람은 전자로 해석한다. 그런데 후자로 해석하는 사람은 "범인이 누군지 경찰이 신속하게 알아서 억울한 사람이 처벌받는 위험을 피하기 위해서다"라고 생각한다. 하지만 앞의 해석이 타당하다.

아직 발각되지 않았다는 말은, 범죄 자체가 아직 발각되지 않은 경우뿐만 아니라, 범죄는 알려졌지만 범인이 발견되지 않은 경우다. 즉 신문기자의 붓을 빌려 말하면 범인은 오리무중이며, 어쨌든 오리든 십리든 상관없지만 결국은 범인이 누군지도 모른다는 뜻이다.

수복首服이란 아직 발각되지 않은 친고죄親告罪276)의 경우, 범인이 그 고소권자에게 스스로 고지하는 일이다.

---

276) 범죄의 피해자나 그 밖의 법률에서 정한 사람이 고소를 해야만 공소를 제기할 수 있는 범죄. 강간죄, 모욕죄 따위가 있다.

㈜ 미결구류

형법상 논의조차 필요 없지만 신문, 잡지 등에 널린 단어이기 때문에 만약을 위해 말해두기로 하자. 조사에는 두 가지 방법이 있다. 피의자를 경찰이나 검찰청으로 불러 조사한 뒤, 조사가 끝나면 피의자가 자신의 집에서 뒹굴든, 바나 카바레에서 흥청거리든 관여하지 않는 방법과, 조사 중에 구류勾留해서 자유를 구속하는 방법이 있다.

왜 그런 구별을 하는가? 범죄가 경미하고 피의자도 범죄 사실을 자백했으며 증거도 충분해 자택으로 돌려보내도 도망가거나 숨을 염려가 없는 녀석이라면 구류는 하지 않는다. 반면, 내보내면 증거를 소멸하거나 증인을 위협, 도망갈 우려가 있다고 판단되는 경우에는 구류한다.

조사 중이란 범죄인지 아닌지 아직 결정이 안 된 상태다. 지금까지 피의자가 피고인을 불러내는 대신 기소되어 재판소 법정에서 심사받는 동안도 마찬가지다. 결정이 되지 않았기 때문에 조사가 있고 심리審理277)가 있다. 즉 미결 상태다. 그 기간 동

---

277) 재판의 기초가 되는 사실관계나 법률관계를 명확히 하기 위해 법원이 증거나 방법 따위를 심사하는 행위

안의 구류이기 때문에 미결구류未決勾留라고 한다. 미결구류도 자유를 구속받기 때문에 실제로 형벌을 집행하는 고통과 거의 같다. 더구나 사건에 따라서는 미결구류가 1년이나 2년으로 길어지는 경우도 있다.

그래서 법률은 심리 결과 피고인을 징역이나 금고로 한다고 결정했을 때는 미결구류 중의 며칠분을 본형인 징역이나 금고 속에 산입해도 좋다고 말한다. 하지만 미결구류 날짜 전부를 본형으로 산입하든, 사정에 따라 일부만 산입하든, 또는 단 하루도 산입하지 않든 모두 재판관의 자유에 맡긴다.

(6) 어떻게 하면 가출옥할 수 있을까?

재판소라는 파이프를 통해 사바세계에서 형무소로 처박혀도 선고받은 형기보다 빨리 출옥할 수 있는 희망은 남아 있다. 가석방假釋放이라는 제도다. 그것은 가출옥과 가출장의 총칭으로 형기만료 전, 개선된 수형자의 사회복귀를 목적으로 만들어졌다.

18세기 말부터 19세기 초에 걸쳐 영국에서는 수인을 식민지인 오스트레일리아로 보내는 조건으로 석방한 일이 있었다. 아마도 그것이 차츰 제도화된 것 같다.

가출옥은 형무소에서 형기만료 전, 조건부로 사바세계에 석방하는 제도다. 그 대상은 ① 징역 또는 금고형으로 ② 유기형에 대해서는 형기의 3분의 1, 무기형에 대해서는 10년의 형기를 복역한 수형자다.

게다가 감옥 내에서 규율을 잘 지키고 선행을 해서 개선을 인정받은, 법률용어로 말하면 개전의 정이 뚜렷한 경우로 한정된다.

가출옥 수속은 지방갱생보호위원회地方更生保護委員會에서 하며 그 수속에 따라 가출옥 여부가 결정된다.

고맙게도 출옥시켜주기로 결정했다고 하자. 그러면 보호감찰保護監察이 붙는다. 그 외에 조건도 있다. 일정한 주거지에 거주한다. 빈둥거리지 말고 제대로 된 일을 한다, 소행이 좋지 않는 자는 교제하지 않는다, 나쁜 친구와 손을 끊는다, 장기여행을 하거나 거주지를 옮길 때는 보호감찰자의 허가를 받는다는 조건이다.

가출옥 후 소멸하지 않고 남은 형기는 기간이 모두 경과하면 집행종료로 간주한다. 또한 가출옥이 취소되는 경우는 다음과 같다.

① 가출옥 중 범죄를 범해서 벌금 이상의 형에 처해졌을 때
② 가출옥 전에 범한 다른 죄에 대해 벌금 이상의 형에 처해졌을 때
③ 가출옥 전, 다른 죄에 대해 벌금 이상 처해진 자로 그 형을 집행했을 때
④ 가출옥 중 준수해야 하는 사항을 지키지 않았을 때

가출옥 처분이 취소되면 가출옥 동안의 날짜는 형기로 산입하지 않는다. 복역으로 인정하지 않는다는 말이다.

(7) 형벌에도 시효는 있다

쿠알라룸푸 사건[278]의 도망자 마츠다에게 시효는 있을까?

외국 외교관들에게 권총을 들이대고 "마츠다와 동료들을 석방하라"고 일본정부를 협박한 자가 있었다. 당황한 정부는 부산을 떨며 법률상의 수속은 완전히 무시하고 행정권이라는 정체를 국민 앞에 폭로했다.

행정실력만으로 그 어떤 수속도 밟지 않고 재판소(사법권)가 심리를 위해 신병을 구속하고 있던 4명의 피고인과 마츠다라는 한 사람을 감옥에서 끌어냈다. 그리고 그들을 쿠알라룸푸로 데려가 석방했다. 그것은 헌법이 선언하는 3권 분립의 대원칙을 무시하고 사법권을 침해한 행위다. 더구나 참으로 유감스런 일은 정부의 폭거에 대해 최고재판소는 그 어떤 항의도 하지 않았다. 단 한 명의 재판관도 사법권 침해라고 주장하지 않았던 것이다. 우리 서민으로서는 공허할 뿐이다.

그런데 그 수형자 마츠다는 강도죄로 징역 7년을 선고받고 미야기 형무소에서 복역 중이었다. 만약 그가 10년간 체포되지 않으면 형의 시효는 만료된다.

"여러분! 오랜만이야"라며 귀국해도 법률상 형 집행이 면제되어 이젠 더 이상 손조차 쓸 수도 없는 것이다. 이처럼 형의 선고를 받은 자라도 시효 때문에 집행이 면

---

278) 1975년 8월 4일, 일본의 적군파 멤버 5명이 말레이시아의 수도 쿠알라룸푸에 있는 아메리카와 스웨덴 대사관을 점거, 아메리카 영사 등을 인질로 일본에서 복역, 구치 중인 활동가 7명의 석방을 요구했다. 요구에 응한 일본정부(미키 다케오 수상)는 초법규적 조치로써 일본적군에 참가를 거부한 2명을 제외한 5명을 석방 출국시켰다. 범인들은 7일 일본 항공기로 리비아로 출국, 8일에 리비아 정부에 투항했다.

제된다. 시효기간은 형의 선고를 확정한 뒤

　① 사형은 30년

　② 무기징역 또는 금고는 20년

　③ 유기징역 또는 금고 10년 이상은 15년, 3년 이상은 10년, 3년 미만은 5년

　④ 벌금은 3년

　⑤ 구류拘留, 과료科料 및 몰수는 1년이다.

형의 집행에 따라 체포하면 시효는 중단되며 지금까지 경과한 시효기간의 효과는 완전히 상실한다.

▶ 3억 엔 사건의 시효

그렇다면 3억 엔 사건[279]의 범인은 어떻게 될까? 이는 사정이 좀 다르다. 아직 범인을 알지도 못하고, 유죄 판결도 선고받지 않았다. 이 경우, 시간의 경과는 공소시효公訴時效라고 해서 일정기간이 지나면 처벌할 수 없게 된다. 즉 검찰관이 재판소에 공소제기를 할 수 없게 된다는 말이다.

공소시효는 다음과 같다.(형사소송법 제250조)

　① 사형에 해당하는 죄에 대해서는 15년

　② 무기징역·금고에 해당하는 죄에 대해서는 10년

　③ 장기 10년 이상의 징역·금고에 해당하는 죄에 대해서는 7년

　④ 유기 10년 미만의 징역·금고에 해당하는 죄에 대해서는 5년

　⑤ 유기 5년 미만의 징역 혹은 금고 또는 벌금에 해당하는 죄에 대해서는 3년

　⑥ 구류 또는 과료에 해당하는 죄에 대해서는 1년

이 기간은 행위가 끝났을 때부터 날짜를 계산한다. 예를 들어 절도를 한 사람이

---

[279] 삼억엔사건(三億円事件) : 1968년 12월 10일 오전 9시 20분, 도시바(東芝) 후쮸 공장의 종업원 보너스인 약 3억 엔의 현금을 실은 일본신탁은행 현금수송차가 후쮸 형무소 북쪽 도로에서 뒤쫓아오던 흰색 오토바이 경관에 의해 멈췄다. 흰색 오토바이 경관은 폭발물 같은 물건을 발견했고, 행원들은 차 밖으로 나와 피신했다. 그런데 경관이 운전석에 올라 탄 채 그대로 달아났다. 결국 3억 엔이 통째로 강탈당했다. 1975년 12월에 시효 만료, 전후 최대의 미스터리 사건으로 기록되었다.

있다고 하자. 절도범은 형법 제235조에 따라 10년 이하의 징역이므로 앞의 ③에 해당되어 시효는 7년이다. 따라서 절도를 한 날짜부터 7년 동안 완벽하게 숨어 있으면 뒷날 발견되어도 이미 처벌을 면할 수 있다.

또 도로에서 유실물을 습득했다. 지갑 속에는 만 엔 지폐가 50장 들어 있었다. 나쁘다는 생각을 하면서도 슬쩍 주머니에 넣고 집으로 돌아와 장롱 속에 깊숙이 숨겨두었다. 며칠이 지난 지금 새삼 신고할 수도 없다. 그렇다면 유실물횡령죄는 어느 정도 시효일까?

유실물횡령죄는 형법 제254조에서 장기 1년 이하의 징역이므로 앞의 ⑤에 해당되어 시효는 3년이다. 따라서 습득한 날로부터 정확하게 3년이 경과하면 설령 경찰이나 검찰청에 발각되어도 처벌받을 걱정은 안 해도 된다.

이런 식이기 때문에 3억 엔 사건도 그 성질이 절도든 강도든 뭐든 앞의 ③에 해당되어 7년의 시효가 완성된다.

로이트렉[280]의 명화인 마르셀 강도사건[281]도 마찬가지로 7년의 시효다.

그렇다면 쿠알라룸푸에서 석방된 마츠다 외 4명의 피고인은 어떻게 될까? 그곳에 머물러 있으면 시효는 끝나는 걸까? 그렇지가 않다. 특별규정이 있어서 범인이 국외에 있거나 은닉해서 유효의 기소장등본을 송달할 수 없는 경우에는 외국에 있는 기간 또는 은닉한 기간 동안에는 시효의 진행을 멈춘다.(형사소송법 제255조)

이처럼 공소시효라고 해서 형사소송법에서 다루고 있다.

---

280) Henri Marie Raymond de Toulouse-Lautrec. 1864~1901년. 프랑스 화가. 귀족 출신, 몽마르트에서 살았다. 탁월한 관찰력과 데생 실력으로 창부나 환락가, 파리의 풍속 등을 묘사. 석판화가로도 활약. 지하금고에 잠자는 현금 2억 달러를 둘러싼 '전설의 금고털이'라는 역사상 최초의 은행습격 계획을 스릴 넘치게 묘사했다.
281) 캐나다 몬트리올. 전설의 금고털이로 알려진 마르셀 태론은 형기를 마치고 형무소를 출소했다. 연인 매키는 평범한 생활을 원하지만 그의 혼을 잠재울 수는 없었다. 파트너인 프레드를 비롯해 동료를 모은 뒤, 그는 지하금고에 잠자고 있는 현금 2억 달러를 강탈하는 전대미문의 계획에 착수했다.

(8) 피해자가 원하지 않으면 처벌할 수 없는 범죄

형법각론을 읽으면 친고죄親告罪라는 용어에 종종 부딪치게 된다. 이것은 형사소송법에서 논의할 문제지만 편의상 여기서 간단히 설명하겠다.

범죄는 말할 필요도 없이 위법행위다. 반사회적 행위도 있다. 따라서 피해자는 피해를 입어 화가 나고 서글프고 유감스럽다. 그런데 피해 사실이 세상에 널리 알려지기보다 그 화를 꾹 눌러 참아야 하는 피해자도 있다. 세상에 알려지면 창피하고, 경우에 따라서는 그 수치심 때문에 결국 자살하는 사람조차 있다. 그렇게 되면 이중적인 비극이다. 그래서 어떤 종류의 범죄에 대해서는 피해자가 처벌해달라는 요청이 없는 한 건드릴 수 없는 범죄가 있다. 범죄를 저지른 녀석이 경찰의 눈앞에 있어도 수사기관은 손을 뻗지 못하는 것이다.

이런 특수 범죄를 '친고죄'라고 하며 처벌해달라는 의사표시를 '고소告訴'라고 한다. 즉 범죄는 성립했어도 피해자의 고소가 없으면 처벌할 수 없는 범죄를 친고죄라고 한다.

예컨대 강간당했다. 찢어 죽이고 싶을 정도로 범인을 증오한다. 하지만 그 녀석을 벌주기 위해서는 경찰이든 검찰청이든 고소하지 않으면 안 된다. 그러면 강간 사실이 세상에 알려진다. 그러면 가엾은 우리 딸이 불쌍하다. 혹시 딸이 자살할지도 모른다. 그래서 강간죄를 친고죄로 하고 있다. 피해자인 여성의 의사에 맡기고 고소를 기다린 뒤 처벌하는 것이다.

강제외설이라든가 명예훼손도 친고죄다. 범죄가 친고죄인가 아닌가는 각 조문에 명백하게 나타나 있다.

제2편 형법각론의 여러 가지 문제

개인, 사회, 국가에 대한 범죄로 분류

범죄의 형태는 실로 많다. 살인, 절도, 강도, 방화, 유괴, 문서위조, 외설, 수회, 무고 등 나열할 수 없을 정도다. 하지만 그 어떤 형태든 이익과 가치를 침해하지 않는 범죄는 없다. 다시 말하면 "이것이 범죄다"라고 정한 이상 법률은 범죄로부터 이익과 가치를 지켜야 한다는 목적이 있어야 한다. 예를 들면 살인죄로부터 지키려는 이익이나 가치는 '타인의 생명'이며 절도죄는 '재산', 방화죄는 '공공의 평화'다.

이처럼 형법이 보호하려는 이익과 가치를 '법익'이라고 한다. 따라서 형법은 법익의 보호를 목적으로 한다.

수많은 범죄의 형태를 분류할 때는 법익의 성질에 따라 나눈다. 보통은 개인적 법익, 사회적 법익, 국가적 법익, 이 세 가지 관점에서 분류하고 있다.

개인적 법익이란 생명·신체·자유·안전·신용·명예·재산 등 개인이 사회의 일원으로서 활동하며 인격자로서 빠뜨릴 수 없는 가치이고 이익이다. 이것의 침해를 "개인적 법익에 대한 범죄"라고 한다.

사회적 법익이란 사회관계를 기초로 한 인간의 평화·안전, 문화적 가치, 또는 경제적 질서가 원칙인 도덕과 인간 상호간의 신의성실이라는 이익과 가치다. 그것의 침해가 "사회적 법익에 대한 범죄"다.

국가적 법익이란 국가의 권력, 권리·기능, 국가 존립이라는 이익과 가치다.

그것의 침해를 "국가적 법익에 대한 범죄"라고 한다.

어쨌든 좀 어려운 것 같으니까 우선 개인적 법익에 대한 범죄부터 설명해보자.

〈1〉 개인적 법익에 대한 범죄

1. 인류 역사상 가장 오래된 범죄·절도죄

아담은 자신도 모르는 사이에 갈비뼈 한 개를 도난당했다. 하지만 훔친 자는 그를 만든 여호와였기 때문에 불평 한마디 할 수가 없었다. 여호와는 그 갈비뼈로 여자를 만들었다. 그리고 이브라는 이름을 붙여서 아담에게 돌려보냈다. 그것이 재난의 시작이었다.

이브는 교활한 늙은 뱀의 꼬임에 빠져 도둑질을 공모했다. 목표물은 에덴의 동산에 열린 사과. 이브는 자신이 먹는 것으로 그치지 않고 그 장물을 아담에게 먹였다. 사실을 알게 된 여호와는 화를 내며 아담과 이브를 즉시 낙원에서 추방해버렸다. 그 뒤 지구상에서는 절도라는 범죄 피해 때문에 얼마나 골머리를 썩었던가! 현재에 이르러서도 매년 발생하는 범죄 중 가장 많은 것이 절도다. 얼마나 많은지 예를 들어보자. 아래의 도표는 쇼와 50년판 범죄백서에 작성된 일본의 범죄 발생건수와 절도 발생건수다.

연　　　도	재산범죄 발생건수	그 중 절도 발생건수
쇼와 45년(1970년)	1,110,821건	1,039,118건
쇼와 46년(1971년)	1,088,943건	1,026,094건
쇼와 47년(1972년)	1,076,854건	1,006,675건
쇼와 48년(1973년)	1,042,478건	973,876건
쇼와 49년(1974년)	1,075,684건	1,013,153건

도둑 행진곡

'타인의 재물을 절취한 행위'를 '절도'라고 형법 제235조는 규정한다. 따라서 재물이라는 단어와 절취라는 단어만 알면 절도, 즉 도둑의 의미는 대략 알 수 있다. 그런데 "아무리 법률을 모른다 해도 도둑이 무엇인지 정도는 알고 있어. 그러니까 너무 잘난 척하지 마"라고 약간 생트집을 잡을 분도 있을지 모르겠다. 하지만 그렇게 간단하지 않다는 말은 이 책의 '물건'과 '법률의 해석' 부분에서 언급했다.

절도죄는 10년 이하의 징역형으로 벌금과 과료라는 결코 가벼운 범죄가 아니다. 절도가 성공했느냐 실패했느냐의 경계는 징역인가 아닌가의 관문인 것이다. 예를 들면 신문지 한 장을 가져간 정도로 도둑이라고 하지는 않는다.

그럼 어떻게 하면 훔치는 것일까? 얼마만큼 해야 장한 도둑님이 되는 걸까? 도둑질에 대한 관념을 머릿속에 확실하게 넣어두어도 벌과는 상관없다. 그러니까 본론으로 들어가기 전에 좀 더 거드름을 피우기 위해서라도 나니와 부시[282]나 라쿠고 연기자처럼 고개를 빳빳이 세워 살펴보아야겠다.

도로보泥棒(도둑)라는 단어는 관동 지방의 언어이고, 관서(간사이) 지방에서는 누스토盜人라고 한다. 누스토란 불쑥 나타나서 살그머니 가져가기 때문에 도적이라는 말이 아니라, 훔치는 사람盜(ぬすむ・훔치다)+人(ひと・사람)의 축약이라는 정도는 초등학생도 알 것이다. 좀 더 자세히 말하면 누스토에는 도적의 동료로서 소매치기라는 뛰어난 천재가 있다. 그래서 도둑 중에는 이 소매치기를 존중하는 자도 있다.

도둑은 옛날부터 고겐이나 조루리 등에 도입되어 많은 사람들 입에 널리 회자되었다. 특히 에도 말기에서 메이지 초기에 걸쳐 일필을 휘둘렀던 가와다케 모쿠아미라는 극작가는 도둑이 무척 마음에 들었는지 그의 작품에는 도둑들이 많이 등장한다.

---

282) 에니와 부시(浪花節) : 에도 말기, 설경절(說経節), 제문(祭文) 등에 영향을 받아 오사카에서 성립. 사미센 반주에 맞춰 혼자 연기하며 대부분 군담, 강담 등 의리와 정을 테마로 했다.

이처럼 일반적인 도둑은 사람들에게 자주 회자되지만 소매치기는 그다지 알려지지 않았기 때문에 여기서 소매치기에 대해 조금 얘기해보자.

소매치기와 도롱뇽

그다지 자랑은 아니지만 소매치기와 도롱뇽은 아마 일본의 특산물일 것이다.

서양의 픽포켓(pickpocket), 중국의 장물아비라는 말을 보면 외국에도 소매치기가 전혀 없는 것은 아니지만 뛰어난 솜씨와 전광석화의 민첩함 면에서는 일본의 적수가 되지 못했다. 런던의 동물원에 가면 '위대한 일본산 도롱뇽'이라는 글자 밑에 밤에도 낮에도 절대 잡히지 않는 최고의 괴물이라는 문구를 볼 수 있다. 도롱뇽이야말로 매사에 소심한 일본인의 가슴속을 후련하게 해주는 괴물인 것이다.

그런데 이 도롱뇽과 함께 일본인의 자랑거리가 가미가제나 할복, 기모노, 게이샤가 아니라 지금부터 말하려는 이 소매치기다.

왜 일본에 소매치기가 그렇게 난무한가? 옛날부터 일본인의 특색은 민첩함이다. "빨리 먹고 빨리 배설하는 것도 능력의 하나"라고 할 정도로 민첩성이 존경받는 나라였다. 또한 "눈 감으면 코 베어 먹는다"는 속담처럼 재빠른 일본인들은 예리한 손기술의 소유자이기도 했다. 거기에 또 하나.

"에도의 무사시 지역은 태어날 때부터 손버릇이 나빠."

이런 천성적 재능과 일본 특유의 두 가지 특색을 살려 유감없이 실력을 발휘하며 진보 발달한 것이 다름 아닌 소매치기다.

특히 기차나 전철처럼 돈벌이 장소를 적절하게 제공하는 기관이 생긴 뒤부터는 신 같은 예리한 육감, 독수리 같은 민첩한 동작과 더불어 기교는 점점 더 정교해졌다. 메이지 후반부터 다이쇼 시대에 걸쳐 소매치기는 일찍이 없었던 공전의 황금시대를 펼쳤다.

그 결과, 마침내 기카이 출신의 재봉사 긴지, 유시마 출신의 기치와 나베가츠라는 당시의 3대 대두목이 도쿄시내 한복판에서 당당히 간판을 내걸고 스리의 성황을 이루었을 뿐만 아니라, 교토의 다루가츠에서는 철부지 마사기치가 패권을 장악했고, 오사카에서는 화족 출신의 신스케, 천민 출신의 센타로, 그리고 오사카신이라는 사나이가 군웅할거하고 있었으며, 고베에서는 세상 물정 모르던 와토라와 서생 후사가, 시즈오카에서는 꼭두각시 쵸조, 나고야에서는 츠키가세가 눈을 부라리며 주위를 위압했다. 산요를 거점으로 한 히로시마에서는 도모기치가, 규슈에는 가부토시가, 오카야마에서는 곤바루와 바칸이 머리를 나란히 하는 등 실로 뛰어난 인재들이 군웅할거하던 전국시대였다. 이들 두목에 대한 재미있는 얘기도 많지만 기회를 양보하고 지금부터 소매치기에 대해 두세 가지 얘기를 해보겠다.

소매치기의 거물, 재봉사 긴지

소매치기의 대가, 스리계의 대부로 군림했던 재봉사 긴지銀次라는 이름을 아는 분들이 많을 것이다. 독수리처럼 날렵하고 다채로운 기술로 경찰을 조롱하듯 백주대낮에도 공공연히 소매치기를 하여 사람들에게 피해를 주고, 자신은 당시 재산 수십만 엔으로 호의호식하며 주지육림에 빠져 사치스런 생활을 보냈다고 한다.

긴지의 본명은 도미타 긴조富田銀藏. 게이오우 2(1867)년 3월 17일 도쿄시 혼쿄구 고마고메도자카쵸 92번지에서 태어났다. 아버지 긴타로는 아사쿠사구 사루야쵸에서 경찰로 근무하며 여러 번 강도를 검거하여 경시총감으로부터 3번씩이나 훈장을 수여받았다. 그러니까 아버지는 경찰의 공훈자, 아들은 경찰의 애물단지였던 것이다.

긴죠는 긴타로의 하나밖에 없는 자식이었다. 게다가 천성적으로 영리했기 때문에 부모의 사랑을 독차지했다. 그는 12~13세 때 부모와 상의한 뒤, 재봉사가 되기 위해 니혼바시구 츠려료쵸 1번가 6번지에 있는 재봉사 이사카 헤이타로井坂兵太郎의 문하생으로 들어가 일정기간 고용살이를 했다. 그 이사카라는 사람은 도매상 다이마루 양복점의 청부를 독점했던 터라 가게는 번창했고 고용인도 많았다. 그런데 하나를 가르치면 열을 알 정도로 영리한 소년 긴죠는 수많은 선배들을 앞질렀다. 게다가 순수 에도 토박이며 선천적으로 의협심이 강하고 붙임성이 좋아서 이사카 가게에서는 빼놓을 수 없는 존재였다.

그 뒤, 긴죠는 야오소쵸에 가정을 꾸리고, 이사카에게 다이마루의 하청을 도급받아 자택에서 일하며 제자도 양성하는 자유롭고 풍요로운 생활을 보냈다. 그런데 그 제자 중에 히로세 쿠니라는 포동포동하고 귀여운 아가씨가 있었다. 나이는 방년 18

세, 못생긴 여자도 한창때는 예뻐 보이는 법. 이시베 긴기치石部金吉[283]라는 별명이 붙을 정도로 목석 같은 긴죠가 마침내 그 쿠니에게 가슴을 불태우게 되었다. 쿠니 또한 긴죠를 깊이 생각하고 있었다.

두 사람의 사랑이 빠른 속도로 진행되었다. 그런데 그 사랑이 긴죠의 반생을 바치는 도화선이 될 줄이야 그 누가 알았으랴! 신조차도 몰랐던 것이다. 그 쿠니라는 여자는 당시 소매치기의 대명사 교토 기요미즈清水의 곰, 칸분乾分의 딸이었다.

소매치기의 딸과 26세의 융통성 없는 재봉사 긴죠의 사랑은 당연히 난관에 부딪쳤다. 하지만 사랑을 하는 사람은 항상 맹목적으로 돌진하는 법. 무리하게 부부생활을 시작하면서 긴죠의 의협심과 총명함, 사교성은 즉시 칸분의 갈망대상이 되었다. 따라서 긴죠도 기요미즈에 자주 발걸음을 하게 되었다. "오야붕! 오야붕!"이라고 불리자 그로서도 결코 기분 나쁘지는 않았다. 그래도 긴죠는 상당히 번민했다. 오랜 번민 끝에 "재봉사라는 일은 너무 따분해. 길고 오래 사는 인생보다 소매치기 동료 속에 들어가 짧고 굵게 사는 게 나아"라고 이상한 결론을 내린 그는 마침내 소매치기 소굴로 들어갔다. 긴죠의 나이 32세 때였다.

과연 천재적인 지혜와 에도 토박이의 민첩한 솜씨를 발휘한 긴죠는 재봉사 긴지라는 이름으로 세상에 알려지면서 스리계의 유일한 대부가 되었다. 그 뒤, 그는 자신은 스리를 그만두고 수많은 동료 소매치기들이 도쿄뿐만 아니라 일본 전체에서 갈취해온 장물로 소수의 칸분과 함께 사치스런 생활을 보냈다. 시타야구에서 5~6채의 집을 임대하면서.

그런 긴죠도 메이지 42(1910)년, 일본 전국에 걸친 소매치기 대검거 때 결국 체포되었다.

긴지의 공판 모습

메이지 43(1911)년 5월 13일, 긴지의 공판이 도쿄지방재판소에서 열렸다. 그 상황

---

[283] 단단한 돌(石)과 쇠(金)를 중복 사용하여 사람 이름처럼 만든 말로 목석 같고 융통성 없는 사나이라는 뜻

을 당시의 시사신보時事新報는 다음과 같이 기술했다.

▶ 재봉사 긴지의 공판

―기죽은 기색도 없이 당당하게 죄상을 자백하다―

도쿄의 3대 두목 중 한 사람으로 알려진 재봉사 긴지에 관한, 즉 혼쿄구 고마고메도자카쵸의 재봉사 도미타 긴죠(45세)와 칸분 센기치, 오바다 가이치로(36세), 마치다 세이이치로(30세), 호시나 이노스케(23세), 미야모토 긴지로(52세), 우라다 소타로(48세) 및 담배 상인 또는 잡화상이라고 속이고 장물처리를 전업으로 하던 오가와 하라키(43세), 마츠노 쇼스케(43세), 야시마 만조(55세) 등이 범한 절도・교사敎唆・장물기증贓物寄贈・수수收受・고매故買의 피고사건이 13일 오전 10시부터 스가 재판소장 담당 아래 오하라 검사의 입회로 도쿄지방재판소에서 개정되었다. 이들의 변호는 사이토, 이마무라, 가네코, 후세, 기타이, 와타나베가 각각 담당했으며 방청석은 긴지의 가까운 일가인 듯 눈매가 날카롭고 험악한 녀석들로 가득했다. 다른 방청인은 "소매치기를 조심해야 하는 법정이다"고 숙덕거렸다. 그래서 방청은 하지도 않고 그저 소지품만 신경 쓰는 우스꽝스런 상황이 전개되었다. 피고 긴지는 살짝 벗겨진 검을 머리를 양옆으로 가르고, 갈색 줄무늬 하오리(짧은 겉옷)를 걸치고 있었다. 그리고 약간 통통한 몸을 늠름하게 쭉 편 채 전혀 기죽은 기색 없이 또렷한 어조로 진술했다.

"(중략) 저는 메이지 38(1906)년 1월에 오바이에게 칸분을 넘겨주고 은퇴했지만 경찰도 인정하지 않아서 가끔은 도와주었습니다. 따라서 중요한 일은 칸분 오바이가 했습니다. 내부 규칙으로 금은 4분, 6분으로 분배했고 저는 4분을 받았습니다. 그런데 칸분은 왠지 소매치기한 물건을 이유도 없이 숨기는 일이 많았습니다"고 진술한 피고 미야모토 긴지로를 통해 밝혀낸 범죄, 즉 작년 8월 신바시에서 마치다, 호시나, 사노 겐조 등이 양복 입은 남자에게 210엔을 소매치기한 뒤 분배했던 일을 비롯해 메이지 40(1908)년 6월까지 칸분 등이 훔친 금시계 수백 점, 그 외의 물품까지 모든 죄상을 낱낱이 자백했다.

같은 달 27일, 마침내 다음과 같은 판결이 선고되었다.

"피고 긴죠를 징역 10년 및 벌금 200엔에 처한다. 단지 벌금을 완납할 능력이 없을 때는 200일간 노역장에 유치한다."

이 판결에 긴지는 일단 공소했지만 즉시 철회되어 복역했다. 그리고 여러 차례에 걸친 감형이 있었고, 드디어 7년간의 수형생활을 마치고 다이쇼 7(1919)년에 53세의 나이로 출옥했다. 그런데 이듬해인 다이쇼 8(1920)년에 긴지와 센기치는 또다시 절도 사건에 연루되어 검거되었다. 결국 다이쇼 9년 3월 24일 도쿄지방재판소는 징역 8년 및 벌금 200엔(검사의 구형은 징역 15년이었다)을 긴지에게, 징역 5년(검사의 구형은 징역 12년)을 센기치에게 선고했다.

전광석화! 소매치기의 실례

최근의 소매치기는 다키츠키抱きつき스리라고 해서 몇 명이 한 조가 되어 피해자 한 사람을 움직이지 못하도록 둘러싼 형태로 지갑 등을 훔치는 방법을 쓴다. 그런데 스리의 황금시대였던 시절, 뛰어난 소매치기는 얼마나 산뜻하게 일을 했는지 그 실례를 들어보자.

재봉사 긴지가 왕처럼 당당하게 군림하던 당시의 사건이다. 아사쿠사에는 가미야 시자에몽이라는 사람이 있었다. 그는 업무상 미토에 가기 위해 미나미센쥬 역에서 이등 열차에 올라탔다. 지금으로 말하면 그린 열차다.

옆에는 우아한 검은 실크 옷이 무척 잘 어울리는 중산모자를 쓴 30세쯤의 멋진 청년 신사 한 사람이 타고 있었다. 두 사람은 오랜 기차여행으로 슬슬 지루해지기 시작하자 누가 먼저랄 것도 없이 이런저런 세상이야기를 하기 시작했다.

그런데 그 청년 신사야말로 당시 재봉사 긴지의 측근인 나카무라 이소기치의 변장이었다. 한편 그런 엄청난 남자라고는 꿈에도 생각하지 못한 가미야는 재미있는 그의 얘기에 완전히 빠져들었다. 그런데 나카무라는 틈을 봐서 괴력을 발휘하며 일에 착수했다. 먼저 가미야의 양복 단추를 벗기고 주머니에 들어 있던 검정가죽 반지갑을 꺼냈다. 눈치도 못 챌 만큼 번개같이 빠른 솜씨였다.

게다가 훔친 지갑에서 지폐를 모두 꺼내 자신의 주머니에 넣은 뒤, 전광석화처럼 가미야의 주머니 속에 처음 있던 상태로 지갑을 돌려놓았다. 그리고 친절하게도 양복 단추까지 채워주고 아무 일도 없었다는 듯 태연한 얼굴로 이야기를 계속했다.

자신의 솜씨에 우쭐해서 신이 난 나카무라는 당시 유행하던 22냥의 금줄과 21냥의 뚜껑 달린 회중시계까지 간단히 훔쳤다. 만약 가미야가 자고 있었다면 속옷까지 모두 벗겨져 알몸이 되었을지도 모른다.

기차가 가네마치에 도착하기 직전 가미야는 시계가 없어졌다는 것을 깨달았다. 지갑도 꺼내 보았지만 있어야 할 지폐가 없었다. 돈이 없으면 아무 일도 할 수 없기 때문에 그는 일단 가네마치 역에서 내렸다. 나카무라는 일을 마친 뒤 가네마치에서 내릴 생각이었지만 가미야가 하차하자 신변의 위기를 느끼고 다음 역인 가시와 역에서 내려 회심의 미소를 지었다.

한편 가네마치에서 내린 가미야는 안정을 회복한 뒤 곰곰이 생각해보았다. 시계는 미나미센쥬 역에서 시간을 맞추어두었기 때문에 분명히 있었다. 돈도 기차표를 구입할 때 지갑을 꺼냈기 때문에 기차에 올라타기 전까지는 있었다. 시계도 돈도 기차 안에서 분실한 것이 틀림없었다. 그렇다면 원인은 그 청년 신사밖에 없다고 지당하게도 그는 생각했다.

하지만 경찰에 신고해도 그다지 도움이 될 것 같지는 않았다. 녀석을 체포하여 운 좋게 돌려받으면 좋겠지만 경찰은 이러쿵저러쿵 귀찮은 일로 취급할 것이 뻔했다. 어떻게 하면 잡을 수 있을까? 상태를 보니 도쿄 녀석이 분명했다. "그럼 미나미센쥬 역으로 돌아올 게 틀림없어. 그래 그곳에서 녀석을 잡자"라고 생각한 가미야는 기차가 미나미센쥬 역에 도착할 때마다 눈을 크게 뜨고 살폈다.

과연 무사히 일을 마쳐서 기분 좋은 듯 즐거운 표정으로 돌아온 나카무라가 단번에 시야 속으로 들어왔다. 가미야에게 붙잡힌 나카무라, 순간 가슴이 덜컥 내려앉았지만 산전수전 다 겪은 능구렁이인 만큼 적반하장으로 화를 냈다.

"사람 잘못 봤어. 신사에게 도둑놈이라니! 괘씸하기 그지없군. 명예훼손이야."

일단 위압적인 태도로 역습한 뒤, "결코 용서할 수 없어. 당장 고소할 거야"라며 서슬 퍼런 얼굴로 노려보기까지 했다.

가미야도 기죽지 않았다. 이 녀석이라고 확신했던 만큼 3억 엔 사건과 로이트렉

그림 도난 사건의 수사처럼 애먹지 않았다.

"좋아, 그럼 경찰서로 가자구."

가는 말에 오는 홍두깨. 나카무라도 물러서지 않고 센쥬 경찰서로 출두하는 단계까지 이르렀다. 하지만 나카무라는 내심 불안했다.

"좀 귀찮게 되었군. 돈은 현찰이니까 괜찮지만 금시계를 몸에 지니고 있으면 도저히 빠져나올 수 없지."

나카무라는 얼른 역 앞 도랑 속에 가미야 모르게 금시계를 버렸다.

가미야는 경찰서에서 나카무라와 맞섰지만 그의 세 치 혓바닥에 굴복하고 말았다. 새파랗게 질린 가미야는 속으로 후회했다. 역시 떡장수는 떡장수, 햇병아리 탐정의 눈은 위장병에 은단을 먹은 것처럼 효과가 전혀 없었다. 오히려 자기 처지만 곤란하게 되어버렸다.

그런데 "하늘의 법망은 비록 성긴 것 같지만 악인은 빠짐없이 걸린다"는 옛말처럼 누가 알았으랴! 나카무라가 역 앞 도랑 속으로 금시계를 버리는 모습을 그 옆에서 일하던 목수가 힐끗 보았던 것이다.

"금시계를 버리다니! 분명 무슨 까닭이 있을 거야."

탐정처럼 눈을 반짝이며 즉시 주워든 목수는 재빨리 역장에게 달려가 경위를 설명하고 금시계를 건네주었다.

"사례는 절대 사양하지 말고 반드시 받아주십시오."

단단히 못 박는 일도 잊지 않았다.

역장은 곧바로 경찰에 신고했다. 때마침 경찰은 가미야와 나카무라의 전투에 죽을 지경이었다. 그런데 그곳에 문제의 금시계가 나타난 것이다. 가미야는 개가를 올렸지만 나카무라는 시치미를 뚝 떼야 했다. 그때 목수 선생 등장.

목수는 일하러 돌아왔지만 사례금 때문에 일이 손에 잡히지 않았다. 사례금을 받으면 한 잔 얼큰하게 하고, 사랑하는 딸에게는 메린스[284] 오비(기모노 띠)를 선물하고, 마누라에게는 뭘 사줄까? 즐겁게 계획을 세우다가 사례금을 얼른 받고 싶은 마

---

284) 메리노종 양모로 짠 얇고 부드러운 직물. 모슬린

음에 아예 경찰서로 달려왔던 것이다. 그의 증언으로 결국 흑백은 판명되었다. 천하의 나카무라도 자백하지 않을 수 없었다. 가미야는 목수를 다이묘진大明神285)으로 떠받들었다. 목수가 사례금을 얼마 받았는지 흘려들었지만, 가미야는 목수를 다이묘진으로 숭배했을 정도니까 아마도 세전을 듬뿍 주었을 것이다.

뛰어난 둔갑술, 다양한 소매치기

다음으로, 소매치기의 대표적 방법에 대해 알아보자.

- 츠바메 가에시燕返し : 소매치기로는 가장 최하의 기술로 촌스런 방법이다. 상대를 쓸데없이 밀어붙여 방심한 틈을 이용한다.
- 치가히チガヒ : 통상 두 사람 또는 세 사람이 하는 방법으로 우선 한 사람이 앞에서 바짝 밀어붙이면 뒤의 한 사람이 빼낸다. 물품은 남은 한 사람에게 건네고 서

---

285) 신의 이름 아래 붙이는 칭호로 신을 더욱 존경한다는 의미

로 모르는 척 시치미를 뗀다.

- 소토모ソトモ : 거의 치가히와 동일하다. 뒤에서 한 사람이 일부러 발을 밟는다. 뭐야! 하고 뒤를 돌아본 순간 살짝 빼낸다. 여자라면 엉덩이를 쓰다듬거나 손으로 가슴을 만진다. 그러면 "어머나!" 하며 대부분의 여성은 손을 엉덩이로 가져가거나 앞의 중요한 곳을 손으로 가린다. 우먼리브woman+lib(여성해방) 운동을 했든, 붉은 깃발을 흔들고 데모를 했든, 대개는 반사적으로 할 것이다. 그 사이에 지갑과 목걸이 등을 가져가는 방법이다.

  여자 소매치기는 고의적으로 상대와 부딪치거나 발을 밟은 뒤 "어머! 죄송해요"라고 사과하며 곱게 화장한 얼굴을 상대의 가슴에 닿도록 정중하게 고개를 숙인다. 그러면 멍청한 녀석은 대부분 넋을 잃은 표정으로 "아뇨, 아뇨, 그렇게까지 사과할 필요 없어요"라고 말하는 동안 이미 소매치기 당하고 말았다.

- 보타ボタ : 일명 보타하타키ボタハタキ. 초보 소매치기로 주변을 물색한다.
- 히코바라시ヒコバラシ : 허리에 찬 전대를 자르는 방법이다.
- 오카루바이お輕買 : 여자의 허리나 가슴에 손을 댄 뒤, 여자가 허리나 가슴으로 손을 가져간 순간 헤어도구를 전문으로 빼내는 방법이다.
- 나게시도키ナゲシ解き : 여자의 띠를 소매치기하는 방법이다. 이것은 길어지기 때문에 생략하지만 아주 산뜻한 방법이라고 한다.
- 다루마하즈시ダルマ外し : 영화나 연극 간판을 멍하니 보고 있는 녀석의 겉옷을 벗겨버리는 방법이다. 이 정도이면 신의 경지에 이르렀다고 할 만하다.
- 하코시長函師 : 기차 안에서 소매치기하는 녀석이다. 학생이나 샐러리맨으로 변장하거나 착실한 상인, 또는 한 분야의 전문가 차림을 하고 돈이 있을 만한 사람 옆자리나 앞에 앉았다가 틈을 봐서 훔친다.

  하코시 중에는 "연극을 시작한다"고 해서 무릎 위에 보자기나 신문지를 활짝 펼쳐놓고 일을 하는 녀석도 있다.

- 나카누키中拔 : 일명 '교토胸當'라고 한다. 외국의 소매치기는 꿈도 못 꾸는 전광석화의 천하일품이다. 음침한 움막집의 칸분과 고하루小春[286]의 이상한 만남이라는 미인 특유의 기술이라고 한다. 전철에서 코트를 입은 얄미울 정도로 예쁜 여자 앞

으로 바짝 다가선다. 창밖을 보는 척하면서 살짝 손끝이 스친 순간 코트 단추를 풀고 지갑 속의 돈만 꺼낸 뒤, 지갑은 다시 원래대로 돌려놓는다. 더욱 놀라운 것은 아즈마 코트(가마쿠라산 코트)의 단추는 이미 채워져 있다고 한다. 소매치기 동료마저도 그 멋진 솜씨와 번갯불 같은 민첩성을 처음에는 믿지 않았다고 한다.

그 외에 하코시 중에는 바이쿠리買くリ, 오이소레おいそれ, 가케다시かけだし, 나미히키竝引, 마치하즈시ばっち外し, 나스칸하즈시なす環外し, 모로もろ 등이 있다. 도로상의 소매치기로는 히가이ひがい, 고도모こども, 무네바라시胸ばらし, 겐노마에げんの前 등이 있고, 역에는 오키비키置引(들치기), 다게다시たげ出し 등 재미있는 것들도 많지만 소매치기만으로 시간을 스리당하면 뒤의 범죄 설명에 방해되기 때문에 그만 다음으로 넘어가자.

법률적인, 너무나 법률적인

이제 본론인 절도의 법률적 구성으로 들어가보자. 앞에서도 말했듯이 형법 제235조에는 "타인의 재물을 절취한 자는 절도죄이며 10년 이하의 징역에 처한다"고 되어 있다.

물론 재물이라고 말한 이상, 물건이 아니면 안 된다는 것은 초등학생도 알 것이다. 물건이 무엇인가? 이 문제는 이미 말했기 때문에 생략하고 자세한 사항은 민법 '물건'의 부분을 읽어보길 바란다.

물건 중에서도 어떤 물건을 재물이라고 하는 걸까? 여러 가지 논의가 있지만 재판소는 본조에서 "재물이란 소유권의 목적이 될 수 있어야 하며, 금전적 가치가 있는가 없는가는 전혀 문제되지 않는다"고 규정한다. 따라서 땡전 한 푼 가치 없는 물건도 역시 재물이다. 신문지 한 장은 물론 담배 반도막, 돌멩이 한 개, 모래 한주먹, 종이 한 조각에 이르기까지 모두 물건이라는 말이다.

하지만 이런 물건을 훔쳐도 절도라고 한다면 그건 좀 이상하다. 이 책의 서두에서

---

286) 온화하고 따뜻한 봄처럼 화창한 날이 계속되는 초겨울 날씨. 음력 10월의 별칭

설명한 '법률의 해석' 부분을 떠올리면 알겠지만 이것 또한 경우에 따라 다르므로 일괄적으로 말하기는 어렵다. 돌멩이 한 개를 훔쳐도 절도에 해당되는 경우가 있기 때문이다. 그럼 실제 있었던 판례 두세 개를 들어보자.

① 돌멩이 한 개라도 타인의 소유에 속한 이상 절도죄는 성립한다. 경제적 가치 여하에 관계없이 재물이기 때문이다.
② 소인이 찍힌 수입인지나 우표라도 훔치면 역시 도둑이다.
③ 중의원 의원의 투표용지는 경제상 가치는 없지만 그래도 재물이다. 훔치면 범죄다.
④ 밭에 심어진 뽕나무 잎을 뜯어도 마찬가지다.
⑤ 산림의 흙과 돌멩이도 그 토지에서 벗어나면 절도다.
⑥ 채무를 변제한다고 말하고 채권자에게 차용증서를 꺼내게 한 뒤, 그 자리에서 재빨리 자기 입에 넣고 삼킨 녀석이 있는데, 이것도 증서의 절도로 취급한다.
⑦ 전기가 재물이라는 말은 앞에서도 말했다. 가스도 마찬가지다. 가스를 절취하면 물론 절도다.
⑧ 묘지에서 사체, 유골, 유발遺髮 등을 훔치는 행위는 형법 제190조와 191조에서 규정하는 범죄다.(이 책 '예배 및 분묘에 관한 죄' 참조) 또한 묘지 밖에 있는 비석, 식물, 울타리 등도 훔치면 절도다.
⑨ 틀리게 쓴 무효인 약속어음이나 효력이 없는 대금증서 등도 재물이다. 훔치면 절도다.
⑩ 신사의 조잡한 목상과 돌멩이 한 개를 훔쳐서 절도죄로 된 녀석도 있다.

이상의 판례로 대략 재물의 관념은 살펴보았다. 옆집 아파트에서 따뜻한 공기를 살짝 끌어오거나 타인의 냉장고 속에서 찬 맥주를 꺼내는 행위는 절도인가? 아닌가? 이 문제는 민법의 '물건' 항목에서 설명했으므로 부디 참조하길 바란다.

병뚜껑을 비틀어 술을 쏟으면 무슨 죄인가?

그렇다면 '절취한다'는 어떤 행위일까? 타인이 점유한 물건을 그 사람의 의사와는 반대로 자신(경우에 따라서는 제3자)의 점유로 옮기는 일이다.

하지만 속여서 취했을 때는 사기, 위협했다면 강도 또는 공갈에 해당된다. 따라서 절취는 속이거나 위협하지 않고 취한 경우여야 한다. 그 대신 몰래 가져오든, 공공연히 가져오든, 예를 들면 가게 앞에 있는 과자를 종업원이 보는 앞에서 "이거 가져갈게"라고 실례한 경우라도 상관없다.

그럼 무엇이 문제일까? 예를 들면 양조장에 들어가 술이 가득 들어 있는 거적으로 싼 너 말들이 술통의 주둥이를 비틀어 "그럼" 하고 말한 뒤, 고급술을 모두 쏟아 버렸다고 하자. 이것을 절도라고 말할 수 있을까? 조금 어려울 것이다. 술 한 잔도 마시지 않았고, 병에 넣어 가져오지도 않았기 때문에 훔쳤다고는 말할 수 없다. 마치 유리가게 안에 들어가 갑자기 유리컵을 바닥에 내동댕이쳐 깨뜨려버린 경우와 같다. 그렇다고 유리컵을 훔치지도 않았다.

하지만 단 한 잔이라도 마시면 절도다. 또한 가져온 술을 마시지 않았어도 일단 타인에게 양도하거나 팔아도 절도다. 한번 자기 소유로 한 뒤 버려도 역시 절도다. 그런데 술통 주둥이를 열고 술을 쏟은 행위는 절도가 아니라 훼기죄毀棄罪로 처벌받는다.

이것에 대해서는 다음과 같은 판례가 있다.

가스가신사의 신벌

새를 놓아주기 위해 새장 문을 열거나 물고기를 놓아줄 생각으로 양어장의 수문을 열어젖혔다면 훼기행위다.

가스가신사春日神社[287]의 사슴을 데려가 사육한 녀석이 있었다. 재판소는 "야생짐승이라도 한번 사육되어 일정 사람의 소유가 된 이상, 설령 소유자가 자유롭게 방목하여 사슴이 스스로 나갔다 해도 서식장소로 귀속하는 습성이 있기 때문에 소유자

---

287) 833년 2월 28일, 쥰나(淳和) 천황이 닌묘(仁明) 천황에게 황제자리를 넘겨주고 쥰나원(淳和院)으로 옮겼을 때, 천황의 칙명으로 나라(奈良)의 신, 가스가시자(春日四座) 대신을 신불의 수호신으로 건립했다.

의 지배를 벗어난 것이 아니다"고 선고했다. 따라서 그 남자는 신벌과 형벌을 모두 받게 되었다.

절도의 기수시기와 미인의 절도

어떤 남자가 남의 집을 방문했다. 책상 위에는 책이 한 권 있었다.

훔칠 결심을 하고 책을 손에 들었다. 자신의 무릎 위에 올린 뒤 살그머니 주머니 속에 넣었다. 그리고 방에서 나온 뒤, 그 집을 나왔다. 그렇다면 절도는 몇 시에 기수로 되는 걸까? 절도의 기수시기旣遂時期에 대해 학설이 나뉜다. 어떻게 나뉠까?

① 접촉설 : 목적물에 손이 닿았을 때
② 점유취득설 : 목적물을 점유 취득했을 때
③ 이동설 : 목적물을 다른 장소로 옮겼을 때
④ 은닉설 : 목적물을 피해자가 쉽게 발견할 수 없는 상태로 두었을 때

통설은 ②의 점유취득설이고, 판례도 그렇다. 예를 들면 산림의 수목을 채벌하면 운반이나 은닉 사실이 없어도 절도는 기수다. 하지만 나무 열매는 단지 손으로 접촉한 것만으로는 아직 절도가 아니다. 나무에서 비틀어 땄을 때 절도가 성립한다. 감자밭의 감자를 파내면 절도의 기수다. 그런데 연못 속의 물고기를 망으로 잡았지만 "풍덩" 다시 떨어뜨리면 미수다. 절도는 미수도 처벌받는다.

따라서 책을 주머니에 넣든, 가방에 넣든, 또는 보자기에 싸든, 자신의 지배 하에 옮겼을 때는 절도의 기수로 보아야 한다.

어느 날, 꽃도 무색할 만큼 아름다운 묘령의 여자가 어느 백화점에서 절도를 했다.

"도마뱀을 잡아먹으려는 두견."

이 말처럼 참으로 어이없는 일은 그 물건이 겨우 양말 한 짝이었다는 것이다.

이 일에 대해 멋없는 재판관은 "훔칠 생각으로 양말을 집어들어 주머니 속에 넣은 행위는 바로 발각되어 제자리에 돌려놓았다 해도 절도 미수다. 재물을 사실상 자기 지배 하에 옮겼기 때문이다"고 판결했다.

잡은 도둑이 내 아이

가족과 친족에게 범한 절도도 역시 도둑으로 처벌받을까? 도둑을 잡았는데 우리 아이였다는 얘기는 아주 많다.

이에 대해 형법은 제244조에서 다음과 같이 규정한다.

① 직계혈족, 배우자 및 동거의 친족관계에서 절도죄를 범했을 때는 그 형을 면제한다.

② 그 외의 친족관계였을 때는 고소를 기다려 그 죄를 가린다.

친족의 범위는 민법에 정해져 있고, 앞에서 이미 언급했다. 직계혈족이란 조부모, 부모, 자녀, 손자로 연결되는 관계이며 배우자는 부부관계의 상대로 남편에게는 아내가, 아내에게는 남편이 배우자다. 이때 내연의 배우자는 포함하지 않는다. 따라서 부모자식이나 부부, 동거의 친족관계에서는 절도를 절도로 처벌하지 않는다.

이런 말을 들으면 "지금이야말로 부모의 재산을 빼낼 시기구나!"라며 아직도 부모의 원조로 살아가는 녀석들은 기뻐할지 모르겠다. 그러나 심한 폭행이나 협박을 해서 빼앗으면 강도에 해당하며, 절대 용서받지 못한다는 사실을 반드시 알아두어야만 할 것이다.

2. 동정의 여지가 전혀 없는 강도죄

강도와 공갈의 차이

절도와 강도는 폭행 또는 협박을 사용했는가 아닌가로 구분된다. 강도죄는 폭행 또는 협박을 사용하여 타인의 재물을 갈취하는 행위다.

폭행이란 타인에 대해 유형의 힘을 행사하는 일이고, 협박은 타인의 마음에 공포심을 일으켜서 해악을 주는 일이다. 주먹으로 휘갈기거나, 발로 차고, 때리고, 머리카락을 쥐어뜯는 행위는 폭행이다. 신체에 손도 발도 대지 않고 단지 단도만 들이대며 "있는 돈 전부 내놔. 안 그러면 이걸로 모두 죽여버릴 거야"라고 위협하는 것은 협박이다.

폭행과 협박을 수단으로 돈을 강탈하는 행위가 소위 강도죄다. 산뜻한 소매치기나 사기와는 다르게 타인의 물건을 뻔뻔스럽게 가져가기 때문에 강도는 동정의 여지가 전혀 없는 범죄다.

"이달 10일 오전 10시까지 히비야 공원 화단 옆 분수로 백만 엔을 가져와. 그리고 검은 안경을 끼고 검정 스웨터를 입은 30세 정도의 남자에게 건네. 그렇지 않으면 네 집에 불을 질러버릴 거야"라는 식의 통고는 같은 협박이라도 강도는 아니다. 공갈이다.

그렇다면 강도와 공갈은 어떻게 다른가? 양쪽 모두 협박을 수단으로 사용하는 점은 같지만, 강도는 협박의 정도가 강하다. 법률가는 상대방이 반항하려 해도 할 수 없거나, 명백하게 지독한 폭행이나 협박의 경우라고 설명한다. 요구대로 돈을 내놓지 않으면 빼도 박도 못하거나, 꾸물거리고 있으면 생명도 위험할 만큼 심각한 경우가 그 전형이다.

하지만 협박은 막다른 골목으로 몰아붙이는 정도는 아니다. 아직 생각할 여유도 있고, 방위의 수단과 방법을 찾을 여유도 있다. 목숨과 재산에는 당장 변화가 없다.

경찰에 신고할 수 있지만 뒤탈이 무서워 못하는 경우도 그렇다. 따라서 "결국 죽일 수도 없구나! 원수 같은 한심한 사랑"이라고 한 여자 앞에서 장황하게 공갈, 협박한 '키라레 요소[288]'는 공갈죄다.

"어이, 영감, 그 돈을 이쪽으로 건네."

---

288) 키라레 요소(切られ与三) : 가부키, 고켄. 세화물. 9막. 키사라츠 오야붕의 첩, 오토미(お富)와 요사부로(与三郎)의 사랑이야기. 두 사람은 몰래 만나지만 결국 발각되어 요사부로는 칼로 전신이 난자되어 내팽겨졌다. 한편 요사부로가 죽었다고 생각한 오토미는 바다에 몸을 던지지만 우연히 지나가던 오사카 상인 다사에몽(多左衛門)의 배에 구조되었다. 요사부로는 그때 받은 상처로 '키라레 요소(切られ与三)'라는 이름이 붙여지고 작품명이 되었다. 3년 뒤 생명을 건진 요사부로는 그때의 칼자국을 이용해 공갈협박으로 금품을 갈취해 생활했다. 그런데 어느 날 공갈, 협박하러 들어간 집에서 오토미를 발견한 요사부로는 깜짝 놀란다.

야마자키가도山崎街道에서 요이치베에의 목에 걸려 있는 줄무늬 지갑 속에서 50냥을 빼앗은 사다쿠로定九郎[289]는 강도죄다.

3억 엔 사건에 대해서는 절도설과 강도설이 대립하지만 절도로 생각하는 게 좋을 것 같다. 강취했을 뿐 폭행이나 협박이 없었기 때문이다.

위협하여 타인의 물건을 빼앗기 때문에 강도는 괘씸하기 그지없는 녀석이다. 그런데도 피해자에게 장황하게 설교까지 한다면 이만저만한 언어도단이 아니다. 예의 '설교강도'의 츠마키 마츠요시妻木松吉[290]라는 남자는 당시 29세인 주제에 금품을 갈취한 뒤 '방범주의'까지 설교하고 도주했다. 10분, 20분도 아니고 2시간이 넘게 가해자인 마츠요시에게 설교를 들은 사람도 있었다.

"우월감을 주체할 수 없었다."

마츠요시는 체포된 뒤 이렇게 진술했다. 참으로 어처구니없는 녀석이다.

잔월일성 둔육사건

강도도 절도도 모두 약탈죄로 그 본질은 같다. 예컨대 형제나 사촌정도인 관계다. 따라서 빼앗는 것은 역시 절도와 마찬가지로 재물이 아니면 안 된다. 하지만 폭행 협박으로 강간을 요구하거나 남의 아이를 몰래 훔치는 행위는 강도가 아니다.

〈지상여정知床旅情[291]〉과 〈오요게 사이야키군およげタイヤキ君〉이라는 노래가 유행했

---

289) 〈가명수본충신장(仮名手本忠臣藏)〉 5단계에 등장하는 인물. 아코(赤穂)의 가신이면서 적과 내통한 오노 구다유(斧九太夫)의 아들로 토벌에 참가하지 않았으며 악인이다.
290) 1926~1929년에 걸쳐 "도둑방지를 위해 개를 기르십시오" "문단속은 철저히 하세요"라고 충고한 뒤 돈을 빼앗는 강도사건이 도쿄 시내에서 잇달아 발생했다. 체포된 범인은 츠마키 마츠요시(당시 29세). 쇼와 2(1927)년 3월 19일 도시마(豊島)구의 한 가정집에 침입한 츠마키의 범행수단은 보통 강도와는 전혀 달랐다. 우선 전화선을 끊고 전류를 차단한 뒤, 회전등을 들고 잠든 집주인의 베갯머리로 다가갔다. "여보세요. 일어나세요. 돈을 받으러 왔습니다. 놀라지 마십시오, 상처는 주지 않을 테니까"라고 낮은 목소리로 정중하게 말하고 피해자가 공포에 떨며 돈을 건네면 "문단속을 철저히 하세요", "개를 기르세요" 등 새벽까지 설교를 했다. 신문이 배달될 시간이 되어서야 "이젠 돌아갈 테니까 곧장 경찰에 신고하세요. 전화선은 끊었으니까 가까운 파출소로 가세요. 그럼 안녕"이라고 말한 뒤, 도주했다.
291) 1971년 모리시케 히사야(森繁 久弥) 작사, 작곡. 가토 도키코(加藤登紀子) 노래

던 것 이상으로 옛날 메이지시대에는 〈잔월일성殘月一聲〉이라는 노래가 전국에 걸쳐 단연 압도적인 기세로 유행했다.

"아, 세상은 꿈인가? 환상인가?

그리운 님 떠올리며 감옥에서 홀로 잠들고

잠에서 깨어나 주위를 둘러보면

세상은 조용히 깊어만 가는구나!"

이 노래는 당시 세상을 떠들썩하게 했던 '노구치 오사부로의 둔육사건臀肉事件'292)을 노래한 슬픈 곡이다. 기소장에 따르면 사랑하는 아내 오소요의 아버지는 유명한 한시漢詩학자 네이세이였지만 남들이 꺼리는 불치병 환자였다. 오사부로는 병을 치료하기 위해 여러 가지 조사를 하던 중 엉덩이 살이 좋다는 것을 알았다. 물론 미신이다. 어느 날, 그는 밤늦게 목욕탕에서 집으로 돌아가는 소년의 엉덩이를 햄이라도 자르듯 깔끔하게 도려냈다. 하지만 인간의 둔육은 돼지 둔육과 달라서 재산으로 보지 않기 때문에 둔육강도는 될 수 없다. 따라서 노구치 오사부로의 명예를 위해 덧붙여 말하자면 그는 둔육사건에서 무죄였다. 무죄라는 사실을 옛날 사람이라도 모르는 분들이 의외로 많다. '즈츠키 도미고로 살인사건都築富五郎殺人事件'293)으로 기소되어 유죄판결을 받았던 것이다. 결국 이 사건으로 그는 사형판결을 받았다.

인간의 신체 일부를 재물로 간주할 수 없다고 해도 울고 있는 여자를 밀어붙여 머리카락을 잘라서 가발 상인에게 팔아버렸다면 강도다. 머리카락은 둔육과 달리 잘

---

292) 1902년 3월 27일. 도쿄 고지마치에서 초등학생 가와이 소스케(河井惣助·11세)는 좌우 둔부가 도려진 채 압살되었다. 고지마치 경찰은 둔부근육과 발뒤꿈치가 흥분제나 약용으로 효과 있다는 미신에 의한 사건으로 보고 즉시 비상수사에 착수, 노구치 오사부로(野口男三郎)를 체포했다. 오사부로는 레프라 환자에게 인육을 먹이면 병이 낫는다는 미신을 믿고 소스케를 살해, 인육을 스프로 하여 한시학자이며 레프라 환자인 장인 노구치 네이세이(野口寧齊)와 아내에게 먹였다고 자백했지만 재판에서 부정, 무죄선고를 받았다. 그 뒤 범인은 오리무중. 3년 뒤 약국주인 살해용의자로 노구치 오사부로를 체포했을 때, 경찰은 외국어학교에서 퇴학처분당한 자신과 딸을 이혼시킨 장인에게 원한을 품고 병사로 가장해 환자인 장인을 독살한 범행과 함께 소스케 사건도 밝혀냈다. 본인도 인정했다.

293) 메이지 38(1905)년 5월 24일, 도쿄, 고지마치(麴町)에서 약국을 경영하던 즈츠키 도미고로(당시 23세)가 현금 350엔을 빼앗긴 채 살해되었다. 범인으로 체포된 사람은 노구치 오사부로(당시 26세). 그는 1심, 2심에서 사형선고를 받았다.

라내는 순간부터 교환가치가 있는 재물이기 때문이다.

위협을 한 무임승차

"지독하게 손님도 없는 밤이군."

도로에서 손님을 기다리는 택시기사가 함박눈이 쏟아지는 하늘을 멍하니 쳐다보며 중얼거린다. 옛날 사진이나 잡지를 보면 쇼와 초기에는 이런 풍경이 자주 눈에 띄었지만 요즘 이런 신파극은 좀처럼 볼 수 없다.

"택시!"

"어디로 모실까요?"

"고지마치까지 공짜로 가. 이러쿵저러쿵하면 이거다."

손님이 단도를 꺼내 보인다. 대적할 수 없는 택시기사.

"쳇, 지겨운 밤이군."

"뭐라고?"

"아뇨. 별거 아니에요."

콧물을 훌쩍거리며 투덜투덜, 택시기사는 목적지까지 무료로 달렸다. 그렇다면 무슨 죄일까? 범인은 택시기사에게 특별히 돈이나 물건을 강탈하지 않았다. 하지만 재산상 불법으로 이익을 얻은 건 확실하다. 그래서 강도다.

폭행 협박을 행사한 본인이 직접 이익을 얻지 않고 타인에게 이익이 가도록 해도 마찬가지다. 예를 들면 마사지사에게 "내 아내에게 공짜로 마사지해줘. 그렇지 않으면 죽일 거야"라고 협박한 경우다.

강도죄는 5년 이상 유기징역이다. 미수나 예비予備도 처벌받는다.

절도가 갑자기 강도로 돌변

도둑이 재물을 얻고 그 재물을 돌려주는 것을 거부 또는 체포를 면하거나 죄상을 인멸하기 위해 폭행 협박했을 때는 강도와 마찬가지로 취급한다는 규정이 있다.

다시 말해 '사후강도事後强盜'다. 절도가 강도로 돌변한 경우다.

절도가 발각되어 "도둑이다. 잡아라"라며 쫓기던 도둑이 잡힐 것 같아 폭행 협박하면 설령 절도는 미수, 즉 아무것도 훔치지 않았다 해도 사후강도로 기수가 되어 처벌받는다.

혼취강도昏醉强盗도 있다. 사람을 취하게 한 뒤 재물을 훔치면 강도와 동일하게 취급한다. 취하게 한다는 것은 마취제, 술 등을 사용하거나 최면술을 걸어서 일시적으로 사람을 심신상실心神喪失 상태로 만드는 것이다.

강도현장에서의 상해와 살인

신고를 받고 근처 파출소에서 황급히 달려가 보니 은행 안은 마치 지옥도를 방불케 했다. 몇 명의 은행원이 여기저기서 고통스럽게 뒹굴었던 것이다. 쇼와 23년 1월 26일, 으스스하게 추운 날 오후 3시 무렵이었다. 이것이 그 유명한 제은사건[294]이다.

---

294) 제은사건(帝銀事件) : 쇼와 23(1948)년 1월 26일 오후 3시 무렵, 도쿄도 도시마구 제국은행 시나쵸 지점에 '도쿄도 방역반' 완장을 찬 남자가 나타나 "근처에 집단이질이 발생했다"고 말한 뒤, 행원들에게 '예방약'으로 위장한 독물을 먹여 12명이 사망, 4명이 중태에

범인들이 말하기를 이 부근에서 집단 이질이 발생했는데, 이 약은 GHQ General HeadQuarters 소독반이 오기 전에 먹는 예방약이라고 행원들을 속여 청산가리를 마시게 한 뒤, 약 10만 엔의 현금과 증권류를 들고 사라졌다. 범인은 뎀페라 tempera[295] 화가인 히라자와平澤라는 남자였다.

이처럼 강도가 사람을 살해하거나 상처를 입혔을 경우에는 형법 제230조에서 "강도가 사람에게 부상을 입혔을 때는 무기 또는 7년 이상의 징역에 처한다. 죽음에 이르게 했을 때는 사형 또는 무기징역에 처한다"고 규정한다.

또한 범죄를 성립시키기 위해 처음부터 살해할 생각이 있었다는 것까지는 필요 없다. 카바레 호스티스와 동거할 맨션을 빌리기 위해 돈이 필요하여 근무처 사장에게 빌리러 갔다. 그런 돈은 빌려줄 수 없다고 거절당하자, 화가 나 옆에 있던 각목으로 사장을 때려 살해하고 현금과 수표를 약탈한 멍청한 녀석이 있었다. 이것도 강도 살인이다.

한밤중에 일가족을 묶어놓고 돈을 강탈한 뒤, 지나치게 당황한 나머지 옆에서 자던 아기를 실수로 밟아 죽인 사건도 있었다.

살인의 고의는 없었지만 그래도 강도치사죄強盜致死罪다. 즉 이 범죄는 강도행위로 인해 사망이나 상해의 결과가 발생하면 그 자체로 성립한다.

"돈 내놔"라고 칼로 협박하는데 피해자가 기회를 보아 도망치려 했을 때, 양방은 모두 날카로워져 있고 흥분상태다. 서로 뒤엉켜 싸우다가 한쪽이 칼에 찔려 피가 났다. "어, 피가 나네" 하며 또다시 거칠게 싸워 결국 큰 부상을 입혔다. 너무 놀란 나머지 훔치지도 못하고 그대로 도주해버렸다. 이 역시 강도상인

빠졌다. 남자는 그 틈을 이용해 16만 엔과 수표 1만 7450엔을 훔쳐 도주했다. 경시청은 독물을 먹인 방법과 범행수법으로 당시 731부대의 전 대원과 군관계자를 유력시, 수사를 전개하는 한편, 동일인으로 보이는 범인이 사건발생 전, 쇼와 22년 10월에 야스다은행 에바라지점에서 사용했던 마츠이 시게루(松井蔚) 박사의 명암에 착안, 마츠이의 명암 교부처 조사반도 설립했다. 수사의 주류는 '731부대'였지만 '명암반'은 6월 3일, 홋카이도 오타루시에서 히라자와 사다미치(당시 56세)를 사정조사, 8월 21일에 체포했다. 도쿄지검은 별건으로 기소한 뒤 10월 12일, 제은사건으로 추가 기소했다.

295) 안료를 달걀, 아교, 수지 등으로 반죽하여 그린 불투명 회화. 15세기 유화가 발명되기 전 서양회화의 대표적 화법

죄强盗傷人罪 기수다.

강도가 이상한 생각을 일으켜 강간까지 저지르는 일도 있다. 이것은 강도강간죄强盗强姦罪라고 하며, 형은 무기 또는 7년 이상의 징역이다. 미수도 처벌받는다. 이때 미수는 강도의 미수, 기수가 아니다. 강간의 미수다.

살해할 생각이 처음부터 있었든 없었든, 결국 그 여성이 죽어버렸다면 강도강간치사죄强盗强姦致死罪로 사형 또는 무기징역이다.

자기 물건인데도 강도ㆍ절도죄

자기 재물이라도 타인이 점유하거나, 공무소公務所의 명령으로 타인이 점유하는 경우, 그 재물을 약취하면 절도죄나 강도죄다.

예를 들면 친구에게 책을 빌려주었다. 필요하니까 돌려달라고 했는데도 돌려주지 않았다. 화가 나서 한 대 휘갈기고, 빌려준 책을 가져왔다. 강도죄다. 자신의 물건이라도 무심코 해서는 안 되는 것이다.

또한 자기 재산이라도 압류되었을 때는 집행관의 점유로 옮겨가기 때문에 훔치면 절도다.

3. 휘말리기 쉬운 사기죄

사기란 무엇인가?

"사람을 기망해서 재물을 사취하는 것"이 사기죄다. 형법 제246조에 규정되어 있다.

기망이란 속이는 일이다. 있는 일을 없다고 믿게 하거나, 반대로 없는 일을 있다고 믿게 하는 경우다. 서화가 위조품이라는 사실을 알면서도 진품이라고 믿게 한 뒤 상대에게 매매하려 하거나, 아무 연줄이 없기 때문에 그런 일은 불가능한데도 "비밀리에 입학금을 내면 사립의대에 입학시켜주겠다"고 날라리 재수생 아들을 둔 회사사장을 홀려 천만 엔을 받아내려는 경우가 그렇다.

기망해서 재물을 받는 일이 사취다. 속은 본인에게 받지 않고 타인에게 받았어도 사취인 경우가 있다. 속은 사람과 재물을 사취당한 피해자가 달라도 상관없다는 말이다. 뒷날 재판하게 되었을 때 재판소를 속이는 경우도 그렇다.

사람을 속여 재산상의 이익을 얻어도 사기다. 택시에 올라탔을 때는 기사에게 돈이 있는 듯이 보였지만 목적지에 도착해보니 빈털터리 무일푼이었다. 역시 기사를 사기에 걸려들게 한 것이다.

그럼 지금부터 다양한 사기의 실례를 들어볼 테니 참고하기 바란다.

판례에 나타난 사기의 종류

사기에는 여러 가지가 있다. 영리한 녀석일수록 점점 더 교묘하게 속인다. 같은 사기라도 지방과 도시의 사기는 속이는 방법이 서로 다르다.

▶ 서화, 골동의 위조품

구입자買主가 자신의 감식능력을 자랑하면서 서화골동품류를 구입했다고 해도 판매자賣主가 위조품이라는 사실을 알면서도 진품이 틀림없다고 증서까지 작성한 경우는 사기다.

▶ 전당포와 반지

보통의 감식으로는 전혀 알 수 없도록 정교하게 위조한 반지를 틀림없는 18금반지라고 속이고, 전당포 영감님의 감정을 그르치게 하여 저당잡혀도 마찬가지다.

▶ 질병과 보험

질병이 있는데도 건강한 사람처럼 속여 생명보험계약을 체결하고 피보험자(보험을 계약한 사람)가 사망한 뒤 보험금을 수취해도 사기다.

▶ 거짓기사를 실은 잡지

거짓이라는 사실을 안다. 하지만 독자의 구매욕을 일으키기 위해 사실무근의 기사를 게재한 잡지를 판매했다. 이 경우도 사기다.

▶ 차금의 연기

채권자에게 기일 내의 변제를 지독하게 독촉받았지만 돈이 없다. 채권자는 그대로 돌아갈 것 같지도 않다. 그래서 일시적인 방편으로 "10일 후에는 반드시 들어올 돈이 있어. 그러니까 10일만 더 기다려줘"라고 채권자를 속여서 변제기간을 연장시켜도 사기다.

▶ 차금과 연대보증인

차금借金할 때 부자인 숙부를 이용하여 "숙부님이 연대 보증인이 되어줄 거야"라는 거짓말로 돈을 빌린 경우 또한 사기다.

차주借主에게 돈을 변제할 의사가 있었는지 없었는지는 문제가 안 된다.

고향의 어머니를 환자로 만들어 그 구실로 종종 차금을 하던 지독한 녀석이 있었다. 끝내는 "어머니가 사망해서 장례비용이 필요합니다. 돈 좀 빌려주세요"라며 건강하게 살아 있는 어머니를 죽었다고 말해버렸다.

부탁받은 어느 소규모 회사 사장은 가엾은 생각에 40만 엔을 빌려주었다. 게다가 별도로 고향에 화환과 부의금까지 보냈다. 물론 순수한 선의로. "살아 있는데 장례식 화환을 보내는 건 무슨 뜻이야?" 남자의 어머니는 버럭버럭 화를 냈다.

최근 신문에 이런 기사가 실려 있었다. 이런 것을 장례사기라고 한다.

▶ 부동산 매매와 소송

산림소유권을 둘러싸고 소송이 발생했는데도 즉시 벌채해도 지장 없는 산림이라고 속이고 입목을 팔았다. 이 역시 사기다.

▶ 재판소를 속이는 사기

생선가게 마츠짱은 지식이 짧고 경박하지만 너무 순수해서 사랑하지 않을 수 없는 에도 토박이다. 그런데 아버지가 병들어 돈이 필요하게 된 마츠짱은 징그러운 곰보딱지 대머리 영감에게 은밀히 돈을 빌렸다. 태어나서 처음으로 땀을 뻘뻘 흘리며 차용증서를 써서 건네주었다. 기일이 되자 마츠짱은 한 푼도 빠짐없이 원리금을 변제했다. 그때 차용증서를 돌려달라고 말했지만, 대머리 영감은 "보관해둔 장소를 잊어버렸어. 나중에 보내줄게"라고 대답했다.

근본이 단순한 마츠짱, 그 말을 믿고 차용증서를 돌려받지 못한 채 "차금이란 그다지 자랑할 만한 일이 아니야"라며 아무에게도 말하지 않았다. 그 뒤 가게도 바쁘고, 어느 술집 예쁜 아가씨에게 살그머니 드나들게 된 마츠짱은 아코디언 반주로 노래를 부르는 등 신명나 있었기 때문에 예전의 증서 따위는 까맣게 잊었다.

수년의 세월이 흐른 어느 날, 평소처럼 가게에서 생선회를 만들며 스케하라 요이치[296]의 노래 "당신의 과거 따위는 알고 싶지 않아"라는 소절을 흥얼거리고 있는데, 재판소에서 소장이 배달되었다. 알고 싶지 않은 과거가 되살아난 것이다. 마른하늘에 날벼락, 하늘이 놀라고 땅이 흔들리는 개업 이래 터진 초대형 사건이었다. 이미 돌려준 돈을 변제하라는 소장이었던 것이다.

마침내 구두변론口頭弁論의 날이 다가왔다. 재판소라고는 단 한 번도 가본 적이 없는 마츠짱, 태어나서 처음으로 법정에 섰다. 재판관은 높은 곳에서 소송을 지휘했다. 그 모습을 바라보던 마츠짱은 "와! 멋지다. 하나밖에 없는 내 아들 녀석을 반드시 재판관으로 만들어야지"라며 엉뚱한 생각을 했다.

자신의 순서가 다가오자 마츠짱은 "기일 내에 한 푼 빠짐없이 깨끗하게 갚았습니다"고 말했다. 가슴속 응어리가 완전히 사라지는 것 같았다.

그런데 대머리 영감, 재판장에게 "터무니없는 말입니다. 오늘날까지 단 한 푼의 이자도 지불하지 않았습니다. 거짓말을 잘도 하는군요. 돈을 갚았다면 제가 이 증서를 갖고 있지도 않았을 겁니다"고 반박했다.

"뭐라고, 이 요절낼 영감탱이 시치미 떼지 마. 증서는 지금 당장 찾을 수 없으니까 나중에 보내주겠다고 말했잖아. 벽창호 같으니."

마츠짱은 날카로운 어조로 마구 몰아붙였다. 멱살만 잡지 않았을 뿐 언쟁은 계속되었다.

---

[296] 스케하라 요이치(菅原洋一) : 국립음악대학 졸업 후, 1958년 가수로 데뷔. 얼마 동안은 히트작이 없는 불운을 맛보았지만 1965년에 발매한 〈알고 싶지 않아〉가 2년 뒤 대히트하면서 인기가수 대열에 합류했다. 1968년 〈아무도 없다〉로 일본 레코드대상 가창상, 1970년 〈지금 헤어지자〉로 일본 레코드대상을 수상, 실력파 가수로서 지위를 확립했다

"증서를 발견할 수 없었다면 왜 수취증은 받지 않았는가?"

재판관이 마츠짱에게 물었다. 생선회 만드는 법이라면 박사이지만 법률은 단 한 줄도 모르는 마츠짱. 단지 망가진 레코드처럼 "갚았어, 갚았어"라는 말만 반복할 뿐이었다. 재판관도 내심 마츠짱을 동정했지만 증거가 없었다. 마츠짱의 패배는 확실했다. 마츠짱으로서는 분하고 원통하여 할복이라도 하고 싶었지만 증거가 없는 이상 눈을 빤히 뜬 채 이중으로 지불할 수밖에 없었다.

만약 이 사건을 대머리 영감의 사기수법이라고 증명한다면 어떻게 될까? 대머리 영감은 휴지조각 같은 쓸모없는 문서를 가져와 아무 사정도 모르는 재판관을 속여서 피고 마츠짱에게 이중으로 차금을 지불하게 한 것이다. 말할 나위도 없이 대머리 영감의 행위는 형법상 사기죄에 해당된다. 이 사기는 보통 사기와는 달리 속은 자와 피해자가 다르다.

세상에는 이런 영감탱이 같은 녀석이 많다. 돈을 지불할 때는 반드시 수취증을 받아두자.

무전취식·유흥·숙박

'잔류자 사헤이지佐平治'라는 이야기가 있다. 사헤이지라는 남자는 주머니가 쓸쓸한 친구 4명을 데리고 시나가와에 있는 유곽으로 향했다. 그들은 술과 안주를 주문하고 게이샤를 불러 야단법석을 떨며 마음껏 즐겼다. 그리고 유녀와 함께 각자 등불을 밝혔지만 친구들은 먼저 집으로 돌아가버렸.

그런데 사헤이지 역시 땡전 한 푼 없는 무일뿐이었다. 최근 건강상태가 좋지 않아 진찰을 받았는데, 해변이든 어디든 공기 좋은 곳에 가서 마음 편히 있으면 자연히 낫는 병이라는 의사가 말했다. 시나가와라면 해변인 데다 공기도 좋을 것 같았다. 그래서 무일푼이지만 실컷 먹고 마시고 느긋하게 즐겨야겠다는 원대한 계획을 세우고 친구들과 함께 유곽으로 향했던 것이다. 그러니까 처음부터 요금 따위 지불할 생각은 추호도 없었다.

다음날 아침, 유곽의 젊은이가 어젯밤의 유흥비를 받으러 왔다. 사헤이지는 재빨리 신문지로 궐련을 말면서 세 치 혓바닥으로 그를 구슬리기 시작했다.

"돌아간 친구들이 오늘밤 다시 오기로 했어. 돈은 내일 아침에 한꺼번에 지불할 거니까 걱정하지 마. 오늘밤에도 술좌석 마련해놓는 거 잊지 마."

사헤이지는 전혀 주눅 드는 기색조차 없었다.

〈잔류자 사헤이지〉는 기죽지 않는 뻔뻔스런 이 남자의 얘기를 재미있고 익살스럽게 전개한 고전 라쿠고의 명작이다. 이처럼 술집이나 음식점에서 실컷 먹고 마셔놓고는 계산할 때 정작 돈이 없다는 녀석을 무전취식無錢取食이라고 한다. 또한 게이샤나 악사를 불러 야단법석을 떨며 신나게 놀고 난 뒤 돈이 없다는 녀석을 무전유흥無錢遊興이라고 한다. 마찬가지로 재물과 재산상의 이익을 얻었기 때문에 모두 사기다.

현재 돈이 없다고 해서 반드시 사기인 것은 아니다. 그때의 상황을 자세히 조사해 볼 필요가 있다. 실수로 현재 돈이 없는데 그 대신 물건을 내놓거나 전화 한 통화로 달려올 수 있는 친구가 있다면 사기가 아니다.

그렇다면 기망, 즉 속임수는 언제 발생할까? 사회통념상 음식점에 들어가거나 숙박하러 가는 사람은 당연히 돈이 있을 거라고 여긴다. 따라서 속이려는 마음이 없었더라도 땡전 한 푼 없이 요리를 주문하고 이불을 펼쳐 잠자리에 들어갔다면, 이미 멋진 기망행위라고 본다.

▶ 무임승차

유효기간이 경과한 정기권이나 타인의 정기권을 사용하여 전철을 타도 사기다. 하지만 차표를 구입하지 않은 녀석이 개찰구에 역원이 없을 때 기차에 올라탄 것은 사기가 아니다. 왜냐하면 속은 사람이 없기 때문이다.

무임승차 중, 예컨대 택시 등을 타고 요금을 지불하지 않은 채 "이곳에서 잠깐 볼일이 있으니까 잠시만 기다려줘"라고 하고선 요령 좋게 도망가는 것은 사기다.

▶ 가불하고 얼마 후 행방불명

작부, 게이샤, 창부, 가정부, 임시고용인 등에게 자주 나타난다. "댁에서 일하겠습니다"고 계약하고 급료나 차금 명목으로 돈을 먼저 받은 뒤 며칠 동안만 일하고 줄행랑치는 녀석이다. 처음부터 돈을 떼어먹고 도망갈 의사가 있었다면 사기다.

하지만 처음에는 정말 근무할 생각이었는데 생각했던 것보다 일이 힘들다거나 고용주의 심한 혹사와 냉대가 고통스러워 도망쳤다면 사기가 아니다.

▶ 광고사기

> 단번에 탐낼 만한 황홀경, 섹시한 미인의 방사그림 12개월분 비밀리에 우송. 희망자는 본 회사로 3천 엔을 보내주기 바람. 절대 비밀보장.
> 　　　　　　　　　　　오사카시 고노하나구 ××쵸 ××번지
> 　　　　　　　　　　　　　　　　　　　　춘우회 春雨會

불량 잡지에는 이런 광고가 자주 실린다. 그런데 돈을 보내면 황홀은커녕 잡지의 표지그림에도 못 미치는 흔해빠진 미인그림이 우송된다.

하지만 3천 엔씩이나 송금한 사람은 단지 평범한 미인그림을 원한 게 아니다. 뭔가 특별한 그림이라고 믿었을 것이다. 이제 와서 남에게 하소연할 수도 없고, 불평도 소송도 할 수 없다. 그저 훌쩍거리며 침대 속으로 들어갈 수밖에. 그런데 드물게 용감한 사람이 담판을 하러 갔다.

"광고에는 황홀한 미인그림을 보내겠다고 했는데 이건 전혀 다르잖아요. 도대체 어떻게 된 거죠?"

그는 참으로 별스런 일도 다 있다는 듯이 묻는다.

"이 그림, 여기가 황홀하지 않습니까? 황홀이란 느낌의 문제라서 사람에 따라 다른 법이죠. 전 매일 황홀함을 느끼는데요."

상대는 담배를 피우며 기분 나쁘게 히죽히죽 웃는다.

"난 뭔가 색다른 그림이라고 생각했어요."

"뭔가 색다른 그림이란 어떤 거죠?"

상대는 아무것도 모른다는 듯 귀를 쫑긋 세우고 상체까지 내민다. 그 뻔뻔스러움은 형언할 수 없을 정도다.

"예를 들면…… 다시 말해 남녀의 정사씬 같은."

땀을 뻘뻘 흘리며 간신히 말한다.

"지금 농담하십니까? 우리 회사는 손톱에 낀 때만큼도 그런 생각은 없습니다. 그것은 당신의 오해입니다. 3천 엔이나 4천 엔의 푼돈으로 그런 그림을 살 수 있는지 없는지는 당신도 생각해보면 잘 알지 않습니까? 자, 그럼. 차라도 한잔 드시고 돌아가시겠습니까?"

그러면 대개의 사람은 "에잇" 하고 침을 뱉으며 찌그러진 냄비가 되어 문을 거칠게 열고 나가버린다.

이런 경우에는 무슨 사기일까? 경범죄법 제1조 제34항의 "공중에게 물건을 판매하거나 배포 또는 역무를 제공할 때 사람을 속이거나 오해의 소지가 있는 것을 광고한 자"라는 죄에 해당되어 30일 미만의 구류 또는 과료다. 따라서 피해자는 용감하게 고소해야 할 것이다.

▶ 도리코미 사기

장사하는 사람은 신용이 매우 중요하다. 신용만 있으면 돈이 없어도 상품을 얼마든지 입수할 수 있다. 그런데 장사를 그만두고 야반도주할 생각으로 단골집 운송비뿐만 아니라 지금까지의 신용을 이용해 상품을 잔뜩 입수, 덤핑으로 팔아넘겼다. 그리고 요령 좋게 장사를 그만두어버렸다. 이것을 도리코미[297]라고 한다. 더 이상 장사를 할 수 없다는 걸 알면서도 지금까지의 신용을 이용해 물건만 먹어치우고 대금은 지불하지 않은 채 도망치는 악성 사기인 것이다.

▶ 결혼사기

결혼 적령기를 넘겨 겉으로는 아무렇지도 않은 척하지만 내심 초조해하는 올드미스에게 "당신은 내 이상형이에요. 결혼해주세요"라고 달콤한 말로 속여 그녀의 피 같은 저금만 날름 먹어치웠다. 이때는 물건을 취득했기 때문에 사기에 해당되지만, 물건은 받지 않고 그녀의 정조만 빼앗았다면 사기는 아니다. 그것은 재물이 아니고 재산상 불법이익을 얻은 것도 아니기 때문이다.(사기죄의 형벌은 10년 이하의 징역이며 미수도 처벌받는다.)

---

297) 도리코미(取り込み사기) : 대금을 치르지 않고 물건을 먹어치우는 사기

준사기란 무엇인가?

판단력이 부족한 미성년자나 심신모약자를 이용해 재물을 받거나, 재산상 불법 이익을 얻거나, 타인에게 이익이 돌아가게 하는 행위는 준사기準詐欺라고 해서 10년 이하의 징역이다.

어린이가 다이아몬드 반지를 가지고 노는 모습을 보고 속여서 초콜릿과 교환한 경우다. 의사능력이 전혀 없는 유아나 심신상실자에 대해 행한 경우는 준사기가 아니고 절도다. 저능아는 단지 부추기기만 해도 갖고 있는 물건을 주기 때문이다.

"난 속이지 않았는데 왜 사기라는 겁니까?"

뒷날 이렇게 주장하는 녀석이 나오면 절대 안 된다. 따라서 이 규정을 만들어두었다.

4. 전과자가 많은 공갈죄

고우모리 야스의 대사

공갈죄에 대해서는 강도죄 부분에서 서로 비교하면서 설명했기 때문에 간단히 하기로 하자.

공갈은 재산을 요구하기 위해 위협하는 일이지만 강도만큼 정도가 심하지 않다.

"몇 푼 안 되는 노잣돈 받으러 왔습니다."

기분 나쁘게 아래위로 훑어보며 겐야다나玄治店[298]의 고우모리 야스蝙蝠安[299]는 행동이 굼뜬 집주인에게 으름장을 놓았다.

"주지 않겠다고 지껄이고 싶다면 내가 낙타의 시체를 여기로 가져오지요. 가지고 오는 김에 죽은 사람에게 캉캉노우かんかんのう[300]도 춤추게 해주죠. 그러니까 빨리 주십시오. 물론 그 돈은 삶아먹든 구워먹든 이쪽에서 알아서 하겠습니다."

그래도 집주인이 돈을 건네주지 않자 협박하려고 정말로 시체를 짊어지고 다시 쳐들어왔다. 이것이 바로 공갈 협박의 예다.

이처럼 협박으로 재물을 얻거나 재산상의 불법이득을 얻거나, 또는 타인이 얻게 하는 것이 공갈이다.(형법 제249조) 10년 이하의 징역. 미수도 처벌받는다.

"내일 일하러 오지 않으면 각오해. 무사히 넘어갈 수 없을 거야."

이런 협박을 받고 하루 무료봉사한 부하가 있다면 그 우두머리는 재산상 불법이익을 얻은 것이다.

주간지나 신문에 비밀을 불어버리겠다고 협박한 뒤 돈을 우려내는 행위도 공갈이

---

298) 겐야다나(玄治店) : 의사 오카모토 겐야(岡本玄治)가 3대 장군 도쿠가와 이에미츠(德川家光)에게 공적으로 받은 상가. 현재 니혼바시 닌교쵸 부근. 연극 관계자가 많이 살았다.

299) 고우모리 야스(蝙蝠安) : 나가야(시타마치의 좁은 골목길)의 목조건물에 살고 있는 본명이 '우마(馬)', 별명이 '낙타'라는 남자 집에 어느 날 고우모리 야스가 찾아왔다. 대답이 없어서 들어가보니 낙타는 죽어 있었다. 장례를 해주고 싶은 고우모리는 주인집으로 쳐들어간다.

300) 에도부터 메이지 시대에 걸쳐 민중 사이에서 유행했던 속요

다. 판례는 어떤 비밀인지까지는 말하지 않아도 성립하면 공갈이라고 한다.

또한 여러 명이 모여서 절교를 통지하는 것도 상대의 장래에 불이익을 안겨줄 우려가 충분하기 때문에 공갈에 해당된다.

2~3천 엔 가치인 소나무 한 그루를 훔친 자에게 "10만 엔을 내놓지 않으면 고소하겠다"며 손해배상 명목으로 10만 엔을 착취한 행위도 공갈죄다. 정말 고소할 일인데도 그걸 기회로 금품을 받을 계획이라면 부디 주의하길 바란다.

약점을 이용한 공갈

다음과 같은 판례도 있다.

공갈죄에 해악害惡의 통고通告는 분명하게 나타나지 않아도 된다. 예를 들면 말이나 동작도 지장이 없다. 어떤 남자가 오랫동안 어느 여자와 성관계를 가졌다. 그것이 못마땅하다고 화를 내거나 비난하여 그 남자에게 세상에서 가장 나쁜 짓이라는 두려움을 안겨주었다. 이것이 공갈의 수단으로써 해악의 통지다.

잡지사의 공갈에 대해 다음과 같은 판례가 있다.

"공갈의 수단은 명확하게 나타나는 언동言動이 아니라도 상관없다. 자신의 성향, 경력, 직업상의 위세를 불법적으로 이용하여 은근히 재산의 교부를 요구하거나, 재물을 내놓지 않으면 불이익을 당할 거라는 태도로 상대를 불안하게 하는 행위는 공갈의 수단으로 보아도 좋다. 따라서 자신이 경영하는 '일본△△' 잡지가, 자기 의사에 따라주지 않는 실업가에 대해서는 부당하게 공격하는 위험한 성향이 있고, 실업계에서는 그것을 두려워하는 사람도 있다는 점을 이용해 은근히 압박하여 잡지 경영비 보조 명목으로 돈을 교부받은 것은 역시 공갈이다."

권리행사와 공갈죄

어떤 남자가 지인의 소개로 돈을 빌려주었다. 그런데 돈을 빌린 사람이 일부만 돌려주고 잔금은 이런저런 핑계를 대며 돌려주지 않았다. 화가 난 남자는 젊은 시절 주먹깨나 쓴 친구 두 사람에게 힘을 빌려달라고 부탁했다.

"빨리 돈 갚아. 안 갚으면 심한 꼴 당할 줄 알아."

남자가 위협적인 태도를 취하자 옆에 있던 두 친구가 거들었다.

"우리 체면도 좀 세워줘."

그게 효과가 있어 남은 잔금을 모두 돌려받았다. 하지만 얼마 후 공갈로 기소되었다. 재판소도 공갈로 세 사람을 유죄 판결했다.

이전에는 법률상 타인에게 재물과 재산상의 이익을 취득할 권리가 있는 사람이 그 권리행사의 수단으로써 위협한 경우에는 협박죄도 공갈죄도 성립하지 않는다는 것이 판례 경향이었다. 하지만 현재는 거의 "권리행사의 수단으로써 사회통념상 일반적으로 용인받을 수 있는 태도를 이탈한 경우에는 위법이며 공갈죄가 성립한다"는 입장을 취한다.

5. 맡아둔 물건 슬쩍하기 · 횡령죄

신라사부로 요시미츠와 생의 비전

자신이 점유하고 있는 타인의 물건을 횡령하면 5년 이하의 징역이라고 형법 제252조에 규정되어 있다. 따라서 횡령이라고 하기 위해서는 우선 타인의 물건을 자신이 점유한 상태여야 한다. 예를 들면 타인으로부터 서책을 빌렸다든가, "이 돈을 갑에게 건네줘"라고 을에게 받아둔 상태라든가.

물건인 이상, 동산이든 부동산이든 상관없다. 부동산의 횡령이란 예컨대 조카의 부동산을 숙부가 맡아두었을 때 조카와 상의도 없이 마음대로 그 부동산을 팔아버린 경우다.

횡령을 하기 위해서는 물건이 아니면 안 된다. 그러므로 집안대대로 내려오는 약제조법이나 가무, 꽃꽂이, 다도, 검도 비법 등을 "우선 너에게 전수할 테니 이 아이가 성장하면 전수해주거라" 해서 전수받았지만 아이가 자라자 아까워서 전수하지 않고 자신이 종가宗家나 원조처럼 행동했다면, 비법의 횡령이라고는 말할 수 없다. 하지만 비전서나 서책 등의 물건을 맡아두고 아이에게 건네지 않았다면 그 물건에 대해서는 횡령이 성립한다.

신라사부로 요시미츠는 "시노하라 도요아키가 성장하면 전해주어라"라며 전가의 생笙301)의 비곡을 그의 아버지에게 전수받았다.

요시미츠는 약속대로 달 밝은 밤, 아시가리산에서 도요아키에게 전수했다. 그때 그가 전수하지 않고 시치미를 떼었다 해도 횡령죄에는 해당되지 않는다.

에치젠 카미와 아기 쟁탈전

을로부터 갑에게 건네주라는 부탁을 받고 3만 엔을 맡아두었다. 만약 그 돈을 사용해버렸다면 어떻게 될까? 봉투에 들어 있었다면 횡령이다. 하지만 밖으로 드러낸 채 건네받았다면 어떻게 될까?

맡아둔 인간이 가난해서 지금 써버리면 갑에게 주지 못할 줄 알면서도 그냥 사용해버렸다면 틀림없는 횡령이다. 하지만 약속 기일까지 갑에게 충분히 건네줄 수 있어서 잠시 변통한 뒤 기일에 맞춰 자기 돈으로 지불했다면 횡령이 아니다.

매번 말했듯이, 살아 있는 사람의 신체는 법률상 물건이 아니기 때문에 횡령죄가 성립하지 않는다. 어떤 여자가 아이를 마리코에게 보냈다. 붙임성이 좋은 아이였기 때문에 마리코는 그 아이가 무척 귀여워 어쩔 줄 몰랐다. 그래서 아무리 아이의 부모가 요청해도 돌려보내지 않았다. 결국 분쟁으로 치달아 에치젠 카미越前守302) 앞으로 나왔다.

에치젠 카미는 두 여자에게 아이의 양팔을 잡아당겨 승리하는 쪽에게 아이를 주겠다고 했다. 그런데 통증을 견디지 못한 아이가 울기 시작하자 자기도 모르게 손을 놓아버린 여자가 진짜 어머니라고 했다. 만약 아이가 아니라 물건이었다면 자기 아

---

301) 생황. 아악에 쓰이는 관악기
302) 에치젠 카미(越前守, 1677~1751년) : 본명 오오오카 다다스케(大岡忠相). 에도 중기의 정치가. 8대 장군 도쿠가와 요시무네(德川吉宗)에게 인정받아 41세 때 에도의 마치부교로 승진, 에치젠 카미(越前守)라고 개명. 에도 시민의 생활을 지키기 위해 힘을 쏟던 그는 당시 굉장한 힘을 가진 환전 상인을 적으로 돌리면서까지 저렴한 상품을 에도에 유통시켜 도매상→중간상인→소매상이라는 물류체제를 확립했다. 또한 '47조'를 조직하여 방재대책에도 힘을 기울였으며 빈민구제를 위한 양생소도 설립했다.

이라고 주장한 마리코에게 횡령죄가 성립하지만, 아이는 살아 있는 인간이기 때문에 횡령죄는 성립하지 않는다.

은행원이 한 부정행위는 보통 횡령죄로 생각하는 경향이 있는데 반드시 그런 것은 아니다. "여행원 2억 엔 횡령"이라는 제목으로 신문에 보도된 아시리 은행의 오오다케大竹[303]와, 9억 엔이나 빼돌렸다는 시가 은행 오쿠무라奧村[304]는 자신들이 돈을 맡아두고 있었던 게 아니기 때문에 횡령이 아니다. 사기와 위조죄다. 따라서 오오다케에 대해서 우츠노미야 지방재판소 도치키지부가 선고한 판결 죄명은 사기, 사문서위조, 동행사同行使 등이었다. 횡령죄 얼굴은 코빼기도 보이지 않았다.

도박과 뇌물의 돈, 돌려주지 않으면 횡령인가?

횡령행위에는 어떤 형태가 있는가? 맡아둔 물건의 소비, 매각, 혹은 담보로 돈을 빌리거나 은닉하는 등 여러 가지가 있다. 빌린 책을 주인에게 돌려주고 싶지 않아서

---

303) 쇼와 50(1975)년 7월 20일, 아시리은행 도치키지점 대부계, 오오다케 쇼코(大竹章子·당시 23세)는 가공의 예금증서를 사용해 2억 천만 엔을 인출한 사실이 발각되어 사기 및 횡령 용의자로 도치키 경찰서에 체포되었다. 또한 경찰은 횡령한 돈을 받은 아베 노부유키(阿部誠行·당시 25세)를 용의자로 전국에 지명 수배했다. 2년 전, 쇼와 48년 여름, 친구와 동북지방을 여행하던 중, 국제비밀경찰이라는 아베를 알게 된 오오다케는 국가를 위해 세계를 돌아다니는 그를 동경하게 되었다. 아베는 결혼 얘기로 그녀에게 접근, 국제비밀경찰 활동을 위한 명목으로 차금을 요구했다. 오오다케는 자신의 예금과 가족으로부터 돈을 빌려 건네주었지만 아베의 요구금액이 점점 올라가 결국 은행돈에 손을 대기 시작했다. 한편 아베는 오오다케에게 받은 2억 천만 엔으로 경마정보회사와 클럽을 경영하며 애인과 호화로운 생활을 보냈다. 그런데 '본점의 예고 없는 심사'에서 범행이 발각, 아베는 애인과 함께 도주했지만 9월 18일 도쿄에서 체포되었다. 오오다케는 아베의 본명, 주소, 직업 등에 대해 전혀 모르고 있었다. 재판소는 아베에게 사기, 유가증권위조, 동행사죄(同行使罪)로 징역 8년, 오오다케에게는 징역 3년 6개월의 실형을 확정했다.
304) 1974년 10월 21일, 시가은행 야마시나(山科)지점의 베테랑 행원 오쿠무라 아키코(奧村彰子·당시 42세)가 횡령 용의자로 체포되었다. 오쿠무라는 같은 해 2월까지 6년 동안 약 1300회에 걸쳐 역사상 유래 없는 9억 엔을 착복, 대부분 10세 연하인 택시운전수 야마가타 겐지(山縣元次)에게 헌납했다. 재판소는 1976년 6월 29일, 오쿠무라에게 징역 8년, 야마가타에게 징역 10년의 판결을 선고했다. 또한 은행에 대한 배상으로 오쿠무라는 천만 엔, 야마가타는 3천만 엔의 지불명령을 받았다.

"빌린 적이 없어"라든가 "벌써 돌려주었잖아?", "전날 밤에 도둑이 들어와서 훔쳐가 버렸어"라고 말해도 횡령이다.

도박에서 승리한 돈을 동료 한 사람에게 맡기고 "내일 분배하자"라고 말했지만 아무리 재촉해도 분배하지 않았다. 이때는 불법원인이기 때문에 소송을 해도 나누어 가질 수 없다. 민법상에는 그렇게 되어 있다. 하지만 형법상에서는 횡령죄가 성립한다.

또 있다. 예를 들면 "공무원에게 뇌물로 건네줘"라며 친구에게 돈을 맡겼지만 며칠이 흘러도 뇌물로 사용하지 않았다. 돌려달라고 해도 소용이 없다. 그렇다고 재판소에 소송을 할 수도 없다. 불법원인이기 때문이다. 하지만 형법에서는 역시 횡령죄가 성립한다.

형이 두 배로 가중, 업무상 횡령

업무상 자신이 점유하고 있는 타인의 물건을 횡령하면 형은 두 배가 된다. 즉 10년 이하의 징역이다.

업무는 직업·직무에 관한 모든 것을 포함한다. 직업이나 직무라는 명칭에 꼭 들어맞지 않아도, 예를 들면 영업이나 사무도 포함한다. 따라서 업무를 위해서 법률상 당연히 하는 경우든, 계약으로 맡아둔 경우든, 관례상 맡아둔 경우든 상관없다. 예컨대 공무원이 직무상 보관한 것을 소비하면 업무상 횡령이다.

그 외에 전당포 주인이 저당잡은 물건에 대해, 운송업자가 맡아둔 운송품에 대해, 회사나 사원이 사무적으로 보관한 물건에 대해, 우편사무에 관련 있는 사람이 우편물에 대해 횡령을 하면 모두 업무상 횡령이다.

점유이탈물의 횡령은 가벼운 범죄

"부정하게 얻은 재물은 오래가지 못한다."

이런 소제목의 기사가 신문에 실렸다. 무슨 말인가? 눈을 크게 뜨고 읽어보니 삿포로에서 스낵 바를 경영하는 남자가 삿포로 경찰에 체포되었는데 원인은 자기 계좌로 잘못 들어온 타인의 돈을 슬쩍했다는 내용이었다.

도쿄에 본사가 있는 선경운송회사의 삿포로 영업소 소장을 하고 있던 이 남자는 회사의 영업부진으로 급료도 변변히 지불받지 못했다. 화가 나 있던 차에, 야마구치현 시타노세키시에 있는 어시장회사가 명란젓의 지불대금을 송금할 때 은행명을 정확하게 기재하지 않아서 대금 230만 엔이 착오로 이 남자의 계좌로 입금되었던 것이다.

행운으로만 생각한 이 남자, 입금 전액을 인출한 뒤 그대로 모습을 감추었다. 그리고 그 돈을 자본금으로 스넥 바를 개업하고 아파트에 가구까지 구입한 뒤, 나머지는 카바레에서 모두 탕진해버렸다. 결국 2개월 뒤 체포되었을 때는 4천 엔밖에 남아 있지 않았다고 한다. "부정하게 번 돈은 오래가지 못한다"의 견본 같은 얘기다.

이 남자의 행위가 바로 점유이탈물횡령죄占有離脫物橫領罪다.

"유실물이나 표류물 등 점유를 떠난 타인의 물건을 횡령하는 것이 점유이탈물횡령죄다"고 형법 제254조는 말한다.

유실물이나 표류물이 무엇인가는 민법의 소유권 부분에서 설명했다.

전철에서 내릴 때 잘못하여 들고 와버린 타인의 우산이나, 집에 놀러온 사람이 깜빡 잊고 놓고 간 보자기, 소식을 전하는 길 잃은 비둘기, 넝마장수가 사들인 종이 속에서 우연히 발견한 비상금 봉투, 옆집 건조대에 걸려 있던 빨래가 바람에 날려 자기 집으로 떨어진 것 등이 유실물이다.

관동대지진 때 사체의 몸에서 돈을 훔친 이유로 유실물횡령죄 처벌을 받은 남자가 있었다. 사체는 물건을 지배하는 힘이 없기 때문에 사망하면 생전에 지니던 물건은 점유를 이탈해버린다. 따라서 유실물횡령죄에 해당된다.

길가에 놓인 자전거라도 그것이 유실물인가 아닌가는 일괄적으로 말할 수 없다. 만취한 사람이 귀찮아서 거기에 자전거를 두고 비틀비틀 어딘가로 갔다가 잠시 후 정신을 차리고 "자전거를 거기 두었지"라고 잊어버린 장소를 생각해낸 상황이라면 그 자전거는 유실물이다.

하지만 집에 보관해야 하는데 그 사실을 잊고 가게 옆에 놓아두었다고 주장한다면, 판례는 "소유자가 그 소재를 의식하고 있고, 객관적으로 보아도 그 물건의 소유자를 추측할 수 있는 장소에 있기 때문에 그 물건은 소유자의 점유에 속한다"고 말한다. 따라서 이와 같은 자전거는 점유이탈물이 아니다.

여관이나 목욕탕, 은행건물 내에 있는 물건은 관리자가 물건을 배타적으로 지배하기 때문에 특별히 건물 내에 있는 물건은 그 존재를 인식하지 않아도 실제 관리자가 지배하는 것으로 인정한다. 따라서 여관이나 목욕탕 혹은 은행 등에서 깜빡 한 물건은 점유이탈물이 아니다. 예컨대 은행에 갔더니 손님이 깜박 잊고 간 물건이 있어서 슬쩍했다면 점유이탈물횡령이 아니라 절도다.

잊어버린 물건은 무척 많다. 국철이 쇼와 50년에 작성한 잊어버린 물건백서에 따르면 전국에 걸쳐 하루 평균 약 4945건, 현금 약 568만 엔이라고 한다.

물건으로는 의치, 순금판, 유골이라는 이상한 종류도 있지만 두드러지게 많은 것은 우산이다. 수도권만으로 한정해도 1년 동안에 국철 안에서 잊어버린 물건은 78만 건이므로 실례하는 사람도 적지 않을 것이다.

점유이탈물횡령죄의 형벌은 1년 이하의 징역 또는 백 엔(임시조치 2만 엔) 이하의 벌금 혹은 과료다.

6. 배임죄

형법 중에는 침을 질질 흘리는 더러운 소의 군침처럼 읽기 힘든 조문이 있다.

"타인을 위해 그 사무를 처리하는 사람이 자기 혹은 제3자의 이익을 꾀하거나, 본인에게 손해를 끼칠 목적으로 그 임무에 등을 돌리는 행위를 하거나, 본인에게 재산상의 손해를 입혔을 때는 5년 이하의 징역 또는 천 엔(임시조치 20만 엔) 이하의 벌금에 처한다"는 형법 제247조의 배임죄 규정이 그 조문이다.

이처럼 배임죄背任罪는 타인을 위해 사무를 처리하는 사람이 자신의 임무에 등을 돌린다는 점이 핵심이다.

어떤 이유로 그 사무를 처리하게 되었는가는 문제되지 않는다. 후견인이나 파산관재인破産管財人처럼 법률규정에 따른 일도 있고, 위임이나 고용처럼 계약에 따른 일도 있다. 또는 습관적인 사무관리로 사무를 처리하게 된 일도 있고, 성실성의의 관념상 사무관리에 대해 신임관계를 인정받는 경우도 있다. 보통은 위임이나 고용, 기탁, 청부 등의 계약으로 타인의 재산관리보전임무를 행하는 경우가 많다.

임무에 등을 돌린다는 것은 신임관계를 위반하는 행위다. 어떤 행위가 임무에 등을 돌린 것인지 아닌지는 그 행위가 통상의 행무집행行務執行의 범위를 이탈했는지 아닌지로 결정된다. 예를 들면 운송인이 화물인환증을 받지 않은 채 화물을 인수한다거나, 물품매각을 의뢰받은 사람이 부당하게 싼값으로 매각한다거나, 공무원이 공사감독을 게을리하거나, 신용조합의 대부계원이 회수할 전망도 없는 불량대부를 하여 회수할 수 없게 한다거나, 전당포 지배인이 미인인 손님에게 말도 안 되게 많은 금액을 빌려준다거나, 대금회수를 의뢰받은 사람이 채무자에게 매수되어 지불을 면제해준다거나, 회사의 전무나 지배인이 타인의 편의를 꾀하기 위해 회사에 손해를 입히는 일 등이다.

본인에게 재산상의 손해를 입혔을 때는 기수다. 재산상의 손해라고 말한 이상, 명예에 손해를 끼쳤다면 이 죄는 성립하지 않는다. 재산상의 손해는 그 재산이 현재의 재산이든, 앞으로 불려야 하는 재산의 수익이든 상관없다. 또한 직접 재산에 관계하지 않았어도 호적상 신고임무를 맡은 사람이 본인에게 해악을 줄 목적으로 불리한 신고를 하여 상속권을 해치고, 그 결과로 본인에게 재산상의 손해를 끼쳤을 때도 역시 배임죄다.

타인의 물건을 보관하는 일이 그 사람의 임무인 경우, 예를 들면 전당포, 창고영업자, 역의 임시보관원 등이 보관 중인 물건을 횡령했다면, 물론 임무에 등을 돌리고 있지만 그때는 횡령죄만 성립할 뿐 특별히 배임죄는 성립하지 않는다. 같은 신임관계에 등을 돌렸어도 재물에 대한 배신이 횡령죄이고, 그 외에 재산상의 이익에 대한 배신이 배임죄다. 양자는 그렇게 구별한다.

7. 냄새나는 물건, 장물에 관한 죄

냄새나는 물건에는 손대지 마라

"나리! 찾는 물건이 있습니까?"

석양이 깔린 거리에서 어떤 녀석이 몸을 바짝 붙이며 속삭였다. 자세히 살펴보니 옆구리에 끼고 있는 보자기에서 양복지가 살짝 엿보였다.

남자의 표정과 분위기로 보아 뭔가 냄새나는 물건이라고 느껴졌다. 그런데 남자가 제시한 값은 시장가격과 비교도 안 될 만큼 낮았다. 싼값에 홀려 무심결에 사버렸다. 그런데 그 물건이 도난품이라면 구입한 사람도 범죄자다. 그 피륙은 법률상 "장물의 매매 등은 장물고매죄藏物故買罪다"는 범죄에 해당하기 때문이다.

장물이란 재산범이 자기 또는 제3자의 재산을 목적으로 취득한 재물로써 피해자가 법률상 그것을 회복·추궁할 수 있는 물건이다. 즉 절도, 강도, 사기, 공갈, 횡령 등으로 취득한 물건이다.

여기서 잠깐 주의할 것이 있다. 공무원이 뇌물로 받은 상품권이나 피륙 또는 위조·변조의 지폐나 문서, 도박으로 얻은 소득은 장물이라고 할 수 없다. 재산을 침해해서 얻은 재물이 아니기 때문이다.

사체의 장기는 장물일까?

옛날 이와테 현에 굉장한 녀석이 있었다. 당시에 사람의 간이나 장기가 어떤 종류의 병에 효과가 있다는 미신이 떠돌았다. 돈벌이를 위해서라면 염라대왕의 혀라도 뽑을 것 같은 그 녀석은 어느 깊은 밤, 매장한 지 얼마 안 된 생판 모르는 묘지를 파헤쳤다. 말할 것도 없이 사체의 배를 잘라 간과 장기를 꺼낸 것이다. 물론 약으로 팔기 위해서.

그런데 그 사정을 알면서도 간과 장기를 구입했다면 도난품의 매수로 장물고매죄에 해당될까? 모리오카 지방재판소는 도난품이기 때문에 장물죄라고 했다.

하지만 형법 제190조에는 "사체, 유골, 유발遺髮, 또는 관 속에 있는 물건을 손상,

유기, 취득한 자는 3년 이하의 징역에 처한다"는 특별규정이 있다. 따라서 묘지를 파헤쳐 장기를 꺼내면 절도가 아닌 이 조문으로 처벌받는다. 그래서 대심원은 장물죄가 아니라고 판결했다.

습득한 금시계

14세 미만의 어린이가 한 일은 법률상 범죄가 아니다. 그렇다면 10세 미만의 어린이가 공공장소에서 절도한 물건을 구입해도 장물죄는 성립하지 않을까? 절대 그렇지 않다. 재판소는 14세 미만인 어린이가 타인의 재물을 절도한 경우에 법률은 처벌하지 않는다고 말했을 뿐, 그 재물은 장물이 아니라고는 말하지 않았다.

유실물을 습득하고 시치미를 떼면 횡령죄라고 이미 언급했다. 어떤 사람이 금시계를 주웠지만 파출소에 신고하지 않고 사정을 아는 친구에게 싼값으로 팔았다면 장물고매죄가 성립한다.

"그럼 주운 금시계의 금을 다시 주물해서 금괴로 만들어 팔았다면 어떻게 될까?"

역시 사정을 알고 구입했다면 마찬가지라는 판결이다.

"그 금을 바탕으로 온통 보석을 박아 반지나 넥타이핀으로 바꾸었다면 어떻게 될까?"

그것은 이미 장물이 아니다. 장물의 원형만 변경하고 어떤 공작도 하지 않았다면 아직 장물성을 잃지 않았지만 가공해버리면 더 이상 장물이 아닌 것이다.

일단 팔린 도난품을 구입했을 때

고서화점에서 족자를 구입했다. 그런데 어느 날 모르는 사람이 찾아와서 말했다.

"이건 얼마 전에 제가 도난당한 물건이에요. 돌려주세요."

이때는 돌려주어야 할까? 그렇지 않다. 돌려주지 않아도 된다.

"당신이 구입한 대금은 변상할 테니까 돌려주세요."

그 피해자가 이렇게 말했다면 얘기는 달라진다. 민법 제194조에 "점유자가 도난품 또는 유실물을 경매하거나 공공의 시장에서 같은 종류의 물건을 판매하는 상인에게 선의로 구입했을 때는 피해자 또는 유실자는 점유자가 지불한 대가를 변상하지 않으면 물건을 회복할 수 없다"고 규정하기 때문이다. 하지만 그 청구도 피해가 발행했을 때부터 2년이 경과하면 할 수 없다.

장물의 고매, 기장 등 여러 가지

장물죄에는 수수죄收受罪, 운반죄運搬罪, 기장죄寄藏罪, 고매죄故買罪, 아보죄牙保罪 등이 있다.

공짜로 받는 것이 수수다. 훔친 돈을 무이자로 빌려도 그렇다.

운반은 글자 그대로다.

부탁받고 보관해주는 것은 기장이다. 사례를 받았든 받지 않았든 상관없다. 도난품이라는 사실을 알면서 저당물로 받아도 역시 기장이다.

아보牙保는 법률상 장물의 처분행위, 즉 매매, 매입, 교환을 주선하는 일이다.

고매죄는 장물죄 중 가장 많은 범죄로 도난품이라는 사실을 알면서 매매, 교환하는 것이다. 산업스파이가 교묘한 말로 회사 직원에게 접근하여 기밀서류를 빼내오게 했을 때는 금전을 주었을 것이다. 이와 같은 일도 고매죄다. 장물고매죄는 매매약속을 한 사실만으로도 성립한다. 물건을 아직 인수받지 않았어도 상관없다.

장물죄가 성립하기 위해서는 "이것이 장물이다"는 사실을 확실히 알고 있지 않아도 된다. "혹시 장물이 아닐까?" 하는 정도라도 성립한다. 누가 했는지, 어떤 범죄인지 알아야 할 필요까지는 없다. "재산범이 취득한 걸까?" 정도로도 충분하다.

구입할 때는 도난품이라는 사실을 몰랐지만 그 물건을 인도받았을 때 알았다고 해도 역시 장물고매죄다.

수수죄는 3년 이하의 징역, 운반·기장·고매·아보는 10년 이하의 징역 및 천 엔(임시조치 20만 엔) 이하의 벌금에 처한다.

장물죄에 대해서는 특칙이 있다. "약취 또는 횡령행위를 한 자와 그 도난품에 대해 장물죄를 범한 사람 사이에 직계혈족, 배우자, 동거의 친족 및 그들의 배우자 관계가 있는 경우에는 그 형을 면제한다."

도벽이 있는 아내가 훔쳐온 물건을 남편과 자녀가 알면서 천정에 숨겨도 처벌받지 않는다는 말이다.

8. 훼기·은닉의 죄

증서의 인지를 떼어내면 어떤 죄인가?

① 공무용公務用으로 제공하는 문서를 훼기하면 공용문서훼기죄公用文書毀棄罪다. 물건의 효용을 해하는 모든 경우를 훼기毀棄라고 한다. 따라서 그 물건의 실질을 유형적으로 망가뜨린 경우, 예를 들면 문서를 찢는 것은 물론, 문서의 글자를 약품으로 지워버려도 훼기다.

"증서에 붙어 있는 수입인지를 떼어내도 훼기다"는 판례도 있다.

증서에 인지를 붙이는 것은, 얼굴에 점을 붙이는 젊은 여자처럼 돋보이게 하거나 멋을 내기 위해서가 아니다. 법률의 명령으로 붙인 것이다. 그런데 인지를 붙이지 않아도 그 문서의 효력에는 아무 문제가 없다. 하지만 인지와 문서의 내용은 서로 동등하게 완전한 한 개의 문서를 이루기 때문에 떼어내면 훼기다.

어떤 남자가 보증인으로 증서에 서명했다. 그런데 증인의 의무에서 벗어나기 위해 채권자로부터 증서를 받아 '보증인' 글자를 '입회인'으로 마음대로 바꾸고 모른 척 채권자에게 돌려주었다. 이것도 훼기죄다.

관공서가 사용목적으로 보관 중인 문서를 훼기하면 3개월 이상, 7년 이하의 징역이다.

② 권리의무에 관한 타인의 문서훼기는 사문서훼기죄私文書毀棄罪이며 5년 이하의 징역이다. 친고죄親告罪다.

③ 건조물훼기죄建造物毀棄罪도 있다. 타인의 건조물 또는 함선艦船을 손괴損壞하는 행위이며 5년 이하의 징역이다.

건조물이란 가옥, 그 외의 유사한 건축물로 지붕이 있고, 장벽 또는 기둥으로 지탱해 토지에 정착하고 있기 때문에 적어도 그 내부를 출입할 수 있는 구조로 되어 있다. 따라서 저택의 쪽문을 파괴하거나 대나무 담장을 부수고 다다미를 떼어내는 정도로는 건조물훼기가 아니다.

함선艦船이란 글자 그대로 대소를 불문하고 전마선305), 달마선306), 죠키307), 보트에 이르는 모든 선박을 말한다.

도쿠리에 방뇨하면 어떤 죄인가?

④ 공용문서, 권리의무에 관한 타인의 문서, 건조물, 함선 이외의 물건을 파괴하는 것이 기물손괴죄器物損壞罪다.

어떤 남자가 술집에서 술에 취해 도쿠리德利308)에 소변을 보았다. 판례는 이 남자가 한 일에 대해 다음과 같이 말했다.

---

305) 전마선(伝馬船) : 목조로 건조된 일본식 소형 선박
306) 목선의 일종. 길이에 비해 폭이 넓으며 대형 전마선 화물운송에 이용
307) 지붕이 없고 뱃머리가 뾰쪽한 기다란 소형 선박. 에도시대에 시내 하천에서 이용했다.
308) 입구가 작은 술병

"손괴損壞란 단지 물질적으로 기물 그 자체의 형체를 변경 또는 소멸하는 경우뿐만 아니라, 사실상 혹은 감정상 그 물건을 본래의 목적용도로 제공할 수 없는 상태에 이르게 하는 경우도 포함된다. 따라서 영업상 손님의 음식용으로 제공해야 하는 스키야키 냄비나 도쿠리에 방뇨한 이상, 피해자는 두 번 다시 그 물건을 영업용으로 제공할 수 없기 때문에 기물을 손괴한 것이다."

옛날에 어떤 남자는 유곽에 놀러가는 일이 세상 그 무엇보다도 좋았다. 그래서 발바닥이 닳도록 들락거렸다. 예로부터 이러한 일로 인해 가계를 지탱한 예는 없다. 남자는 여자에게 채이고 돌아올 때마다 비통함에 두 번 다시 가지 않겠다고 결심했다. 하지만 누워서 곰곰이 생각해보면 또다시 가고 싶어 견딜 수가 없었다.

일단 집을 나와 "괴로움이 끊이지 않는 인간세계로는 보이지 않는 석양의 유곽"으로 잔뜩 기대하며 발걸음을 재촉했지만 여전히 즐거운 일은 없었다. 이불 속에서 목을 길게 빼고 여자를 기다리던 남자는 시종 전 세 번의 종소리를 들으며 거의 자포자기 상태로 도코노마[309]에 걸린 족자를 올려다보았다.

"저 가노 단유[310]란 화가는 위필도 못하는 녀석이야."

옛 사람들의 말이 떠오르자 남자는 은근히 화가 치밀었다. 그래서 느릿느릿 일어나 죄 없는 족자에 분풀이를 하기 시작했다. '불길'이란 두 글자가 마음을 무척 불편하게 만들었던 것이다.

이런 게으름뱅이에 대해 재판소는 다음과 같이 판결했다.

"피고는 요금을 받고 빌려주는 집(유곽)의 2단 상좌에 걸려 있던 도미그림 족자를 오른쪽의 '불不'자, 중앙의 '길吉'자, 즉 '불길'의 두 글자가 거슬린다고 먹물로 칠해 피해자가 종전대로 사용할 수 없는 상태로 만들었기 때문에 훼기죄로 처벌해야 한다."

술병 뚜껑을 무단으로 열어 타인의 술을 아깝게 쏟는 일도, 남의 집 가스 뚜껑을

---

309) 방의 상좌에 바닥을 한층 높게 만든 곳으로 벽에는 족자를 걸고, 바닥은 꽃 등으로 장식.
310) 가노 단유(狩野探幽, 1602~1674년) : 에도 초기의 화가. 특히 막부의 전속화가로서 모모야마시대(桃山時代)의 장엄하고 화려한 양식에 비해 산뜻하고 담백한 화풍이 특색이다. 에도 수야파(狩野派)의 기초를 세웠다.

비틀어 가스를 새게 하는 일도 모두 훼기죄다. 하지만 가스는 사람이 사상死傷에 이르지 않는 경우에만 한정된다. 사상자가 발생했다면 단순한 훼기죄 정도로 끝나지 않는다.

남의 수도꼭지를 비틀어 물을 흘리는 것도, 타인의 새장 문을 열어 사육하던 새를 놓아주는 것도 훼기죄에 해당된다. 남이 사육하는 개, 고양이, 닭, 새, 그 외의 동물을 살해하거나 상처를 입히고, 병에 걸리게 하며, 깃털을 뽑아 미관에 손상을 입히는 것도 훼기죄다. "타인의 양어장 수문을 열어 잉어를 유실하게 한 것은 훼기죄다"는 판례도 있다. 형벌은 3년 이하의 징역 또는 5백 엔(임시조치 10만 엔) 이하의 벌금이며 친고죄다.

러브레터를 숨겨도 범죄다

신서은닉죄信書隱匿罪라는 것이 있다. 통신문서를 신서信書라고 한다. 봉투에 들어 있든 언어로 말하든 모두 신서다. 내용은 묻지 않는다. 러브레터도 신서다.

문서가 은닉되면 문서로서의 효용이 없어지기 때문에 형법은 은닉행위를 훼기죄 속에 넣어 규정한다. 따라서 "유녀를 실컷 놀리고 건네준 러브레터"라는 문구처럼 러브레터 등으로 놀려도 은닉이라고 할 수 있다. 형벌은 6개월 이상의 징역 또는 금고, 50엔(임시조치 만 엔) 이하의 벌금이며 친고죄다.

9. 어떤 세상에서나 존재하던 살인죄

살인전망

살인은 범죄로서의 역사가 깊다. 성서에 따르면 인류 최초의 살인은 형제간의 살인이다. 형 카인이 동생 아벨을 때려서 살해했다. 두 사람은 모두 이브가 낳은 자식이다. 질투가 원인이었다. 여호와가 아벨의 공물은 기뻐했지만 카인의 공물은 쳐다보지도 않았기 때문이다. 그 후 인류의 역사와 살인은 당연히 붙어다니는 사이가 되었다.

살인은 타인의 생명을 끊는 일이다. 인간인 이상, 상대가 누구든 차별은 없다. 하지만 스스로 자신의 생명을 끊는 일은 살인이 아니다. 자살이다.

피를 나눈 형제가 "내 목숨 형에게 줄게" 하기에 사양 않고 즉각 받은 경우든, 발육이 늦은 미숙한 영아든, 병마에 찌든 환자든, 당장이라도 숨이 끊어질 듯한 중병인이든, 살아 있는 이상은 틀림없는 인간이기 때문에 죽이면 살인죄가 된다. 이것은 형법 제199조에서 규정한다.

여기, 자살하기 위해 다량의 독약을 마신 여자가 있다. 살아날 가능성은 전혀 없다. 여자는 고통을 견디지 못해 "부탁해. 도와준다고 생각하고 죽여줘" 마치 목숨이라도 구해달라는 듯 살인을 애원한다. 너무 불쌍해서 어차피 죽을 목숨이라면 일각이라도 빨리 편안하게 해주는 게 오히려 후생에도 공덕이 될 거라고 생각하고 죽여주었다. 이것은 엄연히 살인죄다.

형법에서 인간이 되는 건 언제부터일까?

인간의 업은 출생으로 시작되고 사망으로 끝난다. 그렇다면 '탄생'의 시점은 언제일까? 다음의 네 가지가 있다.

① 진 통 설 : 진통이 시작되었을 때. 즉 분만개시부터 태아는 인간이라는 설
② 일부노출설 : 모체로부터 태아의 일부가 노출되었을 때
③ 전부노출설 : 모체로부터 태아가 전부 노출했을 때
④ 독립호흡설 : 모체로부터 떨어져나온 태아가 태반호흡을 멈추고 처음으로 폐호흡을 시작했을 때부터 인간이라는 설

민법과 형법은 보호하는 이유가 다르기 때문에 서로 동일할 필요는 없다. 따라서 민법에서는 독립호흡설이 통설이지만 형법에서는 일부노출설이 통설이다. 왜냐하면 태아가 이미 일부분이라도 노출했다면 모체에 손상을 입히지 않고 외부에서 태아를 공격, 살해할 수 있기 때문이다. 판례도 그렇게 되어 있다.

그 옛날, 칼싸움을 주제로 한 활동사진 〈유전流轉〉의 주제곡인 우에하라 겐上原げんと[311]의 레코드가 무척 많이 팔렸던 시절이 있었다. 지금도 술집에서는 상당히 많이

부르는 것 같다.

"어차피 한 번은 저세상으로 흘러갈 몸이지 않는가?

울지 마라 동틀 녘 철새여! 울지 마라 동틀 녘 철새여!"

이런 가사다.

어차피 누구나 한번은 저세상으로 흘러갈 몸이다. 그런데 '저세상 행'의 시점, 즉 사기死期의 시점은 심장고동이 절대적으로 폐쇄했을 때다. 다시 말해 영원히 멈추어 버렸을 때다. 마지막으로 한 번 더 거드름을 피우자면 "희극은 끝났다. 이제 그만 막을 내려라"고 말할 수 있을지 어떨지는 완전히 본인의 자유.

다양한 살인의 모습

살인이란 말할 필요도 없이 타인의 목숨을 끊는 일이다. 옛날 노름꾼들이 싸움에서 종종 "접어버릴 거야"라고 말했던 것을 보면 목숨의 폭이 보자기처럼 넓은 것 같지만 학자들도 목숨의 폭과 무게는 알 수가 없다.

하지만 타인의 목숨을 끊는 이상, 수단과 방법은 문제되지 않는다. 유형적이든, 무형적이든, 적극적이든, 소극적이든, 예를 들어 독살, 참살斬殺, 총살, 구살毆殺(때려죽임), 혹은 강이나 바다 속으로 떠밀어 익살을 하든, 달리는 기차의 레일 속으로 처넣어 역살轢殺을 하든, 모두 마찬가지다. 물론 단번에 목숨을 끊든, 수회나 수십 회에 걸쳐 난자해 목숨을 끊든 살인은 살인이다.

쇼와 7(1932)년 3월 7일. 다마노이의 오하구로 도부[312]라는 개천에서 보자기를 발견한 사람이 있었다. 잔뜩 기대를 하고 열어본 보자기에는 남자의 목과 몸통이 들

---

311) 본명 우에하라 겐자에몬(上原治左衛門). 1914~1965년. 아오모리 현 기조(木造), 구로이시(黒石) 등에서 자작곡 발표회를 연 뒤, 쇼와 11년에 상경, 거리의 악사로 전국을 순회했다. 그 후 가수인 오카 하루오(岡晴夫)와 콤비를 이루어 〈국경의 봄〉으로 작곡가 데뷔, 하루오의 전성시대 작품은 대부분 그가 작곡했다. 주요 작품으로는 〈홍콩13번지(港町十三番地)〉〈도쿄의 버스소녀(東京のバスガール)〉〈상하이의 꽃 파는 아가씨(上海の花賣娘)〉〈도쿄의 꽃 파는 아가씨(東京の花賣娘)〉〈홍콩샹송(港シャンソン)〉〈아오모리 아가씨(青森娘)〉 등이 있다.

312) 에도 신요시하라 유곽을 둘러싼 개천. 유녀의 도망을 방지하기 위해 설치했다.

어 있었다. 이런 상황이라면 누구라도 기겁할 것이다. 피해자는 치바 류타로, 가해자는 동거인인 하세가와 시타로. 욕심에 얽힌 살인이었다. 이것이 바로 세상에서 말하는 '다마노이玉の井의 토막사건'313)이다.

그렇다면 다마노이는 어디에 있는가?

정확히는 모르겠지만 스미다 방면이 당시 데라시마 5, 6, 7번지 부근이라고 알고 있다. 게이세이 다마노이 역, 도부 다마노이 역이 있었기 때문에 분명 많은 사람들이 왕래했을 것이다.

막상 그곳을 방문해보면 오로지 그 일밖에 모르는 듯 하얗게 분을 바른 여자들이 "나리! 잠깐만 들어오세요. 세 장이면 돼요. 어머, 그대로 가버리는 거야? 뭐야. 정말 안 들어와? 이 노랭이 수전노 같으니"라고 말한다. 연구심이 왕성한 사람이라면 나가이 가부우永井荷風314)작 〈동기담東綺譚315)〉을 한번 읽어보면 어떨까?

---

313) 쇼와 7년 3월, 7일. 오전 9시 30분 무렵. 도쿄 데라시마쵸 다마노이의 오하구로도부라는 개천에서 갈색 양장지에 쌓인 남자의 몸통을 발견한 주민이 데라시마 경찰에 신고, 현장에 도착한 경찰은 양장지에 쌓인 톱으로 자른 남자의 목을 별도로 발견했다. 수사본부는 피해자의 신원을 밝히지 못한 채 사건발생 1개월 반 만에 해산했지만 사건을 인수받은 우라가와수사관은 피해자는 부랑인 치바 료타로(千葉龍太郞・당시 30세), 가해자는 하세가와 시타로(長谷川市太郞)라는 사실을 밝혀냈다. 공범은 제국대학 공학부 토목과에 재학 중인 동생 쵸타로(당시 23세)와 여동생 도미(당시 30세), 범행 장소는 자택, 발견되지 않은 사체의 두 팔과 다리는 토목과 실험실에서 발견되었다. 범행 동기는 고향에 막대한 재산이 있다는 치바의 거짓말에 속은 하세가와 일가는 그 재산을 노리고 그를 돌봐주었다. 그런데 여동생 도미가 교제하던 남자에게 버림받고 위험한 출산을 하게 되자 치바는 수혈로 그녀의 목숨을 구해주었고, 결국 두 사람은 부부가 되었다. 하지만 고향에 땡전 한 푼도 없다는 사실을 알게 된 시타로는 무위도식하며 여동생 도미를 학대하는 치바를 구타, 동생 쵸타로는 협력 교살, 사체를 토막, 은닉 후 유기했다. 도쿄지방재판소는 도미는 사체손괴와 유기죄로 징역 6개월, 시타로는 살인, 사체손괴, 유기죄로 징역 15년, 쵸타로는 살인죄로 징역 8년을 판결했지만 불복, 공소심에서 시타로는 징역 12년, 쵸타로는 6년형을 선고, 확정되었다.

314) 1879~1959년. 소설가. 도쿄 태생. 〈지옥의 꽃(地獄の花)〉 발표. 아메리카, 프랑스 유학 후 ≪아메리카 이야기(あめりか物語)≫ ≪프랑스 이야기(ふらんす物語)≫ ≪스미다강(すみだ川)≫을 집필하여 탐미파의 중심적 존재가 되었다. 뒷날 ≪솜씨경쟁(腕くらべ)≫ 등으로 화류계의 풍속을 묘사. 그 외에 ≪동기담(東綺譚)≫ ≪장마 전후(つゆのあとさき)≫ 등.

315) 쇼와 12년 발표. '나'라는 1인칭으로 오오에 다다스(大江匡)와 다마노이의 창부 오유키와의 성교를 담담하게 묘사했다

소극적이란 살해할 생각으로 환자에게 약이나 식사를 주지 않거나, 혹은 해수욕장에서 물에 빠진 자식을 보면서 마음만 있으면 쉽게 구할 수 있는데도 불구하고 방치하여 익사하게 한 경우다.

"손으로 죽인 것만이 살인은 아니다. 상사병으로 사망에 이르게 해도 살인이다."

이런 옛 사람들의 말을 보면, 법률에 어두운 그들도 살인죄에는 적극적 살인과 소극적 살인이 있다는 것 정도는 알고 있었던 것 같다.

굉장한 미인을 형용해서 "사람을 뇌살惱殺한다"고 말한다.

"제국의 다이묘들은 화살로 살해하고/비단장수 딸은 눈빛으로 살해한다."

이런 노래가 있는데, 실제로 뇌살은 문자에 지나지 않는다.

또한 살인에 이르게 한 동기는 살인죄 성립 자체와는 아무 관계가 없다. 어떤 동기든 죽이면 살인죄다.

이런 일이 있었다. 어떤 여자가 남자와 함께 살 수 없어서 남자의 심볼을 잘라버렸다. 물론 살아 있는 채로는 자를 수 없다. 고통으로 대소란이 일어나기 때문이다. 먼저 애인인 남자를 교살한 뒤에 그것을 잘랐다. 그리고 그의 사체에 "사다기치定吉 (사다와 기치) 두 사람"이라고 새기고 도망쳤다.

여자는 잘라낸 심볼을 마치 소중한 보물처럼 훈도시에 감싼 뒤, 자신의 허리에 묶고 도주했지만 3일 후 시나가와에서 체포되었다.

그녀의 이름은 아베 사다阿部定316). 그런데 그녀가 미인이라는 말이 전해지자 당시

---

316) 게이샤와 창부를 전전하며 생활하던 아베 사다는 이시다야에 들어간 뒤, 주인인 이시다 기치죠와 거듭되는 밀회로 여관에 머문다. 그런데 아베 사다는 "다른 여자에게는 절대 눈 돌리지 않겠다"는 맹세를 받고 성교를 하던 중 이시다의 목을 조르기 시작한다. 하지만 이틀 동안의 그런 변태적 성행위는 이시다의 쾌감만 가중시켰다. 1936년 5월 16일 저녁 무렵, 오르가즘을 느낄 때마다 허리끈을 사용하며 2시간 동안 성교를 하던 사다는 고통스러워하는 이시다를 위해 칼몬틴 30알을 여러 번에 걸쳐 나누어 먹였다. 그때 이시다는 "내가 잠든 동안에 목에 감긴 끈을 한 번 더 조여줘. 끈을 조이기 시작하면 고통스러우니까 이번에는 멈추지 마"라고 말했다. 1936년 5월 18일 오후 2시, 잠든 이시다의 숨이 끊어질 때까지 끈을 조여 교살한 사다는 칼로 그의 성기를 잘라 훈도시로 페니스와 고환을 감싼 뒤, 자신의 허리에 묶었다. 그리고 '사다기치(아베 사다와 이시다 기치) 두 사람'이라고 이시다의 왼쪽 허벅지와 시트에 새기고 오후 8시 무렵에 여관을 나와 체포될 때까지 3일 동안 그것을 품에 지니고 다녔다. 신문은 1936년 5월 19일 아베사다사건(阿部定事件)

도쿄에서는 호기심이 들끓었다. 그녀는 쇼와 11(1136)년 12월, 도쿄지방재판소에서 징역 6년형을 선고받았다.

존속살인죄 규정은 헌법위반

사랑을 시작했을 때 생부를 살해하지 않으면 안 되는 전생의 업보인 여자가 있다.

14세 때부터 생부에게 성폭행 당하는 동안 여러 명의 아이까지 출산했다. 그 딸이 사랑을 시작했다. 상대는 가끔 마주치는 청년이었다. 결혼하고 싶다고 그녀는 마음속으로 생각했지만 그 사실을 알게 된 짐승 같은 아버지는 미친 듯이 화를 내며 딸을 위협하고 학대했다. 그녀는 번민 끝에 무시무시한 현실에서 도망치기 위해 아버지를 살해했다.

검사는 그녀를 존속살인죄로 기소했다. 존속살인이란 "자기 또는 배우자의 직계존속을 죽이는 죄"이며 사형 또는 무기징역인 극형이라고 형법 제200조는 규정한다. 직계존속이란 말할 필요도 없이 부모, 조부모, 증조부모라는 형태로 거슬러 올라가는 친족관계이며 배우자의 부모도 포함된다.

그런데 존속살인죄 규정에 대해서는 "헌법이 규정한 법 아래의 평등원칙에 위반한다"는 의견은 이전부터 강했지만 최고재판소는 존속살인죄 규정은 헌법위반이 아니라는 입장을 고집한다.

하지만 실제로 발생한 존속살인죄의 경우, 대개 피해자인 직계존속의 입장에서 "살해되었다"고 말하는 경우가 많기 때문에 오히려 가해자를 동정해야 한다는 여론이 많았다. 그런데도 사형 또는 무기징역이라는 무거운 벌로 처벌한다면 부모의 권위만 지나치게 주장하는 것이다.

그래서 쇼와 47(1972)년 5월 24일에 열린 최고재판소대법원에 법률가들의 관심이 집중되었다. 아버지를 살해한 딸의 사건에 대해 판결을 선고하는 날이었기 때문이다.

그날 최고재판소는 지금까지의 태도를 바꿔 "존속살인죄의 규정은 헌법에 위반한

을 보도했다

다"라고 판결했다. "헌법 제82조에서 규정하는 재판소의 위헌입법심사권을 근거로 형법 제200조의 규정은 무효로 한다"고 선고한 것이다.

최고재판소는 그 이유에 대해 다음과 같이 설명했다.

"존속살해에 형을 가중한 것은 결코 헌법위반은 아니다. 하지만 법정형을 사형·무기징역으로 한정한다는 점에서 형법 제200조의 가중 정도는 지나치게 극단적이다. 더구나 그 극단을 정당화하는 근거는 없다."

따라서 지독한 아버지를 어쩔 수 없이 살해한 불행한 딸에 대해서 원심의 판결을 파기하고 일반살인죄 규정에 따라 징역 2년 6개월을 선고했다. 그리고 집행유예 3년을 선고함으로써 법률에도 피와 눈물이 있음을 보여주었다.

10. 자살에 관한 죄

미소년 후지무라 미사오의 엄두지감

단순한 자살은 범죄가 아니다. 설령 범죄라 해도 이미 죽은 자를 어찌할 수 있겠는가. 문제는 자살이 미수로 끝났을 때다. 하지만 이것 역시 일본의 법률에서는 범죄가 아니다.

메이지시대, 당시 18세였던 미소년 후지무라 미사오藤村操는 닛고의 화엄폭포에서 몸을 던져 자살했다. 화창한 봄날이었다.

속물적인 사람들은 실연 때문이라고 떠들어댔지만, 후지무라는 죽음 직전에 고지마 다카노리兒島高德317)의 지략처럼 폭포 입구에 거목을 모아놓고 일필을 휘둘러 '엄두지감嚴頭之感'이라는 문장을 남겼다.

"아, 유유자적한 하늘이여 땅이여! 아득한 먼 옛날이여! 5척의 작은 몸으로는 그 크기를 알 수 없구나! 고로 우리는 호레이쇼318) 철학에 관한 권위자들에게 특별한 가치를 두어야 한다.
모든 만물의 참모습은 단 한마디로 불가사의하구나.
내, 이 번민을 끌어안은 채 마침내 죽음을 결심하고
백척간두 벼랑 끝에 이르니 가슴속에는 이미 그 어떤 불안도 남아 있지 않구나!
나, 처음 알았느니, 큰 비관樂觀은 커다란 낙관樂觀과 일치한다는 것을."

이 유서는 그를 유명하게 만들었다. 그런데 후지무라 미사오의 시체는 발견되지 않았다.

아마 지나친 낙관주의자이기 때문에 죽지 않았을지도 모른다. 또는 닛코의 산속에 살

---

317) 남북조시대의 무장. 겐코와의 사랑으로 오키의 고다이고(後醍醐)천황 거처로 흘러들어와 전투 중인 천황을 도와주었다고 전해진다. 하지만 그 사적은 ≪태평기(太平記)≫에 기록되었을 뿐 확인할 길이 없다.
318) 셰익스피어 희곡에 나오는 인물. 천지에는 인간의 지혜가 미치지 못하는 일이 얼마든지 있다는 말을 남겼다.

아 있을지도 모른다. 어떤 사냥꾼이 그를 만났다는 설도 그럴듯하게 전해지고 있다.

가엾은 부모자식의 동반자살

자살은 처벌하지 않는다고 앞에서도 말했다. 하지만 타인의 자살에 관계한 자는 다음의 구별에 따라 범죄가 된다.(형법 제202조)

▶ **자살교사죄**自殺敎唆罪

자살할 생각이 전혀 없는 사람, 또는 조금은 있지만 아직 확실히 결정하지 않은 사람에 대해 자살을 권유하여 결심하게 하는 일이다.

▶ **자살방조죄**自殺幇助罪

이미 자살을 결심하고 실행하려는 사람에게 자살을 용이하게 해주는 행위다. 예를 들면 대들보에 목을 매달 수 있도록 일부러 줄을 걸어주거나, 혹은 권총을 빌려주거나, "철도 자살은 아플 거야. 마침 여름이니까 물속으로 뛰어드는 게 오히려 시원할지도 몰라"라는 등 자살방법을 가르쳐주는 것이다.

▶ **촉탁살**囑託殺

자살을 하려는 사람에게 부탁받고 직접 실행에 옮기는 일이다. "편하게 해줘"라는 요청을 받고 칼로 목을 찔러주는 것 같은 행위다. 시대극에서 종종 할복자의 목을 뒤에서 쳐주는 장면이 나오는데 지금이라면 촉탁살이다.

▶ **승낙살**承諾殺

타인에게 승낙을 받아 죽음에 이르게 한 경우다.
자살하려는 엄마는 자식을 남겨놓고 저세상으로 가는 것이 마음에 걸린다.
"불쌍한 내 아가, 이 엄마와 함께 저세상으로 가자."
"난 엄마와 함께라면 죽을 수 있어."
"오, 고마워라 내 자식, 그럼 이 엄마가 선물을 주마. 나무아미타불, 나무아미타불."

이렇게 자녀를 구슬려 승낙을 받은 뒤 부모자식이 동반자살을 하는 경우다.

하지만 승낙이라고 해도 어린이의 사고가 어느 정도 갖추어져 있지 않으면 안 된다. 동쪽도 서쪽도 모르는 아이의 말은 승낙이라고 할 수 없다. 그러면 살인죄다.

동반자살

동반자살, 정사情死에서 살아남으면 범죄일까?

동반자살, 정사에 따라 구별해야 한다. 무리한 동반자살이라는 것이 있다. 상대는 함께 죽겠다고 말하지 않았다. 오히려 동반자살을 싫어했다. 아무리 힘들고 고통스러워도 아직은 사바세계에 충분히 미련이 남아 있다. 그런데 혼자 죽으면 쓸쓸하다며 어리석게도 황천길 동반자로 선택했다.

이런 경우, "나도 곧장 따라갈 테니까 조금만 기다려"라며 대개 상대를 먼저 살해하고 사망을 확인한 뒤에 자신도 자살한다.

그대로 두 사람 모두 아미타불이 되어버렸다면 문제는 없다. 그런데 먼저 살해된 사람은 황천길에서 목이 빠져라 기다리는데 약속대로 뒤를 따라오지 않는 경우가 있다. 즉 자살이 실패했거나 쓸데없이 참견을 좋아하는 사람에게 발견되어 의사의 치료를 받고 사바세계로 컴백한 경우다. 이때 뒤따라가지 못한 사람에게는 보통 살인죄가 적용된다.

그렇다면 '시나가와 동반자살[319]'의 오소메라는 여자는 동반자살의 실패라기보다 오히려 살인미수로 생각해야 한다. '시나가와 동반자살'이란 잘 알다시피 유명한 라쿠고다. 어느 유곽의 유녀는 축제일에 사용할 돈을 구하려고 이리저리 궁리했지만 마음대로 되지 않았다. 그렇다고 동료에게 빌리기도 싫었다. 결국 "이런 고민을 하느니 차라리 죽어버리자"고 단세포적인 발상을 했다. 어차피 죽을 거라면 혼자 죽는 건 바보 같다는 생각이 들었다. 세상에 이름은 남겨놓고 죽고 싶었던 것이다. 그래

---

319) 전당포집 오소메와 고용인 히사마츠의 동반자살은 1708년 오사카에서 실제로 발생한 사건이다(타살이라는 설도 있다). 이 사건은 2년 뒤 〈동반자살귀문각(鬼門角)〉이라는 제목의 가부키로 각색, 그 다음해는 〈오소메 히사마츠의 백교(白絞)〉 인형극 조루리로 상연되었다.

서 단골손님 중 좀 모자란 녀석은 없을까? 실눈을 뜨고 탐색한 결과 서점주인 긴죠가 걸려들었다.

선택받아 신바람이 난 호색남 긴죠는 동반자살 권유에 일단은 동의했지만 막상 상황이 닥치자 꺼려졌다.

"면도칼은 안 돼."

"왜 안 돼?"

"면도칼로 자르면 피가 나오잖아. 아플 거야. 그렇다고 소나무에 목을 매는 것도 꼴사나워."

긴죠는 이런저런 핑계를 댔다.

"그럼 우리 해변으로 가자. 바다라면 동반자살하기 안성맞춤이야."

그 말에 결국 자포자기하고 바다든 산이든 상관없다며 느릿느릿 따라갔다.

그런데 당장이라도 빗줄기가 쏟아질 듯이 먹구름으로 뒤덮인 하늘 아래, 철썩철썩 해안으로 들이닥치는 거센 파도소리가 긴죠의 귓가에서 윙윙거렸다.

"꼭 뛰어들어야 하는 거야? 내게는 물 재난수가 있다고 점쟁이가 그랬어."

그리고 잠시 뒤.

"나, 나 수영 못한단 말이야."

결국 기죠는 울음을 터뜨렸다. 다른 사람들이 보면 곤란하다고 생각한 오소메는 긴죠의 뒤로 가서 등을 껴안았다.

"긴죠! 너만 죽는 게 아냐. 그러니까 조금만 참아봐."

아무래도 긴죠는 자살할 마음이 전혀 없는 것 같다. 따라서 여러분도 잘 알다시피 만약 동반자살이 실패했다면 역시 살인미수라고 생각해야 한다.

그런데 남자도 여자도 죽을 마음으로 정사를 했다면 어떻게 될까? 남자가 권유하는 경우도 있고, 여자가 먼저 말을 꺼내는 경우도 있다. 여하튼 같이 죽기로 서로 합의했다. 서로 꼭 껴안고 강물에 뛰어들거나, 같이 독배를 기울이기도 한다. 칼로 서로의 가슴을 찌르는 일도 있을 것이다.

두 사람이 함께 죽어버리면 문제가 없다. 다만 다행인지 불행인지 한 놈이든 두 놈이든 살아남았을 때가 문제다. 그때는 그 정사여하에 따라 자살교사, 자살방조,

촉탁살, 승낙살 등의 기수나 미수가 된다. 여하튼 범죄는 면할 수 없는 것이다.

다자이 오사무太宰治320)가 젊었을 때, 긴자의 카페 여종업원과 에노시마의 소데가우라 해변에서 동반자살을 시도했다. 여자는 그대로 익사했지만 다자이는 구조되었다. 따라서 자살방조죄다. 하지만 그는 기소유예를 선고받았다. 뒷날 그는 〈도화의 화道化の華〉라는 제목으로 그 일을 소설화했다.

사츠마 해안에서 겟쇼를 끌어안고 바다에 몸을 던진 사이고 다카모리西鄕隆盛321)도 현대라면 두말할 것 없이 자살관여죄 미수다.

자살관여죄의 형은 6개월 이상, 7년 이하의 징역 또는 금고이며 미수도 처벌받는다.

어둑어둑해지면 고민은 끝이 없다

옛날에는 정사情死와 동반자살에 실패하면 굉장히 무거운 형벌을 받았다. 에도의 문화가 무르익을 무렵, 미야코 지분고노죠宮古路豊後像라는 걸출한 조루리 작가가 있었다. 그 사람의 작품을 보고 있으면 봄날 해질 무렵의 안개처럼 촉촉하게 녹아들어가 감미로운 경지에 도취되어버린다. 그래서 앞뒤 생각 없이 무턱대고 정사情死가 하고 싶어진다고 한다.

"세상도 마지막, 이 밤도 마지막

죽음을 향해 여행길 나서면 구적仇敵 어린 들녘서리는 한 걸음 한 걸음 사라져가 겠지.

꿈이여! 꿈이야말로 가엾구나!

어머나! 새벽녘 나나츠도키七つの時322)도

---

320) 1909~1948년. 소설가. 아오모리 출생. 자학적, 반속적인 작품을 대다수 발표. 다마가와(玉川) 상수(上水)에서 자살. 작품으로는 ≪진경(津輕)≫ ≪사양(斜陽)≫ ≪인간실격(人間失格)≫ 등이 있다.
321) 1828~1877년. 정치가. 사츠마 출생. 막부를 토벌한 지도자로서 사쵸동맹(薩長同盟), 무신전쟁(戊辰戰爭)을 수행하여 유신 3걸의 한 사람으로 칭해졌다. 신정부의 육군대장이 되었지만 메이지 6년 정한론(征韓論)에 관한 정변으로 귀양. 동년 10월 서남전쟁(西南戰爭)에서 패배, 전쟁의 격전지였던 시로야마에서 자살했다.

어느새 6번이나 울렸네.

남은 한 번은 이승의 마지막 종소리, 이제는 적멸위락(寂滅爲樂)[323]이라고 울리겠지.

티끌 하나 없는 청아한 물소리

북두칠성은 반짝거리는 별로 하늘에 부부의 강을 만들어줄 거야."

〈소네자키 동반자살(曾根崎曾根崎心中)〉[324]

이렇게 노래했기 때문에 경쟁적으로 정사를 했다고 한다.

그래서 막부는 미야코 지분고노죠의 영업을 정지하는 한편, 정사에 대해서는 다음과 같은 중형을 선고했다.

- 남녀가 미리 짜고 죽은 자들은 시체를 수습하여 장례를 해주면 안 된다. 다만 한쪽이 살아 있으면 게시닝(下手人)[325].
- 쌍방이 살아 있으면 3일 사라시(さらし), 히닝데카(非人手下).
- 주인과 하녀가 정사, 주인이 살아 있으면 히닝데카

정사의 한쪽이나 양방이 실패했을 때는 시자이(死罪) 또는 히닝데카로 처벌받았던 것이다. 또한 죽은 사람을 장례할 수도 없었고, 역시 실패하여 양방이 살아 있을 때는 친절하게도 세부까지 일일이 주의를 기울여 사라시를 했으니 오죽이나 괴로웠을까?

사라시라고 해도 표백분을 마구 뿌려서 사라시한 것이 아니다. 그 옛날, 에도에는 니혼바시 옆에 다카후다(高札)장이 있었다. 오늘날로 말하면 재판소의 게시판 같은 것이다. 그 다카후다장에 초라한 가건물을 지어놓고, 억새풀을 깔고, 수인들을 노점상인의 수박처럼 나란히 세워놓고 말뚝을 박아 도망가지 못하도록 묶어두었다. 게다가

---

322) 옛날의 시간단위. 현재의 새벽 4시 및 오후 4시
323) 불교어. 열반의 경지에 이르러 처음으로 진정한 안락을 얻는다는 말
324) 1704년 4월 7일 새벽, 오사카 도지마의 덴마야라는 유곽의 유녀 오하츠(21세)와 간장집 종업원 도쿠베에(25세)가 우메다(梅田) 소네자키 숲에서 정사한 사건을 근거로 만든 조루리 인형극
325) 게시닝이란 참수한 뒤 사체를 내다버리는 일을 말한다. (제3장 형법 10. 형벌 참조)

수인 앞에는 스테후다[捨札]326)라고 해서 죄상의 내역, 수인의 연고지, 경력, 예컨대 오늘날의 판결문 같은 것을 기록한 팻말을 세워두었다. 그리고 지루한 표정을 한 히닝[非人]327)이 수박밭을 순례하듯 하품하면서 방범을 했다. 이렇게 하여 입장료 없이 통행인에게 관람시키는 것이 사라시다.

미인이 사라시에 나오면 "보는 것은 신불의 즐거움"이라며 옛날이나 지금이나 경박한 구경꾼들이 새까맣게 몰려든다. 그리고는 "아깝다, 아까워" 침을 질질 흘리며 중얼거린다.

그 사라시는 저승사자가 묵인한 수인이라도 3일 동안은 끈질기게 참았겠지만 마지막 날에는 분해서 견딜 수 없었을 것이다. 따라서 정사가 성공했을 때는 "완전히 죽을 수 있어 기쁜 두 얼굴"이라고 말할 수 있는 것이다.

그 사라시형이 폐지된 것은 간세이[寬政]328) 무렵이었지만 결코 인권감각 때문은 아니었다. 너무도 한심한 이유였다. 정사를 하여 묘지에서 오랫동안 사라시한 여자사체의 음모가 아주 무성하다는 소문이 널리 퍼지면서 지위가 있는 관리까지 보러 갔다고 한다. 따라서 도저히 방치할 수 없게 된 조정은 풍기공안[風紀公安]을 해친다는 이유로 폐지했다고 한다. 한심하고 우습기 짝이 없는 이유다.

영화사를 기쁘게 한 동반자살

동반자살은 때때로 사람들의 구경꾼 기질이나 호기심 근성을 즐겁게 채워주지만 그보다 몇 배나 더 영화사와 레코드사를 싱글벙글하게 만들기도 했다.

쇼와 7(1932)년 5월, 재력가의 딸과 게이오대학의 대학생이 사카다산에서 동반자살을 했다. 세상에서 말하는 사카다산 동반자살사건329)이다.

---

326) 에도시대, 처형되는 죄인의 성명, 연령, 출생지, 죄상 등을 기록하여 처형 후에도 30일간 형장 등에 세워두었던 다카후다
327) 에도시대 사형장에서 종사한 잡역부
328) 에도 중기, 고우카쿠(光格)의 연호. 1789~1801년
329) 쇼와 7년 5월 9일 아침, 가나가와현, 오오이소역 뒷산에서 사냥을 하던 젊은이가 남녀 시체를 발견. 남자는 학생복, 여자는 연보라색 기모노 차림. 저녁 무렵, 신원불명의 시체는 오오이소쵸 보선사(宝善寺)에 가매장되었다. 다음날 아침, 여자의 유체가 사라지고 두

이 동반자살에는 엽기적인 후일담까지 따라붙었다. 신원이 밝혀지는 동안 오오이소쵸에 있는 보선사賣善寺에 자살자를 임시 매장했지만 다음날 아침 분향하기 위해 찾아간 절의 묘지기 아내가 여자의 시체가 도난당했다고 말했던 것이다. 세상은 들끓었다.

"이 기회를 놓치지 말아야지."

마츠다케松竹라는 회사는 이 사건을 신문기사로 신고 영화로도 각색했다. 제목은 〈천국에서 맺은 사랑〉, 감독은 고쇼 헤이노스케五所平之助330), 주연은 가와사키 히로코, 다케우치 료이치였다. 그런데 이 영화가 대히트. 당시 마츠다케는 한 번의 상영만으로도 사원들의 여름보너스를 넉넉히 벌어들였다고 한다.

"이 밤, 마지막 초승달도 사라져버린

쓸쓸한 사가미나다相模灘331)에서

눈물을 글썽이며 바라보는 희미한 어선 불빛

이승의 사랑은 허무하기 그지없구나!"

이런 대중가요 레코드도 전국적으로 무척 많이 팔렸다고 한다.

사람의 신원이 판명되면서 대소동이 일어났다. 남자는 게이오대학 경제학부 3학년 즈쇼 고로(24세), 여자는 스즈오카 대부호의 딸 도우야마 야에코(22세). 11일 야에코의 유체는 보선사에서 100m 정도 떨어진 해안에서 전라인 채로 발견되었다. 양가의 딸이 동반자살, 더구나 엽기적인 시체 도난, 전라의 유체 발견. 사람들의 관심 집중. 연일 취재진이 오오이소를 방문하면서 사카다산 동반자살 사건이라는 이름으로 전국에 알려졌다. 그런데 15일에 발생한 5·15사건과 함께 젊은 사람들의 파렴치한 성애의 끝인 동반자살이 정조를 지킨 대표적 순애보로 바뀌어 각 신문지면에 도보되었다. 18일, 유체도난범으로 근처의 화장터에서 근무하는 하시모토 나가요시(56세)를 체포. 유체도난의 진상은 변태성욕과 도우야마가와 관계된 거라고 했지만 그 진상은 밝혀지지 않았다. 1개월 뒤, 마츠다카 영화사는 이 사건을 소재로 영화 〈천국에서 맺은 사랑〉을 배급했다.

330) 1903~1981년. 영화감독, 도쿄 출생. 쇼와 6(1931)년 일본 최초로 본격적인 다큐멘터리 〈마담과 아내(マダムと女房)〉를 제작했으며 또한 문예영화에도 뛰어난 수완을 보였다. 대표작 〈이즈의 무희(伊豆の踊子)〉〈굴뚝이 보이는 곳(煙突のみえる場所)〉 등이 있다.

331) 관동대지진의 진원지

살인미수와 살인예비죄 殺人予備罪

살인죄는 예비도 처벌받는다. 미수도 물론이다. 그렇다면 예비와 미수는 어떻게 다른가?

살인미수란 살인의 실행에 착수했지만 이루지 못한 경우다. 예를 들면 〈충신장〉의 아사노 나가노리는 기라 요시나가를 칼로 찔렀지만 뒤에서 가신이 끌어안아 살해하지 못한 채 무념의 독배만 마셨다. 이때는 이미 실행에 착수했는데 이루지 못했기 때문에 미수다.

살인예비란 아직 살인 실행의 착수까지는 가지 않은 단계다. 살인의 목적을 갖고 준비하고 있는 정도다.

"죽여버릴 거야"라는 생각으로 칼을 품고 그 녀석 집에 침입한 단계가 살인예비다. 침입해서 상대를 향해 칼을 휘두르면 살인의 착수다. 따라서 실패했을 때는 미수다. 아사노의 경우, 요시나가를 살해할 결심을 하고 궁전으로 들어가 소나무 복도에서 기다리고 있었을 때는 예비다.

"고즈케노스케! 기다리고 있었다."

이러면서 방해되는 소매를 걷어올리고 눈을 치켜뜬 채 칼을 휘두른 시점에서는 이미 실행에 착수한 것이다. 하지만 살해할 수 없었기 때문에 미수로 그쳤다.

살인죄는 사형, 무기 또는 3년 이상의 징역형이며 미수도 처벌받는다. 살인예비죄는 2년 이하의 징역형이다.

11. 폭행죄

폭행이라는 말을 들으면 곧바로 강간이나 강제외설 强制猥褻[332]을 연상하는 분이 있는데 여기서 말하는 폭행은 달라붙거나 잡아당겨 넘어뜨리고 손발을 세게 잡는

---

332) 13세 이상의 남녀에 대해 폭행 또는 협박을 하여 외설을 하는 행위

등 '유형력을 행사'하는 것을 말한다.

폭행죄는 형법 제208조에서 2년 이하의 징역 또는 5백 엔(임시조치 10만 엔) 이하의 벌금, 구치, 과료로 하고 있다.

유형력有形力이란 폭넓게 물리력까지 의미하며 음향의 작용과 빛·열·향기 등의 에너지 작용도 포함된다. 타인의 귓가에 대고 브라스밴드용 큰북, 심벌즈 혹은 프라이팬, 양철깡통 등을 두드리거나 큰소리로 악을 쓰는 것도 폭행이다.

유형력은 반드시 신체에 접촉할 필요까지는 없다. 오래전부터 원한을 품었던 녀석이 자동차를 타고 지나가는 순간 돌을 던졌지만 몸에 맞지 않고 자동차에 맞았다 해도 그 사람에 대한 폭행이다.

"저 자식을 혼내줄 거야"라며 의자를 던졌는데 맞지 않았다. 하지만 불법의 물리적 위세를 발휘했기 때문에 폭행으로 유죄를 선고받은 사람이 있다.

이처럼 폭행죄는 타인의 신체에 불법으로 공격만 해도 성립한다. 만약 폭행 결과, 상해를 입혔을 때는 상해죄가 된다. 그럼 지금부터 상해죄에 대해 설명하기로 하자.

12. 상해죄

"내게 말도 없이 외박했어."

내연의 아내에게 화를 내며 가위로 그녀의 머리를 싹둑싹둑 잘라버린 남자가 있었다. 그렇게 하면 밖에 나갈 수 없기 때문이다. 머리가 깎인 여자는 25세였다.

재판소는 이 남자에게 상해죄를 선고했다. 3년 전 일이었다. 하지만 그 일에 대해 학자들의 의견은 분분하다.

예전에 면도칼로 여자의 머리카락을 깎아버린 남자에게 대심원은 "상해가 아니고 폭행이다"고 판결한 적이 있었다. 이 문제는 상해죄와 폭행죄의 한계선을 어디에 두어야 하는가이다. 따라서 '상해'란

① 생리기능의 장해는 없고 건강상태의 불량한 변경이라는 설과,

② 그것 이외에도 생리적 기능의 장해와 동일한 정도로 평가되는 신체의 외모손

상도 포함한다는 두 가지 설이 있다.

판례는 대개 ①의 입장이다. 하지만 ②의 계통도 없는 건 아니다. 상해인가 폭행인가는 결국 정도의 문제이기 때문이다. 여자의 머리카락을 조금 자르는 게 아니고 박박 깎아버린 심한 경우는 단지 폭행이 아니고 상해라고 하는 게 타당하다.

보통은 자르거나 때려서 상처를 입히는 일을 상해라고 생각하는 경향이 있는데 외상 없이 상해를 입는 경우도 있다.

판례를 보자. 피로권태 혹은 복부진통을 안겼거나, 피부를 문질러 껍질을 벗겼거나, 피하출혈로 현기증과 구토를 일으켰거나, 눈이 충혈되게 했다는 등이 모두 상해죄다.

따라서 티푸스균에 오염된 바나나를 동료와 환자에게 먹여 64명이나 감염, 발병시켜 매스컴을 떠들썩하게 했던 예의 '티푸스균사건[333]'의 치바의대부속병원 의사는 상해죄로 기소되었다. 이 사건은 1심에서 무죄였지만 공소심인 도쿄고등재판소는 유죄로 징역 6년을 선고했다.

여성을 속여 간음하거나 병균을 감염시켜도 상해죄다. 섞은 음식을 먹여 설사를 일으키게 해도 상해죄다. 음모를 뿌리째 뽑아도 역시 상해죄다. 따라서 처녀막의 파상이 상해죄인 것은 당연하다.

"그럼 남성들은 대개 상해죄를 범하고 있는 거네."

---

[333] 쇼와 41년 4월 7일, 치바의대부속병원 스즈키 미치루(鈴木充·42세) 의사는 음식과 음료에 티푸스균을 섞어 환자에게 감염, 발병시켜 상해죄로 체포되었다. 쇼와 40년 가을부터 다음해 봄에 걸쳐 일본 각지에서는 다수의 티푸스 환자가 발생했고, 스즈키 의사가 파견되는 병원에서는 반드시 감염자가 나왔다. 수상하게 생각한 수사당국은 스즈키 의사의 신변을 조사한 결과 "제1내과 제6연구실(세균배양실)에서 배양균을 넣은 시험관을 싱크대에 놓아둔 적이 있었는데 그 균이 카스테라에 달라붙어 많은 발병자가 나왔습니다. 죄송합니다"는 편지를 병원 상사인 후쿠나가 와오에게 건넨 사실을 밝혀내고 스즈키 의사를 체포했다. 스즈키는 티푸스균 연구를 위해 카스테라와 주스, 바나나에 티푸스균을 섞어 환자와 간호사에게 먹여 인체실험을 했다고 자백했다. 쇼와 48년 4월 20일 판결에서는 "스즈키 의사의 자술방법으로는 티푸스를 감염, 발병시키는 일은 불가능하다"는 이유로 무죄, 검찰 측은 판결에 불복하여 공소했다. 쇼와 51년 4월 30일, 도쿄고등재판소는 "자백은 일관성이 있고 충분히 신용할 수 있다. 범행동기는 이상성격과 잠재적 불만을 섞은 것이다"고 1심 무죄를 파기, 징역 6년을 선고했다.

이렇게 생각할지도 모르겠지만 그것은 다르다. 형법 총론의 위법성조각사유違法性阻却事由를 보면 피해자의 승낙이 있는 경미한 상해는 위법이 아니라고 했다. 즉 범죄가 아니다.

폭행으로 상해를 하면 상해를 입힐 생각이 없었다 해도 역시 상해죄라는 판례가 있다.

상해죄 형벌은 10년 이하의 징역 또는 5백 엔(임시조치 10만 엔) 이하의 벌금 혹은 과료다.

상처를 입혀 사망하게 했다면 상해치사죄다. 형은 2년 이상의 유기징역이다.

자기 또는 배우자의 직계존속에게 상해치사죄를 범했을 때는 형이 가중된다. 무기 또는 3년 이상의 징역이다.(형법 제205조)

이것도 위헌의 의문이 짙지만 판례는 위헌이 아니라는 입장이다.

싸움을 보고 있던 구경꾼이 싸움을 부추기는 경우가 있다.

"이봐, 꼬맹이, 제대로 해봐."

"그래. 바로 그거야. 절대 지면 안 돼."

이처럼 현장에서 정범자의 기세를 높이거나 자극을 주면 상해조세죄傷害助勢罪다. 형벌은 1년 이하의 징역 또는 50엔(임시조치 만 엔) 이하의 벌금 혹은 과료다.

회사의 위로여행이나 벚꽃놀이에서 술에 취해 어떤 단체와 싸우는 일이 종종 있다. 그때는 상처를 입어도 여러 사람이 뒤엉켜 있기 때문에 누구의 행위인지 모른다. 그래서 두 사람 이상의 폭행에서 누가 상해를 입었는지, 가했는지, 혹은 어느 쪽이 많이 다쳤는지, 적게 다쳤는지 확실히 알지 못할 때는 모두 공범으로 간주하여 전원 책임으로 한다.(형법 제207조)

각목은 흉기일까?

쇼와 30(1955)년에 들어서면서 전국 각지에서는 폭력단의 세력경쟁이 치열하게 벌어졌다. 그래서 인상이 험악한 패거리들이 모여들면 근처의 주민들은 불안해했다.

물론 경찰도 단속하고 싶었지만 집합한 패거리들이 아직은 아무 일도 저지르지 않았기 때문에 검거할 적당한 법률이 없었다. 그래서 쇼와 32년 형법의 일부를 개정하여 '흉기준비집합죄凶器準備集合罪'라는 규정을 만들었다.

"두 사람 이상이 타인의 생명·신체 또는 재산에 대해 공동하여 해를 가할 목적으로 집합한 경우, 흉기를 준비하거나 그 사실을 알고 집합했다면 범죄다."

당시 이 규정을 만들 때 단속당국과 정부는 어디까지나 폭력단 방지가 목적이라고 설명했다. 그런데 일단 이 규정을 내놓자 폭력단 패거리보다는 학생들의 정치적 폭력사건에 적용되어버렸다. 예를 들면 쇼와 41(1966)년 늦여름, 도쿄 요츠야 기요미즈다니 공원에는 도학연파都學連派 학생 약 50명이 각자 각목을 들고 집합해 있었다.

검찰관은 그들을 흉기준비집합죄로 기소했고, 도쿄지방재판소는 무죄를 선고했지만 공소심인 도쿄고등재판소는 유죄 판결을 했다. 최고재판소도 역시 유죄라고 했다.

유죄인가 무죄인가는 그들이 들고 있는 각목이 흉기인가 아닌가로 달라진다.

길이 1m로 전후 각이 있는 봉은 흉기라고 도쿄고등재판소는 말했다. 그렇다면 '흉기'란 무엇인가? 흉기란 사람을 살상殺傷하는 특성이 있는 기구로 생각해야 할 것이다.

두 가지로 나누어 생각할 수 있다.

하나는 총포나 도검류처럼 본래의 성질상 흉기인 물건이다. 다른 하나는 낫이나 곤봉처럼 본래의 성질은 아니지만 용법에 따라 흉기의 효용을 지닌 물건이다.

그런데 사용방법에 따라 넓게 해석하면 수건도 흉기가 될 수 있다. 왜냐하면 수건으로 목을 졸라 살해할 수 있기 때문이다.

경우에 따라서는 재봉 바늘도 급소를 찌르면 사람을 죽일 수 있기 때문에 흉기다. 그래도 그건 좀 이상하다. 따라서 용법상, 흉기는 사회통념으로 제약하지 않으면 안 된다.

흉기준비집합죄의 형은 2년 이하의 징역 또는 5백 엔(임시조치 10만 엔) 이하의 벌금이다. 흉기를 준비하거나 또는 준비가 있는 것을 알고 집합한 경우에는 3년 이하의 징역이다.

13. 무심코 입힌 상해와 죽음

참 운이 없는 남자가 있었다. 역 계단을 헛디뎌 굴러 떨어진 것이다. 단지 그뿐이라면 그다지 대단한 일은 아니다. 종종 있는 얘기니까.

그런데 그 남자는 좀 다르다. 계단에서 떨어져 홈에 도착했을 때 그곳에는 노파가 서 있었다. 그 노파와 부딪쳤다. 이 정도라면 아직 남자는 불운이 아니다. 부딪친 노파는 홈에서 선로로 떨어져버렸다. 게다가 때마침 전동차가 들어오고 있었다. 주위는 피로 붉게 물들었다. 노파 승천이다. 이 남자는 과실치사죄 현행범으로 체포되었다.

정신병자는 여우에 홀린 거라는 미신을 믿고, 여우를 쫓아내기 위해 정신병자를 때려서 죽였다. 잠결에 아기에게 젖을 먹이는 엄마가 깜박깜박 조는 동안에 잘못하여 유방으로 아기의 코와 입을 막아 질식시켰다. 이 모두는 과실치사죄過失致死罪이며 형은 천 엔(임시조치 20만 엔) 이하의 벌금이다.

죽지는 않았지만 과실로 상대에게 상처를 입혔을 때는 과실상해죄過失傷害罪라고 한다. 따라서 실수로 타인에게 상해를 입혀도 역시 범죄인 것이다. 형은 백 엔(임시조치 10만 엔) 이하의 벌금 또는 과료이며 친고죄다.

업무상 과실

교통사고는 많다. 자동차를 운전하면서 실수로 상해를 입혔다거나 사망하게 하면 업무상 과실치사상사건過失致死傷事件으로 기소된다.

여기서 업무란 "사회생활상의 지위를 바탕으로 반복, 지속적으로 행하는 사무"로 타인의 생명 신체에 위험을 동반하는 것을 의미한다. 꽤 폭넓게 해석하고 있다.

따라서 수입을 목적으로 하지 않는 자가용 운전자도, 드라이브 클럽 회원으로 가끔 즐기기 위해 자동차를 운전하는 자도 여하튼 인사사고를 일으키면 업무상 과실치사상죄過失致死傷罪다.(형법 제211조)

형은 5년 이하의 징역 또는 금고, 천 엔(임시조치 20만 엔) 이하의 벌금이다.

만약 술을 마시고 운전하다 일으킨 사고라면 그 죄 이외에 음주운전죄(도로교통법 제117조 제2항. 2년 이하의 징역 또는 5만 엔 이하의 벌금)가 경품으로 붙는다.

의사가 수술을 잘못하거나 실수로 다른 약을 환자에게 처방하여 사상死傷사고가 발생했다면 역시 업무상과실치사죄다. 차트를 잘못 읽은 약제사의 투약 실수도 마찬가지다.

업무상 과실이 아니더라도 중대한 과실로 사상을 했을 경우, 형은 업무상과실치사상죄와 동일하다.

14. 현재에는 거의 죄를 묻지 않는 낙태죄

"적용되는 일이 없는 법률은 부도덕한 법률이다."

이렇게 말한 사람이 있다. 그렇다면 낙태죄는 과연 챔피언 격이다. 매년 행해지는 인공임신중절은 수백만이라고 하는데 최근의 사법부 통계를 보면 낙태죄로 유죄판결을 선고받은 사람은 거의 없다. 있다 해도 연간 한두 명 정도다.

낙태란 자연 분만기에 앞서 인공적으로 태아를 모체 밖으로 배출하는 일이다. 어떤 방법으로 하는가는 묻지 않는다. 약물이나 기계 등 수단은 아무래도 상관없다.

어쨌든 태아가 모체 밖으로 배출되었을 때 그 죄는 성립한다. 태아가 죽었든 살았든 역시 낙태죄다. 만약 갓 태어난 아기가 방해된다 하여 죽였다면 살인죄다.

낙태죄는 태아의 생명 신체뿐만 아니라 임부의 생명 신체도 보호하려는 의도로 만들어졌다. 자세하게 나누면 다음과 같다.

각각의 낙태

임부 자신이 행하는 낙태는 1년 이하의 징역이다.(형법 제212조) 임부에게 부탁받거나 승낙을 받고 행한 낙태는 2년 이하의 징역이다. 그로 인해 임부를 사상에 이르게 한 자는 3개월 이상, 5년 이하의 징역이다.(형법 제213조) 의사·산파·약제사 또는 약장수가 임부의 부탁을 받거나 승낙을 받고 행한 낙태는 3개월 이상, 5년 이하의 징역이다. 그로 인해 임부를 사상에 이르게 했을 때는 6개월 이상, 7년 이하의 징역이다.(형법 제214조)

임부로부터 부탁도 받지 않고, 승낙도 없이 한 낙태는 6개월 이상, 7년 이하의 징역이다. 이 경우는 미수죄도 처벌받는다. 만약 임부를 사상에 이르게 했을 때는 상해죄에 비교하여 중요도에 따라 처벌한다.(형법 제215조와 제216조)

특별한 사유가 있는 경우, 의사에게 맡긴 경우라면 인공임신중절을 인정해도 별 문제는 없을 것이다. 아니, 인정해야 한다는 의견이 강하다. 최근에는 외국에서도 이런 의견을 고려한 법률이 있다고 한다.

일본에서도 전후 우생보호법優生保護法이라는 법률을 제정했다.

이 법률은 ① 유전병자의 출산방지, ② 임부의 정신적·신체적 건강보호, ③ 빈곤자의 경제생활 안정을 목적으로 한다. 이런 특별 사유는 의사에 의한 임신중절을 인정한다. 따라서 현재는 이 법률이 많이 이용되고 있다.

15. 사람을 버리는 범죄

우바스테야마와 게이키

노유老幼, 불구, 또는 질병 때문에 도움이 필요한 사람을 유기하면 1년 이하의 징역이다. 형법 제217조는 그렇게 규정한다.

유기가 범죄인 경우는 노유·불구·질병으로 인해 누군가에게 도움을 받지 않으면 생활을 할 수 없기 때문이다. 또한 쓰레기통에 바나나 껍질을 버리듯, 일부러 버리지 않더라도 어딘가에 내버려두고 가도 역시 유기다.

"내가 굶으면 내 아기를 기를 수 없고,

내 아기를 버리지 않으면 내가 굶어 죽어.

버리는 게 도리일까? 버리지 않는 게 도리일까?

인간의 애정이란 갈피를 잡을 수 없구나!"

이렇듯 종종 옛날 연회좌석에서는 재미없는 노래를 하는 사람도 있었다.

그 아기를 버린 사람은 유기죄遺棄罪의 권위자일 것이다.

시데: "난 이 사라시나 마을에 살아. 오늘밤은 이름에 걸맞은 만추, 어두워지기를 기다린 듯 달빛은 더할 나위 없이 밝게 빛나네. 신이 사는 하늘은 빈틈없이 사방의 풍경을 비추고. 특히 저 달은 풍취를 더해주고 있어."

우키: "정말 이 사라시나 마을에 살아? 그럼 옛날 우바스테야마[334] 전설이 있는 장소는 어디야?"

시데: "우바스테야마의 가슴 아픈 이야기는 난 잘 모르지만, 내 마음 위로하기 힘든 사라시나여! 우바스테야마에 비추는 밝은 달을 보면서,라는 노래라면 바로 이 큰 계수나무 아래가 그 옛날, 노인을 버렸던 곳이야."

지금도 요곡 〈우바스테〉에서 읊어지는 우바스테야마는 멧돼지 새끼라도 버리듯 늙어 뼈가 앙상한 노인을 산속에 버렸다는 애달픈 이야기다. 이 우바스테야말로 유

---

334) 우바스테야마(姥捨て山): 늙은 자기의 숙모를 친어머니처럼 봉양하던 사람이 결혼 후, 아내의 권유에 못 이겨 산에 버렸지만 가엾어 다시 데려와 모셨다는 전설

기죄 중의 유기죄이며 형법 제218조 제2항에서 규정한 존속유기죄로서 6개월 이상, 7년 이하의 징역이다.

자식을 버리는 경우는 "문지기는 기겁하고, 사람들은 깜짝 놀라 웅성거리는구나"라는 식으로 대개는 부잣집 문 앞에나 사람들이 자주 왕래하는 곳에 버리는 것이 예사였다.

"보금자리를 떠난 불여귀, 아직도 아기인데 아기가 아닌 채 홀로 이 세상에서 자랐구나."

〈옥조전玉藻前[335]) 3단락〉에서 울면서 말하던 게이키나,

"이제는 옛날이야기가 되어버린 남편 미치오. 부부 사이에 아이가 없어서 괴로워하던 청수의 호반이었지. 37일 동안 신사에 머무르며 삼신산三神山[336]) 야시로[337])님께 소원을 빌고 돌아오는 길에 들었던 갓난아기의 울음소리는 아직도 폐부를 찌르듯 명료하게 남아 있어."

황실의 하기라는 사람이 눈물을 흘리며 이렇게 술회하듯, 신사의 근처에 버려졌던 것 같다.

하지만 누군가에게 구조될 전망이 확실해도 유기는 유기다. 경찰서나 보육소의 문 앞에 버려도 유기임에는 틀림없다.

역 대합실에서 옆에 앉아 있던 젊은 미인이 "미안하지만 화장실에 다녀오는 동안 이 아기를 잠깐만 안아주시겠어요?"라고 부탁한다. 선뜻 아이를 안았지만 그대로 여자는 자취를 감추어버렸다. 그 여자는 말할 필요도 없이 유기를 했다.

얼마 전 신문은 "젖먹이 아기, 혼자 여행하다"라는 타이틀로, 젊은 어머니가 생후 8개월 정도인 아기를 도쿄역에 정차중인 하카다행 히카리 11호 열차 안에 놓아두고 사라졌다고 보도했다.

---

335) 중국에서 온 황금색 털의 구미호가 둔갑했다는 전설상의 미녀. 궁궐에 들어가 도바원(鳥羽院)의 총애를 받지만 점술사인 아베 다이신에게 발각되어 나스노에서 살해되어 살생석(용암의 귀신)이 되었다는 전설. 조루리, 가부키 등으로 각색
336) 쥬고쿠 지방의 전설로 동방절해의 선인이 산다는 3개의 산
337) 지연적 결합사회를 상징하는 고대 쥬고쿠 지방의 토지신

열차에 버려진 아기가 검도선수처럼 험악한 표정의 아저씨 품에 안겨 천진스럽게 웃는 모습은 상상만으로도 코끝이 찡하다. 울기보다 해맑게 웃는 버려진 가엾은 아이의 얼굴.

아이를 개와 함께 재운 어머니

부모가 유아를 버리듯, 보호책임이 있는 자의 유기죄는 벌이 무겁다. "노약자老弱者, 유자幼者, 불구자, 병자를 보호해야 하는 책임이 있는 자가 유기하거나, 생존에 필요한 보호를 하지 않았을 때는 3개월 이상, 5년 이하의 징역이다."(형법 제218조)

보호해야 하는 책임이란 법률의 규정에 따른 책임이 있는 일이다. 즉 부모가 자녀를 양육하도록 법률상 규정한 의무가 있는 경우, 또는 계약, 그 외의 법률행위 등으로 의무가 생긴 경우다. 예를 들면 환자를 간호할 책임, 혹은 아이의 양육을 인수받는 일, 이를테면 버려진 아이를 주워 와서 양육하는 일 등이다.

보호책임이 있는 사람은 일부러 유기하지 않아도 생존에 필요한 보호를 하지 않으면 역시 유기하는 것이다. 생존에 필요한 보호를 하지 않는다는 것은 요부조자要扶助者의 일상생활에서 행동에 필요한 원조를 하지 않는 일이다.

다음과 같은 판례가 있다.

"피고 두 사람은 내연의 부부로서 당시 2세인 아이를 양자로 인수받고 자택으로 데려갔지만 유자에게 부적절한, 불충분한 음식을 주었을 뿐만 아니라, 여름인데도 모기장을 설치해주지 않고, 더구나 현관 밖, 토방에 있는 개와 함께 재웠으며, 그로 인해 아기의 영양에 심한 장애를 초래했다."

이토록 참혹하고 냉혈한 인간들이 있을까?

여기서 반드시 주의해야 할 것이 있다. 죽일 마음으로 유기했다면 그것은 유기죄가 아니라 살인죄다. 예를 들면 한밤중에 이리가 나온다는 야산에 이리에게 먹힐 것을 예상하면서도 유기했다면 살인죄다. 유기죄가 아니다.

피마자기름을 먹는 고통

좀 귀찮더라도 다음의 형법 제217조의 조문을 읽어주길 바란다.

"노유, 불구, 또는 질병 때문에 도움이 필요한 사람을 유기한 자는 1년 이하의 징역에 처한다."

여기에 "도움이 필요한 사람"이란 타인의 부지扶持 또는 조력이 없으면 스스로 일상생활에 필요한 동작을 할 수 없는 사람이다. 신음할 정도로 거액이 있어도, 쌀이 수십 개의 창고에서 썩어나갈 만큼 많아도 질병이나 불구, 노유 때문에 스스로 먹지 못하고 타인의 도움을 받아야만 먹을 수 있는 사람이다.

그럼 도움이 필요한 사람의 의미를 알았다면 다시 한 번 더 위의 조문을 읽어주었으면 한다. 앞에서 말한 형법 제218조는 보호해야 할 책임이 있는 사람이 유기한 경우다. 그러므로 그 책임을 유기한 사람을 처벌하는 것은 피마자기름을 어렵지 않게 먹일 만큼 당연하다. 하지만 본조의 경우는 그렇게 쉽게 피마자기름을 먹일 수가 없다. 왜냐하면 법률상에도 계약상에도 보호해야 할 그 어떤 책임도 없는데 어떻게 처벌할 수 있는가 하는 문제 때문이다.

그럼 이 시점에서 이 책 처음에 나온 '법률과 도덕' 부분을 떠올려보자. 거기에는 배덕불륜의 행위이고 공공질서·선량한 풍속에 위반하는 행위이면 도덕상의 문제라도 법률이 관여하지 않으면 안 된다고 설명하면서 법률과 도덕의 악수를 예로 들었다. 거기에 바로 유기죄가 나타나 있다.

환자의 동거인

부도덕하다, 비정하다고 세상 사람들이 대놓고 시끄럽게 비난하는 일이 있다. 그 중에는 지나치게 잘난 척하는 엉뚱한 녀석도 있는 반면, 제법 그럴듯한 사람도 있다. 예를 들면 유치원에 다니는 티 없이 맑고 귀여운 아이가 눈에 넘어져 울고 있는데도 일으켜주지 않는 사람이 있다면, 아무리 아이의 어머니가 정숙한 '즈보사카'의 오사토형의 여자라도 "일으켜주면 좋을 텐데"라는 말은 할 수 있다. 왜 이런 말을 하느냐 하면, 그 사람에게는 아이의 코까지 닦아줄 필요는 없어도 일으켜줄 정도의 도덕적 의무는 있기 때문이다.

하지만 험담하는 일이 아무리 세상 사람들의 지병일지라도, 홋카이도 눈 속에 넘어진 아이를 현재 도쿄 한가운데 있는 사람이 일으켜주지 않았다고 책망하는 사람은 없을 것이다. 도쿄에 있는 사람이 홋카이도까지 가서 넘어진 아이를 일으켜주어야 한다는 도덕상의 의무는 없기 때문이다. 따라서 법률적으로 전혀 관계가 없기 때문에 그 사람을 유기죄라고 할 수 없다.

그렇다면 보호해야 할 의무는 없지만 법률적으로 관계가 있는 경우란 어떤 걸까? 한마디로 말하면 공공질서와 선량한 풍속에 위반하는 일이다.

예를 들면 2층 방 한 칸을 누군가에게 빌려주었다. 그 방에는 가난한 아르바이트 학생이 살고 있다. 그런데 그 학생이 티푸스에 걸렸다. 하지만 집주인은 매달 방세를 지독하게 추궁하는데 간호해주거나 밥을 먹여준다는 계약은 하지 않았다. 그렇다면 "내 탓이 아니야"라며 전염될까 걱정되어 티푸스 학생을 홀로 남겨두고 이사해버려도 괜찮을까? 이거야말로 공공질서, 선량한 풍속을 위반하기 때문에 유기죄다.

또 친구 두 사람이 여행을 떠났다. 도중 한 사람이 각기병脚氣病[338] 증세를 보였다. 그의 걸음은 점점 느려지고 마침내 한 발짝도 움직일 수 없게 되었다. 이때 그 환자를 홀로 남겨두고 돌아왔다면 역시 그 친구는 유기죄다. 두 사람은 여행약속을 했지만 병에 걸릴 경우까지는 고려하지 않았다. 하지만 이처럼 특수한 상황인 이상, 환자를 방치하고 혼자만 돌아왔다면 공공질서, 선량의 풍속을 위반하는 것이다.

---

338) 비타민 B1의 결핍으로 발생하는 질병. 손발이 저리고 부종, 권태감이 시작되면서 심한 경우 말초신경 마비와 심장쇠약 증세를 일으킨다. 옛날 일본에서는 국민 병으로 지정했다.

16. 체포·감금하는 죄

처녀의 목욕

깊은 산중, 달은 휘영청 밝게 비추고, 나뭇가지들은 운치 있게 암벽에 그림자를 드리운다. 그 아래로 산의 공기를 흔들며 맑은 물이 청아하게 흐른다. 그곳에는 주변 마을에서 만든 자그마한 공동 목욕탕이 있다.

지금 탕 속에는 17~18세 가량의 아가씨가 방심한 채 혼자 목욕을 하고 있다. 반짝반짝 윤기 흐르는 새하얀 피부, 날씬하게 쭉 뻗은 몸매, 부드러운 어깨곡선. 처녀는 칠흑 같은 검은 머리를 아무렇게나 틀어 올린 채 터질 것 같은 유방을 양손으로 감싸고 있다. 마치 사람을 홀리는 원령처럼 그 자태는 이 세상 사람이라고는 생각할 수 없을 정도로 요염하고 아름답다. 혹시 휘영청 달 밝은 밤, 아무도 모르게 살그머니 목욕하는 이 마을의 전설 속 요정은 아닐까?

이곳에 분별없는 한 녀석이 등장한다.

지나가던 그 남자, 목욕하는 그녀의 모습을 보고 시적인 정서가 아닌 욕정을 일으키지 않을 수 없었다. 자기가 나무꾼인가, 목욕하는 아가씨의 기모노를 숨겨버린 것이었다.

드디어 아가씨가 물 속에서 나와 옷을 찾았다.

"목욕하던 샘물에서 나와 입게 된 쓰라린 인간 세상의 옷."

이런 노래를 누가 흥얼거렸던가? 그녀의 안색은 곤혹스럽게 변했다.

여기서 좀 더 진전시키면 시도, 노래도, 사랑도, 드라마도 될 수 있다. 하지만 여기서 하려는 말은 시나 노래가 아니다. 즉 로맨틱한 사랑이 아닌 것이다. 법률학적 해부용 메스를 들이대면 입맛 떨어지는 얘기다.

속옷까지 모두 없어졌다면 젊은 아가씨는 밖으로 나갈 수가 없다. 알몸으로 공동 목욕탕에 갇혀 있을 수밖에 없는 것이다. 이렇게 타인의 신체 자유를 구속하는 행위가 범죄에 해당하지 않는다면 이상하다. 이런 범죄에는 체포逮捕·감금죄監禁罪가 있다.

부모가 자녀를 벽장 속에 가두면 범죄일까?

체포도 감금도 모두 타인의 신체자유를 빼앗는 일이다.

체포는 직접적으로 신체 자체의 자유를 구속하는 일이고, 감금은 다소 지속하면서 일정의 구역 내에서 나오는 것을 불가능 또는 곤란하게 하는 일이다.

"난 경찰이다"며 상대를 속이고 연행하는 것도 체포죄다. 포승줄이나 수갑으로 쓸데없이 신체를 묶지 않아도 상관없다. 팔을 움켜쥔 채 끌고 가거나 꼼짝 못하게 폭력으로 구속하면 단순한 폭행죄가 아니고 체포죄에 해당된다.

방 밖에서 자물쇠를 채워 나올 수 없게 한다든가, 자동차를 질주하여 내릴 수 없게 하면 감금죄다.

국립대학에 들어가고 싶다는 일념으로 마음 약한 대학생에게 대리시험을 보게 하려고 한 평 반 정도의 다다미방에 가두고 하루 종일 공부시키고 졸면 두들겨 팼다는 신문보도가 있었다.

"도망가면 가만두지 않을 거야."

이렇게 협박하며 밖으로 나올 수 없게 해도 감금이다. 돈을 빌려준 야쿠자가 도산한 사업주를 협박하여 감금한 일도 감금에 해당된다.

하지만 체벌은 불법으로 하지 않으면 성립하지 않는다. 따라서 나쁜 술버릇에 질투까지 심해 만취하면 격노, 난폭행패, 타인에게 민폐를 끼치는 술주정꾼 남편이 오전 10부터 밤 10시까지 술을 마신 뒤 슬슬 근성을 드러내며 난폭해지기 시작하자, 타인에게 피해를 줄까 두려워 어쩔 수 없이 주정뱅이 남편을 끈으로 단단히 묶은 아내의 행위는 체포도 감금도 아니라는 판례는 지극히 당연한 것이다.

또 부모는 자식에 대해 징계권을 갖고 있기 때문에 그 범위에서 자녀의 나쁜 버릇을 고쳐주기 위해 벽장에 가둔 정도라면 감금죄는 아니다. 하지만 자기가 낳지 않은 배우자의 자녀를 괴롭히고 고통 주기 위한 체벌이거나, 혹은 징계라 해도 너무 오래, 게다가 정도를 넘어선 체벌은 감금죄가 된다.

이런 이유로 앞의 목욕하는 처녀의 속옷과 기모노를 숨겨서 그녀를 난처하게 한 녀석의 죄가 감금죄에 해당한다는 사실은 알았을 것이다.

"좌부뢰座敷牢339) 바닥을 손톱으로 긁으며 코털을 뽑고 있다."

좌부뢰 등은 물론 감금의 최고봉이다.

형벌은 3개월 이상, 5년 이하의 징역이다. 본인이나 배우자의 직계존속에게 범했을 때는 6개월 이상, 7년 이하의 징역이다. 사람을 사상에 이르게 했을 때는 상해죄와 비교해서 무거운 쪽으로 처벌한다.

---

339) 광인, 죄인 등을 가두는 방

17. 협박죄

"고소하겠다"는 통지는 협박인가?

타인에게 어떤 해악을 가하겠다고 통지하여 공포를 주는 일이 협박이다. 하지만 협박죄가 성립하려면 조건이 있다. 그것은 피협박자 또는 그 가족의 생명, 신체, 자유, 명예, 재산에 대해 해악이 있어야 한다. 친구에게 "가만두지 않겠어"라고 단지 위협만 하는 것으로는 협박죄가 아니다.

실제로 할 생각으로 협박했든, 위협만 할 뿐 정말로 할 생각은 없었든 상관없이 협박죄는 성립한다. 협박죄는 단지 위협만 하는 경우지만 만약 "돈 내놔. 안 그러면 집에 불을 질러버릴 거야"라고 했다면 위협의 강약에 따라 강도도 공갈도 될 수 있다.

그렇다면 고소하겠다고 통지를 하면 협박일까? 여러 가지로 생각해볼 필요가 있다.

고소할 권리가 전혀 없는데 단지 위협하기 위해서 했다면 물론 협박이다. 한발 더 나아가 고소할 권리가 있다고 해도, 마음속으로는 고소할 생각이 전혀 없고 단지 위협만이 목적이었더라도 역시 협박이다. 그런 판례가 있다.

고소권이 있고, 더구나 정말로 고소할 생각이 있어서 "당신이 한 일은 사기죄를 구성한다고 생각하기 때문에 만약 며칠까지 50만 엔을 돌려주지 않았을 때는 나도 어쩔 수 없이 고소할 생각으로 이 취지를 통고한다"고 한 통지는 협박이 아니다.

"번개님과 천둥님을 불러서 배꼽을 가져가라고 할 거야."

아이를 위협하여 배두렁이와 기모노를 입히려는 어머니의 말은 협박에도 벌침에도 해당되지 않는다는 것은 두말할 필요도 없다.

여러 가지 협박 판례

두세 가지 판례를 살펴보자.

협박죄는 타인의 명예를 해치려는 사실을 상대방에게 통고하는 것만으로 충분하다. 구체적인 사실의 통고까지는 필요 없다.

협박죄는 본 조항에서 나열한 법익에 대해 위해危害한 일을 불법으로 통고함으로써 성립한다. 통고를 받은 사람이 실제로 두려워하든 그렇지 않든 그것까지는 상관하지 않는다.

이런 일이 있었다. 어떤 마을에서 모든 사람이 단 한 사람에게 절교를 통지했다. 많은 사람이 절교를 통지한 경우, 누가 생각해도 그 절교가 그럴 만하다고 고개를 끄덕일 만큼 정당한 도덕상의 관념에서 나온 거라면, 절교당한 사람은 자신의 비행으로 자초한 일이기 때문에 법률이 구제할 필요는 없지만, 타당한 이유도 없이 절교를 통지했다면 협박죄에 해당된다고 재판소는 판결했다.

필경 마을 사람 8할이 협박죄일 것이다.

앞에서도 말했듯이 협박죄는 생명, 신체, 자유, 명예, 재산에 대해 해를 가하겠다고 통지하는 것일 뿐 "그게 싫으면 돈을 내놔라"는 위협이 아니다. "집을 태워버리겠다"는 말은 협박이다. "돈을 주지 않으면 집을 태워버리겠다"고 말하면 공갈이다.

협박죄의 처벌은 2년 이하의 징역 또는 5백 엔(임시조치 10만 엔) 이하의 벌금이다. 만약 생명, 신체, 자유, 명예 또는 재산에 대해 해를 가하겠다고 협박하고, 폭행을 사용해서 타인에게 의무도 없는 일을 행하게 하며, 행사할 권리를 방해했을 때는 3년 이하의 징역형이다.

18. 약취와 유괴

납치와 유괴

길에서 놀고 있는 아이를 낚아채가는 이른바 '유괴'라는 것이 있다. 어린 시절, 놀이에 열중하다 어둑어둑해질 무렵 문득 정신을 차렸을 때, 유괴이야기는 어린 마음을 무척 불안하게 했다.

또한 시대극에도 종종 나오듯이, 어느 양가집 규수가 몸종을 데리고 외출하던 중, 갑자기 검은 복면의 사내들이 나타나 "앗" 비명 지를 틈도 없이 규수를 순식간에 낚아채가는 장면이 있다. 이것이 형법에서 말하는 약취略取다.

혹은 동물원에 데려가겠다, 과자를 사주겠다, 한창 나이인 아가씨에게 도쿄에 가면 호화로운 생활을 하게 해주겠다고 유혹해서 데려가는 것도 형법은 유괴로 처벌한다. 유혹의 수단은 반드시 거짓말이 아니어도 상관없다.

판례는 다음과 같이 설명한다.

유괴에는 유혹의 수단이 필요하지만 반드시 허위로 피해자에게 착각을 일으킬 필요는 없다. 또한 달콤한 말로 미성년자를 꼬여내어 친권자의 승낙도 받지 않고 작부를 시키면 유혹으로 인한 유괴다.

이런 판례도 있다. 친부모가 갓 태어난 아기를 양자로 주었다. 그 아이가 초등학교에 들어가자 친부모는 자식이 너무 귀엽고 사랑스러워 견딜 수 없었다. 그래서 학교에서 돌아오는 아이를 기다렸다가 자기 집으로 데려갔다. 이것도 약취죄다.

미성년자를 약취, 유괴하면(미성년자 약취, 유괴죄) 3개월 이상, 5년 이하의 징역이다.(형법 제224조) 미수도 처벌받는다.

도쿄 남자와 교토 여자

영리, 외설 또는 결혼을 목적으로 사람을 약탈, 유괴하면 형이 무겁다. 1년 이상 10년 이하의 징역이다.(형법 제225조) 미수도 처벌받는다.

여기서 말하는 영리의 목적이란 특별히 유괴가 전문이 아니더라도 이익을 얻기 위해 단 한 번이라도 저질렀다면 영리營利다. 옛날에는 '인신판매'나 '인신매입'이라는 상매가 있어서 당당하게 인신매매를 행했던 것 같다. 물론 거래되는 사람은 대체로 어린이였으며 그 중에서도 젊고 예쁜 여자애들이 많았던 것은 두말할 필요도 없다. 대개는 머리를 두들겨보고 "이건 소리가 별로 안 좋아. 값을 깎아줘"라며 마치 시장에서 수박이라도 구입하듯 아주 쉽고 간단하게 거래했던 것 같다.

우키: "난 동국지방의 인신매매 상인. 이번에는 많이 살 계획이야. 물론 14~15세 정도의 여자애 말이지. 며칠 전부터 찾아보았는데 구하지 못했어. 그래서 아직도 돌아가지 못하고 있어."

인신매매 상인은 요곡謠曲의 〈지젠 거사〉[340]나 〈사쿠라 강〉[341] 〈스미다 강〉[342]에서도 등장하여 자식 때문에 번민하는 가엾은 어머니를 광인으로 만든다.

그런데 요곡에 나오는 인신매매 상인은 어찌된 일인지 판에 박은 듯 관동지방이나 동북지방 사람이었다. 매매 장소는 대개 교토, 다시 말해 교토 미인이다. 하지만 상거래에서 품절일 때는 머나먼 규슈 지방까지 원정하여 미인을 물색했던 것 같다. 예로부터 "동남東男, 교녀京女"라는 말이 있다. 의미는 "굉장한 미인은 교토에, 풍채 좋은 남자는 스케로쿠助六343)처럼 도쿄에"라는 뜻이다. 그렇다면 동남을 배출한 원인은 그 옛날 일본 전국에서 미인을 사 모은 결과가 아닐까? 쓸데없이 미움 받는 얘기는 이제 그만하자.

여하튼 〈사쿠라 강〉에도 "나로 말할 것 같으면 동국 지방의 인신매매 상인, 오랫동안 교토에 머물러 있지만 이번에는 따뜻한 츠쿠시筑紫344)로 내려가서 빠른 시일 내에 미인을 매입할 거야"라며 멀리 규슈까지 원정 갔던 인신매매 상인들이 등장한다. 그 아즈마 에비스東夷345)들이 고천원高天原346)에 가까운 천손융림天孫隆臨347)의 땅까지 터벅터벅 걸어가서 "아름다운 여자를 불하할 사람은 없습니까?" 이런 말까지는 하지 않았겠지만, 어쨌든 기차도 비행기도 없었던 그 옛날, 멀리까지 미인을 물

---

340) 요곡. 운거사(雲居寺) 재건을 위해 설법을 시작한 지젠 거사(自然居士)에게 한 소녀가 다가와 명주옷을 공양하며 양친의 명복을 위해 독경을 부탁한다. 그때 동국의 인신매매 상인이 나타나 소녀를 데려간다. 그 명주옷이 자신의 몸을 팔아서 얻은 옷이라는 것을 알게 된 지젠 거사는 소녀를 구하기 위해 설법을 중단하고 상인을 쫓아간다. 거사는 출항하려는 배로 뛰어 들어가 담판하지만 거사를 동국으로 데려갈 수도 없는 상인은 실컷 놀려준 뒤, 소녀를 돌려줄 생각으로 거사에게 예능을 보이라고 한다. 거사는 노래와 무용을 보여주고 소녀와 함께 돌아온다.

341) 요곡. 어머니를 위해 스스로 인신매매에 팔려간 사쿠라코는 미쳐버린 어머니와 히다치의 사쿠라 강에서 재회한다.

342) 노우(能). 사랑하는 아들 우매 와카마루가 납치되자 미쳐버린 어머니는 스미다 강까지 흘러 들어와 이미 죽은 아들의 영혼과 슬픈 대면을 한다.

343) 조루리, 가부키의 스케로쿠 이야기의 주인공. 오사카 천일사(千日寺)에서 유녀 아게마키와 동반자살했다는 요로즈야 스케로쿠를 모델로 함.

344) 옛 규슈지방

345) 동쪽 오랑캐란 뜻으로 교토 사람이 관동사람을 경멸하여 부르는 말

346) 일본 신화에서 신들이 살고 있다는 천상의 세계

347) 일본 신화에서 니니키노 미고토(瓊瓊杵尊)가 아마데라스 오오미가미(天照大神)의 명령을 받고 다스리기 위해 강림한 아시하라 나카츠쿠(葦原中國) 지역

색하러 다닌 것을 보면 그들이 얼마나 장사에 전념했는지 알 수 있다. 실로 놀라지 않을 수 없다.

하지만 규슈에서 매입한 젊은 아가씨를 데리고 터벅터벅 걸어서 마침내 동북 지방에 도착할 즈음이면 모처럼 매입한 아가씨가 노파로 변해버리는 것은 아닐까? 설마!

아~ 눈물의 소녀소설 '곡마단에 팔려간 딸'

인신매매에게 팔려가거나 유괴된 아이들은 대개 여자는 유녀로, 남자는 일종의 노예로 잔혹하게 혹사당했다고 전설은 알려준다. 그 중 산쇼 다이유라는 욕심 많고 고집 센 인간에게 학대받은 안쥬히메 형제[348] 이야기는 천년이 지난 지금도 안타깝고 가슴 저리게 한다.

"다이오우마루와 안쥬히메는 인신매매 상인에게 유괴되어 산쇼 다이유에게 팔려갔다. 안쥬히메는 비천한 싸구려 창녀 몸으로 고통과 괴로움 속에서 혹사당하며……"

산쇼 다이유 전설은 유량항천헌장자由良港千軒長者에 기록되어 있다. 오늘날의 법률로 보면 전형적인 영리유괴인 것이다.

멀리 천년까지 거슬러 올라갈 필요도 없이 저자가 어릴 적에는 곡마단이나 작부, 혹은 창녀로 팔려갔다는 아이들 애기가 흔했다. 곡마단 곡예를 구경하던 어떤 중년 여성이 "천 번에 한번 성공할까 말까 한 타오르는 불길, 말 타고 건너기. 미국식 대모험"이라는 사회자의 요란한 광고와 함께 등장한 대모험의 여기사에게 무심히 눈길을 준 순간, 세상에 이럴 수가! 몇 년 전에 유괴되어 행방불명된 자신의 딸이 아닌가! 순간 그녀는 제정신을 잃고 미친 듯이 무대 위로 뛰어 올라갔다는 신문기사도 있었다.

'행복한 자는 제겐女衒'이라는 말이 있다. 옛날에는 인신매매를 할 경우, 대개는 제겐이라는 뚜쟁이가 중개했던 것 같다. 그럴듯한 풍채만 타고난 악당이 여자를 희롱

---

348) 산쇼 다이유 전설에 나오는 남매. 남동생과 함께 산쇼 다이유에게 팔려간 안쥬히메는 동생은 도망시켰지만, 자신은 고문을 받아 죽었다는 이야기

한 뒤 팔아버리거나, 배후에서 매춘부로 부려먹는 일도 있다. 옛날이나 지금이나 근성이 비열한 녀석이 하는 짓이란 똑같나 보다.

"보리타작을 노래하는 뚜쟁이."

이 짧은 센류를 보면 매춘부 신세인 유녀의 신상을 상상할 수 있다. 그녀들의 뒷면을 들여다보면 부모 때문에 팔려온 사람도 있을 것이고, 유괴된 사람도 있을 것이다.

이렇게 보리타작을 당하며 손님에게 나쁜 병이라도 옮으면 그녀들은 더 이상 필요 없게 된다. 썩은 상품은 버려질 뿐이다. 속세에 아무렇게나 처박힌 절인 미와의 상한사常閑寺에 죽은 개나 고양이처럼 내팽개쳐진다. 이 상한사에는 신요시하라新吉原 300년 동안, 죽어도 시신조차 거두지 않는 2만 5천 명의 가엾은 여자들이 매장되었다고 한다. 이래도 과연 인간의 성을 매매하는 매춘을 허락해도 좋은 걸까? 유곽의 부활을 기대하는 항간의 소리는 남자들의 비열한 이기주의라고 해야 할 것이다.

어떤 여자가 A라는 사람을 찾아가 건실한 집안에 종사하고 싶다고 의뢰했다. 좋은 기회로 여긴 그 녀석, 유곽의 하녀나 첩으로 소개하여 수수료를 받을 생각에 근무처가 있는 척하면서 자기 집에 머무르게 했다. 그리고는 요리집의 하녀나 첩으로 가면 수입이 많아서 호화로운 생활을 할 수 있다고 유혹하기 시작했다. 마침내 A는 어떤 남자의 2호로 가는 것과 요리집 하녀로 근무하겠다는 승낙을 동시에 받아냈다.

이와 같은 A의 행위가 영리유괴죄라는 것은 논할 필요도 없다. 실제로 A는 유죄를 선고받았다. 또한 외설(을 목적으로 유괴나 납치를 한 것만으로도 이 죄는 성립한다. 간음 등의 외설행위가 실제로 행해지든 아니든 상관없다. 외설행위까지 했다면 그때는 강간죄나 공연외설죄 등 별도의 범죄도 성립한다.

몸값을 겨냥한 유괴

"딸이 무사하길 바란다면 백만 엔을 준비해."

부모에게 전화가 걸려왔다. 혹은 이런 편지를 받았다. 영화나 소설의 좋은 소재이며 현실에서도 종종 발생하는 사건이다.

코미디언 토니 다니의 아들을 유괴해 몸값을 요구한 사건[349]을 기억하는 분도 있을 것이다. 쇼와 30(1955)년의 일이었다. 그로부터 몸값을 요구하는 유괴가 다변화하

자 쇼와 30에 신대금身代金유괴죄라는 규정을 새롭게 만들었다.(형법 제225조 제2항)

① 근친자近親者나 그 외에 피괴취자被拐取者의 안위를 걱정하는 사람을 이용하여 금품을 교부할 목적으로 약취·유괴하거나, ② 처음에는 신대금의 목적은 없었지만 약취·유괴한 동안 신대금의 목적이 발생해 금품을 요구하거나 신대금을 교부받으면 범죄다. 벌은 무겁다. 즉 무기 또는 3년 이상의 징역이다. ①에 대해서는 미수도 처벌받는다.

가라유키상

규슈 아마쿠사天草350) 방면을 여행하면 가라유키상唐行きさん351)의 이야기를 들을 수 있다. 가난한 탓에 외국으로 팔려간 딸들의 애달픈 이야기다. 이처럼 국외 인신매매는 세계 각지에서 끊임없이 이루어졌던 것 같다. 특히 여성은 흑백의 피부색조차 묻지 않는 최대의 피해자였다.

얼마 전 신문에서는 반세기만에 말레이시아에서 귀국한 '가라유키상, 젠도 기쿠요'라는 할머니가 사망했다고 보도했다. 그녀는 다이쇼大正(1912~1926) 초기 17세 때 많은 돈을 벌수 있는 좋은 일자리가 있다는 뚜쟁이 말에 속아 싱가포르 사창가로 팔려갔다고 했다. 물론 이것도 범죄다.

① 국외로 이송할 목적으로 사람을 약취·유괴

---

349) 토니 다니 장남 유괴사건. 1955년 7월 15일 오후, 인기 코미디언 토니 다니의 장남 초등학교 1학년 마사미(正美·6세)짱이 하교길에 유괴되었다. 목격자인 동급생의 증언에 따르면 검은 복장을 한 중년 남자였다고 한다. 그 후 몸값 200만 엔을 요구하는 협박장과 전화가 걸려왔다. 21일, 돈을 받으러 온 잡지 편집자, 미야사카 다다히코(33세)가 체포되면서 나가노의 미야사카집에서 잠들어 있던 마사미짱도 무사히 구출되었다. 미야사카는 ≪신슈쿄카이(信州業界)≫라는 잡지를 발행할 계획이었지만 자금이 없어 아메리카에서 발생한 린드버그 사건에 힌트를 얻어 유괴, 마사미짱을 자택으로 데려가 자기 아들과 놀게 했다. 1956년 9월 27일 도쿄고등재판소는 미야사카에게 징역 3년을 판결, 1957년 6월 4일 미야사카의 상고는 철회되었다

350) 구마모토현 우토반도 남서에 있는 섬들. 무로마치 시대 크리스트교가 보급되면서 순교자들의 유적이 많다.

351) 메이지 말, 쇼와 초기에 걸쳐 돈벌이를 위해 남방제국으로 갔던 아사쿠사 제도의 수많은 여성들

② 국외로 이송할 목적으로 사람을 매매 또는 피괴취자被拐取者·피매자被賣者를 국외로 이송해도 모두 2년 이하의 유기징역이다.(형법 제226조) 미수도 처벌받는다.

약취·유괴의 조력 등

앞에서 말한 미성년자 약취·유괴, 영리유괴, 국외이송유괴범죄를 범한 자를 조력할 목적으로 피괴취자나 피매자를 받아들이거나, 혹은 발견되지 않도록 은닉한 자도 범죄다. 형은 3개월 이상, 5년 이하의 징역이다. 미수도 처벌받는다.

또한 신대금유괴身代金誘拐 범죄를 범한 자를 조력할 목적으로 유괴당한 사람을 받아들이거나 은닉해도 범죄다. 형은 1년 이상, 10년 이하의 징역이다. 미수도 처벌받는다.

영리, 외설을 목적으로 피괴취자 또는 피해자被害者를 받아들여도 범죄다. 6개월 이상, 7년 이하의 징역이 기다리고 있다. 미수도 처벌받는다.

① 신대금을 목적으로 피괴취자를 받아들이거나,

② 받아들였을 때는 그런 생각이 없었지만 그 뒤에 신대금이 받고 싶어져 금품을 요구하거나 수취해도 범죄다.

이것은 2년 이하의 유기징역이다. ①은 미수도 처벌받는다.

이상은 모두 형법 제227조에서 규정한다.

또한 신대금유괴의 죄를 범한 자, 또는 그 범죄자를 조력할 목적으로 피괴취자를 받아들이거나 은닉한 자, 혹은 국외이송괴취나 국외인신매매의 죄를 범한 자가 공소제기되기 전에 피괴취자를 안전한 장소에 해방시켰을 때는 형이 경감된다.

또한 신대금유괴죄를 범할 목적으로 그 예비를 한 자는 2년 이하의 징역이지만 실행착수 전에 자수하면 형이 경감 또는 면제된다.

미성년자 약취·유괴, 영리유괴, 조력할 목적으로 피괴취자를 받아들이거나 은닉, 또는 외설 목적으로 받아들이거나 은닉한 자가 그런 행위에 이 영리의 목적이 없었을 경우에는 모두 친고죄다.

만약 유괴되거나 팔려온 사람과 결혼했을 때는 혼인의 무효, 또는 취소의 재판을 확정받은 뒤가 아니면 고소해도 그 효력은 없다.

19. 명예를 더럽힌 죄

자칫하면 범하기 쉬운 명예훼손죄

여자와 조금이라도 무슨 일이 있을 것 같으면 주위 사람들에게 떠들고 싶어 하는 녀석이 있기 마련이다. 아마 평소에 인기가 없기 때문일 것이다. 하지만 요주의.

"나카무라 기사부로의 딸과 관계를 맺었어."

사람들 앞에서 자랑스럽게 얘기하다 명예훼손죄로 법정에 섰던 남자가 있었다.

명예훼손죄란 "공연과 사실을 적시하여 타인의 명예를 훼손한다"는 일로 성립하는 범죄다.(형법 제230조)

그렇다면 공연公然이란 말은 종종 나오는 용어인데 도대체 뭘까?

① 많은 사람들이 알 수 있는 상태

② 공원이나 극장처럼 불특정 다수가 있을 수 있는 예정된 공개장소

따라서 실제로는 그곳에 아직 아무도 없을지라도 공연公然임에는 변함이 없다. 여하튼 불특정 또는 많은 사람들에게 전해질 가능성이 있으면 "공연"에 해당된다.

다음으로, 사실을 적시한다는 말은 구체적으로 사실을 나타내는 것을 의미한다.

"저 녀석은 파렴치죄破廉恥罪의 전과자야."

다수의 사람들에게 이런 편지를 보냈다면 구체적으로 사실을 적시했다고 보아야 한다는 판례가 있다. 악사추행惡事醜行의 풍문, 즉 세간의 소문을 말하는 것도 역시 사실의 적시다.

"그렇다면 명예란 뭘까?"

사람의 명성名聲이다. 사회적 평가라고도 한다. 사람은 누구든 한결같이 명예를 갖고 있다. 배덕背德 또는 파렴치한 행위를 한 사람에게도 명예는 있다.

청렴결백한 보수정당의 정치가이든, 돈벌이를 무시한 정의감 넘치는 기업가이든, 사실 평가는 좀 의심스럽지만 그래도 세간의 평가라면 역시 명예로써 보호받고 있다.

명예의 훼손이란 이런 평가를 침해하는 일이다. 피해자가 도량이 넓어서 그다지 화를 내지 않아도, 또한 치욕이라고 생각하지 않아도 명예훼손이다.

아무개의 아내가 바람을 피우고 있다고 소문을 퍼뜨려도 명예훼손이다. 적시한 일이 거짓이든 사실이든, 더구나 자신이 방금 보고 왔고, 아직도 활활 타오르고 있다 해도 역시 명예훼손이다.

발 없는 말 천리 간다

명예훼손은 어느 마을의 아무개라고 주소, 번지, 성명까지 명확하게 기재하거나 말하지 않아도 그 문맥이나 어투로 보아 누구를 지적하고 있는지 알 수 있는 정도면 그 사람에 대한 명예훼손이다.

신문잡지 등에 실린 명예훼손 기사 중 피해자의 성명, 용모, 이명, 혹은 아호雅號 등을 즉시 알 수 있는 문장이 아니더라도 사정을 종합하여 누구인지 추측할 수 있는 이상, 명예훼손으로 처벌할 수 있다는 판례가 있다. 또한 명예훼손은 세간 사람들이 아직 모르는 비밀이든 이미 널리 알려진 사실이든 관계가 없다는 판례도 있다.

그렇다면 대개의 사람들은 명예훼손 두세 개 정도는 하고 있을 것이다. 아직은 본인이 고소하지 않았기 때문에 아무렇지도 않은 척할 뿐이다.

혹시 독점판매소라도 가진 걸까? 점심시간, 회사의 식당이나 퇴근 후 동료와 마주앉은 선술집, 아줌마들이 모인 주택단지 등은 명예훼손죄 제조의 본가인 듯하다. 그들은 소문을 근거로 명예훼손죄가 문제시되면 "안 해도 될 말을 해버린 아버지, 나가라의 제물352)이 되었네/쓸데없이 울지만 않았다면 꿩도 화살에 맞지 않았을 텐데"라고 노래한 나가라 촌장 딸의 마음을 절절히 느낄 것이다.

형벌은 3년 이하의 징역, 금고, 또는 천 엔(임시조치 20만 엔) 이하의 벌금이며 친고죄다.

이런 경우는 죄가 되지 않는다

피고와 원고가 법정에서 정당한 공격이나 방어의 방법으로 상대방의 악사추행惡事醜行을 적시해도 명예훼손은 아니라고 해석해야 한다. 따라서 형사공판정에서 사통관계 사실을 말해도 그것은 정부情夫의 명예를 훼손한 일이 아니라고 한 판례는 극히 당연하다.

죽은 사람의 명예를 훼손했을 때는 어떻게 될까? 예를 들면 도쿠가와 이에야스는 너구리 같은 영감이고 삶아도 구워도 먹을 수 없는 보잘것없는 물건이다, 혹은 기라 요시나가는 뇌물전문인 비열한 인간이라는 식으로 말한다고 하자. 사자死者에 대한 명예훼손은 명예훼손의 목적이 있고, 비방까지 한 경우, 허위사실, 사실무근의 거짓을 표현한 것만으로도 범죄다.(형법 제230조 제2항) 하지만 사자의 악사추행이 사실이었다면 죄는 되지 않는다.

---

352) 옛날 나니와의 후미에는 80개 섬이라고 부를 정도로 강이 많아 다리를 세우면 흘러가 버리곤 했다. 스이코(推古) 천황 시절, 다루미 마을과 나가라 마을 사이의 다리를 재건하기로 했다. 두 번 다시 흘러가면 안 된다고 생각한 나가라의 촌장 이와지는 하카마를 기워 입은 자를 제물로 해야 한다고 진언했다. 그런데 말을 꺼낸 촌장 자신이 하카마를 기워 입고 있었기 때문에 제물이 되었다. 다리가 무사히 완성된 뒤 이와지의 딸은 가히타 마을의 촌장에게 시집을 갔지만 세월이 흘러도 말을 하지 못했다. 마침내 다루미로 돌려 보내기로 결정한 남편은 마을 근처까지 왔을 때 꿩 한 마리가 울음소리를 내며 날아가자 그 꿩을 쏘았다. 그때 아내는 "안 해도 될 말을 해버린 아버지, 나가라의 제물이 되었네. 쓸데없이 울지 않았다면 꿩도 화살에 맞지 않았을 텐데"라고 노래를 불렀다. 크게 기뻐한 남편은 아내를 가히타로 데려와 행복하게 살았다고 한다.

명예훼손죄는 친고죄이므로 사자의 유족이 고소하지 않으면, 범죄라 해도 처벌하지 않는다. 따라서 아무리 허위사실을 날조, 조작하여 사자의 명예를 훼손해도 유족이 한 사람도 없을 때는 결국 고소할 수 없기 때문에 만사 끝이다.

도련님과 야마 아라시

"태연한 얼굴로 사람을 계략에 빠뜨리는 하이칼라 녀석은 노베오카에 필요 없어……라고 넌 말했지?"

"응."

"하이칼라 녀석만으로는 부족해."

"무슨 말이야?"

"하이칼라 녀석, 사기꾼, 협잡꾼, 양의 탈을 쓴 길거리 장사꾼, 하늘다람쥐 흉내를 내며 아이들을 꼬여내는 놈, 오카비키[353], 으르렁거리는 개 같은 놈들 모두야."

"난 너처럼 말을 할 수가 없어. 넌 능변가야. 우선 단어를 무척 많이 알아. 그런데도 네가 연설을 할 수 없다는 게 이상해."

"아냐. 이건 싸울 때 사용하려고 준비해둔 말이야. 연설을 하려고 하면 말이 잘 나오지 않아."

"그래? 하지만 지금은 술술 나오잖아. 한 번 더 해봐."

"수십 번이라도 하지. 괜찮겠어? 하이칼라 녀석, 사기꾼, 협잡꾼, 양의 탈을 쓴……."

여러분도 알다시피 나쓰메 소세키夏目漱石[354]의 《도련님》에 등장하는 에도 토박이 도련님과 아이츠 출신의 야마 아라시의 대화다.

---

353) 에도시대의 탐정
354) 1867~1916년. 소설가. 영문학자. 에도 태생. 영국 유학 후, 교직을 사임, 아사히신문의 전속작가로 활동했다. 자연주의에 대립, 심리수법으로 근대인의 고독과 이기주의를 추구, 만년에는 '칙천거사(則天去私: 하늘의 뜻을 따르고 사심을 버림)'의 경지를 구원한 일본 근대문학의 대표 작가로서 《나는 고양이로소이다.(吾輩は猫である)》《도련님(坊ちゃん)》《산시로(三四郎)》《행인(行人)》《마음(心)》《노방초(道草)》《명암(明暗)》 등의 소설이 있다.

인정이 많고 선량한 동료 교사인 우라나리의 전임송별회에서 우직한 야마 아라시가 너구리 같은 교장과 빨간 셔츠의 교감에게 들으라는 듯 넌지시 빗대어 한 연설에 대해 도련님이 비평을 시도하는 부분이다.

그래서 지금부터 그 도련님이 단숨에 말한 하이칼라 녀석, 사기꾼, 협잡꾼……을 형법상의 문제로 따져 논해보려고 한다.

바보

형법 제231조에는 "사실을 적시摘示하지 않아도 공연公然, 사람을 모욕한 자는 구류 또는 과료에 처한다"는 문구가 보인다.

"사실을 적시하지 않아도"라고 친절하게 쓰여 있을 정도이므로, 어디서 절도를 하든, 아무개와 싸움을 하여 상처를 입히든, 일일이 구체적으로 사실을 말하지 않아도 단지 모욕만 하면 범죄는 성립한다는 말이다.

모욕이란 사람의 품위를 유린하는 일이다. 매도, 조롱, 그 외의 행위로 사람을 경멸하는 것이다. 바보, 멍청이, 얼간이, 얼뜨기, 촐랑이 등을 퍼붓는 것이 모욕이다. 따라서 도련님이 말한 하이칼라 녀석, 사기꾼……은 명예훼손죄가 아니고 모욕죄로 보아야 한다.

하지만 사이좋은 친구끼리 "너 같은 바보는 세상에 없을 거야"라고 말해도 모욕은 아니다. 같은 말이라도 그 사람의 지위, 계급, 풍속, 습관, 인간관계 등에서 모욕이 되기도 하고, 때로는 모욕은커녕 오히려 친숙한 말이 되기도 한다.

어부의 아내는 아이를 '아귀餓鬼'라고, 남편을 '놈'이라고 부른다.

"우리 아귀, 어디 갔을까?"

그래도 모욕은커녕 오히려 가식 없는 순수한 마음이 느껴져 입가에 미소가 번질 정도다.

현재 유행하는 신랑신부의 말처럼 "나미상! 고단하시죠?"라는 느끼한 말은 최근까지 남편이 아내에게 하지 않았다. 홀딱 빠져 있어서 오히려 놀리기도 했다. 따라서 "아내를 소중히 하는 건 꼴불견이야"라는 센류나 "입으로는 비방, 마음속은 칭찬. 얼굴은 웃고 있지만 가슴은 울고 있네"라는 도도이츠처럼 비방은 모욕의 반대인 경우도 있기 때문에, 같은 말이나 동작이라도 모욕인지 아닌지는 때에 따라 다르다.

신문·잡지·TV 등

잡지의 기사는 거의 날마다 사람의 명예를 훼손하는 경향이 있다. 따라서 잡지기사 때문에 피해를 입은 사람이 많다. 이런 사실무근이 기재되어 명예를 훼손당한 사람에게는 어떤 권리도 없는 걸까?

물론 명예에 상처를 입힌 사람은 명예훼손죄로 처벌받는다. 명예훼손을 당한 사람은 민사상으로 불법행위에 따른 손해배상청구나 사죄광고를 청구할 권리가 있다.

여기서 주의할 것이 있다. "오로지 공익을 꾀할 목적으로 더구나 공공의 이해에 관한 사실을 적시하고, 그 사실이 진실인 경우에는 명예훼손죄가 되지 않는다"는 규정이다.(형법 제230조 제2항)

그 사실이 진실이라는 것을 증명할 수 없으면 안 된다. 또한 공공의 이해에 관한 사실이 필요하다. 따라서 법률은 "아직 공소가 제기되지 않은 사람의 범죄행위에 관한 것은 공공의 이해에 관한 사실이라고 간주한다. 또한 공무원이나 공선의 공무원과 관계가 있을 때는 그 사실이 진실이라면 공공의 이해에 대한 것인지 아닌지 상관없이 명예훼손죄는 되지 않는다"고 규정한다. 왜냐하면 이렇게 규정을 해두면 비판을 할 수 있기 때문이다.

20. 신용과 업무를 방해한 죄

목욕탕 물을 퍼낸 남자

사람들은 종종 저 남자는 신용이 있다, 없다고 말한다.

그 신용을 법률적으로 말하면 경제면에서 인간의 사회적 가치다. 다시 말해 지불능력 또는 의사에 대한 타인의 신뢰. 따라서 법률에서는 명예훼손과 신용훼손을 구별하여 처벌한다. 그렇다면 어떤 경우에 처벌할까? 허위사실을 유포하거나 위계僞計를 이용하여 타인의 신용을 훼손, 업무를 방해한 경우다.(형법 제233조)

허위사실 유포는 거짓 소문을 공중公衆에게 퍼뜨리는 일이다. 예를 들면 "저 정육점의 얇게 저민 고기에는 쥐가 섞여 있어"라고 거짓말을 퍼뜨린 경우다.

위계를 이용한다는 말은 속이거나 유혹하는 일이다. 예를 들면 어떤 가게의 종업원이나 공장의 직원을 유혹하거나 속여 전업을 시켜 결국 가게나 공장이 일을 할 수 없게 만든 경우다.

또한 형법은 위력으로 타인의 업무를 방해해도 범죄라고 규정한다.(형법 제234조)

이런 사건이 있었다. 갑이 을에게 가게를 빌려주어 을은 거기서 영업을 했다. 그 뒤, 사소한 일로 갑과 을이 싸움을 했다. 어떻게든 을을 괴롭혀 주기로 결심한 집주인 갑은 궁리 끝에 빌려준 집을 수리하기 시작했다. 집주인인 자신이 자기 집을 수리하겠다는데 불평이 있을 수 없다고 생각한 것이다. 심술궂게도 갑은 가게 앞 큰길까지 널판장으로 둘러쳐 버렸다. 밖에서는 그 가게의 간판도, 불빛도 전혀 보이지 않도록 일부러 말이다. 그 때문에 을은 전혀 영업을 할 수 없었다. 재판소는 갑에게 수리할 권리가 있다 해도 그와 같은 행위는 영업방해라고 하여 집주인 갑을 처벌했다.

이런 사건도 있었다. 어느 지방 마을에 카바레가 생겼다. 개점당일 축하파티에 초대 손님들이 모였다. 그때 지독한 냄새가 2층에서 흘러 들어오기 시작했다. 말로는 표현할 수 없을 정도로 지독한 냄새였다. 2층에서는 여러 명의 야쿠자 패거리들이 가스레인지에 마늘과 소내장을 구워먹으며 왁자지껄 떠들어댔다. 그들은 개점 전에 돈을 요구했지만 거절당하자 분풀이를 하고 있었던 것이다. 이 또한 본죄에 해당된다.

어느 목욕탕이 있었다. 전부터 목욕탕 주인과 사이가 나쁜 남자는 어떻게든 목욕탕 주인을 골탕 먹일 기회를 노렸다. 어느 날, 그 남자는 능글능글 웃으며 목욕탕을 찾아왔다. 남자는 카운터에서 돈을 지불한 뒤, 목욕탕으로 들어가 탕 속의 온수를 모두 퍼내버렸다. 그리고 보란 듯이 유유히 나갔다. 깜짝 놀란 이들은 목욕탕의 일반 손님들. 여기저기서 딸꾹질을 했다. 추위에 떨던 손님들은 투덜투덜 불평을 하면서 돌아갔다. 온수를 퍼낸 난폭자는 훼기죄에도 해당되는 한편, 업무방해죄에도 해당된다. 형벌은 3년 이하 또는 천 엔(임시조치 20만 엔) 이하의 벌금이다.

21. 타인의 주거에 들어간 죄

유부녀와의 정사를 위해 남의 집에 들어갔다

　타인의 주거나 저택에 들어가면 세간에서는 주택침입이라고 하지만 법률적으로 정확하게 말하면 주거침입죄住居侵入罪다.

　주거란 사람이 일상생활에서 침식을 하는 장소다. 따라서 반드시 건조물일 필요는 없다. 예를 들면 허술한 임시가옥, 토굴, 포장마차도 침식이 제공된 이상 주거다.

　전후 불탄 자리에 버려진 그을린 버스나 전차에 살아도 그곳 역시 주거다. 아무개는 꿈에서 움막을 지어 살았다는데, 이 또한 주거다. 여관방 하나도 주거라고 말할 수 있다.

　저택이란 주거에 딸린 위요지圍繞地355)라고 할 수 있다.

　형법은 제130조에는 "이유 없이 타인의 주거 또는 타인이 간수하는 저택, 건조물, 혹은 선반에 침입하거나, 주인이 나가라고 해도 그 장소에서 퇴거하지 않는 자는 3년 이하의 징역, 50엔(임시조치 만 엔) 이하의 벌금에 처한다"고 규정하며 주거의 평온을 보호한다.

　이유 없이 불법으로 들어갔다면 당연히 침입죄다.

　그렇다면 이런 경우는 어떨까?

　부녀와 오랫동안 정을 통해온 남자가 있었다. 달도 잠든 깊은 밤, 남자는 어둠을 틈타 몰래 집 안으로 들어갔다. 물론 그 집의 아내는 수락했다,

　그런데 공교롭게도 출장 갔던 남편이 하룻밤 일찍 돌아와버렸다. 발각이다. 이건 침입죄일까? 아닐까? 학자들의 의견이 분분하지만 판례는 이렇다.

　"주거침입죄는 타인의 평온한 주거를 침입하는 것이며, 주거자의 의사를 위반하는 것으로 성립한다. 따라서 아내의 승낙이 있었다 해도 간통 목적으로 침입했기 때문에 남편이 용서하지 않는다."

---

355) 민법 상, 일정한 토지를 둘러싸는 둘레의 토지. 대지(垈地)의 토지 소유자는 공로(公路)로 나가기 위하여, 위요지를 통행할 권리가 있음

즉 주거권자의 한 사람인 남편의 의사를 위반한 것이므로 주거침입죄라는 말이다.

이런 판례도 있다. 먹을 생각 없이 단지 난폭하게 굴기 위해 영업 중인 음식점에 들어간 것은 주거침입죄다. 그 가게 관리자가 허락할 리 없기 때문이다.

처음에는 적법하게 들어갔는데 대화가 얽혀 그 집 주인으로부터 "나가"라는 말을 들었다. 그래도 "싫어" 하고 계속 버팅기면 불퇴거죄不退去罪가 된다. 이것은 주거침입죄와 동일하게 취급한다.

22. 비밀누설죄

지켜주기를 바라는 비밀의 누설

여자는 비밀을 좋아한다. 좋아하는 만큼 누설도 잘한다.

"이건 우리 둘만의 비밀이야."

㊙의 스탬프를 눌러 찍는 횟수만큼 더 이상 비밀이 아닌 숫자도 같이 늘어간다. 그녀들이 단단하게 채워두는 건 브래지어의 후크일 뿐 입은 아닌 것 같다.

"게로의 입은 심술궂어."

시대극에는 어깨에 비스듬히 물건을 걸친 초라한 남자가 자주 등장한다. 현대에서도 비밀을 누설하여 법률의 검으로 단칼에 베이는 한 무리의 사람들이 있다. 의사, 약제사, 약종상, 산파, 변호사, 변호인, 공증인, 종교, 제사를 관할 사람, 또는 이와 같은 직종에 종사하는 사람들이다. 이 사람들이 업무상 알게 된 타인의 비밀을 흘리면 비밀누설죄秘密漏泄罪라는 범죄가 된다.

형벌은 6개월 이하의 징역 또는 백 엔(임시조치 2만 엔) 이하의 벌금으로 친고죄다.

변호인이란 형사사건의 피고인을 변호하는 사람으로, 보통은 변호사가 맡는다. 하지만 재판소의 허가를 얻었을 때는 변호사가 아니더라도 변호할 수 있다. 따라서 변호사 외 변호인도 포함한다.

비밀이란 아직 일반에게 알려지지 않은 일이다. 게다가 형법이 보호할 가치, 즉 누가 보아도 비밀로 하는 게 타당하다고 인정되는 사실이다.

누설은 그 비밀을 제3자에게 알리는 일이다. 단 한 사람에게 말해도 범죄는 성립한다.

신서개피죄信書開披罪라는 것이 있다. '봉함한 신서信書를 개피開披하는 일'로 성립한다. 1년 이하의 징역 또는 2백 엔(임시조치 4만 엔) 이하의 벌금이며 친고죄다.

봉함은 파손하지 않으면 그 내용을 볼 수 없는 장치이며 풀이나 납, 혹은 실로 꿰매도 상관없다. 하지만 아무리 튼튼하게 봉함했어도 내용물이 신서가 아니고 작은 꾸러미 같은 거라면 본죄는 성립하지 않는다. 신서일 필요가 있다. 신서는 통신문서다. 엽서도 신서이며 봉함하지 않은 문서의 대표다.

개피開披는 열어버리는 행위다. 정확히 말하면 봉투의 현재 상태를 변경하여 신서 내용을 볼 수 있는 상태로 만드는 것이다. 따라서 딸에게 온 편지가 신경이 쓰인다고 봉투가 망가지지 않도록 풀로 붙인 부분에 증기를 쏘여 열어도 개피다.

홍법대사의 비밀

비밀이라고 하면 보통은 타인에게 알리고 싶지 않은 일이다. 하지만 사람에 따라서는 반드시 그렇지만도 않다. 당장은 알려지기를 원하지 않지만 뒷날 제발 알아주었으면 하는 경우도 드물게 있다. 대개는 문장 속에 숨기거나 한다. 따라서 그 문장을 읽은 사람이 어쩌다 비밀을 발견하여 발표했다면 그때는 이미 비밀누설죄가 보호하는 비밀이 아니다. 예를 들면 "홍법대사弘法大師356)는 크리스트교였다"고 말하는 경우다.

"바보 같은 소리. 어째서 홍법대사가 크리스트교라는 거야? 예를 들어도 좀 그럴듯하게 들어봐."

---

356) 774~835년. 구카이(空海)의 시호. 헤이안시대. 18세 때 교토대학에 입학, 유학을 공부했지만 2년 만에 퇴학, 20세 때 출가. 31세 때 중국에 파견되는 견당사(遣唐使)에 입당, 유학생으로 중국에 건너가 2년 뒤에 귀국했다. 중국의 서체를 공부하여 자신만의 독특한 서체인 대사류(大師流)를 보급했으며 홍법대사라는 법명은 다이코(醍醐) 천황이 붙여주었다. 작품 ≪풍신첩(風信帖)≫ ≪관정기(灌頂記)≫ ≪30조책자(三十條策子)≫ 등이 있다.

불평할지도 모르겠다. 하지만 홍법대사가 크리스트교였다는 말은 전혀 근거 없는 얘기만은 아니다.

"홍법대사라는 사람은 8세기에서 9세기에 걸쳐 헤이안시대에 살았던 스님이야. 일본에 크리스트교가 보급된 것은 그보다 훨씬 뒷날이고. 대포가 발명된 무렵이니까 16세기 반 정도? 아마 오다 노부나가織田信長357)가 세력을 떨치던 시기일 거야. 그런데 어떻게 홍법대사가 크리스트교와 만날 수 있었다는 거지?"

의문이 생길지도 모르겠다. 그렇지만 홍법대사는 정말 크리스트교와 만났다. 어디서? 당나라 장안에서. 여러분도 알다시피 홍법대사의 이름은 구카이空海이다. 구카이는 유학생으로 사이쵸最澄358) 등과 함께 당나라로 건너갔다. 사이쵸는 당시 일본에서 모르는 사람이 없을 정도로 유명한 스님이었지만 구카이는 무명이었다. 하지만 구카이는 당나라어도 유창했다.

그 구카이가 세계 최대의 도시, 장안으로 들어갔다. 당시 장안은 크리스트교의 일파인 경교京敎가 있었다. 따라서 학구열이 강한 그가 교회에 나갔다거나 번역 책을 읽었다 해도 그다지 이상할 것은 없다.

크리스트교는 말할 필요도 없이 "인간은 스스로 구원할 수 없는 죄인이다. 신의 아들 예수가 아무 죄과도 없이 인간의 죄를 대신해 십자가를 짊어지고 죽어주었기 때문에 우리는 예수 그리스도의 죽음으로 구원받았다"고 가르친다. 다시 말해 타력본원他力本願의 종교이며 정토교淨土敎와 공통점이 있다. 정토교는 어차피 우리 인간은 죄악심중罪惡深重・번민치성煩悶熾盛의 중생이며 번민구족煩悶具足의 범부凡夫다. 따

---

357) 1534~1582년. 전국, 아즈치모모야마(安土桃山時代)시대의 무장. 이마가와 요시모토(今川義元)를 토벌하고, 오와리(尾張: 지금의 아이치(愛知)현 서부)를 통일했다. 또한 히에이산(比叡山)을 불태워 아사이(淺井) 집안과 아사쿠라(朝倉) 집안을 몰락시킨 뒤, 장군 아시카가 요시아키(足利義昭)를 추방했다. 다케다 가츠요리(武田勝賴)를 미카와(三河: 지금의 아이치(愛知)현 동부)에서 패배시킨 뒤, 아즈치(安土) 축성. 쥬코쿠(中國) 지방으로 출진하던 중 교토 본능사(本能寺)에서 가신 아케치 미츠히데(明智光秀)의 모반으로 자살했다.

358) 사이쵸(最澄): 767~822. 헤이안초기의 승려. 일본 천태종(天台宗)의 시조. 시호는 전불대사(伝敎大師). 히에이산으로 들어가 근본중당(根本中堂)을 건립했다. 804년 구카이와 함께 당으로 건너가 다음해 귀국. 저서로는 ≪수호국계장(守護國界章)≫≪현계론(顯戒論)'≫≪산가학생식(山家學生式)≫등이 있다

라서 선과 공덕을 쌓아서 불도수업을 할 필요가 없다는 말부터가 일종의 지옥이다. 하지만 아미타불은 그런 인간도 구원해준다. 그 이름을 부르기만 하면 소망을 들어주기 때문에 죄 많은 우리는 구원을 받을 수 있는 것이라는 가르침이다.

양자 모두 자력으로 구원받을 수 없는 죄 많은 인간을 전제로 하여 초자연적인 힘의 존재, 그 존재의 이름으로 구원받는다고 말한다. 그런 종교가 구카이의 마음을 사로잡았다 해도 전혀 이상하지 않다.

"홍법대사와 크리스트교의 만남 가능성은 알았지만 그렇다고 반드시 사실이라고 말할 수는 없잖아."

지당한 말이다. 하지만 이것은 어떨까? 유학을 마치고 구카이는 다치바나 하야나리 등과 귀국길에 올라 규슈에 도착했다. 그런데 조정은 좀처럼 그를 교토로 불러주지 않았다. 상경을 허락하지 않았던 것이다. 왜일까?

여하튼 당시, 당나라로의 도항은 대단히 위험하고 막대한 비용이 들었다. 따라서 외국에서 신지식과 정보를 갖고 귀국한 구카이는 얼마 안 되는 인재였다. 조정으로서도 하루빨리 그를 만나 해외 사정을 듣고 싶었을 것이다. 사실 사이쵸 등은 일본에 도착하자마자 교토로 불러들였지만 구카이는 부르지 않았다. "그대로 규슈에 머물러 있어"라고 했던 것이다. 구카이가 3년 정도 규슈에 방치된 채 교토로 들어가지 못했다는 사실은 지금도 일본사에서 하나의 수수께끼다. 그 이유는 먼저 귀국한 패거리들이 조정에 고자질했던 건 아니었을까? 이렇게.

"구카이는 발칙한 녀석입니다. 불교도인 주제에 당에서는 경교京教라는 사악한 종교와 접촉했습니다."

따라서 조정으로서도 탐이 났지만 호락호락하게 교토로 불러들일 수 없었을 것이다. "규슈에서 세상의 관심이 사라질 때까지 기다려"라고 할 수밖에.

"그럴듯한데 모두 안개나 구름 같은 얘기일 뿐이야."

이렇게 말할지도 모르니까 증거를 하나 더 들어보기로 하자. 바로 〈이로와 노래いろは歌359)〉다. 이 노래는 옛날부터 홍법대사가 만들었다고 전해진다. 단지 일본어

---

359) 히라가나 50음절을 한 자도 중복하지 않고 의미 있게 배열한 7·5조 노래

50음절을 의미 없이 배열한 것이 아니라, 불교의 심오한 진리를 넣어 배열한 노래로 알려져 있다.

"변천하는 모든 법은 항상 같지 않아　　色は匂へど散りぬるを　（諸行無常）
그것은 있다가도 없어지는 법　　　　　わが世誰ぞ常ならむ　（是生滅法）
있다 없다 하는 법이 없어지고 나면　　有爲の奥山今日越えて　（生滅滅已）
그때는 고요하여 즐거우리라　　　　　淺き夢見し醉ひもせず　（寂滅爲樂）"

50음의 배열 속에 이처럼 철학적, 종교적 사상이 듬뿍 담겼다는 것은 참으로 놀라운 일이다. 표면상으로는 불교의 사상을 노래한 듯이 보이는데, 홍법대사는 한 번 더 고심하여 이곳에 크리스트교 사상을 담았던 것이다. 바로 그 점이 그의 머리가 뛰어나다는 증거다. 읽어서 크리스트교라고 쉽게 알 수 있다면 큰일이 발생하기 때문이다. 따라서 노래 속에 깊숙이 숨긴 열쇠를 사용해 읽어야만 알 수 있도록 해두었다.

그렇다면 그 열쇠는 무엇일까?

열쇠는 노래의 제1절이다. "변천하는 모든 법은 항상 같지 않다"에 있다. 이것을 순서대로 나열하면 다음과 같다.

いろはにおへと
ちりぬるをわか
よたれそつねな
らむうゐのおく
やまけふこえて
あさきゆめみし
ゑ　　ひもせす

이렇게 나열한 뒤, 첫째 줄 마지막 문자부터 세로로 읽으면
と か な く て し す로 되며 "죄과科 없이 죽는다"는 뜻이다.

하느님의 아들 예수 그리스도는 죄과가 없는데도 불구하고 스스로 대중의 죄를 짊어지고 십자가 위에서 죽었다는 가르침이야말로 크리스트교의 진리가 아니고 무엇이란 말인가?

그럼 〈이로와 노래〉로 돌아가 첫째 줄 1행과 7행을 위부터 세로로 읽어보자. 마지막 부분의 뜻은 알았으니까 첫 부분을 읽으면

い ち よ ら や あ え다. 이것은 분명 일본어가 아니다. 그래서 오래전 일이지만 교회의 목사에게 물어보았다. "いちよら"와 "やあえ"의 복합어일 거라고 추측했기 때문이다. 고어에서 '야아에やあえ'는 야훼여호와, 즉 신을 말한다.

'이치요라いちよら'는 모르겠다. 아마 신전이나 제단 등 신과 관계있는 말인 것 같다고 목사는 말했다. 하지만 이것은 어디까지나 추측이다.

지금까지 왠지 잘난 척한 것 같지만 분명하게 밝혀두고 싶은 것은 7자로 나열하면 마지막 부분이 "죄 없이 죽는다"는 뜻이다. 에도시대에 이미 그 의미를 알았다고 한다. 우연히 해독했다고 전해진다.

그런데 〈이로와 노래〉를 비롯해 당시 노래들이 대부분 홍법대사의 작품이라고 하는데 확실한 증거는 없다. 하지만 추리소설에 흥미 있는 분을 위해 〈이로와 노래〉처

럼 "세상에는 이렇게 읽는 법도 있구나!"라는 말을 하고 싶어서 무심결에 펜을 휘둘러보았다.

의사의 비밀

서비스 차원으로 하나 더, 의사의 비밀에 대해 말해보겠다. 장소는 네덜란드, 때는 18세기 전후. 그곳에 고명 높은 의사가 있었다. 이름은 풀 하웨이라고 한다.

그런데 저승사자의 영접으로 그는 이 세상에 굿바이를 했다. 그의 유산 중에는 ≪의학의 최고 극비≫라는 제목의 책이 봉해진 채 섞여 있었다.

사람들은 누구나 그 책을 원했다. 그 책을 꼭 손에 넣겠다며 몰려들었다. 여하튼 고명한 의사가 쓴 책이다. 아무래도 심오한 비법이 쓰여 있을 것이다.

마침내 어떤 남자가 그 책을 손에 넣었다. 그리고 두근두근하는 마음으로 열어보았다. 깜짝 놀랄 만한 보석상자를 기대했는데, 그 책 첫 페이지에 몇 행의 글자만 있을 뿐 나머지는 모두 백지였다. 그 문장이란 다음과 같다.

"머리는 차갑게, 발은 따뜻하게, 몸은 느긋하게 하라. 그렇게 하면 당신은 모든 의사를 비웃을 수 있다."

⟨2⟩ 사회적 법익에 대한 범죄

1. 외설죄

옛날에도 상당히 외설적이었다

테베르 강가에서 이리가 키웠다는, 불가사의한 전설의 로물루스, 레무스 쌍둥이 형제가 세운 로마도 건국 후 불과 750년 무렵부터는 풍속의 퇴폐, 문란, 음탕, 타락이 끊이지 않았다.

그 결과 '렉스 율리아'[360]라는 법률을 선포하기에 이르렀다. 그 법률은 친족상간, 간통, 음행권유 등 죄와 벌을 상세하게 규정해놓아서 당시의 문란한 상황을 충분히 추측할 수 있다.

게다가 사원시대寺院時代로 접어들면서 형법은 더 준엄해지고, 특히 외설을 마음속으로 생각하고 원하는 것만으로도 처벌받는 공포시대가 출현했다. 이것은 말할 필요도 없이 크리스트교의 영향이다.

"간음하지 말라는 옛 사람의 말을 너희는 들어서 알지어다. 무릇 고하거늘, 부녀자를 보고 색정을 일으켰다면 그대들은 이미 마음속으로 간음을 저질렀다."

여기서 유래했을 것이다. 그런데 '칼5세의 형사법전'에 이르러서는 계간, 수간, 친족상간, 부녀유관誘姦, 강간, 중혼, 간통, 음행권유勸誘 등으로 상세하게 구분하여 처벌했다.

그럼 장소를 옮겨서 일본의 고대 법전을 슬쩍 들여다보면 ≪고사기古事記≫ '쥬아이仲哀천황'의 조항에는 이런 규정이 보인다.

---

[360] 율리우스 시민권법. 기원전 90년에 집정관 루키우스, 율리우스, 가페살이 제출한 법안. 루비콘 강 이남의 모든 이탈리아인에게 시민권을 부여했다.

"생박生剝361), 역박逆剝362), 상통하통혼上通下通婚, 마혼馬婚, 우혼牛婚, 계혼鷄婚을 국가의 액막이로 한다."

그리고 신전에서 연주되는 장중한 대 액막이 축문 속에는 이렇게 쓰여 있다.

"天津罪(하늘의 죄)란…… 國津罪(나라의 죄)란 生膚斷(생부단)363), 死膚斷(사부단)364)…… 己母犯罪(어미를 범하는 죄)…… 己子犯罪(자식을 범하는 죄), 字と母と犯せる罪(모자로 하여금 관계를 맺게 하는 죄)…… 畜犯罪(짐승을 범하는 죄)……."

다시 말해, 기모범죄己母犯罪 이하는 친자상간, 수간의 죄를 규정했다. 이 점이 로마의 고대 법률과 닮았다.

또한 가마쿠라鎌倉시대의 도겐道元은 경고했다.

"건인사建仁寺의 영서선사榮西禪師가 세상에 계셨을 때 직접 지도를 받은 문인들은 그런 일이 없었지만 최근 7~8년 동안, 젊은 신참들은 때때로 외설담猥褻談을 하고 있는데 그것은 당치도 않은 언어도단일 뿐만 아니라 괘씸하기 그지없는 짓이다."

외설은 당시의 스님들도 꽤 좋아했기 때문일까? 그 길만은 색즉시공色卽是空이라는 이유로 가지 않았던 것 같다. 그리고 이렇게도 말했다.

"불제자는 필히 외설담을 해서는 안 된다. 속세 사람이라도 교양을 확실히 갖춘 사람이 진지한 얘기를 할 때는 외설담은 하지 않는다. 그것은 단지 술에 취해서 칠칠치 못하게 되면 하는 얘기다."

'교양을 확실히 갖춘 사람'이라도 술좌석에서는 음담을 했다는 말이다. 따라서 옛날이나 지금이나 다를 게 없는 것 같다. 그럼 '교양이 없는 사람', 즉 서민이라고 불리는 우리의 선조들은 어땠을까? 아무래도 모이면 음담패설은 했을 것이다.

도rps 스님도 속세의 잡담은 대개 외설이라고 언급했으며 옛날이야기에도 음담은 많다. 각지의 농민들도 연말, 정초의 송구영신 집회에서는 음담패설로 밤을 지새웠다고 한다.

---

361) 살아 있는 말의 가죽을 벗기는 일
362) 말가죽을 엉덩이부터 벗기는 일
363) 살아 있는 사람의 몸에 상처를 입히는 일
364) 죽은 사람 몸에 상처를 입히는 일

"게는 구멍을 파도 게딱지처럼 판다"는 속담처럼 사람은 누구나 자기 수준에 맞는 행동밖에 하지 못하듯이, 음담패설을 매우 좋아했던 우리 서민의 선조들은 "신도 분명 음담을 좋아할 거야"라고 멋대로 판단하여 외설을 신에게 올리는 공양물이라고까지 생각했던 것 같다.

이처럼 외설을 좋아하는 선조가 있었기에 현재 일본 각지에서 성기 형태를 한 토우나 토용이 출토되고, 여인의 음경을 연상시키는 석실이나 암석을 숭배하는 풍습이 남아 있다. 또한 성적 암시가 풍부한 대담한 신화도 수없이 전해지는 것이다.

현재에도 성은 금기다

여담은 일단 제쳐놓고 외설의 본론으로 들어가자. 연회의 간사쯤 되면 가능한 한 좌석의 분위기를 부드럽게 하려고 남자들이 좋아하는 외설적인 얘기를 끄집어낸다. 외설이 원인이 되어 싸우는 일은 없다고 경험이 가르쳐주었기 때문이다. 그래서 손님접대 스트립 걸이나 외설 사진, 외설 영화 등이 회사의 위안여행이나 거래처의 초대로 연회석에 등장하기도 한다. 이럴 때 술좌석의 남자들이야 즐겁겠지만, 국가로서는 고통스런 얼굴을 해야 한다.

"영업을 하는 것도 아니고 타인을 즐겁게 해주는데, 왜 안 된다는 거야?"

이런 반박은 통용되지 않는다.

성은 옛날에도 금기였고, 지금도 그렇다. 인간을 동물적인 면에서만 보면 성은 이른바 생물학적이며 사회 이전의 자유다. 하지만 인간이라는 동물의 성에는 생식적인 면뿐만 아니라 쾌락적인 면도 동반한다. 따라서 인간이 사회적 동물인 이상, 사회로부터 제약을 받지 않을 수 없다.

남자끼리의 동성애만 봐도 확실히 알 수 있다. 일본에서는 성적 도착性的倒錯이라고 하여 정상적인 남자들에게 경멸은 받지만 범죄까지는 아니다. 하지만 서구에서는, 예를 들면 1970년을 시점으로 독일의 형법과 소련의 형법처럼 호모를 범죄로 처벌하려 했었다. 같은 유럽이라도 기원전 3세기 무렵, 그리스에서는 직업적인 남창은 비난받았어도 그 외의 호모는 배덕이 아니었다. 미혼남녀의 연애는 아테네 사회에서 오히려 드물었다고 할 정도였다.

이런 이유로 '외설'이라는 금기도 자신이 살고 있는 국가와 시대, 문화의 관계로 생각하지 않으면 안 된다. 타인을 즐겁게 하기 위한 외설도 접하면 범죄가 된다. 더구나 국가는 타인을 살리기 위한 외설이라도 처벌할 수 있다. 어느 나라든 권력이란 그런 것이다.

19세기 저명한 철학자 존 스튜어드 밀도 외설죄로 투옥되었다. 그는 당시 영국에서 수없이 발생한 유아살해라는 비참한 사건을 피하기 위해 산아제한(產兒制限)을 주장했다. 정부는 그를 껄끄러운 존재로 여기고 피임론의 확산을 저지했다. 그리고 "피임 논의를 하면 외설죄로 처벌한다"는 새로운 법률까지 만들어 그를 처벌했다.

그 무렵, 아메리카에서는 의사가 쓴 피임 책마저도 외설죄에 해당한다 하여 처벌했다. 국가는 언제나 새로운 사상과 진보적인 일에는 뒤떨어진 보수적인 녀석인 것이다.

더구나 다루기 어려운 일에는 견제할 수도 없는 괴상한 법을 휘둘러 반대하는 자를 흠씬 두들겨 패주려는 태도를 항상 취하고 있다. 그런 점을 우리 서민은 결코 잊지 않는다. 결국 범죄는 국가가 만드는 것이다. 법률이 없으면 범죄도 없다. 따라서 무엇이 범죄인가는 국가가 결정한다.

외설이란 무엇인가?

색을 좋아하는 우리 서민은 "외설이 무엇인가?" 정도는 알아둘 필요가 있다.

일본에서는 공연(公然)히 외설행위를 한 죄(제174조)와 진열한 죄(제175조) 그리고 외설문서 배포, 판매 등이 형법전 속에 자리 잡고 있다.

그렇다면 외설이란 무엇인가? 갑자기 이런 질문을 받으면 약간은 주저할 것이다. 외설은 감각의 문제다. 따라서 무엇을 외설로 느끼는가는 사람에 따라 차이가 있으며, 성경험의 유무나 상태, 양의 다소 등으로 달라진다.

스트립 걸의 몸짓 손짓은 어떤 남자의 성욕을 무척 자극한다. 그런데 다른 남자의 입장에서 보면 "특별할 것도 없네. 전혀 자극적이지 않아" 하는 경우도 있다.

"난 너희와 달라. 그쪽으로 경험도 풍부하지"라고 자랑하는 사람의 말을 듣고 직접 경험해보는 것 또한 사람에 따라 느끼는 정도는 다를 것이다.

그래서 옛날 대심원의 판사들이 듬성듬성한 머리와 반백의 수염을 쓰다듬으며 애써 만든 외설 문서를 이렇게 정의했다.

"성욕을 자극 흥분, 또는 만족시키는 문서를 지칭하며 사람에게 수치혐오의 관념을 낳게 하는 것."

수많은 동료들을 제치고 대심원까지 올라온 판사님들이다. 물론 쉬운 학문은 아니기 때문에 숨기려 해도 자연스럽게 드러났을 교양과 지식으로 문장이 무척 어려워졌다. 여하튼 번역 전의 원문을 그렇다.

그 정의를 놓고 엉덩이의 푸른 점도 빠지지 않은 법대생들은 수업이 끝나자마자 순수한 학문적 견지에서 친구들에게 의문을 던진다.

"스트립 바에 가는 녀석들은 일부러 돈을 내면서까지 자기혐오를 느끼는 거네?"

학문의 세계에서 의문까지 막는 권위는 없다. 대선배이며 대학자인 대심원 판사님들의 정의에 대해, 아무리 성적 경험이 적고 학문도 재능도 얕은 후배지만, 새로운 공연이 나올 때마다 스트립 극장을 들락거리는 아저씨들이 인격의 수치혐오를 느끼려고 시간과 돈을 허비하는 것이 아니라 쾌락을 느끼기 위해 그런다는 정도는 알 것이다. 그 아저씨들은 색을 좋아하는 저질 남자인 것이다.

그래서 최고재판소는 풋내기들의 장난 같은 의문은 봉해버리고 외설을 아주 멋지게 정의했다.

"짓궂은 장난으로 성욕을 흥분 또는 자극시켜 보통 사람의 정상적인 성적 수치에 해를 입히고, 성적도의관념性的道義觀念에 위반하는 일을 말한다."

이렇게 하면 스트립을 숭배한 관객이 판사의 예상을 깨고 혐오는커녕 눈물까지 흘리며 즐거워했다면, "정상인이라면 수치를 느끼는 일이다"는 이유로 당연히 처벌할 수 있기 때문이다.

정상인은 어디에 살고 있을까?

자칫 외설적이 되기 쉬운 우리 남자들로서는 이 시점에서 한번쯤 눈썹을 찡그리지 않을 수 없다. 법률가야 단지 듣기만 해도 지극히 공평하게 처리하겠지만, 대개는 그 '정상인'이란 사람이 도대체 어디에 살며 어떤 남자인지 쉽게 알 수 없기 때문이다.

흔히 정상인, 사회 일반인이라고 말하지만 주민표도 호적도 없으며 호흡조차도 하지 않는다. 마치 연기나 안개 같은 녀석이다. 아무리 찾아도 눈에 들어오지 않는다. 어디까지나 법률상 하나의 가설에 지나지 않는다. 그렇다면 "정상인은 이렇다"고 판단하려면 그 시대의 성 풍속을 무시할 수 없다. 따라서 재판을 담당하는 판사자신이나 권력자의 성에 대한 사상을 따라갈 위험성도 배제할 수 없다.

지난날 유죄판결을 받은 '욘조항후스마 시타바리사건[365]'의 소송에서도 피고인 측은 무죄의 근거로 이렇게 주장했다.

"외설의 판단기준이 되는 사회통념은 이전과는 현저하게 변화하고 있다."

하지만 재판소는 "사회 일반 사람들의 의식이 그 정도로 변했다고는 보지 않는다"고 판단했다.

(가) 공연한 외설죄

얘기가 좀 어려워졌다. 여하튼 연회에 불려나간 스트립 걸이 그 극장에서 하고 있는 정도의 노출이라면 안전하다는 말이다.

그런데 미시즈 스트립 걸이 간사의 푸짐한 돈이나 그녀의 '예술'에 대한 취객의 감상태도, 서비스 정신이 왕성한 주인의 의뢰에 '특 대시'를 연기하다가 그만 금단의 숲을 드러내버렸다고 하자.

이제 와서 새삼스럽게 설명할 필요까지는 없지만, '특 대시'란 천상의 바위문 뒤에 숨어 있는 아마테라스[366] 여신을 밖으로 나오게 하려고, 엎어놓은 통 위에 올라가

---

365) 욘조항후스마 시타바리사건(四疊半襖の下張事件) : 4장 반 다다미방의 초배장지문. 성적 묘사가 있는 문학작품을 잡지에 게재한 일에 대해 외설문서판매죄를 물은 형사사건. 외설의 개념이 문제화되었다. 월간지 ≪백년반분(面白半分)≫의 편집장인 작가 노사카 아키유키는 나가이 가후 작 〈욘조항후스마 시타바리(희미한 방안풍경)〉란 극본을 쇼와 47년 7월호에 게재, 사장인 사토 요시나오와 함께 형법 제175조 외설문서판매죄로 기소되었다. 피고인 측은 미루야 사이이치를 특별변호인으로 선임, 저명작가를 차례차례 증인으로 내세움으로써 매스컴의 화제를 모았지만 1심, 2심 모두 유죄(노사카는 벌금 10만 엔, 사장은 벌금 15만 엔) 판결을 받았다. 피고인 측은 상고했지만 쇼와 55(1980)년 11월 28일 최고재판소는 기각했다.

366) 아마테라스 오오미가미(天照大神) : 고천원(高天原)을 주관하는 태양신. 아마테라스는

발로 박자를 맞추며 유방을 드러내고 음부를 노출한 채 춤을 추었다는 아메노 우즈메[367]처럼 하는 것이다.

이렇게 되면 재앙의 불씨는 타오르게 된다. 판례는 "관객과 무대 사이에 얇은 막을 드리우고, 막 뒤에서 실오라기 하나 걸치지 않은 모습으로 1분 30초 동안 포즈를 취했다면, 관객은 그 막을 통해 전등조명으로 육체를 투시할 수 있기 때문에 공연외설에 해당된다"고 했다.

세상에는 색다른 남자도 있는 법이다. 핵심보다는 오로지 시계바늘만을 응시하는 사람 말이다.

공연외설죄의 형은 6개월 이하의 징역 또는 5백 엔(임시조치 10만 엔) 이하의 벌금, 혹은 구류 또는 과료다.(형법 제174조)

그뿐만이 아니다. 외설장소로 극장, 여관 등을 빌려준 자도 공연외설죄를 보조했다 하여 종범이다. 간사도 자신이 직접 스트립을 하지는 않았지만 도덕적으로 보면 무죄는 아니다. 스트립 걸의 고용주도 조사한 뒤 공연이나 그와 같은 행위를 시켰을 때는 공모공동정범共謀共同正犯이라는 이유로 같은 죄가 적용된다.

(나) 외설물을 공연하게 진열하는 죄

영화도 내용이 외설적이라면 마찬가지다. 하지만 형은 무겁다. 외설물진열죄의 형은 2년 이하의 징역, 5천 엔(임시조치 100만 엔) 이하의 벌금 혹은 과료다.

"스트립도, 영화도 움직이니까 외설이겠지만 그럼 움직이지 않으면 어떻게 되지?"

남동생 스사노 오노미고토(素戔嗚) 신이 너무 난폭하고 일도 하지 않아 화가 나서 천상의 바위문 뒤에 숨어버렸다. 태양신이 사라져 세상이 어두워지자 난처해진 신들은 상의하여 바위문 앞에 큰 거울을 놓고 연회를 열었다. 이때 아메노 우즈메가 섹시한 춤을 추자 신들은 박장대소를 했다. 궁금해진 아마테라스가 빼죽이 바위문을 연 순간, 팔 힘이 좋은 남자 신이 아마테라스의 손을 잡아 끌어내어 세상은 다시 광명을 찾았다.

367) 아메노 우즈메(天宇受賣) : 미코(巫女)의 원조 신. 천손강림 때 길안내를 하기 위해 기다리던 사루다 히코(猿田彦) 신을 만나 결혼. 각지에서 도조신(道祖神)으로 숭배하고 있다. 또한 그들의 자손은 사루다 히코 '사루(猿)', 즉 '원숭이 여인'이란 이름으로 궁중에서 음악과 무용에 종사했다. 그 때문에 영화촬영소 근처의 예능신사에서는 아메노 우즈메를 수호신으로 제사지낸다.

상당히 외설을 좋아하는 사람이 섞여 있는 모임이라고 생각한 간사가 눈물겹도록 두뇌를 움직여 좌흥을 돋우기 위해 섹시한 춘화를 돌렸다.

이것도 안 된다. 외설인가 아닌가는 물건이 움직이는지 아닌지로 결정되는 게 아니다. 그 자리에서 춘화를 묘사하는 숨은 특기가 있는 분들은 조심하는 게 좋다. 연회에 참가한 친구나 지인들은 즐거울지 몰라도 자신은 불명예 혹은 경찰의 통지를 받을 수 있기 때문이다.

밑바닥에 성교장면이 그려진 술잔을 가져와 "어때? 어때?"라며 돌리는 일이 종종 있는데 이것도 안 된다. 그 술잔 때문에 유죄를 선고받은 사람도 있다.

"눈에 보이기 때문에 안 된다는 말일 거야."

그럼 녹음테이프를 틀면 어떨까 궁리할 것이다. 성교 기능이나 감정을 표현한 테이프 말이다. 이것도 안 된다.

이것도 저것도 안 되면 되는 게 뭐냐고 투덜거릴지 모르겠다. 그건 단지 필자의 말이 아니라 판례가 그렇다는 거다.

따라서 이들의 행위는 '공연'이기 때문에 범죄다. 그런데 '비공연'이라면 괜찮다 하여 여관방 한 개를 빌려 외부에서는 훔쳐보지도 들어올 수도 없게 입구와 창문을 봉쇄한 뒤, 지인과 관계자 6명에게 에로영화를 몰래 영사한 남자가 있었다.

무정한 검사는 가여울 정도로 신경 쓴 이 남자를 외설물진열죄로 기소했다. 하지만 재판소는 그런 상태라면 공연진열이라고 할 수 없다며 무죄를 선고했다.

검사라는 사람은 융통성이 없거나 있으면 안 된다는 강박이라도 있는 걸까? 외부에서는 쉽게 들여다볼 수 없는 주택에서 프랑스제 외설영화 두 편을 16밀리 영사기로 돌려보았던 불과 2명의 남자까지 기소했다. 하지만 재판소는 역시 공연에 해당되지 않는다며 무죄를 선고했다.

2. 강제외설죄

13세 이상의 남녀에 대해 폭행 협박으로 외설행위를 하는 것이 강제외설죄다. 여기서 폭행이란 정당하지 않은 이유로 타인의 의사에 위반하여 그 신체에 힘을 가하는 것을 의미한다. 힘의 다소강약은 묻지 않는다. 따라서 남의 집에 몰래 숨어들어가 잠든 여성의 신체를 끌어안는 행위는 강력한 힘을 사용했든 안 했든 상관없이 폭행이다.

아무개 집에 침입한 어떤 남자가 잠든 아내의 침실로 들어가 그녀의 어깨를 끌어안고 왼손으로는 음부를 만졌다. 그 남자의 행위는 폭행이며 외설행위라고 판례는 말한다.

또한 여기서 말하는 협박은 상대에게 공포심을 줄 목적으로 해학을 가하겠다고 통고하는 것을 의미한다. 예를 들면 지금 결혼해서 행복하게 살고 있는 여자에게 "내 요구에 응하지 않으면 당신이 남편에게 알리고 싶지 않은 일을 다 말해버리겠어"라고 한 뒤 간음 이외에 어떤 외설행위를 한 경우다. 만약 위협해서 간음을 했다면 그것은 강간죄다.

강제외설죄는 남자가 여자에게 하는 것이 보통이지만 남자가 남자에게, 혹은 여자가 여자에게, 더욱이 여자가 남자에게 해도 모두 성립한다.

주의해야 할 것은 13세 미만의 남녀에게 외설적인 행위를 하면 폭행 협박 없이 승낙을 얻었다 해도 이 범죄는 성립한다.

형벌은 6개월 이상, 7년 이하의 징역이며(형법 제176조) 미수도 처벌받는다. 친고죄다.

3. 강간죄

협박에 의한 강간죄

사람의 성적 자유를 보호하기 위해 형법은 몇 개의 규정을 해놓았다. 폭행 협박을 하여 13세 이상의 여성을 간음하는 것이 이른바 강간죄이며 2년 이상의 유기징역이다. 13세 미만의 여성과의 간음은 폭행 협박 없이 서로 합의한 경우라도 역시 이와 동일한 취급을 받는다.(형법 제177조) 미수도 처벌받는다.

우선 강간죄가 되려면 남자가 여자에 대한 경우가 아니면 안 된다. 상대가 여자인 이상 기혼, 미혼의 구별은 필요 없다. 더구나 행위에는 간음, 즉 교접행위가 있어야 한다. 간음 이외의 외설행위는 앞에서 말한 강제외설이다.

하지만 여자가 남자를 폭행 협박하여 간음을 강요하고 수행해도 강간죄에는 해당되지 않는다. 역시 강제외설로밖에 처벌할 수 없다.

여기서 말하는 폭행 협박은 모두 상대방을 몹시 곤란하게 하는 것이어야 한다. 입으로는 싫다고 말하면서도 전혀 싫어하지 않는 여성의 어깨를 만지는 정도로는 폭행이 아니다.

"내 말을 듣지 않으면 당신 남편의 목숨은 없어."

이렇게 판에 박은 나쁜 말을 하면 여기서 말하는 협박이다. 그 말이 무서워서 싫지만 간음을 한 아내가 있다면 그것은 승낙에 의한 간통이 아니고 강간이다.

아내에 대한 남편의 성행위도 강간죄가 될 수 있다

남편이 아내에게 하는 성행위로 강간죄가 성립하는 걸까? 성립한다.

"그런 바보 같은 것이."

이렇게 말하는 게 지당하다. 학자들도 남편은 아내에 대해 성교요구권이 있기 때문에 강간죄는 성립하지 않는다고 말한다. 그것이 통설이다.

하지만 아내가 환자이거나, 그 외에도 정당한 사유가 있어서 성교를 원하지 않는 경우, 남편이 완력으로 성교를 했을 때는 강간죄가 성립한다. 혼인의 효과로 성교요구권이 있어도 폭행 협박을 통해 권리를 실현하는 것은 허락하지 않는다. 이것은 공갈죄에서 설명했다. 예컨대 대금채권貸金債權을 갖고 있어서 그 대금을 회수하기 위해 협박하면 공갈죄가 성립한다.

완력을 사용하여 싫어하는 아내와 성교를 한 남자에게 삿포로재판소는 강간죄를 선고했다. 내연의 부부 사이에 발생한 사건이었지만 혼인신고서를 제출한 부부 사이라도 마찬가지다.

또한 윤간輪姦이라고 해서 여러 명이 차례차례 한 여성을 강간하는 경우에는 제2, 제3 이하의 남자는 폭행 협박을 전혀 하지 않았더라도 제1의 남자가 가한 폭행의 결과를 이용했기 때문에 역시 강간죄로 처벌받는다.

항교쿠의 미즈아게와 강간죄

13세 미만의 여성인 경우에는 법률적 구성이 일변한다. 특별히 폭행 협박을 하지 않았다 해도, 혹은 굉장한 성교투합으로 서로에게 홀딱 빠진 사이라도 역시 강간죄와 동일하게 취급한다. 13세 미만인 여성은 성교가 무엇인지 올바로 이해할 수 없기 때문에 설령 수락했어도 법률은 효력의 동의로 간주하지 않는다는 이유에서다.

따라서 항교쿠半玉368)나 접대부에게 미즈아게水揚369)라는 이름으로 일종의 초야권을 인정한 뒤 거기에 막대한 돈을 던지는 호색한이 설령 수십만 혹은 수백만 엔의 미즈아게권을 행사했다 해도 항교쿠 또는 접대부가 만 13세 미만일 때는 그 호색한은 강간죄로 2년 이상의 유기징역에 처해진다. 그래서 13세 미만의 여성을 사랑하는 남성이 있다면 적어도 그녀가 13세가 될 때까지는 플라토닉 사랑으로 끝나야 한다.

그렇다면 오늘날까지 13세 미만의 항교쿠, 접대부 또는 초보자인 여성과 서로 합의한 뒤 성교를 한 남자는 전무하지 않았을 텐데 왜 강간죄로 처벌받지 않았을까? 의문이 생긴다. 그것은 이 강간죄가 친고죄이기 때문이다. 아무리 경찰과 검찰이 사실을 알고 있어도 피해자의 고소가 없으면 어찌할 수 없다.

4. 강간에 준한 죄

마취강간

타인의 심신상실 혹은 저항불능 상태에 편승하거나, 심신을 상실시켜 저항불능상태로 만들어 외설행위나 간음을 하면 역시 2년 이상의 유기징역이다. 미수도 처벌받는다.

치료를 위해 여자 환자에게 마취를 한 의사가 문득 부정한 생각을 일으켜 간음을 하거나, 또는 회사의 백그라운드를 이용해 무리하게 술을 먹여 인사불성으로 만든 뒤 외설행위 또는 간음을 하거나, 파티에서 엉망으로 취한 여자를 돌봐주는 척하면서 그런 행위를 하는 것이 마취강간죄麻醉强姦罪다.

---

368) 화대가 절반이거나 아직 어린 게이샤
369) 기생이나 창기가 처음으로 손님을 받는 일

강간 결과 여자를 살해하거나 상처를 입힌 경우

강제외설죄, 강간죄, 준강간죄를 범한 결과 사람을 죽음에 이르게 하고 부상을 입혔을 때는 죄가 무겁다. 무기 또는 3년 이상의 징역이다.

"죽음에 이르다"는 말은 흔히 사용되는 말이다. 이것은 처음부터 죽일 생각으로 살해한 경우가 아니고, 살해할 마음은 없었지만 피해자가 죽게 된 경우를 의미한다. 다시 말해 강간의 결과 여자를 죽음에 이르게 할 정도였다면, 강간 때 폭행의 강도가 이만저만이 아니었다든가, 여러 명의 윤간으로 여자가 죽어버린 경우다.

강간과 성병의 전염

상해란 타인의 신체기능에 장해를 입히는 것으로, 반드시 신체조직을 물질적으로 파괴할 필요는 없다.

"강간 때 남자가 여자에게 폭행을 한 결과, 여자의 음부를 비롯해 신체 각부에 상처를 입혔을 때는 물론이며, 여자의 질을 활짝 벌리거나 충혈하게 만드는 행위 등은 타인의 신체기능에 장해를 입힌 행위이기 때문에 상해다"고 판례는 말한다.

따라서 강간으로 여성에게 성병을 전염시켰다면 강간상해죄 책임을 져야 한다.

또한 상대가 숫처녀였다면 처녀막은 여자의 신체에서 생리조직의 일부이기 때문에 그것을 파상하는 행위도 역시 마찬가지라고 한 판례도 있다.

꽤 오래된 얘기지만, 데바가메사건出齒龜事件[370]라는 말이 한때 유행했다. 현재는 음란한 사람을 데바가메라고 한다. 이케다 가메타로池田龜太郞라는 남자가 여자 목욕탕을 훔쳐보다가 고우타 엔이라는 젊고 아름다운 유부녀에게 욕정을 느껴 목욕탕에

---

370) 데바가메사건(出齒龜事件) : 메이지 41년 3월. 신주쿠 오오쿠보에서 목욕을 끝내고 집으로 돌아가던 여성(당시 27세)의 시신이 수건으로 입이 틀어 막힌 채 발견되었다. 이 사건이 신문, 잡지에 대대적으로 보도되고, 전부터 여탕을 훔쳐보던 이케다 가메타로(당시 35세)가 강간살인범으로 체포되었다. 대중의 주목이 집중된 사건이었다. 그래서 수사 초기부터 상세하게 보도하던 신문은 체포 당시 그가 뻐드렁니라는 이유로 데바가메사건이라고 보도했고, 데바가메는 이케다를 지칭하는 단어로 정착했다.

서부터 뒤를 따라가 끌어안고 폭행하여 죽음에 이르게 한 사건이 있었다. 그 남자는 뻐드렁니였는데 그 신체적 특징에서 나온 말이 데바가메다. 꽤 오랫동안 유행했던 말이다. 따라서 데바가메는 이 범죄에 해당된다. 그런데 이 사건은 경찰의 조작이었다는 설이 있다. 물적 증거는 하나도 없고 자백만으로 유죄판결을 받았기 때문이다.

영리의 목적으로 정조관념 없이 비상습적으로 성교를 행하는 부녀자를 권유하여 간음을 시켜도 범죄다. 음행권유죄淫行勸誘罪라고 하며 3년 이하의 징역 또는 5백 엔 (임시조치 10만 엔) 이하의 벌금이다.

친숙한 시대극, 미인국

미인국美人局이라는 말이 있다. 이것은 미인의 조직체라는 말이 아니다. 성교를 기반으로 한 범죄다.

부부가 공모한 뒤, 먼저 아내가 다른 남자와 간통한다. 그 현장에 남편이 시대극 배우처럼 쳐들어와 열화처럼 화를 낸다.

"드디어 찾아냈군. 이 간부姦夫, 간부姦婦. 간통죄로 고소할 거야."

남편의 협박에 대개의 남자는 불명예를 피하고 싶어서 순순히 응한다.

"돈을 주겠소. 용서해주시오."

돈을 받은 뒤, 간부姦婦와 본부本夫는 혀를 날름거리며 멍청한 남자라고 조롱한다. 이것이 바로 미인국美人局이다. 공갈죄다.

간통죄는 옛날이야기

이런 미인국이 성공하는 것도 간통죄, 즉 상대여자에게 남편이 있어서 범죄에 해당된다는 전제가 있기 때문이다. 간통죄는 종전 후 형법의 일부 개정 때 삭제되었다.

그런데 TV, 영화, 소설에서는 간통죄가 범죄였던 무렵을 종종 무대로 하여 간통을 드라마의 다양한 구성요소로 사용하고 있다.

따라서 쓸데없는 오해로 터무니없는 말을 아무렇지 않게 하거나 글로 쓰기도 한다. 그래서 한마디 하려고 한다.

우선 간통죄는 친고죄였다. 더구나 남편이 상대남자를 알고부터 6개월이 경과하면 더 이상 어찌할 수도 없다. 또 있다. 간통을 고소하기 전에 이혼을 했든가, 아내에 대해 이혼소송 상태가 아니면 안 된다. 이혼소송을 일으킨 뒤에 한 고소가 아니면 효력이 없는 것이다. 만약 이혼소송을 도중에 취소하면 간통고소도 취소한 것으로 간주한다.

따라서 간통을 고소할 때는 이런 여자와는 두 번 다시 부부가 되지 않겠다는 결심과 각오가 필요하다. 간통고소를 하고 나서 얼마 동안의 미결 상태가 고통스러워 다시 원래의 부부로 돌아가려는 물러터진 남자를 위해 법률은 힘써주지 않는다는 말이다.

간통죄 처벌은 2년 이하의 징역이었다.

일부 개정 전의 형법은 남편이 아내 이외의 독신 여성과 성관계를 해도 간통죄가 아니었다. 따라서 첩도, 2호도, 애인도, 유녀도 범죄와는 관계가 없었다. 남편은 안심하고 바람을 피울 수 있는 구조였다.

그런데 아내 쪽은 남편 이외의 남자와 성관계를 하면 간통죄였다. 그건 불공평의 극치다. 남녀평등의 위반이다. 따라서 처벌할 거라면 남편의 간통도 처벌해야 한다고 주장했다. 그래서 "그럼 삭제하자. 그게 좋겠다. 그래, 그게 좋겠어"라고 해서 삭제된 것이다.

옛날의 간통처벌

예의 《어정서백개조》는 엄격했다. '밀통어사치지사密通御仕置之事(밀통과 처벌)'라는 제목으로 상세하게 규정했다.

- 밀통한 아내, 시자이死罪
- 밀통의 남자, 시자이
- 밀통한 남녀를 남편이 살해 시 주저함 없이 해도 된다. 간부姦夫과 간부姦婦를 포개어놓고 싹둑 잘라 네 토막 내도 무죄다.
- 밀부密夫는 살해하고 아내는 살아 있을 때, 그 아내는 시자이. 단지 밀부가 도망 쳐버렸다면 아내는 남편의 마음에 매달려야 한다.

- 납득하지 않는 아내에게 밀통을 권하거나, 혹은 아내에게 몰래 숨어들어온 남자를 남편이 살해 시에는 밀통을 권유한 증거가 확실한 경우, 부부 모두 무죄다.
- 남편이 있는 여자를 밀통으로 인도한 자, 중추방中追放
- 밀부가 있고, 본 남편을 살해한 여자는 히키마와시引き廻し 후 하리츠케磔. 단지 남편을 살해하도록 권하거나, 살해를 도와준 남자는 고쿠몬獄門
- 밀부가 있고, 본 남편에게 부상을 입히면 히키마와시 후 고쿠몬
- 주인의 아내와 밀통한 남자는 히키마와시 후 고쿠몬. 여자는 시자이
- 남편이 있고, 납득하지 않는 여자를 밀통으로 유인한 자, 시자이
- 밀통, 처벌密通御仕置은 아내와 첩, 모두 무차별

이 조항은 무척 엄격했다. 첩이나 2호도 남편의 눈을 속이고 다른 남자와 밀통을 하면 목숨은 없었던 것이다.

- 양모養母, 양녀 및 며느리와 밀통하면 남녀 모두 고쿠몬
- 자매, 백모, 질녀와 밀통하면 남녀 모두 온고쿠 히닝데카遠國非人手下[371]
- 이별장離別狀을 건네지 않고 후처를 들이면 도코로바라이所拂. 단지 이익을 얻기 위한 욕망으로 했을 때는 재산을 몰수하고 에도바라이江戸拂
- 이별장을 받지 않고 다른 집으로 시집가면 머리가 깎이고 친정으로 쫓겨난다. 단지 이를 알선한 자도 과료過料
- 이별장 없는 여자를 다른 집으로 시집보낸 부모는 과료過料. 알선 남자도 동일
- 주인의 딸과 밀통한 자, 중추방中追放
- 주인의 딸을 밀통으로 유인한 자, 도코로바라이
- 유녀幼女를 밀통으로 유인하거나 상처를 입힌 자, 엔토遠島
- 납득하지 않는 여자를 밀통으로 유인한 자, 중추방重追放
- 남편이 없는 여자와 밀통을 하거나 유인하면 여자는 돌려보내고 남자는 데쵸手鎖[372]

---

371) 에도에서 멀리 떨어진 사형장의 잡역부 대장의 아래에 두는 형벌
372) 데쵸(手鎖): 에도시대, 서민에게 과한 벌의 한 가지. 죄의 경중에 따라 30일, 50일, 100일이 있으며 그 기간 동안 손목에 쇠사슬을 채워둔 형벌

- 하녀, 하인의 밀통은 주인에게 인도
- 다른 사람의 가신 또는 상인 등이 하녀와 밀통을 하면 남자는 에도바라이, 여자는 주인에게 인도
- 남편이 있는 여자와 밀통한 남자에게 부탁받고 여자를 받아들이면 도코로바라이
- 남편이 있는 여자와 종종 연서는 교환했지만 밀회는 하지 않았다면 남녀 모두 중추방中追放

"농담 아냐? 남편 있는 여자에게 연애편지만 보냈을 뿐인데 중추방이라니!"

5. 중혼죄

두 명의 아내, 두 명의 남편, 즉 중혼도 범죄다.(형법 제184조) 형벌은 2년 이하의 징역이다. 하지만 이 규정을 고지식하게 해석하면 두렵기도 하고 당황스럽기도 하다. 어느 세상이나 처자식을 방치해두고, 다른 여자와 부부로 생활하는 사람이 적지 않기 때문이다. 하지만 다행인지 불행인지 여기서 말하는 '중혼'이란 법률상으로 규정한 혼인이 이중으로 중복된 것을 의미한다. 이른바 내연관계는 포함하지 않는다는 말이다. 따라서 실제로는 거의 성립하지 않는 범죄다.

하지만 없는 것도 아니다. 혼인신고서를 위조하여 관공서에 제출하고 전혼前婚에 대해 허위이혼을 한 경우에는 이 범죄가 성립한다. 호적상에는 이혼기재가 되어 있다 해도 법률상에는 전혼이 계속 유효한데, 재판상 그 무효를 확정하여 전혼에 대해 호적이 정정되면 후혼後婚에 대해서는 중혼죄가 성립하기 때문이다. 그런 판례도 있다.

중혼이라는 사실을 알고 결혼한 상대방도 중혼죄가 성립한다. 예컨대 남자가 제멋대로 전처의 이름을 기재하고 싸구려 도장을 찍어 제출한 이혼신고서라는 사실을 빤히 알면서도 "우와, 우리 이제 부부야? 나 너무 기뻐" 하며 신나서 자신들의 혼인신고서를 제출했다면 그 여성도 중혼죄가 성립한다는 말이다.

6. 도박과 도미쿠지富籤373)의 죄

"멀리서 들리는 소리(서양)에는 귀 기울이지만 가까이 있는 사람(국민)에게는 눈길조차 주지 않는 세상. 늘 다니던 길에 유명한 번개조가 나타나면 즉시 극락정토, 하늘에서는 꽃들이 춤을 추기 시작하네."

"노래하고 춤추는 너희들은 천상에서 내려온 너무나 아름다운 선녀. 꽃비가 내리는 거리, 평화로운 그 속으로 무뢰한인가? 건달인가? 천둥 같은 패거리가……."

그 옛날, 문화가 활짝 피었던 에도 중기, 활은 주머니 속에, 창은 중인방에, 일반 국민은 태평성대를 노래하며 안빈낙도의 세월을 보내던 시대였다. 그런데 태평에 눌려 무료하게 지내던 무사계급은 자기들에 대해 빈정거리는 눈엣가시 같은 백성에게 극에 달할 정도로 난폭한 행동을 일삼았다. 그 중에서도 막부의 직참374)을 자랑하는 8만 석의 하타모토旗本375)들에게는 세상에 거치적거리는 거라고는 없었다.

그런데 사필귀정일까? 난폭한 무사계급에 맞서 "강자를 꺾고 약자를 구하자"는 구호 아래 분연히 일어선 사나이다운 사나이, 마치얏코町奴376)들이 대두했다.

"누구냐고 물으면 아무개라고 대답하는 상인이지만 태생은 동부지방, 느긋하게 스미다 강 여기저기를 떠돌고 있는 에도의 소문난 하나가와도의 번수원 죠페에377)라고 합니다. 이젠 보잘것없는 이 녀석, 자리에 앉아도 되겠지요?"

겸손이 자랑인가? 멋지게 인사하던 번수원 죠페에를 비롯해 도겐 곤페에378), 유

---

373) 에도시대에 유행했던 복권의 일종
374) 막부에 직속된 1만석 이상의 무사
375) 막부의 직속으로 직접 장군을 만날 수 있었던 무사
376) 하타모토에 대항해 화려한 복장으로 에도 시내를 활보했던 상인 출신의 협객
377) 번수원 죠페에(幡隨院長兵衛) : 1614~1650년. 지금의 사가현 성주. 츠루타(鶴田)의 가신 츠카모토 이오리(塚本伊識)의 아들로 아명은 이타로. 아버지와 함께 에도로 향했지만 시모노세키에서 아버지는 병사. 홀로 상경(12~13세)하여 간다산(神田山) 번수원(幡隨院)에 몸을 의지하면서 뒷날 자신을 번수원 죠페에(幡隨院長兵衛)라고 불렀다. 에도 협객의 우두머리로서 서민들의 영웅이었던 번수원 죠페에는 '에도의 꽃'이라는 이름으로 지금도 가부키나 강담 등에서 공연된다. "사람은 일대, 이름은 말대(末代), 번수원 조페에"라는 대사가 유명하다.

메노 이치로페에379) 등 시원시원하고 용맹한 수많은 얏코들이 배출되어 목숨을 담보로 난폭한 하타모토旗本를 혼내주고, 다랑어 몇 점만 먹어도 좋아하는 가난한 백성들에게 신물 나게 먹여주고 동시에 적개심까지 풀어주었다.

하지만 이런 얏코도 오래가지 못했다. 도박이라는 불량패거리들이 그들을 대신한 것이다. 특히 표면상으로는 8주의 두목을 떠받들며 짓테十手380)와 포승줄을 맡았지만 뒤에서는 양민의 고혈을 쥐어짜는 횡포를 부리면서 마침내 얏코는 외도의 길을 걷게 되었다.

도박이 화려했던 시절

도박의 수괴를 오야봉親本, 또는 가시모토貸元(물)주라고 하며 대부분의 칸분乾分들을 통솔하고 세력범위를 정하여 그 범위를 나와바리繩張라고 부른다.

칸분들은 나와바리 구역 내에서 왕성하게 도박을 하고, 오야봉은 승리한 자로부터 데라센寺錢이라는 일정한 보합금步合金을 거둬들인다. 보통 오야봉 자신은 도박장에 가지 않는다. 오야봉 중에는 숙달된 솜씨를 가진 자에게 도박장 관리를 맡기는 사람도 있다. 그 오야봉의 대명을 나카봉中盆 또는 다이 가시모토代貸元라고 하며 동료들 사이에서 굉장한 세력을 떨친다.

그 옛날 "내 이름을 손바닥에 쓴 뒤, 재빨리 핥으면 학질이 떨어져버리지"라며 마치 코뿔소의 뿔이나 고려인삼으로 만든 손의 소유자인 듯 지껄이던 죠슈上州381)의 대 오야봉들이 있었다. 아마 여러분들은 뛰어난 솜씨의 구니사다 추지382), 안나카

---

378) 도겐 곤페에(唐犬權兵衛) : 에도의 얏코. 번수원 쵸페에의 부하. 도겐(唐犬: 중국산 개)을 박살낸 일로 그런 이름이 붙었다. 쵸페에를 살해한 미즈노 쥬로자에몬을 굴복시키고 살해, 고쿠몬(獄門)에 처해졌다. 전설적인 인물
379) 유메노 이치로페에(夢の市郎兵衛) : 에도의 협객. 스모선수 아카시 시가노스케의 후견인. 요시하라(吉原)에서 싸움을 중재했던 일이 〈자발권〉이란 제목으로 가부키 등에서 공연되고 있다. 전설적인 인물
380) 에도시대 포리가 방어와 타격을 위해 휴대하던 50cm 정도의 쇠막대
381) 우에노(上野)의 다른 명칭
382) 구니사다 추지(國定忠治) : 1810~1851년. 본명은 나가오카 추지로(長岡忠次郎). 대립하

소자부로383), 오오마에다 에이고로384), 사사가와 시게죠385), 이이오카 스케고로386), 고가네이 고지로387)를 비롯해 "설령 10명, 20명의 신가케가 칼을 휘두르며 나타나도 놀랄 사람은 아무도 없어"라며 마치 게의 발이라도 꺾듯이 스스로 자신의 한쪽 팔을 잘라버린 기사부로388)나, "기요미즈 항구는 우는 아이도 울음을 멈추게 하지. 귀신보다도 무서운 소리가 들리거든"라며 자지러지게 울어대는 어린아이의 날카로운 신경을 잠재우는 효과라도 있는 듯 지껄이던 기요미즈의 가시모토箕元인 기

던 시마무라 이사부로와 다마무라 슈메, 관동관리출장소 안내인 미무로 간스케 등을 살해했지만 미무로 간스케의 살해로 수배를 받아 일가의 간부 대다수가 체포, 추지는 아이즈 방면으로 도주했다.

383) 안나카 소자부로(安中草三郞) : 에도시대의 도적. 부모 때문에 도적이 된 그는 양심을 되찾고 츠치야(土屋)가에 무사봉공, 자신을 안나카 소자부로(安中草三)로 칭하고 입신을 세웠지만 주군을 구하기 위해 칼부림을 일으켜 토포. 투옥 중에 잔인하고 흉악한 하쿠죠를 만나 비바람 치는 어두운 밤, 감옥을 부수고 탈옥. 관동 8주의 포리에게 쫓기던 중 포리 오오누마 긴시치로(大沼金七郞)를 살해. 그로 인해 여러 방면으로 평판을 받게 되자 협객으로 자임. 결국 요시하라에서 체포, 고츠캇바라에서 처형되었다. 처형 당시 36세

384) 오오마에다 에이고로(大前田英五郞) : 단파(丹波)의 덴페에와 함께 '죠슈3오야붕(上州三親分)' 신몬(新門)의 다츠고로(辰五郞), 에도의 도라고로(寅五郞)와 함께 "관동사부로(關東の三五郞)'로 불렸다.

385) 1810~1847년. ≪천보수호전(天保水滸伝)≫ 등장인물의 모델. 1844년 지금의 치바(千葉)현의 오야붕 이이오카 스케고로(飯岡 助五郞)와 세력싸움을 벌려 스가산(須賀山)의 명신사(明神寺)에서 이이오카 측 230명을 한꺼번에 패주시켰다. 어쩔 수 없이 고향으로 돌아간 뒤 1847년 사사가와로 돌아온 이이오카를 토벌하려던 중 의지하던 도미고로(富五郞)와 코붕(子分)들의 배신에 격분, 혼자 힘으로 이이오카를 토벌하려 했지만 히라자에몬(平左衛門)과 손잡은 이이오카에게 살해되었다.

386) 이이오카 스케고로(飯岡 助五郞) : 1792~1859년. 아버지는 사가라의 관리였지만 가사마의 낭인에게 살해당하자, 그는 검술을 익혀 아버지의 원수를 갚은 뒤 협객으로 이름이 날렸다. 그의 나와바리 싸움은 ≪천보수호전(天保水滸伝≫에 알려져 있다.

387) 고가네이 고지로(小金井小次郞) : 1818~1881년. 에도 말기, 메이지 초기의 협객. 지방 하급관리의 아들. 강담 등으로 각색되었다.

388) 기사부로(喜三郞) : 1660년대 무렵부터 자신을 기사부로라고 칭하며 6척의 긴 칼을 옆에 차고 시내를 어슬렁거렸다. 어느 날, 기사부로는 나와바리 싸움에서 상대를 완전히 굴복시키고 자신의 한쪽 팔도 잘라버렸다. 세간은 그의 대담함에 혀를 내두르며 우데노 기사부로(腕の喜三郞)라고 불렀지만, 그 뒤 출가하여 가타이타(片板)라고 칭했다. 강담, 가부키, 고겐으로 각색되었다.

요미즈 지로쵸389) 등 그 외의 수많은 어중이떠중이들이 도박과 싸움을 일삼으며 거리를 어슬렁거렸던 일들을 기억할 것이다.

그래서 이제 이 도박사 패거리들이 배양한 도박의 법률적 구성을 설명하고, 자랑은 아니지만 세계 제일의 마술 같은 일본의 독특한 사기도박 2~3개를 소개해보겠다.

도박의 역사

도박의 기원은 아주 오랜 옛날이다. 일본의 도박역사상 빠뜨릴 수 없는 금령禁令은 일찍이 덴뵤天平390)시대에 선포되었다. 그때 이미 도박의 폐해를 유감없이 규정했다. 또한 "색을 좋아하는 남자야말로 피하라"며 세련되고 운치 있는 문장으로 유명한 《도연초徒然草》391)의 겐코법사392)마저도 "바둑이나 주사위에 날이 새고 해지는 줄 모르는 사람은 이미 사중죄四重罪393), 오역죄五逆罪394)의 무한지옥에 떨어지는 대죄를 범하고 있다"고 분개한 모습을 보아도 옛날 사람들 또한 무척 도박을 좋아했던 것 같다.

"그 손, 잠깐만 기다려."

이 말을 들었지만 그 순간을 기다리지 않아 칼싸움까지 벌어지고, 그런 아버지의 인과로 아들은 원수를 갚기 위해 고향을 떠나야 하는 이야기도 있을 정도다.

---

389) 기요미즈 지로쵸(淸水次郞長) : 1820~1893년. 막부 말기에서 메이지 초기의 협객. 본명 야마모토 쵸고로(山本長五郞). 쌀 상인에서 도박사로, 동해 일대의 오야붕으로 후지산 개간 사회사업도 했다.

390) 나라시대, 쇼무(聖武) 천황의 연호. 729~749년

391) 가마쿠라시대의 수필. 전2권. 요시다 겐코 작. 1330~1331년에 완성된 작품. 무상관을 기초로 인생관, 세상관, 풍아사상(風雅思想) 등이 보이며 침초자(枕草子)와 함께 수필문학의 쌍벽을 이룬다.

392) 1283~1350년. 요시다 겐코. 가마쿠라, 남북조 초기의 가인. 수필가. 와가(和歌)를 니죠 다메요에게 수학, 니죠파의 와가4천왕(和歌四天王)으로 불린다.

393) 살생, 투도(남의 물건을 훔침), 사음(邪淫), 망언

394) 부살(父殺), 모살(母殺), 아라한(阿羅漢) 살해, 승려들의 화합을 깨는 죄. 불자의 몸에 상처를 입혀 피가 나오게 하는 죄

또한 라쿠고의 〈가사고傘碁〉에서는 "승부란 기다리고 기다리지 않는 싸움이다" 또는 "바둑의 적은 미워도 미워할 수 없는 관계"라고 표현한다.

다케다 신겐이나 오다 노부나가, 도요토미 히데요시 같은 바쁜 전국시대의 무장들을 비롯해 전란의 와중에도 바둑을 두었다는 사나다 마사유키[395]는 적에게 둘러싸인 우에다 성에서 죽을 각오로 틀어박힌 채 진언종眞言宗의 스님을 상대로 바둑을 두었다고 한다.

메이지유신 때 활약했던 오오구보 도시미치大久保利通[396]도 대사건이 한창 진행 중인데도 바둑을 두었다고 한다. 그래서 마츠가타 마사요시松方正義[397]가 충고를 하자 이렇게 대답했다고 한다.

"바둑을 그만둘 거라면 저는 차라리 죽겠습니다."

옛날부터 바둑, 장기를 두면 부모의 죽음에도 눈을 돌리지 않는다고 할 정도로 승부사에 몰두하는 남자들의 마음을 아마 여성들은 이해 못할 것이다.

설마라고 생각할지도 모르겠지만 감옥에서조차 주사위는 물론 바둑, 장기까지 했다. 에도시대에 미결수를 넣어두었던 고덴마쵸의 다이로라는 감옥에서도 주사위나 바둑, 장기가 행해졌다. 물론 그런 승부사의 도구를 소지하고 옥내에 들어가는 일은 금지되었다. 감옥에 들어가기 전에 정수리에서 발가락 끝까지, 입 속에서 머리카락 속까지 구석구석 신체검사를 한 뒤, 수인은 자신이 벗어둔 옷을 들고 알몸인 채로 감옥 안으로 들어갔기 때문에 아무리 좋아도 주사위나 바둑, 장기의 말은 소지할 수

---

395) 사나다 마사유키(眞田昌幸) : 1547~1611년. 아츠치모모야마(安土桃山) 시대의 무장. 우에다 성의 성주. 다케다 신겐, 도요토미 히데요시, 도쿠가와 이에야스를 섬겼지만 세키가하라 전투 중, 도쿠가와 진영에 등을 돌리고, 도쿠가와 히데다다를 저지했다. 전

396) 오오구보 도시미치(大久保利通): 1830~1878년. 정치가. 사츠마 출신. 토막파(막부토벌파)의 중심인물. 전국의 번주(藩主)들이 자신의 토지(版)와 민적(民籍)을 조정에 봉환하는 판적봉환(版籍奉還)과 폐번치현(廢藩置縣: 번폐지, 부현설치)을 엄격히 추진했으며 사이고 다카모리 등의 정한론(征韓論)에 반대했다. 참의원, 대장성장관, 내무성 장관을 역임. 메이지정부의 지도적 역할을 했지만 불평사족(不平士族)에게 암살되었다

397) 마츠가타 마사요시(松方正義): 1835~1924년. 정치가. 가고시마 태생. 메이지14년 대장성 장관 역임. 지폐정리, 디플레이션 정책실시. 일본은행설립, 금본위제(金本位制)실시 등 제정제도 확립에 기여했다. 수상 역임

없었다. 그런데 궁하면 통한다는 게 세상사. 도박을 하고 싶은 마음 하나로 옥내에서 도구를 만들어버린 것이다. 어떻게 만들었을까?

　형법사에 따르면, 주사위는 두꺼운 종이를 사각으로 맞붙인 뒤, 돼지기름으로 만든 외상 약을 작고 둥글게 하여 6개의 눈을 만들었다고 한다. 바둑판과 장기판은 식사에 사용하는 와리바시를 이용하여 판을 만들고 그곳에 종이를 붙였다. 그리고 밥알을 으깨어 동글동글하게 한 뒤, 종이를 섞어 단단하게 굳히는 방법으로 수백 개의 바둑알을 만들었다. 그 중 반은 검게 물들여서 흑백의 대용품으로 했다.

　물들인다고 해도 염료가 있는 것도 아니었다. 그래서 사용한 종이를 물에 담근 뒤, 글씨가 쓰인 먹물을 짜내어 염료의 대용품으로 했다고 한다. 실로 필요는 발명의 어머니다.

　그런 재능과 노력을 다른 곳에 사용하면 좋으련만.

주사위, 츠보자라, 봉고자

　지금부터 대표적인 도박에 대해 알아보자. 세상일은 알아서 나쁠 건 없다. 예컨대 절도의 방법을 모르고 있으면 예방법도 모른다. 초포이치樗蒲一[398]와 쵸항丁半[399]의 구별도 모르면 TV나 영화, 대중문학을 읽어도 이해하기 힘들다. 따라서 도박의 방법을 말하기 전에 도박의 도구인 주사위와 츠보자라, 봉고자에 대해서 살펴보자.

　'주사위賽'라는 뜻의 한자어에는 采, 角子, 博齒, 骰子 등 여러 가지가 있다. 주로 상아나 말의 뿔로 만든 정립방형으로 각 면에는 한 개에서 여섯 개까지 숫자가 담겨 있다. 하늘 1, 땅 6, 동쪽 5, 서쪽 2, 남쪽 4, 북쪽이 3이라는 의미로 눈이 붙어 있다. 즉 천지사방육합天地四方六合 형태의 물건이라는 뜻이다. 이런 내력을 들으면 왠지 신기하지 않은가?

　'츠보자라壺皿'란 주사위를 안에 넣고 까딱까딱 흔든 뒤, "탁" 하고 순식간에

---

398) 중국에서 들어온 도박. 주사위 한 개로 나오는 눈을 예측하여 예측이 맞으면 판돈의 4배 또는 5배를 얻는 구조
399) 주사위의 짝수와 홀수로 승부를 결정하는 도박

엎어버리는 도구다. 옛날에는 설날에 아이들이 모여 주사위 놀이를 할 때처럼 손으로 흔들었다. 특히 간사이 지방에서는 오랫동안 손으로 흔들었던 것 같다. 이것을 '나게쵸항投丁半'이라고 한다. 하지만 손으로 흔들면 손힘의 강약 때문에 공평성을 잃을 우려가 있으며 또한 외부에서도 쉽게 알아채버린다. 그래서 츠보자라로 한 것이다.

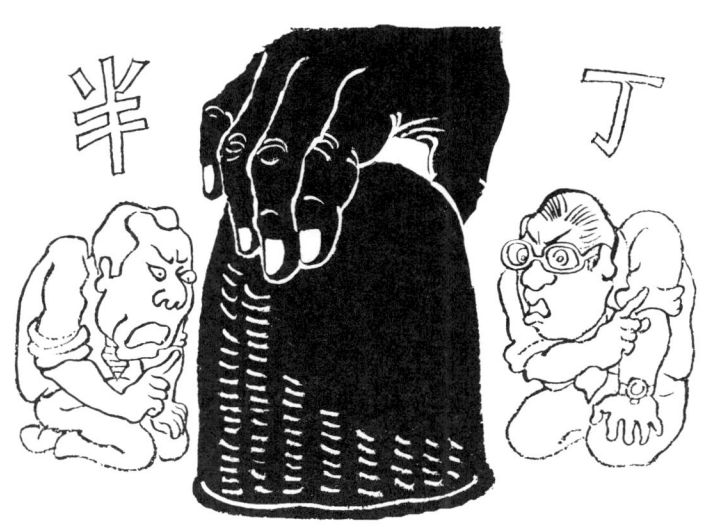

츠보자라의 재료는 보통 등나무이며 선물상자처럼 바닥을 높였다. 그래서 츠보자라를 츠보자루(소쿠리)라고도 한다. 그 중에는 대모갑으로 만든 사치스런 잔도 있지만 그와 같은 물건일수록 모조품도 많은 법이다.

츠보자라의 바닥에는 반드시 목면을 넣게 되어 있다. 목면을 넣지 않으면 쉽게 속이기 때문이다. 또한 목면이 있으면 종지 속에 주사위를 넣었을 때 면의 탄력으로 주사위가 충분히 돌아갈 수 있지만, 목면이 없으면 넣은 그대로 나타날 우려가 있다고 한다.

'봉고지盆茣'도 도박에서 중요한 역할을 한다. 특히 천재도박天災賭博에는 없어서는 안 되는 도구다. 보통 폭은 약 60cm, 길이는 약 3.6m로 옥양목이나 면사로 짠 플란넬을 사용한다. 그래서 일명 '봉절盆切'이라고 한다.

도박은 이 봉고자 위에 돈을 늘어놓고 한다. 봉고자와 닮은 것에는 '봉포단盆布단' 이 있다. 방석처럼 목면을 넣어 네 귀퉁이를 대갈못으로 눌러 움직이지 않게 했다. 천재도박에는 '아나구마穴熊(오소리)'라는 자가 있어서 가장자리 밑에 바늘을 숨겨놓고 나카봉中盆(도박장을 주도하는 역)이 신호를 할 때 번개처럼 바늘을 움직여 주사위를 조정하는 속임수를 쓰기 때문에 그것을 방지하기 위해 만들었다.

그럼 대략 도구의 설명을 끝냈으니 이젠 도박의 구성과 방법으로 들어가보자.

초포이치 도박

'초포이치樗蒲一 도박'은 지극히 간단하다. 초보라도 보통 1년생 정도다. 주사위 1개로 하기 때문에 초포이치라고 한다.

6	5	4
1	2	3

우선 위의 표처럼 1에서 6까지 숫자가 쓰인 '도지賭紙' 또는 '도찰賭札'을 내놓고 그곳에서 각자가 자신의 생각대로 승부를 겨룬다. 짝수에 걸든 홀수에 걸든 또는 1에 걸든 6에 걸든 그 사람 마음이다.

"짝수가 나올 거야. 만약 홀수가 나오면 요시하라吉原에 날 팔아버릴 거야."

이 말은 당시의 진지한 상황을 보여준다.

판돈은 위의 표에 나타난 도찰대로 건다. 그렇게 하지 않으면 어디에 걸었는지 나중에 문제가 될 수 있기 때문이다.

이 도박에는 동胴(주인)이 필요하다. 동과 객客의 승부다. 각자가 도지에 판돈을 건 뒤, 주사위를 흔들어서 나온 눈에 해당한 자가 판돈의 4배, 나머지는 도오야胴親(도박판을 빌려주고 판돈을 받는 사람)가 갖는다. 데라센寺錢(자릿세로 내는 돈)은 동이 승리했을 때는 1할, 패배했을 때는 5부라는 비율로 정해져 있지만 때로는 단순하게 천 엔에 60엔으로 정하는 경우도 있다.

또한 도박지의 한가운데 있는 구니(5와 2)의 경우에는 5할, 시상(4와 3)과 이치로쿠(1과 6) 경우에는 4할로 하기도 한다.

쵸항 도박

쵸항丁半 도박은 도박 중에서 가장 많이 행해지는 도박이다. 두 개의 주사위를 사용하여 나오는 눈이 쵸丁(짝수)인가, 항半(홀수)인가로 승부를 결정한다.

보통 초보자의 경우, 쵸는 두 개의 주사위 눈이 모두 짝수일 때, 항은 모두 홀수인 때를 말하지만 소위 숙련자가 되면 무척 어려워서 결코 간단하지만은 않다. 숙련자 사이의 쵸를 들어보면 도합 12눈이 있다.

핀조로(1·1), 니조로(2·2), 상조로(3·3), 시조로(4·4), 고조로(5·5), 비리조로(6·6), 상이치(3·1), 시노니(4·2), 니로쿠(2·6), 고이치(5·1), 시로쿠(4·6), 고상(5·3)이라는 식으로 두 개의 주사위 눈이 갖춰진다.

항에는 9눈이 있다. 이치니(1·2), 상니(3·2), 고로쿠(5·6), 구시(5·4), 구니(5·2), 이치로쿠(1·6), 사부로쿠(3·6)라는 식으로 주사위 눈이 갖춰진다.

쵸항 도박에는 '금걸이金賭', '은걸이銀賭'라고 하여 대승부를 겨루는 도박과 흔히 '둔장쵸항鈍帳丁半', 일명 '뎃카바鐵火場'라고 하는 하등도박 두 종류가 있다. 노천에서 하는 '노천도박野天賭博', 강가에서 하는 '가시도박河岸賭博'은 뎃카바에 속하는 하등조직이다. 이 하등조직은 부드럽지만 금걸이, 은걸이는 규칙이 엄격하여 종종 피비린내 나는 대분쟁이 일어나기도 한다.

고등의 부류일 때는 '츠보후리壺振(주사위를 넣은 츠보자라를 흔들어 엎는 역할)' 와 '나카봉'이라는 두 명의 전문가가 들어간다. 봉고자를 중심으로 츠보후리와 나카봉이 서로 마주하여 자리를 정한다. 그리고 도박의 객들이 자리를 잡는다. 어느 자리나 마음대로 정하는 것은 아니다. 즉 쵸에 거는 사람은 나카봉 쪽으로, 항에 거는 사람은 츠보후리 쪽으로 정한다. 아래의 도표와 같이 백인일수百人一首[400]의 트럼프처럼 쵸 쪽과 항 쪽이 대좌를 하는 것이다.

---

[400] 가인 100명의 노래를 1수씩 선택하여 모은 가집. 후지와라 사다이에(藤原定家)의 선집으로 알려진 ≪오쿠라백인일수(小倉百人一首)≫가 트럼프에 종종 이용된다.

준비가 되면 나카봉이 '츠보壺'라고 호령을 한다. 그러면 츠보후리가 두 개의 주사위를 츠보자라에 넣고 까딱까딱 흔든 뒤 "딱" 하고 솜씨 좋게 엎는다. 그 엎어진 모습을 보고 객들이 돈을 걸지만 그 돈은 쵸군丁軍과 항군半軍의 금액이 같아야 한다. 쵸군이 10만 엔이라면 항군도 10만 엔을 걸지 아니면 승부는 하지 않는다. 쵸군과 항군의 금액이 대등하게 갖춰지지 않았을 때는 나카봉이 알선하여 대등금액이 되도록 전력을 기울인다.

마침내 양방의 판돈이 대등하게 갖춰지면 나카봉은 "쇼부勝負"라고 외친다. 그리고 츠보후리가 츠보자라를 흔든다. 숨을 삼키고 응시하고 있는 패거리들의 돈이 운명의 갈림길로 들어서는 순간이다.

승리한 쪽이 쵸군이든 항군이든 승리의 판돈은 각자가 건 금액에 비례하여 배분한다. 데라센은 원칙적으로 4부, '비리조로'라고 해서 6·6으로 갖추어져 있을 때는 1할, 짝이 맞았다 해도 5·5나 3·3처럼 같은 숫자가 갖추어져 있을 때만 취하는 경우도 있다. 그리고 데라센 상자에 일일이 넣는다. 데라센은 '가스리'라고도 한다.

'센즈케錢附'라는 역할이 필요한 경우도 있다. 쵸항의 판돈에 오산이 없도록 감시하고 승리한 자에게 이익을 배당하는 일을 한다.

또한 '데가타出方'라고 해서 범죄의 발각을 경계, 예방하는 역할도 있다.

주사위 3개로 하는 '기츠네狐(여우)' '요이토よい堂'와 4개의 주사위를 사용하는 '칫바'라는 것도 있다. 하지만 이 책은 도박이 목적이 아니기 때문에 생략하고 사기도

박의 장본인 천재도박으로 진행해보자.

천재도박天災賭博은 주사위 5개를 사용한다. 사기의 영역에 가깝기 때문에 괜찮은 오야봉들은 그다지 하지 않는다. 이 도박이 지금까지 설명한 도박과 크게 다른 점은 눈도 코도 없는 밋밋한 모양의 독특한 주사위를 사용한다는 것이다. 단지 흑백만으로 3면은 흰색, 다른 3면은 검정색이다. 그 5개의 주사위를 흔들어 모두 흑으로 갖춰졌을 때는 흑천黑天, 백으로 갖춰졌을 때는 백천白天이라고 한다.

천재도박에는 아나구마穴熊라고 해서 특유의 속임수가 행해진다. 앞에서도 설명했듯이 이 도박에서는 속임수를 쓰지 못하도록 처음부터 봉포단盆布團을 사용하지만 마침내 몰아지경에 들어갔을 때는 어느샌가 "뭐야, 방해되잖아"라며 봉포단을 살그머니 밀어버린다.

이때 가장자리에 있던 녀석이 몰래 밑 틈새로 훔쳐본다. 따라서 츠보자라를 만들 때 등나무를 이중으로 한 뒤, 속에는 아교를 칠해서 아나구마가 밑으로 훔쳐보지 못하게 하지만 교묘하게 장치한 츠보자라를 사용하는 녀석들이 많다. 보통의 주사위라면 밑으로 훔쳐보아도 알 수 없지만 천재 주사위는 흑백이기 때문에 알 수 있는 것이다.

아나구마라는 녀석은 나카봉이 신호를 한 순간 바늘로 찔러 자유자재로 흑백을 조정하기 때문에 이 세계에서는 그 녀석을 기사技師라고 부른다.

다양한 사기도박

(가) 마술사도 따라가지 못하는 사기도박

초보자는 결코 도박에 손을 대서는 안 된다. 숙련자들 사이에 어떤 부정과 마술, 속임수가 행해지는지 살짝 들여다보면 놀라서 입이 다물어지지 않을 것이다.

오사카부경 수사4과는 오사카 시내 야오에서 원예업을 경영하던 자산가 청년이 1년 전에 현금 약 5백만 엔을 소지한 채 실종된 사건을 수사했다. 신문은 폭력단이 청년과 부모를 협박하여 집과 토지를 팔게 한 뒤, 약 4억 엔을 등쳐먹었다는 수사결과를 보도했다. 폭력단은 도박의 꼬임에 빠진 청년에게 눈 깜짝할 사이에 거액의 돈을 빌려주고 그 노름 돈을 빌미로 공갈, 협박을 했다고 한다. 따라서 이런 일은 흔한 사건이기 때문에 참고하라고 사기도박의 계략에 대한 처방을 조금 소개해보고자 한다. 아마 독자 자신을 위하거나 이미 도박에 손을 댄 조카나 후배가 있다면 설교하기 위해서라도 필요할 것이다.

도박세계에는 왜 신과 같은 기술자가 있어 기상천외한 마술이 행해지는 것일까? 그건 전혀 특별할 것도 이상할 것도 없다. 예로부터 치고, 사고, 마신다는 3도락의 순위를 점령하던 도박은 애초부터 남자들이 좋아하는 승부사다. 아마 승부사라는 이름만 붙으면 개싸움은 물론, 개미의 스모마저도 즐거워하는 게 남자가 아닐까?

"돌이 살아 있어 부모의 죽음에는 대면할 수 없구나!"

이런 말처럼 바둑에 몰두한 나머지 부모의 임종조차 보지 못했다는 불효자도 적지 않다. 그래서 "임종 직전의 어머니, 바둑 얘기만 하시네"라는 문구도 생겨난 것이다. 그 정도로 좋아하는 승부사에 더욱이 목숨 같은 돈을 걸었는데, 생각만으로도 즐거운 건 당연한 일이 아닐까?

그토록 재미있고 좋아하는 승부사에 목숨을 건 수십만 도박사들의 노력과 수백 년간에 걸친 연구, 연마가 첨부되어 도박은 점점 발전해 더욱 세련되어졌다.

싫어도 아침 10시에 출근하여 저녁 5시까지 줄기차게 일하는데 월급은 오르지 않는다고 불평하는 샐러리맨들과 결코 다르지 않다. 그토록 노력한다는 점이 말이다. 그래서 그들은 다음과 같은 몇 개의 신기한 수단과 방법을 고안해낸 것이다.

(나) 기상천외한 사기 주사위

사기도박은 표면적으로는 도박 같지만 그 실체는 사기의 일종이다. 도박은 우연이 필요하지만, 사기도박은 특수하게 고안된 장치나 다양하게 조작한 도구를 사용하기 때문에 우연이 아니다. 반드시 승리가 결정되어 있다. 따라서 도박이 아닌 것이다. 여러분도 알다시피 주사위란 녀석은 애초부터 이루 말할 수 없을 정도로 기상천외한 녀석이다. 시라가와천황白河天皇[401]마저도 "오로지 짐이 쫓지 않는 일은 주사위놀이와 가모강鴨川의 물, 야마법사山法師뿐이다"고 비난했을 정도다.

---

401) 1053~1129년. 제72대 천황. 재위 1072~1086년. 이름은 사다히토(貞仁),

시대는 변하여 야마법사의 난도 사라지고 문화도 발달하여 가모강의 물은 잔잔해졌지만 오직 하나 주사위만큼은 시대의 추이에도, 문화의 흐름에도 초연하여 현재까지도 강한 생명력을 유지하고 있다.

그런 이유로 목숨이 질긴 주사위는 마침내 속임수 주사위를 고안하여 사람을 애먹이고 체념하게 만든다. 따라서 속임수 주사위를 가장 많이 사용하는 사기도박에서는 아나구마나 사쿠라(바람잡이) 등 다양한 수단을 이용하는 것이다.

그럼 우선 사기 주사위부터 시작해보자.

- 잇텐부츠一点物 : 원하는 주사위의 눈 한 곳만 도려내어 진공상태로 만든 뒤, 그 뒷면에 납을 넣어 무겁게 했다. 소위 함입陷入 주사위의 일종이다. 기츠네나 초포이치에 사용한다.
- 니텐부츠二点物 : 함입 주사위지만 잇텐부츠와 달리 두 면에 납이 들어간다.
- 산텐부츠三点物 : 세 면에 납이 들어간다. 속어로는 '시치부七部' 또는 '나나츠七つ'라고 하며 쵸항에서 가장 많이 사용하는 사기 주사위다.
- 긴분이리金粉入 : 일명 '로쿠보六方' 또는 '시로白' 혹은 '도브'라는 녀석으로, 주사위 속에 금가루를 넣었다. 그렇게 해두면 츠보자라 속에 넣었을 때 제대로 돌지 않기 때문에 원하는 대로 눈이 나온다.

  금가루를 사용하는 경우에는 대개 목재의 츠보자라를 이용한다. 앞에서 말했듯이 보통의 츠보자라는 바닥을 높이고 목면을 넣기 때문에 주사위가 제대로 돌지만 목재는 돌아가지 않고 그대로 나오기 때문이다.
- 고시치粉七 : '긴분이리' 한 개와 '산텐부츠' 한 개로 오로지 쵸항 도박에만 사용한다.
- 고비키粉引 : 5·3·1의 눈에서 검정가루가 나오는 주사위로 츠보자라를 엎은 뒤 살짝 당긴다. 그때 검정가루 흔적이 나오면 항, 나오지 않으면 쵸라고 한다. 안의 가루가 없어지면 다시 넣을 수 있으며 리필용 가루와 인두까지 친절하게 팔고 있다.
- 료츠우兩通 : 한 개의 주사위를 쵸와 항으로 나누어 사용한다. 사용방법은 1을 위로 향하게 한 뒤, 흔들어 주사위 속의 가루를 아래로 내려오게 하면 5·3·1

의 항눈이 나온다. 반대로 6을 위로 향하게 한 뒤, 같은 방법으로 하면 2·4·6의 쵸눈이 나온다.
- 가타츠우片通 : 앞의 료츠우는 숙련된 솜씨가 필요하다. 따라서 비교적 간편한 방법으로 일반 주사위 한 개와 산텐부츠 한 개를 사용한다.

(다) 신기한 사기 주사위

- 나키바리이리鳴針入 : 일명 '도도로키轟' 또는 '오토기키音聞'라고 한다. 작은 바늘이 5·3·1 항눈의 한가운데서 나오도록 장치해두었다. 그 항눈이 아래쪽에 있을 때 엎은 츠보자라를 당기는 순간 사르르 떨리는 손의 감각으로 알 수가 있다. 이것을 그들 사이에서는 "발을 붙인다"고 말한다. 이 나카바리이리와 닮은 주사위로 5·3·1 항눈에 밥알을 붙여서 언뜻 보면 모래알처럼 보이게 한 것이 있다. 그 밥알 면이 바닥에 스치는 순간 소리로 쵸항을 식별하지만 그다지 많이 이용하지는 않는다.
- 히라도비平飛 : 나키바리이리는 바늘이 눈금의 한가운데서 나온다. 그 츠보자라에 발을 댄 순간 바늘의 작용으로 쵸를 항으로, 항을 쵸로 바꾸어버릴 수가 있다.
- 츠스미都壽美 : 일명 '게츠메도尻目同' 또는 '스메쿠라素盲'라고 한다. 이것은 5눈의 뒷면에는 5, 3눈의 뒷면에는 3, 1눈의 뒷면에는 1이 있기 때문에 결국 2, 4, 6의 항눈이 없는 주사위다. 사람을 굉장히 바보취급한 장치다.
- 츠나기都奈技 : 극히 가느다란 견사로 주사위의 두 면을 연결하여 아무리 굴려도 쵸눈에 연결하면 쵸눈만, 항눈에 연결하면 항눈만 나오도록 장치해두었다. 경우에 따라서는 연결된 견사를 손가락 끝으로 살짝 비틀어 끊으면 일반 주사위가 되는 편리한 구조다.
- 다루마達磨 : 2·3·4·5 눈의 각을 살짝 갈아서 좁게 하고, 1·6의 눈은 그대로 두어 마치 달마의 눈처럼 두 개의 눈만 박혀 있는 것처럼 보이는 주사위다.
- 미즈고보시水こぼし : 다루마 주사위와 닮은 것으로, 쵸면은 마름모 형태로 좁게, 항면은 넓게 하여 앉기 좋게 해두었다.

- 도로츠키途呂付 : 약으로 밀착된 두 개의 주사위는 아무리 굴려도 쵸눈만 또는 항눈만 나오게 하는 효능이 있다. 들킬 것 같으면 살짝 떨어뜨려 원상태로 돌아가게 한다. 특히 그 약을 소지한 자는 그 자리에서 타인의 주사위에도 응용할 수가 있다.

이와 같은 속임수는 셀 수 없을 정도로 많기 때문에 이제 그만하고, 마지막으로 가장 우수한 마술을 소개해보기로 하자.
- 비카 주사위 : 2·4·6의 눈을 전기마찰로 갈아서 광택을 넣었다. 색깔은 보통의 주사위와 같지만 정교하게 은사를 넣었기 때문에 츠보자라를 사용하면 타인이 모르는 마술을 부릴 수 있다.
- 은사 츠보자라 : 광선을 이용하여 츠보자라 속의 주사위 면을 밖에서 투과할 수 있게 장치한 도구다. 하지만 투과할 수 있는 거리는 짧게 한정되어 있다. 어느 곳에서나 투과할 수 있는 게 아니다. 예컨대 츠보자라에서 높이 30cm, 거리 60cm의 장소가 아니면 볼 수 없다.

(라) 사기화투

'패가망신당한 전대미문의 남자'는 짧은 시간에 530억 엔이나 잃었다고 한다. 나라 시내에 있는 어느 회사의 계장이라는 사람이 했던 것은 화투로, 폭력단도 얽혀있었던 것 같다. 그래서 사기화투도 언급한 필요가 있다고 생각한다.
- 게이레간毛入がん : 화투의 패에 털을 붙여 넣었다. 3mm 정도의 털을 넣은 뒤, 그 위에 뒷면을 붙였기 때문에 다른 사람은 전혀 깨닫지 못한다. 털을 넣는 장소는 각각 다르지만 살짝 만지거나 흘깃 보기만 해도 바로 알 수 있다고 한다. 보통 단丹과 10, 그리고 4개의 광에 넣는다. 또한 털의 색깔도 다양하다.
- 소기간削ガン : 간토關東에서는 '소기간削ガン', 간사이關西에서는 '소구리후다ソグリ札'라고 한다. 이 화투를 제조할 때는 극히 까다롭고 섬세한 주의가 필요하다. 화투의 가장자리를 초승달 형태로 살짝 깎은 뒤 뒷면을 붙인다. 만에 하나 상대가 알았을 때는 "만들 때 생긴 흠이야"라고 말하면, 상대가 초보자일 경우,

회피할 수 있을 만큼 교묘한 세공이다. 예를 들면 1월부터 4월까지는 위에, 5월부터는 옆에, 10월부터 12월까지는 아래로 깎는 장소를 달리한다.

- 아우스 특제26후다 : 옆에서 보았을 때만 조금 두꺼운 패와 얇은 패로 구별할 수 있다.
- 나가후다長札 : 특수 패만 조금 길게 되어 있다.
- 히로후다 札 : 옆이 조금 넓은 패다.
- 시미간 : 액체로 된 약이다. 소량을 손가락 끝으로 문질러 뒷면에 얼룩을 만든다. 이 얼룩의 대소로 패를 분간할 수 있다. 이 약은 그 자리에서 상대의 패에도 얼룩을 넣을 수 있기 때문에 무척 편리하다고 한다.

아직도 많이 남아 있지만 싫증날 것 같으니까 이 정도로 해두고 좀 색다른 얘기를 해보자.

(마) 도사나가시

넓은 의미에서 사기도박을 간사이에서는 '기리지시義理事師', '인치키시インチキ師'라고 하고, 간토에서는 '이카사야시イカサヤ師' '페텐시ペテン師'라고 하는데, 그 중에서 돈을 우려내는 일을 기루斬る402)라고 한다. 그럼 다음에 말하는 몇 가지 사례를 참고로 베이지 않길 바란다.

'도사나가시土砂流し'라는 것이 있다. 작고 예쁜 비단보자기 속에 지폐뭉치를 넣은 '다네'라는 것을 미리 길가에 떨어뜨려둔다. 그리고 좀 떨어진 곳에서 사람이 오기를 기다린다. 과연 사람이 다가오면 담뱃불을 빌려달라고 하면서 길동무를 한다. 그리고 비단보자기가 있는 곳에 도착하면 "와! 멋진 물건이 떨어져 있네"라며 깜짝 놀란 척 말을 꺼낸다.

- 정말 그러네요. 뭔지 모르지만 소중한 물건이 들어 있는 것 같아요.
- 어떡할까요?

의뭉스럽게 웃는다. 오는 말이 있으면 가는 말도 있는 법.

- 글쎄요?

---

402) 자르다. 베다.

대답에 주위를 둘러보는 척한다.

- 아깝군. 줍지 않을래요? 우리 둘 이외에는 아는 사람도 없는데.

슬쩍 부추긴다.

- 그럼 그럴까요?

물건을 주워 올려 안을 확인해보니 만 엔짜리 지폐가 20~30장 들어 있다.

- 와! 우리 그 돈으로 한잔 할까요?

상대를 안심시킨 뒤, 술집이 즐비한 번화가 입구로 들어선다.

- 저기, 난 이곳에서 잠깐 용무가 있는데 잠시만 기다려주시겠어요? 특별히 의심하는 건 아닌데, 내가 당신에게 이삼만 엔을 맡길 테니까 당신 시계나 지갑을 내게 맡기면 어떨까요?

- 과연 그렇군요. 그렇다면 제 시계를 맡길게요. 그럼 다녀오세요.

- 예. 알겠습니다. 오육 분 정도 걸려요. 빨리 다녀오겠습니다. 그리고 우리 한잔 하고 나머지는 반씩 나누기로 하죠.

살짝 웃어준다.

- 그게 좋겠군요. 그럼 기다리겠습니다.

- 자, 그럼.

그리고는 시계를 갖고 그대로 달아나버린다. 상대는 아무리 기다려도 오지 않아서

- 좋아. 그럼 이건 전부 내 돈이야. 왠지 올해는 운이 좋은 것 같아

라고 기뻐하지만 실은 비단주머니 속의 돈은 전부 위조지폐인 것이다.

(바) 시카오이

시카오이鹿追い라는 것도 있다. 도쿄에서는 '인치키시インチキ師', 나고야名古屋에서는 '사와시サワ師'라고 한다. 방법은 대개 비슷하며, 네마와시根廻し→츄페에忠兵衛→진다이盡大→센세이先生 순서로 역할이 정해져 있다.

먼저 간토 지방에서 말하는 '갸쿠히키客引(유객꾼)', 일명 '다키だき'라는 '네마와시根廻し'가 나타나 페텐ペテン(속임수)에 걸려들 것 같은 돈 있는 사람에게 말을 건다. 이것을 히로우(拾う)라고 한다.

그곳에 공범 츄페에가 나타난다. 그 츄페에는 "돈보다 소중한 츄페에"라는 유곽의 귀여운 호색꾼 츄페에와 달리 사기에서 중요한 역할을 하는 요령 좋은 녀석이다. 그리고 잡다한 세상이야기를 하고 있는 그곳에 또다시 진다이가 나타나 이렇게 말한다.

- 울화통이 터져 죽겠어. 도박에서 돈을 전부 잃었어. 딱 한 번만 더 하면 싹 쓸어버릴 수 있을 텐데.

그러면 츄페에가 사전에 꾸며놓은 계략대로 대답한다.

- 그럼 좋은 방법이 있어. 나도 예전에 꽤 많은 돈을 벌어들였거든.

츄페에는 진다이에게 반드시 승리하는 법을 가르쳐주며 옆에서 귀를 쫑긋 세우고 있는 봉을 교묘한 솜씨로 감동시킨다. 그리하여 마침내 적을 토벌하는 선두, 즉 제4의 공범 '센세이'가 있는 곳까지 동행하여 돈이 있는 봉을 도박의 동료들 속으로 밀어넣는다. 처음에는 봉이 승리한다. 하지만 단번에 봉의 돈을 거둬들이고 만다. 그래서 봉은 순식간에 피해자가 되는 것이다.

간사이 지방에서도 방법은 마찬가지지만 명칭은 갸쿠히키→센세이→하나가타→가게보우시라고 한다. 센세이는 츄페에, 하나가타는 진다이, 가게보우시는 센세이에 해당된다.

또한 '오오비키大引'라고 하는 막장에서 오야봉이 할 때는 '오오지카大鹿(고라니)' 라고 한다.

사기도박의 방법은 다양하고 아무리 도박계가 진보 발달했다 해도, 지금까지의 설명으로 절대 도박에 손대지 말아야 한다는 사실을 알았을 것이다. 결코 나쁜 말이 아니니까 나이든 사람의 말은 들을 필요가 있는 법이다.

도박죄의 구성

이제 형법의 도박 설명으로 들어가보자. 도박이란 우연偶然의 사정事情에 의거하여 재물의 득실을 다투는 일이다.

우연의 사정이란 무엇인가? 도박을 하는 사람들끼리 승부의 결과를 확실히 예견할 수 없는, 혹은 자유롭게 지배할 수 없는 일이다. 미래의 일이든 과거의 일이든 상관없다. 예컨대 당사자들이 겨룰 때 쌍방이 모르고 있으면 된다. 내일 구라마에藏前[403]에서 겨루는 스모의 승부는 우연의 사정이다. 맞은편에서 질주해오는 자동차의 번호판 끝자리가 홀수인가 짝수인가에 내기 거는 것도 마찬가지다. 어느 쪽이 승리할까 확실히 알 수 없기 때문이다.

내기바둑도 도박

내기바둑이 도박인가 아닌가의 문제는 바둑의 승패가 우연인가 필연인가라는 일에 걸려 있다. 만약 바둑의 승패가 우연이라면 도박이라는 사실에는 문제가 없다. 경우를 나누어 생각해보자.

홍인보本因坊[404]에서 시골의 초보자가 바둑을 두면 패배는 정해져 있다. 따라서

---

403) 도쿄도 다이토(台東)구
404) 바둑의 일파. 쇼와 14년 이후 바둑의 전문기사가 선수권 우승자에게 내리는 칭호. 아츠

이때는 도박이 아니다. 승패가 필연이기 때문이다. 하지만 보통의 바둑은 항상 승패가 정해져 있지 않다. 승자와 패자가 본인일지 상대방일지 확실히 모르는 것이 보통이다. 이때는 도박이다.

대심원은 다음과 같이 판결한다. 여하튼 지식이 있는 분들의 문장이므로 좀 어려워도 읽어주었으면 한다.

"바둑을 즐기는 자는 그 분야에서 일정한 법칙을 이해하고 납득한 뒤에 포석布石하고, 그 외에 특별한 사색思索과 연마練磨를 요한다. 또한 임기응변에 응하는 재능발휘를 요하기 때문에 모든 승패의 일은 우연에 위임하고 선택을 달리하여 논리에 준한다. 우리의 동작사고력은 항상 동일상황, 그 외에 세상의 유형무형의 세력에 영향을 받으면 평정을 유지하는 능력이 없어지므로 바둑을 둘 때 그 능력을 발휘하지 못하고 허무하게 1패를 한탄하는 일은 면할 수 없다.(중략) 승부를 스스로 예측해야 하는 탓에 바둑을 두는 모든 사람은 재물을 걸고 승패를 겨룬다. 따라서 우연의 승부에 관한 도박으로 형법의 재판을 면할 수 없다."

이런 형태다. 그 외에 장기, 가위바위보, 투계鬪鷄, 화투, 야구, 골프 등은 사전에 승패를 알 수 없기 때문에 거기에 금품을 거는 것은 도박죄에 해당한다.

물론 재물을 걸기 때문에 도박이다. 재물의 뜻은 절도죄 부분에서 설명했으며, 재물인 이상 물건이어야 한다. 그래서 패배하면 노동력을 제공한다는 경우에는 도박이 아니다. 영화에는 여자가 내기 돈이 없어서 요염한 미소로 자신의 풍만한 몸에 시선을 주는 장면이 가끔 등장한다. 이처럼 "패배하면 일주일간 첩이 되겠다"는 약속도 재물이 아니기 때문에 도박이 아니다.

마작도 도박일까?

커다란 상자를 구석구석 파헤치듯 뭐든지 처벌하는 건 좋지 않다. 그래서 형법은 "일시적 오락을 제공하는 일에 거는 경우에는 그 범위에 해당되지 않는다"고 예외를

지모모야마(安土桃山) 시대의 홍인보 산사(本因坊算砂)를 시조로 21대 슈사이(秀哉)까지 계승되었다.

마련해두었다.

그렇다면 일시적 오락을 제공하는 일은 무엇일까? 이것은 범죄인지 아닌지의 경계선이기 때문에 무척 중요하다.

그런데 이 규정은 참으로 수상한 녀석이다. 예를 들면 회사의 동료나 학생들, 혹은 이웃끼리, 또는 부모형제가 마작을 하는 경우, 대개는 돈을 걸고 한다.

"난 돈을 거는 건 싫어."

이렇게 말하면 설마 공주님 마작도 아니고, 친구들이 싫어하는 것은 당연하다.

"혹시 저 녀석, 요즘 여기가 이상해진 거 아냐?"

정수리를 손가락으로 가리킨다. 여하튼 다음부터는 왕따가 된다.

이런 경우 설령 돈이 걸려 있다고 해도 그 돈을 낚아채는 것이 목적이 아니다. 모처럼 즐기기 위해 마작을 하기 때문에 일시적인 오락이다. 분명 경찰관도 검사도 마작을 할 때는 얼마 정도의 돈은 걸고 할 것이다.

하지만 판례는 여느 때와 마찬가지로 엄격하다.

"금전은 일시적 오락을 제공하는 것에 해당하지 않는다."

따라서 적은 금액을 걸었다 해도 돈을 걸면 도박죄가 성립한다.

"그렇다면 관대하게 묵인하는 일에는 도대체 뭐가 있죠?"

이렇게 물을지도 모르겠다. 고작해야 마작에서 패한 녀석이 장소대금을 지불한다거나, 바둑이나 장기에서 패한 사람이 커피나 튀김덮밥으로 한턱내거나, 담배를 사는 정도로 생각해두는 게 무난할 것이다.

그 담배도 양이 많으면 안 된다. 일장―莊[405])에 10개들이 한 갑이나 3갑을 걸면 도박죄 처벌은 받지 않는다.

하지만 공인 도박이라도 폐해가 일어날 위험성은 마찬가지다. 그런데도 국가나 지방공공단체가 복권이나 마권馬券, 차권車券 따위로 수익을 올리는 것은 납득하기 어렵다. 하물며 도박을 장려하는 듯한 TV 프로그램에 모토지메元締[406]) 같은 녀석이 스

---

405) 마작의 정식 한 게임
406) 도박의 두목을 부르는 말

폰서가 되어 그 방송에 얼굴을 내밀고는 자신의 이름을 파는 세상이다. 분명 납득할 수 없는 분들이 많을 것이다.

한 가지 주의할 점

마지막으로 주의해두면 좋은 일이 있다. 도박은 현행범이기 때문에 실제로 하고 있는 곳에서 체포하지 않으면 안 된다고 생각하는 분들이 있는 것 같은데, 그것은 큰 오해다. 이 말을 전하기 위해서는 옛날의 근거가 필요하다.

구형법에서는 "재물을 걸고 현재 도박을 하는 자"라고 되어 있다. 따라서 구형법 시대에는 현행범이나 준현행범이 아니면 기소할 수 없었다. 하지만 현행 형법에서는 '현재'라는 문자를 삭제해버렸기 때문에 언제라도 기소할 수 있다.

잔걱정이 많은 필자라서 한마디 해두고 싶었다.

상습도박죄

상습적으로 도박을 하면 형벌도 무겁다. 3년 이하의 징역이다. 상습이라고 말한 이상, 한 번만 한 것은 해당되지 않는다. 그렇다면 몇 번이 상습일까? 몇 번이라고 선을 그을 문제는 아니다. 상당히 반복적이고 습관이 된 정도가 아니면 안 된다. 왜 냐하면 상습인가는 세간에서 결정하기 때문이다.

그렇다고 특별히 도박으로 밥을 먹고사는 녀석일 필요까지는 없다. 도박을 직업으로 하지 않아도 상습이라고 말할 수 있다. 반대로 도박의 전과가 있다고 해서 바로 상습이라고 말할 수는 없다.

도장개장, 도박결합의 죄

이익을 얻을 목적으로 도박장소를 개장開帳하는 것이 도장개장죄賭場開帳罪다. 이익을 얻는 이상 어떤 이익이라도 상관없다. 재물만으로 한정하지 않는다.

하지만 보통의 경우, 도장을 개장한 자는 데라센寺錢, 장대場代, 구치센口錢407), 수수료, 가스리408)라는 명목으로 일정한 보합금을 취한다. 대개 오야봉 또는 가시모토

貸元라는 녀석들이 하고 있다. 따라서 "너희 집 2층에서 마작을 할 테니까 빌려줘. 천 엔 줄게"라는 경우에는 도장개장죄가 아니고 오히려 도박을 보조한 범죄로 보아야 한다.

이때는 3개월 이상, 5년 이하의 징역이다.

이익을 얻을 목적으로 상습도박자 단체를 조직하고 일정의 나와바리繩張를 정하여 스스로 오야봉으로 칭한 뒤, 칸분들에게 도박의 편리를 제공했을 때는 결합죄結合罪다.

오야봉, 칸분 관계로 맺어진 도박상습자를 동류박도同類博徒라고 한다. 오야봉, 칸분 관계가 아니라 단지 도박을 상습적으로 행하는 버릇이 있는 자는 단순 상습범일 뿐 박도博徒는 아니다. 나와바리는 말할 것도 없이 오야봉의 세력범위 내의 토지라는 뜻이다. 즉 오야봉의 실력은 인적으로는 칸분 위에, 토지상으로는 나와바리 구역 내에 미친다는 의미다.

보통 오야봉, 칸분의 관계는 술잔을 나누며 주종관계를 맺는 맹세의식에서 탄생했다. 의식은 지나치게 딱딱하고 고풍스러우며 그 의식이 끝난 뒤, 처음으로 오야봉, 칸분이라고 불렀다고 한다.

칸분은 오야봉의 나와바리 범위 내에서는 언제든지 마음대로 도박을 할 수 있다. 또 오야봉은 칸분에 대해 반드시 그것만은 돌봐주어야 한다. 경찰의 조사나 다른 박도단이 자신의 나와바리를 침범할 때는 그에 상응하는 조치를 해준다. 그 대신 칸분은 도박을 할 때마다 얼마의 돈을 오야봉에게 헌납한다.

박도의 오야봉은 보통 도장에 들어가지 않는다. 경찰의 눈을 속이기 위해 일정의 상행위를 한다. 또한 여러 곳에 첩을 두고 왕래하며 사치스런 생활을 한다. 실로 비생산적인 동물인 것이다.

이에 대한 처벌은 3개월 이상, 5년 이하의 징역형이지만 지나치게 가벼운 경향이 있다.

---

407) 에도시대, 도매점이 화물주와 매주(買主)로부터 징수한 중개수수료, 운송료, 보관료
408) 남에게 줄 돈의 일부

도미쿠지의 죄

도미쿠지富籤409)를 발매하면 처벌받는다. 도미쿠지, 일명 도미후다富札란 복권에 당첨된 사람에게 뜻밖의 행운을 주겠다고 약속을 표시한 표찰이다.

고전의 라쿠고에 <도미히사富久>라는 것이 있다. 술로 몸을 망친 히사쿠라久藏라는 남자는 길에서 만난 지인에게 1분의 돈으로 도미후다富札를 강매당했다. 그 복권을 아마테라스 오오미가미天照大神 여신을 모신 신전에 넣어두었지만 자신이 부재중일 때 화재로 인해 완전히 불타버렸다. 그런데 그 복권이 당첨되어 천량이 된 것이다. 아뿔싸, 핵심인 복권은 화재로 재가 되어버렸던 것, 대실망. 그런데 하늘의 제왕 아마테라스 오오미가미가 불 속에서 가져다주었다는 내용이다. 따라서 그 표찰을 갖고 있으면 추첨권이 있고, 추첨 결과 운이 좋으면 막대한 이익이 굴러들어온다.

이 복권을 발매하면 2년 이하의 징역 또는 3천 엔(임치조치 60만 엔) 이하의 벌금이다. 복권발매를 중개한 자는 1년 이하의 징역 또는 2천 엔(임시조치 40만 엔) 이하의 벌금. 그 외에 복권을 원조한 자는 3백 엔(임시조치 6만 엔) 이하의 벌금 또는 과료다.

7. 종교에 관한 죄

아미타불의 목

신을 제사 지내는 장소나 불당, 묘지 등 예배소에 대해 공연公然하는 불경행위는 범죄다. 예배를 하고 종교적으로 신앙존숭信仰尊崇을 하는 장소이기 때문이다. 그 옛날, 선남선녀의 존숭尊崇을 받았던 웅장한 절도 춘풍추우春風秋雨 수백 년, 이제는 옛 모습은 흔적조차 없고, 야에무구라410)가 무성한 탑마저도 없이 "웅장한 기상도 한여

---

409) 에도시대에 유행했던 일종의 복권
410) 야에무구라(八重律) : 꼭두서니과의 1년 초, 월년초(越年草). 밭이나 덤불 등에서 자라며 높이는 약 80cm. 줄기는 4각주로 가장자리에 짧고 가느다란 가시가 있다. 여름에 담황색 꽃이 피며 갈고랑이 형태의 가시는 옷에 잘 달라붙는다.

름 풀처럼 한때의 꿈이었던가?" 느껴질 정도라면 본죄는 성립하지 않는다.

"불상을 만드는 불공이 아미타불의 목으로 아이를 달래고 있구나!"

이 노래처럼 아직 완성하지 않은 아미타불의 목으로 장난감 대신 아이를 달래도 범죄는 아니다. 더러운 인간의 얼굴을 보지 않겠다는 듯 1년에 한 번, 개장 때 이외에는 모습을 드러내지 않는 어느 절의 본존불에 올라가 임의로 개장하면 물론 예배모독죄冒瀆罪에 해당된다. 하지만 평소 비바람에 방치된 금불상을 "금불은 예배를 하고 두들기는 거야"라며 과일가게에서 수박 두드리듯 금불상의 눈가를 톡톡거려도 범죄라고 할 수는 없다.

또한 자기 집 안에 설치한 신전이나 불상에 대해서도 "우리 집 불상은 쇠 지렛대 맛을 보아야 해"라고 해도 본죄는 성립하지 않는다. 하지만 그 집을 일반에게 공개하여 이미 예배의 대상이 되었다면 아무리 자기 집이라도 본죄는 성립한다.

"가마쿠라의 대불 석가모니는 너무 미남이야. 주변의 울창한 여름 숲에서 불어오는 상쾌한 바람처럼."

이렇게 노래하며 가마쿠라 대불[411]의 남자다운 기상에 반해 바람기를 흘렸다는 요사노 아키코[412]는 특별히 본죄를 범한 것은 아니다.

나리타의 부동명왕不動明王[413]을 끌어내어 손바닥으로 구석구석 어루만지면 본죄

---

411) 가마쿠라의 대표 명소인 고덕원(高德院) 본존에 있는 대불. 가마쿠라 막부 제3대 호조 야스도키의 만년에 건립 시작. ≪오처경≫에 따르면 정광(淨光)이라는 승려가 여러 곳을 걸어다니며 기부금을 모아 1238년 3월부터 대불과 대불전 건립을 시작했다고 한다. 물론 호조 야스도키도 원조했다. 5년 뒤, 1243년 6월 11일에 대불개안을 했지만 야스도키는 전년도에 사망, 당시 건립한 대불은 목조였다. 4년 뒤, 1247년에 대불은 폭풍우로 파괴, 1252년에 금강대불로 재건했지만 1369년 태풍과 1495년 쓰나미로 대불전이 유실되어 대불은 현재의 노좌(露座) 상태로 되었다. 본존의 대불은 아미타여래. 높이 12.38m, 총중량 121톤

412) 요사노 아키코(与謝野晶子) : 1878~1942년. 가인(歌人). 신시사(新詩社)를 대표하는 가인으로, 잡지 ≪명성(明星)≫에서 활약. 메이지 낭만주의 신시대를 열었다. 가집 ≪흐트러진 머리(みだれ髪)≫ ≪소선(小扇)≫ ≪무희(舞姬)≫ ≪연의(戀衣)≫, 현대어역 ≪신역겐지모노가타리(新譯源氏物語)≫ 등이 있다.

413) 부동명왕(不動明王) : 범어명 아차라 나타. 8대 명왕(八大明王)의 하나. 중앙을 지키며 일체의 악마를 굴복시키는 왕으로, 흔들리지 않는 보리심에서 부동명왕이라고 한다. 오른

는 성립하지만 빈두로賓頭盧414)처럼 더러운 인간의 손으로 아침부터 밤까지 어루만지며 상행위에 이용되는 불상은 아무리 만져도 별반 지장은 없다. 따라서 병의 회복을 기원하며 머리를 쓰다듬든, 액취가 있는 사람이 빈두로의 겨드랑이를 간질이든, "빈두로를 구석구석 쓰다듬으며 사랑을 기원" 하며 어디를 만지든 전혀 지장이 없다. 다시 말해 빈두로는 부처님 중에서도 손해 보는 역할을 맡은 불운의 불상인 것이다. 라쿠고에 따르면 빈두로 존자尊者란 "빈貧하면 손해다"는 경제학의 원리를 표시했다고 하는데, 설마!

옛날, 문부대신 모리 아리노리森有礼415)가 이세신궁(伊勢神宮416)을 참배할 때 지팡이 끝으로 발을 올렸다 하여 세간에서 요란하게 떠들며 비난했던 사건이 있었다. 그는 1년 뒤, 메이지 22(1889)년 2월 11일 메이지헌법 선포날에 니시노 분타로라는 남자에게 살해되었다. 당시 독일의 의사이며 문명비평가였던 벨츠는 자신의 일기에 "신도神道가 이처럼 광신자를 낳는다는 것에 경악을 금할 수 없다"고 기록했다.

과연 모리 아리노리의 행위는 예배소모독죄에 해당될 만큼 불경했을까?

형벌은 6개월 이하의 징역 또는 금고, 혹은 50엔(임시조치 만 엔) 이하의 벌금이다.

또한 설교와 예배, 의식을 방해해도 처벌받는다. 1년 이하의 징역, 금고 또는 백 엔 (임시조치 2만 엔) 이하의 벌금이다.

"장례식 맨 뒤에 서 있는 사람은 웃고 있구나!"

손에 칼, 왼손에 오라를 잡고 불꽃을 등진 채 돌로 된 대좌에 앉아 성난 표정을 하고 있다. 제개장 보살의 변화신으로 5대 존명왕의 하나

414) 16나한의 첫째. 석가모니의 부촉을 받들어 열반에 들지 않고, 천축 마리지산(摩利支山)에서 중생을 제도한 아라한. 일본에서는 머리가 희고 눈썹이 긴 이 불상을 어루만지며 병의 회복을 기원한다.

415) 1847~1889년. 정치가. 가고시마(鹿兒島) 태생. 명육사(明六社) 창립. 1차 이토 히로부미(伊藤博文) 내각에서 문부성 장관. 일련학교령(一連學校令)을 공포하여 학제개혁을 했지만 제국헌법선포날인 메이지 22(1889)년 2월 11일 국수주의자의 습격으로 사망했다.

416) 미에(三重)현 이세(伊勢)시의 고우(皇) 대신궁(大神宮)과 도요우케(豊受) 대신궁(大神宮)의 총칭. 내궁은 황실의 조상신인 아마테라스 오오미가미(天照大神)를, 외궁은 농업을 관장하는 도요우케(豊受) 대신을 모셨다. 백목(白木) 건축물로 20년마다 개축. 메이지 이후 국가에서 유지했지만 쇼와 21(1946)년 종교법인이 되었다. 이세대신궁(伊勢大神宮), 이세대묘(伊勢大廟)라고도 한다.

이런 센류도 있는데 도덕상은 어찌됐든 법률상으로는 범죄가 아니다. 축제나 축의祝儀, 결혼식 등에서 장난치거나 방해해도 본죄는 성립하지 않는다. 단지 "공사公私의 의식에 대해 장난 등으로 방해한 자"라는 경범죄법 규정에 따라 구류나 과료의 처벌을 받을 뿐이다.

하지만 옛 법률 ≪어정서백개소≫에서는 "혼례 때 돌을 던져 의식을 어지럽힌 자는 감시자 아래 100일 데쿄手帳, 패거리는 50일 데쿄에 처한다"고 규정하여 엄격하게 처벌했다.

삼도 강을 건너는 나룻삯

묘를 파헤쳐 신불을 훔친 녀석이 있었다. 왜일까? 구워서 만병통치약으로 팔기 위해서다.

이처럼 분묘를 발굴하면 범죄다. 2년 이하의 징역이다.(형법 제189조)

또한 사체, 유골, 유발遺髮, 또는 관속장치물을 파괴, 유기, 취득하면 3년 이하의 징역이다.(형법 제190조)

분묘를 발굴하여 사체, 유골, 유발, 또는 관속장치물을 파괴, 유기, 또는 취득하면 3개월 이상, 5년 이하의 징역으로 형은 더욱 무거워진다.

사체는 인간의 죽은 신체다. 그런데 9개월 만에 유산한 사산아死産兒는 엄격히 말하면 사체에는 포함되지 않지만 인간의 종교적 감정을 보호하는 목적에서 사체라고 여긴다.

≪난학사시蘭學事始≫417)를 읽으면 스기다 겐바쿠杉田玄白418) 등 학생들이 인체해부에 입회한다. 사체는 교토 태생으로 당일 사형에 처해진 50세 정도의 여자다. 네

---

417) 에도 후기의 회상록(回想錄). 전2권. 스기다 겐바쿠(杉田玄白) 작. 1815년에 완성, 메이지 2년에 발간. ≪해체신서(解体新書)≫ 간행을 중심으로 난학(蘭學; 네덜란드어로 서양의 학문과 문화를 연구한 학문) 입문의 고심담(苦心談)과 서양의 융성을 서술했다. 난동사시(蘭東事始) 혹은 화란사시(和蘭事始)라고도 한다.

418) 스기다 겐바쿠(杉田玄白; 1733~1817년) : 에도 후기의 양의. 마에노 료타쿠 등과 ≪다이헬 아나토미아≫를 번역하여 ≪해체신서≫로 발행, 서양의학을 폭넓게 소개했다.

덜란드 해부학 서적이 정확하다고 경탄하던 그들은 마치부교(지방관리)의 권유가 없었다면, 오늘날의 형법에서 말하는 사체손괴損壞에 해당된다.

관속장치물이란 기모노, 반지를 비롯해 사자死者의 애완품, 어린이의 경우, 장남감이나 인형 등, 그 외 삼도의 강三途の川[419]을 건너는 나룻삯인 로쿠몬센六文錢 가사袈裟, 염주에 이르기까지 관 속에 넣어져 있는 모든 것을 말한다.

그런데 이 삼도의 강, 아무리 측량해도 그 길이와 깊이는 알 수 없지만, 기껏해야 늙은이 한 사람이 건너는 정도이기 때문에 그다지 크지는 않은 것 같다. 그런데 물가가 저렴한 옛날이나 물가가 엄청난 현대나 건너는 삯에 변동이 없는 건 왜일까? 게다가 사공은 여자이고 남자들은 놀고만 있는 것 같다.

"삼도 강의 할아범, 빈둥빈둥 놀고만 있네."

즐기고 싶은 남자는 이런 답답한 현재 사바세계에 구애받지 말고 하루라도 빨리 그곳으로 가면 어떨까?

다시 본론으로 들어가서, 시체를 화장하면 규칙대로 대나무 젓가락으로 유골을 줍는다. 그런데 유골이 모두 납골단지 속으로 들어가면 좋겠지만 빠뜨린 경우에는 아무리 사랑하는 연인의 뼈라도 노래가사처럼 가루로 만들어 마시는 사람도 없을 것이니, 대개는 버리고 간다. 그렇다면 본죄의 유죄遺罪에 해당될까? 지당한 생각이겠지만 그것은 풍속에 해로움이 없는 습관적 행위이기 때문에 아무 문제가 없다. 이런 판례가 있다.

어떤 여자가 자신이 분만한 사산아를 몰래 자기 집 뒤뜰에 묻은 사건이 있었다. 그렇다면 사체의 매장일까? 사체의 유기일까? 대심원은 매장이 아니고 사체의 유기로 처벌했다.

의사의 진료를 거치지 않고 죽은 사람, 예를 들면 타살자, 자살자, 또는 타살인지 자살인지 분명하지 않은 사람, 그 외에 범죄나 화재로 죽은 사람, 심장마비로 수면 중에 급사한 사람 등 이들을 모두 '변사자變死者'라고 한다. 변사자는 검사檢死가 필

---

[419] 불어(仏語). 사후 7일째에 건너는 명도의 강. 3개의 여울이 있으며 생전의 업에 따라 선인은 다리를, 경범죄인은 옅은 여울을, 중죄인은 급류가 흐르는 깊은 강을 건넌다.

요하다. 검사를 거치지 않고 매장하면 범죄다. 50엔(임시조치 만 엔) 이하의 벌금 또는 과료다.

또한 의사에게 갈 틈도 없이 덜컥 가버렸기 때문에 가족들은 의심할 여지도 없이 병사라고 생각한다. 하지만 세간은 그렇게 생각하지 않는다. 어쨌든 사인死因이 확실하지 않다. 따라서 검시檢視가 필요하다. 이런 일은 종종 발생하기 때문에 반드시 주의를 기울여야 한다.

8. 위조지폐에 관한 죄

손때 묻은 지폐를 목숨보다 소중히 생각해서 가득 모으는 사람도 있다. 애초에 살아가기 위한 수단, 도구였던 돈이 언제부터 인간의 인생에서 목적으로 바뀌어버린 걸까? 거꾸로 서서 걸어다니면 이상하듯 그런 인생은 분명 어긋난 삶을 살아갈 것이다. 하지만 전혀 깨닫지 못하는 사람도 적지 않다.

하물며 돈을 받고 사람을 살해하는 녀석도 있다. 돈이 원수다. 인생, 돈을 둘러싸고 울고 웃는 일이 끊이지 않는다.

세상은 이런 형편이기 때문에 나돌고 있는 통화가 가짜, 속임수라면 정말 큰일이다. 따라서 진짜라는 안심감, 즉 화폐에 대한 세간의 신용을 국가가 보증할 필요성이 무척 커진다. 형법도 방치해서는 안 된다.

통화위조通貨僞造에 관한 범죄란 통화를 위조, 변조, 행사行使, 교부交付, 수입, 취득하는 각각의 행위를 말한다. 통화를 새로 만들어내는 것이 위조다. 변조는 실물의 통화를 토대로 실물의 특징만 남기고 변경하는 일이다. 행사는 사용하는 일, 교부는 건네는 일, 수입은 외국에서 국내로 들여오는 일, 취득은 가짜라는 사실을 알면서도 자신의 소득으로 옮기는 모든 행위를 가리킨다. 가짜 돈을 실물처럼 유통하는 일이 행사이므로 사용법은 묻지 않는다. 술집여성의 마음을 잡을 생각으로 건네든, 노름 돈으로 사용하든, 자동판매기에 투입하든 모두가 행사다. 돈을 수취했을 때는 위조, 변조라는 사실을 몰랐다 해도 나중에 알았는데도 모른 척하고 사용하거나 타인이 사용하도록 한 경우도 범죄다.

　행사 목적으로 통화의 화폐, 지폐, 또는 은행권을 위조, 변조하면 무기 또는 3년 이상의 징역이다.(형법 제148조) 미수도 처벌받는다. 위조, 변조된 화폐, 지폐, 은행권을 행사하거나 행사 목적으로 타인에게 교부 혹은 수입을 해도 이와 동일하다.

　행사 목적으로 국내에 유통하는 외국의 화폐, 지폐, 은행권을 위조 또는 변조하면 2년 이상의 유기징역이다.(형법 제149조) 위조, 변조된 외국의 화폐, 지폐, 은행권을 행사하거나, 또는 행사 목적으로 타인에게 교부 혹은 수입해도 이와 동일하다. 미수도 처벌받는다.

　행사 목적으로 위조, 변조된 화폐, 지폐 은행권을 취득하면 3년 이하의 징역이다. (형법 제150조) 미수도 처벌받는다.

　화폐, 지폐 또는 은행권을 취득한 뒤, 나중에 위조, 변조라는 사실을 알면서도 행사하거나, 또는 행사 목적으로 타인에게 교부하면 그 돈의 3배 이하의 벌금 또는 과료다.(형법 제152조). 단지 1엔(임시조치 2백 엔 이하)로 내릴 수는 없다.

　화폐, 지폐, 은행권의 위조, 변조의 용도에 제공할 목적으로 기계 또는 원료를 준

비하면 3개월 이상, 5년 이하의 징역이다.(형법 제153조)

예의 ≪어정서백개조≫에서는 "가짜 돈을 만드는 일, 처형하는 일"이라는 제목으로 히키마와시引き廻し뒤, 하리츠케로 처형했다. 3년 이상의 징역과는 지나치게 차이가 많은 것 같다.

9. 문서위조죄

문서란 무엇인가?

흔히 문서라고 한마디로 말하지만 깊이 생각하면 의문이 생긴다. 우선 문서라고 말한 이상 문자나 혹은 문자를 대용하는 것(예를 들면 전신부호, 속기문자의 부호, 맹인의 점자 등)이 아니면 안 된다. 따라서 테이프레코드의 테이프는 문자라고 할 수 없다.

또한 글씨체가 해서楷書든 행서行書든 상관없지만 상형문자는 문서라기보다 오히려 도화圖畫라고 해야 한다. 아직도 지방에 남아 있다는 '회력420)'이나 '맹력めくらこよみ421)', 예를 들면 사발はち, 찬합じゅう, 벌はち, 화살や을 늘어놓고 "하치쥬하치야八十八夜422)"라고 읽거나, 고전의 이야깃거리로 라쿠고가落語家가 무대에서 종종 얘기하듯, 글을 모르는 의사가 ≪본초강목≫을 설명할 때 '염마閻魔'를 그린 뒤 '염라대왕閻魔大王'이라고 읽거나, 산모 옆에서 외면하고 있는 남자를 '산키라이山歸來(さんきらい: 산키라이)⇒산(産:さん)키라이(嫌:きらい)'라고 읽듯, 이것들은 모두 문자가 아니고, 도화圖畫에 포함된다. 따라서 "편지를 쓰고 싶지만 글을 모르니 백지라도 읽어줘" 하는 러브레터는 사랑하는 연인끼리 깊은 연정은 통할지 모르겠지만 문서는 아니다.

문자인 만큼 종이에 쓰거나 인쇄물만 문서인 것은 아니다. 염직, 조각, 주조 등도 문서다. 하지만 문서라고 하기 위해서는 다소 계속적이어야 한다. 이시가와 다쿠보

---

420) 회력(繪曆) : 그림과 부호만으로 월일 등 연중행사 등을 표시한 달력
421) 메쿠라 고요미(盲曆) : 글을 모르는 사람을 위해 그림이나 부호로 표시한 달력
422) 입춘(立春)부터 88일째 밤. 5월 2~3일에 해당된다. 이때부터 농가는 씨뿌리기, 찻잎 따기, 양봉 등 바쁜 시기다.

쿠[423)]가 해변을 어슬렁거리며 "함초롬히 젖은 옥루玉淚를 무정한 모래는 흠뻑 들이마시고 있구나!"라고 손가락으로 수없이 써도 그것은 문자라고 할 수 없다.

"누가 알까 꽃이 우거진 망루에
나는 올라 어지럽고 뜨거운 이 괴로움
그대로 비추리라. 흰 바람벽에
침으로 쓰는 글씨이기에
남모르는 사이 어느새 말라버렸네.
아~ 흰 바람벽에
내 슬픔 있네. 내 눈물 있네."

시마자키 도손[424)]이 누각에 올라 하얀 벽에 침으로 써보았자 모래글자보다 더 빨리 말라버리기 때문에 더욱이 문서에는 해당되지 않는다.

게다가 문서이기 위해서는 특정적인 구체적 사상을 표현하지 않으면 안 된다. 따라서 명암이나 문패는 문서가 아니다. 또한 글자 수에 관한 문제도 아니다. 아무리 짧고 간략해도 의식을 표시하면 문서다. 예를 들면 철도수화물의 발송용 역 명찰이나 백지위임장, 전보발신지電報發信紙, 은행의 지불전표 등은 판례에서도 문서라고 한다.

---

423) 이시가와 다쿠보쿠(石川啄木: 1886~1912년) : 가인(歌人). 시인. 젊은 시절 ≪명성(明星)≫에 시 발표, 구어체 3행 형식의 단가로 일상생활을 읊었다. 평론 ≪시대폐쇄의 현상≫, 가집 ≪한줌의 모래≫ ≪슬픈 완구≫, 소설 ≪구름은 천재다≫ 등이다.
424) 도손(島崎藤村: 1872~1943년) : 시인. 소설가. 기타무라 도고쿠의 ≪문학계≫ 창간에 참가하여 시집 ≪약채집≫ 발표, 낭만주의 시인으로 출발한 뒤, 소설 ≪파계≫로 지위를 확립했다. 자연주의문학의 선구자. 작품으로는 시집 ≪낙매집≫, 소설 ≪봄≫ ≪집≫ ≪신생≫ ≪여명≫ 등이 있다.

(가) 공문서 위조

▶ 조서위조죄

행사의 목적으로 천황이나 일본국의 인장印章, 또는 천황 명을 사용하여 문서를 위조하거나 변조하면 무기 또는 3년 이상의 징역이다.

문서의 위조란 작성권한이 없는 자가 작성권자의 명의를 도용하여 문서를 만드는 일이다. 즉 허위명의로 문서를 작성하는 일이다. 내용이 거짓이든 사실이든 상관없다.

변조는 이미 사실로 작성한 문서에 가공, 즉 증감변경을 하는 일이다. 그런데 이 위조와 변조는 구별하기 무척 어렵기 때문에 여기서는 생략하기로 하자.

▶ 공문서위조죄

공무소 또는 공무원의 인장이나 서명을 사용하여 문서나 도화를 위조하거나 변조하면 1년 이상, 10년 이하의 징역이다. 예를 들면 시쵸市町촌장이 작성해야 하는 인감증명서를 누군가가 마음대로 만드는 경우다.

인장이나 서명이 없는 공문서를 위조, 변경하면 3년 이하의 징역 또는 3백 엔(임시조치 6만 엔) 이하의 벌금이다.

▶ 허위공문서작성죄

직무에 관해서 공무원 자신이 작성한 내용이 허위 또는 변조의 공문서, 도화인 경우도 범죄다. 벌은 인장, 서명의 유무구별에 따라 공문서위조죄와 동일하게 취급하며 이런 경우를 학자들은 공무원이 범하는 '공문서무형위조公文書無形僞造'라고 한다. 앞의 경우는 본래 공무원이 작성해야 하는 공문서를 개인이 마음대로 만들었지만, 여기서는 공무원이 작성해야 하는 공문서를 그 공무원이 스스로 작성하기 때문에 외견상으로는 문서의 위조 혹은 변조가 아닌 것처럼 보인다. 하지만 그 기재내용에 거짓을 쓴 경우이기 때문에 무형위조라고 하여 보통의 위조와 구별한다.

따라서 마을의 번영을 꾀하기 위해 촌장이 1필지의 토지를 3필지라고 속이고 해당관사에 신청서를 제출했다면 설령 그 동기가 사리를 꾀하지 않았다 해도 본죄는 성립한다.

또한 촌장이 직무상 공무원인 자신의 서명을 사용하여 허위로 회의소집공고안이나 의사록을 작성해도 마찬가지다.

▶ 공정증서원본 등 부실기재의 죄

지금부터는 자주 발생하는 범죄이기 때문에 조금 상세하게 설명하고자 한다. 우선 실례부터 들어보자.

사실은 토지나 건물에 저당권을 설정할 마음이 전혀 없지만 타인으로부터 압류를 피하기 위해 잘 아는 제3자와 공모하여 이미 저당 잡힌 것처럼 허위저당권설정등기 신청을 하고, 그런 사실을 전혀 모르는 등기관사에 허위의 저당권설정등기를 하게 한 경우.

이런 목적으로 사실은 매매할 생각이 전혀 없는데 정말 매매를 한 것처럼 허위로 작성한 소유권이전 등기신청서를 제출하여 부동산등기부에 부실기재를 하게 한 경우.

또 부부 사이에는 이혼할 의사가 전혀 없지만 단지 외형상 이혼한 것처럼 이혼신고서를 제출하여 호적부에 허위기재를 하게 한 경우.

자신을 걷어찬 여자에게 보복하기 위해 싸구려 도장을 만들어 제멋대로 혼인신고서를 작성하여 혼인을 해버린 경우.

이와 같은 일은 신문이나 잡지에 종종 실리는 기사다. 하지만 이런 실례는 공무원에게 허위신청을 하여 공무원이 해야 하는 권리, 의무에 관한 공(公)의 증서원본, 앞의 예로 말하면 등기부나 호적부에 부실기재를 하게 한 행위로 5년 이하의 징역 또는 천 엔(임시조치 20만 엔) 이하의 벌금이다.

인생을 상담하는 라디오나 TV 프로그램에는 생각대로 이혼이 진전되지 않는다고 제멋대로 싸구려 도장을 파서 이혼신고서를 제출하거나 또는 그런 일을 당한 사람들이 가끔 출연하는데, 이처럼 제멋대로 이혼신고서를 제출하려고 한다면 이 범죄가 성립한다는 사실을 깊이 새겨두어야 할 것이다.

공무원에게 허위신청을 하여 면허, 감찰, 여권에 부실기재를 하게 하면 1년 이하의 징역 또는 3백 엔(임시조치 6만 엔) 이하의 벌금이다.

위에서 말한 위조나 변조의 문서, 도화를 행사한 자의 형벌은 그 문서나 도화를 위조 또는 변조하거나, 허위문서 허위도화를 작성하여 부실기재를 하게 한 자와 형벌이 같다.

(나) 사문서위조

▶ 러브레터 위조도 문서위조인가?

형법 제159조에는 행사의 목적으로 타인의 인장, 서명을 사용하여 권리의무 또는 사실증명에 관한 문서, 도화를 위조한 자는 3년 이상, 5년 이하의 징역에 처한다고 되어 있다. 이 조문도 약간 까다로운데, 이미 만들어져 있는 타인의 인장과 서명을 유용하여 문서를 위조한 경우다.

백지위임장을 건네며 "집을 담보로 돈 좀 빌려봐"라는 의뢰를 받고 그 백지위임장에 부탁받은 권한 이외의 가옥매매 위임사항을 무단으로 기록하여 행사하는 경우가 있다. 흔히 있는 일이다.

혹은 타인의 이름을 마음대로 사용하여 물품주문서를 작성한 뒤, 발주하는 경우도 있다. 이것도 드물지 않은 일이다.

첫 번째 예는 이미 만들어져 있는 타인의 인장과 서명을 유용하여 문서를 위조한 경우이고, 뒤의 예는 타인의 인장과 서명을 제멋대로 사용하여 문서를 위조한 경우다.

하지만 어느 쪽이든 형법은 모두 위조로 취급한다. 그렇게 작성한 문서가 사문서이고, 더구나 그 문서가 권리의무에 관한 문서나 사실증명에 관한 문서라면 범죄다.

권리의무에 관한 문서란 권리와 의무의 발생존속存續, 변경, 이전, 소멸에 관한 문서다. 어떤 것이 있을까? 판례를 들어보자.

물품주문서는 권리의무에 관한 증서다.

백지위임장 또한 그러하다.

안내장 및 소개장으로 돈을 취득할 수 있는 권리가 발생한다면 이 또한 권리의무에 관한 증서다.

회사의 감사보고서, 주주총회 의사록, 재판소에 제출하는 소장, 연금수령자의 거주지신고서, 혼인 및 양자결연 신고서, 부동산매도증서, 금전차용증서 등도 그렇다.

다음으로, 사실증명에 관한 문서란 어떤 사실의 존재, 부존재 등을 증명하는 문서로, 법률상 가치가 있는 문서다. 예를 들어보자.

전입신고서는 거주이전의 사실을 증명하는 문서이고, 신문사에 대한 광고의뢰서는 그 광고를 신청한 사실을 증명하기 때문에 사실증명의 문서이다. 러브레터는 "난 너를 사랑한다"는 사실을 기재하고, 그 사실을 증명하기 때문에 이 또한 사실증명에 관한 문서다.

▶ 진단서, 검안서 등의 위조

인장 서명이 있는 사문서를 변조해도 범죄다. 이미 만들어진 금전차용증서의 변제기 일을 채권자가 빠른 날짜로 고치는 경우다. 처벌은 사문서위조와 동일하다.

타인의 인장이나 서명이 없는 사문서의 위조, 변조도 범죄다. 1년 이하의 징역 또는 백 엔(임시조치 2만 엔) 이하의 벌금이다.

의사가 공무소에 제출해야 하는 진단서 또는 사망증서에 위조기재를 하면 3년 이하의 금고 또는 5백 엔(임시조치 10만 엔) 이하의 벌금이다.

검안서란 사체검안서, 즉 자신이 진단한 적이 없는 사체를 실험하여 사망종류, 사인, 사망시기, 사망장소 등을 기재한 문서다. 사망증서는 보통 사망진단서라고 하며 자신이 진단한 적이 있는 사람의 사체에 대해 사망종류, 사인, 사망시기, 사망장소 등을 기재하여 증명한 문서다.

의사에는 치과의사도 포함한다. 하지만 수의사는 포함하지 않는다는 것이 타당하다.

위조, 변조의 사문서 또는 도서를 행사하면 위조, 변조와 같은 형을 받는다.

10. 유가증권위조죄

유가증권이란 무엇인가?

유가증권이란 그 증권을 떼어놓으면 권리를 행사할 수 없는 증권을 말한다. 같은 차금借金이라도 어음을 쓴 경우와 차용증서를 쓴 경우를 생각해보자.

차용증서인 경우에는 돈을 재촉할 때 차용증서를 들이대며 "빨리 지불해"라고 말하지 않아도 되지만, 어음인 경우에는 어음을 보이며 청구를 하고, 돈을 지불받을 때는 어음과 교환하지 않으면 안 된다. 이처럼 권리를 행사할 때 반드시 지참해야 하는 증서를 유가증권有價證券이라고 한다.

그렇다면 실제로 무엇이 유가증권인가? 주권, 어음, 수표, 화물인환증, 예금증서, 선하증권, 철도승차권, 정기권, 상품권 등이다.

판례를 보자.

철도영업법 규정에 의한 승차권은 그 증권에 표시된 재산상의 권리행사에 따라 해당증권의 점유를 필요로 한다면 소위 본조가 말하는 유가증권에서 벗어나지 않는다. 전차승차권도 형법에서 말하는 이른바 유가증권이다.

따라서 통용기간이 경과하여 이미 효력을 상실한 철도승차권에 증감변경을 가미하여 새롭게 효력이 발생한 것처럼 위장했을 때는 유가증권위조에 해당된다. 즉 승차권의 날짜를 마음대로 변경하면 유가증권위조인 것이다.

같은 마을이나 같은 구역 내에 동성동명이 수십 명 있는 경우, 특히 누구라고 정하지 않고 그 이름을 도용하여 어음을 위조하거나 사기의 수단으로써 사용했을 때도 역시 문서위조죄가 성립한다.

또한 판례는 예전과 다르게 복권과 차권, 승마투표권도 유가증권 범위에 포함해 형법상의 유가증권 범위를 확대해가는 양상을 보인다.

행사의 목적으로 공채증서나 관부官府의 증권, 회사의 주권株券, 그 외의 유가증권을 위조 또는 변조하면 2개월 이상, 10년 이하의 징역이다.

행사의 목적으로 유가증권에 허위기입을 해도 처벌은 이와 동일하다.

11. 인장·서명에 관한 위조죄

걸핏하면 서류에 도장을 찍는 일본은 분명 세계 제일의 도장왕국일 것이다. 직업의 종류에 따라 수많은 사람들이 하루에도 수십 번씩 도장을 찍고 있다. 주부도 백화점에서 배달된 연말연시 선물이나 마을회비 징수 등에 시종 도장을 사용한다. 출생신고서, 사망신고서, 결혼신고서, 이혼신고서 등 태어나도 죽어도 곧장 도장이다.

유럽이나 아메리카에서는 사인, 즉 공문서 이외에는 인장을 거의 사용하지 않는다. 하지만 일본에서는 아직도 꿋꿋하게 인장은 특정인의 상징으로써 동일성을 증명하는 목적으로 왕성하게 사용된다. 형법도 이런 현상을 무시할 수 없어서 서명뿐만 아니라 인장도 똑같이 보호한다.

위조, 변조의 유가증권 또는 허위의 기입을 한 유가증권을 행사하거나 행사의 목적으로 타인에게 교부 혹은 수입하면 3개월 이상, 10년 이하의 징역이다. 미수도 처벌받는다.

교메이 교지

인장에는 인과印顆와 인영印影이 있다. 인과란 세간에서 흔히 말하는 도장이다. 실인이든, 인인認印[425]이든 구별은 없다. 인영이란 인과를 날인하여 생긴 흔적이다. 반드시 인과를 찍어서 생긴 흔적이 아니라도 날인한 흔적을 묘사하거나 인쇄해도 인영이다.

서명이란 자신의 이름을 스스로 쓰는 일이다. 하지만 판례는 '기명記名'도 서명으로 본다. 기명은 자신의 성명을 날인하는 일이다.

기호記號에는 여러 가지 설이 있지만 상품, 서적, 집기 등에 실제로 나타나는 경우를 기호로 본다.

교지御璽는 천황의 도장이다. 예전에는 동銅으로 제조되었으며 크기는 곱자로 3치

---

425) 중요하지 않은 일에 쓰는 소형 막도장. 흔히 성이나 이름만 새긴다.

7분, 4각형이었다고 하는데, 메이지 7(1875)년에 새로 만든 교지는 금재金材로 3치였다고 한다. 문자는 '천황교지天皇御璽'라고 쓰여 있으며 필자가 어릴 적 암송했던 교육칙어의 끝에는 "교메이御名[426] 교지'가 있었다. 즉 "칙어의 원본에는 천황의 이름과 교지가 찍혀 있다"는 의미다.

행사의 목적으로 천황이나 일본국의 인장 또는 천황의 서명을 위조 혹은 부정으로 사용하거나, 위조한 인장 또는 서명을 사용하면 2년 이상의 유기징역이다.

행사의 목적으로 공무소나 공무원의 인장 또는 서명을 위조 혹은 부정으로 사용하거나, 위조한 인장 또는 서명을 부정으로 사용했을 때는 3개월 이상, 5년 이하의 징역이다.

행사의 목적으로 공무소의 기호를 위조 혹은 부정으로 사용하거나, 위조기호를 부정으로 사용했을 때는 3년 이하의 징역이다.

서화의 낙관과 사인의 위조

행사의 목적으로 타인의 인장 혹은 서명을 위조 또는 부정으로 사용하거나, 위조한 인장 혹은 서명을 부정으로 사용했을 때는 3년 이하의 징역이다.

적어도 사용할 생각으로 타인의 도장 또는 서명을 위조했을 때는 도장을 찍거나 서명한 문서가 권리의무와 관계가 있든 없든 또는 사실증명과 관계가 있든 없든 전혀 상관이 없다. 모두 처벌받는다. 따라서 벽에 걸려 있는 족자나 회화의 낙관 또는 서명을 위조해도 처벌받는다.

서화의 낙관은 작가의 성명이든 아호든 묻지 않으며, 서명 또한 의심할 필요 없이 동일하다. 따라서 판례는 행사의 목적으로 이것들을 위조하면 인장서명위조죄印章署名僞造罪에 해당된다고 한다.

또 전보발신지의 끝부분에 기재하는 발신인의 성명은 수신자에게 전송하는 통신문의 일부가 아니며 단지 전신관서에서 제공하는 사무취급용에 지나지 않지만 그것을 위조하면 서명위조죄에 해당된다는 판례도 있다. 따라서 단 한 통의 전보를 보내

---

426) 천황의 이름

도 주의가 필요하다.

인장과 문서를 위조한 경우에는 문서위조죄로 처벌받는다.

인감印鑑위조도 오늘날의 법률에서는 3년 이하의 징역이지만 옛날에는 3년이나 5년으로 끝나지 않았다. 사람의 목이 날아갔다. 에도시대에는 '모인謀印'이라고 불렀으며 형벌은 세월이 흐르면서 점점 무거워졌다. 에도초기에는 모인을 수단으로 돈을 빌려서 사츠마에 유배되었다는 기록도 있으며, 덴나天和 3(1684)년에는 시자이死罪, 겐로쿠시대에는 고쿠몬獄門으로 진행되었다고 한다.

12. 방화의 드라마

온몸을 불사른 사랑의 불꽃 오시치

"야채가게 오시치는 처형될 처지"라는 방화죄의 본보기 같은 오시치お七에게는 극형이 기다리고 있었다. ≪어정서백개조≫의 제70조에는 다음과 같이 되어 있다.

▶ 방화의 처벌

- 방화한 자, 가자이火罪
- 타인에게 부탁받고 방화한 자, 시자이死罪
- 단지 부탁한 자, 가자이
- 물건을 훔칠 목적으로 방화한 자, 히키마와시引き廻し. 장소는 니혼바시, 료고쿠바시, 요츠야 성문 밖, 아카사카 성문 밖, 쇼헤이 다리 밖에서 히키마와시. 사람이 적든 많든 죄상을 기록한 스테후다捨て札을 세운다. 또한 방화한 장소와 주거지에서도 히키마와시 뒤 가자이.
- 물건을 훔칠 목적이 아닌 방화는 스테후다, 또한 방화한 장소와 주거지에서 히키마와시 뒤 가자이. 단지 스테후다는 30일 동안 세워둔다.

이하는 생략.

한창 무르익은 새빨간 작약 같은 16세의 오시치는 마지막 조항에 해당되어 히키마와시 뒤 가자이에 처해졌다. 화려한 진홍색 바둑무늬 기모노 차림의 아름다운 오시치가 검정저고리 깃에 얼굴을 깊숙이 묻은 채 흐트러진 머리카락을 바람에 나부키며 에도의 야요야에서 조리돌림 당하는 모습은 가련하기 그지없다.

만약 오시치가 20세기 후반의 현대에 살았다면 어떻게 될까? 그럼 옛날 야채가게 오시치의 현대판으로 일세를 풍미한 사랑의 방화범, 여승 슌카이 이야기로 펜을 옮겨보자.

아름다운 젊은 여승의 사랑

관동대지진關東大地震427)이 발생한 다음 해인 9월의 일이었다. 교토 선종의 아름다운 여승 하세가와 슌카이長谷川舜海는 대통원大統院의 승당을 불태웠다. 사랑을 위해서였다.

슌카이는 소녀시절 교토의 교바시에서 성장했다. 그녀의 천부적인 재능과 깔끔한 용모는 어린 갈래머리 초등학생 시절부터 일찍이 인근 마을까지 소문이 퍼져 길 가던 행인들마저도 뒤돌아볼 정도였다. 어엿한 숙녀가 되었을 때, 그녀가 좋아하는 모모와레428)에 그 옛날 오시치처럼 화려한 진홍색 바둑무늬 기모노를 입은 농염한 자태는 젊은 총각들을 유혹할 만큼 아름다웠다. 꽃망울이 터질 것 같은 방년 18세의 봄, 그녀도 원하는 대로 결혼을 했다. 하지만 그 아름다움은 행복의 보증수표가 아니었다. 남편이라는 사람은 얼굴만은 나무랄 데 없는 미남이었지만 무위도식, 우유부단, 해삼처럼 자극을 주지 않으면 한여름의 개처럼 항상 늘어져 있었다. 그래서 활발한 그녀의 성격과 부딪치지 않을 수 없었다. 결국 3년 뒤, 그녀는 이혼신청을 했다.

인생에 대한 의혹으로 번민하던 그녀는 나아갈 길을 찾기 위해 가마쿠라의 원각사에서 참선을 시작했다. 그런데 참선 중 그녀의 심장은 격렬하게 고동치기 시작했다. 사랑을 느낀 것이다. 상대는 검정가사를 걸친 수려한 용모의 젊은 승려. 연모의 정염은 아직 머리를 깎지 않은 젊은 여승의 몸을 끊임없이 불태웠다. 뜨거운 사랑의 열정 때문에 스승에게 여러 번 훈계와 편달의 회초리를 받기도 했다. 그녀는 번민으로부터 벗어나기 위해 때로는 금식을 하고, 때로는 필사적으로 독경에 매달렸으며,

---

427) 다이쇼 12(1923)년 9월 1일 오전 11시 58분, 사가미만을 진원지로 하여 관동 일대에 발생한 대재해로 7.9의 진도. 가옥파괴 13만 호. 전소 45만 호. 사망, 행방불명자 약 14만 명. 지진의 혼란 중에 가메이도사건(龜戶事件)과 아마카스사건(甘粕事件)이 발생하여 수많은 조선인이 관헌과 자경단(自警団)에게 학살되었다.

428) 16~17세 소녀의 머리모양, 머리카락을 좌우로 고리처럼 갈라붙인 뒤, 끝을 묶어서 살짝 부풀린 헤어스타일

향을 피우고 오로지 좌선에만 전념했다. 하지만 사랑의 불길은 맹렬히 타오를 뿐 잡힐 줄을 몰랐다. 마침내 그녀는 교토의 건인사建仁寺[429]로 들어갔다.

"아리따운 스무 살 검은 머리 아가씨 / 무르익은 봄날 같구나!"

어느 시인의 노래처럼 기다란 검은 머리를 나부끼며 이름도 슌카이니舜海尼으 바꾸었다.

그런데 오랜만에 거울에 비친 자신의 모습을 본 순간,

"어머니가 빗겨주던 내 검은 머리, 이제는 우바다마烏羽玉[430] 같아서 가다듬을 수도 없구나!"

한숨이 새나왔다. 하지만 백옥 같은 피부에 검은 가사를 두른 젊고 아름다운 여승은 남의 얘기를 좋아하는 교토 패거리들의 입방아에 오르내리지 않을 수 없었다.

무엇이 그녀를 그렇게 만들었을까?

그녀는 구도자 슌카이니로서 참선을 게을리하지 않고 수행에 전념했다. 하지만 그녀의 마음은 커다랗게 구멍이 뚫려 있었다. 그 구멍은 무엇을 넣어도 결코 채울 수 없는 컴컴한 동굴이었고, 마음속 저편에서는 쓸쓸한 바람만 불어왔다.

때마침 그곳에는 수행의 길을 걷는 청년 행각승이 있었다. 그는 굳은 마음으로 독경에 매진하고 있었다. 그런데 "몸속에 흐르는 뜨거운 정열을 만져보지도 않고, 언제나 인간의 도리만 말하는 당신은 쓸쓸하지도 않은가요?"라고 묻는다면?

사실 그의 마음도 쓸쓸했다. 두 사람은 서로 위로하고 위로받는 동안 어느새 사랑이 싹트기 시작했다. 아무래도 그녀는 모든 악업을 짊어지고 업보를 창조하는 여자인 것 같았다.

두 사람의 소문은 한여름의 소나기구름처럼 관능이 폐쇄된 금욕의 승당으로 순식간에 퍼져나갔다. 색즉시공, 공즉시색은 그저 간판일 뿐, 사람의 마음속에는 좀처럼 뿌리를 내리지 못하는 법인가 보다. 결국 아름다운 남녀의 연애에 질투, 모략, 중상,

---

429) 임제종(臨濟宗)파의 대본산
430) 선인장의 일종

반목, 모멸이 봇물처럼 쏟아졌다.

그 때문에 청년 행각승은 지독한 폭행을 당하지 않을 수 없었다. 활발한 성격의 슌카이니는 그를 열심히 변호했지만 질투에 눈먼 행각승들을 어찌할 수 없었다. 마침내 그녀는 평소 승당의 부패, 도락, 배덕, 문란의 추태를 느끼던 차에 사랑하는 연인을 위해 복수를 결심했다. 대통원에 불을 지르고 자신은 비파호에 몸을 던져 자살하려 했던 것이다. 사랑은 그녀를 장님으로 만들었다.

"내가 감싸지 않고 밟아 뭉개는 사람들이여! 살아 있는 수많은 날들을……"이라는 쓸쓸한 노래를 남기고 다이쇼 13(1925)년 9월 20일 이른 아침, 그녀는 대통원에 석유를 뿌리고 불을 붙였다. 과연 불당도 탑도 가람도 순식간에 전소해버렸다.

살아 있는 시체

"방화는 악이라고 생각하지 않았는가?"

재판장의 질문에 그녀는 대답했다.

"선인지 악인지 판단할 수가 없었습니다. 그때는 그렇게 할 수밖에 없었어요."

"많은 신도들이 사용하는 가람을 불태웠는데 나쁘다고 생각하지 않았단 말인가?"

"신성한 가람도 그 안이 썩어 있으면 어쩔 수가 없어요. 태울 만하니까 불을 붙였겠죠. 소중한 가람도 악용되면 더 이상은 아무것도 아닙니다."

그녀는 당당하게 답변했다.

"약 13만 권의 서적과 함께 대통원 없애버린 걸 진심으로 잘못했다고 생각하지 않는가?"

재판장이 거듭 질문했다.

"잘하고 잘못한 문제가 아닙니다. 어쩔 수 없었다는 말밖에 할 수가 없어요."

"그것 말고는 다른 방법이 없었는가?"

"2~3일 동안 아무것도 먹지 않고 생각했어요. 하지만 다른 방법은 없었습니다. 수양이 부족하기 때문에 더 이상의 여유는 없었던 거죠."

"승당 사람들이 불쌍하다는 생각은 하지 않았는가?"

"그 사람들에게 괴롭힘을 당했고, 나도 똑같이 했을 뿐입니다. 따라서 방화의 처벌도 기꺼이 받겠습니다. 물론 사회도덕상 비난도 수없이 받겠지만 나로서는 그것이 최선이었습니다. 또한 내 자신을 믿음으로써 용서받았습니다."

"참회는 하지 않는가?"

"그것까지는 생각하지 않습니다."

"그럼 악업이라고 생각하는가?"

"처벌받는 것으로 보답받을 거라고 생각합니다."

그녀는 단호하고 시원시원하게 처벌받겠다고 말했다. 그녀가 한 일은 정말 바보 같은 짓이었지만, 그녀의 태도는 마치 스타카토를 연주하는 피아노처럼 분명하고 또렷했다. 정말 속이 후련하고 고소할 정도다.

그런데 만약 그녀가 공무원이었다면 어떻게 답변했을까? 명백한 사실이라도 이렇게 말했을 것이다.

"기억이 없습니다."

옛날이야기지만 일당사건431)에는 요코이 도키오도 연루되었다. 그는 메이지유신 때 유명한 요코이 쇼난432)의 아들이다. 쇼난으로 말하면 에치젠의 번주藩主 마츠다이라 요시나가의 두뇌역할로 번정개혁433)을 단행했으며 도쿠가와 장군에게 공화제

---

431) 일당사건 : 일본제당오직사건(日本製糖汚職事件). 일명 일당사건(日糖事件). 청일전쟁 이후 일본정부는 대만을 통치하기 위해 제당과 장뇌를 주요 산업으로 1902년 '수입원료설탕장려세'를 제정, 5년간 자국기업의 위치를 보호해왔다. 그 유효기간을 1911년까지 연장하는 개정 법안이 양원을 통과했다. 그런데 그 법률을 위해 일본제당회사 이사들이 공모하여 중의원 20명을 수회(收賄)했던 것이다. 그 후 일본제당에서는 내부대립이 발생, 1908년 4월 11일 아키야마 이치유(秋山一裕)가 검사관을 방문, 장부조작과 중의원 매수, 자금출처의 은닉을 자백하면서 사건은 세상에 알려졌다. 조사결과 수회한 의원은 정우회, 진보당, 대동구락부로 약 20명에 이르렀다. 도쿄지방재판소 형사2부는 7월 3일, 피고들에게 중금고 10개월에서 3개월, 수회금 추징을 선고했다. 한편 일본제당 이사들은 독직법, 문서위조행사, 위탁금비소위반을 물어 1909년 12월 6일, 이소무라는 중금고 4년, 아키야마 중금고 3년 6개월의 실형, 그 외의 이사 5명은 중금고 2년 6개월에 집행유예 판결을 받았다.
432) 요코이 쇼난(橫井小楠; 1809~1869년) : 에도시대의 사상가. 정치가. 구마모토 번사(藩士) 메이지 이후 암살되었다. 저서 ≪국시삼론(國是三論)≫ 등이 있다.
433) 번정개혁(藩政改革) : 에도시대, 모든 번의 정치 및 재정개혁. 중후기의 식산흥업(殖産興業)과 전매제, 막부 말기의 군정개혁 및 메이지 초기의 직제개혁 등이 특징이다.

의 정치방향을 제시한 유학자이기도 하다. 또한 사카모토 료우마와 사이고 다카모리, 가츠 가이슈434)의 스승이기도 하다.

그런데 그 아들은 법정에서 "아버지 쇼난의 명예를 더럽혔다"며 눈물을 흘렸다고 한다. 그렇다면 참으로 이상한 얘기다. 벌을 받았기 때문에 아버지의 명예를 더럽힌 걸까? 수회收賄한 시점에서 이미 더럽힌 것은 아니었을까? 수회를 할 때는 웃는 얼굴이었다. 그렇다면 법정에서도 웃는 얼굴로 말해야 한다. 그래야 아버지 쇼난도 기뻐하지 않을까?

법이 많을수록 범죄는 점점 증가한다

방화죄는 외설죄와 함께 형법상 가장 많은 조문을 갖고 있다. 애초에 형법전의 조문은 그다지 많지 않았다. 장물에 관한 죄나 무고죄처럼 두 개의 조문에 불과했다. 비록 "법이 많을수록 범죄는 점점 증가한다"고 옛 사람들은 말했지만, 법률과 감옥은 은행예금과 달라서 가능한 한 적을수록 좋다.

그런데 밉살스런 아이들이 장생하듯 모두 쓸데없이 모양새만 좋게 전후 11조에 걸쳐 방대한 조문을 갖추었다. 기다란 조문이 명예도 자랑도 아님은, 금붕어의 대변이 아무리 길어도 결코 약도 돈벌이도 되지 않는 것과 마찬가지다.

사실 길기만 할 뿐 아주 간단하다. 덩치만 클 뿐 전혀 쓸모가 없는 것이다. 그럼 2~3개의 문제를 들어보고, 뒤에 조문을 나열해서 설명해보자.

'태우다'라는 것은 어떻게 하는 걸까? 이것은 빵을 굽거나 질투를 불사르는 음식이나 마음에 관한 얘기가 아니다. 가옥 따위를 태워버리는 일이다. 즉 화재를 내는 일이다. 예의 만성지병인 법률적 용어를 드러내면 "불을 던져서 건조물을 소훼燒毁한다"는 말이다.

그렇다면 소훼, 즉 어느 정도면 타는 걸까? 두 개의 설이 있다. 하나는 가옥, 그

---

434) 가츠 가이슈(勝海舟; 1823~1899년) : 막부 말기, 메이지 초기의 정치가. 난학, 병학(兵學) 수학, 1860년 막부의 사절과 함께 함림환(咸臨丸)을 지휘하여 도미(渡米). 해군 육성에 전력. 사이고 다카모리와 에도무혈개성(江戶無血開城)을 실현했다.

외의 건물이 화력 때문에 원형의 대부분을 잃어 본래의 용도를 상실했을 때 비로소 탔다고 말할 수 있다.(효용상실설) 다른 하나는 범인이 점화한 불이 그 매개물인 연료를 떠나 목적인 물건으로 옮겨 붙어 독립적으로 연소력을 지속하는 상태에서 탔다고 말할 수 있다.(독립연소설)

예컨대 여기에 탈지면에 휘발유를 묻힌 뒤 불을 붙여 방화한 녀석이 있다고 하자. 효용상실설效用喪失說이라면 그 불이 집 안의 널빤지나 장지문에 옮겨 붙은 뒤, 집의 대부분을 태워 주거로 사용할 수 없는 정도까지 되었을 때, 비로소 "집을 태웠다"고 하여 방화죄의 기수로 생각한다. 하지만 독립연소설獨立燃燒說은 탈지면의 불이 기둥이든 천정이든 옮겨 붙어 탈지면의 휘발유 없이 완전 독립하여 탈 수 있는 상태면 이미 소훼로 본다.

학자들이 어떤 설을 주장하든 재판소는 실제 문제를 어떻게 판단할까?

"방화죄는 공공의 정밀靜謐[435])에 대한 범죄이기 때문에 적어도 방화의 소행이 일정한 목적물에 행해지고, 그 상태가 도화導火재료를 떠나서 독립적으로 연소작용을 할 수 있을 때는 공공의 정밀에 대한 위험은 이미 발생했다. 설령 그 목적물의 효용이 전혀 상실되지 않았다 해도 소위 소훼의 결과를 낳은 방화의 기수 상태에 있다고 하지 않을 수 없다."

즉 판례는 옛날부터 독립연소설을 채용한다.

방화와 실화의 여러 가지

① 사람이 주거로 사용하거나 현존하는 건조물, 기차, 전차, 함선, 혹은 광갱鑛坑을 소훼한 경우에는 사형 또는 무기, 5년 이상의 징역이다.(형법 제108조)

그 목적물이 자신의 소유물이든 타인의 소유물이든, 자신이 빌리고 있는 셋집이든, 방화의 동기가 사랑의 원한이든, 보험금이 목적이든 전혀 상관이 없다.

얼마 전에 마에바시에서 차금을 거절당한 남자가 홧김에 일본도를 휘두른 뒤, 밀집지대에 방화하여 가옥 5채를 태워버렸다. 이 또한 동기가 무엇이든 이 조문에 해

---

435) 조용하고 태평한 세상

당된다.

② 사람이 주거로 사용하지 않거나 현존하지 않는 건조물, 함선, 혹은 광갱을 소훼한 자는 2년 이상의 유기징역이다. 그것이 자신의 소유물인 경우는 한 단계 낮은 6개월 이상, 7년 이하의 징역이다. 공공의 위험이 발생하지 않았다면 처벌받지 않는다.(형법 제109조)

결국 홧김에 자신의 오두막이나 연료창고에 성냥을 그어 태웠다 해도 처벌받지 않는다.

③ 앞의 조항 이외의 물건을 소훼하여 공공의 위험이 발생했을 때는 1년 이상, 10년 이하의 징역이다. 만약 자신의 소유물인 경우는 1년 이하의 징역 또는 백 엔(임시조치 2만 엔) 이하의 벌금이다.(형법 제110조)

제108조, 제109조에 기재된 물건에 방화를 준비하면 2년 이하의 징역이다. 단지 정상에 따라 그 형이 면제될 수 있다.

④ 화약, 보일러, 그 외에 당연히 격발해야 하는 물건을 파열하여 제108조에 기재한 물건, 또는 타인 소유인 제109조에 기재한 물건을 손괴損壞한 자는 방화와 동일하게 취급한다.(형법 제117조)

⑤ 가스, 전기, 열기를 누출 또는 유출시키거나 또는 그것을 차단하여 사람의 신체나 재산에 위험을 준 자는 3년 이하의 징역 또는 백 엔(임시조치 2만 엔) 이하의 벌금이다. 그 결과 사람을 사상에 이르게 한 자는 사상죄死傷罪에 비교하여 무거운 쪽으로 처벌한다.(형법 제118조)

⑥ 실수로 제108조에 개재한 물건, 또는 타인 소유인 109조에 기재한 물건을 소훼한 자는 천 엔(임시조치 20만 엔) 이하의 벌금에 처한다.

실수로 자기 소유인 109조에 기재한 물건을 소훼하여 공공의 위험을 발생시킨 자 또한 이와 동일하다.

또 연소, 중과실 등의 규정도 있지만 지나치게 복잡해지기 때문에 이 정도로 마치고 이제 그만 퇴장하도록 하자.

13. 일수, 수리에 관한 죄

나쓰메 소세키의 ≪도련님≫

≪도련님坊ちゃん≫에는 다음과 같은 내용이 있다. 도련님은 후루가와 소유인 논의 우물을 묻어 책임을 추궁당한 일이 있었다. 우물은 마디가 굵은 맹종의 대나무를 깊게 묻어 용수를 끌어올려서 벼에 물을 주는 장치로 되어 있었다. 당시 도련님은 어떤 용도인지 몰랐기 때문에 돌과 나뭇가지를 우물 속으로 밀어넣어 물이 솟아오르지 않게 한 뒤, 집으로 돌아와 밥을 먹고 있었다. 그때 후루가와가 붉그락 푸르락한 얼굴로 들어왔다. 아무래도 벌금을 빼앗길 것 같았다.

주체할 수 없는 도련님의 장난이었다. 우물사건으로 벌금을 빼앗기면 본인은 자유롭겠지만 과연 오늘날의 형법에서는 어떻게 될까? 애초에 나쓰메 소세키夏目漱石가 ≪도련님≫을 집필했던 시기는 메이지 39(1907)년이었다. 더구나 이 책이 그의 반자서전이었다면, 게이오 3(1867)년에 태어난 그의 도련님 시대에는 과연 수리水利에 관한 법률이 있었을까? 이런 문제를 새삼스럽게 따진다면 재미없어진다. 따라서 현재의 법률로 검토하기 위해서는 일수溢水, 수리水利에 관한 범죄조문을 훑어볼 필요가 있다.

형법은 다음과 같이 조문을 나열한다.

- 제119조 '주택등침해죄': 일수溢水[436]시켜서 현재 사람이 주거로 사용하거나 현존하는 건조물, 기차, 전차, 혹은 광갱鑛坑을 침해한 자는 사형 또는 무기, 3년 이상의 징역에 처한다.

- 제120조 '그 외의 침해죄': 일수시켜 전조에 기재한 이외의 물건을 침해하고, 그로 인해 공공의 위험을 발생시킨 자는 1년 이상, 10년 이하의 징역에 처한다.

침해한 물건이 자기 소유와 관계있을 때는 압류를 받거나 물권을 부담하고, 임대 혹은 보험에 회부된 경우에 한해서는 전항의 예에 따른다.

---

436) 물이 넘치는 일

- 제121조 '수방방해죄水防妨害罪': 수해 때 방수용 물건을 은닉, 손괴, 또는 그 외의 방법으로 수방水防을 방해한 자는 1년 이상, 10년 이하의 징역에 처한다.
- 제122조 '과실침해죄': 과실로 인한 일수로 제119조나 제120조에 기재한 물건이 침해되어, 그로 인해 공공의 위험을 발생시킨 자는 3백 엔(임시조치 6만 엔) 이하의 벌금에 처한다.
- 제123조 '수리방해죄水利妨害罪': 제방을 결궤決潰하거나 수문을 파괴, 또는 기타 방법으로 수리를 방해, 또는 일수시키는 행위를 한 자는 2년 이하의 징역 또는 금고, 3백 엔(임시조치 6만 엔) 이하의 벌금에 처한다.

법률에 어두운 나쓰메 소세키

그렇다면 ≪도련님≫의 문제는 어떻게 될까? 어차피 어린이가 한 일이기 때문에 그 정도는 지극히 경미하다고 생각한다. 따라서 위에 열거한 조문에는 적용되지 않는다. 앞에서 말했던 형법 제261조의 훼기죄에 해당되지만 오히려 경범죄법 제1조 25호의 "강, 도랑, 그 이외 수로水路의 유통을 방해한 자"라는 조항에 해당된다고 보는 것이 타당하다. 30일 미만의 구류 또는 20엔 이상, 4천 엔 미만의 과료다. 만약 당시의 도련님이 14세가 아니었다면 범죄는 성립하지 않지만 그것은 별도의 문제다.

따라서 ≪도련님≫에서 소세키가 '벌금'이라고 쓴 것은 법률적으로 맞지 않는다. 과료라고 해야 한다. 손해배상을 빼앗기겠다고 말할 생각이었다면 역시 손해배상을 빼앗겨야 한다고 해야 한다. 아무리 문호라 해도 전문분야가 다른 건 어쩔 수 없나 보다. 법률은 전혀 모르는 것 같다.

말이 나온 김에 하나 더 덧붙이자면, 낙양의 종잇값을 올려준 ≪우미인초≫437)에

---

437) 우미인초(虞美人草) : 나쓰메 소세키의 소설. 메이지 40(1907)년 발표. 자아가 강한 오만한 여성 후지오를 통해 이기와 도의의 상극을 묘사했다. 또한 개양귀비의 별명. 진나라 말기 항우는 해하에서 한나라 고조에게 포위되어 사면초가의 막다른 상황에 이르자 최후의 주연을 베풀었다. 이때 우미인(우희)은 시름에 잠긴 항우에게 "대왕의 의기가 다했으니 천첩이 어찌 살기를 바라겠습니까?" 라고 말하고 자진했다고 한다. 뒷날 송나라 증공(曾鞏)은 "우미인의 피가 변하여 우미인초(虞美人草: 개양귀비)가 되었다" 는 시를 남겼다.

등장하는 후지오에게 걷어차인 무네치카 그의 여동생 이토코에게 말한다.

"묻기만 하면 이유는 얼마든지 말하지."

"됐어. 이유 따위 듣지 않아도 난 결혼하지 않을 거니까."

"이토코! 네 말은 쥐들의 불꽃놀이처럼 빙글빙글 맴돌고만 있어. 착란체야."

"뭐라고?"

"아무것도 아냐. 법률상의 술어니까."

외교관 시험에 당당하게 합격한 무네치카는 가운데머리를 정성스럽게 양옆으로 나눈 헤어스타일의 활발한 청년이었다. 그런 무네치카가 '착란체錯亂體'는 법률상의 술어라고 한 것은, 소세키의 법률에 대한 무지라기보다 오히려 이토코의 추궁으로부터 벗어나기 위한 수단이라고 생각한다. 설마 '착란체'가 정말로 법률상의 술어라고는 생각하지 않았을 것이다.

14. 음료수를 탁하게 한 죄

물에 관한 것으로, 음료수에 대한 범죄가 있다. 많은 사람들이 음료로 사용하는 정수淨水의 용도를 해치는 행위는 방치해둘 수 없기 때문이다.

① 정수오예죄 : 사람에게 음료로 제공하는 정수를 오예汚穢[438]하여 사용할 수 없게 한 죄.(형법 제142조) 형은 6개월 이하의 징역 또는 50엔(임시조치 만 엔) 이하의 벌금이다.

② 수도오예죄水道汚穢罪 : 수도로 공중에게 공급하는 음료의 정수 또는 그 수원水原을 오예하여 이용할 수 없게 한 죄.(형법 제143조) 형은 6개월 이상, 7년 이하의 징역이다.

③ 정수독물혼입죄淨水毒物混入罪 : 사람에게 음료로 제공하는 정수에 독물이나 그 외의 건강을 해치는 물건을 넣은 죄.(형법 제144조) 형은 3년 이하의 징역이다.

위의 ①이나 ③의 죄를 범하여 사람을 사상에 이르게 한 자는 상해죄에 비교하여

---

[438] 대소변이나 더러운 물건을 넣는 일

무거운 형으로 처벌한다.

④ 수도독물혼입죄水道毒物混入罪 : 수도로 공중에게 공급하는 음료의 정수 또는 그 수원에 독물이나 그 외의 건강을 해치는 물건을 넣은 죄.(형법 제146조) 형은 2년 이상의 유기징역. 그로 인해 사람을 사상에 이르게 했을 때는 사형 또는 무기, 5년 이상의 징역이다.

⑤ 수도손괴죄水道損壞罪 : 공중의 음료로 제공하는 정수의 수도를 손괴損壞 또는 요새壅塞한 죄.(형법 제147조) 형은 1년 이상, 10년 이하의 징역이다.

15. 왕래를 방해한 죄

기차의 레일에 돌을 올려놓는 장난

세월이 흘러 이제는 고속시대. 만약 시속 200km로 달리는 신칸센 선로에 장난이라도 한다면 생지옥이다. 교통안전은 근대사회의 유지·발전에 결코 빠뜨릴 수 없다. 따라서 형법도 몇 개의 규정을 준비해두었다.

① 육로, 수로, 교량을 손괴, 또는 요새하여 왕래를 방해하면 2년 이하의 징역 또는 2백 (임시조치 4만 엔)의 벌금이다.(형법 제124조) 미수도 처벌받는다.

만약 전항의 죄를 범하여 사람을 사상에 이르게 하면 상해죄와 비교하여 무거운 형벌로 처벌한다.

요새壅塞란 말뚝을 박거나 장해물을 설치하여 통로를 막는 일이다. 나무나 돌을 늘어놓는 경우다. 그렇다면 나무나 돌을 늘어놓지 않고 "이곳의 통행을 금한다"고 사기적인 금지의 푯말을 세워두면 어떻게 될까? 괘씸한 처사지만 본조로는 처벌할 수 없다.

② 철도 또는 그 표식을 손괴, 그 외의 방법으로 기차 또는 전차의 왕래에 위험을 일으키면 2년 이상의 유기징역이다.(형법 제125조)

등대 또는 부표를 손괴하거나 그 이외의 방법으로 함선 왕래에 위험을 일으킨 자도 형이 동일하다. 미수도 처벌받는다.

이런 판례가 있다. 기차가 레일 위의 돌을 파괴할까 어떨까를 시험하기 위해 돌을 올려놓은 녀석이 있었다. 이 행위는 직접적인 목적으로 왕래를 방해하지는 않았지만 방해된다는 사실을 알면서도 그런 행위를 한 이상 역시 왕래위험죄往來危險罪에 해당된다. 또한 미다카사건三鷹事件[439]처럼 전차를 폭주해도 범죄다. 실제로 사고가 발생했든 발생하지 않았든 그것은 문제가 아니다. 돌멩이를 레일 위에 올려놓은 시점에서 이미 기수가 되는 것이다.

사람이 타고 있는 기차, 전차, 함선을 전복 또는 파괴하면 무기 또는 3년 이상의 징역으로 형은 더 무거워진다. 그 결과 사람을 사망에 이르게 하면 사형 또는 무기징역이다.

과실로 기차, 전차, 함선의 왕래에 위험을 일으키거나 기차, 전차의 전복이나 파괴, 또는 함선을 복몰覆沒시키거나 파괴에 이르게 한 자는 5백 엔(임시조치 10만 엔) 이하의 벌금이다.

업무에 종사하는 자가 그 죄를 범했을 때는 3년 이하의 금고 또는 천 엔(임시조치 20만 엔) 이하의 벌금이다.

---

439) 공모공동정범 참조

16. 아편에 관한 죄

자살 실패도 처벌하지 않는데 겨우 아편을 마시는 정도로 왜 처벌을 하는 걸까? 흡식吸食440)하면 정신이 황홀하여 굉장한 쾌감을 느끼고 우화등선羽化登仙441)의 기분이라고 하는데, 세상살이 힘든 사바세계에 아침부터 밤까지 대단치도 않은 일에 울고 웃는 현대인에게는 더할 나위 없는 도취방법이 아니냐고 말하는 사람도 있다.

하지만 흡식한 순간에는 좋을지 몰라도 뒤끝이 나쁘다. 건강을 해치고 권태와 마비를 일으키며 결국에는 백치, 폐질廢疾442)이 되어버린다. 대단수의 일본국민은 아편 따위는 본 적도 흡식한 적도 없는데 '넘어지기 전에 지팡이(유비무환)'라고 엄하게 처벌하는 형편이다.

또한 형법과 같은 목적으로 마약단속법, 아편법, 각성제단속법 등 특별히 법률과 벌칙까지 준비해두었다.

그럼 넘어지기 전에 지팡이란 어떤 지팡이일까? 아편연阿片煙을 수입, 제조 또는 판매하거나 판매 목적으로 소지하면 6개월 이상, 7년 이하의 징역이다. (형법 제136조) 여기서 말하는 아편연이란 보통 아편이라고 하는 것이다.

아편연을 흡식하는 도구를 수입, 제조 판매, 또는 판매 목적으로 소지해도 범죄다. 3개월 이상, 5년 이하의 징역이다.(형법 제137조)

관세관사가 아편연 또는 아편 흡식 도구를 수입하거나 수입을 허가하면 1년 이상, 10년 이하의 징역이다.(형법 제138조)

아편을 흡식하면 3년 이하의 징역이다.(형법 제139조) 아편연을 흡식하는 방을 제공하여 이익을 꾀하면 6개월 이상, 7년 이하의 징역이다. 아편연 또는 아편연 흡식 도구를 소유해도 1년 이하의 징역이다.(형법 제140조)

---

440) 들이마시는 숨
441) 번잡한 세상을 떠나 즐겁게 지내는 모습을 비유하거나 얼큰하게 술에 취해 기분 좋은 상태를 일컫는 말. 소동파의 〈적벽부 중 '전(前)적벽부'의 "훌쩍 세상을 버리고 홀몸이 되어 날개를 달고 신선처럼 하늘로 오르는 기분 같다"에서 비롯되었다.
442) 신체장애를 동반하는 회복불능의 병

아편에 관한 각 범죄는 모두 미수까지 처벌받는다.

17. 데모, 데모참가자, 소요(소란)죄

한 지방에서 공공의 평화나 정밀靜謐을 위협하는 행위가 소요죄騷擾罪다. 신문, 잡지 등에는 소란죄라고 쓰여 있지만 그것은 법률상의 명칭이 아니다. 따라서 메이데이사건[443]이나 스이타사건[444], 오오스사건[445] 같은 데모가 바로 여기에 해당된다.

---

443) 메이데이사건 : 1592년 5월 1일, 정부와 노동운동의 정치적 대립으로 도쿄에서 데모대와 경찰대가 충돌한 소란사건. GHQ에 의한 점령이 해제된 3일 후인 1952년 5월 1일, 제23회 데모에 참가한 데모대는 사용허가를 받지 않은 채 황실 앞 광장으로 돌입, 경찰대와 격렬하게 충돌하면서 유혈참사가 벌어졌다. 데모대 측 사망자 2명, 중경상자 740명 이상. 데모는 경찰예비대에 대한 '재군비반대(再軍備反對)'와 '인민광장(황실 앞 광장)개방'을 결의하고 해산할 예정이었지만 히비야 공원에서 인공기를 펄럭인 북조선 데모대와 합류하면서 황실 앞 광장으로 난입했다. 데모대원 1232명 체포, 261명 소요죄로 기소. 검찰 측과 피고인 측의 날카로운 대립으로 장기화. 1970년 1월 28일 도쿄지방재판소의 1심 판결은 소요죄의 일부 성립을 선고했지만 1972년 11월 21일 도쿄고등재판소의 공소심에서는 소요죄 적용을 파기, 10명이 폭력행위 등으로 유죄판결을 받은 것 외에는 모두 무죄. 검찰의 상고 단념으로 형이 확정되었다.

444) 스이타사건(吹田事件) : 1952년 6월 25일. 오사카의 스이타에서 발생한 한국전쟁 반대 데모. 당시 이타미(伊丹) 기지에는 아메리카 진주군이 있었고, 폭격기는 매일 밤 한반도로 향했다. 또한 군수물자는 스이타철도조차장에서 열차에 실려 고베항을 거쳐 한반도로 운송되었다. 오사카대학 캠퍼스에서 집회를 연 데모대는 스이타조차장에서 군수열차운행을 저지한 뒤, 오사카역에서 데모행진을 할 예정이었다. 심야, 집회참가자 약 1천여 명은 '야마고에(山越え: 산을 넘음) 부대'라는 이름으로 스이타조차장으로 향했고, 다른 하나는 '인민전차부대'라는 이름으로 항큐이와시역에서 역장과 교섭, 임시전차를 운행시켜 스이타조차장으로 향했다. 합류한 데모대는 경찰 130명과 대립 '결사대'는 선로 위에 주저앉았지만 다행히 열차는 오지 않았다. 한편, 일부 데모대는 파출소와 경찰우송 트럭에 화염병 투척, 2개의 권총 약탈, 결국 경찰의 총기발사로 데모대 측 11명 중경상. 경찰은 소요죄와 위력업무방해죄로 250명 검거, 111명이 기소되었지만(일본인, 조선인 6:4) 재판투쟁으로 모두 무죄판결을 받았다.

445) 오오스사건(大須事件) : 1952년 7월 7일, 아이치현 나고야시에서 발생한 공안사건. 일중(日中)무역협정 베이징 조인식에 참석한 일본사회당 호아시 케이와 개진당 미야코시 기스케를 환영하기 위해 1952년 7월 6일 나고야역 앞에 모인 군중 약 1천여 명은 불법데모를 감행했지만 경찰에 의해 해산했다. 그때 검거된 12명 중 한 사람이 "다음날 환영 집회

이것은 세간의 평화를 해치기 때문에 적은 숫자로는 불가능하다. "다중 취합하여 폭행 또는 협박한다"(형법 제106조)고 했을 때 비로소 범죄가 가능해지는 것이다.

그렇다면 다중이란 몇 명 정도일까? 그것은 숫자로 표시할 수가 없다. 그래서 최고재판소의 판례도 "공공의 정밀을 해칠 수 있는 인수"라고 할 수밖에 없다. 수십 명으로는 부족하다고 하기도 하고, 30명 정도를 다중으로 인정하기도 한다. 또한 다수인은 조직적일 필요까지는 없다.

소요죄의 폭행, 협박이란 형법상 무척 넓은 의미를 갖기 때문에 폭행은 사람에 대한 폭력행사뿐만 아니라 물건에 대한 폭력행사도 포함하며, 협박은 사람에게 공포감을 주는 모든 행위를 포함한다. 하지만 소요죄는,

① 집단행위의 일부로써 행해지기 때문에 한 지방에서 공공의 평화를 해치는 일에 충분한 정도가 아니면 안 된다. 또한,

② 다중에게는 공동하여 폭행·협박하는 의사가 필요하다.

형벌은 거기에 참가한 사람들의 역할에 따라 달라진다. 주도자로서 소요행위를 시킨 자(수괴)의 형은 1년 이상, 10년 이하의 징역 또는 금고다. 반드시 자신이 직접 소요현장에서 폭행·협박을 하거나 군중을 지휘, 통솔할 필요는 없다. 수괴首魁는 한 사람으로 한정하지 않는다. 또한 수괴다운 자가 없어도 소요는 성립할 수 있다.

지휘, 통솔자의 형은 6개월 이상, 7년 이하의 징역 또는 금고다. 지휘자란 소요행위 때, 다수인의 전부 혹은 일부에 대해 지시하는 사람으로, 반드시 소요행위의 현장에서 지휘하는 사람으로 한정하지 않는다. 다중이 현장으로 향할 때 지휘를 한 사

에서 다량의 화염병으로 아메리카 군시설과 경찰서를 공격하자"는 문서를 소지, 계획이 발각되었다. 당일인 7월 7일. 경비체제를 강화한 나고야 경찰은 모든 경찰관을 대기시켰고, 오오스야구장에서는 일본공산당원과 재일조선인을 주체로 환영 집회를 거행, 오후 9시 50분 나고야 대학생의 필두연설과 함께 약 1천여 명은 야구장 정문을 빠져나와 불법 데모를 개시했다. 경찰방송차량은 해산을 경고, 데모대는 화염병 투척, 차량은 전소하는 등 격렬한 시위가 밤늦게까지 계속되었다. 이 사건으로 경찰관 70명, 소방관 2명, 일반인 4명이 부상, 데모대 측 1명 사명, 19명이 부상했다. 단호한 자세로 수사를 개시한 나고야 경찰은 269명(절반 이상이 재일조선인)을 검거, 조사결과 공산당나고야시위원회와 조선인 조직 조국방위대가 연대하여 계획, 실행에 옮겼다는 전모를 밝혀냈다. 나고야지방검찰청은 소요죄를 적용, 152명을 기소했다.

람도 포함된다.

부화수행附和隨行자의 형은 50엔(임시조치 만 엔) 이하의 벌금이다. 왁자지껄하게 떠들며 집단의 일부에 포함된 자로 스스로 폭행·협박을 하지 않아도 본죄에 해당된다. 또한 이것은 집합범(다수자가 같은 목적을 향해 공동하는 일을 필요로 하는 범죄)이기 때문에 공범규정은 적용하지 않는다.

정치적 목적인 소요의 예비, 음모, 교사 또는 선동에 대해서는 특별히 파괴활동방지법破壞活動防止法에 처벌이 규정되어 있다.

권력을 잡고 있는 자는 항상 집단을 두려워한다. 한 사람 한 사람이 고립해 있으면 힘이 약하지만 집단은 강하기 때문이다. 따라서 독재자일수록 서민의 집단화를 싫어해 치안을 구실로 집단행동을 단속하려는 경향이 많다. 가능한 데모참가자에게 소요죄 따위를 적용하지 않는 것이 국민을 위해서도 바람직하다.

집회의 자유에는 다중불해산죄

아무 일도 하지 않으면 범죄가 되는 일이 있다. 데모 등에 참가하여 많은 사람들이 집합해 있을 때 경찰관의 해산명령을 받았지만 응하지 않는 경우다.

집회의 자유는 헌법이 보장하기 때문에(헌법 제21조) 경찰관이 마음대로 해산명령을 내릴 수 없다. 하지만 현실적으로 수십 명, 수백 명이 모여, 더구나 공공의 정밀을 위협하는 불온한 공기를 내뿜어 소요죄 성립의 일보직전이라고 한다면 정지하는 일은 바람직하다는 이유로 다중불해산죄多衆不解散罪라는 법률이 만들어졌다.(형법 제107조)

그렇다면 어떤 범죄인가?

① 폭행·협박을 위해 다중이 집합한 경우,

② 공무원으로부터 '3회 이상' 해산명령을 받아도 그 명령에 따르지 않았을 때 성립한다. 그렇지만 ①에 해당되는지 어떤지는 현지경찰관의 잣대에 따라 결정되기 때문에 그다지 바람직한 일은 아니다.

여기서 나오는 '다중多衆'도 소요죄와 같은 정도로 생각하면 된다. 폭행·협박의 목적은 집합의 당초뿐만 아니라 집합 후에 발생해도 상관없다.

공무원의 해산명령은 법령에 근거를 두고 또한 합법적이어야 한다. 경찰관직무집행법 제5조에서 경찰관은 "범죄가 행해지려는 것을 인정했을 때" 일정한 요건 아래 그 행위를 제지할 수 있고, 해산명령은 이 조항에 근거하여 내릴 수 있다는 도쿄고등재판소의 판례가 있다. 하지만 제지와 명령은 성질이 다르다. 따라서 혼동하면 문제가 발생한다.

3회의 명령은 각각 독립적이어야 한다. "어서 빨리 범죄로 공적을 세워야지"라는 생각으로 성급하게 "해산하라"고 3회 연호하면 여기서 말하는 '3회'의 요건에는 해당되지 않는다. 각 횟수 사이에는 다중인이 해산할 수 있는 시간적 간격이 있어야 한다.

불해산도 집단범죄이므로 형벌도 수괴와 그 외의 사람을 구별하여 경중으로 규정한다. 수괴는 3년 이하의 징역 또는 금고, 그 외 사람은 50엔(임시조치 만 엔) 이하의 벌금이다.

⟨3⟩ 국가적 법익에 관한 범죄

1. 직권남용의 죄

차금을 기일 내에 돌려주지 못해서 가재도구나 상품을 강제집행 당하는 일이 종종 있다. 또한 그와 더불어 강제집행을 정지하기 위해 법적수속을 하는 일도 있다.

이때 채권자가 "뭐든 채무자를 혼내줄 방법은 없을까?"라고 집행관과 상의를 하면 "있어"라고 집행관이 대답한다.

"채무자가 이사해버리는 불온한 사태가 발생하면 압류물이 도난당하거나 분실될 우려가 있어. 또한 방치하면 가치가 떨어질 뿐더러 파괴되거나 변색 혹은 부패되어 버릴지도 몰라."

이런 구실로 경매를 하게 만든다.

이 집행관은 공무원직권남용죄 公務員職權監用罪로 처벌받았다. 공무원이 직무권한을 부당하게 행사하거나, 권한을 행사할 때 위법행위를 하면 본죄에 해당된다. 여기에는 세 종류가 있다.

공무원이 직무를 남용하여 타인에게 의무도 없는 일을 행사하게 하거나, 행사하는 권리를 방해하면 공무원직권남용죄다.(형법 제193조) 2년 이하의 징역 또는 금고다. 형식적·외형적으로는 공무원의 직무집행처럼 보이지만 실체는 이름을 빌려서 정당한 권한 이외의 행위를 하는 일이 직권남용이다.

1928년 3월 15일, 폭설지역인 오타루 小樽[446]에서는 수많은 학생과 노동조합원이 체포되어 유치장에 갇혔다. 그해 2월 총선거에서 무산無産정당이 8명의 당선자를 배출했기 때문에 탄압의 주먹이 난립한 것이다. 1도 2부 27현에 걸쳐 천수백 명의 공

---

[446] 홋카이도 서부

산당원과 지지자들이 치안유지법에 걸려 체포되었다. 그들을 기다리고 있던 것은 눈이 튀어나올 만큼 무시무시한 고문이었다. 조사실 천정에 거꾸로 매달려 바닥에 머리를 쿵쿵 부딪쳐 피가 나오면 또다시 끌어올려지곤 했다.

고바야시 다키지[447]는 그날의 체험을 작품 속에 기록했지만 그도 얼마 후 고문으로 살해되었다. 시키치 경찰은 심장마비라고 속였지만 "가슴과 양쪽 허벅지에는 보라색 피멍이 들어 있었고, 그의 사체는 끔찍했다"고 사타 이네코[448]는 말했다.

그런 일을 허락받을 리가 없다. 현행 형법에는 재판, 검찰, 경찰의 직무를 행사 또는 그것을 보조하는 자가 직권을 남용하여 체포, 감금을 하면 특별공무원직권남용죄이며 6개월 이상, 10년 이하의 징역 또는 금고다.(형법 제194조)고 규정한다. 경찰의 직무행사를 보조하는 사람에는 경찰관만 한정하지 않는다. 삼림, 철도, 그 외 특별사항에 대해 경찰 직무를 행사하는 자, 예를 들면 영림국서직원營林局署職員, 노동기준감독관, 마약단속반, 철도공안직원 등이다.

다음으로 위에 열거한 자가 직무를 행할 때 형사피고인 또는 그 외의 사람에 대해 폭행 혹은 능학 행위를 하거나, 법령으로 구금된 피구금자에 대해 간수 또는 호송하는 자가 폭행 혹은 능학의 행위를 하면 특별공무원폭행능학죄이며 7년 이하의 징역 또는 금고다.(형법 제195조)

당연히 공급해야 할 음식물이나 의복을 주지 않거나, 필요한 수면을 방해, 또는 외설, 간음 등을 하는 행위가 '능학陵虐'이다. 예컨대 능학은 폭행 이외의 방법으로 정신적, 육체적 고통을 주는 모든 행위를 말한다. 징계 중인 수형자의 행위가 얄미워 이미 수갑이나 족쇄, 방음防音 도구로 채워져 있는데도 불구하고 포승줄로 묶고

---

447) 고바야시 다키지(小林多喜二; 1903~1933년) : 소설가. 프롤레타리아 작가로서 국가권력에 저항하는 노동자, 농민의 모습을 묘사했다. 관헌에 체포되어 고문으로 학살. 작품으로 ≪해공선≫ ≪당생활자≫ ≪부재지주≫ 등이 있다.

448) 구보가네 이네코(窪川稻子; 1904~1998년) : 소설가. ≪초콜릿공장에서≫라는 작품으로 발표 그녀의 출세작이 되었다. 잡지 ≪여마(驢馬)≫에서 창작활동 시작, 구보가와 쯔루지로와 결혼 초기에는 '구보가와 이네코'라는 이름으로 작품 발표, 프롤레타리아 작가로서 인정을 받았다. ≪여자가 사는 집≫으로 여류문학상 수상, ≪나무그늘≫로 노마(野間)문예상수상, ≪정체한 11일≫로 가와바다 야스나리(川端康成)상 수상, ≪여름안내서≫로 마이니치예술상 수상, ≪달의 연회≫로 요미우리문학상을 수상했다.

구둣발로 걷어차 실신상태에 빠뜨리고도 방치하여 결국은 수형자가 질식사窒息死한 사건도 있었다. 이때는 살인죄와 상해죄를 비교하여 무거운 쪽으로 처벌한다.(형법 제196조)

따라서 경찰이 고문을 하면 그것은 당연히 특별공무원폭행죄이며, 고문으로 상처를 입히거나 죽으면 살인죄와 상해죄에 비교하여 무거운 쪽으로 처벌한다. 전쟁 전 치안법을 운용했던 특고경찰, 소위 '특고特高'의 조사에서 고문이 없다면 오히려 이상할 정도로 고문은 태연하게 이루어졌지만, 그들이 형벌을 받은 일은 없었다. 휘갈기고 걷어차는 폭행을 아무렇지도 않게 했던 특고는 어떤 처벌도 받지 않았지만 두들겨 맞고 걷어차인 사람은 치안유지법 등으로 유죄판결을 받고 냄새나는 밥을 먹어야만 했던 것이다.

야카이사건과 하나마키사건

전쟁 전, 고문은 경찰조사에서 일상다반사로 이루어졌으며 전후에도 한동안은 지속되었다. 조금 연배이신 분이라면 누구나 기억할 거라고 생각되는 '야카이사건[449]' 하나만 보아도 알 수 있다. 야카이사건이란 쇼와 26(1889)년 1월, 야마구치현 오고읍

---

449) 야카이사건(八海事件) : 피고 5명 중 4명이 무죄. 남편은 머리에 도끼 자국과 출혈로, 아내는 코와 입이 막힌 채 살해되었다. 범행현장에서는 A(당시 21세)의 지문이 검출, 경찰의 질문에 대해 A는 범행을 인정, 옷에서 피해자의 혈흔 검출, 범행에 사용한 도끼도 발견했다. 그런데 경찰은 이 사건을 복수인의 범행으로 지정, 공범자 진술을 강요. 결국 A는 자신은 종속적인 입장이며 친구 B(당시 24세)를 주범으로, C(당시 23세), D(당시 21세), E(당시 22세)를 공범자로 공술했다. 1952년 6월 2일, 야마구치재판소는 B 사형, 나머지 4명은 무기징역을 선고했지만 B, C, D, E는 무죄를 주장하여 상소, 검찰관도 무기징역은 형량이 가볍다는 이유로 공소했다. 1953년 9월 18일, 히로시마고등재판소는 1심을 지지, B 사형, A 무기징역, C 징역 15년, D와 E 징역 12년을 선고했다. A와 검찰관은 상고하지 않아 무기징역 확정, B, C, D, E는 무죄를 주장 상고했다. 1957년 10월 15일, 최고재판소(1차)는 심리를 고재로 돌려보냈다. 1959년 9월 23일, 히로시마고재(2차)는 A의 단독범행으로 인정, B, C, D, E를 무죄판결, 마침내 4명은 8년 8개월 만에 석방되었지만 검찰은 상고했다. 1962년 5월 19일, 최고재판소(2차)는 심리를 고재로 돌려보냈다. 1965년 8월 30일, 히로시마고재(3차)는 1차와 마찬가지로 B 사형, C 징역 15년, D와 E 징역 12년을 선고, 4명은 상고했다. 1968년 10월 25일, 고등재판소(3차)는 이 사건을 A의 단독범행으로 판단, 4명에게 무죄를 판결, 확정했다.

야카이에서 발생한 강도살인사건이다. 노부부는 살해되었고 돈은 절도당했다. 범인은 요시오카라는 남자로, 동기는 여곽의 유흥비와 음식비를 지불하기 위해서였다. 하지만 경찰은 제멋대로 범인을 여러 명으로 결정해버렸다.

따라서 요시오카가 사실을 자백해도 경찰은 받아들이지 않았다. 여하튼 자기는 영리하고 실수 따위는 하지 않는다고 여기는 패거리만큼 어리석은 녀석은 없는 법이다. 요시오카는 괴로운 나머지 결국 공동범행이라고 진술해버렸다. 아토우를 비롯해 친구 5명의 이름이 거론되었다. 그런 곳에서 이름이 불리는 사람이야말로 재난이다.

물론 아토우 등은 부인했다. "터무니없다"고 말했다. 당연하다. "숨어 있는 선인은 당신이지"라는 말과는 전혀 다르기 때문이다. 강도살인은 소문나면 좋지 않다. 아니, 소문 따위로 끝날 일이 아니다. 자칫하면 사형이다.

하지만 경찰은 믿어주지 않았다. 고문이 시작되었다. 주먹으로 얼굴을 휘갈기고, 발로 걷어차고, 온몸을 경찰봉으로 사정없이 두들겨 팼다. 고문은 계속되었다. 귀와 목을 불태웠고 자백을 받을 때까지 멈추지 않았다. 살아 있는 몸은 연약하다. 더 이상은 어떻게 되든 상관없다고 보통사람은 포기한다. 눈앞의 고통에서 벗어나고 싶으니까.

1심도 2심도 재판소는 고문으로 인한 거짓 진술이라는 사실에 귀를 기울이지 않았다. 하지만 최고재판소는 사건을 파기, 원심으로 돌려보냈다. 사건을 돌려받은 재판소는 마침내 경찰의 고문을 인정, 자유의사로 진술했는지 아닌지가 의문이라고 말했다. 검찰관과 재판관은 현장의 경찰이 그런 지독한 일을 했다고는 좀처럼 믿지 못할 것이다. 따라서 호소해도 인정받기 어렵다.

게다가 용의자나 피의자 중에는 작은 일에도 구실을 붙여 경찰에게 고문당했다고 뻔뻔스럽게 지껄이는 녀석이 있기 때문에 인간인 이상, 검찰관과 재판관은 무엇이 사실이고 무엇이 거짓인지 분간할 수가 없다. 거짓말을 수없이 듣거나, 판에 박은 "환상의 고문"을 자주 들으면 실제로 고문당한 사람이 호소를 해도 심리적으로 적당히 흘려버리게 된다.

야카이사건이 발생한 다음 해에도 역시 고문으로 인한 자백이 문제가 되었다. '하나마키사건[450]'이다. 하나마키에 있는 어느 술집의 방화미수로 사카이라는 철도원이 체포되었다.

"솔직히 말해."

하지만 자신이 저지른 일이 아니기 때문에 말할 수도 없다. 그렇다면 고문이다. 20~30회 연속으로 뺨을 얻어맞았다고 한다. 그뿐만이 아니었다. 주먹으로 때리고 머리카락을 잡아당기고, 의자에 묶인 채 바닥에 굴러도 일으켜주지 않았다. 그 무렵, 같은 유치장에 있었던 여러 명이 뒷날 법정에서 증언했다.

"유치장으로 돌아온 사카이는 얼굴에 얻어맞은 흔적이 있었고, 머리카락도 빠져 있었다."

이처럼 경찰에게 고문을 당하거나 무리한 조사로 인해 무죄판결을 받은 사건은 얼마든지 있다. 하지만 재판소는 모두 호락호락하게 인정해주지만은 않았다. 실제로 고문을 받았으면서도 인정받지 못해 감옥에서 피눈물 흘리는 무죄인 사람이 없다고 그 누가 단언할 수 있겠는가?

고문이란 당하는 사람은 수치스럽고, 행하는 사람은 비열하다. 또한 진실은 어둠 속에 영원히 갇혀버릴 위험성도 내포하고 있다. 따라서 고문을 행하는 자는 인간으로서 부끄러워하지 않으면 안 된다.

특별공무원이 행한 폭행 등이 현실에서 법정문제가 되는 일은 매우 희박하다. 사법통계를 보아도 이 범죄로 유죄판결을 받은 사람은 쇼와 33(1958)년부터 47년까지 15년 동안 단 두 사람뿐이었다. 직권남용법 규정은 하품만 하고 있을 뿐이다.

---

450) 하나마키사건(花卷事件): 이와테현 하나마키역 근처의 술집에서 화재발생, 다음날 아침, 가게에 있던 S를 방화미수용의로 체포. 실황견분도 현장보존도 없이 점주의 말만 믿고 한 체포였다. S는 부인했지만 고문에 의해 자백, 1심에서는 징역 3년 집행유예 5년, 2심에서는 징역 2년 6개월 집행유예 4년을 선고받았다.

2. 회뢰죄

더글라스사의 기대

더글라스사나 보잉, 로키드사는 전전파戰前派나 전중파戰中派에게는 기분 나쁜 추억이 많다. 그런 이름이 붙은 아메리카 비행기에 지독한 일을 당했기 때문이다. 보잉 B29는 거의 매일같이 도쿄와 대도시에 폭탄을 떨어뜨렸던 것이다.

그런데 항공기 제조회사인 더글라스사의 사장은 자사제품 더글라스 DC10의 일본 판매에 대해 굉장한 자신감을 갖고 있었다. 무리도 아니다. 당시 전일본항공의 오오니와 사장과 발주 가계약을 했기 때문이다. 한 대를 팔면 몇억, 놀랄 만큼 큰돈이 굴러들어온다. 사람인 이상 기대하고 싶어지는 건 당연하다. 하지만 "기대란 어긋나기 쉬운 법"이라는 옛말도 있지 않던가?

▶ 어긋나려고 한다

게다가 방해하려는 녀석이 있다면 한결 더 위험해진다. 더글라스 사장의 기대가 어긋나기 시작한 것은 전일본항공의 사장 교체극이었다. 관료출신의 와카사라는 남자가 오오니와 사장의 자리를 대신한 것이다.

하지만 아직 실패한 건 아니다. 비행기 판매만큼은 경쟁사인 보잉사와 로키드사보다 한두 발 앞선다는 확신이 있었기 때문이다. 한편, 대일판매에서 더글라스사에 뒤쳐져 있다는 초조감으로 로키드사는 자사제품인 트라이스타를 판매하기 위해 필사적이었다. 필사의 톱은 사장 고챤이었다. 고챤이라고 해도 대머리는 아니다. 백발이 탐스런 아메리카 상인으로 "달려라 고타로"라는 유행가 가사처럼 정력적으로 아메리카와 일본을 왔다갔다했다. 이때의 일은 고챤의 회상록을 보면 알 수 있다.

▶ 어긋나기 직전

쇼와 47(1972)년 8월 20일은 고챤의 10번째 방일이었다. 물론 놀러온 게 아니다. 트라이스타를 판매하기 위해서였다.

다음날 그는 상사 마루베니의 회장 히모키 야마를 만났다. 그리고 다나카 가쿠에

이 수상에게 자사제품인 트라이스타의 성능이 얼마나 우수한가를 설명하고 싶다고 말했다.

"단지 설명만 하는 건 아니겠죠?"

돈 얘기가 마루베니 상사 중역의 입에서 나왔다.

"물론이죠. 수상에게 부탁하는 거니까."

큰 거래에서 호의적인 배려를 요청할 때는 보통 5억 엔이다.

"순조롭게 판매하고 싶다면 5억 엔을 약속하는 게 좋을 거예요."

마루베니의 중역은 고챵에게 다나카 수상에게 돈을 지불하도록 권유했다. 과연 고챵은 일본정부 수뇌에 대한 비밀공작과 그 자금을 둘러싼 얘기에 연루되어갔다.

물론 고챵은 수락했다. 여하튼 트라이스타를 팔고 싶었다. 그로 인해 5억 엔이나 10억 엔을 쓴대도 성공만 한다면 거액, 어마어마한 돈을 벌어들일 수 있었다.

고챵의 오케이로 마루베니의 중역 오쿠보와 히모키야마 회장은 다나카 가쿠에이 수상을 방문했다. 소문대로 굉장한 저택이었다.

로키드사의 기대는 이때부터 부풀기 시작했다. 판매의 청사진이 차츰 실체를 갖추기 시작했던 것이다. 바꿔 말하면 더글라스사의 예측은 여기서부터 빗나가기 시작했다는 의미다.

▶ 어긋났다

쇼와 47년 10월 29일 깊은 밤, 방일 중인 고챵이 투숙하는 호텔의 텔렉스와 전화기가 시끄럽게 울렸다. 수화기를 든 순간 오쿠보의 목소리가 튀어나왔다.

"지금 당장 당신이 세 가지 일만 하면 트라이스타의 판매는 성공할 거예요."

그 중 하나는 신속하게 현금 1억 2천만 엔을 준비하는 일, 그것도 엔화로.

"전화로는 자세한 상황을 알 수 없으니까 어쨌든 이리로 오세요."

우선 전화를 끊었다. 오쿠보가 호텔로 찾아온 시간은 고요한 새벽이었다. 분명 옛날이었다면 요사스런 도깨비, 즉 요괴가 꿈틀거리는 시각, 그런 녀석들의 모임에 어울리는 적당한 시간이었다.

1억 2천만 엔으로 게이샤를 사거나 고급 전용차로 후지산에 오르려는 게 아니다.

오로지 관계자들에게 뿌리기 위한 돈이다. 어떻게 뿌릴까?

전일본항공의 와카사 사장에게는 9천만 엔, 남은 3천만 엔은 하시모토 도미사부로 자민당 간사장과 관방장관에게 각각 7백만 엔씩, 운수성장관과 정무차관, 자민당 항공대책특별위원장, 전 운수성 정무차관 사토 고우코에게 각각 4백만 엔씩 건넨다는 내용이었다. 남의 주머니에서 나오는 돈이기에 분수에 넘치는 거액이 거론되었다.

"만약 당신이 내일 아침 일찍 행동에 옮기면 전일본항공의 트라이스타 발주는 틀림없습니다."

오쿠보는 자신감이 넘쳤다. "지옥에서도 돈이면 안 되는 일이 없다"는 속담처럼 자민당의 정치관계는 이런 상황이었다. 여하튼 자민당 정치가에게 뿌리기 위한 3천만 엔은 다음날 아침 클렉터라는 남자의 손을 통해 오쿠보에게로 넘겨졌다.

아마도 그 돈은 적합한 위치에 있는 남자들 주머니 속으로 들어갔을 것이다. 어떻게 사용되었는가는 알 수 없지만 확실한 것은 전일본항공이 로키드사의 트라이스타기 구매를 정식으로 결정했다는 일이다. 쇼와 47년 10월 30일이었다. 그리하여 더 글라스사의 기대는 완전히 어긋나버렸다.

고챵은 상사 마루베니를 통해 다나카 가쿠에이 수상에게 약속한 돈을 지불했다. 5억 엔이라는 거액은 다음 해인 쇼와 48년 8월부터 49년 3월까지 4번에 걸쳐 다나카 수상의 주머니 속으로 흘러 들어갔다고 한다.

우리 서민들의 상식으로 억이라는 돈은 평생 일해도 손이 닿지 않는 금액이다.

그렇다면 정치가나 관료에게 건네는 뇌물은 법률과는 무관할까? 그렇지 않다. 경우에 따라서는 회뢰죄賄賂罪라는 화려한 범죄가 성립한다. 그런데 자민당 정권은 오랫동안 지속되고 있다. 정치가와 관료, 기업이 강하게 유착하면 좀처럼 재판소까지는 올라가지 않는다. 그러니 장기에 걸친 일당의 정권장악은 폐해일 것이다.

회뢰란 무엇인가?

그럼 회뢰죄賄賂罪에 대해 설명해보자. 신문 등에서 매번 시끄럽게 떠들어대는 회뢰란 '사례로 선사하다' 또는 '소매 밑'이라는 별명으로 불리며 옛날부터 벼슬아치와 더러운 인연을 유지해왔다.

"벼슬아치 자식은 뇌물 받는 법은 잘도 배운다."

이런 센류도 있을 정도다. 또한 아코赤穗 낭인이 후세에 이름은 남긴 것도 기라 고츠케가 뇌물을 원했기 때문이다.

"재산이 많으면 일이 많아지고, 장수하면 창피스러운 일이 많아진다."

장자의 말처럼 직무상의 지위를 이용하여 출입하는 업자에게 회뢰를 받은 나머지 철창 속에 몸이 던져지는 불운한 남자가 끊이지 않는다. 그렇다면 그토록 위험한 '회뢰'란 도대체 무엇일까?

회뢰賄賂란 공무원의 직무에 관한 보수다. 보수는 금전에만 한정하지 않는다. 출입업자에게 돈을 빌려도, 술집이나 카바레에서 향응을 받아도, 게이샤와 향락에 젖어도, 모두 마찬가지다. 게다가 이성과의 성교도 회뢰다. 여자를 안아서 회뢰죄 처벌을 받은 남자도 있었다. 회뢰란 재물에만 한정하지 않기 때문이다. 인간의 수요나 욕망을 만족하는 데 부족함이 없으면 뭐든 상관없다. 받은 이익이 경제상 가치가 있는가 없는가는 문제가 안 된다. 따라서 이성 간의 성교도 보통은 인간의 욕망을 충족시키기 때문에 회뢰 자격이 충분하다.

꽤 오래전 이야기로 어떤 여자가 절도현행범으로 체포되었다. 조사를 담당한 경찰 주임이 "나와 잠자리를 같이하면 석방시켜주겠다. 싫다면 감옥행이고"라며 그녀를 협박했다. 그녀로서도 감옥은 사양이다. 누구든 그런 곳에는 가고 싶지도, 보고 싶지도 않을 것이다. 그래서 수락했다. 약속도 확실하게 지켰다. 그 색골 경관은 뒷날 회뢰죄로 처벌받았다.

"술과 음식을 여러 번 대접받았다. 하지만 얼마인지는 모른다."

향응은 받았지만 술과 음식값은 모른다고 주장해도 역시 회뢰다. 가격을 산정할 수 없어도 회뢰라는 판례가 있었다.

"내 아들 녀석이 실업자가 되면 취직시켜줄 수 있어?"

지방자치단체 선거에 출마한 남자에게 부탁한 녀석이 있었다.

"그때는 보좌관이 될 수 있도록 내가 노력하지."

자치단체장이 되고 싶은 남자는 약속을 했다. 그리고 아들을 생각하는 부모는 그 남자에게 투표했다. "만약 장래에 실업자가 되면"이라는 조건부 약속이지만 그래도 회뢰에 해당한다.

"돈을 주기 때문에 회뢰인 거야. 그럼 주지 않고 빌려주면 괜찮겠지?"

교활한 녀석이 공무원에게 뭔가를 부탁하면서 돈을 빌려주었다. 하지만 재판소는 엄격하다. 금융의 이익도 회뢰라고 했다.

그렇다면 예의로 건네는 사교적인 선물은 어떨까? 신경 쓰이는 분들도 적지 않을 것이다. 어느 관리의 아내가 앓아눕자마자 기다렸다는 듯이 관계자들이 병문안을 왔다. 그리고 종이봉투를 놓고 갔다. 안에는 2천 엔이 들어 있었다. 그날 저녁 귀가한 공무원은 "받아둬"라고 말했다. 그 순간 공무원은 회뢰죄가 성립되었다.

"병문안으로 받은 2천 엔이라는 돈은 사교상의 예의이기 때문에 회뢰죄가 아니다."

법정에서 투쟁했지만 재판소는 그의 주장을 인정하지 않았다. 사교상의 습관으로 인정하는 선물이라도 공무원의 직무에 관여되었다면 회뢰라고 엄격하게 취급했던 것이다.

근처에 명절이나 연말이면 선물이 많이 들어오는 집이 있으면 "저 집 남편, 혹시 학교 선생님 아냐?"라는 소문이 나돌기도 하는데, 국가나 지방공공단체인 학교 교사도 공무원이다. 따라서 교사에게 명절이나 연말연시의 선물은 하지 않는 게 좋다. 내 아이를 다른 학생보다 특별히 잘 부탁한다는 마음이 섞여 있다면 교사의 직무에 관한 대가적 이익의 성격을 띤다. 받은 교사도 돌려줄 책임이 있기 때문에 폐가 아닐까? 뭐라고? 폐가 아니라고? 이런 말은 할 게 아니다.

공립학교 교원이 학급의 담임이나 지도에 대한 예의로 받은 선물이 직무에 관한 것으로 인정되는 경우에는 회뢰죄가 성립한다는 판례가 있다.

'직무에 관해'라는 말

회뢰는 공무원 또는 중재인仲裁人의 직무에 관한 일이다. 그것이 과연 '직무에 관한' 일인가 아닌가는 유죄, 무죄를 구분하는 분수령이다. 뒤에서 설명하겠지만 아시다 히도시 전 수상은 회뢰죄로 기소되었지만 직무에 관한 일이 아니라는 이유로 무죄판결을 받았다.

직무에 관한 일이란 공무원이 그 지위와 더불어 공무원으로서 취급하는 모든 집무다. 특별히 독립된 결재권이 없고, 상사의 지휘·감독 아래 사무를 처리해도 역시 직무다.

그뿐만이 아니다. 공무원의 직무행위 자체가 아니라도 직무와 밀접한 관계가 있으면 '직무에 관해'에 해당된다고 해석한다. 공립학교 교사가 학생용 교과서 판매를 지정해도 역시 직무에 관한 일이다. 이런 사고는 최고재판소 판례에도 있다. 하지만 최고재판소는 "단지 공무원의 직무행위와 관련성이 있는 행위에 대한 경우까지 포함하는 것이라고 해석해야 하는 건 아니다"고 말하기도 한다.

그렇다면 공무원의 알선행위에 대해서는 문제가 많다.

로키드사가 다나카田中 전 수상에게 건넨 돈이 회뢰인가 아닌가도 여기에 얽혀 있다. 전일본항공의 트라이스타기 도입사례로 돈을 받은 수상에게는 도대체 민간회사의 항공기 도입에 관해 어떤 직무권한이 있는가 하는 문제가 발생하기 때문이다.

지휘·감독권이 있는 운수성의 행정지도에 수상이 관련했다고 본다면 수상의 '직무에 관해'라고 말할 수 있다. 그렇지 않다고 하다면 수상의 직무권한의 유무가 먼저 법정에서 문제가 된다. 소화전공사건昭和電工事件451)에서 부흥금융금고의 중역에게 특정업자를 소개한 아시다 전 수상이 옆에서 한마디 거들어준 소행에 대해 이렇게 말했다.

"단순한 소개행위일 뿐 대신으로서의 직무행위는 아니며 더욱이 직무와 밀접한 관계가 있다고는 말할 수 없다."

---

451) 소화전공사건(昭和電工事件) : 소전오직(汚職), 소전의옥(疑獄)이라고도 한다. 부흥금융금고에서 부흥자금융자를 받기 위해 대형화학공업회사 소화전공(電工)의 히노하라 세츠죠 사장이 정부고관과 정부금융기관 간부에게 행한 증수회오직사건(贈收賄汚職事件). 1948년 6월에 발각, GHQ 아래서 일본의 민주화를 진행시키고 있는 민정국(GS) 찰스 케디스 대좌 등 고관의 이름이 거론되어 케디스는 실각했다. 뒷면에는 GS의 라이벌로 반공작전을 하던 G2의 찰스 위로비 소장과 우익 미우라 기이치의 암약(暗躍)이 있었으며 대장성 관료 후쿠다 다케오(福田赳夫)와 민주자유당 오오노 한보쿠(大野伴睦)를 시작으로 정부고관과 각료까지 체포되었다. 경제안정본부 총무장관 구루스 다케오(栗栖赳夫)와 니시오 스에히로(西尾末廣) 부총리가 검거되고 아시다 내각(芦田)은 총사직했다. 그 뒤, 아시다 히도시도 체포되었지만 그루스 다케오 이외의 정치가는 모두 무죄를 선고받았다.

로키드사가 다나카 전 수상에게 건넨 돈이 만약 PXL 국산 백지환원白紙還元공작의 운동자금 사례였다면 수상은 법률상 방위계획에 관련된 산업의 조정계획대강령 결정권한이 있는 국방회의장을 겸임하기 때문에 직무권한이 있다. 하지만 현시점에서는 아직도 그 선이 애매한 회색을 띠고 있다. 분명하지 않은 것이다.

회뢰죄의 여러 형태

회뢰죄賄賂罪란 공무원 또는 중재인이 관계한 범죄로 여러 형태가 있다. 공무원이란 관사, 공사, 법령에 따라 공무에 종사하는 의원, 위원 그 외의 직원이며(형법 제7조), 중재인은 법령에 따라 쟁의를 조정, 판단하는 사람으로 공무원은 아니다.

① 직무에 관해 회뢰를 받거나 요구, 약속하는 것은 단순수회죄라고 한다. 3년 이하의 징역이다.

청탁, 즉 의뢰받아서 승낙하면 5년 이하의 징역이다.(형법 제197조 제1항)

수회收賄란 보통은 뭔가를 받는 일이라고 생각하지만 아직 받지 않고 "가져와"라는 말만, 즉 요구만 해도 수회죄는 성립한다.

② 실제 공무원만으로 한정하지 않는다. 앞으로 공무원이 되려는 사람도 해당된다.

앞으로 공무원이나 중재인이 되려는 사람이 담당하는 직무에 관해 청탁을 받고 회뢰를 수수하거나 요구, 또는 약속한 뒤 공무원이나 중재인이 되었을 때는 3년 이하의 징역이다.(형법 제197조 제1항) 사전수회죄라고 한다.

③ 직무에 관한 청탁으로 제3자에게 회뢰를 받게 하거나공여), 제3자에게 회뢰의 공여를 요구, 또는 약속하면 제3자공회죄다.(형법 제197조의 2) 3년 이하의 징역이다.

④ 위의 ① 없이 ③의 죄를 범하는 부정행위를 하거나, 적절한 조처를 하지 않았을 때는 당연히 처벌이 무거워진다. 1년 이상의 유기징역이다.(형법 제197조의 3, 제1항)

⑤ 직무상 부정의 행위를 하거나, 적절하지 않은 일에 관여하여 회뢰를 받거나, 요구, 또는 약속하고 혹은 제3자에게 회뢰를 공여하거나 제3자에게로 공여를 요구, 약속해도 형은 위와 마찬가지다.(형법 제197조 제2항)

⑥ 예전에 공무원이었던 사람에 대해서도 이 범죄는 미친다. 공무원이나 중재인이

었던 사람이 재직 중에 부탁받고 직무상 부정한 행위를 했거나, 적절하지 않은 행위에 대해 회뢰, 요구, 약속했을 때는 3년 이하의 징역이다.(형법 제197조의 3, 제3항)

⑦ 공무원이 부탁받고 다른 공무원에게 부정한 행위를 시키거나 적절하지 않은 일을 알선(중개하고, 편의 제공), 또는 알선한 일로 회뢰를 받거나 요구, 약속했을 때는 3년 이하의 징역이다.(형법 제197조의 4)

범인 또는 사정을 잘 아는 제3자가 받은 회뢰는 몰수된다. 향응이나 게이샤 접대를 받았을 때는 그 자체를 몰수할 수 없으므로 금전으로 계산한 금액을 징수한다.

위의 ① 없이 ⑥의 회뢰를 제공하거나 신청, 약속한 회뢰죄(제198조 제1항)는 3년 이하의 징역 또는 5천 엔(임시조치 백만 엔) 이하의 벌금이다. ⑦의 회뢰는 2년 이하의 징역 또는 3천 엔(임시조치 60만 엔) 이하의 벌금이다.

마루베니의 중역 오쿠보가 로키드사로부터 부탁을 받고 당시의 다나카 수상에게 돈을 건넨 것은 회뢰다. 따라서 그들은 회뢰죄로 기소되었다.

소화전공사건, 내각 해산

이 원고를 쓰고 있는 지금 로키드사건에 관한 조사가 진전을 보였다. 이 일에 대해 생각나는 것은 시멘스사건[452]이다. 다이쇼시대, 독일 상사 시멘스사에 도둑이 들

---

452) 시멘스사건(シーメンス事件) : 시멘스사 사원인 칼 리히텔이 회사의 중요 서류를 훔쳐 도쿄 지점장을 협박했지만 실패로 끝나자 로이터통신 특파원 앤드류 프레이에게 서류를 팔고 독일로 귀국, 공갈미수죄로 기소되면서 사건은 시작되었다. 다이쇼 3(1914)년 1월 21일의 외신은 리히텔에 대한 베를린 공판정의 판결문 중 그가 훔친 서류 속에는 회사가 발주자인 일본해군 장교에게 리베이트를 건넸다는 기재가 있다고 전했다. 같은 달 23일 제31의회중의원예산위원회에서 야마모토(山本) 내각은 해군확장안과 그 재원으로 영업세, 직물소비세, 통행세의 증세예산안을 제출하여 반대하는 민중의 공격표적이 되었고, 신문은 연일 해군의 부패를 보도했다. 1월 말부터 2월 초에 걸쳐 관계자 소환과 가택수사 개시, 2월 7일 후지이 데루고로 기관소장과 사와자키 간모 대좌가 해군군법회의에 회부되었다. 2월 10일 야당의 입헌동지회, 입헌국민당, 중정회는 내각탄핵결의안을 상정했지만 164대 205로 부결되자 히비야 공원에서 내각탄핵국민대회를 개최하던 민중은 국회의사당을 포위, 구내에 진입을 시도하며 관헌과 격렬하게 충돌했다. 사건은 한층 더 확산되어 3월 12일 미츠이물산의 중역 이와하라 겐죠가 순양전함 '금강(金剛)'의 주문을 위해 해군군관을 증회한 용의로 구금, 미츠이물산의 관계자들이 잇달아 기소되었다. 그 결과 당시의

어 가방을 도난당했다. 그 속에는 병기구입과 관련하여 일본의 군인에게 증회한 메모가 들어 있었다.

큰일이었다. 독일 영사관이 증거를 제거한 암약흔적이 있었지만 당시 군벌내각에 있던 해군중장은 "그런 일은 전혀 없다"며 현재의 로키드사건의 등장인물과 똑같은 말을 했다.

시멘스 관계는 수습했지만 영국 상사로부터 받은 병기구입 수회까지는 완전히 숨기지 못하고 마침내 꼬리가 잡히고 말았다. 그 때문에 내각은 해산했다.

내각 해산에 대해 생각나는 것은 쇼와 23(1948)년에 발생한 소화전공사건이다. 소화전공의 물가통제령위반용의사건은 차츰 정관계를 향한 증회용의로 변해갔고 그에 따라 수회로 인한 체포자가 현직관료에서 나왔다. 아시다 내각은 해산했다.

그로부터 사건은 발전을 거듭해 마침내 전 수상 체포라는 사태까지 발생했다. 수사에서 조사받은 관계자는 약 200명, 체포된 자는 60명에 이르렀다. 기소된 자는 43명, 죄명은 물론 증회贈賄과 수회收賄다.

하지만 재판 결과는 검찰 측의 패배였다. 대부분 무죄였다. 그 무죄 속에는 아시다 전 수상의 이름도 들어 있었다.

전후의 증수회사건으로 이와 견줄 만큼 유명한 것은 쇼와 29(1954)년의 '조선의옥사건453)'이다. 어느 대금업자가 금리에 관한 사건으로 체포된 일이 계기가 되어 요

함정본부장인 마츠모토 가즈마사가 미츠이물산의 손을 거쳐 영국의 비카이스사로부터 약 40만 엔의 수회를 받은 일이 판명되었다. 한편 귀족원은 해군예산안 7천만 엔을 삭감, 가결했지만 예산안은 양원협의회의 부조화로 불성립, 3월 24일 야마모토 내각은 총사퇴했다. 군법회의는 5월 19일 마츠모토 가즈마사 전 함정본부장을 수회용의로 징역 3년, 추징금 40만 9800엔, 사와자키 간모 대좌를 수회용의로 징역 1년, 추징금 1만 1500엔을 판결했다. 한편 도쿄지방재판소는 7월 18일 야마모토 죠타로 등 전원에게 유죄판결, 군법회의에서는 9월 3일 후지이 데루고로에게 수회혐의로 징역 4년 6개월, 추징금 36만 8000엔을 판결, 사법처분을 완료했다.

453) 조선의옥사건(造船疑獄事件) : 도쿄지방검찰청특별수사부가 해군, 조선업계간부의 체포를 시작으로 정계, 관료 및 국회의원 4명을 체포, 더욱 발전하는 기세를 보였다. 동년 4월 20일, 검찰청은 수회용의로 자민당 간사장 사토 에이사쿠의 체포를 결정했지만 다음날 이누카이 다케루 법무대신은 검찰청법 제14조에 따라 지휘권을 발동, 검사총장에게 체포중지와 임의조사를 지시했다. 지휘권 발동은 내각 총리대신 요시다 시게루의 의향이었으며

시다吉田 내각을 뒤흔드는 증·수회용의로 진전되었다. 마침내는 자유당 간사장 사토 에이사쿠의 수회용의까지 부상했고, 검찰수뇌회의에서는 간사장 체포를 단행했다.

그런데 스톱을 거는 자가 있었다. 표면에 드러난 사람은 당시의 법무대신 이누카이 다케루다. 법무대신에게는 지휘권이 있다. 그는 그 지휘권을 발동했다. 법무대신의 지휘권은 범죄용의자를 감싸기 위한 것이었으며 정치정세 등으로 수사에 부당한 간섭이 있다면 그것도 배제하기 위해서였다. 예컨대 이 제도가 남용된 것이다.

검찰당국의 충격은 컸다. 사실상 수사의 중지명령과 마찬가지였다. 결국 조선의옥사건은 급속히 종지부를 찍었다. 따라서 이누카이 법무대신의 지휘권 발동은 아마도 오점으로 세간에 오랫동안 오르내릴 것이다.

로키드 의옥 여파

로키드 의옥疑獄[454]사건에서는 다나카 전 수상이 체포되었고, 사토 고우코 전 운수정무차관, 전 자민당 간사장, 하시모토 도미사부로 전 운수성 장관이 연달아 체포되었다. 따라서 자민당은 야단법석 대소동이었다.

미키 수상은 국회에서 로키드 추궁에 허세를 부렸다. 더 이상 추궁을 하면 불길은 자민당 내부로 더욱 확산될 것이다. 켕기는 데가 있는 자는 마음 편히 있을 수 없다. 여하튼 추궁에 제동을 걸고 싶다.

그래서 속이 빤히 들여다보이는 익살극이 시작되었다. '미키 끌어내리기'라는 획책이었다. 하루라도 빨리 미키 수상을 하야시켜 적당한 선에서 수회용의 추궁을 유야

이누카이 법무대신은 다음날 사임했다. 4월 30일 참의원본회의에서는 지휘권 발동에 관한 내각 경고경의를 가결, 중의원은 "지휘권 발동으로 수사에 지장을 받았다"는 검사총장의 증언을 근거로 요시다 시게루의 증인환문(証人喚問)을 결의했지만 요시다 수상은 병을 이유로 거부했다. 중의원은 "거부이유가 불충분하다"며 의원증언법(議院証言法) 위반으로 고발했지만 불기소처분. 체포자는 71명, 기소자 중 7명은 무죄, 14명은 집행유예, 사토 에이사쿠는 정치자금규정법 위반으로 재택기소(在宅起訴)를 받았지만 국연가맹은사(國連加盟恩赦)로 면소(免訴)되었다.

454) 고관이 관련된 대규모 증수회사건

무야로 해버리자는 것이었다. 물론 미키 주류파는 "그렇게는 안 되지"라고 대응했다.

그런 일이 벌어지는 동안 도쿄구치소에 구류되어 있던 다나카 가쿠에이 전 수상이 수회죄로 기소된 뒤, 보석금 2억 엔으로 풀려나왔다. 그는 "이번에는 내가 미키짱을 혼내줄 차례다"며 기염을 토했다. 그래서 자민당 내에서 이미 대의명분을 잃어버린 후쿠다·오이다이라·다나카라는 반주류파와 미키·나카소네라는 주류파의 부끄러운 줄 모르는 스모싸움이 시작되었다.

그런데 미키 주류파에도 불온의 먹구름이 드리워졌다. 아메리카에서 고창과 단독 기자회견에 성공한 아사히신문 기자가 일본으로 기사를 우송했던 것이다. 일본에서 활약한 로키드사의 공작원이라는 우익의 고다마 구레와 나카소네 자민당 간사장의 연관과 역할에 대한 기사였다. 미키 수상으로서는 큰 타격이었다. 미키 내각 아래에 있는 자민당 간사장이 소위 회색분자였다는 사실은 내각으로서도 엄청난 폐해였다.

만에 하나라도 수회조사의 손이 간사장까지 뻗쳐오면 내각의 생명은 끝이다. 여기서 우리가 두려워하는 것은 검사총장에 대한 법무대신의 지휘권이 또다시 발동되어서는 안 된다는 것이다. 이누카이 법무대신이 세차게 비난을 받았기 때문에 이번에는 수회용의자를 숨기기 위해 살그머니 발동하는 형태를 취한다면 우리는 더 이상 참을 수 없다.

그 외에 로키드사건에는 생각지도 못했던 여파가 여러 가지 있었다. 사건은 어느 정도 해결될 것 같았는데, 돌멩이가 일으킨 파문은 예상외로 멀리까지 퍼져 나갔다.

NHK 회장의 사임도 그 하나다. 다나카 전 수상이 보석으로 풀려나온 것은 앞에서 말했다. 그러자 기다렸다는 듯이 '다나카 방문'이 시작되었다. 비위를 맞추기 위해서다. 그들 속에는 NHK 오노 회장도 섞여 있었다. 그도 즉시 다나카 방문에 동참했다. 더구나 NHK 차로. 그는 다나카가 우정대신이었을 때 사무차관이었고 다나카의 후원으로 NHK 회장자리에 앉은 것이다.

"괘씸하다"는 항의 전화가 NHK로 집중했다. 외부에서뿐만이 아니었다. NHK 내부에서도 "회장은 사임하라"는 사퇴요구서가 빗발쳤다. 총평도 사임요구를 했다. 견딜 수 없어 그는 마침내 사임했다.

쇼와 51년(1976년) 여름은 일본에서도 정말 이상한 여름이었다. 기후 또한 그랬다. 여름이 짧고 서늘했다. 장마는 예년보다 길었으며 추운 여름이라고 할 정도로 여름다운 날이 적었다. 그래서 대지진이 발생할지도 모른다는 공포가 사람들 입에 오르내렸다.

3. 공무집행을 방해하는 죄

커다란 짐을 짊어진 남자가 어둠 속에서 느닷없이 나타났다. 경찰관이 직무질문을 하자 술을 마신 남자는 도둑취급 당했다고 화를 내며 순간적으로 경찰관을 때렸다. 이것이 공무집행방해죄다. 이 범죄는 공무원이 직무를 집행하는 데 폭행이나 협박을 하면 성립한다.(형법 제95조)

공무원이 직무상 할 수 있는 행위가 '직무집행'이므로 사무, 직무질문, 순회나 검문을 하는 일이 직무의 집행이다.

폭행, 협박은 공무원에 대해 하지 않으면 안 된다. 하지만 실제로 직무집행을 방해할 필요까지는 없다. 방해에 충분한 정도면 된다.

단속을 위해 순찰중인 수상경찰의 배에 매달려 뱃머리를 두들기거나, 도구를 훼손, 또는 밀조용의가 있는 막걸리를 발견한 경찰이 현행범 증거품으로 압수하려 할 때 도끼로 술통을 깨뜨려 막걸리를 흘려버려도 간접폭행에 의한 공무집행방해다.

폭행과 협박을 했을 때 본죄가 성립하기 때문에 직무집행이 실제로 저지되었는가 아닌가는 묻지 않는다. 형벌은 3년 이하의 징역 또는 금고다. 공무원에게 어떤 처분을 받거나, 혹은 받지 않기 위해, 그 직무를 하지 못하게 폭행과 협박을 해도 마찬가지다.

예를 들면 회의에 출석하는 의원을 중도에서 잠복하고 있다가 폭행, 협박하여 저지한 경우에도 본죄가 성립한다.

4. 강제집행을 피하는 죄

"앗, 큰일이다. 강제집행 당할 것 같다."

그래서 재산을 은닉하거나 타인에게 팔아버렸다. 이처럼 가장양도의 형태를 취하거나 사실은 차금이 없는데도 토지나 건물에 거짓 저당을 설정하는 사람이 있다.

이와 같은 행위가 강제집행면탈죄強制執行免脫罪다. 형벌은 2년 이하의 징역 또는 천 엔(임시조치 20만 엔) 이하의 벌금이다.(형법 제96조의 2)

강제집행을 모면할 목적으로 서둘러 합명회사合名會社455)를 설립하여 채무자 개인 소유의 부동산을 회사 명의로 바꾸어버려도 가장양도에 해당된다. 따라서 사정을 알면서도 가장양도를 받은 사람이나 이름만 빌려주어 가장채권자로 된 사람은 공범이다. 이런 일은 불황일 때 어디서나 흔한 얘기다. 주의에 주의가 필요하다.

속임수 혹은 유혹 등의 위계僞計, 또는 폭행, 협박을 사용하여 공公의 경매나 입찰에 부당한 영향을 주거나 그 공정을 방해하는 행위는 공정입찰방해죄公正入札妨害罪・부정담합죄不正談合罪다. 2년 이하의 징역 또는 5천 엔(임시조치 백만 엔) 이하의 벌금이다.(형법 제96조의 3) 경매나 입찰에서 경쟁자들끼리 공정한 가격을 방해하거나 부정한 이익을 얻을 목적으로 담합한 자도 동일하게 취급한다.

압류봉인을 떼어내도 범죄

강제집행에는 갈등을 동반하는 경향이 많다. 따라서

공무원이 행한 봉인이나 압류표시를 파괴, 또는 다른 방법으로 봉인하거나 표시를 떨어뜨렸을 때는 2년 이하의 징역 또는 3백 엔(임시조치 6만 엔) 이하의 벌금이다.

---

455) 각 사원이 회사의 채권자에 대해 직접 책임을 짐으로써 대외적으로는 인적 신용이 중시되고, 사원의 책임강도는 상호 간 신뢰관계를 필요로 한다. 동시에 사원의 기업경영 참가를 강화함으로써 회사는 개인기업의 공동경영과 같은 인상을 주게 되며, 사단법인이면서도 실질적으로는 조합의 성격을 띤다.

봉인은 물건의 변경, 산실散失, 탈루脫漏 등을 방지하기 위해 법률의 규정으로 설치한 개피금지의사開披禁止意思의 물적 표시다. 반드시 도장을 찍을 필요는 없다. 집행관이 압류 때 하는 봉인은 그 중에서도 가장 두드러진 것이다.

채무자 중에는 다음과 같은 생각을 하는 사람도 있다.

"압류당해 관례대로 봉인받았다. 듣기로는 그 봉인을 파괴하면 징역이라고 한다. 그럼 봉인을 파괴하지 않고 다른 방법으로 안에 있는 물건을 살짝 꺼내면 되지 않을까? 그건 봉인을 파괴한 게 아니니까."

그런 편협한 생각은 위험하다. 인생항로에서 모든 일은 상처의 근원이다. 법률은 용의주도하게 만반의 준비를 하고 있다. 조문에는 "다른 방법을 사용하여 봉인 또는 표시를 무효로 한 자"라고 규정되어 있다. 특별히 봉인을 파괴하지 않고, 가로로 잡아당기든, 세로로 잡아당기든, 여하튼 결국은 봉인을 무효로 하면 이 범죄에 해당된다. 봉인으로서의 효력이 없어지면 그 자체로 본죄는 성립하는 것이다.

봉인은 집행관이 하는 것으로만 한정하지 않는다. 밀조한 막걸리가 들어 있는 통을 봉인하여 보관한 경우, 보관자가 봉인이 있는 술통에서 멋대로 막걸리를 유출했을 때는 본조에서 말하는 공무원이 행한 봉인을 무효로 한 행위에 해당된다고 판례는 말한다.

5. 탈옥의 죄

탈옥, 이것은 집념의 드라마다. 암굴왕몬테크리스토 백작처럼 본인의 능력으로 혼자 살그머니 도주하든, 패거리와 함께 간수를 쓰러뜨리고 화려하게 도주하든, 모두 영화나 소설이 좋아하는 소재다. 가장 좋은 예가 〈빠삐용〉이라는 영화다.

하지만 국가로서는 범죄를 저지른 자의 신체자유를 구속할 필요가 있다. 재판 중에도 그러하고 형의 집행 중에도 그러하다. 범인이 함부로 도주해버리면 체면도 구긴다. 그래서 도주의 죄를 만들어두었다. 기결, 미결의 수인이 도주하는 행위를 단순도주죄單純逃走罪라고 하며 1년 이하의 징역이다.(형법 제97조)

기결수란 재판소에서 조사가 끝나 판결확정을 받고 형의 집행을 위해 형무소에 들어가 있는 수인이다. 미결수는 아직 조사 중으로 판결이 확정되지 않은 수인이다.

감독자의 감독으로부터 빠져나가는 일이 도주이므로, 예컨대 형무소라면 외벽을 빠져나갈 때까지는 도주의 기수라고 할 수 없다.

기결, 미결의 수인이나 구인장拘引狀의 집행을 받은 자가 구금장拘禁場이나 기구를 파괴 혹은 폭행, 협박하여 빠져나가거나, 2명 이상이 통모하여 도주했을 때는 가중도주죄加重逃走罪라고 하며 3개월 이상, 5년 이하의 징역이다.(형법 제98조)

법령에 따라 구금받고 있는 자를 탈취奪取해도 3개월 이상, 5년 이하의 징역이다. (형법 제99조)

구금받은 자를 도주시키기 위해 기구를 급여하거나, 그 외의 방법으로 도주를 용이하게 하면 도주원조죄로 3년 이하의 징역이다.(형법 제100조)

간수, 호송하는 자가 피구금자를 도주시키면 특히 형이 무겁다. 1년 이상, 10년 이하의 징역이다.

요곡의 〈유녀 기오우〉에는 이런 노래가 있다.

"난 이 도시에서 살고 있는 기오우라는 여자, 유녀의 길을 걷는 몸이지요. 어느 날 아리따운 미색으로 날아온 풍류객의 비단결 같은 목소리. 정월 대보름달 아래 펼쳐진 궁중에 이름을 남기며 화려한 도시에서 한번 살아볼까."

시라뵤시[456] 중에서도 가장 뛰어난 기오우[457]의 아버지는 녹봉은 적었지만 정이 많은 사람 좋은 무사였다. 요곡에는 남자다운 모습까지는 기록되어 있지 않지만 기오우의 아버지이기 때문에 분명 멋진 사람이었을 것이다.

"이번 합전에서 적군의 숫자도 모른 채, 생포자 한 명만 옥에 넣어두었어. 옥문을 지킬 때마다 수인을 보면 아직 어려서 불쌍하고 가엾었지. 수인을 도와 보살을 행하면 범죄인 줄 알면서도, 본인도 아닌데 부모의 한탄을 생각할수록 마음이 아파 결국은 옥문을 열어주었어. 수인을 놓아준 죄는 무겁고 생각만 해도 무시무시해. 게다가 더 이상 목숨은 없다고 들었으니 기쁘게 받아들여야겠지."

감옥을 지키던 기오우의 아버지는 수인을 놓아준 죄로 주객이 전도되어 지금은 자신이 수인 신세다. 따라서 기오우가 면회 갔던 그날 저녁, 주름진 목은 잘려나갔던 것이다. 유녀 기오우 아버지의 죄를 오늘날의 (형법으로 옮기면 제101조에 따라 1년 이상, 10년 이하의 징역형이다. 미수도 처벌받는다.

6. 범인을 장닉하거나 증빙을 인멸한 죄

여행을 떠나다

범인장닉죄犯人藏匿罪란 글자 그대로 범인을 은닉, 즉 몰래 숨겨두는 일이다. 범인이란 죄를 범한 사람이다. 하지만 방귀를 뀌듯 가벼운 죄를 범한, 예컨대 경범죄법에 해당하는 구류나 과료 정도의 가벼운 죄를 범한 범인의 은닉마저 범인장닉죄로 처벌하면 곤란하다.

그런 경미한 범법자는 세상에 널렸기 때문이다. 누구나 도로에 침을 뱉거나 노상

---

456) 시라뵤시(白拍子) : 헤이안 말기, 가마쿠라시대에 유행한 가무의 일종. 또는 그것을 연기하는 유녀. 남장의 유녀가 노래를 하면서 춤을 춘다. 뒷날 매춘부의 이명으로 쓰였다.
457) 기오우(祇王) : 헤이케 이야기에 등장하는 인물. 교토의 시라뵤시. 다이라 기요모리의 총애를 받았지만 자신이 추천한 호도케 고젠에게 그의 총애가 옮겨가자 어머니, 여동생과 함께 불문에 귀의, 사가의 왕생원(往生院)에 은거했다.

방뇨를 한 경험이 있을 것이다. 그래서 법률도 약간의 안전지대를 두어 벌금 이상의 형에 해당하는 죄를 범한 범인을 은닉한 사람만 처벌하기로 한 것이다.

도박사 사이에는 추적의 눈이 빛나기 시작하면 "여행을 떠난다" 혹은 "땅을 판다"는 은어로 의형제라는 패거리 집으로 도주하여 은신한다. 이때 "형님, 지루하시죠?"라고 머리를 조아리며 대접하는 칸분 녀석이 있다. 그 녀석이 바로 '범인'이다.

조문은 '은닉'이라고 간단하게 쓰지 않고, 심한 말더듬이처럼 '장닉藏匿' '증빙証憑'이라는 어려운 단어를 늘여 쓰고 있다. 장닉은 숨는 장소를 제공하여 발견, 체포를 모면시켜주는 일이다. 은피隱避는 그 외의 방법으로 도주를 용이하게 해주는 것이다.

경찰 : "이곳에 방금 40세 가량의 검은 피부에 큰 체격의 남자가 도망쳐오지 않았나?"

농부 : "아~그런 사람이라면 저쪽으로 갔어. 저기, 저기로."

반대 방향을 가르쳐주어 고의로 경찰을 속이는 장면이 영화나 TV에 나오는데 이것도 은피에 들어간다. 따라서 "이 편지를 가지고 기요미즈의 가시모토貸元[458]에게 가라"며 편지와 함께 여비까지 건네서 도주시켰다면 당연히 은피다.

그 외에 의복 제공, 혹은 변장시키거나, 한발 더 나아가 범인도 아닌 녀석이 "내가 범인입니다"고 말해 간접적으로 범죄도주자를 은닉했다면 모두 은피에 들어간다.

부성애의 화신 양조장의 항페에

본죄는 범인의 친족이 범인의 이익을 위해 한 일이라면 형을 면제받을 수 있다.

"그제 밤, 산 입구에서 젠에몽을 살해한 사람이 염료가 항시치라고 들었을 때는 너무 놀라서 무릎도 허리도 빠져나갈 정도였어요. 예전에는 부자지간의 인연을 끊어서 당신은 고통받지 않아 마음이 편할 거라고 생각했는데 당신의 온몸을 죄여오는 고통이 항시치의 목숨이라는 걸 알았죠. 살인의 과오를 짊어진 목숨을 하루라도 더 연장하고 싶어 하는 당신의 애타는 심정은 실로 자식을 생각하는 부모의 마음입니다. 이 소간은 부모의 진심을 알면 알수록 내 잘못을 절실히 느끼고 있어요."

---

458) 도박의 두목, 물주

기다유 〈염자녀무의艶姿女舞衣〉의 '양조장'부에서 정조가 굳은 오쿠니의 아버지 소간은 항시치의 아버지 항페에게 사과를 했다. 항페에의 아들 염료가 항시치는 끊이지 않는 분쟁으로 인해 원수 같은 젠에몽을 살해했다. 자기 아들이 무서운 살인죄를 범했다는 사실을 알게 된 아버지 항페에는 어차피 체포되면 처형될 거라고 생각하고 항시치의 목숨을 하루라도, 아니 한나절이라도 연장해주고 싶은 마음에 자신이 범인이라고 나섰던 것이다. 기다유의 문장을 빌리면 항페에는 "손목은 느슨하게 하고, 날개를 묶는" 형태로 결박되었다.

"그런 상황이 되었을 때는 웃어주는 게 부모의 자비인 거지."

항시치의 장인 소간이 눈물을 흘리며 술회하듯, 천하의 몇천만 인간들이 웃고 있을 때 오로지 자식을 위해 자기 몸을 희생하는 사랑이 바로 깊이를 헤아릴 수 없는 부모의 자비인 것이다.

그래서 법률은 부모자식, 형제자매 등 친족의 경우는 형을 면제한다. 따라서 만약 항시치의 아버지 항페에가 형행 (형법으로 재판을 받는다면 형을 면제받을 수 있다.

옛날 법률인 《어정서백개조》에서는 "① 공의公儀에 대한 중상 모계謀計 ②주 살主殺 ③ 친살親殺 ④ 세키쇼야부리關所破リ459) ⑤용모파기로 지명수배된 범죄는 용의자를 알면서도 숨겨주거나, 하인으로 가장하여 신고하지 않은 자, 고쿠몬獄門. 또한 알면서도 받아들인 자, 동죄. 단지 문초한 뒤 모르고 있었다고 판명되면 주인, 받아들인 자, 모두 과료"라고 되어 있다.

현행 현법에서 본죄는 2년 이하의 징역 또는 2백 엔(임시조치 4만 엔) 이하의 벌금이다.

증빙인멸

증빙인멸證憑湮滅은 타인의 형사피고사건에 관한 증거를 은닉, 멸각滅却, 위조僞造, 변조하거나 위조변조의 증거를 사용하는 일이다. 형사피고사건이란 실제로 재판소에 형사사건으로 심리 중인 경우는 물론, 장래에 형사사건이 될 수 있을 때도 포함한다.

---

459) 통행증 없이 부정한 방법으로 관문을 빠져나간 죄

증거라고 하지 않고 '증빙證憑'이라고 한 것은 예의 법률지병인 어렵게 말하는 버릇에서 나온 것이 아니다. 보통의 증거물건 외에 증인, 참고인, 감정인 등을 모두 포함하기 때문이다.

"저 남자가 있으면 증인으로 호출되었을 때는 입장이 곤란하다."

그래서 그 남자를 산속 온천에 숨겨두고 피고인의 이익을 꾀해도 역시 본죄는 성립한다.

자기의 형사피고사건인 경우, 자신에게 본죄를 범하면 죄가 되지는 않는다. 인정 때문이다. 법률도 관대한 점이 있는 것이다.

인멸은 위조, 변조 이외의 방법으로 증빙의 발견을 방해하는 모든 행위다. 앞에서처럼 증인을 숨겨도, 증거물건을 태우거나 은닉해도 모두 여기에 들어간다.

본죄도 범인이나 도주자의 친족이 범인 또는 도주자의 이익을 위해했을 경우에는 형을 면제할 수 있다. 친족이 무엇인가는 민법의 친족편을 보기 바란다.

이러한 입법취지는 범인의 친족이 그런 일을 하는 것은 인정으로써 어쩔 수 없다고 생각하기 때문이다. 따라서 범인의 친족뿐이며 아무리 친한 친구든, 스승과 제자 사이든 모두 범죄에 해당한다. 하지만 이런 경우는 어떨까?

요곡에는 〈로다이코籠太鼓〉라는 것이 있다. 규슈 마츠우라의 아무개는 하인 세이지를 감옥에 처넣었지만 도망쳐버리자 그의 아내를 남편 대신 감옥에 넣었.

그런데 세이지의 아내가 광기를 일으켰다. 놀란 아무개는 그의 아내를 감옥에서 꺼내려 했지만 여자는 사랑하는 남편 대신이기 때문에 꼼짝도 하지 않았다. 그 마음에 감동하여 남편을 용서해주겠다고 말하자 여자는 감옥에서 나왔다. 그런데 여자는 북소리가 울리면 남편을 그리워한 나머지 또다시 광기를 일으켜 스스로 감옥에 틀어박혀버렸다. 아무개는 더욱더 감동하여 남편의 사면을 신에게 맹세했다. 그러자 여자는 남편의 거주지를 가르쳐주었다. 그 뒤 부부는 오랫동안 행복하게 살았다고 한다.

이것은 은닉이다. 하지만 부부의 정으로는 가능한 일이다. 그래서 (형법은 친족인 경우 형을 면제해준 것이다.

7. 위증죄

위증(僞證)이란 증인으로 재판소에서 조사받을 때 허위로 진술, 즉 거짓말을 하는 일이다. 재판소에서 증인으로 호출받으면 누구든 출석해서 진술해야 할 의무가 있다. 이것은 국민으로서 당연한 의무라고 마음에 새겨두어야 할 것이다.

증인이 되면 재판소는 가장 먼저 관례대로 주소와 성명을 묻는다. 다른 사람인가 아닌가를 확인하기 위해서다. 다음으로 '선서(宣誓)'를 명한다. 선서란 결코 거짓말을 하지 않겠다는 맹세지만 단지 입으로만 하는 것이 아니다. 서면으로 서명 날인하여 맹세한다. 도장은 실인이 아니어도 상관없다. 이 서면을 선서서(宣誓書)라고 하며 대체로 다음과 같다.

선서서

양심에 따라 사실만을 말하겠습니다.
알고 있는 일을 숨기거나 없는 일을 말하지 않겠습니다.
위에 말한 대로 할 것을 맹세합니다.

증인 아무개 印

선서한 증인이 허위진술을 했을 때는 형법 제169조에서 규정한 법률에 따라 3개월 이상, 10년 이하의 징역에 처한다. 하지만 재판에서 증인으로 조사받았어도 선서를 하지 않았다면 위증죄로 처벌받지 않는다.

또한 보통의 경우는 민사나 형사사건에서 하지만 때로는 특허, 의장, 실용신안 등에 관해 조사받을 때 할 수도 있고, 국회에서 할 때도 있다.

예의 로키드사건에서 전일본항공의 사장이 중의원예산위원회에 호출받았을 때 이렇게 증언했다.

"전일본항공은 트라이스타 도입결정 전인 쇼와 45년 5월 이전에는 아메리카 더글라스사의 DC10을 오브션(조건부 가발주)한 사실이 없다."

하지만 위증의혹이 짙다며 위원회위원장이 검찰청에 고발했다.

또한 상사 마루베니의 전무는 역시 증인으로 국회에서 진술한 말에 위증의혹이 있다고 하여 체포되었다. 이 모두는 국회에서 증인의 선서 및 증언 등에 관한 법률에 따른 것이다. 하지만 이와 같은 사건은 앞으로 점점 더 발전하여 소위 우익과 보수당·정부고관들이 서로 결탁해 나갈지도 모른다.

따라서 정치의 검은 손이 뻗어와 적당한 선까지만 사실을 말하고 정말 나쁜 녀석은 국민의 눈앞에서 숨어버리는 결과로 끝나지 않았으면 하는 것이 국민의 한결같은 바람일 것이다.

그렇다면 허위의 진술이란 무엇인가? 거짓말을 하는 것이다. 거짓말이란 증인의 기억에 위반, 예컨대 본 기억이 있는데도 "보지 못했다"고 하거나, 없는 일을 "있다"고 하는 경우다. 기억과 다른 일을 말하는 것이 거짓말이다. 거짓말을 하면 그것이 우연이든, 진실과 합치되든 역시 위증죄다. 앞에서 말한 전일본항공의 사장과 상사 마루베니의 중역들이 국회에 증인으로 호출받았을 때 여러 가지 질문을 받으면 "그런 일은 기억에 없습니다"를 연발했던 것도 실은 이런 지식이 있기 때문이다. 즉 객관적으로는 진실과 달라도 증인의 기억에 없는 일이라면 거짓말이 아니라는 것이다.

증인의 기억이 어떨까? 이것은 그야말로 사람의 머릿속 문제이기 때문에 아무도 알 수 없다. 따라서 "기억에 없다"며 도망가려는 그들의 행위를 국회중계 TV로 보던 분들은 이상한 느낌을 받았을 것이다. 초등학교에서 장난이 발각되어 "누가 했어?" 힐문하면 코흘리개 개구쟁이 아이는 "기억에 없어요"라고 말한다. 그 꼴이다.

로키드사가 중의원들에게 뿌린 돈에 대한 영수증을 땅콩 몇 개분이라는 형태로 보낸 뒤, "그 땅콩이 무슨 의미인지 모른다. 단지 로키드사의 형편상 필요하다고 하여 영수증을 쓴 것뿐이다. 따라서 무슨 일인지 전혀 모른다"고 시치미를 뗀 것은 역시 위증이다.

마작에서 패배한 녀석이 "이봐. 로키드사에 전화해서 땅콩 한 개만 보내달라고 해"라고 했던 농담이 유행한 것도 그 영향이다. 한 개가 백만 엔 정도의 단위를 의미한다는 것은 누구나 추측한다.

덧붙이자면 마루베니의 중역 이토가 로키드사에 건넨 영수증은 아래와 같다.

> August 9, 1973
> I received One Hundred Peanuts.
> *Hiroshi Itoh*

만약 위증죄를 범한 사람이 자신이 증언한 사건이 재판확정 전이거나, 징계처분 전에 자백을 하면 그 형은 감경減輕 또는 면제받을 수 있다. 또한 감정인이나 통역자도 증인처럼 거짓말하면 위증죄로 처벌받는다.

8. 무고죄

사랑의 연적 타로가 절도 따위는 하지 않았다는 사실을 알면서도 얄미운 나머지 "타로가 훔쳤어요"라고 경찰서에 투서하는 것은 무고죄다.

서면이든 구두든 구별하지 않는다. 서면이라면 그곳에 자신의 이름을 기입하든, 도장을 찍든, 익명이든, 타인의 이름을 무단으로 기입하든 문제가 되지 않는다.

타로가 도둑질을 했다고 우체국이나 세무서에 고자질한 것이 아니다. 하물며 절에도 아니다. 범죄의 경우, 반드시 경찰이나 검찰에 해야 한다. 파출소에 해도 좋다.

무고가 되기 위해서는 일정한 사실을 신고해야 한다. 검찰청에 가서 뜬구름 잡거나, 벽에 똥을 칠하는 것 같은 말이 아니고 확실하게 무고해야 한다. 조사를 독촉할 정도의 내용이 필요하다.

옛날 설교강도가 유행했던 시절, 옆집 주인이 아무래도 설교강도 같다고 생각한 남자가 있었다. 고의로 옆집 주인을 범죄에 빠뜨려 벌줄 생각은 아니었지만 밤늦은 귀가, 특히 굽은 등에 안짱걸음, 작은 키를 보면 설교강도임에 틀림없다고 단정하고 경찰에 신고했다.

"옆집 주인이 아무래도 설교강도 같아요."

경찰은 덤벼들듯 재빨리 조사에 착수했지만 옆집 주인은 설교강도이기는커녕 벌레조차 죽이지 못하는 선인이었다. 이번에는 신고한 그 남자가 경찰에게 설교를 받았다고 한다.

하지만 이것은 무고죄가 아니다. 스스로 설교강도라고 판단했을 뿐 허위신고를 하겠다는 의사는 없었기 때문이다. 이에 대해 판례는 다음과 같이 설명한다.

"무고죄는 사람을 형사 또는 징계처분을 받게 할 목적으로 담당관에게 허위사실을 신고함으로써 성립하기 때문에 객관적인 조건으로써 신고한 것이 거짓이라는 사실을 알고 있는 경우가 아니면 안 된다. 목적과 객관적 조건 중 하나만 결핍되어도 성립하지 않는다."

여기서 주의할 것이 있다. 위의 판례에도 조문에도 있듯이, "형사 또는 징역처분을 받게 할 목적으로"라는 말은 특별히 얄미워서 범죄에 빠뜨릴 생각으로 한 경우만을 가리키지는 않는다는 것이다. 적어도 경찰에게 "저 남자가 3억 엔 사건의 범인이다"고 신고한 이상, 만약 그 남자에게 죄가 있으면 벌을 받는다는 사실은 누구나 알고 있다. 절에 가서 스님에게 말한다고 해서 범죄라고는 아무도 생각하지 않지만 경찰서는 그렇지가 않다. 즉 범죄에 빠뜨리겠다는 악의가 없어도 경찰에 신고한 이상, 그 목적이 있다고 간주한다. 이런 판례가 있다.

"무고죄 성립에는 타인이 형사 혹은 징계처분을 받는다는 결과가 발생한다는 인식 아래 허위사실을 신고함으로써 그 성립은 충분하며, 반드시 상기의 진술대로 결과가 발생할 필요는 없다."

본죄는 3개월 이상, 10년 이하의 징역이다.(형법 제172조) 또한 본죄를 범한 사람이 자신이 신고한 사건이 재판확정 전이거나 또는 징계처분 전에 자백했을 때는 그 형을 경감 또는 면제받을 수 있다.

9. 내란 등에 관한 죄

혁명은 성공하면 영웅, 실패하면 범죄자

멕시코는 혁명이 자주 발생하는 나라로 소설이나 영화무대에 종종 등장한다. 전후 불꽃처럼 타오른 혁명아 사바타[460]의 짧은 생애를 고지대의 멕시코 공기처럼 메마른 터치로 묘사한 엘리아 카잔[461] 각본, 감독의 아메리카 영화에도 있듯이, 혁명은 성공하면 영웅, 실패하면 범죄자라는 레테르가 붙는다. 어떤 범죄의 레테르일까? 내란죄라고 인쇄되는 레테르다.

"정부를 전복하고 방토를 참절하거나 그 외 조헌을 문란하게 할 목적으로 폭동을 일으키는 일"이 내란죄다.(형법 제77조) 형벌은,

① 수괴首魁은 사형 또는 무기금고

② 모의에 참여 또는 군중을 지휘한 자는 무기 혹은 3년 이상의 금고. 그 외 제반의 직무에 종사한 자는 1년 이상, 10년 이하의 금고

③ 부화수행附和隨行, 그 외에 단지 폭동에 관여한 자는 3년 이하의 금고

③을 제외한 미수도 처벌받는다. 법률은 어려운 단어를 엄숙하게 나열하는데, '정부의 전복'이란 내각제도 자체를 파괴하는 일로써 요시다 내각, 미키 내각이라는 개개인의 내각을 쓰러뜨리는 일이 아니다.

'방토邦土의 참절僭竊'이란 일본 영토의 전체 혹은 규슈지방이라는 일부 영토에 대해 일본국의 통치권 행사를 사실상 배제하는 일이다.

'조헌朝憲의 문란紊亂'이란 일본의 정치적 기본조직을 불법으로 변혁하는 일이다. 정부의 전복과 방토의 참절은 조헌 문란의 예에 지나지 않는다.

---

460) 사바타(Emiliano Zapata; 1879~1919년) : 멕시코 혁명의 농민군 지도자. 빈농을 이끌고 멕시코 혁명에 참가. 혁명 후, 철저한 토지개혁을 주장하며 주류파와 대립. 암살되었다.

461) 엘리아 카잔(Elia Kazan) : 배우. 연출가. 영화감독. 이스탄불에서 태어난 그리스계 미국인. 아들은 영화감독이며 각본가인 니콜라스 카잔

1917년, 러시아 혁명이 발발했다. 20년 동안 비밀결사 속에서, 감옥 속에서, 시베리아에서, 추방 속에서 참고 인내하며 오랫동안 꿈꾸어온 혁명을 알게 된 레닌은 위험을 무릅쓰고 진정한 혁명을 위해 취리히에서 러시아로 돌아왔다. 세계의 새로운 역사탄생이다. 하지만 혁명은 구질서의 (형법에서 보면 조헌의 문란이다. 다수인이 결합하여 사회의 안정과 질서를 파괴하는 정도의 폭행이 여기서 말하는 '폭동'이다.

내란죄의 예비나 음모는 1년 이상, 10년 이하의 금고다. 병기나 금전, 곡물을 지급하거나 그 외의 행위로 내란과 내란의 예비, 음모를 원조하면 7년 이하의 금고다.

이처럼 내란의 형벌은 무겁다. 권력자로서는 이 범죄의 형을 가볍게 한다는 것은 저승사자와 키스하는 기분일 것이다. 예비, 음모, 원조는 폭동착수 전에 자수하면 형을 면제받는다. 배신자를 유발하려는 목적이다.

외헌外憲에 관한 범죄도 몇 개 있다. "외국과 통모하여 일본국에 무력을 행사한다"는 것이 외환유치죄外患誘致罪이며 형벌은 사형뿐이다.(형법 제81조) 굉장히 무겁다. 미수도 처벌받는다.

일본국에 대해 외국으로부터 무력행사가 있을 경우, 거기에 가담하여 군무軍務에 복종하거나 그 외에 군사상의 이익을 주는 것이 외환원조죄外患援助罪이며 사형 또는 무기, 2년 이상의 징역이다.(형법 제82조) 미수도 처벌받는다. 외환유치·외환원조죄의 예비, 음모는 1년 이상, 10년 이하의 징역이다.

국교에 관한 죄도 몇 개 있다. 외국에 대해 모욕을 줄 목적으로 그 나라의 국기, 그 외의 국장을 손괴, 제거, 오예汚穢하면 2년 이하의 징역 또는 2백 엔(임시조치 4만 엔) 이하의 벌금이다. 단지 외국 정부의 청구를 기다려 그 벌을 논한다.

외국에 대해 몰래 전투할 목적으로 예비 또는 음모를 하면 3개월 이상, 5년 이하의 징역이다. 단, 자수하면 형은 면제받는다. 외국교전外國交戰 때 국외중립에 관한 명령을 위반하면 3년 이하의 금고 또는 천 엔(임시조치 20만 엔) 이하의 벌금이다.

〈4〉 범죄가 얼마나 발생했는가?

1. 복수의 범죄처럼 보이지만 사실은 하나

특별법이 우선한다

왠지 항상 사이가 나쁜 시어머니와 며느리가 있었다. 정해진 설정이다. 어느 날 사소한 일로 무척 화가 난 며느리가 옆에 있던 덮밥그릇을 시어머니에게 던졌다. 그러자 운 나쁘게도 머리에 맞았다. 죽일 생각은 전혀 없었는데 시어머니는 벌렁 나자빠져 허무하게 죽어버렸다. 너무 심술궂은 며느리다.

이 며느리가 한 일은 과실치사가 아니다. 여하튼 시어머니에게 덮밥그릇을 던질 생각, 즉 폭행하겠다는 고의가 있었기 때문이다. 하지만 살인죄도 아니다. 시어머니를 살해하겠다는 고의는 없었기 때문이다. 신체상해로 사람을 죽음에 이르게 했기 때문에 상해치사죄다. 상해치사죄는 형법 제205조 제1항에 2년 이상의 유기징역이라는 규정과, 동조 제2항에 자기 또는 배우자의 직계존속에 대해 상해치사를 했을 때는 무기 또는 3년 이상의 징역이라는 규정이 있다.

이때 어느 쪽의 규정을 적용할까? 제1항은 '사람'이라는 살아 있는 일반 인간을 폭넓게 대상으로 하지만, 제2항은 사람 중에서도 특히 '자기 또는 배우자의 직계존속'에 해당하는 인간을 대상으로 한다. 즉 특별한 대상을 규정한 것이다.

이처럼 어느 법률과 법률 사이에 한쪽은 일반적인 것을, 다른 한쪽은 특별한 경우를 규정하고 있을 때는 "특별법은 일반법에 우선한다"는 원칙이 있다. 즉 특별법만 적용하는 것이다. 산의 나무를 훔치는 일에 대해서는 산림법山林法이라는 특별규정이 있다. 따라서 타인의 산에 들어가 나무를 훔치면 같은 절도라도 일반법에 있는 형법 제235조의 절도죄를 적용하지 않고 특별법인 산림법을 적용한다.

피흡수법은 흡수된다

저자가 어렸을 때는 시대극이 무척 왕성하게 방영되었다. 당시 시대극의 대표적 스타로서 반도 츠마사부로[462] 일명 반츠마와 아라칸이라는 아라시 칸쥬로[463], 가타오카 치에죠[464]라는 세 명의 유명배우가 닛가츠에서 활약했다. 아라칸이 연기한 구라마 덴구[465]는 소년들의 피를 들끓게 했다.

도호에는 강한 사투리의 오코우치 덴지로[466]가 있었다. 그의 단게사젠[467]은 정평이 난 연기였다. 그 외에 미남인 구로가와 야타로괴 쇼와 12(1937)년에 마츠다케로 옮긴 하세가와 가즈오[468]가 있었다. 그는 이전할 때 지금까지 사용했던 하야시 죠지로를 하세가와 가즈오로 개명했다. 얼굴을 괴한에게 찔린 것도 그 무렵이었다.

마츠다케에는 노래실력이 뛰어난 다카다 고기치와 용모가 야무지고 사나이다운 호남자 한도 고타로 등의 스타가 있었다.

신코아라시 칸쥬로 기네마에는 이치가와 우타에몬, 오오토모 류타로[469], 라몬 미

---

462) 츠마사부로(阪東妻三郎) : 1901~1953년. 도쿄 태생. 근대적인 성격의 영웅상을 연기. 시대극 혁신에 일익을 담당했다. 애칭 반츠마(阪妻). 대표작 〈웅여혈〉〈무호마츠의 일생〉 등.

463) 아라시 칸쥬로(嵐寬壽郎) : 1903~1980년. 교토 태생. 대표작 〈구라마 덴구〉 등이 있다. 닉네임은 아라칸

464) 타오카 치에죠9片岡千惠藏) : 1903~1983년. 군마 태생. 쇼와 초기 아타미 만사쿠, 이나가키 히로시와 함께 치에죠(千惠藏) 프로를 설립. 대표작 〈국사무쌍〉〈미야모토 무사시〉〈혈창후지〉 등이 있다.

465) 구라마 덴구(鞍馬天狗) : 구라마의 깊은 산속에 살았다는 요괴. 수도자 모습으로 붉은 얼굴에 높은 코, 등에는 날개가 있고, 새털로 만든 부채와 큰 칼, 금강장(金剛杖)을 들었으며 신통력이 있고, 자유롭게 비행했다고 한다.

466) 오코우치 덴지로(大河內傳次郎) : 1898~1962년. 후쿠오카 태생. 이토 다이스케 감독과 콤비로 쇼와 초기에 활약. 대표작 〈다다츠구 여행일기〉〈단게사젠〉〈신판 오오오카 정담〉 등이 있다.

467) 단게사젠(丹下左膳) : 하야시 후보우(林不忘) 소설의 등장인물. 외눈박이, 외팔의 허무주의 검객으로 묘사되었다.

468) 하세가와 가즈오(長谷川一夫) : 1908~1984년. 교토 태생. 간사이 가부키에서 활동하다가 영화계에 입문. 대표작 〈오나츠 세이지로〉〈겐지 모노가타리〉 등이 있다.

츠사부로가 왕성하게 활동했다. 다이토영화사에는 고노에 쥬시로가 있었다. 어쨌든 그들 스타들은 종횡무진으로 베고 또 베고, 닥치는 대로 벤다는 활동대사진이었다.

또한 전후에는 네무리 코시로와 자토이치가 칼을 화려하게 휘두르며 단칼에 몇십 명씩 쓰러뜨렸다. 자토이치는 눈이 보이지 않는데도 돌멩이에 걸리지도 않고 도랑에도 빠지지 않고, 어쨌든 초슈퍼맨처럼 관객 앞에서 화려한 칼솜씨를 선보였다.

그런데 이들 스타들에게 베이는 상대가 "꼼짝 마라, 관명이다"고 외치며 체포하는 막부의 관리든, 악대관이든, 두 개의 직업을 겸직한 야쿠자든, 알몸은 아니었다. 모두 옷을 입고 있었다. 구라마 덴구나 네무리 코시로에게 베인 상대는 목숨을 빼앗겼을 뿐만 아니라 동시에 입고 있던 옷까지 베이고 찢겨졌다. 즉 법률적으로 말하면 살인과 기물훼손죄가 동시에 발생한 것이다.

또 하나, "꼼짝 마라, 꼼짝 마"라며 달려든 순간 몸을 획 돌려 "네 이놈, 막부의 똥개"라는 대사와 함께 정수리부터 대나무 자르듯 잘라버린다. 그렇다면 상해와 살인 중 어느 쪽일까?

살인행위가 있으면 일반적으로 상해도 따른다. 이처럼 하나의 행위가 다른 행위까지 포함할 때는 포함하는 쪽이 포함되는 쪽을 흡수해버린다. 다시 말해, "흡수법은 비흡수법을 배제排除한다"는 원칙이다. 흡수법, 즉 형법 제199조의 살인죄 규정만 적용하는 것이다.

살인이 발생했을 때 피해자가 나체인 경우는 매우 드물다. 보통은 기모노든 양복이든 입고 있다. 따라서 의복의 훼기·파손은 당연히 살인 속에 흡수된다.

기본법은 보충법을 배제한다

에도시대 가부키, 고겐狂言의 작가였던 츠루야 난보쿠鶴屋南北470)가 설정한 잔인한

---

469) 오오토모 류타로(大友柳太朗) : 1912~1985년. 야마쿠치현 태생. 대표작으로는 〈쾌걸 흑두건〉〈단게사젠〉〈우몬체포장〉 등이 있다.

470) 츠루야 난보쿠(鶴屋南北) : 1755~1829년. 사쿠라다 지스케(櫻田治助)에게 사사받아 사쿠라다 효죠(櫻田兵藏)라고 한다. 뛰어난 무대구성과 사실적 작풍의 걸작을 남겼다. 대표작으로 〈오소메 히사마츠〉〈동해도 요츠야 괴담〉 등이 있다.

살인처럼 같은 살인이라도 무 자르듯 간단하게 하는 살인과 서서히 죽어가도록 조금씩 하는 살인이 있다.

후자의 경우, 살인의 실행에 착수한 뒤, 피해자의 숨이 끊어질 때까지는 시간이 상당히 걸린다. 살인죄는 숨이 끊어지기 전까지는 아직 미수지만, 시간이 지난 뒤 피해자의 숨이 덜컥 끊어진 시점부터는 기수다. 이때 살인의 기수와 미수의 규정관계는 어떻게 될까? 사람의 생명을 보호한다는 법익보호를 위해 서로 보충하는 관계로, 기수의 규정이 기본법이다. 그러니까 미수의 규정이 보충법이다. 따라서 "기본법이 적용될 때는 보충법은 적용하지 않는다"는 원칙이 작용한다. 즉 미수의 규정은 적용하지 않는다는 것이다.

택일관계에 있으면 한쪽만 적용한다

재산을 보호하는 목적이 동일해도 타인이 점유하는 물건을 취하면 절도, 자신이 점유하는 타인의 물건을 마음대로 처분하면 횡령이다. 같은 재산의 보호라도 점유침해의 유무로 절도나 횡령으로 나뉜다. 이처럼 두 개의 법규가 택일관계에 있을 경우는 "한쪽의 택일법이 적용되면 다른 한쪽은 적용되지 않는다"는 원칙이다.

두 개의 범죄가 결합한 범죄

부엌칼을 들이대며 "돈 내놔. 그렇지 않으면 이걸로 험한 꼴을 당할 줄 알아" 하는 행위는 말할 필요도 없이 강도다. 하지만 동시에 협박죄도 성립하지 않는가라는 의문이 생긴다.

마찬가지로 여러 명이 억압해서 억지로 지갑을 빼앗으면 강도지만 폭행죄도 성립한다고 생각할 것이다. 하지만 강도라는 범죄는 애초에 폭행 또는 협박으로 타인의 재물을 강취하는 범죄이기 때문에 폭행·공박恐迫이라는 하나의 범죄행위와 타인의 물건을 취한다는 또 다른 범죄행위가 결합하여 독립된 범죄를 만드는 것이다. 이것을 '결합범結合犯'이라고 한다. 결합범은 그 자체만으로 성립한다. 강도의 예로 말하면, 강도죄만 성립하며 폭행과 협박은 독립된 범죄로는 성립하지 않는다.

상습범죄는 여러 번 해도 한 번의 범죄

상습도박죄나 외설문서판매죄처럼 당연히 같은 행위를 반복, 지속하는 일이 예상되는 범죄가 있다. 이때는 여러 번 도박을 한다는 습벽習癖이 상습도박, 외설문서의 판매를 영업으로 한다는 것이 외설문서판매이기 때문에 지금까지 수없이 했어도 상습도박죄 한 개, 외설문서판매죄 한 개만 성립할 뿐이다.

포괄해서 한 개의 죄라고 하는 경우

시대극 영화에서 자주 등장하듯이, 물길 따라 세워진 흙벽으로 된 창고 옆에 사전에 배를 준비해두고 열쇠털이 녀석이 창고 안으로 숨어들어갔다. 안에는 천냥들이 상자가 가득하다.

그 녀석으로서는 천냥들이 상자는 무겁다. 한 개씩 옮기는 방법밖에 없다. 가령 5번 했다고 하자. 그렇다면 5번의 강도죄가 성립할까? 이때는 한 번의 절도를 행하는 의사로 한 번의 기회로 접속한 행위이기 때문에 5번의 천냥들이 상자 운반행위를 포괄해서 한 번의 절도죄가 성립된다. 이것을 학자들은 포괄적일죄包括的一罪라고 한다.

도난품을 망가뜨려도 처벌받지 않는다

절도범 자신이 훔친 빵을 먹어버렸거나 모처럼 훔친 그림이 가짜여서 찢어버렸다고 하자. 하지만 그 도둑님에게는 특별히 훼기죄가 성립하지 않는다. 이것을 불가벌적사후행위不可罰的事後行爲라고 한다.

따라서 훔친 금괴를 팔아버렸다고 해도 도둑님 자신에게는 장물죄가 성립하지 않는다. 물론 도난품이라는 사실을 알면서도 구입한 녀석에게는 장물고매죄贓物故買罪가 성립한다. 절도범이 아닌 사람이 도난품을 망가뜨리면 훼기죄다.

2. 한 번의 행위로 여러 개의 범죄가 발생했을 때

화려한 격투장면은 외국영화에서도 마찬가지다. 이탈리아에서는 마카로니 웨스턴[471]이라는 살인장면이 속출하는 서부극이 꽤 많이 제작되어 〈석양의 건맨〉〈황야의 무법자〉 등이 히트했다. 영국에서 제작한 숀 코너리 주연의 첫 작 〈007 살인번호〉에 이어 〈007 제임스 본드〉 대활약 시리즈물이 온 세계를 강타하자, 아메리카에서도 결코 질 수 없다는 듯이 〈전격電擊프린트〉〈0011 나폴레옹 소로〉 등의 화려한 액션물 시리즈를 제작했다. 모두 취향을 고려하지 않은 활동대사진의 연장 같지만 지긋이 보고 있으면 어정쩡한 마피아 갱들의 대량 살인을 그럴듯하게 다룬 〈대부〉보다도 더 재미있다. 하지만 아무리 그럴듯한 구실이나 이유를 붙여도 어차피 갱들은 성실하게 일하는 서민의 피를 빨아먹으며 빈둥거리는 빈대일 뿐이다.

어쨌든 007씨가 전 인류의 적인 비밀조직에 잠입해 원자력장치 스위치를 눌러서 설비는 물론, 수많은 사람들을 산산조각으로 만들어버리는 장면을 예로 들어보자. 단지 스위치를 눌렀다는 007씨의 단 한 번의 행위는 수십 명의 사망과 부상, 그 외에 여러 가지 설비와 동산, 건조물의 파괴라는 많은 피해를 발생시켰다. 이처럼 한 동작으로 많은 피해가 발생한 경우에 대해 형법은 "한 번의 행위로 수많은 구성요건에 적용되는 결과가 성립했을 때는 그 중 가장 무거운 형벌로 처단한다"고 규정한다.(제54조 제1항 前段) 이것을 학문상 상상적 경합想像的競合이라고 한다. 즉 007씨의 행위가 범죄라면 그는 가장 무거운 살인죄로 처벌받는 것이다.

---

471) 마카로니 웨스턴(macaroni western) : 아메리카의 서부극 같은 개척정신의 요소는 없고, 주로 멕시코를 무대로 총잡이를 등장시켜 잔혹한 장면만 강렬하게 묘사한 것이 특색이다. 〈황야의 무법자〉 이래 미국 서부극을 압도할 만큼 선풍을 일으켰다.

3. 두 개의 행위가 수단과 결과의 관계에 있을 때

앞에서 말한 창고에 몰래 숨어들어가 천냥들이 상자를 짊어지고 나온 도둑의 경우를 형법에 적용하면, 거주침입과 절도라는 두 개의 범죄다.

그런데 거주침입은 절도라는 범죄를 저지르기 위한 수단에 지나지 않는다. 특별히 숨어들어가는 것이 목적이 아니다. 그곳에 미인이라도 있다면 별개의 문제겠지만 곰팡내 나는 어두컴컴한 창고에 들어가보았자 색다른 재미가 있는 것도 아니다. 어디까지나 천냥들이 상자를 훔치겠다는 절도가 목적이다.

이처럼 두 개의 범죄가 서로 수단과 결과의 관계에 있을 때는 '색련범索連犯'이라고 해서 둘 중 무거운 형으로 처벌한다.(형법 제54조 제1항 後段) 즉 이 도둑은 절도죄로 처벌받는 것이다.

수단과 결과의 관계인가 아닌가는 사회의 일반적 견지에서 결정된다. 문서의 위조와 행사도 그렇고, 주거침입과 살인의 관계도 그렇다.

예술은 길고 법률은 짧다

고대 그리스의 헤라클레이토스[472]는 "만물은 변화한다"고 말했다. 석가모니 부처님도 "제행諸行은 무상이다"고 말했다. 존재하는 모든 것은 변화를 멈추지 않는다. 법률 또한 그렇다.

기원전, 2천 수백 년 전보다도 옛날, 바빌론 왕국에서 번영을 자랑하던 영웅 함무라비 왕이 선포한 함무라비 법전 이래, 그리스, 로마, 그 외의 세계 각국에서 선포한 법률의 수는 한우충동汗牛充棟[473]과 비교도 안 될 만큼 많다. 모두 시대의 요구로

---

472) 헤라클레이토스(Heracleitos) : 기원전 540~480년. 철학자. 탈레스의 학설에 반대해 만물의 근원은 영원히 사는 불이고, 모든 것은 생멸하며 변화한다고 역설했다. 저서 ≪정치학≫ ≪만물에 대하여≫ 등이 있다.
473) 짐으로 실으면 소가 땀을 흘리고, 쌓으면 들보에까지 찬다는 말로, 책이 무척 많다는 뜻

태어났지만 더 새로운 시대, 더 새로운 요구로 거듭 태어난 법률은 지금까지 존재한 모든 법률을 과거의 산물로 만들어버렸다.

이처럼 만물은 끊임없이 유동의 운명을 타고났지만 같은 변화라도 생명의 장단우열은 있다. 짧은 것으로 말하면 하루살이처럼 세상에 태어나 불과 몇 시간 만에 죽어버리는 동물도 있고, 사라수의 꽃처럼 아침에 피었다가 저녁에 떨어지는 허무한 존재도 있다. 한편, 4천 년 전에 해설한 피타고라스 정리는 지금도 수학자들 사이에서 인정받고 있으며 부처나 맹자의 가르침은 현대까지 맥을 이어 사람들의 마음을 흔든다. 그런데 법률의 생명은 조령모개朝令暮改474)처럼 짧다.

"입법자가 3개를 수정하면 동시에 전 문고는 쓰레기로 변해버린다."

길리히먼475)의 말처럼 어떤 법규를, 판례를, 학설을, 혹은 외국의 입법을 인용하여 기탄없이 논의하고, 침을 튀기며 논쟁하고, 또는 수많은 논의와 연구·저서가 있어도, 법률지식이 없는 의원들이 분별없이 법률을 개폐改廢하면 아무리 뛰어난 논의와 논술이라도 즉시 근본을 잃고 만사는 끝장나버린다.

이 책의 서두에서도 말했듯이 구형법 시대의 흉기소지절도 해석에 대해 학자들이 논쟁하고 있어도 일단 현행 형법이 실시되면 그 순간부터는 싸움 끝에 부러진 막대기보다도 못한 것이 된다. 또한 도쿠가와 초기, 법률지식이 아주 얕박한 ≪어정서백개조≫는 물론 초안을 작성한 마츠다히라 사콘의 고통이야 이만저만 아니었겠지만 오늘날에는 먼 옛날의 문헌일 뿐, 법률로서의 생명은 구석진 그림자보다도 더 인정받지 못한다.

하지만 예술의 명맥은 길다. 같은 도쿠가와 시대라도 파쇼芭蕉476)의 하이쿠 중 〈깊은 오솔길〉이나 〉〈사루미노〉 등은 오늘날에도 면면히 생명을 유지하고, 사이가쿠西鶴477)의 ≪당세의 속셈≫이나 ≪호색일대남好色一代男≫, 그리고 바킨馬琴478)의

---

474) 아침에 명령을 내렸다가 저녁에 다시 고친다는 말로, 법령을 자꾸 고쳐 갈피를 잡기 어렵다는 뜻. ≪사기≫의 '평준서(平準書)'에 나오는 말

475) 헤리만 폰 길리히민. 19세기 독일의 법학자

476) 1644~1694년. 에도 전기의 하이인(俳人). 교토 태생. 기타무라 기킨(北村季吟)에게 사사받고, ≪심천의 파초움막에 산다≫를 탈고하여 파쇼풍 확립. 각지를 여행하면서 하쿠(發句)와 기행문을 남겼다. 여행지인 오사카에서 병사

≪팔견전≫과 ≪반달弓張月≫ 등은 지금까지도 계속 읽히고 있다. 또한 치카마츠의 조루리 인형극 〈소네자키 동반자살曾根崎心中〉이나 〈아미시마 동반자살心中天の網島〉 등은 점점 더 빛이 나고 있으며, 츠루야 난보쿠鶴屋南北의 가부키 희곡 〈요츠야 괴담四谷怪談〉은 매년 여름이면 반복 공연되고 있다. 그러니 예술은 길고 법률은 짧다고 한탄하지 않을 수가 없다.

시대변천의 템포가 빠르면 빠를수록 법률의 변화속도도 빨라진다. 그래서 순식간에 터져버리는 거품 같은 법률을 연구대상으로 해야 한다는 사실에 법률가의 애달픔이 있다.

하지만 그렇기 때문에 진화 발전하는 사회와 이미 존재하는 법률의 차이를 없애기 위해 법률가는 해석의 노력을 아끼지 않는 것이다.

"가지려 하면 매정하고, 갖지 않으면 부족함이 없네.

결국 갖는 것은 활과 화살이구나."

한탄처럼 버려서 끝나는 일이라면 버리면 되고, 갖지 않으면 된다. 하지만 법률은 사회생활의 법칙이다. 인간이 사회를 떠나서는 살 수 없는 이상, 버리고, 무시하고, 모른 채 끝날 일이 아니다.

그래서 이 책을 저술했지만 의외로 도중에 지정거리고 쓸데없이 잡담하는 사이 책 분량만 방대해졌다. 이제 그만 민·형법, 두 개의 법률을 끝내고 펜을 놓아야 할 것 같다. 만약 여유가 있어서 만년필에 쌓인 먼지를 털어낼 필요가 있다면 차지借地·차가법借家法, 자동차손해배상보장법, 어음·수표, 상법(특히 회사법), 소송방법을 규정한 민사소송법, 헌법 등 모든 법에 대해 머리를 짜내어 원고용지와 대면하려 한다.

---

477) 1642~1693년. 에도 초기의 부기요 죠시(浮世草子: 에도 소설의 일종) 작가. 오사카 태생. 무사와 상인의 생활실태를 객관적으로 묘사. 일본 최초로 현실주의적 시민문학을 확립하여 근대 작가에게 많은 영향을 주었다.

478) 1767~1848년. 에도 말기의 극작가. 에도 태생. 산토 교덴(山東京伝)에게 사사받고 황표지(黃表紙)와 합권(合卷) 등을 저술. 특히 독본에 뛰어난 작품이 많다. 권선징악을 중심 이념으로 한 웅대한 구상과 복잡한 줄거리의 대작을 아어(雅語)와 속어(俗語折)를 절충하여 우아한 문체로 묘사했다.

에필로그

어떤 만남

　내가 법대생이던 시절, 어느 날 무심히 들어선 간다神田의 고서점에서 책장에 꽂혀 있는 한 권의 책을 발견했다. 제목은 《취미의 법률》.
　순간, 재미라곤 없는 틀에 박힌 강의에 번민하던 내게 무척 신선한 느낌으로 다가왔다. 무미건조의 대표인 법률과 정취·멋·맛이라는 취미가 도대체 어떻게 연결되고 결속할까? 떨떠름한 표정을 짓는 고서점 영감님에게 에누리 받아 얄팍한 주머니를 털어 재빨리 그 책을 샀다. 벌써 27~28년이나 지난 옛일이다.
　저자는 우에다 다모츠上田保라는 변호사. 출판은 쇼와 4(1929)년이었다. 그러니까 내가 입수했을 때는 세상에 나온 지 이미 20년이나 지난 것이다. 그런데 정말 재미있는 책이었다. '좋아. 나도 언젠가는 이런 식으로 법률을 얘기하는 법률가가 되어야지.' 마음속으로 다짐했다.
　우에다 다모츠 씨는 전후 얼마 되지 않아 변호사를 그만두고, 규슈 오오이타大分 시의 시장이 되어 십수 년을 근속하셨다. 근속하는 동안 고생 끝에 '지금은 제로마리ただ今ゼロ匹'로 유명한 다카사키산高崎山의 야생원숭이에게 먹이를 주는 일에 성공, 군생원숭이를 관광자원으로 멋지게 개발하셨다. 시장을 사임한 뒤에는 다카사키산 바로 밑에서 마린 바레스오오이타생태수족관라는 회유식廻遊式 수조를 세계 최초로 만들어 현재는 그곳 사장으로 계신다. 단순한 법률가가 아니고 인간미가 넘치는, 게다가 비상한 재인才人이시다.
　하지만 내 머릿속에서 다카사키산의 원숭이와 《취미의 법률》이 연결된 것은 최근의 일이었다. 아직 2년도 채 되지 않았다. 그것은 우연이라고 말해야 한다. 약 반세기도 전에 그 책을 출판한 사람이 내게 제안을 해온 것이다.
　"민법도 대폭 개정되었다. 형법도 개정이 있었다. 판례도 학설도 많이 바뀌었다. 무엇보다도 법률의 기반인 사회가 엄청 변해버렸다. 따라서 새로운 문제도 많이 발생하고 있다. 그렇다고 이 책을 그대로 묻어버리기는 너무 아깝다. 부디 개서해줄 수 없을까? 우에다 씨의 양해는 받았으니까."

그때 나는 한창 바쁜 시기였다. 9권이나 되는 법률입문서 시리즈를 집필하던 중이었으니까. 하지만 이 책과 신기한 인연에 마음이 흔들렸다. 그리고 받아들였다. 일단 결정한 이상, 단지 법률의 개정, 판례·학설의 변천, 새로운 사회현상의 출현이라는 점뿐만 아니라 내 나름의 법률관, 인생관, 사회관을 휘둘러 쓰고 싶었다. 그래서 우에다 씨를 만났다.

"당신이 생각하는 대로 자유롭게 고쳐 쓰세요."

우에다 씨는 흔쾌히 허락해주셨다. 이런 인연과 과정으로 완성된 책이다.

이 책은 내게 시간과의 싸움이었다. 이렇게도 저렇게도 하고 싶어서 계획을 세웠지만 완벽하게 뜻대로는 되지 못했다는 생각이 든다. 따라서 만약 내용에서 이전 저자의 평가에 흠집을 내는 일이 있다면 그것은 오로지 내 책임이다.

기쿠모토 하루오 菊本治男

법률을 story telling한
법률산책

2009년 5월 8일 초판 발행
2012년 10월 15일 12쇄 발행

우에다 타모츠 · 기쿠모토 하루오 지음
김현숙 옮김

발행인/ 김범수
발행처/ 도서출판 자유토론
서울시 종로구 당주동 168번지 당주빌딩 4층
대표전화/ 02-333-9535
팩스/ 02-6280-9535
e-mail/ fibook@naver.com
출판등록 제314-2009-000001호
값은 뒷표지에 있습니다.

copyright (c) 1976 by UEDA TAMOZH / KIKUMOTO HARUO
Korean translation copyright (c) 2008 by JAYUJISUNGSA

ISBN 978-89-93622-0 03360
잘못 제본된 책은 바꾸어 드립니다.